草川昇編

# 五本対照 類聚名義抄和訓集成

㈠ ア―カ

汲古書院

# 『五本対照類聚名義抄和訓集成』のために

今般完成、刊行の類聚名義抄和訓集成は近来稀なる労作として感歎のほかはないが、必ず将来永く学界を稗益することを考えつつ深く感謝する。この著は五本の和訓を全体登載して整理対照させてある。著者によれば、その和訓の総数は延べて、

| | |
|---|---|
| 観智院本 | 三五、三八五 |
| 蓮成院本 | 一四、九七三 |
| 高山寺本 | 七、一一四 |
| 西念寺本 | 四、〇八二 |
| 図書寮本 | 二、一〇七 |

に達するというが、

| | |
|---|---|
| 総数 | 六三、六六一 |

となる。これを整然と整理し、比較対照させたことの労は誠に大きかったに違いない。どういう手順でこれをここまでこつこつと進行させていったのだろうか、苦心談を聞かせてもらいたいと思う。特に名

義抄特有の声点の記入などは不分明な箇所も多いから、その細心の観察は尋常のものでなかったはずである。また諸原本には虫損もあり、誤記もあり、省記もあり、声点には朱書、墨書の両様が混じることもある。それらは索引の上で一々区別され、注意されて細心に注記されている。不分明の箇所は深い洞察で読み解かれている。だから、単に五本対照の膨大機械的な労力に敬意を表するのみでなく、深く強い識字力、判読力の面にわたしは打たれるのである。

類聚名義抄は五本あるが、従来は和訓の所載箇所は五本にわたっては容易につきとめられなかった。いわばやや任意に引用するに近かった。さがし当てた資料は、それ以外にも同一のものがどこかにあるのかどうか、常に不安な感じを免れなかったが、今般の五本対照索引ができて、従来の薄明に向かうような不安が一掃されるようになった。すべての国語研究者が今般の新著刊行を喜ぶに違いない。

類聚名義抄の和訓のアクセント表記は他にかけがいのない重要な国語史資料であるが、これの正確精細な全体的な提示はこの方面の研究者を力づけるに違いない。原本影印模写も加味されているのも良い。ともかくアクセントは今度の刊行で全体五本が漏れなく示されることになった。この喜びは大きい。アクセント表記した箇所も重要であるが、何等かの事情によって声点を付記していない事にも理由が無いわけではないと思うが、今般の著作で整然とそれが対照的に看取できる。

この著作は優れた発想のもと、細心の観察力と忍耐強い実践によって成立し、広く国語史研究家を稗益してやまないものである。これは、草川昇の名を不朽に伝えるものとなった。君のために喜びたい。

この著を成すにあたっての苦心談、腐心点が多いと思うが、それは著者の跋文などで読ませてもらいたい。それを読ませてもらうのが楽しみである。

平成十二年初秋の日

中田祝夫

# 序

草川昇氏は篤学の士である。年来、類聚名義抄の研究一筋に全力を傾注され、既に多くの優れた研究成果を学界に発表して来られたことは、普く人の知るところである。氏とは学会などで辱知の間柄であり、この度、請ひに応じて、僭越ながら拙い序文を認めさせて頂くことになつた。

今般、多年に亘る研鑽の結晶である『五本対照類聚名義抄和訓集成』が上梓される運びとなつた。総数六万語に上る厖大なこの索引は、従来知られて来た「図書寮本」「観智院本」「高山寺本」「蓮成院本」「西念寺本」の五本について、それらすべての所収語彙を網羅して、これを五十音順に対照配列したものである。

既に「図書寮本」「観智院本」については公刊された総索引があり、「高山寺本」についても、部分的な索引があり、又、声点付の和訓についての索引も存するが、「蓮成院本」と「西念寺本」とについては、本書が初めての索引であり、特に、これらを五段に配列して、一覧対照出来るやうに配慮したものは、今回の刊行を嚆矢とするものである。造語成分からの検索などについても、更に配慮されればとの望蜀の念が残ることはあるが、この大冊は、従来の類聚名義抄研究の中で、明に一時期を画する労作と称しても過言ではないであらう。

言ふまでもなく、類聚名義抄の和訓は、国語史学はもとより、広く関係諸分野に亘つて、基本的な重要資料であり、精緻な編纂に係る本書は、類聚名義抄の研究については申すに及ばず、古辞書研究、惹いては国語史全般の考究に当つても、計り知れない便益が提供されることは明であり、学界の進展に寄与すること多大であることを、信じて疑はないものである。

茲に、草川氏の長年に及ぶ御精励の結実を心から欣び、氏の今後の御健康と、更なる研究の御発展を祈念し、蕪辞を連ねて一文を草し、以て氏の功績を称へる次第である。

平成十二年九月五日

築島裕

# はしがき

私が今回、『五本対照類聚名義抄和訓集成』を世に問うのは、昭和五十年に国語学会で研究発表したとき、熱心にご指導くださった大阪外国語大学教授（現姫路独協大学名誉教授）の吉田金彦先生から「興味深い書物に『類聚名義抄』があり、和訓の宝庫として国語学史上貴重ですよ。あなたの恩師である中田祝夫博士の「類聚名義抄使用者のために」の一文を読むことをおすすめします」と教わったのがきっかけであった。早速風間書房刊行の『類聚名義抄』を手にし、数多い和訓に魅せられた。

専門的な知識に乏しい不安はあったが、天理図書館善本叢書（八木書店刊行）の『類聚名義抄　観智院本』『三寶類字集　高山寺本』を求め、両書に所収されている和訓のカード作成にとりかかった。その後、すでに未刊国文資料別巻として刊行されていた『鎮国守国神社蔵本　三寶類聚名義抄』が新しく再刊されたのを機に、名古屋大学文学部教授　田島毓堂博士を中心に発足した「名義抄を読む会」のメンバーの一人として参加させていただき、勉強の機会を与えられたのは貴重な体験であった。「名義抄を読む会」で底本として使用した『鎮国守国神社蔵本　三寶類聚名義抄（蓮成院本）』の和訓カードも加え、すでに刊行されていた『図書寮本　類聚名義抄』所収の和訓についても、カード化を進めた。あと一本、『類聚名義抄　西念寺本』については、天理図書館に通いカード化した。

すでに「図書寮本」「観智院本」については総索引が刊行されており、「高山寺本」についても一部分の索引がある。また、声点付の和訓については望月郁子氏の索引が広く知られている。残念ながら「蓮成院本」「西念寺本」の二本については公刊された索引がない。五本の名義抄が対照できる索引の必要性、特に唯一の原撰本である図書寮本の和訓と、改編本諸本との和訓の比較を知りたかったので、その旨中田先生に話したところ、先生から「『五本対照　類聚名義抄和訓集成』の出版を企画してはどうか」とご教示いただいた。編著書名とさせていただいた所以である。

厚かましくも、恩師である筑波大学名誉教授の中田祝夫博士、訓点語学会会長で、いつもご指導ご教示いただいている東京大学名誉教授の築島裕博士にお願いしたところ、早速にご序文をいただいた。両先生に深く感謝したい。

また、皇學館大學前学長の西宮一民博士から種々ご教示賜った。

いざ筆を執る段になって、不安な点が多かったが、「名義抄を読む会」のメンバーだった就実女子大学教授の三宅ちぐさ氏から懇切なアドバイスをいただいたことを銘記したい。

また、数多くの和訓カードの五十音順配列の作業については、名古屋女子大学文学部日本文学科卒業生、河野雪香（旧永井姓）、水本康子両君の長期にわたる協力があったことを付記したい。

最後に、出版の申し入れを快諾してくださった汲古書院の石坂叡志社長、手書き作業の細部にわたってご教示いただいた編集部の大江英夫氏、同書院の関係諸氏に感謝したい。

平成十二年九月七日

草川　昇

# 五本対照類聚名義抄和訓集成㈠　目次

# 凡　例

本書は、図書寮本・観智院本・蓮成院本（鎮国守国神社蔵本）・高山寺本・西念寺本、以上五本の『類聚名義抄』における和訓をすべて抜き出し、五十音順に対照配列したものである。

①本書は、次の四本については複製本を底本として作成し、西念寺本のみ、天理図書館現蔵本を底本とした。

。図書寮本　　類聚名義抄　（勉誠社・昭和五十一年刊）
。観智院本　　類聚名義抄　（天理図書館善本叢書 32、33、34 八木書店・昭和五十一年刊）
　　　　　　　　　　　　　（風間書房・昭和五十年刊）
。蓮成院本　　三寶類聚名義抄　（勉誠社・昭和六十一年刊）
（鎮国守国神社蔵本）　　　　（未刊国文資料別巻・昭和四十年刊）
。高山寺本　　三寶類字集　（天理図書館善本叢書 2　八木書店・昭和四十七年刊）
。西念寺本　　類聚名義抄　（天理図書館現蔵本）

② 和訓の順序は、最も和訓数の多い完本の観智院本（仏、法、僧）を基に、アイウエオ順に配列した。観智院本にない和訓については、蓮成院本、高山寺本、西念寺本、図書寮本の順に掲出した。

③ 和訓欄は、本文中の和訓と区別するため、見出し欄とし、歴史的仮名遣いを原則とした。繰り返し符号、合字は使用しないことにした。

④ 底本に同・同上などとある場合は、それに相当する和訓を記し、その和訓欄の上に△印を付した。

⑤ 同一標出漢字に対する和訓が諸本間で異なるものについては、参考までにその和訓を↓印を付して記した。

⑥ 蓮成院本の虫損箇所、または誤写訓と思われるものについては、同系統の天理図書観現蔵本を参考にし、補足した。

(例)「オヒク」泳 中一一四ウ4 II は、天理本の「オヒフク」により、「オヒク(ママ)」を「オヒフク」と訂正した。

⑦ 各本の和訓欄については、原本又は影印本を忠実に模写することを心がけた。

⑧ 声点についても、西念寺本の位置が不確かではあるが、すべて原本のままの位置に付した。

⑨ 備考欄には、標出字体の異なるもの、朱書されている和訓、または和訓の一部分、声点は朱が普通であるのに墨で声点が付されているものなどを示した。

⑩ 諸本とも丁数またはページ数を漢数字で、行数を算用数字で示した。

⑪ 観智院本　和訓の右側が天理図書館善本叢書の丁数

　　左側が風間書房刊の丁数

蓮成院本　和訓の右側が勉誠社刊の丁数

　　左側が未刊国文資料別巻の丁数

# 五本対照 類聚名義抄和訓集成

㈠ ア—カ

| 和訓 | 漢字 | 観智院本 | 蓮成院本 | 高山寺本 | 西念寺本 | 図書寮本 | 備考 |
|---|---|---|---|---|---|---|---|
| ア | 於乎 | ア 仏上 四五オ7 八三 | ヤ Ⅰ上一 二〇ウ2 | ア 四四ウ7 | ア 四五ウ5 | | |
| ア | 嗟 | ア 仏中 一五ウ7 二八 | ア Ⅰ上一 三五オ2 | ア・ 六三オ2 | | | |
| ア | 嗟乎 | ア 仏中 一五ウ7 二八 | | ア 六三オ2 | | | |
| ア | 咍 | ア\ 仏中 二五オ5 四七 | | | | | |
| ア | 噫 | ア\ 仏中 二五ウ5 四八 | | ア\ 七三オ3 | | | |
| ア | 嗚呼 | ア・ 仏中 二八オ4 五三 | ア Ⅰ上一 四六ウ3 | ア 七五ウ3 | | | |
| ア | 呼 | ア 仏中 二八オ4 五三 | [ア] Ⅰ上一 四六ウ3 | ア 七五ウ3 | | | |
| ア | 咨 | ア 仏中 三一オ7 五九 | ア Ⅰ上一 四九オ7 | ア・ 七八ウ6 | | | |
| ア | 嗟呼 | ア 仏中 三三オ1 六三 | ア Ⅰ上一 五〇ウ5 | ア 八〇ウ5 | | | |
| △ ア | 嗚乎 | ア 仏中 三三オ2 六三 | | | | | |
| ア | 於 | ア 仏下本 三四ウ5 六六 | ア Ⅲ下一 五五オ4 | | | | |
| ア | 猗歟 | ア・ 仏下本 六六オ3 一三九 | | | | | |
| ア | 烏雩 | ア・ 法下 三七オ6 七一 | | | | | |
| ア | 慶 | ア・ 法下 五四ウ5 一〇六 | | | | ア・ 巽 二四六2 | 慶図本 |
| ア | 於 | ア 僧中 一六ウ5 三〇 | | | | | |

| 和訓 | 漢字 | 観智院本 | 蓮成院本 | 高山寺本 | 西念寺本 | 図書寮本 | 備考 |
|---|---|---|---|---|---|---|---|
| ア | 拎戱 | ア゚ 僧中 二一オ8 三九 | ア Ⅲ 下一 六〇オ1 | | | | |
| アアラキ | 蘭蕳 | | ア、ラヽ Ⅲ 下一 三ウ1 | | | | |
| アイス | 嬖 | アイ爪 仏中 五ウ3 八 | アクス(ミ) Ⅰ 上一 二五ウ5 | アイ爪 五二オ2 | アイス 五三オ3 | | |
| アイス | 嫘 | アイス 仏中 八オ6 一三 | アクス(ミ) Ⅰ 上一 二八オ5 | アイ爪 五五オ1 | | | |
| アイス | 恵 | アイス 法中 三六オ3 六九 | | | | | |
| アイス | 恩 | アイス 法中 三七オ1 七一 | | | | | |
| アイス | ⿰忄某 | アイス 法中 三七オ6 七一 | | | | | |
| アイス | 怟 | アイス 法中 四四ウ6 八六 | | | | | |
| アイス | 寛 | アイス 法下 二八ウ1 五四 | | | | | |
| アイス | 竉 | アイス 法下 三三ウ2 六四 | | | | | |
| アイタレ | 婕 | アイタレ 仏中 一三ウ5 二四 | アイタレ Ⅰ 上一 三三オ1 | アイタレ 六〇ウ4 | | | |
| アイツツジ | 山榴 | ・ア・イ・ツ・ヽ‥し 仏下本 五三ウ4 一〇四 | | | | | |
| アウジチ | 鷽賓 | ・ア・ウ‥し・チ 法下 二八オ7 五三 | | | | | |
| アウタ | 篌⿰亻臾 | アウタ 仏下末 一四オ8 二五 | | | | | |
| アエク | ⿰口劇 | アエク 仏中 二八オ2 五三 | | | | | |

| | | | | | | |
|---|---|---|---|---|---|---|
| アエタリ | 似 | アエタリ 仏上五 六オ7 | | アエタリ 一六オ1 | | 高本 似 |
| アエタリ | 肖 | アエタリ 仏中一三六 六九ウ6 | | | | |
| アカ | 垢 | アカ 法中五一 二七オ1 | | | | |
| アカ | 垢 | アカ 法中六八 三五ウ1 | | | | |
| アカ | 我邊 | ワカ 仏上四五 二六オ8 | | アカ 二五ウ1 | アカ 二三オ5 | |
| アカアヅキ | 赤小豆 | アカアツキ 法上九五 四九オ8 | | | 阿賀安都伎 一二八4 | |
| アガイテ | 踠 | | | | アカイテ 巽 一〇九3 | |
| アカイロ | 絳 | アカイロ 法中一三〇 六六ウ3 | | | | |
| アカカガチ | 赤酸醤 | アカヽカチ 僧下六〇 三一ウ4 | アカヽカチ III下一 五七オ6 | | | |
| アカガネ | 銅 | アカヽ子 僧上一二三 五八オ8 | アカヽネ III下一 三六オ2 | | | |
| アカカネ | 鋀 | アカヽネ 僧上一二六 五九ウ8 | アカヽネ III下一 三七オ4 | | | |
| アカカネノホトキ | 鑪 | アカヽ子ノホトヽ 僧上一二九 六六オ7 | | | | |
| アカカリ | 皸胝 | アカヽリ 仏中一二五 五九オ1 | | | | |
| アカガリ | 胼 | アカヽリ 仏中一三一 六七オ6 | | | | |
| アカガリ | 皸 | アカヽリ 僧中七〇 三六ウ5 | アカヽリ I上一 七三ウ7 | | | 蓮本 胈 |
| アカキキビ | 丹黍 | アカキヽヒ 法下一九 二一オ6 | | | | |

| 和訓 | 漢字 | 観智院本 | 蓮成院本 | 高山寺本 | 西念寺本 | 図書寮本 | 備考 |
|---|---|---|---|---|---|---|---|
| △ アカキビ | 赤黍 | アカキヽヒ 法下一一オ6 一九 | | | | | |
| △ アカキビ | 黄黍 | アカキヽヒ 法下一一オ7 一九 | | | | | |
| アカキツチ | 埲 | アカヽツチ 法中二七ウ6 五二 | | | | | |
| アカキハシル | 蹀 | アカキハシル 法上四一ウ8 八〇 | | | | | |
| アカク | 揮 | アカク 仏下本三五ウ1 六八 | | | | | |
| アガク | 躞蹀 | アカク 法上四一ウ8 八〇 | | | | アカク 白 一二一4 | 図本 躞蹀 |
| アカク | 蹀 | アカク 法上四二オ1 八一 | | | | | |
| アカク | 踠 | アカク 法上四四ウ5 八六 | | | | | |
| アガク | 蹣 | アカク 法上四六オ4 八九 | | | | アカク 一二一3 | 図本 蹣 |
| アカクロナリ | 殷 | アカクロナリ 僧中三四ウ7 六六 | アカクロナリ Ⅲ下一七ウ5 | | | | |
| アカサ | 黄草 | アカサ 僧上二オ8 一 | アカサ Ⅲ下一四オ4 | | | | 蓮本 黄 |
| アカサ | 灰藋 | アカサ 僧上一八オ1 三三 | | | | | |
| アカサ | 藜 | アカサ 僧上一九ウ7 三六 | | | | | |
| アカザノハヒ | 冬灰 | アカサノハヒ 仏下末二四ウ6 四六 | | | | | |
| アカサノハヒ | 藜灰 | アカサノハヒ 僧上一九ウ7 三六 | | | | | |

| | | | | | | |
|---|---|---|---|---|---|---|
| アカシ | 待 | アカシ 仏上 二四ウ1 四二 | | アカシ 二三オ6 | アカシ 二一オ3 | |
| アカシ | 赤 | ·ア·カ·シ 仏上 四五ウ1 八四 | アカシ I 上一 二〇ウ3 | ·ア·カ·シ 四五オ2 | アカシ 四六オ1 | |
| アカシ | 杲 | ·ア·カシ 仏中 四五オ6 八七 | アカシ I 上一 六一ウ7 | ·ア·カシ 九四オ2 | | |
| アカシ | 肷 | アカシ 仏中 六二ウ8 一二二 | | | | |
| アカシ | 丹 | ·ア·カシ 仏下本 三ウ8 四 | | | | |
| アカシ | 朌 | アカシ 仏下本 四オ1 五 | | | | |
| アカシ | 頳 | ·ア·カシ 仏下本 一四オ6 二五 | | | | |
| アカシ | 彤 | アカシ 仏下本 一七ウ2 三二 | | | | |
| アカシ | 朱 | アカシ 仏下本 四八オ5 九三 | | | | |
| アカシ | 䞓 | ·ア·カ·シ 法中 一四ウ2 二六 | | | | |
| アカシ | 幌 | アカシ 法中 五六オ6 一〇九 | | | | |
| アカシ | 緹 | ·ア·カシ 法中 六二オ3 一二一 | | | | ·阿·加·之 二九三 1 | 図本 緹緆 |
| アカシ | 絀 | アカシ 法中 六五オ1 一二七 | | | | |
| アカシ | 緋 | アカシ 法中 六五ウ8 一二八 | | | | |
| アカシ | 竀 | ·ア·カシ 法下 三三ウ7 六四 | | | | |
| アカシ | 弥 | アカシ 僧中 一四オ6 二五 | アカシ III 下一 五三オ4 | | | |

| 和訓 | 漢字 | 観智院本 | 蓮成院本 | 高山寺本 | 西念寺本 | 図書寮本 | 備考 |
|---|---|---|---|---|---|---|---|
| アカシ | 殷 | ・ア・ヤ（ミ）・シ 僧中 三四ウ6 六六 | ・ア・カ・シ Ⅲ 下一 七一ウ5 | | | | |
| アカシ | 皶 | アカシ 僧中 三七オ1 七一 | | | | | |
| アカシ | 騂 | ・ア・カシ 僧中 五三ウ7 一〇三 | ・ア・カシ Ⅲ 下二 七七ウ1 (五) | | | | |
| アカシ | 酡 | ・ア・カシ 僧下 三一オ1 五九 | ・ア・カシ Ⅲ 下一 五七オ1 | | | | |
| アカシ | 赭 | ・ア・カ・シ 僧下 四四オ2 八五 | アカシ Ⅲ 下二 一三四オ4 (六二) | | | | |
| アカシ | 䞓 | ・ア・カシ 僧下 四四オ3 八五 | ・ア・カシ Ⅲ 下二 一三四オ4 (六二) | | | | |
| アカシ | 赬 | ・ア・カシ 僧下 四四オ4 八五 | アカシ Ⅲ 下二 一三四オ5 (六二) | | | | |
| アカシ | 赫 | ・ア・カシ 僧下 四四オ5 八五 | アカシ Ⅲ 下二 一三四オ3 (六二) | | | | |
| アカシ | 赩 | ・ア・カシ 僧下 四四オ6 八五 | アカシ Ⅲ 下二 一三四オ6 (六二) | | | | |
| アカス | 佼 | アカス 仏上 一〇ウ4 一四 | | アカ爪 八オ2 | アカ爪 五オ6 | | |
| アカス | 明 | アカス 仏中 四五オ2 八七 | アカス Ⅰ 上一 六ウ4 | アカス 九三ウ5 | | | |
| アカス | 飄 | | アカス Ⅲ 下二 一九オ4 (四七) | | | | |
| アカタ | 縣 | アカタ 仏下本 一三オ6 二一 | | | | | |
| アカタ | 縣 | ・アカ・タ 仏下本 一三オ6 二一 | | | | | |
| アガタ | 縣 | ・ア・カ・タ 法中 六九オ6 一三五 | | | | ・阿・賀・多 禾 三二四 7 | |

| | | | | | | | |
|---|---|---|---|---|---|---|---|
| アカチノブ | 班宣 | アカチノフ 法中 八ウ5 一四 | | | | アカチノフ 永超僧都 一六九 5 | |
| アカツ | 折 | アカツ 仏下本 三七ウ5 七二 | | | | | |
| アカツ | 班 | アカツ 法中 八ウ5 一四 | | | | アカ゛ 巽 一六九 4 | |
| アカツ | 麼 | アカツ 法下 五〇ウ6 九八 | | | | | |
| アカツ | 散 | アカツ 僧中 三一オ5 五九 | アカ゛ Ⅲ 下一 六八オ6 | | | | |
| アカツ | 辨 | アカツ 僧下 三四ウ3 六六 | アカ゛ Ⅲ 下二 三九ウ4 (六七) | | | | |
| アカツキ | 曙 | アカツヽ 仏中 四五ウ7 八八 | アカツヽ Ⅰ 上一 六二オ7 | アカ゛キ 九四ウ3 | | | |
| アカツキ | 睹 | アカツヽ 仏中 四五ウ8 八八 | アカツヽ Ⅰ 上一 六三オ2 | アカツキ 九五オ5 | | | |
| アカツキ | 旰 | アカツヽ 仏中 四七オ7 九一 | アカツヽ Ⅰ 上一 六三ウ3 | アカ゛ヽ 九六オ2 | | | |
| アカツキ | 旦 | アカツヽ 仏中 五〇オ5 九七 | アカツヽ Ⅰ 上一 六六オ6 | アカツキ 九八ウ4 | | | |
| アカツキ | 曉 | アカツヽ 仏中 五二オ3 一〇一 | アカツヽ Ⅰ 上一 六七ウ7 | アカ゛キ 一〇〇オ6 | | | |
| アカツキ | 覂 | アカツキ 僧中 三三オ6 六一 | アカ゛ヽ Ⅲ 下一 六九オ6 | | | | |
| アカツク | 垢 | アカツク 法中 二七オ1 五一 | | | | | |
| アカツチ | 代赭 | アカツチ 僧下 四四オ3 八五 | アカ゛テ Ⅲ 下二 三四オ4 (六二) | | | | |
| アカネ | 茜 | アカ子 僧上 八オ7 一三 | | | | | |
| アカハタカ | 倮 | アカハタカ 仏上 九ウ2 一二 | | アカハタカ 八ウ6 | アカハタカ 四オ3 | | 西本 倮 |

| 和訓 | 漢字 | 観智院本 | 蓮成院本 | 高山寺本 | 西念寺本 | 図書寮本 | 備考 |
| --- | --- | --- | --- | --- | --- | --- | --- |
| アカハタカ | 剔 | ・ア・カハタカ 僧上 四五ウ4 八八 | ・ア・カハタカ Ⅲ 下一 二四オ1 | | | | |
| アカハタカナリ | 裸 | ・ア・カハタ カナリ 法中 七〇オ4 一三七 | | | | ・ア・カ・ハ・タ ・カナリ 月 三三〇 3 | |
| アカハタカニシテ | 亭 | ・ア・カハタ カニレテ 法下 三三オ4 四一 | | | | | |
| アカヒユ | 赤莧 | ・ア・カヒユ 僧上 三三ウ7 四四 | ・ア・カヒユ Ⅲ 下一 二オ7 | | | | |
| アカフ | 償 | アカフ 仏上 一四オ1 二二 | | アカフ 一三オ5 | アカフ 九オ3 | | |
| アカフ | 贖 | アカフ 仏中 四〇ウ3 七八 | アカフ Ⅰ 上一 五七ウ5 | アカフ 八八ウ5 | | | |
| アカフ | 購 | アカフ 仏中 六九ウ5 一三六 | | | | | |
| アカフ | 貿 | アカフ 仏下本 九オ2 一五 | | | | | |
| アカフ | 購 | アカフ 仏下本 九オ8 一五 | | | | | |
| アカフ | 貝句 | アカフ 仏下本 九オ8 一五 | | | | | |
| アカフ | 贖 | ・ア・カ・フ 仏下本 九ウ8 一六 | | | | | |
| アカフ | 禬 | アカフ 法下 三オ6 三 | | | | | |
| アカフ | 族 | アカフ 僧中 一六ウ3 三〇 | アカフ Ⅲ 下一 五五オ4 | | | | |
| アカホシ | 明星 | アカホし 仏中 四四ウ4 八六 | アカ小し Ⅰ 上一 六一ウ1 | ・ア・カ小し 九三ウ1 | | | |
| アカホシ | 歳星 | アカホし 仏中 四四ウ5 八六 | | アカ小し 九三ウ1 | | | |

△

| | | | | | | |
|---|---|---|---|---|---|---|
| アカマグサ | 都梁蘱 | アカマクサ 仏下 一三ウ7 二四 | | | | |
| アカマグサ | 澤蘭蘱 | アカマクサ 法下 一三ウ7 二四 | | | | |
| アカマグサ | 澤蘭 | アカテクサ 僧上 九ウ4 一六 | | | | |
| アカム | 御 | アカム 仏上 三三オ6 三九 | | アカム 二三オ5 | アカム 一九ウ5 | |
| アガム | 奉 | アカム 仏下末 一三ウ3 二四 | | | | |
| アガム | 崇 | アカム 法上 六〇ウ7 一一八 | | | | アカム 後 一四二 7 |
| アカム | 宗 | アカム 法下 二八オ4 五三 | | | | |
| アガム | 寵 | アカム 法下 三三ウ2 六四 | | | | |
| アカム | 蘊 | アカム 僧上 一五オ1 二七 | | | | |
| アカム | 欽 | アカム 僧上 六三ウ4 一二四 | | | | |
| アカム | 皻 | アカム 僧中 三六ウ8 七〇 | | | | |
| アカム | 銀 | | アカム III 下一 一四〇オ6 | | | |
| アカラカナリ | 酡 | アカラカナリ 僧下 三三ウ5 六四 | アカラカナリ III 下一 一九九オ1 | | | |
| アカラサマ | 儵 | アカラサマ 仏上 六六ウ5 一六 | アカラサナ I 上一 二ウ4 | アカラサナ 五オ1 | アカレ(ミ)サナ 一オ3 | |
| アカラサマ | 儵 | | | | アカレ(ミ)サナ 一オ3 | |
| アカラサマ | 倏閑 | アカラサマ 仏上 一一ウ2 一六 | | アカラサナ 九ウ1 | アカラサマ 六オ4 | |

△

| 和訓 | 漢字 | 観智院本 | 蓮成院本 | 高山寺本 | 西念寺本 | 図書寮本 | 備考 |
|---|---|---|---|---|---|---|---|
| アカラサマ | 假 | ・ア・カラサヽ 仏上 二〇オ5 三三 | | ア・カラサナ 二一ウ5 | アカラサナ 一六オ4 | | |
| アカラサマ | 暫 | アカラサヽ 仏中 四七ウ8 九二 | アヽラカナリ（カラサナ） Ⅰ 上二 六四オ2 | ・ア・カラサヽ 九六ウ3 | | | 蓮本右傍に訂正 |
| アカラサマ | 白地 | ・ア・カラサヽ 仏中 五三オ6 一〇三 | | | | | |
| アカラサマ | [illegible] | アカラサヽ 仏下末 二九ウ2 五六 | | | | | |
| アカラサマ | 蹔 | アカラサナ 法上 四五ウ8 八八 | | | | | |
| アカラサマ | 白地 | ・ア・カラサヽ 法中 二五ウ3 四八 | | | | | |
| アカラサマ | 偸閑 | ・ア・カラサナ 法下 三九オ7 七五 | | | | | |
| アカラサマ | 等閑 | ・ア・カラサナ 法下 三九オ7 七五 | | | | | |
| アカラサマ | 閃 | アカラサナ 法下 三九ウ5 七六 | | | | | |
| アカラサマ | 偸間 | アカラサナ 法下 四〇オ1 七七 | | | | | |
| アカラサマニ | 儵 | アカラサ（丁二） 仏上 三三オ4 三七 | | アカラサナニ 二〇オ6 | アカサナ（ママ）二 一八ウ3 | | |
| アカラサマニ | 倏忽 | アカラレ（〈二） 仏上 六ウ4 六 | アカラサ（〈二） Ⅰ 上一 二ウ4 | アカ[ラ]サ（丁二） 五オ1 | アカラシテニ 一オ2 | | |
| アカラシ | 懇 | アカラレ 法中 四四ウ6 八六 | | | | | |
| アカラシク | 懲 | アカラレク 法中 五一オ8 九九 | | | | | |
| アカラシク | [illegible] | アカラレク 法中 五一ウ7 一〇〇 | | | | | |

| 見出し | 漢字 | 1 | 2 | 3 | 4 | 5 |
|---|---|---|---|---|---|---|
| アカラメ | 賣眼 | アカラメ 仏中 三三オ8 六三 | アカラメ I上一 五一オ1 | アカラメ 八一オ4 | | |
| アカラメ | 瞯 | アカラメ 仏中 三五オ7 六七 | アカラメ I上一 五三ウ3 | アカラメ 八三オ4 | | |
| アカラメ | 矚 | アカラメ 仏中 三五ウ4 六八 | アカラメ I上一 五三オ1 | アカラメ 八三ウ1 | | |
| アガリヌケテタリ | 敕粒擢 | アガリヌケテタリ 法上 四六ウ5 九〇 | | | | アガリヌケデタリ 巽 一三三 6 |
| アカル | 趬 | アカル 仏上 三六オ1 六五 | アカル I上一 三三オ3 | アカル 三五オ4 | アカル 三四ウ2 | |
| アガル | 贊 | アガル 仏中 三オ6 三 | アカル I上一 三三ウ4 | アガル 四九オ1 | アカル 五〇オ6 | |
| アガル | 昂 | アガル 仏中 四五ウ3 八八 | アカル I上一 六三オ4 | アガル 九四オ6 | | |
| アガル | 騰 | アガル 仏中 六三オ6 一三三 | | | | |
| アカル | 舩 | アガル 仏下本 七オ4 二一 | | | | |
| アガル | 貫 | アガル 仏下本 一三オ3 二二 | | | | |
| アカグル | 摳 | アカグル 仏下本 三三ウ2 四四 | | | | |
| アカクル | 揚 | アカクル 仏下本 二九オ3 五五 | | | | |
| アカル | 擲 | アカル 仏下本 三〇ウ1 五八 | | | | |
| アガル | 播 | アガル 仏下本 三八ウ4 七四 | | | | |
| アカル | 分 | アカル 仏下末 一五オ1 二七 | | | | |
| アカル | 汎 | アカル 法上 五ウ6 八 | アカル II中一 五オ1 | | | |

| 和訓 | 漢字 | 観智院本 | 蓮成院本 | 高山寺本 | 西念寺本 | 図書寮本 | 備考 |
|---|---|---|---|---|---|---|---|
| アカル | 汸 | アカル 法上一七オ7 三一 | ↓カクル | | | | |
| アカル | 漏 | アカル 法上二一オ4 三九 | アカル II中一二〇ウ6 | | | | |
| アカル | 蹀 | アカル 法上四一ウ8 八〇 | | | | | |
| アカル | 踊 | アカル 法上四五ウ6 八八 | | | | | |
| アガル | 粒 | ·ア··カル 法上四六ウ4 九〇 | | | | | |
| アガル | 竦 | | | | | ·ア··カル· 巽 一三 5 | |
| アガル | 崧 | ·ア··カル 法上五九オ8 一二五 | | | | | |
| アカル | 繫 | アカル 法中六四オ3 一三五 | | | | | |
| アガル | 褭 | ·ア··カル 法中七一オ5 一三九 | | | | | |
| アカル | 裹 | アカル 法中七五ウ2 一四八 | | | | | |
| アカル | 鶱 | ·ア·カル 法下二五オ4 四七 | | | | | |
| アガル | 褰 | ·ア··カル 法下二五オ5 四七 | | | | | |
| アガル | 蹇 | ·ア··カル 法下二五オ6 四七 | | | | | |
| アカル | 鴆 | アカル 法下三三ウ8 六四 | | | | | |
| アカル | [illegible] | アカル 法下三七オ7 七一 | | | | | |

| | | | |
|---|---|---|---|
| アカル | 废 | アカル 法下 九三 四八オ3 | |
| アカル | [illegible] | アカル 法下 一〇三 五三オ2 | |
| アガル | 應 | ・アカル 法下 一〇三 五三オ5 | |
| アカル | 翔 | アカル 僧上 九九 五一オ3 | ・アカル Ⅲ 下一 二九オ2 |
| アカルス | 甄 | アカル爪 僧中 一一八 一〇ウ7 | |
| アカル | 矯 | アカル 僧中 三二 一七ウ7 | |
| アカル | 軒 | ・アカル・ 僧中 八六 四四ウ2 | |
| アガル | 驤 | ・アカル 僧中 一〇四 五三ウ1 | ・アカル Ⅲ 下二 七七ウ7 (五) |
| アカル | 駕 | アカル 僧中 一〇九 五六オ6 | アカル Ⅲ 下二 八〇ウ2 (八) |
| アガル | 飄 | ・アカル 僧下 五一 二七オ7 | [ア]カル Ⅲ 下二 一五オ2 (四三) |
| アガル | 颺 | ・アカル 僧下 五一 二七オ8 | ・アカル・ Ⅲ 下二 一五オ3 (四三) |
| アカル | 颰 | アカル 僧下 五二 二七ウ2 | アカル Ⅲ 下二 一六ウ6 (四四) |
| アカル | 颯 | アカル 僧下 五二 二七ウ4 | アカル Ⅲ 下二 一五オ5 (四三) |
| アカル | 凸 | アカル 僧下 九〇 四六ウ8 | |
| アガル | 發 | ・アカル 僧下 一〇七 五五オ8 | アカル Ⅲ 下二 一四二ウ5 (七〇) |
| アカル | 升 | アカル 僧下 一〇九 五六オ1 | |

| 和訓 | 漢字 | 観智院本 | 蓮成院本 | 高山寺本 | 西念寺本 | 図書寮本 | 備考 |
|---|---|---|---|---|---|---|---|
| アガル | 凸 | アカル 僧下 六三オ4 〔一三三〕 | | | | | |
| アカル | 連 | アカル(イ) I 上一 九ウ2 | | | | | |
| アカル | 𠮟皿 | | アカル I 上一 三五オ5 | | | | |
| アカル | 滂 | | アカル II 中一 一ウ3 | | | | |
| アカヱムバ | 赤卆 | アカヱムハ 仏上 四五オ2 〔八三〕 | アカヱンハ I 上一 二〇オ6 | アカヱムハ 四四ウ4 | アカヲハム（ママ） 四五オ6 | | |
| アカヱムハ | 絳騮 | アカヱムハ 僧中 五三オ5 〔一〇三〕 | | | | | |
| アカヱムバ | 絳騮 | アカヱムハ 僧中 五六ウ1 〔一一〇〕 | アカヱムハ III 下二 八〇ウ4 （八） | | | | |
| アキ | 咢 | アキ 仏中 二〇オ1 〔三七〕 | アー I 上一 三八ウ4 | アキ 六七オ4 | | | |
| アギ | 腭 | アー 仏中 五九オ8 〔一一五〕 | アー I 上一 七四オ5 | | | | |
| アキ | 齶 | アキ 法上 五三オ3 〔一〇三〕 | | | | | |
| アキ | 齗 | アキ 法上 五三オ8 〔一〇三〕 | | | | | |
| アキ | 秋 | アキ 法下 八オ7 〔一三〕 | | | | | |
| アキ | 商 | アキ秋 僧下 四六ウ1 〔九〇〕 | | | | | |
| アキオフ | 備 | アキオフ 仏上 一一オ5 〔一五〕 | | | | | 観本「アキナフ」の誤 |
| アキシヒ | 眚 | アキシヒ 仏中 三七ウ3 〔七二〕 | アーシヒ I 上一 五四ウ2 | アーシヒ 八五ウ3 | | | |

| | | | | |
|---|---|---|---|---|
| アキタル | 婤 | アキタル 仏中九ウ2 一六 | アータル Ⅰ上二 二九オ7 | アキタル 五六オ4 |
| アキタル | 嗛 | アキタル 仏中三三ウ6 四二 | アータル Ⅰ上二 四一オ5 | アータル 七〇オ2 |
| アキタル | 足 | アキタル 法上三八オ1 七三 | | |
| アキタル | 餐 | アギタル 僧上五四オ3 一〇五 | | |
| アキタル | 飫 | アキタル 僧上五四ウ3 一〇六 | アータル Ⅲ下一 三三ウ3 | |
| アキタル | 飽 | アキタル 僧上五七ウ8 一一二 | アータル Ⅲ下一 三五オ7 | |
| アギト | 腮 | アキト 仏中六三ウ5 一一三 | | |
| アギト | 顒 | アキト 仏下本一三オ1 二三 | | |
| アキト | 閤 | アキト 法下四三ウ2 八二 | | |
| アギト | 鰓 | アキト 僧下四オ3 五 | アート Ⅲ下二 九三ウ2 (二一) | |
| アキト | 魚黒 | アキト 僧下八ウ5 一四 | アート Ⅲ下二 九八オ2 (二六) | |
| アギトフ | 喣 | アキトフ 仏中一六ウ4 三〇 | アートフ Ⅰ上一 三五ウ4 | アキトフ 六三ウ5 |
| アキトフ | 咳 | アキトフ 仏中三三ウ7 四二 | アートフ Ⅰ上二 四一オ6 | アートフ 七〇オ2 |
| アキトフ | 煦 | アートフ 仏下末二八オ2 五三 | | |
| アキトフ | 孩 | アキトフ 法下六八オ1 一三三 | | |
| アギトフ | 嬰孩 | アキトフ 法下六八オ2 一三三 | | |

| 和訓 | 漢字 | 観智院本 | 蓮成院本 | 高山寺本 | 西念寺本 | 図書寮本 | 備考 |
|---|---|---|---|---|---|---|---|
| アキナヒ | 交易 | アヽナヒ 仏中 四六ウ6 九〇 | アヽナヒ I上一 六三オ3 | アヽナヒ 九五ウ1 | | | |
| アキナヒカフ | 和市 | アキナヒ カフ 法下 三ウ2 四〇 | | | | | |
| アキナフ | 備 | アキオフ（ヲさ） 仏上 一オ5 一五 | | アヽナフ 一〇ウ6 | アキナフ 六オ1 | | 西本偏備 |
| アキナフヒ | 估 | アキナフヒ 仏上 一七オ3 二七 | | アヽナフ 一五ウ4 | アキナフヒ 一二ウ4 | | |
| アキナフ | 適 | アキナフ 仏上 二八ウ5 五〇 | | | アキナフ 二五ウ4 | | 西本適 |
| アキナフ | 售 | アキナフ 仏中 三三オ2 四三 | アヽナフ I上一 四一ウ1 | アヽナフ 七〇オ5 | | | |
| アキナフ | 易 | アヽナフ 仏中 四六ウ5 九〇 | アヽナフ I上一 六三オ3 | アヽナフ 九五オ7 | | | |
| アキナフ | 賣 | アキナフ 仏下本 八ウ6 一四 | | | | | |
| アキナフ | 貿 | アキナフ 仏下本 九オ2 一五 | | | | | |
| アキナフ | 橡 | アキナフ 仏下本 四一ウ1 八〇 | | | | | |
| アキナフ | 収 | アキナフ 法上 二四ウ3 四六 | アヽナフ II中 二四ウ7 | | | | |
| アキナフ | 埥 | アキナフ 法上 四七ウ3 九二 | | | | | |
| アキナフ | 市 | アキナフ 法中 五二ウ6 一〇二 | | | | | |
| アキナフ | 市 | アキナフ 法下 二ウ1 四〇 | | | | | |
| アキナフ | 交閙 | アキナフ 法下 三九オ2 七五 | | | | | |

| | | | | | | |
|---|---|---|---|---|---|---|
| アキナフ | 沽 | アキナフ 法下六六ウ8 一三〇 | | | | |
| アキナフ | 售 | ・アキ・ナフ 僧中六八オ5 一三三 | ア・ヽ・ナフ Ⅲ下二九〇ウ3 (一八) | | | |
| アキナフ | 商 | アキナフ 僧下四六ウ1 九〇 | アヽナフ Ⅲ下二一三〇ウ3 (五八) | | | |
| アキナフ | [illegible] | アキナフ 僧下六一オ4 一一九 | アヽナフ Ⅲ下二一三一オ1 (六〇) | | | |
| アキビト | 賣 | ・アキ・ヒ゛ト 仏下本八ウ6 一四 | | | | |
| アキヒト | 商 | ・アキ・ヒト 法上四七ウ6 九二 | | | | |
| アキヒト | 商人 | アキヒト 法上四七ウ5 九二 | | | | 阿陂比度 川 一二三 3 |
| アキヒト | 商 | | | | | アキヒト 巽 一二三 2 |
| アキムシ | 蛸蛉 | アキムシ 僧下二一ウ4 一〇 | | | | |
| アキムト | 嬰兒 | ・ア・ヽ・ム・ト 仏下末九オ7 一五 | | | | |
| アキラカ | 信 | アキラカ 仏上一九ウ8 三二 | | アヽラカ 一九ウ3 | アキラカ 一六オ1 | |
| アキラカ | 徹 | アキラカ 仏上二三オ3 三九 | | アヽラカ 二二オ4 | アキラカ 一九ウ3 | |
| アキラカ | 遂 | アキラカ 仏上三三ウ2 六〇 | アヽラカ Ⅰ上一〇ウ7 | アヽラカ 三二オ7 | ア、ヲカ(ママ) 三一オ6 | |
| アキラカ | 目 | アキラカ 仏中三三オ6 六三 | アキラカ Ⅰ上五〇ウ6 | アヽラカ 八一オ2 | | |
| アキラカ | 晶 | ・アキ・ラカ 仏中四四ウ3 八六 | アヽラカ Ⅰ上六一オ7 | | | |
| アキラカ | 時 | アヽラカ 仏中四四ウ8 八六 | アヽラカ Ⅰ上六一ウ2 | アヽラカ 九三ウ3 | | |

| 和訓 | 漢字 | 観智院本 | 蓮成院本 | 高山寺本 | 西念寺本 | 図書寮本 | 備考 |
|---|---|---|---|---|---|---|---|
| アキラカ | 昴 | アキラカ 仏中四五ウ4 八八 | アーラカ I上一 六二オ5 | アーラカ 九四オ7 | | | |
| アキラカ | 曙 | ·ア·キ·ラカ 仏中四五ウ7 八八 | アーラカ I上一 六二オ7 | ·ア·キ·ラカ 九四ウ3 | | | |
| アキラカ | 杲 | アキラカ 仏中五一オ2 九九 | アーラカ I上一 六七オ2 | アーラカ 九九ウ1 | | | |
| アキラカ | 皓 | アキラカ 仏中五三オ8 一〇三 | アーラカ I上一 六九オ5 | アーラカ 一〇一オ4 | | | |
| アキラカ | 譊 | アキラカ 法上二五ウ4 四八 | アーラカ II中一 二五ウ5 | | | | |
| アキラカ | 詧 | ·ア·キ·ラ·カ 法上三七ウ6 七二 | | | | ·ア·ー·ラ·カ 去 九八 2 | |
| アキラカ | 鄗 | アキラカ 法中一七オ6 三一 | | | | | |
| アキラカ | 禘 | アキラカ 法中五二オ1 一〇二 | | | | | |
| アキラカ | 惿 | アキラカ 法下三ウ1 四 | | | | | |
| アキラカ | 劭 | アキラカ 僧上四二オ6 八一 | アーラカ III下一 二一オ5 | | | | |
| アキラカ | 盁 | アキラカ 僧中九オ3 一五 | アーラカ III下一 五一ウ3 | | | | |
| アキラカ | 駮 | アキラカ 僧中五一オ6 九九 | アーラカ III下二 七六オ5（四） | | | | |
| アキラカ | 静 | アキラカ 僧下五一オ3 九九 | アーラカ III下二 一三七オ4（五五） | | | | |
| アキラカ | 眺 | | アキラカ I上一 五五オ6 | | | | |
| アキラカ | 昌 | | アキラカ I上一 六二オ6 | | | | |

| | | | | | | |
|---|---|---|---|---|---|---|
| アキラカ | 洞 | | アーラカ II 中一 二三ウ3 | | | |
| アキラカ | 明 | | | アーラカ 八八オ7 | | |
| アキラカ | 詳 | | | | | ・ア・ー・ラ・カは 九〇 1 |
| アキラカス | 鎖 | | アーラカ爪 III 下一 三九オ3 | | | |
| アキラカナリ | 遅 | アキラカナリ 仏上二八オ1 四九 | アキラカナリ I 上一 五ウ7 | アーラカナリ 二六ウ5 | アキラカナリ 二四ウ6 | |
| アキラカナリ | 聡 | アキラカナリ 仏中二オ4 一 | アーラカナリ I 上一 二三ウ5 | アーラカナリ 四七ウ6 | アキラカナリ 四九オ2 | |
| アキラカナリ | 喆 | アキラカナリ 仏中二五オ7 四七 | アーラカナリ I 上一 四三ウ4 | アーラカナリ 七二ウ4 | | |
| アキラカナリ | 嚞 | アキラカナリ 仏中二五オ7 四七 | アーラカナリ I 上一 四三ウ4 | アーラカナリ 七二ウ4 | | |
| アキラカナリ | 哲 | アキラカナリ 仏中二六ウ6 五〇 | アーラカナリ I 上一 四五オ2 | アーラカナリ 七四オ4 | | |
| アキラカナリ | 矔 | アキラカナリ 仏中三九オ8 七五 | アーラカナリ I 上一 五六ウ4 | アーラカナリ 八七ウ2 | | |
| アキラカナリ | 眦 | アキラカナリ 仏中四〇オ4 七七 | アーラカナリ I 上一 五七ウ1 | アーラカナリ 八八オ7 | | |
| アキラカナリ | 明 | アキラカナリ 仏中四〇オ5 七七 | アキラカナリ I 上一 五七ウ1 | | | |
| アキラカナリ | 昌 | アキラカナリ 仏中四四ウ2 八六 | | アーラカナリ 九三オ6 | | |
| アキラカナリ | 晨 | アキラカナリ 仏中四四ウ6 八六 | アーラカナリ I 上一 六一ウ2 | アーラカナリ 九三ウ2 | | |
| アキラカ=ナリ | 明 | ア・キ・ラカ=ナリ 仏中四五オ2 八七 | アーラカナリ I 上一 六一ウ4 | アーラカナリ 九三ウ5 | | |
| アキラカナリ | 昭 | アキラカナリ 仏中四五オ5 八七 | アーラカナリ I 上一 六一ウ6 | アーラカナリ 九四オ1 | | |

| 和訓 | 漢字 | 観智院本 | 蓮成院本 | 高山寺本 | 西念寺本 | 図書寮本 | 備考 |
|---|---|---|---|---|---|---|---|
| アキラカナリ | 曠 | アキラカナリ 仏中四五ウ2 八八 | ア丶ラカナリ I 上一六二オ3 | ア丶ラカナリ 九四オ5 | | | |
| アキラカナリ | 睹 | アキラカナリ 仏中四五ウ8 八八 | ア丶ラカナリ I 上一六二オ2 | ア丶ラカナリ 九五オ5 | | | |
| アキラカナリ | 晊 | ア丶ラカナリ 仏中四六オ6 八九 | ア丶ラカナリ I 上一六二ウ5 | ア丶ラカナリ 九五オ1 | | | |
| アキラカナリ | 睗 | ア丶ラカナリ 仏中四六ウ4 九〇 | ア丶ラカナリ I 上一六三オ3 | ア丶ラカナリ 九五オ7 | | | |
| アキラカナリ | 曜 | アキラカナリ 仏中四七オ3 九一 | ア丶ラカナリ I 上一六三オ7 | ア丶ラカナリ 九五ウ6 | | | |
| アキラカナリ | 晷 | ア丶ラカナリ 仏中四七ウ1 九二 | ア丶ラカナリ I 上一六三ウ5 | ア丶ラカナリ 九六オ3 | | | |
| アキラカナリ | 昨 | ア丶ラカナリ 仏中四七ウ3 九二 | ア丶ラカナリ I 上一六三ウ6 | ア丶ラカナリ 九六オ5 | | | |
| アキラカナリ | 暭 | アキラカナリ 仏中四八オ5 九三 | ア丶ラカナリ I 上一六四ウ1 | ア丶ラカナリ 九六ウ7 | | | |
| アキラカナリ | 昞 | アキラカナリ 仏中四八ウ1 九四 | ア丶ラカナリ I 上一六四ウ4 | ア丶ラカナリ 九七オ3 | | | |
| アキラカナリ | 皓 | ア丶ラカナリ 仏中四八ウ1 九四 | ア丶ラカナリ I 上一六四ウ4 | ア丶ラカナリ 九七オ3 | | | |
| アキラカナリ | 晢 | アキラカナリ 仏中四九ウ2 九六 | ア丶ラカナリ I 上一六五ウ3 | ア丶ラカナリ 九八オ2 | | | |
| アキラカナ(ニ)リ | 晰 | ア丶ラカナ(ニ)リ 仏中四九ウ3 九六 | ア丶ラカナリ I 上一六五ウ4 | ア丶ラカナリ 九八オ2 | | | |
| アキラカ(ケシ)ナリ | 晈 | アキラカ(ケレ)ナリ 仏中五〇オ4 九七 | ア丶ラカ(ケレ)ナリ I 上一六六オ5 | ア丶ラカナリ 九八ウ3 | | | |
| アキラカナリ | 旦 | ア丶ラカナリ 仏中五〇オ5 九七 | ア丶ラカナリ I 上一六六オ6 | ア丶ラカナリ 九八ウ4 | | | |
| アキラカナリ | 晞 | ア丶ラカナリ 仏中五〇オ8 九七 | ア丶ラカナリ I 上一六六ウ1 | ア丶ラカナリ 九八ウ7 | | | |

| | | | | |
|---|---|---|---|---|
| アキラカナリ | 皛 | アキラカナリ 仏中五三オ6 一〇三 | アヽラカナリ Ⅰ上一六九オ4 | アヽラカナリ 一〇二オ3 |
| アキラカナリ | 的 | アキラカナリ 仏中五三オ7 一〇三 | アヽラカナリ Ⅰ上一六九オ4 | アヽラカナリ 一〇二オ3 |
| アキラカナリ | 皎 | アキラカナリ 仏中五四オ2 一〇五 | アヽラカナリ Ⅰ上一六九ウ5 | アヽラカナリ 一〇二ウ5 |
| アキラカナリ | 明 | アキラカナリ 仏中七〇オ3 一三七 | | |
| アキラカナリ | 朗 | アキラカナリ 仏中七〇オ5 一三七 | | |
| アキラカナリ | 分明 | アキラカナリ 仏中七〇ウ5 一三八 | | |
| アキラカナリ | 賣 | アキラカナリ 仏下本八ウ6 一四 | | |
| アキラカナリ | 貿 | アキラカナリ 仏下本九オ2 一五 | | |
| アキラカナリ(ニ) | 顯 | アキラカナリ(ニ) 仏下本一六ウ3 三〇 | | |
| アキラカナリ | 拱 | アキラカナリ 仏下本三〇オ3 五七 | | |
| アキラカナリ | 括 | アキラカナリ 仏下本三三オ5 六三 | | |
| アキラカナリ | 杲 | アキラカナリ 仏下本五五ウ8 一〇八 | | |
| アキラカナリ | 分 | アヽラカナリ 仏下末一四ウ8 二六 | | |
| アキラカナリ | 必 | アヽラカナリ 仏下末一六オ4 二九 | | |
| アキラカナリ | 爽 | アキラカナリ 仏下末一九オ5 三五 | | |
| アキラカナリ | 照 | アキラカナリ 仏下末二〇ウ5 三八 | | |

| 和訓 | 漢字 | 観智院本 | 蓮成院本 | 高山寺本 | 西念寺本 | 図書寮本 | 備考 |
|---|---|---|---|---|---|---|---|
| アキラカナリ | 爛然 | アヽラカナリ 仏下末 三三ウ2 四二 | | | | | |
| アキラカナリ | 爣 | アヽラカナリ 仏下末 三三ウ6 四二 | | | | | |
| アキラカナリ | 燭 | アヽラカナリ 仏下末 三三ウ7 四二 | | | | | |
| アキラカナリ | 灼 | アヽラカナリ 仏下末 三三オ6 四三 | | | | | |
| アキラカナリ | 洞 | アキラカナリ 法上 三オ1 三 | アキラカナリ II 中一ウ6 | | | | |
| アキラカナリ | 瀬 | アキラカナリ 法上 三ウ6 四 | | | | | |
| アキラカナリ | 信 | アキラカナリ 法上 二五ウ3 四八 | アヽラカナリ II 中二六オ2 | | | | |
| アキラカナリ | 讃 | アキラカナリ 法上 二五ウ7 四八 | アヽラカナリ II 中二六オ4 | | | | |
| アキラカナリ | 詮 | アキラカナリ 法上 二九オ2 五五 | アヽラカナリ II 中二九ウ2 | | | | |
| アキラカナリ（ニ） | 章 | アキラカナリ（ニ） 法上 四七オ8 九一 | アヽラカナリ（ニ） III 下二一三オ7 (六二) | | | アヽラ[カ]ナリ 去 一二四 7 | |
| アキラカナリ | 郎 | アヽラカナリ 法中 二〇オ2 三七 | | | | | |
| アキラカナリ（ニ） | 陽 | アキラカナリ（ニ） 法中 二〇ウ4 三八 | | | | アヽラカナリ 巽 二〇九 5 | |
| アキラカナリ（ニ） | 担 | アキラカナリ（ニ） 法中 二六オ2 四九 | | | | | |
| アキラカナリ | 壇 | アキラカナリ 法中 三五オ2 六七 | | | | | |
| アキラカナリ | 愢 | アヽラカナリ 法中 四一ウ2 八〇 | | | | | |

| | | | |
|---|---|---|---|
| アキラカナリ | [illegible] | アーラカナリ 法中四五オ5 八七 | |
| アキラカナリ | 忻 | アキラカナリ 法中五三オ3 一〇一 | |
| アキラカナリ | 悦 | アキラカナリ 法中五三ウ1 一〇四 | |
| アキラカナリ | 視 | アキラカナリ 法下五ウ2 八 | |
| アキラカ也 | 亮 | アキラカ也 法下三三オ4 四三 | |
| アキラカナ=リ | 審 | アキラカナ=リ 法下三五ウ6 四八 | |
| アキラカナリ | 宣 | アキラカナリ 法下三六オ2 四九 | |
| アキラカナリ | 了 | アキラカナリ 法下七一ウ4 一〇〇 | |
| アキラカナリ | 著 | アキラカナリ 僧上二〇オ7 三七 | |
| アキラカナリ | 著 | アキラカナリ 僧上二〇オ8 三七 | |
| アキラカナリ | 翟 | アキラカナリ 僧上五一オ6 九九 | アーラカナリ 下一二九オ5 Ⅲ |
| アキラカナリ | 鏡 | アキラカナリ 僧上七〇オ6 一三七 | アーラカナリ 下一四五ウ2 Ⅲ |
| アキラカナリ | 敞 | アキラカナリ 僧中二九ウ8 五六 | アキラカナリ 下一六七オ2 Ⅲ |
| アキラカナリ | 散 | アキラカナリ 僧中三一オ5 五九 | アキラカナリ 下一六八オ6 Ⅲ |
| アキラカナリ | 敦 | アキラカナリ 僧中三三オ4 六一 | アーラカナリ 下一六九オ4 Ⅲ |
| アキラカナ=リ | 軗 | アキラカナ=リ 僧中四四オ7 八五 | |

| 和訓 | 漢字 | 観智院本 | 蓮成院本 | 高山寺本 | 西念寺本 | 図書寮本 | 備考 |
|---|---|---|---|---|---|---|---|
| アキラカナリ | [illegible] | アキラカナリ 僧中五〇オ6 九七 | アヽラカナリ Ⅲ下二七五ウ4 (三) | | | | |
| アキラカナリ | 蠲 | アキラカナリ 僧下三五ウ6 六八 | アキラカナリ Ⅲ下二四〇ウ2 (六八) | | | | |
| アキラカナリ(ニ) | 赫 | アキラカニ(ナリ) 僧下四四オ5 八五 | アキラカニ(ナリ) Ⅲ下二三四オ3 (六三) | | | | |
| アキラカナリ | 在 | | アヽラカナリ Ⅰ上二〇ウ6 | | アキラカナリ 四六ウ3 | | |
| アキラカナリ | 曉 | | アヽラカナリ Ⅰ上六七ウ7 | アヽラカナリ 一〇〇オ6 | | | |
| アキラカナリ | 詧 | | アキラカナリ Ⅲ下二四二ウ4 (七〇) | | | | |
| アキラカナリ | 粲 | | アヽラカナリ Ⅲ下二四二ウ4 (七〇) | | | | |
| アキラカナリ | 晶 | | | アヽラカナリ 九三オ7 | | | |
| アキラカニ | 呈 | アキラカニ 仏中三一ウ4 六〇 | アヽラカニ Ⅰ上四九ウ3 | アヽラカニ 七九オ4 | | | |
| アキラカニ | 眺 | アキラカニ 仏中三八オ2 七三 | | アヽラカニ 八六オ2 | | | |
| アキラカニ | 瞭 | アヽラカニ 仏中四七ウ4 九二 | アヽラカニ Ⅰ上六三ウ7 | アヽラカニ 九六オ7 | | | |
| アキラカニ(ナリ) | 曉 | アキラカニ(ナリ) 仏中五三オ4 一〇二 | | | | | |
| アキラカニ | 觸 | アキラカニ 仏下本七オ2 一一 | | | | | |
| アキラカニ | 頴 | アキラカニ 仏下本一六オ8 二九 | | | | | |
| アキラカニ | 肆 | アキラカニ 仏下本一八オ4 三三 | | | | | |

| | | | |
|---|---|---|---|
| アキラカニ | 揚 | アキラカニ 仏下本 二九オ3 五五 | |
| アキラカニ | 招 | アキラカニ 仏下本 三〇オ6 五七 | |
| アキラカニ | 核 | アキラカニ 仏下本 五四オ3 一〇五 | |
| アキラカニ | 棄 | アキラカニ 仏下末 一八オ2 三三 | |
| アキラカニ | 煌 | アキラカニ 仏下末 二〇オ2 三七 | |
| アキラカニ | 燰 | ア〜ラカニ 仏下末 二一オ8 三九 | |
| アキラカニ | 炳 | ア〜ラカニ 仏下末 二三ウ4 四二 | |
| アキラカニ | 焇 | ア〜ラカニ 仏下末 二五オ7 四七 | |
| アキラカニ | 熺 | ア〜ラカニ 仏下末 二六ウ2 五〇 | |
| アキラカニ | 治 | アキラカニ 法上 一七ウ2 三二 | ア〜ラカニ Ⅱ中 一七オ2 |
| アキラカニ | 諳 | アキラカニ 法上 二五ウ8 四八 | アキラカニ Ⅱ中 二六オ7 |
| アキラカニ | 詳 | アキラカニ 法上 二九ウ2 五六 | ア〜ラカニ Ⅱ中 三〇オ2 |
| アキラカニ | 諒 | アキラカニ 法上 三〇ウ3 五八 | ア〜ラカニ Ⅱ中 三一オ4 |
| アキラカニ | 諟 | アキラカニ 法上 三三ウ6 六二 | ア〜ラカニ Ⅱ中 三三オ7 |
| アキラカニ | 諦 | アキラカニ 法上 三三ウ7 六二 | ア〜ラカニ Ⅱ中 三三ウ1 |
| アキラカニ | 面 | アキラカニ 法上 五一ウ8 一〇〇 | |

| 和訓 | 漢字 | 観智院本 | 蓮成院本 | 高山寺本 | 西念寺本 | 図書寮本 | 備考 |
|---|---|---|---|---|---|---|---|
| アキラカニ | 審 | アキラカニ 法上五八オ1 二一三 | | | | | |
| アキラカニ | 研 | アキラカニ 法中三オ3 三 | | | | アーラカニ ナ 一四九 2 | |
| アキラカニ | 礭 | アーラカニ 法中四ウ5 六 | | | | | |
| アキラカニ | 瑳 | アーラカニ 法中九ウ6 一六 | | | | | |
| アキラカニ | 程 | アキラカニ 法下五ウ2 八 | | | | | |
| アキラカニ | 玄 | アキラカニ 法下三三ウ8 四二 | | | | | |
| アキラカニ | 密 審 | アキラカニ 法下二五ウ7 四八 | | | | アーラカニ ね 一三七 6 | |
| アキラカニ | 敫 | アキラカニ 法下三一オ4 五九 | | | | | |
| アキラカニ | 覈 | アキラカニ 法下三五ウ7 六八 | | | | | |
| アキラカニ | 圞 | アキラカニ 法下四四オ8 八五 | | | | | |
| アキラカニ | 孱 | アキラカニ 法下四五ウ6 八八 | | | | | |
| アキラカニ | 麗 | アキラカニ 法下五七オ8 一一一 | | | | | |
| アキラカニ | 瘢 | アキラカニ 法下六三ウ1 一二四 | | | | | |
| アキラカニ | 蔚 | アキラカニ 僧上一二オ5 二一 | | | | | |
| アキラカニ | 判 | アキラカニ 僧上四八オ6 九三 | アキラ[カニ] Ⅲ 下一二六オ7 | | | | |

| | | | | | | |
|---|---|---|---|---|---|---|
| アキラカニ | 鏒 | アキラカニ 僧上 六〇ウ2 二八 | アキラカニ Ⅲ下一 三七ウ3 | | | |
| アキラカニ | 銑 | ·ア·キ·ラカニ 僧上 六三オ1 一三三 | ·ア\ ·キ·ラカニ Ⅲ下一 三九ウ5 | | | |
| アキラカニ | 介 | アキラカニ 僧中 二ウ7 二 | アーラカニ Ⅲ下一 四七ウ1 | | | |
| アキラカニ | 甄 | ·アキ·ラ·カニ 僧中 十ウ7 一八 | ·アキ·ラ·カニ Ⅲ下二 二九オ5 (四七) | | | |
| アキラカニ | 鮮 | アキラカニ 僧下 二ウ8 二 | アキラカニ Ⅲ下二 九二ウ3 (二〇) | | | |
| アキラカニ | 颺 | アキラカニ 僧下 二七オ8 五一 | アーラカニ Ⅲ下二 二五オ3 (四三) | | | |
| アキラカニ | 發 | ·ア·キ·ラカニ 僧下 五五オ8 一〇七 | アーラカニ Ⅲ下二 一四二ウ5 (七〇) | | | |
| アキラカニ | 在 | | | ·ア·キ·ラカ·ニ 四五オ6 | | |
| アキラカニ | 昱 | | | アーラカニ 九五オ4 | | |
| アキラカニ アリ | 昱 | アーラカニ アリ 仏中 四六ウ2 九〇 | | | | |
| アキラカニス | 平在 | ·ア·キ·ラ·カ ·ニ·ス 仏上 四五ウ7 八四 | | | アーラカ ニス 四七オ1 | |
| アキラカニス | 彰 | ·ア·キ·ラカ ニス 仏本 一七ウ1 三二 | | | | |
| アキラカニス | 爚 | ·ア·キ·ラ·カ ニス 仏下末 二一ウ7 四〇 | | | | |
| アキラカニス | 察 | ·アキラカ ニス 法下 二六ウ7 五〇 | | | | |
| アキラカ ニワ | 爚人 | ·アハ·ラカ ニワ 仏下末 二一ウ8 四〇 | | | | |
| アキラカニス | 平敀 | | | アーラカ ニ爪 四五ウ4 | | |

| 和訓 | 漢字 | 観智院本 | 蓮成院本 | 高山寺本 | 西念寺本 | 図書寮本 | 備考 |
|---|---|---|---|---|---|---|---|
| アキラカニナリ | 在 | アキラカニナリ 仏上四五ウ6 八四 | | | | | |
| アキラケシ | 昧 | アキラケシ 仏中五三オ4 一〇一 | アーラケシ I上一六八オ1 | アーラケシ 一〇〇オ7 | | | |
| アキラケシ | 灼然 | アキラケシ 仏下末二三オ7 四三 | | | | | |
| アキラケシ | 晈 | | | アーラケシ 九八ウ3 | | | |
| アキラナリ | 郁 | アーラナリ 法中一九ウ6 三六 | | | | | |
| アキラム | 昭 | アーラム 仏中四五オ5 八七 | アーラム I上一六二ウ6 | [ア]ーラム 九四オ1 | | | |
| アキラム | 諭 | アキラム 法上三五ウ4 六八 | アーラム II中一三六オ7 | | | | |
| アキラム | 察 | アキラム 法下二六ウ7 五〇 | | | | | |
| アキラム | 靈 | アキラム 法下三四ウ2 六六 | | | | | |
| アキラム | 霰 | アキラム 法下三五ウ7 六八 | | | | | |
| アキラム | 闢 | アキラム 法下三八ウ8 七四 | | | | | |
| アキラム | 鏡 | アキラム 僧上一七〇オ6 一三七 | アーラム III下一四五ウ2 | | | | |
| アキヲサメ | 穡 | アキヲサメ 法下一七オ5 一二 | | | | | |
| アキヲサメ | 稿 | アキヲサメ 法下一七オ5 一二 | | | | | |
| アキヲサメ | 穫 | アキヲサメ 法下一八オ5 一三 | | | | | |

| | | | | | | | |
|---|---|---|---|---|---|---|---|
| アク | 付 | アク 仏上七 七オ6 | アク I上 三オ4 | アク 五ウ1 | アク 一ウ5 | | |
| アク | 伉 | アク 仏上九 八オ6 | アク I上 三ウ6 | ・アク.. 六ウ1 | アク 二ウ6 | | 伉西本 仇 |
| アク | 俺 | アク 仏上一〇 八ウ5 | アク I上 四オ4 | アク 六ウ7 | アク 三オ5 | | |
| アク | 偂 | アク 仏上二九 一八オ2 | | アク 一六オ7 | アク 一三ウ5 | | 偂高本 偂西本 |
| アク | 趐 | アク 仏上六四 三五ウ8 | アイ(ママ) I上 一三オ2 | アク 三五オ3 | アク 三四ウ1 | | |
| アク | 上 | ・アク. 仏上七四 四〇ウ3 | アク I上 一七オ7 | ・アク 四〇オ7 | ・アク. 四〇オ2 | | |
| アク | 嬰 | アク 仏中六七 三五オ4 | アク I上 五〇ウ1 | アク 八三オ2 | | | |
| アク | 俔 | アク 仏中八四 四三ウ8 | アク I上 六〇ウ5 | アク 九二ウ2 | | | |
| アク | 明 | アク 仏中八七 四五オ2 | アク I上 六一ウ4 | アク 九三ウ5 | | | |
| アクケヌ | 暘 | ・アク.ケヌ 仏中九〇 四六ウ4 | アクケヌ I上 六三オ3 | アク 九五オ7 | | | 暘観本 |
| アク | 晞 | ・アイ.ヒ.ル(ママ) 仏中九七 五〇オ8 | アイ(ママ) I上 六六ウ1 | ・アク. 九八ウ7 | | | |
| アグ | 臈 | ・アク.. 仏中一三三 六三オ6 | | | | | |
| アグ | 腃 | ・アク.. 仏中一三三 六三オ8 | | | | | |
| アグ | 䑭 | ・アク.. 仏下本二 一七オ6 | | | | | |
| アク | 抗 | アク 仏下本四一 二三オ5 | | | | | |
| アク | 捘 | アク 仏下本四六 二四ウ8 | | | | | |

| 和訓 | 漢字 | 観智院本 | 蓮成院本 | 高山寺本 | 西念寺本 | 図書寮本 | 備考 |
|---|---|---|---|---|---|---|---|
| アグ | 標 | アク 仏下本 二六ウ2 五〇 | | | | | |
| アク | 措 | アク 仏下本 二九ウ8 五六 | | | | | |
| アグ | 擧 | アク 仏下本 三一オ6 五九 | | | | | |
| アグ | 扛 | アク 仏下本 三一ウ5 六〇 | | | | | |
| アグ | 格 | アク 仏下本 三四オ1 六五 | | | | | |
| アク | 挑 | アク 仏下本 三六オ8 六九 | | | | | |
| アク | 推 | アク 仏下本 三六ウ3 七〇 | | | | | |
| アグ | 撤 | アク 仏下本 三八オ5 七三 | | | | | |
| アク | 撞 | アク 仏下本 三八オ7 七三 | | | | | |
| アク | 提 | アク 仏下本 四〇ウ6 七八 | | | | | |
| アク | 揚 | アク 仏下本 四三オ5 八三 | | | | | |
| アグ | 杭 | アク 仏下本 五〇ウ5 九八 | | | | | |
| アグ | 元 | アク 仏下末 一〇オ4 一七 | | | | | |
| アク | 擧 | アク 仏下末 一三ウ7 二四 | | | | | |
| アク | 灰汁 | アク 仏下末 二四ウ5 四六 | | | | | |

| | | | | | | |
|---|---|---|---|---|---|---|
| アク | 浩 | アク 法上 九オ7 一五 | アク II中一 六ウ7 | | | |
| アク | 叉 | アク 法上 三八オ1 七三 | | | | アク 集 一〇二 2 |
| アク | 蹻 | アク 法上 四〇ウ2 七八 | | | | |
| アク | 躋 | アク 法上 四〇ウ3 七八 | | | | |
| アク | 距 | アク 法上 四二オ7 八一 | | | | |
| アク | 踠 | アク 法上 四四ウ5 八六 | | | | |
| アグ | 竦 | アク 法上 四六ウ4 九〇 | | | | |
| アグ | 登 | アク 法上 四九オ5 九五 | | | | アク 集 一三九 6 |
| アグ | 琜 | アク 法中 一四オ7 二五 | | | | |
| アク | 阯 | アク 法中 二四ウ5 四六 | | | | |
| アク | 慼 | アク 法中 四八オ3 九三 | | | | |
| アク | 縉 | アク 法中 五九オ6 一一五 | | | | |
| アグ | 結 | アク髮 法中 六二オ1 一二一 | | | | |
| アク | 褻 | アク 法中 七七オ2 一五一 | | | | |
| アグ | 稱 | アク 法下 一〇ウ6 一八 | | | | |
| アク | 搴 | アク 法下 二五オ5 四七 | | | | |

| 和訓 | 漢字 | 観智院本 | 蓮成院本 | 高山寺本 | 西念寺本 | 図書寮本 | 備考 |
|---|---|---|---|---|---|---|---|
| アク | 闡 | アク 法下三九オ4 七五 | | | | | |
| アク | 庖 | アク 法下四八オ2 九三 | | | | | |
| アク | 廠 | アク 法下五三ウ8 一〇四 | | | | | |
| アク | 㦍 | アク 法下五四ウ4 一〇六 | | | | | |
| アグガル | 厲 | ・ア‥グカ・ル 法下五五オ5 一〇七 | | | | | |
| アク | 曆 | アク 法下五五ウ4 一〇八 | | | | | |
| アク | 薦 | アク 僧上二一ウ2 四〇 | アク III 下一 四ウ4 | | | | 蓮本 [illegible] |
| アク | 菝 | アク 僧上二七オ2 五一 | アク III 下一 五ウ7 | | | | |
| アク | 筞 | アク 僧上三五ウ2 六八 | アク III 下一 一四ウ2 | | | | |
| アグカル | 翅 | ・ア‥クカル 僧上四九オ8 九五 | ・ア‥クカル III 下一 二七ウ2 | | | | |
| アク | 饕 | ・ア・ク 僧上五四オ3 一〇五 | アク III 下一 三三オ5 | | | | |
| アク | 餮 | アク 僧上五六ウ6 一一〇 | アク III 下一 三四オ7 | | | | |
| アク | 餾 | アク 僧上五七オ6 一一一 | アク III 下一 三四ウ7 | | | | |
| アク | 鏂 | ・ア・ク 僧上五七ウ8 一一二 | ・ア・ク III 下一 三五オ7 | | | | |
| アク | 飽 | ・ア・ク 僧上五七ウ8 一一二 | ・ア・ク III 下一 三五オ7 | | | | |

| | | | |
|---|---|---|---|
| アグ | 矯 | アク 僧中一七ウ7 三二 | アクカル III下二一三オ3 (五二) |
| アク | 敫 | アク 僧中三一ウ5 六〇 | アク III下一六八ウ5 |
| アグ | 簸 | アク 僧中三七オ3 七一 | |
| アク | 軏 | アク 僧中四六オ3 八九 | |
| アク | 轉 | アク 僧中四八オ2 九三 | アク III下二七三ウ5 (一) |
| アク | 鯨 | アク 僧下二ウ3 二 | アク III下二九二オ7 (二〇) |
| アグ | 颺 | アク 僧下二七オ8 五一 | アク III下二一五オ3 (四三) |
| アク | 釃 | アク 僧下二九ウ3 五六 | アク III下一五六オ2 |
| アク | 廾 | アク 僧下五六オ1 一〇九 | |
| アク | 發 | | アク III下二四二ウ5 (七〇) |
| アクカ | 堆 | アクカ 法中二七ウ7 五二 | |
| アクカル | 憧 | アクカル 法中四〇オ1 七七 | |
| アクタ | 扱 | アクタ 仏下本三〇ウ5 五八 | |
| アクタ | 糞 | アクタ 仏下末一四ウ5 二六 | |
| アクタ | 焔 | アクタ 仏下末一九ウ3 三六 | |
| アクタ | 糞 | アクタ 法下二〇オ2 三七 | |

| 和訓 | 漢字 | 観智院本 | 蓮成院本 | 高山寺本 | 西念寺本 | 図書寮本 | 備考 |
|---|---|---|---|---|---|---|---|
| アクタハ | 芥 | アクタハ 僧上 一九オ8 三五 | | | | | |
| アクタ | 莽 | アクタ 僧上 二七オ4 五一 | アイ(ミ)タ Ⅲ下一 六オ2 | | | | |
| アクタ | 蚩虫 | アクタ 僧下 一三オ4 二三 | アクタ Ⅲ下二 一〇ウ3 (二九) | | | | |
| アクタハカリ | 薑芥 | アクタハカリ 僧上 一九ウ1 三六 | | | | | |
| アクタハカリ | 薑芥 | アクタハカリ 僧上 二六オ6 四九 | アクタハカリ Ⅲ下一 一四ウ3 | | | | |
| アクタハラフ | 擴 | アクタハラフ 仏下本 四一ウ6 八〇 | | | | | |
| アクタル | 淋灰 | アクタル 仏下末 二四ウ5 四六 | | | | | |
| アクタル | 淋 | アクタル 法上 二一ウ3 四〇 | アクタル Ⅱ中一 二二オ5 | | | | |
| アクテ | 次 | アクテ 法上 一〇ウ5 一八 | アクチ Ⅱ中一 一〇オ6 | | | | |
| アクナフ | 踰 | アイ(ミ)ナフ馬 仏上 三五ウ8 六四 | アクナフ馬 Ⅰ上一 一三オ2 | アクナフ馬 三五オ3 | アツナフ馬 三四ウ1 | | |
| アグナフ | 沛艾 | アクナフ 法上 一一ウ5 二〇 | アクナフ Ⅱ中一 一一オ6 | | | | |
| アクビ | 呿 | アクヒ 仏中 二五オ6 四七 | アクヒ Ⅰ上一 四三ウ3 | アクヒ 七二ウ3 | | | |
| アクヒ | 上氣 | アクヒ 僧下 五七ウ1 一二二 | | | | | |
| アクヒ | 欠 | アクヒ爪 僧中 二三ウ8 四四 | アクヒ爪 Ⅲ下一 六三オ1 | | | | |
| アクヒ | 吹呿 | | アクヒ Ⅰ上一 五〇ウ4 | | | | |

| | | | | | | |
|---|---|---|---|---|---|---|
| アクヒ | 欨 | | アイクヒ Ⅲ下一 六三オ7 | | | |
| アクビス | 佽 | アイ(手)ビス 仏上 五 六オ6 | アクヒス Ⅰ上一 二オ7 | アクヒ爪 四ウ4 | | |
| アクヒス | 欨 | アクヒス 僧中 四八 二五ウ6 | アイクヒ爪 Ⅲ下一 六三オ7 | | | |
| アクヒノビス | 欠伸 | アクヒノ ヒス 仏上 二 九オ8 | アクヒノ ヒ爪 Ⅲ下一 六二オ1 | アクヒノ ヒ爪 八ウ3 | アクヒノ ヒス 四オ1 | |
| アクビノビス | 欠伸 | アクヒノ ヒ爪 僧中 四四 二三ウ8 | | | | |
| アクフ | 呻 | アクフ 仏中 三三 一七ウ1 | アクフ Ⅰ上一 三六ウ1 | アクフ 六四ウ3 | | |
| アクフ | 嗚 | アクフ 仏中 五三 二八オ3 | | アクフ 七五ウ2 | | |
| アグラ | 胡床 | アクラ 法下 一〇六 五四ウ6 | | | | |
| アクルニ | 明 | アクルニ 仏中 一三七 七〇オ3 | | | | |
| アクロ | 張 | アクロ 僧中 二六 一四ウ7 | アクロ Ⅲ下一 五三ウ3 | | | |
| アケ | 姝 | アケ 仏中 一六 九ウ4 | | | | |
| アケ | 緹 | アケ 法中 一二二 六二オ3 | | | | |
| アケ | 緋 | アケ 法中 一三八 六五ウ8 | | | | |
| アケ | 絳 | アケ 法中 一三〇 六六ウ3 | | | | |
| アケ | 茜 | アケ 僧上 一三 八オ7 | | | | |
| アケウソ | 遍草 | アケウソ 僧上 四 三ウ1 | | | | |

| 和訓 | 漢字 | 観智院本 | 蓮成院本 | 高山寺本 | 西念寺本 | 図書寮本 | 備考 |
| --- | --- | --- | --- | --- | --- | --- | --- |
| アケカスカヒ | 鎹 | アケカ爪カヒ 僧上 六〇オ7 一一七 | アケカス[カヒ] III 下一 三七ウ1 | | | | |
| アケカ爪カヒ | 擧鎹 | アケカ爪カヒ 僧上 六〇オ7 一一七 | アケカスカヒ III 下一 三七ウ2 | | | | |
| アケクタスニ | 㝗貶 | アケクタスニ 仏下本 一〇〇オ1 一七 | | | | | |
| アゲタリ(ク) | 抗 | アケタリ(ク) 仏下本 三一オ5 四一 | | | | | |
| アケツラフ | 論 | アケツラフ 法上 三五ウ3 六八 | アケツラフ II 中一 三六オ6 | | | アケツラフ 遊 七一 上 | |
| アケツラフ | 章 | アケツラフ 法上 四七オ8 九一 | アケツラフ III 下二 三三オ7 (六一) | | | | |
| アゲテ | 勝 | アケテ 仏中 六三オ8 一三三 | | | | | |
| アゲテ | ⿰舟券 | アケテ 仏下本 三ウ3 四 | | | | | |
| アゲテ | 招 | アケテ 仏下本 三〇オ6 五七 | | | | | |
| ヲアゲテ | 結髪 | | | | | ヲアケチ 白 三〇一 7 | |
| アケヌ | 晨 | アケヌ 仏中 四四ウ5 八六 | アケヌ I 上一 六一ウ1 | アケヌ 九三ウ2 | | | |
| アケヌ | 明 | アケヌ 仏中 四五オ2 八七 | アケヌ I 上一 六一ウ4 | アケヌ 九三ウ5 | | | |
| アケヌ | 曙 | アケヌ 仏中 四五ウ7 八八 | アケヌ I 上一 六三オ7 | アケヌ 九四ウ3 | | | |
| アケヌ | 旦 | アケヌ 仏中 五〇オ5 九七 | アケヌ I 上一 六六オ6 | アケヌ 九八ウ4 | | | |
| アケヌ | 晞 | アケヌ 仏中 五〇ウ1 九八 | アケヌ I 上一 六六ウ1 | [アケ]ヌ 九八ウ7 | | | |

| 訓 | 字 | 1 | 2 | 3 | 4 | 5 | 注 |
|---|---|---|---|---|---|---|---|
| アケヌ | 曉 | ・アケ・ヌ 仏中 一〇一 一五三オ3 | アケヌ Ⅰ上一 一六七ウ7 | ・アケ・ヌ 一〇オ6 | | | |
| アケヌ | 暘 | | | アケヌ 九五オ7 | | | |
| アケハリ | 幄 | アケハリ 法中 一〇七 五五オ6 | | | | ・阿・汁・波・利 禾 二八〇 7 | 幄 図本 |
| アケハル | 緗 | （ミ）アチハル 法中 一一三 五八オ1 | | | | | |
| アケヒ | 吹呿 | アケ（ク）ヒ 仏中 六二 三三ウ6 | | ア（ク）ケ（ク）ヒ 八〇ウ2 | | | |
| アケビ | 遍草 | ・アケ・ヒ 僧上 四一 三ウ1 | アケヒ Ⅲ下一 一一オ3 | | | | |
| アケヒ | 蒴 | アケヒ 僧上 一七 一〇オ1 | | | | | |
| アケヒ | 蔔 | アケヒ 僧上 二四 一八ウ5 | | | | | |
| アケヒ | 蔔藤 | ・アケ・ヒ 僧上 四一 二三オ1 | | | | | |
| アケヒ | 蔔 | アケヒ 僧上 四一 二三オ1 | | | | | |
| アケホノ | 曈 | アケホノ 仏中 八九 四六オ1 | アケ小ノ Ⅰ上一 六三ウ2 | アケアノ 九四ウ4 | | | |
| アケホノ | 曨 | アケホノ 仏中 八九 四六オ1 | アケホノ Ⅰ上一 六三オ5 | アケ小ノ 九五ウ3 | | | |
| アケホノ | 未明 | アケホノ 仏中 一三七 七〇オ3 | | | | | |
| アゲマキ | 総角 | ・ア・ケ・マ・キ 仏下本 九 六オ5 | | | | | |
| アコヱ | 距 | ・アコ・ヱ 法上 八一 四三オ7 | | | | ・阿・古・江 川 二一 7 | 距 図本 |
| アコエタリ | 婷嫜 | アコエタリ 仏中 一八 一〇ウ4 | アコエタリ Ⅰ上一 一三〇オ7 | アコエタリ 五七オ6 | | | 嫜 蓮本、高本 嫜 |

| 和訓 | 漢字 | 観智院本 | 蓮成院本 | 高山寺本 | 西念寺本 | 図書寮本 | 備考 |
|---|---|---|---|---|---|---|---|
| アコメ | 袙 | アコメ 法中 七〇オ5 一三七 | | | | | |
| アコメ | 衵 | アコメ 法中 七〇オ6 一三七 | | | | 阿古米 川 三三三 5 | |
| アコメギヌ | 衵 | アコメキヌ 法中 七〇オ6 一三七 | | | | | |
| アサ | 贅 | アサ 仏下本 九オ4 一五 | | | | | |
| アサ | 麻 | アサ 法下 五三オ6 一〇三 | | | | | |
| アサ | [illegible] | アサ 法下 五八ウ6 一一四 | | | | | |
| アサ | 瘖 | アサ 法下 五八ウ6 一一四 | | | | | |
| アサ | 痕 | アサ 法下 六五オ7 一一七 | | | | | |
| アサ | 苴 | アサ 僧上 六オ2 九 | | | | | |
| アサカハヤカナル | 濺水 | | ア[イ]サカハヤカナル Ⅱ 中 三ウ7 | | | | |
| アザカヘス | 蕪 | アサカヘ爪 僧上 三〇ウ6 五八 | アサカヘ爪 Ⅲ 下一 九ウ6 | | | | |
| アサカホ | 種 | アサカホ 仏下本 四九ウ7 九六 | | | | | |
| アサカホ | 槿 | アサカホ 仏下本 五六オ7 一〇九 | | | | | |
| アサガホ | 牽牛子 | アサカホ 法下 七〇オ2 一三七 | | | | | |
| アサカホ | 蕣 | アサカホ 僧上 四ウ5 六 | | | | | |

| | | | | | | | |
|---|---|---|---|---|---|---|---|
| アサカホ | 苕 | アサカホ 僧上 九 六オ4 | | | | | |
| アサカホ | 若 | アサカホ 僧上 九 六オ5 | | | | | |
| アサキミツ | 淀 | アサキミツ 法上 二 七オ2 | アサキミい Ⅱ中一 八ウ5 | | | | |
| アサク | 攉 | アサク 仏下本 四〇 三ウ2 | | | | | |
| アサクサ | 蓋草 | アサクサ 僧上 四 三ウ4 | | | | | |
| アサケ | ⿰酉京 | アサケ 僧下 六三 三三オ6 | コ(ママ)サケ Ⅲ下一 五八ウ4 | | | | |
| アザケル | 哂 | アサケル 仏中 二九 一六オ4 | | アサケル 六三オ6 | | | |
| アサケル | ⿰口面 | アサケル 仏中 二九 一六オ5 | アサケル I上一 三五オ6 | アサケル 六三オ6 | | | |
| アサケル | 吡 | アサケル 仏中 三三 一八オ5 | アサケル I上一 三七オ3 | アサケル 六五オ7 | | | |
| アザケル | 哢 | アサケル 仏中 四〇 二一ウ5 | ア[サケ]ル I上一 四〇オ7 | [アサ]ケル 六九オ1 | | | |
| アザケル | 咍 | アサケル 仏中 四七 二五オ5 | アサゲル I上一 四三ウ3 | アサケル 七二ウ2 | | | |
| アザケル | 嘲 | アサケル 仏中 五〇 二六ウ4 | アサケル I上一 四五ウ3 | アサケル 七四オ3 | | | 高本 嘲啁 |
| アサケル | 啁 | アサケル 仏中 五〇 二六ウ5 | アサケル I上一 四七ウ4 | | | | |
| アサケル | 嗤 | ア\サケル 仏中 五二 二七ウ3 | アサケル I上一 四五ウ6 | ア\サケル 七五オ2 | | | |
| アサケル | ⿰口豈 | アサケル 仏中 六一 三三オ7 | アサケル I上一 五〇オ5 | アサケル 八〇オ1 | | | |
| アサケル | 胡 | [ア]サケル 仏中 一三六 六九ウ1 | | | | | |

| 和訓 | 漢字 | 観智院本 | 蓮成院本 | 高山寺本 | 西念寺本 | 図書寮本 | 備考 |
|---|---|---|---|---|---|---|---|
| アサケル | 誚 | アサケル 法上 二九ウ1 五六 | アサケル Ⅱ中一 三〇オ1 | | | | |
| アサケル | 誚譙 | アサケル 法上 二九ウ2 五六 | アサケル Ⅱ中一 三〇オ2 | | | | |
| アサケル | 謿 | ·ア··サケル 法上 三一オ7 五九 | ·ア··サケル Ⅱ中一 三一オ1 | | | | |
| アザケル | 諕 | ·ア··サケル 法上 三三ウ1 六四 | アサケル Ⅱ中一 三四オ3 | | | | 蓮本 諕 |
| アザケル | 謣 | ·ア··サケル 法上 三四オ7 六五 | ·ア··サケル Ⅱ中一 三五オ1 | | | ·ア··サケル 九六 6 | 図本 謣 |
| アサケル | 蚩 | アサケル 法上 五五オ7 一〇七 | | | | アサケル 古 一四五 4 | 図本 蚩 |
| アザケル | 悝 | ·ア··サ·ケ·ル 法中 四八オ2 九三 | | | | ·阿··佐·介·留 季 二七三 4 | |
| アサケル | 悝 | | | | | 阿佐介留 二四〇 5 | |
| アサケル | 惈 | アサケル 法中 四九オ8 九五 | | | | | |
| アサケル | 怏 | アサケル 法中 四九ウ5 九六 | | | | | |
| アサケル | 銷 | アサケル 僧上 六二オ3 一二一 | アサケル Ⅲ下一 三八ウ7 | | | | |
| アザケル | 欺 | ·ア··サケル 僧中 二六オ4 四九 | ·ア··サケル Ⅲ下一 六三ウ4 | | | | |
| アザサ | 衛 | ·ア··サ·ヘ 僧上 一七オ6 三一 | | | | | |
| アサシ | 道 | アサし 仏上 二五ウ6 四四 | | アサし 二五オ1 | アサシ 二二ウ3 | | |
| アサシ | 昌 | アサし 仏中 四四ウ2 八六 | | | | | |

| | | | | | | |
|---|---|---|---|---|---|---|
| アサシ | 臊 | アサし 仏中 五八ウ3 二四 | アサル(ミ) I上 七三ウ2 | | | |
| アサシ | 淺 | アサし 法上 五オ2 七 | アサし II中 四オ3 | | | |
| アサシ | 汎 | アサし 法上 五ウ6 八 | アサし II中 五オ1 | | | |
| アサシ | 泊 | アサし 法上 六オ2 九 | アサし II中 七ウ5 | | | |
| アサシ | 洦 | アサし 法上 六オ3 九 | アサし II中 七ウ6 | | | |
| アサシ | 澇 | アサし 法上 八ウ6 一四 | アサし II中 六オ5 | | | |
| アサシ | 漠 | アサし 法上 十六ウ7 三〇 | アサし II中 一六オ6 | | | |
| アサシ | 譾 | アサし 法上 三三ウ6 六二 | アサし II中 三三オ7 | | | |
| アサシ | 踐 | アサし 法上 四五ウ5 八八 | | | | |
| アサシ | 耶 | アサし 法中 一九ウ4 三六 | | | | |
| アサシ | 庯 | アサし 法下 四八ウ6 九四 | | | | |
| アサシ | 厝 | アサし 法下 四九オ1 九五 | | | | |
| アサシホ | 潮 | アサしア 法上 一三ウ6 二四 | アサしホ II中 一三オ5 | | | |
| アサシホユフシホ | 潮汐 | アサしホ ユフしホ 法上 一三ウ6 二四 | アサし小 ユフし小 II中 一三オ5 | | | アサし小 ユフし小 顔 四二 6 |
| アサタネ | 苴 | アサタネ 僧上 六オ2 九 | | | | |
| アサヂ | 鰍 | アサヂ 僧下 五ウ6 八 | アサヂ III下二 九五オ4 (二三) | | | |

| 和訓 | 漢字 | 観智院本 | 蓮成院本 | 高山寺本 | 西念寺本 | 図書寮本 | 備考 |
| --- | --- | --- | --- | --- | --- | --- | --- |
| アサツキ | 嶋蒜 | アサツ丶 僧上 一七オ4 三二 | | | | | |
| アサツキ | 葪 | アサツ丶 僧上 一七オ6 三二 | | | | | |
| アサテ | 明朝後日 | アサテ 仏中 四四オ7 八五 | アサテ Ⅰ上二 六二オ5 | アサテ 九三オ3 | | | |
| アサドリ（マ） | 胡鷀子 | | アサトリ（テイ） Ⅲ下二 八九オ4（一七） | | | | |
| アサナ | 字 | アサナ 法下 二七ウ1 五三 | | | | | |
| アザナ | 字 | アサナ 法下 七一ウ3 一四〇 | | | | | |
| アサナハレリ | 摽 | アサナハレリ 仏下本 二八ウ2 五四 | | | | | |
| アサヌク | 紵 | アサヌク 法中 五九ウ3 一二六 | | | | アサヌク 三〇四 5 | 図本 紵 |
| アサヌノ | 麻布 | アサヌノ 法中 五六ウ4 一一〇 | | | | 阿散沼能 二七八 3 | |
| アサハヤカ | 瀅 | アサハヤカ 法上 一七ウ8 三二 | アサハヤカ Ⅱ中一 一七ウ1 | | | | |
| アサハヤカナル水 | 濺水 | アサハヤカナル水 法上 四ウ6 六 | アサハカ（ママ）ナル水 Ⅱ中一 三ウ7 | | | アサハカ（ママ）ナルミツ 一〇 5 | |
| アサハヤカニ | 濺 | アサハヤカニ 法上 四ウ6 六 | アサハヤカニ Ⅱ中一 三ウ6 | | | | |
| アサハヤカニ | 潻瀅 | アサハヤカニ 法上 七オ5 二 | アサハヤカニ Ⅱ中一 九オ1 | | | | |
| アサハルシリ | 孥 | アサハルシリ 仏下本 二七ウ5 五二 | | | | | |
| アザハレリ | 紇 | アサハレリ 法中 五九ウ5 一二六 | | | | | |

| 見出し | 漢字 | | | | | | |
|---|---|---|---|---|---|---|---|
| アザハレル | 札 | アザハレル 仏下本五〇ウ8 九八 | | | | | |
| アザハレルナハ | 紅縄 | アザハレルナハ 法中五九ウ5 一一六 | | | | | アザハレルナハ 巽 三一九 4 |
| アサヒ | 旭 | アサヒ 仏中四五ウ2 八八 | アサヒ I上二六三オ3 | アサヒ 九四オ5 | | | |
| アザフ | 叉 | アザフ 僧中二七オ4 五一 | アザフ III下一六四ウ2 | | | | |
| アザフ | 叉 | | アザフ III下一六四ウ2 | | | | |
| アサホラケ | 湊晨 | アサボラケ 仏中四四ウ6 八六 | | アサホラケ 九三ウ2 | | | |
| アサホラケ | 曙 | アサホラケ 仏中四五ウ7 八八 | アサホラケ I上二六三オ7 | アサホラケ 九四ウ3 | | | |
| アサマク | 佞 | | アイサマク I上二一ウ5 | アザマク 四オ3 | | | |
| アサマク | 嗤 | | | アサマク 七五オ2 | | | |
| アサマツリコト | 早朝 | アサマツリコト 仏中七〇ウ3 一三八 | | | | | |
| アサマル | 啁 | | | アサマル 七七オ2 | | | |
| アサミ | 蔬 | アサミ 僧上九オ6 一五 | | | | | |
| アザミ | 葪 | アザミ 僧上三三ウ2 四四 | アザミ III下一二オ3 | | | | |
| アサミゾ | 汙溝 | アサミゾ 法上二三ウ3 四二 | | | | | |
| アザムキカカヤカス | 宝眩 | ⊡アザムキカヤカス 仏中三四ウ1 六六 | アサムクカヽヤカス I上二五一ウ5 | アザムキカヽヤカ爪 八二オ6 | | | |
| アサムク | 佞 | アサムク 仏上三五オ5 三 | | | | | |

| 和訓 | 漢字 | 観智院本 | 蓮成院本 | 高山寺本 | 西念寺本 | 図書寮本 | 備考 |
|---|---|---|---|---|---|---|---|
| アサムク | 侈 | アサムク 仏上 三五 二一オ2 | | アサムク 二オ7 | アサムク 一七オ3 | | |
| アサムク | 倂 | アサムル(ヨ) 仏上 三五 二一オ3 | | アサムク 二一オ1 | アサムク 一七オ4 | | |
| アサムク | 衒 | アサムク 仏上 四三 二五オ6 | | アサムク 二四オ4 | アサムク 二二オ1 | | |
| アサムク | 姦 | アサアク(ヨ) 仏中 九 六オ8 | アサムク I上 二六ウ2 | アサムク 五三オ1 | アサムク 五四オ2 | | |
| アサムク | 媢 | アサムク 仏中 一四 八ウ8 | [アサ][ ] I上 二八ウ7 | ・アサムク 五五ウ4 | | | 蓮本・高本 媢 |
| アサムク | 嘌 | ア\サムク 仏中 三三 一八オ8 | アイサムク I上 三七オ6 | アサムク 六五ウ2 | | | |
| アザムク | 迯 | ・ア・・サムク 仏中 四四 二三ウ6 | アサムク I上 四二オ5 | アサムク 七一オ2 | | | |
| アサムク | 嗤 | ア\サムク 仏中 五二 二七ウ3 | | | | | |
| アサムク | 欺 | アサムク 仏下本 一二 一三オ2 | | | | | |
| アサムク | 詁 | アサムク 法上 四九 二六オ4 | アサムク II中 二六ウ3 | | | | |
| アサムク | 詢 | アサムク 法上 四九 二六オ5 | アサムク II中 二六ウ3 | | | | |
| アサムク | 詎 | アサムク 法上 五〇 二六ウ1 | アサムク II中 二六ウ7 | | | | |
| アザムク | 誘 | ・ア・・サムク 法上 五二 二七ウ6 | ・ア・・サムク II中 二八オ5 | | | ・ア・・サムク上 九四 7 | |
| アザムク | 詭 | ・ア・・サムク 法上 五三 二八オ1 | アサムク II中 二八ウ1 | | | | |
| アザムク | 訑 | ・ア・・サムク 法上 五三 二八オ7 | ・ア・サムク II中 二八ウ6 | | | | |

| | | | | | | | |
|---|---|---|---|---|---|---|---|
| アザムク | 諂 | アサムク 法上 二九オ7 五五 | アサムク II 中一 二九ウ6 | | | | |
| アサムク | 謀 | アサムク 法上 三〇オ5 五七 | アサムク II 中一 三〇ウ5 | | | | |
| アサムク | 註 | アサムク 法上 三一ウ1 六〇 | アサムク II 中一 三一オ2 | | | | |
| アザムク | 誑 | アサムク 法上 三一ウ1 六〇 | アサムク II 中一 三一オ2 | | | アサムク 礼 九九 3 | |
| アサムク | 誤 | アサムク 法上 三一ウ4 六〇 | アサムク II 中一 三二オ5 | | | | |
| アサムク | 詐 | アサムク 法上 三二オ3 六一 | アサムク II 中一 三二ウ5 | | | アサムク 記 七八 7 | |
| アサムク | 詄 | アサムク 法上 三二ウ3 六二 | アサムク II 中一 三三オ5 | | | | |
| アサムク | 謗 | アサムク 法上 三二ウ7 六二 | アサムク II 中一 三三ウ1 | | | | |
| アザムク | 誙 | アサムク 法上 三三オ2 六三 | アサムク II 中一 三三ウ4 | | | | |
| アザムク | 訝 | アサムク 法上 三三ウ6 六四 | アサムク II 中一 三四オ7 | | | アサムク 唱 一〇〇 6 | |
| アサムク | 諫 | アサムク 法上 三四オ2 六五 | アサムク II 中一 三四ウ4 | | | | |
| アザムク | 諹 | アサムク 法上 三四オ6 六五 | アサムク II 中一 三五オ1 | | | | |
| アザムク | 譸 | アサムク 法上 三四ウ3 六六 | アサムク II 中一 三五オ6 | | | | |
| アザムク | 譎 | アサムク 法上 三五オ8 六七 | アサムク II 中一 三六オ3 | | | | |
| アサムク | 諭 | アサムク 法上 三五ウ4 六八 | アサムク II 中一 三六オ7 | | | | |
| アザムク | 誷 | アサムク 法上 三七ウ7 七二 | | | | | |

| 和訓 | 漢字 | 観智院本 | 蓮成院本 | 高山寺本 | 西念寺本 | 図書寮本 | 備考 |
|---|---|---|---|---|---|---|---|
| アザムク | 誇 | | | | | アサムク 八九 1 | |
| アザムク | 誇 | | | | | アサムク 一〇一 1 | |
| アサムク | 安 | アサムク 法上 六三オ6 三三 | | | | | |
| アザムク | 陽 | アサムク 法中 二〇ウ4 三八 | | | | | |
| アサムク | 怵 | アサムク 法中 四一オ8 七九 | | | | | |
| アザムク | 惶 | アサムク 法中 四八ウ6 九四 | | | | | |
| アサムク | 紿 | アサムク 法中 五九ウ2 一一六 | | | | アサムク 三〇〇 4 | |
| アサムク | 綷 | アサムク 法中 五九ウ3 一一六 | | | | | |
| アザムク | 紿 | アサムク 法中 六八ウ3 一三四 | | | | アサムク 後 三〇一 1 | |
| アサムク | 竈 | アサムク 法下 三四オ2 六五 | | | | | |
| アザムク | 蒙 | アサムク 僧上 一〇ウ5 一八 | | | | | |
| アザムク | 張 | アサムク 僧中 一四ウ7 二六 | アサムク III 下一 五三ウ3 | | | | 蓮本重出 |
| アザムク | 矯 | アサムク 僧中 一七ウ6 三三 | アサムク III 下二 一三オ2 (五二) | | | | |
| アザムク | 欺 | アサムク 僧中 二六オ4 四九 | アサムク III 下一 六三ウ4 | | | | |
| アザムク | 驕 | アサムク 僧中 五四オ5 一〇五 | アサムク III 下二 七八ウ3 (六) | | | | |

| | | | | | | | |
|---|---|---|---|---|---|---|---|
| アザムク | 驕 | アサムク 僧中 五六ウ3 一一〇 | | | | | |
| アサヤカナリ | 僐 | アサヤカナリ 仏上 一三オ8 一九 | | アサヤカナリ 二ウ4 | アサヤカナリ 八ウ1 | | |
| アサヤカナリ | 倩 | アサヤカナリ 仏上 一三ウ4 二〇 | | アサヤカナリ 一三オ1 | アサアカナリ 八ウ4 | | |
| アサヤカナリ | 牲 | アサヤカナリ 仏下末 二ウ1 二 | | | | | |
| アサヤカナリ | 羙 | アサヤカナリ 仏下末 一六オ3 二九 | | | | | |
| トアザヤカナリ | 青熒 | トアザヤカナリ 仏下末 二〇オ3 三七 | | | | | |
| アサヤカナリ | 粃 | アサヤカナリ 法下 一九ウ6 三六 | | | | | |
| アサヤカナリ | 花 | アサヤカナリ 僧上 四オ2 五 | | | | | |
| アザヤカナリ | 蒨 | アザヤカナリ 僧上 八オ6 一三 | | | | | |
| アサヤカナリ | 萎 | アサヤカナリ 僧上 一六ウ5 二〇 | | | | | |
| アサヤカナリ | 羶 | アサヤカナリ 僧中 四八ウ8 九四 | アサヤカナリ III 下二 七四オ6 (三) | | | | |
| アサヤカナリ | 䲆 | アサヤカナリ 僧下 二ウ2 二 | アサヤカナリ III 下二 九二ウ4 (二〇) | | | | |
| アザヤカニナリ | 鮮 | アザヤカニナリ 僧下 二ウ8 二 | アザヤカニナリ III 下二 九二ウ3 (二〇) | | | | |
| アサヤカニ | 瑳 | アサヤカニ 法中 九ウ6 一六 | | | | | |
| アザヤカニ | 綷 | アザヤカニ 法中 六三オ1 一三三 | | | | | |
| アサヤカニ | 繅 | アサヤカニ 法中 六九ウ3 一三六 | | | | | |

| 和訓 | 漢字 | 観智院本 | 蓮成院本 | 高山寺本 | 西念寺本 | 図書寮本 | 備考 |
|---|---|---|---|---|---|---|---|
| アザラケキシ | 鮮 | アザラケハ（し） 僧下 二ウ8 二 | アザラケー Ⅲ下二 九二ウ3 (三〇) | | | | |
| アサラシ | 水豹 | アサラし 仏下末 六オ7 九 | | | | | |
| アサラメコト | 顕事 | アサラメコト 仏上 四オ1 八一 | アサラメコト Ⅰ上一 九ウ2 | アサラメコト 四二ウ3 | アサラメコト 四四オ3 | | |
| アザル | 膝 | アザル 仏中 五八ウ4 一二四 | アサル Ⅰ上二 七三ウ2 | | | | |
| アサル | 捜 | アサル 仏下本 二四ウ6 四六 | | | | | |
| アサル | 擢 | アサル 仏下本 二八ウ3 五四 | | | | | |
| アサル | 摟 | アサル 仏下本 二九ウ6 五六 | | | | | |
| アサル | [illegible] | アサル 仏下本 四五ウ4 八八 | | | | | |
| アサル | 茹 | アザル 僧上 九ウ6 一六 | アザル Ⅲ下一 一オ3 | | | | |
| アザル | [illegible] | アザル 僧下 五オ1 七 | アザル Ⅲ下二 九四オ5 (三三) | | | | |
| アサル | [illegible] | アサル 僧下 五オ1 七 | アサル Ⅲ下二 九四オ5 (三三) | | | | |
| アサレタリ | [illegible] | アサレタリ 仏中 六七オ3 一三一 | | | | | |
| アザワラフ | 吟 | アザ子(ネ)ラフ 仏中 一五オ2 二七 | アサハラフ Ⅰ上一 三四オ6 | アサ禾ラフ 六二オ5 | | | |
| アサワラフ | 哂 | アサ禾ラフ 仏中 一六オ4 二九 | アサ禾ラフ Ⅰ上一 三五オ5 | アサ禾ラフ 六三オ6 | | | |
| アサワラフ | [illegible] | アサワラフ 仏中 一六オ5 二九 | アサ困ラフ Ⅰ上一 三五オ6 | アサ禾ラフ 六三オ6 | | | |

| | | | | | | | |
|---|---|---|---|---|---|---|---|
| アザワラフ | 哈 | アサ禾ラフ 仏中 四七 二五オ4 | アサ禾ラフ I上 四三ウ3 | アサ禾ラフ 七二ウ2 | | | |
| アザワラフ | 呀 | アサ禾ラフ 仏中 五六 二九ウ6 | アサワラフ I上 四七ウ7 | アサ禾ラフ 七七オ5 | | | |
| アシ | 仇 | アシ 仏上 九 八オ4 | | | アシ 二ウ4 | | |
| アシ | 伎 | アし 仏上 一四 一〇ウ3 | | | アシ 五オ4 | | 西本 伎伎 |
| アシ | 過 | アし 仏上 五七 三二オ3 | アし I上 九ウ4 | アし 三一オ2 | アシ 二九ウ4 | | |
| アシ | 否 | アし 仏中 三四 一八ウ6 | アし I上 三七ウ3 | アし 六五ウ7 | | | |
| アシ | 唧 | アし 仏中 六一 三二オ5 | アし I上 五〇オ4 | アし 七九ウ7 | | | |
| アシ | 腟 | アし 仏中 一三三 六八オ5 | アし I上 七三オ5 | | | | |
| アシ | 胻 | アし 仏中 一二九 六六オ3 | | | | | |
| アシ | 脚 | アし 仏中 一三二 六七ウ8 | | | | | |
| アシ | 桎 | アし 仏下本 六三 三三オ6 | | | | | |
| アシ | 凥 | アし 仏下末 一六 九ウ7 | | | | | |
| アシ | 弊 | アし 仏下末 二三 一三オ6 | | | | | |
| アシ | 足 | アし 法上 七三 三八オ1 | | | | 阿之 川 一〇二 1 | |
| アシ | 足趾 | | | | | 阿く 川 一一四 2 | |
| アシ | 蹄 | アし 法上 八二 四二ウ1 | | | | | |

| 和訓 | 漢字 | 観智院本 | 蓮成院本 | 高山寺本 | 西念寺本 | 図書寮本 | 備考 |
|---|---|---|---|---|---|---|---|
| アシ | 鄙 | アし 法中一五オ4 二七 | | | | | |
| アシ | 邪 | ・ア・し 法中一九ウ4 三六 | | | | | |
| アシ | 随 | アし 法中二一オ8 三九 | | | | | |
| アシ | 険 | アし 法中二四ウ3 四六 | | | | | |
| アシ | 悪 | ・ア・し 法中三九オ8 七五 | | | | | |
| アシ | 悖 | アし 法中四二オ7 八一 | | | | | |
| アシ | 絮 | アし 法中六七オ2 一三一 | | | | | |
| アシ | ⿰礻牙 | アし 法下五オ8 七 | | | | | |
| アシ | ⿴囗凶 | アし 法下四四オ5 八五 | | | | | |
| アシ | 戹 | アし 法下四八ウ8 九四 | | | | | |
| アシ | 厲 | ・ア・し 法下五五オ5 一〇七 | | | | | |
| アシ | 苦 | ・ア・し 僧上四ウ8 六 | | | | | |
| アシ | 薗 | ・ア・し 僧上七オ6 一一 | | | | | |
| アシ | 華 | アし 僧上七オ7 一一 | | | | | |
| アシ | 蘆 | アし 僧上七ウ2 一二 | | | | | |

| | | | |
|---|---|---|---|
| アシ | 葭 | ・アし 僧上 七ウ4 三 | アし Ⅲ下一 一オ1 |
| アシ | 蒡 | アし\ 僧上 一六ウ4 三〇 | |
| アシ | 蘆 | ・アし 僧上 三三ウ1 四二 | |
| アシ | 勃 | アし\ 僧上 四三ウ6 八四 | |
| アシ | 醜 | ・アし 僧下 二六ウ6 五〇 | |
| アシ | 醜 | アし 僧下 三一ウ6 六〇 | アし Ⅲ下二 一四ウ6 (四三) |
| アシ | 非 | ・アし 僧下 四四ウ6 八六 | アし Ⅲ下二 一四二オ6 (七〇) |
| アシ | 乖 | ・アし 僧下 四四ウ6 八六 | |
| アシ | 凶 | ・アし 僧下 五五ウ1 一〇八 | アし Ⅲ下二 一二九ウ3 (五七) |
| アシアト | 趾 | ・アしアト 法上 四〇オ4 七七 | |
| アシウラ | 蹊跳 | ・アしウラ 仏中 三五オ7 六七 | |
| アシウラ | 跳 | ・アしウラ 法上 四一オ2 七九 | |
| アシウラ | 蹐 | アしウラ 法上 四二ウ8 八二 | |
| アシカ | 葦鹿 | ・アしカ 法下 五六ウ3 一一〇 | |
| アジカ | 篠 | ・アしカ 僧上 三三ウ2 六四 | ・アしカ Ⅲ下一 一九ウ7 |
| アジカ | 篙 | ・アしカ 僧上 三八オ2 七三 | ・アしカ Ⅲ下一 一七オ2 |

| 和訓 | 漢字 | 観智院本 | 蓮成院本 | 高山寺本 | 西念寺本 | 図書寮本 | 備考 |
|---|---|---|---|---|---|---|---|
| アジカ | 筐 | アシカ 僧上 四〇ウ6 七八 | アシカ III 下一 一九ウ1 | | | | |
| アジカ | 竹籮 | アシカ 僧上 四一ウ6 八〇 | アシカ III 下一 二〇ウ1 | | | | |
| アシカシ | 械 | アシカシ 仏下本 四八ウ7 九四 | | | | | |
| アシガシ | 桔 | アシカシ 仏下本 五三ウ2 一〇四 | | | | | |
| アジカシ | 桎 | アシカシ 仏下本 五六オ4 一〇九 | | | | | |
| 足カシ | 鎖子 | 足カシ 僧上 六二オ3 一三一 | | | | | |
| アシガナヘ | 鼎 | アシカナヘ 仏中 四〇ウ7 七八 | アシカナヘ I 上一 五八オ1 | アシカナヘ 八九オ2 | | | 蓮本、高本 鼎 |
| アシガナヘ | 鼒 | アシカナヘ 仏中 五三オ3 一〇三 | アシカナヘ I 上一 六八ウ4 | アシカナヘ 一〇三オ7 | | | |
| アシカナヘ | 鎗 | アシカナヘ 僧上 六〇ウ7 一一八 | アシカナヘ III 下一 三八オ1 | | | | |
| アシカナヘ | 鐺 | アシカナヘ 僧上 六〇ウ7 一一八 | アシカナヘ III 下一 三八オ2 | | | | |
| アシカナヘ | 鬹 | アシカナヘ 僧中 一九オ8 三五 | アシカナヘ III 下二 三三ウ1 (五〇) | | | | |
| アシカナヘ | 鬲斤 | | アシカナヘ III 下二 三六オ5 (五四) | | | | |
| アシカラミ | 螵蛸 | アシカラミ 僧下 二オ4 一九 | | | | | |
| アシカル | 悍 | アシカル 法中 四〇オ6 七七 | | | | 阿之加流 珠 二五〇 2 | |
| アシギヌ | 絁 | アシ＼ヌ 法中 六二ウ5 一三 | | | | 阿之岐沼 禾 三〇二 4 | |

| 見出し | 漢字 | 1 | 2 | 3 | 4 |
|---|---|---|---|---|---|
| アシキモノ | 耶鬼 | アしキモノ 僧下二五オ8 四七 | アしヽモノ III下二三ウ1（四二） | | |
| アシキヤマヒ | 瘸 | アしキヤマヒ 法下五九ウ7 一一六 | | | |
| アシキル | 刖 | アしヽル 仏中五九ウ8 一一六 | アしヽル I上七四ウ4 | | |
| アシキル | 刖 | アしキル 僧上四六オ1 八九 | アしヽル III下一二四オ5 | | |
| アシスリ | 跪 | アしスリ 法上四一ウ2 八〇 | | | |
| アシスリ | 躘 | アしスリ 法上四二ウ3 八二 | | | |
| アシスル | 蹉 | アしスル 法上四一ウ1 八〇 | | | |
| アシスル | 蹄 | アしスル 法上四二ウ1 八二 | | | |
| アシタ | 衙 | アしタ 仏上二五ウ3 四四 | | アしタ 二四ウ2 | アしタ 二二オ6 |
| アシタ | 旦 | アしタ 仏上四二ウ4 七八 | アしタ I上一八ウ3 | アしタ 四三オ6 | アシタ 四二ウ3 |
| アシタ | 晨 | アしタ 仏中四四ウ5 八六 | アしタ I上六一ウ1 | アしタ 九三ウ2 | |
| アシタ | 旭 | アしタ 仏中四五ウ2 八八 | アしタ I上六二オ3 | アしタ 九四オ5 | |
| アシタ | 旦 | アしタ 仏中五〇オ5 九七 | アしタ I上六六オ6 | アしタ 九八ウ4 | |
| アシタ | 早 | アしタ 仏中五一ウ8 一〇〇 | アしタ I上六七ウ5 | アしタ 一〇〇オ5 | |
| アシタ | 暁 | アしタ 仏中五二オ4 一〇一 | アしタイ I上六七ウ7 | アしタ 一〇〇オ6 | |
| アシタ | 朝 | アしタ 仏中七〇ウ2 一三八 | | | |

| 和訓 | 漢字 | 観智院本 | 蓮成院本 | 高山寺本 | 西念寺本 | 図書寮本 | 備考 |
|---|---|---|---|---|---|---|---|
| アシタ | 旭 | アレタ 仏下末 一一オ1 一九 | | | | | |
| アシタ | 旭 | アレタ 仏下末 一三オ4 二二 | | | | | |
| アシタ | 調 | アレタ 法上 二九オ6 五五 | アレタ II 中一 二九ウ5 | | | アレ汐 法 八三 6 | |
| アシタ | 庌 | アレタ 法下 五二ウ8 一〇二 | | | | | |
| アシタ | 夙 | アレタ 僧下 二八オ2 五三 | アレタ III 下二 一一六ウ5 (四四) | | | | |
| アシダ | 足下 | アレタ 法上 三八オ3 七三 | | | | | |
| アシダ | 屐 | アレタ 法下 四五オ6 八七 | | | | | |
| アシタカクモ | 蜘蛛 | アレタカクモ 僧下 一一ウ7 一〇 | | | | | |
| アレタカノクモ | 蠨蛸 | アレタカノクモ 僧下 一一オ3 一九 | アレタカクモ III 下二 一〇〇オ5 (二八) | | | | |
| アシタタズ | 不仁 | アレタヽス 仏上 四ウ6 二 | アレタヽス I 上二 一オ7 | アレタヽ爪 三ウ4 | | | |
| アシタツ | 刖 | アレタツ 僧上 四六オ1 八九 | アレタ〻 III 下一 二四オ5 | | | | |
| アシヅノ | 菼 | アレツノ(ノ) 僧上 三ウ4 四四 | アレツノ III 下一 二オ4 | | | | |
| アシトテヒク | 脚 | アレトテヒク 仏中 六七ウ8 一三二 | | | | | |
| アシトテヒク | 椅 | アレトテヒク 仏下本 四六ウ6 九〇 | | | | | |
| アシトテヒク | 蹴 | アレトテヒク 法上 四四オ1 八五 | | | | | |

| | | | | | | | |
|---|---|---|---|---|---|---|---|
| アシトテヒク | 蛩 | アレトテヒク 僧下 一〇オ5 一七 | アレトテヒク Ⅲ 下二 九九オ5 (二七) | | | | |
| アシトテヒク | 𧾷 | | | | | 阿之欲足比久 季 一〇七 7 | |
| アシトル | 椅 | アレトル 仏下本 四六ウ6 九〇 | | | | | |
| アシナハ | 華索 | アレナハ 法中 五八ウ7 一二四 | | | | 阿之奈波 川 三三五 2 | |
| アシナヘ | 躄 | アレナヘ 法上 三八オ4 七三 | | | | | |
| アシナヘ | 蹶 | アレナヘ 法上 三八オ6 七三 | | | | アレナヘ むさ抄 二一〇 5 | |
| アシナヘ | 蹇 | アレナヘ 法上 三八オ7 七三 | | | | 阿之奈閉 川 一〇四 1 | |
| アシナヘ | 跛 | アレナヘ 法上 三九オ8 七五 | | | | | |
| アシナヘ | 蹇 | アレナヘ 法下 二五オ6 四七 | | | | アレナヘ 易 一〇四 1 | |
| アシナヘ | 痿 | アレナヘ 法下 六二ウ5 一二三 | | | | | |
| アシナヘ | 鎗 | アレナヘ 僧上 六〇ウ7 一一八 | アレナヘ Ⅲ 下一 三八オ1 | | | | |
| アシナベ | 鐺 | アレナヘ 僧上 六〇ウ7 一一八 | アレナヘ Ⅲ 下一 三八オ2 | | | | |
| アシナヘ | 鐎 | アレナヘ 僧上 六一オ4 一一九 | アレナヘ Ⅲ 下一 三八オ3 | | | | |
| アシナヘ | 錡 | アレナヘ 僧上 六四ウ3 一二六 | アレナヘ Ⅲ 下一 四一オ4 | | | | |
| アシナヘクムマ | 驣 | アレナヘクムマ 僧中 五五オ4 一〇七 | | | | | |
| アシノウラ | 趾 | アレノウラ 法上 四〇オ4 七七 | | | | | |

| 和訓 | 漢字 | 観智院本 | 蓮成院本 | 高山寺本 | 西念寺本 | 図書寮本 | 備考 |
| --- | --- | --- | --- | --- | --- | --- | --- |
| アシノクヒフム | 徒跣 | アレノクヒフム 法上 三九ウ5 七六 | | | | | |
| アシノケ | 脚氣 | アレク(ミ)ケ 仏中 六八オ1 一三三 | | | | | |
| アシノハナ | 蓬蕽 | アレノハナ 僧上 二〇オ1 三七 | | | | | |
| アシハラ | 蘆 | アレハラ 僧上 七ウ2 二三 | | | | | |
| アシハラ | 蘆 | アレハラ 僧上 二三ウ1 四二 | | | | | |
| アシハラガニ | 蟚蜎 | ア・レ・ハ・ラ・カ・ニ 僧下 一三オ3 二三 | ア・レ・ハ・ラ・カ・ニ Ⅲ 下二 一三オ5 (三) | | | | |
| アシフチ | 騽 | ア・レ・フチ 僧中 五四ウ8 一〇六 | ア・レ・フチ Ⅲ 下二 七九オ4 (七) | | | | |
| アシマキ | 胫纒 | ア・レ・マ・\ 法中 六四ウ1 一三六 | | | | | |
| アシマキ | 螵蛸 | アレマキ\ 僧下 一一オ4 一九 | | | | | |
| アシヨネ | 粣 | アレヨ子 法下 一九ウ8 三六 | | | | | |
| アシワケノツクヱ | 足別案 | ア・レ・ワ・ケ・ノツクヱ 仏下本 五七オ4 二一 | | | | | |
| アシワタ | 絮 | アレ・ワ・タ 法中 六七オ2 三一 | | | | 阿之和太 三一五 6 | |
| アシ井 | 蓋草 | ・ア・レ・井 僧上 三ウ4 四 | | | | | |
| アシヲ | 繂 | ・ア・レ・ヲ・ 仏下本 三〇オ5 五七 | | | | | |
| アシヲル | 蹶 | アレヲル 法上 三八オ6 七三 | | | | | |

| | | | | | | | |
|---|---|---|---|---|---|---|---|
| アシヲレ | 跛 | アしヲレ 法上 七五 三九オ7 | | | | | |
| アス | 明日 | アス 仏中 八五 四四オ7 | アス I上 六一オ5 | アハ 九三オ3 | | | 高本 明 |
| アス | 明 | アス 仏中 八七 四五オ2 | アス I上 六一ウ4 | アハ 九三ウ5 | | | |
| アス | 明 | アハ 仏中 一三七 七〇オ3 | | | | | |
| アス | 明朝 | アス 仏中 一三八 七〇ウ3 | | | | | |
| アス | 賔 | アハ 法下 五九 三一オ3 | | | | | |
| アス | 翌日 | .ア.ハ 僧上 九六 四九ウ1 | .アハ III下一 二七ウ2 | | | | |
| アセ | 畔 | アセ 仏中 一一〇 五六ウ8 | アセ I上 七三オ2 | [ア]セ 一〇五オ1 | | | 高本 畔字虫損 |
| アセ | 汁 | アセ 法上 二一 一一ウ1 | アセ II中 一オ5 | | | | |
| アセ | 液 | アセ 法上 一九 一一オ7 | アセ II中 二オ1 | | | | |
| アセ | 汗 | | アセ II中 一オ6 | | | .阿.勢 禾 一四 6 | |
| アセシボル | 私 | .ア.セ.し.ホ.ル 法下 一二 七ウ4 | | | | | |
| アセツク | 液 | アセツク 法上 一九 一一オ7 | アセツク II中 二オ1 | | | | |
| アセナカス | 汗 | .ア.セナカス 法上 二一 一一ウ2 | アセナカス II中 一オ6 | | | | |
| アセミゾ | 汗溝 | .アサ(さ).ミ.ソ 法上 四二 二三ウ3 | アセミソ II中 三オ7 | | | .阿.世.美.䄼(1) 二三 6 | |
| アセ水 | 淪 | アセ水 法上 一〇 六ウ5 | アセ水 II中 八ウ1 | | | | |

| 和訓 | 漢字 | 観智院本 | 蓮成院本 | 高山寺本 | 西念寺本 | 図書寮本 | 備考 |
|---|---|---|---|---|---|---|---|
| アセモ | 㿃沸瘡 | アセモ 法下 六五ウ7 一二八 | | | | | |
| アソビ | 遊行女児 | アソヒ 仏中 四ウ2 六 | アソヒ I上 二四ウ7 | アソヒ 五九オ6 | アソヒ 五二オ1 | | |
| アソフ | 倡 | アソフ 仏上 四ウ2 二 | アソフ I上 一オ5 | アソフ 三ウ2 | | | |
| アソフ | 㑦 | アソフ 仏上 九ウ7 一三 | アソフ I上 四ウ3 | アソフ 七オ5 | アソフ 四ウ1 | | |
| アソフ | 逍 | アソフ 仏上 二七ウ1 四八 | アソフ I上 五ウ2 | アソフ 二六オ7 | アソフ 二四オ6 | | |
| アソフ | 迮 | アソフ 仏上 二六オ8 四九 | アソフ I上 六オ6 | アソフ 二七オ5 | アソフ 二五オ6 | | |
| アソフ | 遨 | アソフ 仏上 二九ウ8 五二 | アソフ I上 七ウ3 | アソフ 二八ウ4 | アソラ(ミ) 二七オ3 | | |
| アソフ | 遊 | アソフ 仏上 三〇オ1 五三 | アソフ I上 七ウ4 | アソフ 二八ウ6 | | | |
| アソフ | 逥 | アソフ 仏上 三三ウ7 五八 | アソフ I上 一〇オ6 | アソフ 三一ウ6 | アソフ 三〇ウ3 | | |
| アソフ | 導 | アソフ 仏上 三三ウ8 五八 | アソフ I上 一〇オ7 | アソフ 三一ウ7 | アソフ 三〇ウ4 | | 西本 道迸 |
| アソフ | 嬉 | アソフ 仏中 七ウ1 一二 | アソフ I上 二七ウ2 | アソフ 五四オ4 | | | |
| アソブ | 媱 | アソフ 仏中 八オ2 一三 | アソフ I上 二八オ2 | アソフ 五四ウ5 | | | |
| アソフ | 婸 | アソフ 仏中 一一ウ5 二〇 | アソフ I上 三一オ1 | アソフ 五八オ7 | | | |
| アソフ | 呈 | アソフ 仏中 三一ウ4 六〇 | アソフ I上 四九ウ3 | アソフ 七九オ4 | | | |
| アソフ | 擾 | アソフ 仏下本 三二ウ2 六二 | | | | | |

| | | | | | | | |
|---|---|---|---|---|---|---|---|
| アソフ | 淤 | アソフ 仏下末 四七 二五オ3 | | | | | |
| アソフ | 滛 | ˙ア˙ソフ 法上 一六 一九ウ4 | アソフ Ⅱ中 七オ5 | | | | |
| アソフ | 游 | アソフ 法上 一七 一〇オ8 | アソフ Ⅱ中 一〇オ1 | | | | |
| アソフ | 泳 | アソフ 法上 二七 一五オ8 | アソフ Ⅱ中 一四ウ4 | | | | |
| アソフ | 寄 | アソフ 法下 五二 二七ウ8 | | | | | |
| アソフ | 糜 | アソフ 法下 九九 五一オ7 | | | | | |
| アソフ | 蕩 | アソフ 僧上 一七 一〇オ4 | | | | | |
| アソブ | 敖 | ˙ア˙ソ˙フ 僧中 六〇 三一ウ2 | アソフ Ⅲ下 六八ウ3 | | | | |
| アソフ | 放 | アソフ 僧中 六〇 三一ウ7 | アソフ Ⅲ下 六九オ1 | | | | |
| アソフ | 飄 | アソフ 僧下 五一 二七オ7 | アソフ Ⅲ下 二一五オ3 (四三) | | | | |
| アタ | 仇 | アタ 仏上 九 八オ4 | アタ Ⅰ上 三ウ5 | ˙ア˙タ 六オ6 | アク(ママ) 二ウ4 | | |
| アタ | 伉 | アタ 仏上 九 八オ6 | アタ Ⅰ上 三ウ5 | ˙ア˙タ 六ウ1 | アタ 二ウ6 | | |
| アタ | 雔 | アタ 仏上 三〇 一八ウ1 | | | | | 高本・西本 雔 訓なし |
| アタ | 述 | ˙ア˙タ 仏上 五四 三〇ウ6 | アタ Ⅰ上 八ウ2 | [アタ] 二九ウ5 | アタ 二八オ5 | | 高本 声点とも虫損 |
| アタ | 賊 | アタ 仏下本 二〇 一一ウ2 | | | | | |
| アタ | 黨 | アタ 仏下末 五七 三〇オ3 | | | | | |

| 和訓 | 漢字 | 観智院本 | 蓮成院本 | 高山寺本 | 西念寺本 | 図書寮本 | 備考 |
|---|---|---|---|---|---|---|---|
| アタ | 謝 | ・ア・タ 法上 三六ウ5 七〇 | | | | | |
| アタ | 怨 | ・ア・タ 法中 三六ウ7 七〇 | | | | | |
| アタ | 憝 | アタ 法中 四二オ8 八一 | | | | | |
| アタ | 寇 | ・ア・タ 法下 二四ウ2 四六 | | | | | |
| アタ | 宼 | ア・タ 法下 二六オ3 四九 | | | | | |
| アタ | 穴 | アタ 法下 三〇ウ5 五八 | | | | | |
| アタ | 膺 | アタ 法下 五四ウ3 一〇六 | | | | | |
| アタ | 今 | アタ 僧中 二オ4 一 | アタ Ⅲ下一 四七オ2 | | | | |
| アタ | 戔 | アタ 僧中 二二オ1 四一 | アタ Ⅲ下一 六〇ウ1 | | | | |
| アタ | 歊 | アタ 僧中 二六オ4 四九 | アタ Ⅲ下一 六三ウ4 | | | | |
| アタ | 敵 | ・ア・タ 僧中 二九オ3 五五 | ・ア・タ Ⅲ下一 六六オ6 | | | | |
| アタ | 酘 | ・ア・タ 僧中 三四ウ6 六六 | ・ア・タ Ⅲ下一 七一ウ4 | | | | |
| アタ | 讐 | ・ア・タ 僧中 六八オ6 一三三 | ・ア・タ Ⅲ下二 九〇ウ4 (一八) | | | ・ア・タ 去 一〇〇 7 | 図本 雔 |
| アタ | 執 | ・ア・タ 僧下 六四オ4 一二五 | アタ Ⅲ下二 一四九オ5 (七七) | | | | |
| アタカモ | 恰 | ・ア・タカモ 法中 四五ウ2 八八 | | | | ・ア・タ・カ・モ 白 二五五 7 | |

| 和訓 | 漢字 | | | | | 備考 |
|---|---|---|---|---|---|---|
| アタカモ | 宛 | アタカモ 法下 六オ1 五三 | | | | |
| アタカル（ニ） | 閣 | アタカル（ニ） 法下 四二ウ3 八二 | | | | |
| アタコト | 読 | アタコト 法上 三〇オ1 五七 | アタヿ II 中一 三〇ウ2 | | | |
| アタコト | 謿 | アタヿ 法上 三一オ7 五九 | アタヿ II 中一 三一オ1 | | | |
| アタシ | 他 | アタし 仏上 一九ウ6 三二 | | アタし 二オ2 | アタし 一五ウ5 | |
| アタタカケシ | 暑 | アタヽカケし 仏中 四五ウ8 八八 | アタヽカケし I 上二 六二ウ1 | アタヽカ 九四ウ3 | | |
| アタタカ | 昫 | アタヽカ 仏中 四六ウ7 九〇 | アタヽカ I 上二 六三オ5 | アタヽカ 九五ウ2 | | |
| アタタカケシ | 暄 | アタヽカケし 仏中 四七オ1 九一 | アタヽカケし I 上二 六六オ5 | アタヽカケし 九八ウ4 | | |
| アタタカ | 暍 | アタヽカ 仏中 五〇オ7 九七 | アタヽカ I 上二 六六ウ7 | アタヽ[カ] 九八ウ6 | | |
| アタタカ | 膺 | アタヽカ 仏中 五九オ4 一一五 | アタヽカ I 上二 七四オ2 | | | |
| アタタカ | 煦 | アタヽカ 仏下末 一八オ2 五三 | | | | |
| アタタカケシ | 暑 | | | アタヽカケし 九四ウ3 | | |
| アタタカナリ | 暖 | アタヽカナリ 仏中 四七オ1 九一 | アタヽカナリ I 上二 六三オ6 | アタヽカナリ 九五ウ4 | | 蓮本、高本 暖 |
| アタタカナリ | 煖 | アタヽカナリ 仏下末 一〇ウ2 三八 | | | | |
| アタタカナリ | 熱 | アタヽカナリ 仏下末 一三オ6 四一 | | | | |
| アタタカナリ | 燠 | アタヽカナリ 仏下末 二七ウ6 五二 | | | | |

△

| 和訓 | 漢字 | 観智院本 | 蓮成院本 | 高山寺本 | 西念寺本 | 図書寮本 | 備考 |
| --- | --- | --- | --- | --- | --- | --- | --- |
| アタタカナリ | 濡 | アタゝカナリ 法上三オ7 三 | アタゝカナリ Ⅱ中一 二オ5 | | | | |
| アタタカナリ | 温 | アタゝカナリ 法上九オ3 一五 | アタゝカナリ Ⅱ中一 六ウ3 | | | アタゝカナリ 二四 2 | |
| アタタカナリ | 陽 | アタゝカナリ 法中二〇ウ4 三八 | | | | アタゝカナリ 詩 二〇三 2 | |
| アタタカナリ | 署 | アタゝカナリ 僧中六オ7 九 | アタゝカナリ Ⅲ下一 四九ウ1 | | | | |
| アタタカニ | 暾 | アタゝカニ 仏中五三ウ6 一〇二 | アタゝカニ Ⅰ上一 六八オ7 | アタゝカニ 一〇一オ1 | | | |
| アタタマル | 炧 | アタゝアル 仏下末三七ウ6 五二 | | | | | |
| アタタマル | 遣 | アタゝアル 僧上二〇オ4 三七 | | | | | |
| アタタム | 炕 | アタゝム 仏下末二四オ1 四五 | | | | | |
| アタタム | 温 | アタゝム 法上九オ3 一五 | アタゝム Ⅱ中一 六ウ2 | | | | |
| アタタム | 靄 | アタゝム 法下三七オ7 七一 | | | | | |
| アタタム | 霪 | アタゝム 法下三七オ7 七一 | | | | | |
| アタツ | 閼 | アタツ 法下三九ウ3 七六 | | | | | |
| アタハカリ | 囙 | アタハカリ 仏上四三ウ2 七八 | アタハカリ Ⅰ上一 一八ウ3 | アタハカリ 四三オ4 | アタハアリ(ママ) 四二ウ2 | | |
| アタハス | 不能 | アタハス 仏上四三オ2 七九 | | | | | |
| アタハス | 不克 | アタハス 仏上四三オ2 七九 | | | | | |

| | | | | | | |
|---|---|---|---|---|---|---|
| △ アタハス | 不尅 | アタハス 仏上 四三オ2 七九 | | | アタ八爪 四三オ2 | |
| アタハス | 不克 | ·ア·タハス 仏下末 一〇オ2 一七 | | | アタ八爪 四三オ2 | |
| アダハス | 弗能 | ·ア··タハス 法上 五〇オ4 九七 | | | | ·ア·タ·八爪‥ 氾 一三 4 |
| △ アダハス | 不能 | ·ア··タハス 法上 五〇オ5 九七 | | | アタ八爪 四三オ2 | |
| アタハス | 不尅 | ·ア·タハス 法下 七三ウ5 一四四 | | | | |
| アダバナ | 芵 | ·ア··タ··ハナ 僧上 一九オ4 三五 | | | | |
| アタハラ | [疒+厶] | アタハラ 法下 五九オ6 一二五 | | | | |
| アタヒ | 備 | アタヒ 仏上 一二オ5 一五 | | アタヒ 一〇ウ6 | アタヒ 五ウ1～六オ | |
| アタヒ | 價 | アタヒ 仏上 一三ウ5 一〇 | | ·ア·タヒ 一二オ3 | アタヒ 八ウ6 | |
| アタヒ | 估 | アタヒ 仏上 一七オ3 二七 | | アタヒ 一五ウ4 | アタヒ 一二ウ4 | |
| アタヒ | 直 | ·ア·タ·ヒ 仏上 四五ウ5 八四 | アタヒ I上 二〇ウ5 | ·ア·タ·ヒ 四五オ5 | アク(ママ)ヒ 四六オ5 | |
| アタヒ | 貫 | アタヒ 仏本 九ウ7 一六 | | | | |
| アタフ | 以 | アタフ 仏上 五ウ8 四 | アタフ I上 二オ6 | アタフ 四ウ2 | | |
| アタフ | 俾 | アタフ 仏上 九オ6 二 | | ·ア·タフ 八ウ2 | アタフ 三ウ6 | |
| アタフ | 俄 | アタフ 仏上 一二オ6 一五 | | アタフ 九オ5 | アタフ 六オ1 | |
| アタフ | 遺 | アタフ 仏上 三一ウ5 五六 | アタフ I上 九ウ1 | ·ア·タフ 三〇ウ4 | アタフ 二九オ5 | |

| 和訓 | 漢字 | 観智院本 | 蓮成院本 | 高山寺本 | 西念寺本 | 図書寮本 | 備考 |
|---|---|---|---|---|---|---|---|
| アタフ | 畁 | ・ア・タフ 仏中 一一一 五七オ2 | アタフ Ⅰ上一 七二オ4 | ・ア・タフ 一〇五オ3 | | | |
| アタフ | 畀 | ・ア・タフ 仏中 一一一 五七オ3 | アタフ Ⅰ上一 七二オ3 | ・ア・タフ 一〇五オ3 | | | |
| アタフ | 資 | アタフ 仏下本 一四 八ウ2 | | | | | |
| アタフ | 貺 | アタフ 仏下本 一四 八ウ6 | | | | | |
| アタフ | 賚 | ・ア・タフ 仏下本 一六 九ウ4 | | | | | |
| アタフ | 與 | ・ア・タ・フ 仏下末 二五 一四オ6 | | | | | |
| アタフ | 分 | アタフ 仏下末 二七 一五オ1 | | | | | |
| アタフ | 羨 | アタフ 仏下末 二七 一五オ6 | | | | | |
| アタフ | 許 | アタフ 法上 六一 三二オ2 | ・ア・タ・フ Ⅱ中一 三三ウ4 | | | | |
| アタフ | 与 | ・ア・タフ 法上 九六 四九ウ4 | | | | | |
| アタフ | 埒 | アタフ 法中 五三 二八オ7 | | | | | |
| アタフ | 恵 | アタフ 法中 六九 三六オ2 | | | | | |
| アタフ | 飾 | アタフ 僧上 一〇五 五四オ6 | アタフ Ⅲ下一 三三オ7 | | | | |
| アタフ | 錫 | アタフ 僧上 一一四 五八ウ4 | アタフ Ⅲ下一 三六オ4 | | | | |
| アタフ | 施 | ・ア・タフ 僧中 三〇 一六ウ4 | ・ア・タフ Ⅲ下一 五四ウ6 | | | | |

| | | | | | | |
|---|---|---|---|---|---|---|
| アタフ | 予 | アタフ 僧中 三七 二〇オ6 | アタフ Ⅲ下二 一三四オ2（五二） | | | |
| アタフ | 羨 | アタフ 僧中 九七 五〇オ7 | アタフ Ⅲ下二 七五ウ5（三） | | | |
| アタフ | 与 | アタフ 僧下 一〇二 五三ウ4 | | | | |
| アタフ | 鼇 | アタフ 僧下 一〇六 五四ウ2 | アタフ Ⅲ下二 一四六オ5（七四） | | | |
| アタフ | 乞 | アタフ 僧下 一一二 五七オ7 | アタフ Ⅲ下二 一五〇ウ1（七八） | | | |
| アタマ | 甲 | アタヽ 仏中 一一二 五七オ2 | アタ丁 Ⅰ上一 七三オ4 | アタ丁 一〇五オ3 | | |
| アタマ | 胸 | アタヽ 仏中 一二六 六四ウ3 | | | | |
| アタマ | 顒 | アタヽ 仏下本 二三 一三オ1 | | | | |
| アタマ | 頫 | アタヽ 仏下本 二六 一四ウ2 | | | | |
| アタマ | 頵 | アタヽ 仏下本 三二 一七オ2 | | | | |
| アタマ | 天窓 | アタ丁 法下 六〇 三三ウ4 | | | | |
| アタマキ | 倨 | アタヽキ 仏上 一七 一三オ7 | | アタ丁キ 一〇オ7 | アク（タ）丁キ 七オ4 | |
| アタマキ | 侶 | アタ丁キ 仏上 一八 一三ウ3 | | | アタ丁キ 七ウ1 | |
| アタマシクシテ | 迂 | アタヽしクしテ 仏上 六〇 三三ウ3 | アタ丁しクしテ Ⅰ上一 二オ1 | アタ丁しクしテ 三一ウ1 | アタ丁しクシテ 三一ウ1 | |
| アタム | [illegible] | アタム 法上 四八 二五ウ4 | アタム Ⅱ中一 二五ウ5 | | | 運本 詣 |
| アタム | [illegible] | アタム 法上 五五 二九オ4 | アタム Ⅱ中一 二九オ3 | | | |

| 和訓 | 漢字 | 観智院本 | 蓮成院本 | 高山寺本 | 西念寺本 | 図書寮本 | 備考 |
|---|---|---|---|---|---|---|---|
| アタム | 懟 | ・ア・タム 法中四三ウ6 八二 | | | | | |
| アタラ | 可惜 | ・ア・タラ 法中四〇ウ3 七八 | | | | ・ア・タ・ラ 唱和集 二五五 1 | |
| アタラシ | 滓 | アタラし 法上二三ウ5 二四 | アタラし Ⅱ中一三オ4 | | | | |
| アタラシ | 陁 | アタラし 法中二四ウ1 四六 | | | | | |
| アタラシ | 惜 | アタラし 法中四〇ウ2 七八 | | | | | |
| アタラシ | 新 | ・アタラし 僧中一八オ8 三三 | アタラし Ⅲ下二三ウ3 (四九) | | | | |
| アタラシ | 更 | アタラし 僧中二六オ1 五三 | | | | | |
| アタラシ | 變 | アタラし 僧中三一オ6 五九 | アタラし Ⅲ下一六八オ7 | | | | 蓮本 變 |
| アタラシ | 改 | アタラし 僧中三一オ8 五九 | アタラし Ⅲ下一六八ウ2 | | | | |
| アタラシ | 革 | アタラし 僧中三七ウ2 七二 | | | | | |
| アタラシカル | 惜 | ・ア・タ・ラし カル 法中四〇ウ2 七八 | | | | ・ア・タ・ラ・し カル 二五四 7 | |
| (アタ)ラシキヲ | 新 | | | | | (アタ)ラし キヲ 二〇三 5 | |
| アタリ | 他 | アタリ 仏上一九ウ6 三三 | | アタリ 二オ2 | アタリ 一五ウ5 | | |
| アタル | 任 | ・ア・タル 仏上二四ウ8 二 | アイメル Ⅰ上一ウ2 | ・ア・タル 三ウ6 | | | |
| アタル | 値 | ・ア・タル 仏上一六オ4 二五 | | ・ア・タル 一四ウ4 | アタル 一ウ3 | | 値 高本・西本 |

| | | | | | | | |
|---|---|---|---|---|---|---|---|
| アタル | 保 | アタル 仏上三三 二〇オ1 | | アタル 二一ウ2 | アタル 一六オ2 | | 保 高本、西本 |
| アタル | 衛 | アタル 仏上四四 二五ウ4 | | アタル 二四ウ3 | アタル 二二ウ1 | | |
| アタル | 適 | アタル 仏上五〇 二八ウ6 | アタル I上 六ウ3 | アタル 二七ウ3 | アタル 二五ウ4 | | |
| アタル | 逗 | アタル 仏上五二 二九ウ6 | アタル I上 七ウ1 | アタル 二八ウ3 | アタル 二六ウ6 | | |
| アタル | 遑 | アタル 仏上五三 三〇オ6 | アタル I上 八オ1 | アタル 二九オ4 | アクル(ママ) 二七ウ4~3 | | |
| アタル | 遺 | ↓ アヘル | アタ(テ)ル I上 九ウ1 | ↓ アテル | ↓ アテル | | |
| アタッル | 丁 | アタッル 仏上七六 四一ウ3 | アタッル I上 一七ウ7 | アタル 四一オ5 | アタル 四一オ5 | | |
| アタル | 中 | アタル 仏上七九 四三オ7 | アタル I上 一九オ3 | アタル 四三ウ7 | アタル 四三オ6 | | |
| アタル | 直 | アタル 仏上八四 四五ウ5 | アタル I上 二〇ウ5 | アタル 四五オ5 | アタル 四六オ5 | | |
| アタル | 昌 | アタル 仏中八六 四四ウ2 | アタル I上 六一オ6 | アタル 九三オ6 | | | |
| アタル | 舶 | アタル 仏中一〇三 五三オ6 | アタル I上 六九オ4 | アタル 一〇一オ3 | | | |
| アタル | 的 | アタル 仏中一〇三 五三オ7 | アタル I上 六九オ4 | アタル 一〇一オ3 | | | |
| アタル | 膺 | アタル 仏中一一五 五九オ3 | アタル I上 七四オ2 | | | | |
| アタル | 贖 | アタル 仏下本一六 九ウ8 | | | | | |
| アタル | 顧 | アタル 仏下本二三 一三オ4 | | | | | |
| アタル | 弩 | アタル 仏下本五二 二七ウ4 | | | | | |

| 和訓 | 漢字 | 観智院本 | 蓮成院本 | 高山寺本 | 西念寺本 | 図書寮本 | 備考 |
|---|---|---|---|---|---|---|---|
| アタル | 抵 | ·ア·タル· 仏下本 三三オ3 六三 | | | | | |
| アタル | 拒 | アタル 仏下本 三四ウ1 六六 | | | | | |
| アタル | 擬 | ·ア·タ·ル 仏下本 四〇ウ4 七八 | | | | | |
| アタル | 夗 | ·ア·タル 仏下末 九ウ1 一六 | | | | | |
| アタル | 元 | アタル 仏下末 一〇オ4 一七 | | | | | |
| アタル | 課 | アタル 法上 三〇オ8 五七 | アタル II中 三オ1 | | | | |
| アタル | 距 | アタル 法上 四三オ7 八一 | | | | | |
| アタル | 路 | ·ア·タル 法上 四五ウ2 八八 | | | | ·ア·タル 一三 1 | |
| アタル | 應 | ·ア·タル 法中 五一オ5 九九 | | | | | |
| アタル | 補 | アタル 法下 五ウ4 八 | | | | | |
| アタル | 屬 | アタル 法下 四六ウ3 九〇 | | | | | |
| アタル | 膺 | ·ア·タル 法下 五〇ウ4 九八 | | | | | |
| アタル | 應 | ·ア·タル 法下 五三オ5 一〇三 | | | | | |
| アタル | 厚 | アタル 法下 五四オ3 一〇五 | | | | | |
| アタル | 對 | アタル 法下 七三ウ2 一四四 | | | | | |

| | | | | | | |
|---|---|---|---|---|---|---|
| アタル | 薗 | アタル 僧上 七オ7 二 | | | | |
| アタル | 蘗 | ア[タ]ル 僧上 二四ウ5 四六 | アタル III 下一 三オ4 | | | |
| アタル | 鍾 | ・ア・タ・ル 僧上 六四ウ6 三六 | ・ア・タ・ル III 下一 四一オ4 | | | |
| アタル | 會 | ・ア・タ・ル 僧中 一二オ6 一 | ・ア・タ・ル III 下一 四七オ2 | | | |
| アタルレリ | 方 | ・ア・タ・ル・レ・リ 僧中 一六ウ7 三〇 | アタルレリ III 下一 五五オ7 | | | |
| アタル | 敵 | アタル 僧中 二九オ2 五五 | アタル III 下一 六六オ6 | | | |
| アタル | 敎 | ・ア・タル 僧中 三一ウ2 六〇 | ・ア・タル III 下一 六八ウ3 | | | |
| アタル | 支 | アタル 僧中 三三ウ4 六二 | アタル III 下一 六九ウ4 | | | |
| アタル | 彊 | アタル 僧下 五一ウ8 一〇〇 | [ア]タル III 下二 一三八オ5 (六六) | | | |
| アタル | 衺 | | | | | ・アタ・ル 三三〇 6 |
| アタツル | 當 | ・ア・タ・ツ(マ)・ル 仏中 五六ウ6 一一〇 | アダル I 上二 七三オ1 | ・ア・ダ・ル 一〇四ウ7 | | |
| アヂ | 鯀 | ・アチ 僧下 三ウ3 四 | アチ III 下二 九三オ3 (三二) | | | |
| アチ | 鯩 | アヽチ 僧下 七ウ2 一二 | | | | |
| アチキナ | 靜 | アチキナ 僧下 五一オ3 九九 | アチヽナし III 下二 一三七オ4 (五五) | | | |
| アチキナシ | 遮莫 | アチキナし 仏上 三三ウ1 五八 | アチキナし I 上二 一〇オ2 | アチ〱ナし 三一ウ1 | アチキナし 三〇オ4 | |
| アチキナシ | 無事 | アチキナし 仏上 四三ウ8 八〇 | アチヽナし I 上二 一九ウ1 | ・ア・チ・キ・ナ・し 四三ウ1 | アチキナし 四四オ2 | |

| 和訓 | 漢字 | 観智院本 | 蓮成院本 | 高山寺本 | 西念寺本 | 図書寮本 | 備考 |
|---|---|---|---|---|---|---|---|
| アヂキナシ | 無為 | アチ〳〵ナし 仏下末 一六ウ1 三〇 | | | | | |
| アチキナシ | ⿱心靜 | アチキナし 法中 三八オ5 七三 | | | | | |
| アヂキナシ | 無情 | アチキナし 法中 四九ウ6 九六 | | | | アチ〳〵ナし 遊 二三七 6 | |
| アチキナシ | ⿱心靜 | アチ〳〵ナし 法中 五一ウ7 一〇〇 | | | | | |
| アチキナシ | ⿱靜心 | アチ〳〵ナし 法中 五一ウ8 一〇〇 | | | | | |
| アヂキナシ | 無桓 | アチキナし 僧中 一八オ1 三三 | アチ〳〵ナし Ⅲ 下二 三三オ4 (五二) | | | | |
| アヂキナシ | 無為 | アチキナし 僧下 四一オ7 七九 | | | | | |
| アヂキナシ | 無端 | | | | | アチキナし 一三五 6 | |
| アチハヒフ | 味 | アチハヒフ 仏中 一八ウ3 三四 | アチハヒ Ⅰ 上二 三七ウ2 | アチハヒフ 六五ウ5 | | | |
| アチハヒ | 嘗 | アチハヒ 仏下末 三〇オ3 五七 | | | | | |
| アチハフ | 嗀 | アチハフ 仏中 一五オ6 二七 | アチハフ Ⅰ 上二 三四ウ2 | アチハフ 六二ウ1 | | | |
| アチハフ | 嗜 | アチハフ 仏中 一五ウ6 二八 | アチハフ Ⅰ 上二 三五オ1 | アチハフ 六三オ1 | | | |
| アチハフ | 噣 | アチハフ 仏中 二九ウ2 五六 | アチハフ Ⅰ 上二 四七ウ3 | アチハフ 七七オ2 | | | |
| アチハフ | 嘌 | アチハフ 仏中 三〇ウ6 五八 | アチハフ Ⅰ 上二 四八ウ7 | アチハフ 七八オ6 | | | |
| アチハフ | 滋 | アチハフ 法上 九オ1 一五 | アチハフ Ⅱ 中 六オ7 | | | | 天理本 タクハフ |

| | | | | | | | |
|---|---|---|---|---|---|---|---|
| アチハフ | 絜 | アチハフ 法中 六七オ1 一三二 | | | | | |
| アチホル | 埋 | アチホル 法中 一六六オ3 四九 | | | | | 観本誤訓 |
| アチマム | 甜 | アチマム 仏中 一四オ3 二五 | アチテム I上 三三オ6 | アチテム 六一オ4 | | | |
| アヂマメ | 篇豆 | アチマメ 法上 四九オ7 九五 | | | | | |
| アチマメ | 篇豆 | アチテメ 僧上 一七ウ5 三三 | | | | 阿知万米 禾 一三八6 | |
| アツ | 任 | アツ 仏上 四ウ8 二 | アツ I上 一ウ2 | | | | |
| アツ | 償 | アツ 仏上 一四オ1 二二 | | アツ 二オ5 | アツ 九オ3 | | |
| アツ | 値 | アツ 仏上 一六オ4 二五 | | アツ 一四ウ4 | アツ 二ウ3 | | |
| アツ | 御 | アツ 仏上 二三オ6 三九 | | アツ 二オ6 | アツ 一九ウ5 | | |
| アツ | 匹 | アツ 仏上 三五ウ1 六四 | アツ I上 二二ウ4 | アツ 三四ウ3 | アツ 三三ウ6 | | |
| アツ | 中 | アツ 仏上 四三オ7 七九 | アツ I上 一九オ3 | アツ 四三ウ7 | アツ 四三オ6 | | |
| アツ | 噫 | アツ 仏中 二五ウ5 四八 | アツ I上 四四オ1 | アツ 七三オ3 | | | |
| アツ | 當 | アツ 仏中 五六ウ7 一〇二 | アツ I上 七二オ2 | アツ 一〇四ウ7 | | | 高本 當 虫損 |
| アツ | 期 | アツタル 仏中 七〇オ7 一三七 | | | | | |
| アツ | 拉 | アツ 仏下本 三三オ3 六三 | | | | | |
| アツ | 亢 | アツ 仏下末 九ウ1 一六 | | | | | |

| 和訓 | 漢字 | 観智院本 | 蓮成院本 | 高山寺本 | 西念寺本 | 図書寮本 | 備考 |
|---|---|---|---|---|---|---|---|
| アツ | 蘂 | アツ 仏下末 三三オ7 二三 | | | | | |
| アツ | 科 | アツ 法下 一一オ1 一九 | | | | | |
| アツ | 察 | アツ 法下 二六ウ7 五〇 | | | | | |
| アツ | 遷 | アツ 僧上 三五ウ4 六八 | アツ Ⅲ下一 一四ウ4 | | | | |
| アツ | 鍾 | アツ 僧上 六四ウ6 一二六 | アヽヽ Ⅲ下一 四一オ4 | | | | |
| アツ | 配 | ・ア・ツ 僧下 三〇オ1 五七 | ・ア∶ツ Ⅲ下一 五六オ5 | | | | |
| アツ | 丁 | | | アヽヽ 四一オ5 | | | |
| アツカカ | 束草 | アツカヽ 僧上 三ウ2 四 | | | | | |
| アツカハシ | 結繚 | ・ア・ツカハ・シ 法中 五七ウ8 一一二 | | | | ・ア・ツカハ・シ 三二一6 | |
| アツカフ | 徳 | アツカフ 仏上 二一ウ8 三六 | | アヽヽカフ 二〇オ4 | アツカフ 一八ウ1 | | |
| アツカフ | 念勢 | ・ア・ツカフ 法中 四五ウ2 八八 | | | | | |
| アツカフ | 看 | | アツカフ Ⅰ上 五七オ5 | アヽヽカフ 八八オ4 | | | |
| アツカル | 倫 | アツカル 仏上 二一オ1 三五 | | アヽヽカル 二一オ7 | アツカル 一七ウ3 | | |
| アツカル | 事 | アツカル 仏上 四三ウ8 八〇 | ↓アツテル | ↓アヽヽテル | アツカル 四四オ2 | | |
| アツカル | 看 | アツカル 仏中 四〇オ1 七七 | | | | | |

| 和訓 | 漢字 | 観智院本 | 他本 | 備考 |
|---|---|---|---|---|
| アヅカル | 領 | アツカル 仏下本 一三ウ3 (二四) | | |
| アヅカル | 額 | アツカル 仏下本 一四ウ4 (二六) | | |
| アヅカル | 與 | アツカル 仏下末 一四オ7 (二五) | | |
| アツカル | 㥶 | アツカル 法中 四三ウ2 (八四) | | |
| アツカル | 悆 | アツカル 法中 四五ウ1 (八八) | | |
| アツカル | 索 | アツカル 法中 五八ウ6 (一一四) | | |
| アヅカル | 關 | アツカル 法下 三八ウ8 (七四) | | |
| アツカル | 閒 | アツカル 法下 三九ウ7 (七六) | | |
| アツカル | 𪎭 | アツカル 法下 五一オ7 (九九) | | |
| アツカル | 廁 | アツカル 法下 五四オ8 (一〇五) | | |
| アヅカル | 遷 | アツカル 僧上 三五ウ4 (六八) | | |
| アヅカル | 豫 | アツカル 僧中 二〇オ8 (三七) | アツカル Ⅲ 下二 一三四オ3 (五二) | |
| アツカル | 敧 | アツカル 僧中 三〇ウ6 (五八) | | |
| アツカル | 蹳 | アツカル 僧中 三三ウ6 (六二) | アツカル Ⅲ 下一 六九ウ5 | |
| アヅカル | 臣 | アツカル 僧下 三九オ4 (七五) | アツカル Ⅲ 下二 一三六ウ1 (六四) | 臣 運本 |
| アヅカル | 暨 | アツカル 僧下 四九ウ2 (九六) | アツカル Ⅲ 下二 一三六ウ3 (五四) | |

| 和訓 | 漢字 | 観智院本 | 蓮成院本 | 高山寺本 | 西念寺本 | 図書寮本 | 備考 |
|---|---|---|---|---|---|---|---|
| アヅカル | 即 | アツカル 僧下 五六ウ1 一〇 | | | | | |
| アツキ | 碩 | ア\ツ\ 法中 五オ3 七 | | | | | |
| アツキ | 雚 | アツ\ 僧上 一〇ウ2 一八 | | | | | |
| アヅキノ花 | 腐婢 | アツキノ花 仏中 八オ7 一三 | | | | | |
| アツキノハナ | 腐婢 | アツ\ノハナ 仏中 六七ウ7 一三三 | アツ\ノ花 Ⅰ上一 二八オ6 | アツ\ノ花 五五オ2 | | | |
| アツク | 嘱 | アツク 仏中 三ウ5 六〇 | アツク Ⅰ上一 四九ウ4 | アツク 七九オ5 | | | |
| アツク | 都 | アツク 法中 一九ウ5 三六 | | | | アツク 玉抄 一七九 5 | |
| アツク | 紕 | アツク 法中 六五ウ4 一三八 | | | | アツク 詩 二九三 5 | |
| アツクス | 腹 | アツクス 仏中 一六〇ウ5 一一八 | | | | | |
| アツクツケタルニ | 渥丹 | アツクツケタルニ 仏下本 三ウ8 四 | | | | | |
| アツクヲシヘシ | 惇誨 | | | | | アツクヲシヘシ 琹 二四 2 | |
| アヅサ | 梓 | アツサ 仏下本 四五ウ8 八八 | | | | | |
| アヅサ井 | 紫陽花 | アツサ井 僧上 四オ3 五 | アツサ井 Ⅲ下一 二オ4 | | | | 蓮本 紫陽草 |
| アツサ井 | 蔆 | アツサ井 僧上 二八オ4 五三 | アツサ井 Ⅲ下一 七オ6 | | | | |
| アツシ | 仍 | ア\ツし 仏上 六オ3 五 | | アツし 一四オ4 | | | |

| | | | | | | | | |
|---|---|---|---|---|---|---|---|---|
| アツシ | 俾 | アツシ | 仏上九オ6 二 | | | | | アツし | 三ウ6 |
| アツシ | 僖 | アツシ | 仏上一八ウ6 三〇 | | | | | アツし | 一四ウ3 |
| アツシ | 優 | アツし | 仏上一九ウ7 三二 | | | アツし | 一九オ3 | アツし | 一五ウ6 |
| アツシ | 德 | アツし | 仏上二一ウ8 三六 | | | アツし | 二〇オ4 | アツし | 一八ウ1 |
| アツシ | 適 | アツし | 仏上二八ウ5 五〇 | アツし | I上六ウ3 | アツし | 二七ウ3 | アツし | 二五ウ4 |
| アツシ | 遂 | アツし | 仏上三四オ5 六一 | アツし | I上一二ウ2 | アツし | 三三オ3 | アツし | 三二オ4 |
| アツシ | 亹 | アツし | 仏上四二オ7 七七 | アツし | I上一八ウ1 | アツし | 四一ウ7 | アツシ | 四二オ5 |
| アヅシ | 喣 | アツし | 仏中一六ウ4 三〇 | | | | | | |
| アツシ | 㬥 | アツし | 仏中四五オ6 八七 | アツし | I上六一ウ7 | アツし | 九四オ2 | | |
| アツシ | 暑 | アツし | 仏中四五ウ8 八八 | アツし | I上六二ウ1 | アツし | 九四ウ3 | | |
| アツシ | 曜 | アツし | 仏中四七オ3 九一 | アツし | I上六三オ7 | アツし | 九五ウ6 | | |
| アツシ | 暍 | アツし | 仏中五〇オ7 九七 | アツし | I上六六ウ7 | アツし | 九八ウ6 | | |
| アツシ | 毗 | アツし | 仏中五六ウ8 一一〇 | アツし | I上七二オ3 | アツし | 一〇五オ1 | | |
| アツシ | 腹 | アツし | 仏中六〇ウ5 一一八 | | | | | | |
| アツシ | 腴 | アツし | 仏中六三ウ3 一二四 | | | | | | |
| アツシ | 腮脛 | アツし | 仏中六六オ2 一二九 | | | | | | |

| 和訓 | 漢字 | 観智院本 | 蓮成院本 | 高山寺本 | 西念寺本 | 図書寮本 | 備考 |
|---|---|---|---|---|---|---|---|
| アツシ | 膴 | アツレ 仏中七〇オ1 一三七 | | | | | |
| アツシ | 臛 | アツレ 仏中七一オ1 一三九 | | | | | |
| アツシ | 掔 | アツレ 仏下本三三ウ8 四二 | | | | | |
| アツシ | 厓 | アツレ 仏下末一〇ウ6 一八 | | | | | |
| アツシ | 爥 | アツレ 仏下末二〇オ1 三七 | | | | | |
| アツシ | 熨 | アツレ 仏下末二〇オ5 三七 | | | | | |
| アツシ | 煨 | アツレ 仏下末二一ウ2 四〇 | | | | | |
| アツシ | 爚 | アツレ 仏下末二一ウ7 四〇 | | | | | |
| アツシ | 熇 | アツレ 仏下末二三オ1 四一 | | | | | |
| アツシ | 熱 | アツレ 仏下末二三オ5 四一 | | | | | |
| アツシ | 爇 | アツレ 仏下末二三ウ5 四二 | | | | | |
| アツシ | 烝 | アツレ 仏下末二三ウ6 四四 | | | | | |
| アツシ | 燀 | アツレ 仏下末二四オ7 四五 | | | | | |
| アツシ | 熻 | アツレ 仏下末二六オ4 四九 | | | | | |
| アツシ | 炎 | アツレ 仏下末二六ウ5 五〇 | | | | | |

| | | | | | | | |
|---|---|---|---|---|---|---|---|
| アツシ | 吻 | ・ア・ツシ 仏下末 二八オ7 五三 | | | | | |
| アツシ | 源 | アツシ 法上 一二オ6 一 | アツシ II虫 一オ3 | | | | |
| アツシ | 泯 | アツシ 法上 四ウ3 六 | アツシ II虫 三ウ3 | | | | |
| アツシ | 渥 | アツシ 法上 一七オ8 二二 | ・ア・ツ・シ II虫 九オ3 | | | ・ア・ツ・シ 後 五二 4 | |
| アツシ | 濃 | アツシ 法上 一九ウ3 三六 | アツシ II虫 一九オ3 | | | | |
| アツシ | 泥 | アツシ 法上 二〇ウ3 三八 | ・ア・ツシ II虫 二〇オ5 | | | | |
| アツシ | 淳 | ・ア・ツ・シ 法上 二三オ8 四一 | ・ア・ツ・シ II虫 二三オ4 | | | ・ア・ツ・シ 巽 五四 3 | 淳 蓮本 |
| アツシ | 淳 | アツシ 法上 二四ウ3 四六 | ア小（ミ）シ II虫 二四ウ7 | | | | |
| アツシ | 崩 | アツシ 法上 二五六ウ1 一〇 | | | | | |
| アツシ | 石 | アツシ 法中 一二オ3 一 | | | | | |
| アツシ | 阜 | アツシ 法中 三〇オ7 三七 | | | | | |
| アツシ | 陸 | アツシ 法中 二五オ1 四七 | | | | | |
| アツシ | 垾 | ・ア・ツシ 法中 二八オ7 五三 | | | | | |
| アツシ | 恃 | アツシ 法中 四三オ3 八一 | | | | | |
| アツシ | 惇 | ・ア・ツ・シ 法中 四三ウ1 八二 | | | | | |
| アツシ | 悑 | アツシ 法中 四三オ5 八三 | | | | | |

| 和訓 | 漢字 | 観智院本 | 蓮成院本 | 高山寺本 | 西念寺本 | 図書寮本 | 備考 |
|---|---|---|---|---|---|---|---|
| アツシ | 襛 | アツシ 法下五ウ8 八 | | | | | |
| アツシ | 安 | アツシ 法下二六ウ6 五〇 | | | | | |
| アツシ | 冨 | アツシ 法下二九ウ2 五六 | | | | | |
| アツシ | 窀 | アツシ 法下三三オ3 六一 | | | | | |
| アツシ | 厚 | アツシ 法下五五ウ8 一〇八 | | | | | |
| アツシ | 封 | アツシ 法下七三ウ1 一四四 | | | | | |
| アツシ | 薀 | アツシ 僧上一四ウ8 二六 | | | | | |
| アツシ | 葰 | アツシ 僧上一六オ8 二九 | | | | | |
| アツシ | 篤 | アツシ 僧上二三オ8 四三 | アツシ III下一一ウ7 | | | | |
| アツシ | 爇 | アツシ 僧上二四オ1 四五 | アツシ III下一二ウ1 | | | | |
| アツシ | 竺 | アツシ 僧上三四ウ6 六六 | | | | | |
| アツシ | 強 | アツシ 僧中一三ウ3 二四 | アツシ III下一五二ウ3 | | | | |
| アツシ | 敦 | アツシ 僧中三〇オ4 五七 | アツシ III下一六七オ5 | | | | |
| アツシクス | 敦 | アツシクス 僧中三〇オ5 五七 | アツシクス III下一六八ウ6 | | | | |
| アツシ | 孜 | アツシ 僧中三三オ1 六一 | アツシ III下一六九オ1 | | | | |

| | | | | | | | |
|---|---|---|---|---|---|---|---|
| アツシ | 篤 | ・ア・ツシ 僧中五六オ4 一〇九 | ・ア・ツシ Ⅲ下二八〇ウ1（八） | | | | |
| アヅシ | 支離 | ・ア・ツ・シ 僧中六九ウ3 一三六 | ・アイ・ツ・シ Ⅲ下二九一ウ6（九） | | | | |
| アツシ | 釃 | ・ア・ツシ 僧下二九ウ3 五一六 | アツシ Ⅲ下一五六オ2 | | | | |
| アツシ | 酷 | アツシ 僧下二九ウ8 五一六 | アツシ Ⅲ下一五六オ4 | | | | |
| アツシ | 醇 | ・ア・ツシ 僧下三〇ウ7 五一八 | ・ア・ツシ Ⅲ下一五六ウ6 | | | | |
| アツシ | 醹 | ・ア・ツシ 僧下三二オ8 六二一 | アツシ Ⅲ下一五八オ1 | | | | |
| アツシ | 鞸 | ・ア・ツシ 僧下六一ウ2 一二〇 | アツシ Ⅲ下二一三ウ6（六〇） | | | | |
| アツシ | 銷 | | アツシ Ⅲ下一三九オ3 | | | | |
| アツシタ | 亶 | アツレタ 法下二三オ5 四三 | | | | | |
| アツチ | 跳 | アツチ 法上四オ2 七九 | | | | | |
| アツチ | 城 | アツチ 法中二六オ5 四九 | | | | | |
| アツチ | 埯 | アツチ 法中三一ウ8 六〇 | | | | | |
| アヅチ | 堋 | ・ア・ツ・チ 法中三三ウ6 六二 | | | | ・阿津知 季 二一九 1 | |
| アヅチ | 埻 | ・ア・ツ・チ 法中三三オ2 六三 | | | | アツチ 玉抄 二三一 7 | 図本 埻的 |
| アツチ | 射垜 | ・ア・ツ・チ 法中三三オ6 六三 | | | | ・阿郡智 二一八 7 | |
| アツチ | 塞 | アツチ 法下二五オ8 四七 | | | | | |

| 和訓 | 漢字 | 観智院本 | 蓮成院本 | 高山寺本 | 西念寺本 | 図書寮本 | 備考 |
|---|---|---|---|---|---|---|---|
| アツツカフ | 同𨁝 | アツヽカフ 法上 四五ウ4 八八 | | | | | |
| アツツカヘ | 倍 | アツヽカヘ 仏上 五オ5 三 | アツヽカヘ I上 一ウ5 | アツヽカヘ 四オ2 | | | |
| アツハヒ | 煨 | アツハヒ 仏下末 二三ウ2 四〇 | | | | | |
| アツマトヒト | 邊鄙 | アツマトヒト 法中 一五オ4 二七 | | | | 阿都末豆(11) 一八一1 | |
| アツマル | 併 | アツアル 仏上 五ウ6 四 | | | | | |
| アツマル | 傳 | アツマル 仏上 一九ウ2 三三 | | アツアル 一八ウ1 | アツアル 一五ウ1 | | 高本 傳 西本 傳 |
| アツマル | 逶 | アツマル 仏上 二七ウ5 四八 | アツマル I上 五ウ5 | アツアル 二六ウ3 | アツアル 二四ウ3 | | |
| アツマル | 迺 | アツマル 仏上 三一オ2 五五 | アツマル I上 八ウ5 | アツアル 三〇オ1 | アツアル 二八ウ2 | | 蓮本 迺 |
| アツマル | 遬 | アツアル 仏上 三一オ3 五五 | アツマル I上 八ウ6 | アツアル 三〇オ1 | アツアル 二八ウ2 | | |
| アツマル | 遳 | アツマル 仏上 三三ウ3 五八 | アツアル I上 一〇オ3 | アツアル 三一ウ2 | アツアル 三〇オ5 | | |
| アツマル | 事 | ↓アツカル | アツアル I上 一九ウ1 | アツアル 四二ウ1 | | | |
| アツマル | 聚 | アツアル 仏中 四オ7 五 | アツアル I上 二四ウ5 | アツアル 五〇オ3 | アツアル 五一ウ1 | | |
| アツマル | 朝 | アツアル 仏中 七〇ウ2 一三八 | | | | | |
| アツマル | 揖 | アツマル 仏下本 三三ウ3 四四 | | | | | |
| アツマル | 稍 | アツマル 仏下本 三三ウ3 四四 | | | | | |

| | | | | | | |
|---|---|---|---|---|---|---|
| アツマル | 捴 | アツマル 仏下本 六五 三四オ6 | | | | |
| アツマル | 猥 | ・アツマル 仏下本 一二九 六六オ1 | | | | |
| アツマル | 乇 | ・アツ・マル 仏下末 一三 八オ6 | | | | |
| アツマル | 九 | アツアル 仏下末 一八 一〇ウ6 | | | | |
| アツマル | 九九 | アツアル 仏下末 一八 一〇ウ8 | | | | |
| アツマル | 九九九 | アツアル 仏下末 一八 一〇ウ8 | | | | |
| アツマル | 鳩 | アツアル 仏下末 一九 一一オ1 | | | | |
| アツマル | 并 | アツ・アル 仏下末 二三 一三オ8 | | | | |
| アツマル | 與 | ・アツ・アル 仏下末 二五 一四オ7 | | | | |
| アツマル | 黨 | アツアル 仏下末 五七 三〇オ3 | | | | |
| アツマル | 溢 | アツマル 法上 三 三オ6 | アツマル II中 二オ4 | | | |
| アツマル | 漆 | アツマル 法上 二〇 一一ウ7 | アツマル II中 一一ウ2 | | | |
| アツマル | 湊 | アツマル 法上 二二 一三オ1 | ・アツ・マル II中 一二ウ3 | | | ・ア・ツアル 老 五一 5 |
| アツマル | 潰 | アツマル 法上 二二 一三オ5 | アツマル II中 一二ウ5 | | | |
| アツマル | 灌 | アツマル 法上 二二 一二ウ4 | アツマル II中 一三オ4 | | | |
| アツマル | 溜 | ・アツマル 法上 二六 一四ウ6 | アツマル II中 一四オ4 | | | |

| 和訓 | 漢字 | 観智院本 | 蓮成院本 | 高山寺本 | 西念寺本 | 図書寮本 | 備考 |
|---|---|---|---|---|---|---|---|
| アツマル | 涼 | アツくル 法上二〇オ8 三七 | アツくル Ⅱ中二〇オ2 | | | | |
| アツマル | 蹲 | ・アツくル 法上三九ウ7 七六 | | | | | |
| アツマムル | 踤 | ・ア・ツアムル 法上四〇ウ5 七八 | | | | | |
| アツマル | 跦 | ・アツ・くル 法上四二ウ6 八二 | | | | | |
| アツマル | 蹈 | アツくル 法上四四オ4 八五 | | | | | |
| アツマル | 崪 | ・ア・ツくル 法上六二ウ8 一三三 | | | | | |
| アツマル | 酇 | アツアル 法中一六ウ3 三〇 | | | | | |
| アツマル | 阜 | アツくル 法中三〇オ7 三七 | | | | | |
| アツマル | 隊 | アツアル 法中三三ウ3 四三 | | | | | |
| アツマル | 愆 | アツアル 法中四三ウ2 八四 | | | | | |
| アツマル | 㦗 | アツくル 法中四五ウ5 八八 | | | | | |
| アツマル | 緝 | アツアル 法中六一ウ5 一二〇 | | | | | |
| アツマル | 絓 | アツくル 法中六五オ6 一三七 | | | | | |
| アツマル | 裒 | アツアル 法中七五ウ4 一四八 | | | | | |
| アツマル | 格 | [ア]ツアル 法下八五ウ5 | | | | | |

| | | | |
|---|---|---|---|
| アツマル | [illegible] | アツヘル 法下 二四 一三ウ3 | |
| アツマル | 㝡 | ・アツテル 法下 五四 二八ウ3 | |
| アツマル | 圎 | ・アツテル 法下 八三 四三オ7 | |
| アツマル | 圑 | アツテル 法下 八五 四四オ6 | |
| アツマル | 膺 | アツテル 法下 九八 五〇ウ4 | |
| アツマル | 巷 | アツテル 僧上 二 二ウ8 | アツテル III 下一 五オ1 |
| アツマル | 蓋草 | ・アツテル 僧上 四 三ウ3 | |
| アツマル | 華 | アツテル 僧上 四 三ウ8 | |
| アツマル | 葯 | アツテル 僧上 七 五オ2 | |
| アツマル | 苞 | アツテル 僧上 九 六オ3 | |
| アツマル | 荐 | ・アツテル 僧上 一三 八オ1 | |
| アツマル | 蕢 | アツテル 僧上 一三 八オ7 | |
| アツマル | 苞 | アツテル 僧上 一八 一〇ウ4 | |
| アツマル | 芝 | アツテル 僧上 二二 一三オ1 | |
| アツマル | 蔟 | ・アツテル 僧上 二九 一六オ8 | |
| アツマル | 著 | アツテル 僧上 三七 二〇オ8 | |

| 和訓 | 漢字 | 観智院本 | 蓮成院本 | 高山寺本 | 西念寺本 | 図書寮本 | 備考 |
|---|---|---|---|---|---|---|---|
| アツマル | 叢 | アツテル 僧上 四二 二三ウ4 | アツヘル Ⅲ下 一オ5 | | | | |
| アツマル | 華 | アツテル 僧上 四五 二四オ6 | アツヘル Ⅲ下 二ウ4 | | | | |
| アツマル | 蕞 | アツテル 僧上 五五 二九オ1 | アツテル Ⅲ下 八オ4 | | | | |
| アツマル | 羽 | アツテル 僧上 九五 四九オ6 | アツテル Ⅲ下 二七ウ1 | | | | |
| アツマル | 翕 | アツテル 僧上 九九 五一オ1 | | | | | |
| アツマル | 習 | アツテル 僧上 九九 五一オ5 | アツテル Ⅲ下 二九オ5 | | | | |
| アツマル | 鍾 | アツテル 僧上 一三六 六四ウ6 | アツヘル Ⅲ下 四一オ4 | | | | |
| アツマル | 鏞 | アツテル 僧上 一三二 六七オ2 | アツヘル Ⅲ下 四三オ1 | | | | 蓮本 鏞子 |
| アツマル | 鐃 | アツテル 僧上 一三二 六七オ4 | アツヘル Ⅲ下 四三オ2 | | | | |
| アツマル | 合 | アツテル 僧中 一 二一オ3 | アツテル Ⅲ下 四七オ1 | | | | |
| アツマル | 會 | アツテル 僧中 二 二一ウ1 | アツヘル Ⅲ下 四七オ4 | | | | |
| アツマル | 翕 | アツテル 僧中 三 三一オ8 | アツテル Ⅲ下 四七ウ6 | | | | |
| アツマル | 戢 | アツテル 僧中 四二 三三ウ1 | アツヘル Ⅲ下 六〇ウ5 | | | | |
| アツマル | 斂 | アツテル 僧中 五六 二九ウ7 | アツテル Ⅲ下 六七オ1 | | | | |
| アツマル | 敦 | アツテル 僧中 五七 三〇オ4 | アツテル Ⅲ下 六七オ5 | | | | |

| | | | | | |
|---|---|---|---|---|---|
| アツマル | 敦 | ・アツアル 僧中 五七 三〇オ5 | | | |
| アツマル | 斂 | ・アツアル 僧中 六六 三四ウ6 | | | |
| アツマル | 輜 | アツアル 僧中 八五 四四オ4 | | | |
| アツマル | 輯 | アツアル 僧中 八七 四五オ6 | | | |
| アツマル | 輧 | アツアル 僧中 八九 四六オ6 | | | |
| アツマル | 輜 | アツアル 僧中 九〇 四六ウ6 | | | |
| アツマル | 輳 | アツマル 僧中 九三 四八オ5 | アツ[ア]ル III 下二 七三ウ7 (一) | | |
| アツマル | 群 | ・アツマル 僧中 九七 五〇オ6 | ・アツアル III 下二 七五ウ4 (三) | | |
| アツマル | 鳩 | ・アツマル 僧中 一二六 六四ウ4 | ・アツアル III 下二 八七オ6 (一五) | | |
| アツマル | 集 雧 | アツマル 僧中 一三六 六九ウ1 | アツアル III 下二 九一ウ4 (一九) | | |
| アツマル | 彙 | ・アツアル 僧下 七三 三八オ5 | アツマル III 下二 一四一ウ2 (六九) | | |
| アツマル | 師 | アツアル 僧下 一〇二 五二ウ8 | アツマル III 下二 一三七オ2 (六五) | | |
| アツマル | 同 | ・アツアル 僧下 一〇六 五四ウ1 | ・アツアル III 下二 一三〇オ5 (五八) | | |
| アツマル | 乇 | ・アツアル 僧下 一二五 六四オ7 | | | |
| アツマレリ | 蔟 | ・アツアレリ 僧上 一二九 六六オ8 | | | |
| アツム | 什 | アツム 仏上 七 七オ5 | アツム I上二 三オ3 | アツム 五オ7 | アツム 一ウ4 |

| 和訓 | 漢字 | 観智院本 | 蓮成院本 | 高山寺本 | 西念寺本 | 図書寮本 | 備考 |
|---|---|---|---|---|---|---|---|
| アツム | 贅 | ・ア・ツム 仏下本 九オ4 一五 | | | | | |
| アツム | 攬 | アツム 仏下本 三三オ2 四三 | | | | | |
| アツムマル | 揩 | ・ア・ツム・ヘ・ル 仏下本 三三オ5 六一 | | | | | |
| アツム | 挨 | アツム 仏下本 三三オ8 六三 | | | | | |
| アツム | 攪 | アツム 仏下本 三七ウ1 七二 | | | | | |
| アツム | 押 | アツム 仏下本 三八ウ2 七四 | | | | | |
| アツム | 構 | アツム 仏下本 四〇オ8 七七 | | | | | |
| アツム | 掠 | ・ア・ツ・ム 仏下本 四一オ2 七九 | | | | | |
| アツム | 桴 | ・ア・ツ・ム 仏下本 四六オ2 八九 | | | | | |
| アツム | 櫕 | ・ア・ツムヘル 仏下本 五九オ5 一一五 | | | | | |
| アツム | 森 | アツム 仏下本 六四ウ3 一二六 | | | | | |
| アツム | 洪 | アツム 法上 五ウ2 八 | アツム Ⅱ中一 四ウ5 | | | | |
| アツム | 浹 | アツム 法上 五ウ3 八 | アツム Ⅱ中一 四ウ5 | | | | |
| アツム | 澮 | アツム 法上 六ウ5 一〇 | アツム Ⅱ中一 八ウ1 | | | | |
| アツム | 識 | アツム 法上 二五ウ3 四八 | アツム Ⅲ中一 二六オ2 | | | | |

| | | | | | | |
|---|---|---|---|---|---|---|
| アツム | 諏 | アツム 法上 三三ウ3 六四 | アツム Ⅱ中 二四オ5 | | | |
| アツム | 𨄄 | アツム 法上 四一ウ6 八〇 | | | | |
| アツム(マル) | 崈 | ・ア・ツ・ム(アル) 法上 六〇ウ7 二八 | | | | |
| アツム | 磓 | アツム 法中 一七オ8 一一 | | | | |
| アツム | 附 | アツム 法中 二四ウ4 四六 | | | | |
| アツム | 堆 | ・ア・ツ・ム 法中 二七ウ7 五三 | | | アツム 集 二三〇2 | |
| アツム | 絫 | アツム 法中 五三オ8 一〇 | | | | |
| アツム | 纂 | アツム 法中 五八ウ4 一四 | ・ア・ツ・ム Ⅲ下 一九オ7 | | | |
| アツム | 纂 | アツム 法中 五八ウ5 一四 | | | | |
| アツム | 績 | ・ア・ツ・ム 法中 五九ウ2 一六 | | | | |
| アツム | 絫 | アツム 法中 六〇ウ8 二八 | | | | |
| アツム | 積 | アツム 法下 一三ウ1 四 | | | | |
| アツム | 冣 | アツム 法下 二八ウ3 五四 | | | | |
| アツム | 屬 | アツム 法下 四六ウ3 九〇 | | | | |
| アツム | 纂 | アツム 僧上 二ウ5 二 | アツム Ⅲ下 一一オ3 | | | |
| アツム | 薀 | ・ア・ツ・ム 僧上 一四ウ8 二六 | | | | |

| 和訓 | 漢字 | 観智院本 | 蓮成院本 | 高山寺本 | 西念寺本 | 図書寮本 | 備考 |
|---|---|---|---|---|---|---|---|
| アツム | 蘊 | アツム 僧上一五オ1 二七 | | | | | |
| アツム | 薄 | アツム 僧上一五ウ8 二八 | | | | | |
| アツム | 纂 | アツム 僧上四〇ウ4 七八 | | | | | |
| アツム | 鈔 | アツム 僧上六三オ1 一三一 | アツム Ⅲ 下一三八ウ6 | | | | |
| アツムマル | 鑽 | アツムアル 僧上六四オ8 一三五 | アツムアル Ⅲ 下一四〇ウ7 | | | | |
| アツムマル | 聚 | アツムアル 僧中四ウ7 六 | アツムアル Ⅲ 下二一八オ3 (四六) | | | | |
| アツム | 敉 | アツム 僧中三一ウ5 六〇 | アツム Ⅲ 下一六八ウ5 | | | | |
| アツムマル | 集 | アツムアル 僧中六九オ8 一三五 | アツムアル Ⅲ 下二九一ウ4 (一九) | | | | |
| アツメシメス | 救偁 | アツメし 乂爪 僧中三一オ8 五九 | アツメし 乂爪 Ⅲ 下一六八ウ1 | | | | |
| アツメタリ | 群 | アツ図タリ 僧中五〇オ5 九七 | アツメタリ Ⅲ 下二七五ウ4 (三) | | | | |
| アツモノ | 羹 | アツ牛 仏末二六ウ6 五〇 | ア川牛 Ⅲ 下二七四ウ2 (二) | | | | |
| アツモノ | 羹 | アツモノ 僧上三一ウ6 六〇 | アツモノ Ⅲ 下一二オ5 | | | | |
| アツモノ | 羹 | アツ牛 僧中四九オ3 九五 | | | | | |
| アツモノ | 臛 | | アツ牛 Ⅰ 上一七四オ4 | | | | |
| アツユ | 擘 | アツユ 仏下本三三オ3 四三 | | | | | |

| | | | | | | | |
|---|---|---|---|---|---|---|---|
| アツラフ | 倩 | アツラフ 仏上 一三ウ4 一〇 | | ア[ツ]ラ[フ] 一二オ1 | アツラフ 八ウ4 | | |
| アツラフ | 嘱 | ・ア・ツラフ 仏中 三一ウ5 六〇 | アツラフ I 上 四九ウ4 | ア・ツ・ラフ 七九オ5 | | | |
| アツラフ | 滞 | アツラフ 法上 二〇ウ8 三八 | アツラフ II 中 二〇ウ2 | | | ・ア・ツ・ラフ・ 六八 2 | 図本 滞 |
| アツラフ | 誂 | ・アツ・ラ・フ 法上 二七ウ8 五二 | | | | | |
| アツラフ | 悆 | アツラフ 法中 四五ウ1 八八 | | | | | |
| アツラフ | 憑 | ・ア・ツラフ 法中 五一ウ1 一〇〇 | | | | ・ア・ツ・ラフ 二六五 7 | |
| アツラフ | 勸 | アツラフ 僧上 四三オ7 八三 | アツラフ III 下 一三オ5 | | | | 蓮本 勸 |
| アヅル | 与 | ・ア・ヅル 僧下 五二ウ4 一〇二 | | | | | |
| アテ | 椹 | アテ 仏下本 四七ウ1 九二 | | | | | |
| アテテ | 老 | アテ・ヽ 仏下末 一五ウ1 二八 | | | | | |
| アテハカル | 擬 | アテ・ハ・カル 仏下本 四〇ウ4 七八 | | | | | |
| アテハカル | 擬宜 | ・ア・テ・ハ・カ・ル 法下 二四オ3 四五 | | | | | |
| アテマウケテ | 擬 | ・アテ・マ・ウケテ 仏下本 四〇ウ4 七八 | | | | | |
| アテヤカナリ | 貴 | アチ(テ)ヤカナリ 仏下本 九ウ6 一六 | | | | | |
| アト | 倍 | アト 仏上 五オ4 三 | アト I 上 一ウ5 | アト 四オ2 | | | |
| アト | 径 | アト 仏上 二三ウ4 四〇 | | アト 二三ウ3 | アト 二〇オ3 | | |

| 和訓 | 漢字 | 観智院本 | 蓮成院本 | 高山寺本 | 西念寺本 | 図書寮本 | 備考 |
|---|---|---|---|---|---|---|---|
| アト | 途 | アト 仏上 二九ウ7 五二 | アト I上 七ウ3 | アト 二八ウ5 | アト 二七オ2 | | |
| アト | 远 | ア・ト 仏上 三二オ6 五五 | アト I上 九オ2 | ア・ト 三〇オ4 | アト 二八ウ5 | | |
| アト | 迹 | ア・ト 仏上 三二オ8 五七 | アト I上 一〇オ1 | ア・ト 三一オ7 | 三〇オ2~3 | | |
| アト | 返 | アト 仏上 三三ウ4 五八 | アト I上 一〇オ3 | アト 三一ウ2 | アト 三〇オ5 | | |
| アト | 踝 | ア[ト] 仏上 三六ウ8 六六 | アト I上 一三ウ7 | アト 三六オ2 | アト 三五オ2 | | 西本 踝 |
| アト | 干 | アト 仏上 四五オ3 八三 | アト I上 二〇オ7 | アト 四四ウ5 | アト 四五ウ1 | | 蓮本 干 |
| アト | 臯 | アト 仏本 五八オ2 一三 | | | | | |
| アト | 孔 | アト 仏下末 一八オ5 三 | | | | | |
| アト | 渏 | | ア(イ)ト II中 一ウ1 | | | | |
| アト | 涔 | アト 法上 一八ウ4 三四 | アト II中 一八オ4 | | | | |
| アト | 蹠 | アト 法上 三八オ3 七三 | | | | | |
| アト | 踵 | アト 法上 三八ウ4 七四 | | | | | |
| アト | 躅 | ア・ト 法上 三八ウ8 七四 | | | | | |
| アト | 跨 | アト 法上 四〇オ3 七七 | | | | | |
| アト | 踶 | アト 法上 四〇ウ4 七八 | | | | | |

| | | | | | | | | | | | | | | | |
|---|---|---|---|---|---|---|---|---|---|---|---|---|---|---|---|
| アト | アト | アト | アト | アト | アト | アト | アト | アト | アト | アト | アト | アト | アト | アト | アト |
| 蹉 | 蹟 | 蹄 | 踑 | 蹩 | 蹤 | 蹎 | 足趾 | 跡 | 庑 | 痕 | 斗 | 籍 | 罧 | 罶 | 武 |
| アト 法上 四一ウ1 八〇 | アト 法上 四二オ4 八一 | アト 法上 四二ウ1 八二 | アト 法上 四三オ4 八三 | アト 法上 四四ウ8 八六 | アト 法上 四五ウ1 八八 | アト 法上 四六オ4 八九 | | | アト 法下 五四オ3 一〇五 | アト 法下 六五オ7 一三七 | アト 法下 七一ウ8 一四〇 | アト 僧上 四〇オ8 七七 | アト 僧中 五ウ2 八 | アト 僧中 五ウ3 八 | アト 僧中 二三オ3 四一 |
| | | | | | | | | | | | | アト III 下 一九オ4 | アト III 下 一四八ウ6 | アト III 下 一四八ウ7 | アト III 下 一六〇ウ2 |
| | | | | | | | | | | | | | | | |
| | | | | | | | | | | | | | | | |
| | | | 阿澄 李 一二 7 | | アト 後 一三 6 | | 阿刀 一四 2 | アト 巽 一八 2 | | | | | | | |
| | | | | | | | | | | | | | | | |

| 和訓 | 漢字 | 観智院本 | 蓮成院本 | 高山寺本 | 西念寺本 | 図書寮本 | 備考 |
|---|---|---|---|---|---|---|---|
| アト | 𨊾 | アト 僧中四〇オ1 八五 | | | | | |
| アト | 軏 | ・ア・ト 僧中四六オ3 八九 | | | | | |
| アト | 軛 | アト 僧中四六オ4 八九 | | | | | |
| アト | 軋 | アト 僧中四六ウ8 九〇 | | | | | |
| アト | 輙 | ・ア・ト 僧中四八オ5 九三 | アト（枠囲み） Ⅲ下二 七三ウ7 (一) | | | | |
| アト | 轔 | アト 僧中四八オ6 九三 | アト Ⅲ下二 七三ウ7 (一) | | | | |
| アトス | 趾 | ・ア・ト・ス 法上四〇オ4 七七 | | | | | |
| アトツク | 跡 | ・ア・ト・ツク 法上四二オ4 八一 | | | | | |
| アトツマツク | 蹋 | アトツヽ ツク 法上三九オ1 七五 | | | | | |
| アトラフ | 淠 | アトラフ 法上二五オ1 四七 | アトラフ Ⅱ中一 二五オ3 | | | | 蓮本 重土 |
| アトラフ | 談 | アトラフ 法上三七オ6 七一 | | | | | |
| アトラフ | 詑 | | ・ア・ト・ラ・フ ツれ Ⅱ中一 二六オ7 | | | | |
| アトリ | 腸觜鳥 | ・ア・ト・リ 僧中五七オ1 一一一 | ・ア・ト・リ Ⅲ下二 八一オ2 (九) | | | | |
| △アトリ | 猲子鳥 | ・ア・ト・リ 僧中五七オ1 一一一 | ・ア・ト・リ Ⅲ下二 八一オ2 (九) | | | | |
| アトリ | 鶇 鶫 | アトリ 僧中五七オ6 一一一 | アトリ Ⅲ下二 八一オ4 (九) | | | | 蓮本 鴰 |

| | | | |
|---|---|---|---|
| アトリ | 鵄 | ア\|トリ　僧中一三二 六七ウ3 | |
| アトリ | 鴛 | ア\|トリ　僧中一三二 六七ウ6 | |
| アトリ | 臈雀 | アトリ　僧中一三七 七〇オ2 | アトリ　Ⅲ下二九〇ウ2（一八） |
| アトリ | 臈雀 | | アトリ　Ⅲ下二九二オ3（二〇） |
| アトリ | ⿰女鳥 | ↓ ア〻トリ | アトリ　Ⅲ下二八八オ3（一六） |
| アトリ | ⿰里鳥 | | アトリ　Ⅲ下二九〇オ3（一八） |
| アナ | 孔 | ア・ナ　仏下末一三 八オ5 | |
| アナ | 峅 | アナ　法上一〇七 五五オ6 | |
| アナ | 隍 | アナ　法中四五 二四オ6 | |
| アナ | 阱 | ア・ナ　法中四七 二五オ2 | |
| アナ | 坑 | ア・ナ　法中四九 二六オ6 | |
| アナ | 塹 | アナ　法中四九 二六オ8 | |
| アナ | 堁 | アナ　法中五三 二八オ7 | |
| アナ | 埳 | アナ　法中五七 三〇オ8 | |
| アナ | ⿰⿱匕矢⿱龴土 | アナ　法中六二 三三ウ1 | |
| アナ | 塋 | アナ　法中六二 三三ウ4 | |

| 和訓 | 漢字 | 観智院本 | 蓮成院本 | 高山寺本 | 西念寺本 | 図書寮本 | 備考 |
|---|---|---|---|---|---|---|---|
| アナ | 穴 | ・ア・ナ 法下 三〇ウ5 五八 | | | | | |
| アナ | 空 | ・ア・ナ 法下 三〇ウ6 五八 | | | | | |
| アナ | 窟 | アナ 法下 三〇ウ8 五八 | | | | | |
| アナ | 竅 | ・ア・ナ 法下 三一オ4 五九 | | | | | |
| アナ | 穽 | ・ア・ナ 法下 三一オ7 五九 | | | | | |
| アナ | 竇 | アナ 法下 三三オ5 六一 | | | | | |
| アナ | 竉 | アナ 法下 三三ウ2 六四 | | | | | |
| アナ | 窣 | アナ 法下 三三ウ3 六四 | | | | | |
| アナ | 窹 | アナ 法下 三三ウ3 六四 | | | | | |
| アナ | 𥨸 | アナ 法下 三五ウ7 六八 | | | | | |
| アナ | 孔 | ・ア・ナ 法下 七〇ウ6 一三八 | | | | | |
| アナ | 坎 | | | | | ・ア・ナ 集 二二4 | |
| アナウラ | 蹠 | ・ア・ナ・ウラ 法上 三八オ3 七三 | | | | 阿・奈・宇良・(1) 一一五1 | |
| アナウラ | 跖 | ・ア・ナ・ウラ 法上 三八オ4 七三 | | | | | |
| アナウ(ヒ)ラ | 跗 | ・ア・ナウ(ヒ)ラ 法上 三九ウ1 七六 | | | | | |

| | | | | | | | |
|---|---|---|---|---|---|---|---|
| アナウラ | 跌 | アナウラ 法上 七六 三九ウ4 | | | | | |
| アナウラ | 蹉 | アナウラ 法上 八〇 四一ウ1 | | | | | |
| アナウラ | 路 | アナウラ 法上 八八 四五ウ3 | | | | | |
| アナカチ | 倞 | アナカチ 仏上 二四 一五ウ8 | | アナカチ 一四オ6 | | アナカチ 二オ4 | 倞 西本 |
| アナカチ | 頒 | アナカチ 仏下本 三 一三ウ6 | | | | | |
| アナカチ | 覧 | アナカチ 仏下末 一七 一〇オ5 | | | | | |
| アナカチ | 忝 | アナカチ 法中 七三 三八オ3 | | | | | |
| アナカチ | 勍 | アナカチ 僧上 八一 四三オ4 | アナカチ III 下一 二一オ4 | | | | |
| アナカチ | 勉 | アナカチ 僧上 八四 四三ウ2 | アナカチ III 下一 二三オ7 | | | | |
| アナガチ | 剄 | アナカチ 僧上 九四 四八ウ3 | アナカチ III 下一 二六ウ4 | | | | |
| アナカチニ | 勁 | アナカチニ 僧上 九〇 四六ウ5 | アナカチニ III 下一 二四ウ7 | | | | |
| アナガチニ | 強 | アナカチニ 僧中 二四 一三ウ3 | アナカチニ III 下一 二五ウ3 | | | | |
| アナグル | 捜 | アナクル 仏下本 四六 二四ウ6 | | | | | |
| アナクル | 撹 | アナクル 仏下本 四六 二四ウ6 | | | | | |
| アナクル | 拔 | アアクル(ミ) 仏下本 五〇 二六ウ7 | | | | | |
| アナクル | 撿 | アナクル 仏下本 五三 二八オ8 | | | | | |

| 和訓 | 漢字 | 観智院本 | 蓮成院本 | 高山寺本 | 西念寺本 | 図書寮本 | 備考 |
|---|---|---|---|---|---|---|---|
| アナクル | 拈 | アナクル 仏下本 四〇オ4 七七 | | | | | |
| アナクル | 括 | アナクル 仏下本 四〇オ5 七七 | | | | | |
| アナクル | ⿰牛荒 | アナクル 仏下本 六六ウ5 一三〇 | | | | | |
| アナクル | 索 | ・ア・ナクル 法中 五八ウ6 一一四 | | | | | |
| アナクル | 旬 | アナクル 法下 三〇ウ1 五八 | | | | | |
| アナクル | 凡 | アナクル 僧中 一一オ7 二二 | アナクル Ⅲ下二 一三〇ウ4 (四八) | | | | |
| アナシボ | 稂 | ・ア・ナ・シ・ホ 法下 一一ウ4 二二 | | | | | |
| アナタ | 以往 | アナタ 仏上 二三オ7 三七 | | | アナタ 一八ウ5 | | 高本虫損で不明 |
| アナツル | 侮 | アナツル 仏上 二二ウ2 三六 | | ・ア・ナ・ツ・ル 一九ウ1 | アナツル 一七ウ4 | | |
| アナツル | 婸 | アナツル 仏中 六ウ3 一〇 | アナツル Ⅰ上 二六ウ5 | ・ア・ナツル 五三オ4 | アナツル 五四オ5 | | |
| アナツル | 媟 | アナツル 仏中 七オ5 一一 | | アナツル 五三ウ6 | アナツル 五五オ2 | | |
| アナツル | 嬻 | アナツル 仏中 一三オ4 二三 | アナツル Ⅰ上 三二ウ1 | アナツル 六〇オ3 | | | |
| アナツル | 婷 | アナツル 仏中 一三オ5 二三 | アナツル Ⅰ上 二五ウ1 | アナツル 六〇オ4 | アナツル 五二ウ5〜6 | | 蓮本、西本 嫭 |
| アナツル | 昜 | ・ア・ナツル 仏中 四六ウ5 九〇 | アナツル Ⅰ上 六三オ4 | ・ア・ナツル 九五ウ1 | | | |
| アナツル | 摱 | アナツル 仏下本 三八ウ5 七四 | | | | | |

| 見出し | 漢字 | 1 | 2 | 3 |
|---|---|---|---|---|
| アナツル | 狎 | ・ア・ナツル 仏下本 六六ウ3 一三〇 | | |
| アナツル | 黷 | アナツル 仏下末 二八ウ7 五四 | | |
| アナツル | 謾 | アナツル 法上 三四オ7 六五 | アナツル II 中 三五オ1 | |
| アナツル | 蚩 | アナツル 法上 五五オ7 一〇七 | | |
| アナツル | 玩 | アナツル 法中 一一ウ2 二〇 | | |
| アナツル | 慢 | アナツル 法中 四八ウ6 九四 | | ・ア[ナ]・・ツ・ル 易 二四八 6 |
| アナツル | 悦 | アナツル 法中 四九ウ5 九六 | | |
| アナツル | 悝 | アナツル 法中 五三ウ2 一〇三 | | |
| アナツル | 薄 | アナツル 僧上 一五ウ8 二八 | | |
| アナツル | 蔑 | アツ(ママ)アル 僧上 三〇ウ8 五八 | アナツル III 下 一〇オ1 | |
| アナツル | 務 | ・ア・ナツル 僧上 四三オ4 八三 | ・アツ(ママ)・ヾル III 上 三オ4 | |
| アナツル | 欺 | アナツル 僧中 二六オ4 四九 | アイナツル III 下 一六三ウ4 | |
| アナヅル | 軽 | ・ア・ナ・・ツ・ル 僧中 四四ウ3 八六 | | |
| アナツル | 驕 | ア\ナツル 僧中 五六ウ3 一一〇 | ア\|ナツル III 下二 八〇ウ6 (八) | |
| アナトホル | 穿 | アナトホル 法下 三一オ7 五九 | | |
| アナナヒ | 麻柱 | ・ア・ナ・ヽヒ 仏下本 五六オ3 一〇九 | | |

| 和訓 | 漢字 | 観智院本 | 蓮成院本 | 高山寺本 | 西念寺本 | 図書寮本 | 備考 |
| --- | --- | --- | --- | --- | --- | --- | --- |
| アナニスム | 穴 | アナニスム 法下三〇ウ5 五八 | | | | | |
| アナハジカミ | 薑 | アナハシカミ 僧上一九ウ6 三六 | | | | | |
| アナヒラ | 趺 | | | | | 阿奈比良 川 一〇五4 | |
| アナフカナリ | 怙 | アナフカナリ 法中四〇ウ4 七八 | | | | | |
| アナホル | 坑 | アナホル 法中二六オ6 四九 | | | | | |
| アナホル | 坎 | アナホル 法中三〇オ8 五七 | | | | | 観本重出 |
| アナホル | 穴 | アナホル 法下三〇ウ5 五八 | | | | | |
| アナホル | 穿 | [アナ]ホル 法下三一オ8 五九 | | | | | |
| アナホル | 埋 | アチ(ママ)ホル 法中二六オ3 四九 | | | | | |
| アナユカシ | 簡 𥳑 | アナユカシ 僧上四〇ウ4 七八 | アナユーカシ Ⅲ上一九オ7 | | | | |
| アナル | 媮 | アナル 仏中六ウ5 一〇 | | | アナル 五四ウ1 | | |
| アナヲカシ | 可咲 | アナヲカル(ママ) 仏中一七オ4 三三 | | アナヲカシ 六四オ5 | | | |
| アニ | 可 | アニ 仏上四〇ウ5 七六 | アニ Ⅰ上一八オ1 | アニ 四一オ6 | アニ 四一ウ1 | | |
| アニ | 兄 | アニ 仏中二一オ6 四一 | アニ Ⅰ上一四ウ6 | アニ 六九ウ1 | | | |
| アニ | 者 | アニ 仏中五一ウ4 一〇〇 | | | | | |

| | | | |
|---|---|---|---|
| アニ | 其 | アニ 仏下末 一四オ1 二五 | |
| アニ | 詎 | アニ 法上 三三オ8 六三 | アニ Ⅱ中一 三四オ1 |
| アニ | 豈 | アニ 法上 一六二ウ1 一三三 | |
| アネ | 姉 | アネ 仏中 一三ウ6 二二 | ア子 Ⅰ上 三三オ5 |
| アノサキ | 錬 | アノサー 僧上 一六七ウ4 一三二 | アイノサヤ Ⅲ下一 四三オ7 |
| アハ | 瀾 | アハ 法上 八オ7 一三 | アハ Ⅱ中 五ウ4 |
| アハ | 沸 | アハ 法上 一五ウ3 二八 | アハ Ⅱ中一 一四ウ7 |
| アハ | 漏 | アハ 法上 二一オ4 三九 | アハ Ⅱ中一 二〇ウ6 |
| アハ | 禾 | アハ 法下 六ウ3 一〇 | |
| アハ | 粟 | アハ 法下 二〇オ3 三七 | |
| アハ | (广+食) | アハ 法下 二一オ7 三九 | |
| アハ | 茇 | アハ 僧上 一三オ5 二三 | |
| アバイテ | 徹 | アハイテ 僧中 三一ウ1 六〇 | アハイテ Ⅲ下一 六八ウ2 |
| アバカラ | 樓 | アハカラ 仏本 四〇ウ5 九二 | |
| アハカラ | 荊 | アハカラ 僧上 二七ウ2 五二 | アハカラ Ⅲ下 六オ7 |
| アハガラ | 梳齒魚 | アハカラ 僧下 二オ4 一 | アハカラ Ⅲ下二 九二オ6 (三〇) |

| 和訓 | 漢字 | 観智院本 | 蓮成院本 | 高山寺本 | 西念寺本 | 図書寮本 | 備考 |
|---|---|---|---|---|---|---|---|
| アハキ | 檍 | アハキ 仏下本五〇オ1 九七 | | | | | |
| アハキヒ | 稷 | アハキヒ 法下八オ5 一三 | | | | | |
| アハク | 喘 | アク(ママ) 仏中二九ウ3 五六 | アハク Ⅰ上二 四七ウ5 | アハク 七七オ3 | | | |
| アハク | 擭 | アハク 仏下本二九オ4 五五 | | | | | |
| アハク | 撖 | アハク 仏下本三三ウ4 六四 | | | | | |
| アバク | 撥 | アハク 仏下本三七ウ7 七二 | | | | | |
| アハク | 訐 | アハク 法上三三オ2 六一 | アハク Ⅱ中 三三ウ2 | | | | |
| アハク | 許 | アハク 法上三三オ2 六一 | | | | アハク 彦氏 七四 5 | |
| アハク | 許 | アハク 法上三三オ3 六一 | | | | | |
| アハク | 堀 | アハク 法中三一ウ5 六〇 | | | | | |
| アバク | 埽 | アハク 法中三四ウ8 六六 | | | | アハク 二三三 1 | 埽(図本) |
| アハク | 袢 | アハク 法下三ウ2 四 | | | | | |
| アハク | 蕟 | アハク 僧上二七オ2 五一 | アハク Ⅲ下一 五ウ7 | | | | |
| アハク | 發 | ア\ハク 僧下五五オ8 一〇七 | アハク Ⅲ下二 一四二ウ4 (七〇) | | | | |
| アハクルス | 頽 | アハクルス 仏下本一六ウ6 三〇 | | | | | |

| | | | | | | | |
|---|---|---|---|---|---|---|---|
| アハクル | 阤 | アハクル 法中 四三 二三オ3 | | | | | |
| アハサケ | 醻 | アハサケ 僧下 五九 三一オ8 | アイハサケ Ⅲ下 五七オ4 | | | | |
| アハシ | 呝 | アハシ 仏中 五一 二七オ1 | アハシ Ⅰ上 四五オ5 | アハシ 七四オ6 | | | |
| アハシ | 淡 | アハシ 法上 五 九オ6 | ・アハ・シ Ⅱ中 六ウ5 | | | ・アハ・シ 集 二二 4 | |
| アハシ | 澹 | アハシ 法上 一五 九オ7 | アハシ Ⅱ中 六ウ6 | | | | |
| アハシ | 滗 | アハシ 法上 三〇 一六ウ4 | アハシ Ⅱ中 一六オ3 | | | | |
| アハシ | 殘 | アハシ 法下 一四〇 一七ウ1 | アハシ Ⅱ中 三三ウ5 | | | | |
| アハシ | 醆 | アハシ 僧下 五六 二九ウ6 | アハシ Ⅲ下 五六オ3 | | | | |
| アハス | 併 | ・アハ・ス 仏上 四 五ウ6 | アハス Ⅰ上 二オ2 | ・アハ・ス 四オ6 | | | 併 高本 |
| アハス | 佮 | アハス 仏上 一五 二オ8 | | アハス 九オ7 | アハス 六オ3 | | |
| アハス | 姦 | アハス 仏中 九 六オ8 | アハス Ⅰ上 二六ウ2 | アハ爪 五三オ1 | アハ爪 五四オ2 | | |
| アハス | 姱 | アハス 仏中 一三 七ウ7 | アハス Ⅰ上 二七ウ7 | ・アハ・爪 五四ウ2 | | | |
| アハス | 嫮 | アハス 仏中 一四 一三ウ1 | アハス Ⅰ上 三ウ6 | アハス 六〇ウ1 | | | |
| アハス | 揖 | アハス 仏本 四四 三ウ2 | | | | | |
| アハス | 揖 | ・アハ・ス 仏下本 五一 一七オ7 | | | | | |
| アハス | 洽 | ・アハ・ス 法上 一〇 六ウ1 | ・アハ・ス Ⅱ中 八オ4 | | | ・アハ・爪 話 一二 4 | |

| 和訓 | 漢字 | 観智院本 | 蓮成院本 | 高山寺本 | 西念寺本 | 図書寮本 | 備考 |
|---|---|---|---|---|---|---|---|
| アハス | 泮 | アハス 法上二ウ8 三三 | アハス Ⅱ中一二オ7 | | | | |
| アハス | 淆 | アハス 法上三ウ7 四二 | アハス Ⅱ中一三ウ3 | | | | |
| アハス | 闕 | アハス 法下四二オ5 八一 | | | | | |
| アハス | 勠 | アハス 僧上四二オ3 八一 | アハス Ⅲ下一二オ3 | | | | |
| アハス | 翕 | アハス 僧上五一オ1 九九 | アハス Ⅲ下一二九オ1 | | | | |
| アハス | 戮 | アハス 僧中三オ7 四一 | アハス Ⅲ下一六〇ウ4 | | | | |
| アハセタリ | 并 | アハセタリ 仏下末三オ7 三三 | | | | | |
| アハセテ | 合 | アハセテ 僧中二オ3 一 | アハセテ Ⅲ下一四七オ1 | | | | |
| アハセノキヌ | 袷 | アハセノ〻ヌ 法中七〇オ8 一三七 | | | | | |
| アハセノキヌ | 袷衣 | | | | | 阿八世乃 禾 岐沼 三三2 4 | |
| アハセノハカマ | 袷 | アハセノハカマ 法中七〇オ8 一三七 | | | | | |
| アハセモル | 合盛 | アハセモル 僧中一〇ウ8 三八 | アハセモル Ⅲ下一五九ウ2 | | | | |
| △アハセモル | 相盛 | アハセモル 僧中一〇ウ8 三八 | | | | | |
| アハタ | 粟田 | アハタ 仏中五四ウ8 一〇六 | アハフ(ママ) Ⅰ上二七〇オ5 | アハフ(ママ) 一〇三オ3 | | | |
| アハタ | 髖 | アハタ 仏下本五オ2 七 | | | | | |

| 見出し | 漢字 | | | | |
|---|---|---|---|---|---|
| アハタコ | 腹 | アハタコ 仏中 六八ウ7 一三四 | | | |
| アハタコ | 髖 | アハタコ 仏下本 五オ2 七 | | | |
| アハタス | 淡 | アハタス 法上 九オ6 一五 | アハタス II中 六ウ5 | | |
| アハタス | 浣 | アダ(ママ)ハス 法上 一六ウ4 三〇 | アハタス II中 一六オ3 | | |
| アハタス | 漓 | アダ(ママ)ハス 法上 二〇オ4 三七 | アハタス II中 一九ウ5 | | |
| アハタツ | 濤 | アハタツ 法上 一一ウ3 二〇 | アハタツ II中 一二オ4 | | |
| アハタツ | 皴 | アハタツ 僧中 三六ウ8 七〇 | | | |
| アハタツ | 皺 | アハタツ 僧中 三七オ5 七一 | | | |
| アハツ | 遷 | アハツ 仏上 二七オ3 四七 | アハツ I上 五オ4 | アハツ 二六オ3 | アハツ 二四オ1 |
| アハヅ | 周章 | アハツ 仏上 四五ウ2 八四 | アハフ I上 二〇ウ3 | アハツ 四五オ2 | アハツ 四六オ2 |
| アハツ | 瞻 | アハツ 仏中 三七ウ1 七二 | アハツ I上 五四ウ1 | アハツ 八五ウ2 | |
| アハツ | 額 | アハツ 仏下本 一六ウ6 三〇 | | | |
| アハツ | 狼狽 | アハツ 仏下本 六五ウ4 一二八 | | | |
| アハヅ | 浣 | アハツ 法上 一六ウ4 三〇 | アハツ II中 一六オ3 | | |
| アハツ | 惆 | アハツ 法中 三七オ8 七一 | | | |
| アハツ | 憧 | アハツ 法中 三九ウ6 七六 | | | |

| | 和訓 | 漢字 | 観智院本 | 蓮成院本 | 高山寺本 | 西念寺本 | 図書寮本 | 備考 |
|---|---|---|---|---|---|---|---|---|
| | アハツ | 惶 | ・アハツ 法中 四八ウ6 九四 | | | | | |
| | アハツ | 醇 | アハツ 僧下 三三オ6 六三 | アハツ Ⅲ下一五八ウ4 | | | | |
| | アハツ | 醀 | アハツ 僧下 三三ウ2 六四 | アハツ Ⅲ下一五八ウ7 | | | | |
| | アハツ | 周章 | ・アハツ 僧下 五四オ8 一〇五 | アハ〻 Ⅲ下二一三〇オ6（五八） | | | | |
| | アハデ | 澆 | | | | | ・アハテ 五四 1 | |
| | アハテタリ | 醨 | アハテタリ 僧下 三一オ8 五九 | アハテタリ Ⅲ下一五七オ4 | | | | |
| | アハナキ | 沫 | アハナキ 法上 五ウ1 八 | アハナヽ Ⅱ中一 四ウ4 | | | | |
| | アハネシ | 偕 | ↓ アヽ子シ（ハ） | | ↓ ・アア・ネ・シ | アハ子シ 一〇ウ5 | | |
| | アハネシ | 徇 | ・アハ子シ 仏上 一三ウ5 二八 | | | アハネシ 一九オ4 | | |
| | アハネシ | 徧 | ・アハ子シ（マ） 仏上 二四ウ3 四二 | | | | | |
| | アハネハス | 辨 | ・アハネハ爪 僧下 三四オ8 六五 | | | | | |
| | アハノウルシネ | 稽米 | ・アハノ・ウルシ子 法下 一三オ8 二二 | | | | | |
| | アハノウルシネ | 粱米 | ・アハノ・ウルシ子 法下 二〇オ6 三七 | | | | | |
| △ | アハノウルシネ | 苞米 | ・アハノ・ウルシ子 法下 二〇オ6 三七 | | | | | |
| △ | アハノウルシネ | 稽米 | ・アハノ・ウルシ子 法下 二〇オ7 三七 | | | | | |

| | | | | |
|---|---|---|---|---|
| △アハノシロキウルシネ | 白粱米 | アハノシロキウルシ子 法下二〇オ7 三一七 | | |
| アハノシロキウルシネ | 圓米 | アハノシロキウルシ子 法下二〇オ7 三一七 | | |
| アハヒ | 石決明 | アハヒ 仏中七〇オ4 一三七 | | |
| アハヒ | 淯 | アハヒ 法上一四オ5 二五 | アハヒ Ⅱ中一三ウ3 | |
| アハヒ | 交 | アハヒ 僧中二八オ8 五三三 | アハヒ Ⅲ下一六五ウ4 | |
| アハヒ | 鰒 | アハヒ 僧下四オ5 五 | アハヒ Ⅲ下二九三ウ3 (三二) | |
| アハビ | 鮑 | アハヒ 僧下四オ5 五 | アハヒ Ⅲ下二九三ウ3 (三二) | |
| アハヒ | [魚恵] | アハヒ 僧下八ウ6 一四 | | |
| アハヒラコ | 蛺 | アハヒラコ 僧下一六ウ3 三〇 | アハヒラコイ Ⅲ下二一〇五オ3 (三三) | |
| アハヒラコ | [虫祭] | アハヒラコ 僧下一六ウ3 三〇 | | |
| アハヒラコ | [虫業] | アハヒラコ 僧下一六ウ4 三〇 | | |
| アハフク | 咄 | アハフク 仏中五五ウ7 四八 | アハフク Ⅰ上一四オ4 | |
| アハユキ | 沫雪 | アハユキ 法下三六オ7 六九 | | |
| アハラ | 客亭 | アハラ 法下三三オ4 四一 | | 観本ヤ脱？ |
| アバラヤ | 亭 | アハラヤ 法下三三オ4 四一 | | |

| 和訓 | 漢字 | 観智院本 | 蓮成院本 | 高山寺本 | 西念寺本 | 図書寮本 | 備考 |
|---|---|---|---|---|---|---|---|
| アバラヤ | 草亭 | ·ア·ツハ·ラ·ヤ 法下 四一 二三オ5 | | | | | |
| アハル | 杷 | アハル 法中 五一 二七オ3 | | | | アハル 二二一 7 | 杷図本 |
| アハレ | 嬖 | アハレ 仏中 八 五ウ3 | アハレ I上 二五ウ5 | アハレ 五二オ2 | アハレ 五三オ3 | | |
| アハレ | 慞 | アハレ 法中 七六 三九ウ6 | | | | | |
| アハレフ | 噫 | アハレフ 仏中 四八 二五ウ5 | アハレフム I上 四オ1 | アハレフ 七三オ3 | | | |
| アハレフ | 唏 | アハレフ 仏中 四九 二六オ4 | アハレフ I上 四ウ2 | アハレフ 七三オ6 | | | |
| アハレフ | 胇 | アハレフ 仏中 一三九 六六オ7 | | | | | |
| アハレフ | 牧 | アハレフ 仏下末 三 三オ8 | | | | | |
| アハレフ | 哭 | アハレフ 仏下末 三四 一八ウ7 | | | | | |
| アハレフ | 涼 | アハレフ 法上 三七 二〇オ8 | アハレフ II中 二〇オ2 | | | | |
| アハレフ | 奇 | アハレフ 法上 九二 四七ウ1 | | | | | |
| アハレフ | 恵 | アハレフ 法中 六九 三六オ3 | | | | | |
| アハレフ | 惕 | アハレフ 法中 六九 三六オ8 | | | | | |
| アハレフ | 惕 | アハレフ 法中 六九 三六オ8 | | | | | |
| アハレフ | 恒 | アハレフ 法中 七〇 三六ウ6 | | | | | |

| | | | | | | | |
|---|---|---|---|---|---|---|---|
| アハレフ | 惵 | アハレフ 法中三七オ6 七一 | | | | | |
| アハレフ | 惆 | アハレフ 法中三七オ8 七一 | | | | | |
| アハレフ | 懦 | アハレフ 法中三九オ7 七五 | | | | | |
| アハレフ | 恤 | アハレフ 法中三九ウ2 七六 | | | | | |
| アハレフ | 慄 | アハレフ 法中四〇オ7 七七 | | | | | |
| アハレフ | 慘 | アハレフ 法中四〇オ8 七七 | | | | | |
| アハレフ | 憮 | アハレフ 法中四三オ4 八一 | | | | | |
| アハレフ | 怜 | アハレフ 法中四五オ5 八七 | | | | | |
| アハレフ | 愴 | アハレフ 法中四六オ6 八九 | | | | | |
| アハレフ | 憫 | アハレフ 法中四七ウ6 九二 | | | | | |
| アハレフ | 憐 | ·ア·ハレフ 法中四八オ6 九三 | | | | | |
| アハレブ | 憐 | | | | | ·ア·ハ·レ·フ.切 二五 3 | |
| アハレフ | 愐 | アハレフ 法中四九オ1 九五 | | | | | |
| アハレフ | 悷 | アハレフ 法中四九オ3 九五 | | | | | |
| アハレフ | 情 | アハレフ 法中四九ウ3 九六 | | | | | |
| アハレフ | 愍 | アハレフ 法中四九ウ3 九六 | | | | | |

| 和訓 | 漢字 | 観智院本 | 蓮成院本 | 高山寺本 | 西念寺本 | 図書寮本 | 備考 |
|---|---|---|---|---|---|---|---|
| アハレフ | 悲 | アハレフ 法中五一オ2 九九 | | | | | |
| アハレフ | 愍 | ・アハレフ 法中五一ウ2 一〇〇 | | | | | |
| アハレフ | 悽 | アハレフ 法中五二オ5 一〇一 | | | | | |
| アハレフ | 寵 | アハレフ 法下一七オ6 五一 | | | | | |
| アハレフ | 羿 | アハレフ 僧上四九ウ5 九六 | | | | | |
| アハレフ | 矜 | アハレフ 僧中一九ウ7 三六 | アハレフ Ⅲ下二一三ウ4（五二） | | | | 蓮本 矜 |
| アハレムフ | 慨 | アハレムフ 法中四一ウ8 八〇 | | | | | |
| アハレム | 羿 | ↓アハレフ | アハレム Ⅲ下一二七ウ6 | | | | |
| アヒ | 期 | アヒ 仏中一七〇オ7 一三七 | | | | | |
| アヒ | 棒 | アヒ 仏本四三ウ5 八四 | | | | | |
| アヒ | 椓撃 | ・アヒ 仏本四九ウ4 九六 | | | | | |
| アヒカタラフ | 吁 | アヒカタラフ 仏中一六八オ4 一三三 | アヒカラフ（ママ） Ⅰ上二四六オ6 | アヒカタラフ 七五ウ3 | | | 蓮本 タ脱 |
| アヒカナフ | 相應 | ・アヒカナフ 法中五一オ5 九九 | | | | | |
| アヒカヒ | 頁瓶 | アヒカヒ 僧中一〇オ5 一七 | | | | | |
| アヒカメ | 頁瓶 | | アヒカメ Ⅲ下二二八ウ3（四六） | | | | |

| | | | | | | |
|---|---|---|---|---|---|---|
| アヒクヌキ | 橡 | アヒクヌキ 仏下本 九六 四九ウ5 | | | | |
| アヒクヒ | 椽 | アヒ·ク·ヒ 仏下本 九六 四九ウ4 | | | | |
| アヒタ | 延 | アヒタ 仏上 六二 三四ウ2 | [ア]ヒタ I上一 二ウ5 | アヒタ 三三オ7 | アヒタ 三二ウ2 | |
| アヒタ | 中 | アヒタ 仏上 七九 四三オ7 | アヒタ I上一 一九オ3 | ·ア·ヒタ‥ 四三ウ7 | アヒタ 四三オ6 | |
| アヒタ | 魄 | アヒタ 仏中 一〇五 五四オ4 | アヒタ I上一 七〇オ1 | アヒタ 一〇一ウ7 | | |
| アヒタ | 項 | ·ア·ヒ·タ 仏下本 二四 一三ウ5 | | | | |
| アヒタ | 塡 | ·ア·ヒタ 仏下本 二四 一三ウ6 | | | | |
| アヒタ | 枝 | アヒタ 仏下本 九三 四八オ7 | | | | |
| アヒタ | 孔 | アヒタ 仏下末 二三 八オ5 | | | | |
| アヒタ | 無 | アヒタ 仏下末 五一 二七オ5 | | | | |
| アヒタ | 消 | アヒタ 法上 二五 一四オ5 | アヒタ II中一 一三ウ3 | | | |
| アヒタ | 言 | アヒタ 法上 四七 二五オ4 | アヒタ II中一 二五ウ2 | | | |
| アヒダ | 際 | ·ア·ヒタ‥ 法中 四四 二三ウ3 | | | | ·ア·ヒタ‥ 論 一九六 2 |
| アヒタ | 之 | アヒタ 法下 四二 二三ウ4 | | | | |
| アヒダ | 間 | ·ア·ヒタ‥ 法下 七六 三九ウ8 | | | | |
| アヒタ | 裁 | アヒタ 僧中 四一 二三オ2 | アヒタ III下一 六〇ウ1 | | | |

| 和訓 | 漢字 | 観智院本 | 蓮成院本 | 高山寺本 | 西念寺本 | 図書寮本 | 備考 |
|---|---|---|---|---|---|---|---|
| アヒタ | 魄 | アヒタ 僧下 五ウ1 四八 | アヒタ Ⅲ 下二 二オ2 (四二) | | | | |
| アヒタマ | 間 | アヒタア 法下 三九ウ7 七六 | | | | | |
| アヒグム | 間 | アヒタム 法下 三九ウ8 七六 | | | | | |
| アヒツラナレリ | 岩 | アヒツラナレリ 法上 六二オ5 三二 | | | | | |
| アヒムコ | 娅 | アヒムコ 仏中 六オ5 九 | アヒムコ Ⅰ 上 二六オ6 | アヒムコ 五二ウ5 | アヒムコ 五三ウ5 | | |
| アヒムコ | 私 | アヒムコ 法下 一七ウ3 二三 | | | | | |
| アヒムベ | 相嘗 | アヒムヘ 僧下 四二ウ8 八二 | アヒムヘ Ⅲ 下二 二六ウ7 (五四) | | | | |
| アヒモトル | 澀 | アヒモトル 法上 二〇オ8 三七 | アヒモトル Ⅱ 中 二〇オ2 | | | | |
| アヒヨメ | 妯娌 | アヒヨメ 仏中 五オ6 七 | アヒ5メ Ⅰ 上 二五オ7 | アヒ5メ 五一ウ4 | アヒヨメ 五二ウ5 | | |
| アフ | 以 | アフ 仏上 五ウ8 四 | アフ Ⅰ 上 二オ6 | アフ 四ウ2 | | | |
| アフ | 侑 | アフ 仏上 一三ウ5 二〇 | | アフ 二オ2 | アフ 八ウ6 | | |
| アフ | 儐 | アフ 仏上 一三ウ8 二〇 | | アフ 二オ5 | アフ 九オ3 | | |
| アフ | 値 | アフ 仏上 一六オ4 二五 | | アフ 一四ウ4 | アフ 一一ウ3 | | |
| アフ | 偶 | アフ 仏上 一七ウ3 二八 | | | アフ 三ウ6 | | |
| アフ | 伴 | アフ 仏上 二〇ウ3 三四 | | アフ 一八オ3 | アフ 一六ウ3 | | |

| 訓 | 字 | 仏 | I | | | | 備考 |
|---|---|---|---|---|---|---|---|
| アフ | 倒 | | | アフ 一八オ6 | アフ 一〇ウ1 | | |
| アフ | 御 | アフ 仏上三九 二三オ5 | | アフ 二三オ6 | アフ 一九ウ5 | | |
| アフ | 侉 | | | | アフ 五オ3 | | |
| アフ | 徫 | | | アフ\ 二三ウ4 | | | |
| アフ | 徸 | アフ 仏上四三 二四ウ7 | | アフ 二三ウ5 | アフ 二一ウ1 | | |
| アフ | 逅 | アク(ミ) 仏上四九 二八オ3 | アク(ミ) I上 六オ2 | アク(ミ) 二六ウ7 | | | 高本 邂逅 |
| アフ | 遘 | ・ア・フ 仏上四九 二八オ4 | アフ I上 六オ3 | ・ア・フ 二七オ1 | アフ 二五オ2 | | |
| アフ | 遝 | アフ 仏上四九 二八オ4 | アフ I上 六オ3 | アフ 二七オ2 | アフ 二五オ3 | | |
| アフ | 逑 | ・ア・フ 仏上五四 三〇ウ6 | アフ I上 八ウ2 | ・ア・フ 二九ウ5 | アフ 二八オ5 | | |
| アフ | 連 | アフ 仏上五六 三一ウ7 | アフ I上 九ウ2 | アフ 三〇ウ6 | アフ 二九ウ1 | | |
| アフ | 遇 | ・ア・フ 仏上五七 三三オ2 | アフ I上 九ウ4 | ・ア・フ 三一オ1 | アフ 二九ウ3 | | |
| アフ | 遭 | ・ア・フ 仏上六〇 三三ウ1 | アフ I上 一〇ウ6 | ・アフ 三二オ6 | ・ア・フ 三一オ5 | | |
| アフ | 逢 | アフ 仏上六〇 三三ウ2 | アフ I上 一〇ウ7 | ・ア・フ 三二ウ1 | ・ア・フ 三一オ6 | | |
| アフ | 迂 | アフ 仏上六一 三四オ8 | アフ I上 二一ウ3 | アフ 三三オ6 | アフ 三二ウ1 | | 西本 迹 |
| アフ | 中 | アフ 仏上二九 四三オ7 | アフ I上 一九オ3 | ・ア・フ 四三ウ7 | アフ 四三オ6 | | |
| アフ | 聳 | アフ 仏中三 三オ6 | アフ I上 三三ウ4 | アフ 四九オ1 | アフ 五〇オ6 | | |

| 和訓 | 漢字 | 観智院本 | 蓮成院本 | 高山寺本 | 西念寺本 | 図書寮本 | 備考 |
| --- | --- | --- | --- | --- | --- | --- | --- |
| アフ | 聶 | アフ 仏中四オ4 五 | | | アフ 五一オ5 | | |
| アフ | 妻 | アフ 仏中五オ2 七 | | アフ 五一ウ1 | アフ 五二ウ2 | | |
| アフ | 始 | アフ 仏中一二オ7 一九 | アフ I上三一オ2 | アフ 五八オ2 | | | |
| アフ | 杏 | アフ 仏中一八ウ5 三四 | アフ I上三七ウ3 | アフ 六五ウ7 | | | |
| アフ | 相 | アフ 仏中三九ウ4 七六 | アフ I上五七オ1 | アフ 八七ウ6 | | | |
| アフ | 咋 | | アフ I上四六オ3 | | | | |
| アフ | 觀 | アフ 仏中四三ウ1 八二 | アフ I上五九オ7 | アフ 九一オ3 | | | |
| アフ | 沓 | アフ 仏中四九オ6 九五 | アフ I上六五オ7 | アフ 九七ウ5 | | | |
| アフ | 晤 | アフ 仏中五一オ8 九九 | アフ I上六七ウ1 | アフ 九九ウ6 | | | |
| アフ | 肯 | アフ 仏中六一オ6 一一九 | | | | | |
| アフ | 肙 | アフ 仏中六六ウ1 一三〇 | | | | | |
| アフ | 期 | アフ 仏中七〇オ7 一三七 | | | | | |
| アフ | 腤 | アフ 仏中七一オ1 一三九 | | | | | |
| アフ | 賁 | アフ 仏下本九ウ6 一六 | | | | | |
| アフ | 栝 | アフ 仏下本四八オ3 九三 | | | | | |

| | | | |
|---|---|---|---|
| アフ | 杏 | アフ 仏下本 一〇八 五五ウ7 | |
| アフ | 相 | ・ア・フ 仏下本 一一三 五八オ2 | |
| アフ | 雧 | ・ア・フ 仏下本 一二四 六三ウ6 | |
| アフ | 獻 | アフ 仏下本 一二九 六六オ5 | |
| アフ | 并 | ・ア・フ 仏下末 二二三 一一三オ7 | |
| アフ | 謁 | アフ 法上 五二 二七ウ1 | アフ Ⅱ中 二八オ1 |
| アフ | 語 | アフ 法上 五七 三〇オ6 | アフ Ⅱ中 三〇ウ6 |
| アフ | 訶 | アフ 法上 五九 三一オ1 | アフ Ⅱ中 三一ウ3 |
| アフ | 訴 | | アフ Ⅱ中 三四オ7 |
| アフ | 謗 | アフ 法上 七〇 三六ウ1 | |
| アフ | 阻 | アフ 法中 三八 二〇ウ6 | |
| アフ | 陰 | アフ 法中 四六 二四ウ2 | |
| アフ | 堰 | アフ 法中 五七 三〇オ5 | |
| アフ | 維 | アフ 法中 一一四 五八ウ2 | |
| アフ | 緬 | アフ 法中 一一五 五九オ4 | |
| アフ | 龐 | ・ア・フ 法下 三九 二一オ4 | |

| 和訓 | 漢字 | 観智院本 | 蓮成院本 | 高山寺本 | 西念寺本 | 図書寮本 | 備考 |
|---|---|---|---|---|---|---|---|
| アフ | 容 | アフ 法下三七ウ7 五二 | | | | | |
| アフ | 匀 | アフ 法下三〇ウ1 五八 | | | | | |
| アフ | 窖 | アフ 法下三三ウ3 六四 | | | | | |
| アフ | 闘 | アフ 法下四一オ1 七九 | | | | | |
| アフ | 屬 | アフ 法下四六ウ3 九〇 | | | | | |
| アフ | 應 | アフ 法下五三オ4 一〇三 | | | | | |
| アフ | 對 | アフ 法下七三ウ2 一四四 | | | | | |
| アフ | 遯 | アフ 僧上一三ウ6 二四 | | | | | |
| アフ | 勠 | アフ 僧上四三オ3 八一 | アフ III下一二一オ3 | | | | |
| アフ | 翕 | アフ 僧上五一オ1 九九 | アフ III下一二九オ1 | | | | |
| アフ | 饗 | アフ 僧上五五オ8 一〇七 | アフ III下一三三オ4 | | | | |
| アフ | 合 | アフ 僧中一二オ3 一 | アフ III下一四七オ2 | | | | |
| アフ | 會 | アフ 僧中二二ウ1 二 | アフ III下一四七オ4 | | | | |
| アフ | 罹 | アフ 僧中二七オ4 二 | アフ III下一五〇オ3 | | | | |
| アフ | 羅 | アフ 僧中二七オ6 二一 | アフ III下一五〇オ6 | | | | |

| 訓 | 字 | | | | |
|---|---|---|---|---|---|
| アフ | 盍 | アフ 僧中 二 七ウ6 | アフ Ⅲ下 一五〇ウ2 | | |
| アフ | 盇 | アフ 僧中 一四 八ウ2 | アフ Ⅲ下 一五一オ5 | | |
| アフ | 弥 | アフ 僧中 二五 一四オ7 | アフ Ⅲ下 一五三オ4 | | |
| アフ | 斵 | アフ 僧中 三五 一九オ2 | アフ Ⅲ下 二一三オ4 (五〇) | | |
| アフ | 敞 | アフ 僧中 五六 二九ウ8 | アフ Ⅲ下 一六七オ2 | | |
| アフ | 韐 | アフ 僧中 八二 四二ウ5 | | | |
| アフ | 離 | アフ 僧中 一三六 六九ウ3 | アフィ Ⅲ下 二九一ウ6 (一九) | | |
| アフ | 雙 | アフ 僧中 一三六 六九ウ8 | アフ Ⅲ下 二九一ウ7 (一九) | | |
| アフ | 趺 | アフ 僧下 二一 五七オ4 | | | |
| アフ | 萠 | アフ 僧下 一三五 六四オ2 | | | |
| アブ | 虴 | アフ 僧下 二九 一六オ2 | アフ Ⅲ下 二一四ウ4 (三三) | | |
| アフキ | 扇 | アフキ 法下 九三 四八オ4 | | | |
| アフク | 脩 | アフク 仏上 六 六ウ2 | | | |
| アフク | 俛 | アフク 仏上 一〇 八ウ5 | アフク Ⅰ上 二四オ4 | アフク 六ウ7 | アフク 三オ5 |
| アフグ | 仰 | アフク 仏上 一〇 八ウ6 | アフク Ⅰ上 二四オ5 | アフク 七オ1 | アフク 三オ6 |
| アフグ | 僶 | アフク 仏上 一〇 八ウ8 | アフク Ⅰ上 二四オ6 | アフク 七オ2 | アフク 三ウ1 |

| 和訓 | 漢字 | 観智院本 | 蓮成院本 | 高山寺本 | 西念寺本 | 図書寮本 | 備考 |
|---|---|---|---|---|---|---|---|
| アフク | 偃 | ・ア・フク 仏上三三 一四ウ3 | | アフク 一九オ2 | アフク 一〇オ1 | | |
| アフク | 儼 | アフク 仏上三一 一九オ5 | | アフク 一七ウ6 | アフク 一五オ3 | | 高本、西本 儼 |
| アフク | 循 | アフク 仏上三七 二三オ4 | | アフク 二〇オ6 | アフク 一八ウ3 | | |
| アフク | 喝 | アフク 仏中三三 一八オ4 | アフク Ⅰ上一三七オ2 | アフク 六五オ4 | | | |
| アフク | 吹 | アフク 仏中四九 二六オ7 | アフク Ⅰ上一四四ウ4 | アフク 七三ウ6 | | | |
| アフク | 觀 | アフク 仏中八一 四二オ3 | アフク Ⅰ上一五九オ3 | アフク 九〇ウ4 | | | |
| アフク | 昂 | ・ア・フク 仏中八八 四五ウ3 | アフク Ⅰ上一六二オ4 | ・ア・フク 九四オ6 | | | 高本 昂 |
| アフク | 顒 | アフク 仏下本二三 一三オ3 | | | | | |
| アフク | 掖 | アフク 仏下本六五 三四オ2 | | | | | |
| アフク | 洋 | アフク 法上一四 八ウ4 | ア乙(ミ)ク Ⅱ中一六オ3 | | | | |
| アフク | 蹬 | アフク 法上七四 三八ウ6 | | | | | |
| アフク | 跨 | アフク 法上七七 四〇オ3 | | | | | |
| アフク | 崇 | アフク 法上一一八 六〇ウ8 | | | | | |
| アフク | 望 | アフク 法中二四 一三ウ7 | | | | | |
| アフク | 隥 | アフク 法中四〇 二一ウ6 | | | | | |

| | | | | | | |
|---|---|---|---|---|---|---|
| アフク | 忔 | アフク 法中 三六ウ4 一七〇 | | | | |
| アフグ | 扇 | アフグ 法下 四八オ4 九三 | | | | |
| アフク | 翔 | アフク 僧上 五一オ2 九九 | アフク III 下一 二九オ2 | | | |
| アフク | 翔 | アフク 僧中 五〇オ5 九七 | アフク III 下二 七五ウ3 (三) | | | |
| アフク | 颻 | アフク 僧下 二七ウ6 五二 | アフク III 下二 二五オ6 (四三) | | | 颻 蓮本 |
| アフコ | 朸 | アフコ 仏本 五三オ2 一〇三 | | | | |
| アフス | 遺 | アフス 仏上 三一ウ5 五六 | ア[フ]ス I 上 九ウ1 | [アフ]ス 三〇ウ3 | アフ爪 二九オ5 | |
| アフス | 佐客 | アフス 仏上 一七オ3 二七 | | ↓ ア\爪 | ↓ ア爪 | |
| アフチ | 楝 | アフチ 仏本 四四オ7 八五 | | | | |
| アフチノキ | 槲 | アフチノキ 仏本 五七ウ2 一一二 | | | | |
| アフトコフ | 侉 | アフトコフ 仏上 一〇ウ1 一四 | | | アフトコフ 五オ3 | |
| アフドコフ | 跨 | アフドコフ 法上 四〇オ3 七七 | | | | アフドコフ 巽 一〇八 7 |
| アフトコフ | 蹣 | アフトコフ 法上 四五オ6 八七 | | | | |
| アフニアヘリ | 遺遇 | アフニアヘリ 仏上 三二オ2 五七 | アフニアヘリ I 上 九ウ4 | アフニアヘリ 三一オ2 | アフニアヘリ 二九ウ4 | |
| アフヒ | 藿 | アフヒ 僧上 一〇ウ2 一八 | | | | |
| アフヒ | 蒲葵 | アフヒ 僧上 一一オ3 一九 | | | | |

| 和訓 | 漢字 | 観智院本 | 蓮成院本 | 高山寺本 | 西念寺本 | 図書寮本 | 備考 |
|---|---|---|---|---|---|---|---|
| アフヒ | 蕟 | アフヒ 僧上 一三オ3 三三 | | | | | |
| アフミ | 錠 | アフミ 僧上 六五オ7 一二七 | アフし(イ) III 下 四ウ3 | | | | |
| アブミ | 鐙 | アフミ 僧上 六六ウ4 一三〇 | アフミ III 下 四三ウ3 | | | | |
| アブミガハラ | 花瓦 | アフミカハラ 僧中 一〇オ2 一七 | アフミカハラ III 下 一二八ウ1 (四六) | | | | |
| アフミカハラ | 蒁 | アフミカハラ 僧中 一三オ5 二一 | アフミカハラ III 下 一三〇ウ2 (四八) | | | | |
| アブミズリ | 承鐙 | アフミスリ 仏中 一五七ウ8 一一二 | アフミスリ I 上 七三オ1 | | | | 蓮本 承鐙月 |
| アフラ | 昚 | アフラ 仏中 一五〇ウ8 九八 | アフラ I 上 六七オ1 | アフラ 九九オ7 | | | |
| アブラ | 腁 | アフラ 仏中 一五八オ1 一一三 | アフラ I 上 七三オ3 | | | | |
| アフラ | 腴 | アフラ 仏中 一五九ウ1 一一六 | アフラ I 上 七四オ6 | | | | |
| アブラ | 膏 | アフラ 仏中 一六二オ5 一二一 | | | | | |
| アブラ | 膂 | アフラ 仏中 一六三ウ3 一二四 | | | | | |
| アフラ | 脂 | アフラ 仏中 一六八オ6 一三三 | | | | | |
| アフラ | 肪 | 〔ア〕フラ 仏中 一六九オ1 一三五 | | | | | |
| アブラ | 肪腁 | アフラ 仏中 一六九オ1 一三五 | | | | | |
| アフラ | 油 | アフラ 法上 一五オ6 二七 | アフラ II 中 一四ウ3 | | | 阿布良 川 三六 6 | |

| 見出し | 字 | 出典 | 出典 | | | | |
|---|---|---|---|---|---|---|---|
| アフライヒ | 膏味 | アフライヒ 仏中 一三一 六三オ6 | | | | | |
| アブラカメ | 油瓶 | アフラカメ 僧中 一七 一〇オ5 | アフラカメ Ⅲ 下二 二八ウ3（四六） | | | | |
| アフラクサシ | 臊 | アフラクサし 仏中 一二四 五八ウ3 | アフラクサし Ⅰ 上二 七三ウ2 | | | | |
| アフラコシ | 膩 | アフラコし 仏中 一二四 五八ウ4 | アフラコし Ⅰ 上二 七三ウ3 | | | | |
| アフラサス | 脂 | アフラサス 仏中 一三三 六八オ6 | | | | | |
| アフラシリ | 臎 | アフラしり 仏中 一三一 六七オ1 | | | | | |
| アブラツキ | 燈盞 | アフラツキ 仏末 五二 二七ウ3 | | | | | |
| アフラツキ | 輠 | アフラツキ 僧中 八九 四六オ6 | | | | | |
| アフラツク | 膏 | アフラツク 仏中 一三一 六二オ5 | | | | | |
| アブラツノ | 車載 | アフラツノ 僧中 三九 二一オ2 | アフラツ（ミ） Ⅲ 下 五九ウ3 | | | | |
| アブラツノ | 車輠 | アフラツノ 僧中 八九 四六オ8 | | | | | |
| アフラヒ | 燈 | アフラヒ 仏末 五二 二七ウ2 | | | | | |
| アブラビキ | 㕞毛 | アフラヒキ 僧中 五一 二七オ7 | アフラヒヽ Ⅲ 下一 六四ウ5 | | | | |
| アフラヒサキ | 翁伯 | アフラヒサキ 僧上 九九 五一オ7 | | | | | |
| アフラワタ | 脂綿 | アフラ禾タ 仏中 一三三 六八オ7 | | | | | |
| アブラワタ | 澤 | アフラ禾タ 法上 四一 二三オ7 | アラフワタ（ママ） Ⅱ 中一 二三オ3 | | | 阿布良和太 四八 1 | 図本 澤 |

| 和訓 | 漢字 | 観智院本 | 蓮成院本 | 高山寺本 | 西念寺本 | 図書寮本 | 備考 |
|---|---|---|---|---|---|---|---|
| アフリ | 障泥 | アフリ 法中 二五オ5 四七 | | | | 阿布利 川 一九八5 | 図本 障泥 |
| アフリ | 韓 | アフリ 僧中 四ウ2 八〇 | | | | | |
| アフリタナ | 鈔 | アフリタナ 僧上 六九ウ8 一三六 | アフリタナ Ⅲ下 四五オ6 | | | | |
| アブリモノ | 炙 | アフリ牛 仏下末 二一オ5 三九 | | | | | |
| アブリモノ | 燔 | アフリ牛 仏下末 二四オ5 四五 | | | | | |
| アブリモノ | 膰 | アフリ牛 仏下末 二六オ8 四九 | | | | | |
| アブリモノ | 練 | アフリ牛 仏下末 二六ウ1 五〇 | | | | | |
| アブリモノ | 熬 | アフリ牛 仏下末 二七オ1 五一 | | | | | |
| アブリモノ | 炰 | アフリ牛 仏下末 二七オ1 五一 | | | | | |
| アブリモノ | 繙 | アフリ牛 僧下 六四オ3 一二五 | | | | | |
| アブル | 追 | アフル 仏上 三七ウ5 四八 | アフル Ⅰ上 五ウ4 | アフル 二六ウ2 | アフル 二四ウ2 | | |
| アフル | 播 | アフル 仏下本 三八ウ4 七四 | | | | | |
| アフル | 煬 | アフル 仏下末 一九ウ6 三六 | | | | | |
| アフル | 爛 | アフル 仏下末 二〇オ1 三七 | | | | | |
| アフル | 烘 | アフル 仏下末 二〇オ2 三七 | | | | | |

| | | | | | | | |
|---|---|---|---|---|---|---|---|
| アブル | 炙 | ・ア・・フ・ル 仏下末 二二オ5 三九 | | | | | |
| アブル | 爀 | ・ア・・フ・ル 仏下末 二三ウ3 四二 | | | | | |
| アブル | 燔 | ・ア・・フ・ル 仏下末 二六オ8 四九 | | | | | |
| アブル | 熜 | アフル 仏下末 二六ウ2 五〇 | | | | | |
| アブル | 炮 | ・ア・・フ・ル 仏下末 二七オ1 五一 | | | | | |
| アブル | 爆 | ・ア・・フル 仏下末 二七ウ8 五二 | | | | | |
| アブル | 焙 | ・ア・・フ・ル 仏下末 二八オ1 五三 | | | | | |
| アブル | 溢 | ・ア・・フ・ル 法上 三三オ6 三 | ・アイ・・フ・ル Ⅱ中 二オ4 | | | ・ア・・フ・ル 易 四七 7 | |
| アフル | 渝 | アフル 法上 六ウ5 一〇 | アフ[ル] Ⅱ中 八ウ1 | | | | |
| アフル | 潘 | アフル 法上 一七ウ6 三二 | ↓ アラフ | | | アフル 三八 4 | 潘 図本 |
| アフル | 涉 | アフル 法上 三三ウ6 四二 | アフル Ⅱ中 三三ウ2 | | | | |
| アフル | 墳 | アフル 法中 三二ウ7 六四 | | | | | |
| アヘキク | 喘息 | ・ア・ヘキク 仏中 二九ウ3 五六 | | アヘキク 七七オ3 | | | 喘息 高本 |
| アヘキ | 噦 | ア\|ヘキ 仏中 三一オ8 五九 | アヘ\ Ⅰ上 四九ウ1 | ア\ヘキ 七九オ2 | | | 噦・噦噎 高本 蓮本 |
| アヘキ | 嗢 | アヘキ 仏中 三一ウ3 六〇 | | | | | |
| アヘク | 唖 | ・ア・ヘク 仏中 二六オ1 五三 | アヘク Ⅰ上 四六オ4 | ・ア・ヘ・ク 七五オ7 | | | 唖 蓮本 高本 |

| 和訓 | 漢字 | 観智院本 | 蓮成院本 | 高山寺本 | 西念寺本 | 図書寮本 | 備考 |
|---|---|---|---|---|---|---|---|
| アヘク | 嚎 | アヘク 仏中二八オ2 五三 | アヘク I上四六オ5 | アヘク 七五ウ1 | | | 高本 嚎 |
| アヘク | 噉 | アヘク 仏中二九ウ1 五六 | アヘク I上四七ウ2 | アヘク 七七オ1 | | | |
| アヘク | 嚠 | | アヘク I上四六オ5 | アヘク 七五ウ2 | | | 高本 嚠 |
| アヘク | 嗯 | | アヘク I上四九ウ3 | アヘク 七九オ4 | | | |
| アヘクキ | 喘 | ・ア・ヘ・クキ 仏中二九ウ3 五六 | アヘク\ I上四七ウ5 | ・ア・ヘ・キク 七七オ3 | | | |
| アヘク | [毛+態] | アヘク 法中四七ウ3 九二 | | | | | |
| アヘス | 饗 | ア\ヘ爪 僧上五五オ8 一〇七 | ア\ヘ爪 III下三三オ5 | | | | |
| アヘス | 飫 | アヘ爪 僧上五六ウ2 一一〇 | | | | | |
| アヘス | 佐客 | ↓アフス\ | | ア\ヘ爪 一五ウ3 | アヘ爪 一三ウ4 | | |
| アベタチハナ | 機 | ・ア・ヘ・タ・チハナ 仏下本四八ウ6 九四 | | | | | |
| アヘタマフ | 饗賜 | ・ア・ヘタマフ 僧上五五ウ1 一〇八 | アヘタマフ\ III下三三オ5 | | | | |
| アヘツキ | 甕坏 | アヘツ\ 法中三一オ7 五九 | | | | ・ア・ヘ・ツキ 二三二 2 | |
| アヘツクリ | 膴 | アヘツクリ\ 仏中六九オ4 一三五 | | | | | |
| アヘヅクリ | 鹿膴 | ・ア・ヘ・ツクリ 仏中六九オ5 一三五 | | | | | |
| アヘテ | 可 | アヘテ 仏上四一ウ5 七六 | ↓カヘテ | アヘテ 四一オ6 | アヘテ 四一ウ1 | | |

| | | | | | | | |
|---|---|---|---|---|---|---|---|
| アヘテ | 肯 | アヘテ 仏中 六二オ6 一二九 | | | | | |
| アヘテ | 堪 | アヘテ 仏中 三三オ7 六二 | | | | | |
| アヘテ | 敢 | ・ア・ヘ・テ 僧中 三二ウ3 六〇 | アヘテ Ⅲ下 六八ウ4 | | | | |
| アヘテ | 嘗 | アヘテ 僧下 四二ウ7 八二 | アヘテ Ⅲ下二 三六ウ6 (五四) | | | | |
| アヘモノ | 韲 | ・ア・ヘ牛 仏上 四二オ4 七七 | アヘ牛 Ⅰ上 一八オ6 | ・ア・ヘモノ 四一ウ5 | アヘ牛 四二オ2 | | |
| アヘモノ | 和 | ・ア・ヘ牛 仏中 六六オ6 四九 | | | | | |
| アヘモノ | 臡 | アヘ牛 仏中 六九オ4 一三五 | | | | | |
| アヘモノ | 和 | ・ア・ヘ牛 法下 七ウ5 一二 | | | | | |
| アヘモノ | 糝 | アヘ牛 法下 一七オ2 三一 | | | | | |
| アヘモノ | 齏 | ・ア・ヘ・モ・ノ 法下 二二オ4 三九 | | | | | |
| アヘモノ | 齏 | アヘ牛 法下 五四ウ8 一〇六 | | | | | |
| アヘモノ | 酟 | ・ア・ヘモノ 僧下 二九ウ8 五六 | | | | | 観本声点墨 |
| アヘモノ | 韲 | アヘ牛 僧下 三八ウ5 七四 | | | | | |
| アヘモノ | 韲 | ・ア・ヘ牛 僧下 六四オ8 一二五 | | | | | |
| △ アヘモノ | 齏 | ・ア・ヘ牛 僧下 六四ウ1 一二六 | | | | | |
| アヘリ | 造 | ・ア・ヘ・リ 仏上 三二ウ2 五八 | ↓ ヘヘリ（アイ） | ・ア・ヘ・リ 三一ウ2 | ・ア・ヘ・リ 三〇オ4 | | |

| 和訓 | 漢字 | 観智院本 | 蓮成院本 | 高山寺本 | 西念寺本 | 図書寮本 | 備考 |
|---|---|---|---|---|---|---|---|
| アホキウシ | 牿 | アホーウシ 仏末 二ウ8 二 | | | | | |
| アマ | 漁人 | アマ 仏上 四オ5 一 | アマ I上 一オ1 | アマ 三オ5 | | | 高本 漁人 |
| △アマ | 海人 | アマ 仏上 四オ5 一 | アマ I上 一オ1 | アマ 三オ5 | | | |
| アマ | 白水郎 | アマ 法中 三〇オ3 三七 | | | | 阿末 川 一八三 7 | |
| アマ | 尼 | アマ 法下 四五オ2 八七 | | | | | |
| アマ | 偶 | | | アマ 一九オ3 | | | |
| アマガヘル | 蛙黽 | アマカヘル 僧下 一ウ1 一〇 | アマカヘル III 下二 一〇〇ウ1 (三八) | | | | |
| アマガヘル | 蛙黽 | アマカヘル 僧下 二四ウ5 四六 | アマカヘル III 下二 一三ウ7 (四〇) | | | | |
| アマカヘル | 蝌斗 | | アマカヘル III 下二 一〇〇オ3 (三八) | | | | |
| アマギ | 甘草 | アマキ 僧上 三オ6 三 | アマヽ III 下 一一オ1 | | | | |
| △アマギ | 蜜草 | アマキ 僧上 三オ6 三 | アマヽ III 下 一一オ1 | | | | |
| アマキツユ | 甘露 | アマキツユ 法下 三七オ7 七一 | | | | | |
| アマギヌ | 雨衣 | アマキヌ 法中 六九ウ6 一三六 | | | | 阿万岐沼 禾 三二七 3 | |
| アマキヌ | 褎 | アマキヌ 法下 三七オ4 七一 | | | | | |
| アマク | 熟 | アマク 仏末 二六ウ6 五〇 | | | | | |

| | | | | | |
|---|---|---|---|---|---|
| アマクチネズミ | 鼷 | アマクチ子ズミ 僧下 二三ウ8 四三 | アマクチネ爪ミ Ⅲ 下二 一二オ7 (三九) | | |
| アマゴヒス | 雫 | アマゴヒス 法下 三五オ3 六七 | | | |
| アマサク | 青葙 | アマサク 僧上 二五オ7 四七 | アマサク Ⅲ 下一 三ウ7 | | |
| アマザクメ | 天探女 | アマサク久 仏中 四ウ3 六 | アマサクメ Ⅰ 上 二四ウ7 | アマサク久 五九オ7 | アマサクメ 五二オ2 |
| アマサケ | 醅 | アマサケ 僧下 三〇オ4 五七 | アイマサケ Ⅲ 下一 五六オ6 | | |
| アマシ | 甜 | アマシ 仏中 一四オ2 二五 | アマシ Ⅰ 上 三三オ6 | アマシ 六一オ4 | |
| アマシ | 旨 | アマシ 仏中 五〇ウ8 九八 | アマシ Ⅰ 上 六六ウ7 | アマシ 九九オ6 | |
| アマシ | 棠 | アマシ 仏下本 四五オ7 八七 | | | |
| アマシ | 美 | アマシ 仏下末 一六オ2 二九 | | | |
| アマシ | 濃 | アマシ 法上 一九ウ3 三六 | アマシ Ⅱ 中一 一九オ3 | | |
| アマシ | 蘊 | アマシ 僧上 一〇ウ6 一八 | | | |
| アマシ | 蔗 | アマシ 僧上 一三ウ2 二三 | | | |
| アマシ | 甘 | アマシ 僧下 四三ウ3 八二 | アマシ 仏 Ⅲ 下二 一三六ウ5 (五四) | | |
| アマシシ | 瘜 | アマシヽ 法下 六一オ3 一二九 | | | |
| アマシダリ | 霤 | アマシタリ 法下 三四ウ5 六六 | | | |
| アマス | 溢 | アマス 法上 三オ6 三 | | | |

| 和訓 | 漢字 | 観智院本 | 蓮成院本 | 高山寺本 | 西念寺本 | 図書寮本 | 備考 |
|---|---|---|---|---|---|---|---|
| アマス | 来 | ア丅仏 法下二一ウ6 四〇 | | | | | |
| アマタ | 衆 | アヽタ 僧中四ウ7 六 | アヽタ Ⅲ下二一八オ3 (四六) | | | | |
| アマタ | 數 | アヽタ 僧中二九オ8 五五 | ア丅タ Ⅲ下一六六ウ3 | | | | |
| アマタタヒ | 万 | アヽタヽヒ 仏上四三ウ4 七八 | ア丅タヽヒ Ⅰ上一八ウ4 | ア丅タヽヒ 四三オ6 | アタヽヒ(ママ) 四三ウ4 | | |
| アマタタヒ | 數 | アヽタヽヒ 僧中二九オ8 五五 | アヽタヽヒ Ⅲ下一六六ウ3 | | | | |
| アマタタヒ | 數箇 | アヽタヽヒ 僧中二九ウ1 五六 | ア丅タタヒ Ⅲ下一六六ウ3 | | | | |
| アマツヒ | 滴 | アヽツヒ 法上一三オ6 二三 | アヽツヒ Ⅱ中一三ウ4 | | | | 滴 蓮本 |
| アマツヒ | 渧 | アヽツヒ 法上一三オ7 二三 | アヽツヒ Ⅱ中一三ウ5 | | | | |
| アマツヒ | 雫 | ア丅ツヒ 法下二七オ5 七一 | | | | | |
| アマツヤシロ | 天神 | アヽツヤシロ 法下二オ4 一 | | | | | |
| アマツラ | 蔗 | ア丅ツラ 僧上一三ウ2 二三 | | | | | |
| アマツラ | 甘蔗 | ア丅ツラ 僧上一三ウ2 二三 | | | | | |
| アマツラ | 藷 | ア丅ツラ 僧上一三ウ5 二三 | | | | | |
| アマツラ | 蘽蕪 | アヽツラ 僧上二一ウ8 四〇 | | | | | |
| アマツラ | 千歳蘽汁 | アヽツラ 僧上二三オ1 四一 | | | | | |

| | | | | | | |
|---|---|---|---|---|---|---|
| アマツラ | 蘡薁 藤 | ・ア・ア・ツ・ラ 僧上 三三オ2 四一 | | | | |
| アマトリ | 鵽 | ア\|アトリ 僧中 六〇オ5 一一七 | ア\|〻トリ Ⅲ下二 八三ウ3 (一二) | | | |
| アマトリ | 胡鸞 | ア\|〻トリ 僧中 六四ウ2 一二六 | | | | |
| アマトリ | 䳀 | ア〻トリ 僧中 六五ウ4 一二八 | ↓ アトリ | | | |
| アマドリ | 胡鷰子 | ア・〻・ト・リ 僧中 六六ウ6 一三〇 | | | | |
| アマナ | 麻黄 | ・ア・ア・ナ 法下 五三オ7 一〇三 | | | | |
| アマナ | 麻草 | ・ア・ア・ナ 僧上 三三オ8 三 | アアナ Ⅲ下 一二オ1 | | | |
| アマナ | 女葳蕤 | ・ア・〻・ナ 僧上 八ウ6 一四 | | | | |
| アマナ | 白薇 | ・ア・ア・ナ 僧上 一三ウ1 二二 | | | | |
| アマナフ | 適 | ア〻ナフ 仏上 二八ウ5 五〇 | アアナフ Ⅰ上 六ウ3 | アアナフ 二七ウ3 | アアナフ 二五ウ4 | |
| アマナフ | 和 | ・ア・ア・ナ・フ 仏中 三六オ6 四九 | ア〻ナフ Ⅰ上 四四ウ3 | ・ア・〻・ナフ 七三ウ4 | | |
| アマナフ | 甘 | ア〻ナフ 僧下 四三ウ3 八二 | ア〻ナフ Ⅲ下二 一三六ウ5 (五四) | | | |
| アマネク | 辮 | ア〻子ク 僧下 三四ウ3 六六 | ア〻子ク Ⅲ下二 一三九ウ4 (六七) | | | |
| アマネク | 滂 | | ア〻子ク Ⅱ中 一ウ3 | | | ・ア・ア・ネク 選 八 1 |
| アマネク | 洽 | | | | | ・阿・万・子・久 一二 4 |
| アマネク | 淳 | | | | | ・ア・ア・ネク 選 四三 1 |

高本 和

| 和訓 | 漢字 | 観智院本 | 蓮成院本 | 高山寺本 | 西念寺本 | 図書寮本 | 備考 |
|---|---|---|---|---|---|---|---|
| アマネク（ハス） | 周 | アマ子ク（ハス） 僧下一〇五 五四オ7 | | | | | |
| アマネクス | 旬 | アマ子リス 法下五八 三〇ウ2 | | | | | |
| アマネシ（リ） | 傍 | アマ子シ（リ） 仏上三 五オ8 | アマ子シ Ⅰ上 一ウ7 | アマネシ 四オ4 | | | |
| アマネシ | 俾 | アマ子シ 仏上二 九オ6 | | アマネシ 八ウ2 | アマネシ 三ウ6 | | |
| アマネシ | 偏 | アマ子シ（リ） 仏上一八 三ウ1 | | アマネシ 一〇ウ2 | アマネシ 七オ5 | | |
| アマネ（ハ）シ | 偕 | アマ子（ハ）シ 仏上二四 一五ウ1 | | アマネシ 一三ウ4 | ↓ アハ子シ | | |
| アマネ（ハ）シ | 倬 | アマ子（ハ）シ 仏上二五 一六オ2 | | アマネシ 一四ウ2 | アマネ（ハ）シ 二オ6〜二ウ1 | | |
| アマネシ | 侚 | アマ子シ 仏上三八 二三ウ4 | | アマネシ 二〇ウ6 | アマネシ 一九オ4 | | |
| アマネシ | 徧 | | | アマネシ 二三オ7 | アマネシ 二オ4 | | |
| アマネシ | 遍 | アマ子シ 仏上五六 三一ウ4 | アマ子シ Ⅰ上 九オ7 | アマネシ 三〇ウ3 | アマネシ 二九オ5 | | |
| アマネシ | 付 | ↓ アマハシ | ↓ アマハシ | ↓ アマハシ | アマ子シ 一ウ5 | | |
| アマネシ | 巡 | アマ子シ 仏上五七 三三オ5 | アマ子シ Ⅰ上 九ウ6 | アマ子シ 三一オ4 | アマネシ 二九ウ6 | | |
| アマネシ | 遍 | アマ子シ 仏上五八 三三ウ5 | | アマネシ 三一ウ4 | アマネシ 三〇ウ1 | | |
| アマネシ | 遂 | アマ子シ 仏上五九 三三オ3 | アマ子シ Ⅰ上 一〇ウ2 | アマネシ 三三オ1 | アマネシ 三〇ウ6 | | |
| アマネシ | 迊 | アマ子シ 仏上六〇 三三ウ4 | アマ子シ Ⅰ上 二オ2 | アマ子シ 三二ウ2 | アマネシ 三一ウ2 | | |

| 見出し | 漢字 | | | | | | |
|---|---|---|---|---|---|---|---|
| アマネシ | 一切 | アマ子シ 仏上七四 四〇ウ1 | | | アアラトシ(ママ) 四〇オ1 | | |
| アマ(ハ)ネシ | 唵 | ・ア・マ(ハ)子シ 仏中三一 一七オ6 | ア丁子シ Ⅰ上 三六オ6 | ア丁ネシ 六四オ7 | | | |
| アマネシ | 普 | ・ア・丁・ネ・シ 仏中八九 四六オ2 | ア丁子シ Ⅰ上 六三ウ2 | ・ア・マ・ネシ 九四ウ5 | | | |
| アマネシ | 皆 | ・ア・マ(ハ)ネシ 仏中一〇四 五一ウ2 | アマ子シ Ⅰ上 六七ウ2 | [ア丁]・ネシ 一〇〇オ1 | | | |
| アマネシ | 賙 | アマ子シ 仏下本一八 一〇ウ1 | | | | | |
| アマネシ | 拾 | アマ子シ 仏下本五二 二七ウ6 | | | | | |
| アマネシ | 播 | アマ子シ 仏下本七四 三八ウ4 | | | | | |
| アマネシ | 孰 | アマ子シ 仏下末五〇 二六ウ6 | | | | | |
| アマネシ | 榮 | アマ子シ 仏下末五〇 二六ウ7 | | | | | |
| アマネシ | 滂 | アマ子シ 法上二 二ウ5 | | | | | |
| アマネシ | 涑 | アマ子シ 法上四 三ウ7 | アマ子シ Ⅱ中 二ウ6 | | | | |
| アマネシ | 泆 | アマ子シ 法上八 五ウ2 | アマ子シ Ⅱ中 四ウ5 | | | | |
| アマネシ | 浹 | ・アマ子シ 法上八 五ウ3 | アマ子シ Ⅱ中 四ウ5 | | | ・ア・丁・ネ・シ 巽 五五 5 | |
| アマネシ | 汎 | アマ子シ 法上八 五ウ6 | アマ子シ Ⅱ中 五オ1 | | | | |
| アマネシ | 氾 | ・アマ子シ 法上八 五ウ6 | アマネシ Ⅱ中 五オ2 | | | | |
| アマネシ | 沆 | アマ子シ 法上八 五ウ7 | アマネシ Ⅱ中 五オ3 | | | | |

| 和訓 | 漢字 | 観智院本 | 蓮成院本 | 高山寺本 | 西念寺本 | 図書寮本 | 備考 |
| --- | --- | --- | --- | --- | --- | --- | --- |
| アマネシ | 洽 | アマ子し 法上 六ウ1 一〇 | アマ子し II中 八オ4 | | | | |
| アマネシ | 浦 | アマ子し 法上 二一ウ3 二〇 | アマ子し II中 二オ5 | | | | |
| アマネシ | 灑 | アマ子し 法上 一九オ5 三五 | アマ子し II中 一八ウ5 | | | | 蓮本灑 |
| アマネシ | 湛 | アマ子し 法上 三三オ4 四一 | アマ子し II中 三三ウ7 | | | | |
| アマネシ | 决 | アマ子し 法上 三四オ7 四五 | アマ子し II中 一四ウ1 | | | | |
| アマネシ | 旁 | アマ子し 法上 四七ウ6 九二 | | | | | |
| アマネシ | 班 | アマ子し 法中 八ウ5 一四 | | | | アナネし 命 一六九5 | |
| アマネシ | 均 | アマ子し 法中 二六ウ8 五〇 | | | | | |
| アマネシ | 恒 | アマ子し 法中 五一ウ7 一〇〇 | | | | アナネし 詩 二五一2 | |
| アマネシ | 編 | アマ子し 法中 六三ウ7 一二四 | | | | | |
| アマネシ | 紹 | アマ子し 法中 六八ウ3 一三四 | | | | | |
| アマネシ | 祢 | アマ子し 法下 三オ2 三 | | | | | |
| アマネシ | 宣 | アナ子し 法下 二六オ2 四九 | | | | | |
| アマネシ | 勾 | アマ子し 法下 三〇オ8 五七 | | | | | |
| アマネシ | 㦟 | アナ子し 法下 五三ウ3 一〇四 | | | | | |

| 見出し | 漢字 | 1 | 2 | 3 | 4 | 5 | 6 |
|---|---|---|---|---|---|---|---|
| アマネシ | 歴 | アマ子し 法下一五六オ4 一〇九 | | | | | |
| アマネシ（ハ） | 范 | アマネし（ハ） 僧上一五ウ7 一八 | | | | | |
| アマネシ | 等 | アマ子し 僧上三〇ウ5 五八 | アマ子し III下一 九ウ7 | | | | |
| アマネシ（ハ） | 鋪 | アマ子し（ハ） 僧上六五オ2 一三七 | アマネし III下一 四一オ6 | | | | |
| アマネシ（ハ） | 敷 | アマ子し（ハ） 僧中二九オ6 五五 | アマネし III下一 六六ウ1 | | | | 蓮本敦 |
| アマネクシ（ハス） | 周 | | アマ子クし（ハス） III下二 一三〇オ5 （五八） | | | | |
| アマネハス | 辦 | アマネハス 僧下三四ウ3 六六 | アマネハス（ハ） III下二 一三九ウ4 （六七） | | | | |
| アマネハス | 辦 | | アマ子ハス III下二 一三九ウ1 （六七） | | | | |
| アマノカハ | 天河 | アマノカハ 法上一二オ7 一 | アマノカハ II中一 一オ4 | | | | |
| △アマノカハ | 漢河 | アマノカハ 法上一二オ7 一 | アマノカハ II中一 一オ4 | | | | |
| △アマノカハ | 銀河 | アマノカハ 法上一二オ7 一 | アマノカハ II中一 一オ4 | | | 阿麻乃賀波 禾 七1 | |
| アマノカハ | 銀漢 | アマノカハ 法上五オ1 七 | アマノカハ II中一 四オ2 | | | | |
| アマノサクメ | 天探女 | アマノサクメ 仏中四ウ3 六 | アマノサクメ I上二 二四ウ7 | アマノサクメ 五九オ7 | アマノサクメ 五二オ2 | | |
| アマノハゴロモ | 天衣 | アマノハコロモ 仏末一七オ5 三二 | | | | アマノハコロモ 遊 三二ヒ4 | |
| アマノハゴロモ | 天衣 | アマノハコロモ 法中六九ウ7 一三六 | | | | | |
| アマノヒラガ | 天平賀 | アマノヒラカ 仏上四一オ4 七五 | アマノヒラカ I上二 一七ウ2 | アマノヒラカ 四〇ウ6 | アマノヒラカ 四〇ウ5 | | |

| 和訓 | 漢字 | 観智院本 | 蓮成院本 | 高山寺本 | 西念寺本 | 図書寮本 | 備考 |
|---|---|---|---|---|---|---|---|
| アマノリ | 甘苔 | アマノリ 僧上 八ウ8 一四 | | | | | |
| アマノリ | 紫菜 | アマノリ 僧上 一四オ3 一三五 | | | | | |
| アマノリ | 神仙菜 | アマノリ 僧上 一四オ3 一三五 | アマノリ Ⅲ下 一二オ2 | | | | 蓮本 神仙草 |
| アマハコ | 篋 | アマハコ 僧上 三五ウ3 六八 | ア(イ)マハコ Ⅲ下 一四ウ3 | | | | |
| アマハシ | 付 | アマハし 仏上 七オ6 七 | アマハし Ⅰ上 三オ4 | アマハし 五ウ1 | | | |
| アマヒキ | 雫 | アマヒキ 法下 三五オ3 六七 | | | | | |
| アマビコ | 百足 | アマヒコ 法上 三八オ2 七三 | | | | 阿末比古 禾 一〇三 2 | |
| アマビコ | 馬陸 | アマヒコ 法中 二五オ5 四七 | | | | | |
| アマ水 | 潦 | アマ水 法上 一七オ1 三二 | アマミツ Ⅱ中 一六オ7 | | | | |
| アマムス | 甘 | アマム爪 僧下 四三ウ3 八二 | | | | | |
| アマリル | 有 | アマリル 仏上 四六オ2 八五 | アマリル Ⅰ上 三〇ウ7 | アマリル 四五ウ1 | アマリル 四六ウ2 | | |
| アマリ | 杅 | アマリ 仏下本 四七オ5 九一 | | | | | |
| アマリ | 壜 | アマリ 法中 三四ウ8 六六 | | | | アマリ 集 二三二 5 | |
| アマリ | 縁 | アマリ 法中 六八ウ8 一三四 | | | | | |
| アマリ | 糫 | アマリ 法下 一九オ3 三五 | | | | | |

| | | | | | |
|---|---|---|---|---|---|
| アマリイヒ | 饒 | アマリイヒ 僧上 二五五ウ5 一〇八 | アマリイヒ[1] Ⅲ下 一三三ウ1 | | |
| アマリサヘ | 賸 | アマリサヘ 仏中 六三オ8 一三三 | | | |
| アマリサヘ | 剩 | ア・マ・リサヘ 僧上 四五オ2 八七 | ア・マ・リサヘ Ⅲ上 一三オ7 | | |
| アマル | 併 | | アケル Ⅰ上 二オ3 | アケル 四オ6 | |
| アマル | 遺 | アマル 仏上 三一ウ5 五六 | ↓ アタル（テ） | アケル 三〇ウ4 | アケル 二九オ6〜5 |
| アマル | 有 | アマル 仏中 七〇ウ4 一三八 | | | |
| アマル | 贐 | ア・マ・ル 仏下本 一〇オ8 一七 | | | |
| アマル | 賭 | ア・マ・ル 仏下本 一〇ウ7 一八 | | | |
| アマル | 義 | アケル 仏下末 一五ウ7 二八 | | | |
| アマル | 烈 | アマル 仏下末 二七オ2 五二 | | | |
| アマル | 溫 | アマル 法上 三オ5 三 | アマル Ⅱ中 二オ3 | | |
| アマル | 溢 | | アマル Ⅱ中 二オ4 | | |
| アマル | 渾 | アマル 法上 一七オ4 三一 | アマル Ⅱ中 一六ウ3 | | |
| アマル | 緒 | アマル 法中 六八オ8 一三三 | | | |
| アマル | 賽 | アマル 法下 二五オ7 四七 | | | |
| アマル | 冗 | アケル 法下 二九ウ4 五六 | | | |

| 和訓 | 漢字 | 観智院本 | 蓮成院本 | 高山寺本 | 西念寺本 | 図書寮本 | 備考 |
|---|---|---|---|---|---|---|---|
| アマル | 序 | アテル 法下 一〇四 二三ウ4 | | | | | |
| アマル | 列 | アテル 法下 一三三 六八オ3 | | | | | |
| アマル | 殘 | アテル 法下 一三三 六八オ4 | | | | | |
| アマル | 蓋草 | ・ア・テル 僧上 四 三ウ4 | | | | | |
| アマル レリ | 剩 | ・ア・ヘル レリ 僧上 八七 四五オ2 | アテル レリ Ⅲ 下一 三オ7 | | | | |
| アマリル スレリ | 饜 | ・ア・ヘ・リ・ル スレリ 僧上 一〇九 五六オ2 | ・ア・ヘ・リル ・ル レハ Ⅲ 下一 三ウ4 | | | | 蓮本 餘 |
| アマレリ | 剺 | ・ア・テ・レリ 僧上 九〇 四六ウ2 | | | | | |
| アマレリ | 余 | ・ア・テレリ 僧中 三 三オ4 | ・ア・テレリ Ⅲ 下 四七ウ4 | | | | 蓮本 余 |
| アマレリ | 強 | ・ア・テ・レ・リ 僧中 二四 一三ウ3 | ・ア・テ・レ・リ Ⅲ 下一 五三ウ3 | | | | |
| アマレリ | 肆 | ・ア・ヘレリ 僧下 七六 三九ウ5 | アヘレリ Ⅲ 下二 四九ウ5 (七七) | | | | |
| アマレリ | 贏 | ・ア・ヘレリ 僧下 九四 四八ウ5 | | | | | |
| アミ | 繆 | アミ 法中 一二四 五八ウ1 | | | | | |
| アミ | 絅 | ・ア・ミ 法中 一三一 六三オ5 | | | | | |
| ノアミ | 罘網 | ノアミ 法中 一三一 六三オ6 | | | | ノ・ア・ミ 罘 二九七 7 | |
| アミ | 罩 | アア 法下 五六 二九ウ5 | | | | | |

| | | | | |
|---|---|---|---|---|
| アミ | 冈 | アミ 僧中七五オ2 | アミ Ⅲ下一四八ウ1 | |
| アミ | ⿱冈孤 | アミ 僧中七五オ5 | アミ Ⅲ下一四八ウ3 | |
| アミ | 罟 | アミ 僧中七五オ5 | アミ Ⅲ下一四八ウ3 | |
| アミ | 罩 | ・ア・ミ 僧中七五オ6 | ・ア・ミ Ⅲ下一四八ウ3 | |
| アミ | ⿱冈組 | ・ア・ミ 僧中七五オ7 | ・ア・ミ Ⅲ下一四八ウ4 | |
| アミ | 罼 | アミ 僧中八五ウ3 | アミ Ⅲ下一四八ウ7 | |
| アミ | 罦 | アミ 僧中八五ウ5 | アミ Ⅲ下一四九オ1 | |
| アミ | 罬 | アミ 僧中八五ウ7 | ・ア・ミ Ⅲ下一四九オ3 | 蓮本 罬 |
| アミ | 罠 | ・ア・ミ 僧中八五ウ8 | アミ Ⅲ下一四九オ3 | |
| アミ | 罺 | ・ア・ミ 僧中九六オ2 | ・ア・ミ Ⅲ下一四九オ4 | |
| アミ | 罘 | ・ア・ミ 僧中九六オ4 | アミ Ⅲ下一四九オ6 | |
| アミ | 罿 | ・ア・ミ 僧中九六オ5 | アミ Ⅲ下一四九オ7 | |
| アミ | 署 | アミ 僧中九六オ7 | アミ Ⅲ下一四九ウ1 | |
| アミ | 署 | アミ 僧中九六オ7 | アミ Ⅲ下一四九ウ1 | |
| アミ | 罛 | アミ 僧中一一七オ5 | アミ Ⅲ下一五〇オ3 | |
| アミ | 羅 | ・ア・ミ 僧中一一七オ6 | ・ア・ミ Ⅲ下一五〇オ6 | |

| 和訓 | 漢字 | 観智院本 | 蓮成院本 | 高山寺本 | 西念寺本 | 図書寮本 | 備考 |
|---|---|---|---|---|---|---|---|
| アミ | 罦 | アミ 僧中 二 七オ8 | アミ III 下一 五〇オ5 | | | | |
| アミ | ⿰弓台 | アミ 僧中 二五 一四オ8 | アイミ III 下一 五三オ4 | | | | |
| アミ | ⿰革也 | アミ 僧中 七三 三八オ5 | | | | | |
| アミ | 海糠魚 | アミ 僧下 一 二オ6 | アミ III 下二 (三〇) 九五オ6 | | | | |
| アミ | ⿰魚班 | アミ 僧下 四 八ウ8 | アミ III 下二 (三六) 九八オ5 | | | | |
| アミイタ | 箯輿 | アミイタ 仏下末 二五 一四オ8 | | | | | |
| アミヲ | 維 | アミヲ 法中 一三 六三オ1 | | | | | |
| アミオク | ⿱罒組 | アミオク 僧中 七 五オ7 | アミオク III 下一 四八ウ4 | | | | 罝 蓮本 |
| アミヒク | 抴 | アミヒク 仏下本 五一 二七オ5 | | | | | |
| アミモテトル | ⿱罒果 | アミモテトル 僧中 九 六オ2 | アミモテトル III 下一 四九オ4 | | | | |
| アム | ⿰亻巛 | アム 仏上 三四 三〇ウ2 | | アム 一八オ1 | アム 一六ウ2 | | ⿰亻川 西本 |
| アム | 沐 | アム 法上 七 五オ8 | | | | [ア]ム は 一七 2 | |
| アム | 沐浴 | アム 法上 七 五オ8 | | | | | |
| アム | 浴 | | アム II 中一 四ウ2 | | | | |
| アム | 渥 | アム 法上 二 七オ8 | アム II 中一 九オ3 | | | | |

| | | | | | | |
|---|---|---|---|---|---|---|
| アム | 濯 | アム 法上 一三ウ3 三三 | アム II中 一三オ3 | | | |
| アム | 淹 | アム 法上 一七オ3 三二 | | | | |
| アム | 紈 | アム 法中 一〇オ6 一二七 | | | | |
| アム | 編 | ・ア・ム 法中 六三ウ7 一四四 | | | | ・ア・ム 法 三一四 5 |
| アム | ⿰糸邊 | アム 法中 六三ウ8 一四四 | | | | |
| アム | 篇 | アム 僧上 四〇ウ3 七八 | アム III下 一九オ6 | | | |
| アムジチ | 庵室 | ・ア・ム・シ・チ 法下 一五三オ1 一〇三 | | | | |
| アムジロ | 籧篨 | ・ア・ム・シロ 僧上 三六ウ6 七〇 | アムシロ III下 一五ウ5 | | | |
| アムシロ | 籧篨 | アムシロ 僧上 三六ウ7 七〇 | | | | |
| アムシロ | 簞 | アムシロ 僧上 三七ウ5 七二 | アムシロ III下 一六ウ4 | | | |
| アムス | 浴 | アムス 法上 五オ8 七 | アスム（ママ） II中 四ウ2 | | | |
| アムス | 浚 | アムス 法上 一六ウ5 三〇 | アムス II中 一六オ4 | | | |
| アムツチ | 垜 | ・ア・ムツチ 法中 三三ウ7 六二 | | | | |
| アメ | 天 | アメ 仏末 一七オ4 三二 | | | | |
| アメ | 糖 | ・ア・メ 法下 一七ウ2 三二 | | | | |
| アメ | 粘 | アメ 法下 一八オ4 三三 | | | | |

Bottom row (編 column): ・編 図本

| 和訓 | 漢字 | 観智院本 | 蓮成院本 | 高山寺本 | 西念寺本 | 図書寮本 | 備考 |
|---|---|---|---|---|---|---|---|
| アメ | 粭 | アメ 法下 一八オ5 三三 | | | | | |
| アメ | 雨 | アメ 法下 三四オ8 六五 | | | | | |
| アメ | 黄草 | アメ 僧上 一二オ8 一 | アメ イえ Ⅲ下一 四オ4 | | | | |
| アメ | 餹 | アメ 僧上 五四オ2 一〇五 | アメ Ⅲ下一 三三オ4 | | | | |
| アメ | 錫 | アメ 僧上 五四オ2 一〇五 | アメ Ⅲ下一 三三オ4 | | | | |
| アメ | 飴 | アメ 僧上 五五オ5 一〇七 | アメ Ⅲ下一 三三オ2 | | | | |
| アメ | 饊 | アメ 僧上 五六ウ8 一一〇 | | | | | |
| アメ | 餃 | アメ 僧上 五七ウ5 一一二 | アメ Ⅲ下一 三五オ6 | | | | |
| アメ | 水鮭 | アメ 僧下 三ウ1 四 | アメ Ⅲ下二 九三オ1（三） | | | | |
| アメ | 江鮭 | アメ 僧下 三ウ1 四 | | | | | |
| アメ | 鯇 | アメ 僧下 四ウ4 六 | アメ Ⅲ下二 九四オ2（三） | | | | |
| アメウジ | 黄牛 | アメウシ 仏下末 二オ3 一 | | | | | |
| アメサカリニフル | 澒 | アメサカリニフル 法上 二〇オ7 三七 | アメサカリニフル（イ） Ⅱ史 二オ6 | | | | 蓮本 沛 |
| アメノシタ | 宇 | アメノした 法下 二六オ5 四九 | | | | | |
| アメフル | 雨 | アメフル 法下 三四オ8 六五 | | | | | |

| | | | | | | | |
|---|---|---|---|---|---|---|---|
| アメフル | 霙 | アメフル 法下三六ウ6 七〇 | | | | | |
| アメマタラ | 黄牛 | アメマタラ 仏下末一二オ3 一 | | | | | |
| アヤ | 畫 | アヤ 仏上四二オ7 七七 | アヤ I上 一八ウ1 | | アヤ 四二オ5 | | |
| アヤ | 理 | アヤ 法中一三ウ4 一四 | | | | | |
| アヤ | 紋 | アヤ 法中六一ウ2 一二〇 | | | | アヤ 三二一 2 | |
| アヤ | 絢 | アヤ 法中六三ウ3 一二四 | | | | アヤ 汜 三〇九 4 | |
| アヤ | 綾 | アヤ 法中六四ウ7 一二六 | | | | 阿夜 禾 三〇七 7 | |
| アヤ | 文 | アヤ 僧中三二オ7 六二 | アヤ III下 六九オ7 | | | | |
| アヤウシ | 競 | アヤウシ 仏下末九ウ5 一六 | | | | | |
| アヤウシ | 沆 | アヤウシ 法上九オ5 一五 | | | | | |
| アヤウシ | 慨 | アカ(ヤ)ウシ 法中四一ウ8 八〇 | アヤウシ II中 六ウ4 | | | | |
| アヤウシ | 非常 | アヤウシ 法中五二ウ5 一〇二 | | | | | |
| アヤウシ | 厄 | アヤウシ 法下五六オ2 一〇九 | | | | | |
| アヤウシ | 弥 | アヤウシ 法下六八オ1 一三三 | | | | | |
| アヤウ(フ)シ | 駭 | アヤウ(フ)シ 僧中五一オ7 九九 | | | | | |
| アヤカル | 互 | アヤカル 仏上四二オ3 七七 | アヤカル I上 一八オ5 | アヤ[カル] 四一ウ5 | アヤカル 四二オ1 | | 高本、西本 蓮本 互 |

| 和訓 | 漢字 | 観智院本 | 蓮成院本 | 高山寺本 | 西念寺本 | 図書寮本 | 備考 |
|---|---|---|---|---|---|---|---|
| アヤカル | 哥 | アヤカル 仏中一六ウ4 三〇 | アヤカル I上一三五ウ5 | アヤカル 六三ウ5 | | | |
| アヤシ | 儻 | アヤシ 仏上一四オ2 二二 | | アヤシ 一三オ7 | アヤシ 九オ5 | | |
| アヤシ | 偉 | アヤシ 仏上一六ウ2 二六 | | アヤシ 一五オ3 | アヤシ 一二オ2 | | |
| アヤシ | 耶 | アヤシ 仏中三三オ6 三三 | アカ（ヤ）シ I上二三ウ4 | アヤシ 四九オ2 | アヤシ 五〇オ6 | アヤシ 玉朽 一七五1 | |
| アヤシ | 嗟 | アヤシ 仏中一五ウ7 二八 | アヤシ I上一三五オ2 | アヤシ 六三オ2 | | | |
| アヤシ | 猗々 | アヤシ 仏下本六六オ2 一三九 | | | | | |
| アヤシ | 詑 | アヤシ 法上二八オ1 五三 | アヤシ II中二八ウ1 | | | アヤシ 異 七八6 | |
| アヤシ | 譎 | アヤシ 法上三五オ8 六七 | アヤシ II中三六オ3 | | | | |
| アヤシ | 詭 | | | | | アヤシ 異 八〇2 | |
| アヤシ | 玫瑰 | アヤシ 法中一三オ3 二二 | | | | | |
| アヤシ | 瓖 | アヤシ 法中一三オ4 二二 | | | | アヤシ 一六六4 | 瓌 図本 |
| アヤシ | 阽 | アヤシ 法中二四オ7 四五 | | | | | |
| アヤシ | 怗 | アヤシ 法中三八ウ6 七四 | | | | | |
| アヤシ | 惜 | アヤシ 法中四〇ウ2 七八 | | | | | |
| アヤシ | 緩 | アヤシ 法中六四ウ7 一二六 | | | | | |

| | | | | | | | |
|---|---|---|---|---|---|---|---|
| アヤシ | 神 | アヤシ 法下 一 二オ3 | | | | | |
| アヤシ | 奇 | アヤシ 法下 四二 三ウ6 | | | | | |
| アヤシ | 靈 | アヤシ 法下 六六 三四ウ2 | | | | | |
| アヤシ | 靄 | アヤシ 法下 七二 三七ウ3 | | | | | |
| アヤシ | 厲 | アヤシ 法下 一〇七 五五オ5 | | | | | |
| アヤシ | 蘡 | アヤシ 僧上 九 六オ8 | | | | | |
| アヤシ | 皺 | アヤシ 僧中 七〇 三六ウ3 | | | | | |
| アヤシキ | 奇 | | | | | アヤシキ 巽 一二五 7 | |
| アヤシキツクリ | 詭制 | アヤシキツクリ 法上 五三 二八オ2 | アヤシヽツクリ II 虫 二八ウ2 | | | アヤシキツクリ 巽 八〇 2 | |
| アヤシフ | 器 | アヤシフ 仏中 四五 二四オ8 | アヤシフ I 上 四三ウ7 | アヤシフ 七一ウ4 | | | |
| アヤシフ | 詭 | アヤシフ 法上 五二 二七ウ5 | アヤシム II 虫 二八オ2 | | | | 蓮本 訛 |
| アヤシフ | 詭 | アヤシフ 法上 五三 二八オ1 | アヤシフ II 虫 二八ウ1 | | | | |
| アヤシフ | 記 | アヤシフ 法上 六七 三五オ7 | アヤシフ II 虫 三六オ2 | | | | |
| アヤシフ | 謝 | アヤシフ 法上 七〇 三六ウ5 | | | | | |
| アヤシフ | 奇 | アヤシフ 法上 九一 四七オ8 | | | | | |
| アヤシフ | 砌 | アヤシフ 法中 三 三オ1 | | | | | |

| 和訓 | 漢字 | 観智院本 | 蓮成院本 | 高山寺本 | 西念寺本 | 図書寮本 | 備考 |
|---|---|---|---|---|---|---|---|
| アヤシフ | 性 | ア・ヤ・シフ 法中三八ウ8 七四 | | | | | |
| アヤシブ | 恠 | | | | | ア・ヤ・シ・フ・ 集 二五六1 | |
| アヤシフ | 快 | アヤシフ 法中四七ウ1 九二 | | | | | |
| アヤシフ | 魁 | アヤシフ 僧下二五ウ6 四八 | アヤシフ Ⅲ下二（四二）三ウ7 | | | | |
| アヤシム | 異 | アヤシム 仏中二五七オ4 二一 | アヤシム Ⅰ上一 七三オ6 | アヤシム 一〇五オ5 | | | |
| アヤシム | 詭 | | アヤシム Ⅱ中 二八オ3 | | | | |
| アヤツリ | 操 | アヤツリ 仏下本二九ウ3 五六 | | | | | |
| アヤツリ | 機 | アヤツリ 仏下本四〇オ6 七七 | | | | | |
| アヤツル | 嘲 | アサ（マヽ）ツル 仏中一六ウ8 三〇 | アヤツル Ⅰ上一 三六オ2 | アヤツル 六四オ2 | | | |
| アヤツル | 撤 | アヤツル 仏下本二三ウ3 四四 | | | | | |
| アヤツル | 揖 | ・ア・ヤ・ツ・ル 仏下本二三ウ4 四四 | | | | | |
| アヤツル | 操 | ・ア・ヤ・ツ・ル 仏下本二九ウ3 五六 | | | | | |
| アヤツル | 擽 | ・ア・ヤツル 仏下本三〇オ1 五七 | | | | | |
| アヤツル | 抑 | ・ア・ヤツル 仏下本四〇ウ3 七八 | | | | | |
| アヤツル | 郄 | ア・ヤツル 法中一九オ2 三五 | | | | | |

| | | | | |
|---|---|---|---|---|
| アヤツル | 隠 | ・ア・ヤ・ツル 法中二四ウ8 四六 | | |
| アヤツル | 埓 | ・ア・ヤ・ツ・ル 法中三〇ウ4 五八 | | |
| アヤツル | 悉 | アヤツル 法中四七ウ4 九二 | | |
| アヤツル | 鉑 | アヤツル 僧上七〇ウ6 一三八 | アヤ゛ル III下一四五ウ7 | |
| アヤツル | 凬 | ・アヤ・ツル 僧下二七オ2 五一 | | |
| アヤツル | 凮 | アヤツル 僧下二九オ2 五五 | アヤツル III下二一六ウ2（四四） | |
| アヤニク | 嗊 | アヽヤヤク(ママ) 仏中二七オ3 五一 | アヤニク I上四五オ7 | アヤニ[ク] 七四ウ2 |
| アヤニク | 咄 | アヽヤニク 仏中三三ウ7 六二 | アヤニクャ I上五〇ウ4 | アヽヤニク 八〇ウ3 |
| アヤニク | 旹 | アヤニク 仏中三七ウ3 七二 | アヤニク I上五四ウ2 | ・ア・ヤ・ニ・ク 八五ウ3 |
| アヤニク | 肻 | アヤニク 仏中六〇オ3 一一七 | アナ(ママ)ニク I上七四ウ6 | |
| アヤノ文 | 約 | アヤノ文 法中六三ウ1 一二四 | | |
| アヤフシ | 嚐 | アヤフシ 仏中四三ウ4 八四 | アヤフシ I上四三オ2 | アヤフシ 七〇ウ7 |
| アヤフシ | 巵 | ・ア・ヤ・フシ 仏下末一五オ7 二七 | | |
| アヤフシ | 巵 | アヤフシ 仏下末一六ウ1 三〇 | | |
| アヤフシ | 砌 | アヤフシ 法中三オ1 三 | | |
| アヤフシ | 堕 | ・ア・ヤフシ 法中二一ウ1 四〇 | | |

| 和訓 | 漢字 | 観智院本 | 蓮成院本 | 高山寺本 | 西念寺本 | 図書寮本 | 備考 |
| --- | --- | --- | --- | --- | --- | --- | --- |
| アヤフシ | 険 | アヤフシ 法中二四ウ3 四六 | | | | | |
| アヤフシ | 惕 | アヤフシ 法中三六オ7 六九 | | | | | |
| アヤフシ | 富 | アヤフシ 法下二八ウ5 五四 | | | | | |
| アヤフシ | 厲 | ・ア・ヤ・フ・シ 法下五五オ5 一〇七 | | | | | |
| アヤフシ | 殆 | アヤフシ 法下六七オ6 一三一 | | | | | |
| アヤフシ | 幾 | アヤフシ 僧下五二オ2 一〇一 | アヤレフ(ママ) Ⅲ上二三七ウ3 (六五) | | | | |
| アヤフシ | 沱 | | | | | ・ア・ヤフシ 沽 六三3 | |
| アヤフシ | 非常 | | | | | ・ア・ヤ・フ・シ 二七八2 | |
| アヤフシ | 駭 | | アヤフシ Ⅲ下二六六オ5 (四) | | | | |
| アヤフミ | 厄 | アヤフミ 法下五六オ2 一〇九 | | | | | |
| アヤフム | 嘵 | アヤフム 仏中二九オ7 五五 | アヤフム Ⅰ上二四七オ7 | アヤフム 七六ウ6 | | | |
| アヤブム | 巵 | ・ア・ヤ・ブム 仏下末一五オ7 二七 | | | | | |
| アヤフム | 惕 | アヤフム 法中三六オ8 六九 | | | | | |
| アヤマチ | 佚 | アヤマチ 仏上一〇オ8 一三 | | アヤテチ 七ウ5 | アヤテキ(ミ) 五オ2 | | |
| アヤマチ | 偯 | アヤマチ 仏上一三オ2 一七 | | アヤテチ 一九ウ7 | アヤテチ 六ウ5 | | |

| | | | | | | |
|---|---|---|---|---|---|---|
| アヤマチ | 僣 | アヤマチ 仏上 一三ウ7 二〇 | | アヤテチ 一二オ4 | アヤテチ 九オ2 | |
| アヤマチツ | 侳 | アヤマチツ 仏上 一五ウ1 二四 | | アヤテチリ 一三ウ5 | アヤテチツ 一〇ウ5 | |
| アヤマチ | 佶 | アヤマチ 仏上 一五ウ7 二四 | | アヤテチ 一四オ6 | アヤテチ 一一オ4 | |
| アヤマチ | 咎 | アヤテチ 仏中 三〇ウ2 五八 | アヤテチ I上 四八ウ4 | アヤマチ 七八オ3 | | |
| アヤマチツ | 肯 | アヤマチツ 仏中 六〇オ3 一二七 | アヤテチ I上 七四ウ6 | | | |
| アヤマチ | 尤 | アヤマチ 仏下末 八オ3 一三 | | | | |
| アヤマチ | 詑 | アヤマチ 法上 二八オ1 五三 | アヤマチ II中 二八ウ1 | | | |
| アヤマチツ | 愆 | アヤマチツ 法中 四三ウ2 八四 | | | | アヤテチ 二五〇5 |
| アヤマチ | 殆 | アヤテチ 法下 六七オ7 一三二 | | | | |
| アヤマチ | 罪 | アヤマチ 僧中 七オ4 二 | アヤテチ III下 五〇オ3 | | | |
| アヤマチテ | 誤 | | | | | 阿夜麻知弖 朱 九八7 |
| アヤマツチ ル | 懯 | アヤマツチ ル 仏上 一三オ1 一九 | | | アヤミ(ママ) 八オ1 | |
| アヤマツ | 偽 | アヤマツ 仏上 一三ウ2 二〇 | | アヤテミ 一一ウ6 | アヤテミ 八ウ2 | |
| アヤマツ | 儕 | アヤマツ 仏上 一三ウ6 二〇 | | アヤテミ 一三オ3 | ↓ アヤテリ | |
| アヤマツ | 眚 | アヤテツ 仏中 三七ウ3 七二 | | | | |
| アヤマツ | 朊 | アヤマツ 仏中 六八ウ8 一三四 | | | | |

| 和訓 | 漢字 | 観智院本 | 蓮成院本 | 高山寺本 | 西念寺本 | 図書寮本 | 備考 |
|---|---|---|---|---|---|---|---|
| アヤマツ | [illegible] | アヤマツ 仏下本 六九ウ1 二三六 | | | | | |
| アヤマツ | 失 | アヤマツ 仏下末 一九オ4 三五 | | | | | |
| アヤマツ | 話 | アヤマツ 法上 二六オ7 四九 | アヤマツ II中 二六ウ5 | | | | |
| アヤマツ | 訛 | アヤマツ 法上 二八オ4 五三 | | | | | |
| アヤマツ | 謬 | | | | | アヤアハ は 九八 5 | |
| アヤマツ | 誑 | アヤマツ 法上 三一ウ1 六〇 | アヤマツ II中 三一オ2 | | | | |
| アヤマツ | 過 | | | アヤアツル 三一オ2 | アヤアツチ 二九ウ4 | | |
| アヤマツ | 誤 | アヤマツリ ル 法上 三一ウ4 六〇 | | | | | |
| アヤマツ | 諐 | アヤマツ 法上 三六ウ2 七〇 | | | | | |
| アヤマツ | 躛 | アヤマツ 法上 四一オ4 七九 | | | | | |
| アヤマツ | 跤 | アヤマツ 法上 四三オ5 八三 | | | | | |
| アヤマツ | 瑕 | アヤアツ 法中 一八オ6 三 | | | | アヤアハ は 一六四 3 | |
| アヤマツ | 基 | アヤアツ 法中 三四ウ4 六六 | | | | | |
| アヤマツ | 性 | アヤアツ 法中 四七オ4 九一 | | | | | |
| アヤマツ | 闕 | アヤアツ 法下 四三オ2 八一 | | | | | |

| | | | | | | | |
|---|---|---|---|---|---|---|---|
| アヤマツ | 蘋 | アヤテツ 僧上 八オ7 一三 | | | | | |
| アヤマツ | 軼 | アヤヘツ 僧中 四四ウ7 八六 | | | | | |
| アヤマリ | 偖 | ↓アヤヘツ | | ↓アヤテ[illegible] | アヤテリ 九オ1 | | |
| アヤマリナラシ | 誤 | | | | | アヤテリナラシ 九九1 | |
| アヤマル | 僻 | アカ(ミ)ヘル 仏上 一三オ6 一七 | | アヤテル 一〇オ6 | アヤテル 七オ2 | | |
| アヤマル | 懡 | | | アヤテル 一一オ3 | | | |
| アヤマル | 行 | アヤヘル 仏上 一四ウ8 四三 | | アヤテル 三三ウ6 | アヤテル 二一ウ2 | | |
| アヤマルリ | 迤 | アヤヘルリ 仏上 一六ウ1 五〇 | アヤテヅル I上 六オ7 | アヤテルリ 二七オ6 | アヤテハ(ミ) 二五オ6 | | |
| アヤマリルツ | 過 | アヤヘツリル 仏上 一三オ3 五七 | アヤテルツ I上 九ウ4 | | | | |
| アヤマル | 彑 | アヤヘル 仏上 一四オ3 七七 | アヤテル I上 一八オ5 | アヤテル 四一ウ5 | アヤテル 四二オ1 | | 蓮本、高本 西本 互 |
| アヤマル | 哥 | アヤテル 仏中 一六ウ4 三〇 | アヤテ(イ)ル ヤ□ I上 三五ウ5 | アヤテル 六三ウ5 | | | |
| アヤマル | 噴 | アヤテル 仏中 一八オ3 三三 | アヤテル I上 三七オ1 | アヤテル 六五オ4 | | | |
| アヤマルツ | 尢 | アヤテルツ 仏下末 一〇オ7 一七 | | | | | |
| アヤマル | 失 | アヤテル 仏下末 一四ウ4 二六 | | | | | |
| アヤマル | 懲 | アヤテル 法上 三三ウ2 四三 | アヤヘル II中 三三オ6 | | | | |
| アヤマル | 訙 | | アヤヘルツ II中 二八ウ4 | | | | |

| 和訓 | 漢字 | 観智院本 | 蓮成院本 | 高山寺本 | 西念寺本 | 図書寮本 | 備考 |
|---|---|---|---|---|---|---|---|
| アヤマル | 訬 | アヤマル 法上 三〇オ7 五七 | アヤマル II中 三〇ウ7 | | | | |
| アヤマル | 誤 | | ・ア・ヤマル・ツ II中 三三オ5 | | | | |
| アヤマル | 誺 | アヤマル 法上 三三ウ2 六二 | アヤマル II中 三三オ5 | | | | |
| アヤマル | 論 | ・ア・ヤ・マ・ル 法上 三五ウ5 六八 | ・ア・ヤマル II中 三六ウ1 | | | | |
| アヤマル | 諰 | アヤマル 法上 三六ウ2 七〇 | | | | | |
| アヤマル | 謬 | ・ア・ヤ・マ・リルツ 法上 三七ウ3 七二 | | | | | |
| アヤマル | 息 | アヤナル 法中 三七オ2 七一 | | | | | |
| アヤマル | 悮 | アヤマル 法中 四三オ7 八三 | | | | | |
| アヤマル | 愉 | アヤナル 法中 四五オ8 八七 | | | | | |
| アヤマル | 縒 | アヤナル 法中 六〇ウ3 一一八 | | | | | |
| アヤマル | 繆 | アヤナル 法中 六一オ6 一一九 | | | | | |
| アヤマル | 紕繆 | アヤニル 法中 六一オ7 一一九 | | | | | |
| アヤマル | 銷 | アヤナル 僧上 六二オ4 一二二 | | | | | |
| アヤマル | 錋 | | アヤマル III下 三九オ1 | | | | |
| アヤマルチ | 錯 | ・ア・ヤ・ナ・ルチ 僧上 六四ウ2 一二六 | ・ア・ヤ・マルイ III下 一四オ1 | | | | |

| | | | | | |
|---|---|---|---|---|---|
| | アヤマル | 鋪 | アヤテル 僧上六五オ2 一三七 | アヤマル Ⅲ下一四一オ6 | |
| | アヤマル | 餡 | アヤテル 僧上七一ウ3 一四〇 | | |
| | アヤマル | 載 | アヤマル 僧中二一オ2 三九 | | |
| | アヤマル | 又 | アヤテル 僧中六六ウ8 五〇 | | |
| | アヤマル | 更 | アヤマル 僧中六八オ1 五三 | アヤテル Ⅲ下一六五オ5 | |
| | アヤマル | 猷 | アヤマル 僧下三三ウ3 六四 | アヤテル Ⅲ下一五八ウ7 | |
| | アヤマレリ | 訛 | アヤマレリ 法上六八オ2 五三 | アヤマレリ Ⅱ中二八ウ2 | |
| | アヤメクサ | 昌蒲 | アヤメクサ 僧上一〇ウ8 八 | | |
| △ | アヤメクサ | 昌蒲 | アヤメクサ 僧上一〇ウ8 八 | | |
| △ | アヤメクサ | 臯蒲 | アヤメクサ 僧上一一オ1 九 | | |
| | アヤメグサ | 尭時韮 | アヤメツサ 僧上二〇ウ4 三八 | | |
| | アヤメタム | 地楡 | アヤメタム 仏下本四七オ1 九一 | | 阿夜女太无 禾 二一四3 |
| | アヤメタム | 玉豉 | アヤメタム 法上四九ウ2 九六 | | |
| | アユ | 年魚 | アユ 僧下一二オ5 一 | アユ Ⅲ下二九二オ6 (三〇) | |
| | アユ | 銀口魚 | アユ 僧下一二オ7 一 | アユ Ⅲ下二九二オ6 (三〇) | |
| △ | アユ | 細鱗魚 | アユ 僧下一二オ8 一 | アユ Ⅲ下二九二オ7 (三〇) | |

| 和訓 | 漢字 | 観智院本 | 蓮成院本 | 高山寺本 | 西念寺本 | 図書寮本 | 備考 |
|---|---|---|---|---|---|---|---|
| アユ | 鮎冥 | アユ 僧下 三三オ1 三 | | | | | |
| アユ | 鮧冥 | | アユ Ⅲ 下二 九三ウ4 (三〇) | | | | |
| アユ | 鮎 | ア:ユ 僧下 三三オ1 三 | アユ Ⅲ 下二 九三ウ5 (三〇) | | | | |
| アユ | 鯷 | ア:ユ 僧下 三三オ2 三 | ア:ユ Ⅲ 下二 九三ウ5 (三〇) | | | | |
| アユ | 鯩 | アユ 僧下 一七ウ2 一二 | | | | | |
| アユ | 鮒 | アユ 僧下 一八ウ8 一四 | アユ Ⅲ 下二 九八オ5 (二六) | | | | |
| アユ | 出 | ・アユ 僧下 四三オ1 八三 | アユ Ⅲ 下二 三四ウ1 (六二) | | | | |
| アユヒ | 勃 | アユヒ 僧上 四三ウ6 八四 | アユヒ Ⅲ 下一 三ウ2 | | | | |
| アユフ | 遖 | アユフ 仏上 三〇ウ7 五四 | アユフ Ⅰ 上一 八ウ3 | アユフ 二九ウ5 | アユフ 二八オ5 | | |
| アユミス | 駮 | アユミス 僧中 五一オ6 九九 | アイユミ爪 Ⅲ 下二 七六オ5 (四) | | | | |
| アユム | 彳 | アユム 仏上 二一ウ7 三六 | | アユム 二〇オ3 | アユム 一八オ6 | | |
| アユム | 赴 | アユム 仏上 三七ウ8 六八 | アユム Ⅰ 上一 四ウ7 | | アユム 三六ウ5 | | |
| アユム | 躧 | アユム 法上 四二オ3 八一 | | | | | |
| アユム | 歩 | アユム 法上 五〇オ6 九七 | | | | ア・ユ・ム 累 一三三 5 | 歩 図本 |
| アユム | 慇 | アユム 法中 四七ウ2 九二 | | | | | |

| | | | | | |
|---|---|---|---|---|---|
| アラ | 穅 | アラ 法下一三オ8 三三 | | | |
| アラ | 糠 | アラ 法下一七ウ3 三二 | | | |
| アラアラ | 略 | アラ〱 仏中五五オ8 一〇七 | アラ〱 Ⅰ上七〇ウ3 | アラ、 一〇三ウ2 | |
| アラアラ | 粗 | アラ〱 法下一七オ1 三二 | | | |
| アラアラ | 粗 | アラ〱 法下一七オ1 三二 | | | |
| アラアラシ | 掋 | アラ〱シ 仏本三三オ2 六三 | | | |
| アラアラシ | 搉 | アラ〱シ 仏本三七オ4 七一 | | | |
| アラアラシ | 権 | アラ〱シ 仏本五〇オ8 九七 | | | |
| アラアラシ | 簡 | アラ〱シ 僧上四〇ウ4 七八 | アラミシ Ⅲ下一九オ6 | | |
| アラアラシ | 酷 | アラ〱シ 僧下二九ウ8 五六 | アラミシ Ⅲ下五六オ4 | | |
| アラウ | 粗 | アラウ 法下一七オ1 三 | | | |
| アラガウフ | 争 | アラカウフ 仏上四四オ2 八一 | | | |
| アラカキ | 壖 | アラカヽ 法中三三オ1 六三 | | | |
| アラカシメ | 逆 | アラカシメ 仏上三三オ4 五九 | | アラカシメ 三三オ2 | アラカシメ 三〇ウ6〜三一オ1 |
| アラカシメ | 逆 | | アラカシメ Ⅰ上一〇ウ2 | | |
| アラカシメ | 豫 | アラカシメ 仏本一四ウ4 二六 | | | |

| 和訓 | 漢字 | 観智院本 | 蓮成院本 | 高山寺本 | 西念寺本 | 図書寮本 | 備考 |
|---|---|---|---|---|---|---|---|
| アラカシメ | 絓 | アラカシメ 法中六五オ6 一三七 | | | | | |
| アラカシメ | 粗 | アラカシメ 法下一七オ1 三一 | | | | | |
| アラカシメ | 宿 | アラカシメ 法下二六ウ6 五四 | | | | | |
| アラカシメ | 宿 | アラカシメ 法下二六ウ6 五四 | | | | | |
| アラカシメ | 豫 | アラカシメ 僧中一〇オ8 三七 | アラカシメ Ⅲ下二二四オ4 (五三) | | | | |
| アラカヅラ | 觧離 | アラカツラ 仏下本六オ7 九 | | | | | |
| アラカネ | 磺 | アラカ子 法中二ウ8 二 | | | | アラカネ 一四九 1 | 図本 礦 |
| アラカネ | 鐵 | アラカ子 僧上二五八ウ1 二四 | アラカネ Ⅲ下一三六オ3 | | | | |
| アラカネ | 鑛 | アラカネ 僧上六四オ5 二五 | | | | | |
| アラカネ | 鈋 | | アラカネ Ⅲ下一四〇ウ5 | | | | |
| アラカハ | 皮 | アラカハ 僧中三五ウ4 六八 | | | | | |
| アラカフ | 彸 | アラカフ 仏上三九ウ7 三 | アラカフ Ⅰ上四ウ4 | アラカフ 七オ5 | アラカフ 四ウ1 | | |
| アラガフ | 争 | アラカウフ 仏上四オ2 八 | アラカフ Ⅰ上一九ウ2 | | | | |
| アラカフ | 諍 | アラカフ 法上三一ウ6 六〇 | アラカフ Ⅱ中三三オ7 | | | | |
| アラガフ | 爭 | | アラカフ Ⅲ下二八オ1 (四六) | アラカフ 四三ウ3 | アラカフ 四四オ4 | | 高本 争 |

| | | | | | | | |
|---|---|---|---|---|---|---|---|
| アラキハナ | 蓄 | アラ〵ハナ 僧上 一三オ7 二二 | | | | | |
| アラキハリ | 畄 | アキ〵ラ〵ハリ 仏中 五五ウ8 一〇八 | アラ〵ハリ I上 七一オ3 | アラ〵ハリ 一四オ3 | | | |
| アラキハリ | 載 | アラキハリ 僧中 二二オ2 三九 | アラ〵ハリ III下 五九ウ3 | | | | |
| アラキミツ | 湏 | アラキミツ 法上 一〇オ7 三七 | | | | | |
| アラク | 紾 | アラク 法中 六四ウ3 一三六 | | | | | |
| アラク | 繩 | アラク 法中 六七ウ3 一三二 | | | | | |
| アラク | 散 | アラク 僧中 三一オ5 五九 | アラク III下 六八オ6 | | | | |
| アラケカヘル | 散歸 | アラケカヘル 僧中 三一オ5 五九 | アラケカヘル III下 六八オ7 | | | | |
| アラシ | 懋 | アラシ 仏上 一三オ1 一九 | | アラシ 二オ4 | アラシ 八オ1 | | |
| アラシ | 率 | アラシ 仏上 四五オ6 八三 | | | アラシ 四五ウ4 | | |
| アラシ | 攣 | | アラシ I上 二〇ウ1 | アラシ 四四ウ7 | | | 高本 攣 |
| アラシ | 暴 | アラシ 仏中 四九オ1 九五 | アラシ I上 六五オ4 | | | | |
| アラシ | 暴。 | アラシ 仏中 四九オ3 九五 | | アラシ 九七ウ2 | | | |
| アラシ | 權 | アラシ 仏下本 五〇オ8 九七 | | | | | |
| アラシ | 嵐 | アラシ 法上 六二ウ2 一三三 | | | | 阿良之 禾 一四三 2 | |
| アラシ | 磺 | アラシ 法中 二二ウ8 二一 | | | | | |

| 和訓 | 漢字 | 観智院本 | 蓮成院本 | 高山寺本 | 西念寺本 | 図書寮本 | 備考 |
|---|---|---|---|---|---|---|---|
| アラシ | 澀 | ↓アラフ | アラし Ⅱ中 一五オ7 | | | | |
| アラシ | 礫 | アラし 法中 六 四ウ3 | | | | | |
| アラシ | 硬 | ・アラ・し 法中 二 七オ8 | | | | ・アラ・し 集 一五六5 | |
| アラシ | 璪 | アラし 法中 四 八ウ2 | | | | | |
| アラシ | 壚 | ・アラ・し 法中 四九 二六オ4 | | | | ・アラ・し 集 二五4 | |
| アラシ | 怱 | アラし 法中 八三 四三オ1 | | | | | |
| アラシ | 寝 | アラし 法下 四六 二四ウ3 | | | | | |
| アラシ | 厄 | アラし 法下 九四 四八ウ8 | | | | | |
| アラシ | 庚 | アラし 法下 一〇五 五四オ5 | | | | | |
| アラシ | 鹿 | ・アラ・し 法下 一〇 五六ウ6 | | | | | |
| アラシ | 葸 | ・アラ・し 僧上 八 五ウ1 | | | | | |
| アラシ | 蕪 | アラし 僧上 三 八オ5 | | | | | |
| アラシ | 蒻 | アラし 僧上 一五 九オ3 | アラし Ⅲ下 一四ウ4 | | | | |
| アラシ | 孟浪 | ・アラ・し 僧中 一五 九オ4 | アラし Ⅲ下 一五一ウ4 | | | | |
| アラシ | 鞕 | アラし 僧中 七四 三八ウ1 | | | | | |

| | | | | | | | |
|---|---|---|---|---|---|---|---|
| アラシ | 鞕 | ・アラ・し 僧下 四ウ8 六 | ・アラ・し Ⅲ下二 九四オ5 (三) | | | | |
| アラシ | 嵐 | アラし 僧下 二八ウ8 五四 | アラし Ⅲ下二 一二六ウ1 (四) | | | | |
| アラシ | 黎 | アラし 僧下 五三ウ1 一四 | | | | | |
| アラス | 傷 | アラス 仏上 一四ウ3 三 | | アラス 一九オ2 | アラス 一〇オ1 | | |
| アラズ | 徴 | アラ・ス 仏上 三ウ6 三八 | | ・アラ・爪 二〇ウ7 | アラ爪 一九オ5 | | |
| アラス | 匪 | アラス 仏上 三四ウ8 六二 | アラス Ⅰ上 三オ3 | ・アラ・ス 三四オ1 | アラス 三三オ3 | | |
| アラス | 不系 | ↓ ・アラスヤ | アラス Ⅰ上 一八オ4 | ・アラ爪 四一ウ3 | ↓ アラ爪ヤ | | |
| アラス | 否 | アラス 仏中 一八ウ5 三四 | アラス Ⅰ上 三七ウ3 | アラス 六五ウ7 | | | |
| アラス | 盍 | アラ爪 僧中 七ウ6 三 | アラ爪 Ⅲ下 五〇ウ2 | | | | |
| アラス | 弗 | ・アラス 僧下 三五ウ2 六八 | アラス Ⅲ下二 一四〇ウ1 (六八) | | | | |
| アラス | 不 | ・アラス 僧下 三六オ7 六九 | アラ爪 Ⅲ下二 一四〇ウ5 (六八) | | | | |
| アラス | 非 | | アラ爪ヌ Ⅲ下二 一四三オ6 (七〇) | | | | |
| アラズ | 不 | ・アラ爪 僧下 五五ウ7 一〇八 | | | | | |
| アラスミ | 炭 | アラスミ 仏下末 二七ウ8 五二 | | | | | |
| アラスミノコ | 簺 | アラスミノコ 僧上 三九オ6 七五 | アラスミノコイ Ⅲ下一 一八オ3 | | | | |
| アラスヤ | 不系 | ・アラスヤ 仏上 四三オ2 七七 | ↓ アラス | ↓ ・アラ爪 | アラ爪ヤ 四一ウ6 | | 不 西本 |

| 和訓 | 漢字 | 観智院本 | 蓮成院本 | 高山寺本 | 西念寺本 | 図書寮本 | 備考 |
|---|---|---|---|---|---|---|---|
| アラソウ | 佷 | アラソウ 仏上 一五オ1 三三 | | アラソフ 一三オ7 | アラソフ 一〇オ5 | | |
| アラソフ | 争 | アラソフ 仏上 四四オ2 八一 | アラソフ I上 一九ウ2 | アラソフ 四二ウ3 | アラソフ 四〇オ4 | | |
| アラソフ | 姡 | アラソフ 仏中 五ウ7 八 | アラソフ I上 二六オ1 | アラソフ 五二オ6 | アラソフ 五三ウ1 | | |
| アラソフ | 姣 | アラソフ 仏中 六ウ1 一〇 | アラソフ I上 二六ウ3 | アラソフ 五三オ2 | アラソフ 五四オ3 | | 蓮本 姣 婪 |
| アラソフ | 甬 | ・ア・ラソフ 仏下本 六オ3 九 | | | | | |
| アラソフ | 揩 | アラソフ 仏下本 三三オ4 六一 | | | | | |
| アラソフ | 竟 | アラソフ 仏下末 一〇オ5 一七 | | | | | |
| アラソフ | 詰 | アラソフ 法上 二五オ6 四七 | アラソフ II中 二五ウ4 | | | | |
| アラソフ | 譊 | アラソフ 法上 二七ウ5 五二 | アラソフ II中 二八オ4 | | | | |
| アラソフ | 諍 | ・ア・ラソフ 法上 三〇オ3 五七 | アラソフ II中 三〇ウ3 | | | | |
| アラソフ | 訟 | アラソフ 法上 三〇オ7 五七 | アラソフ II中 三〇ウ7 | | | | |
| アラソフ | 諫 | アラソフ 法上 三三オ8 六一 | アラソフ II中 三三オ3 | | | | |
| アラソフ | 論 | ・ア・ラソフ 法上 三五ウ3 六八 | ・ア・ラソフ II中 三六オ6 | | | | |
| アラソフ | 縲 | アラソフ 法中 六一オ6 一二九 | | | | | |
| アラソフ | 闘 | アラソフ 法下 四一オ1 七九 | | | | | |

| | | | | | | |
|---|---|---|---|---|---|---|
| アラソフ | 鬩 | アラソフ 法下四ウ2 八〇 | | | | |
| アラソフ | 閑 | アラソフ 法下四三ウ5 八二 | | | | |
| アラソフ | 鬪 | アラソフ 法下四三オ1 八三 | | | | |
| アラタ | 畄 | アラタ 仏中五六オ1 一〇九 | アラタ I上七一オ3 | アラタ 一〇四オ3 | | |
| アラタ | 畸 | アラタ 仏中五六ウ2 一一〇 | | アラタ 一〇四ウ3 | | |
| アラタシ | 沿 | アラタし 法上一五ウ8 二八 | アラタし II中一五オ4 | | | |
| アラタシニキナリ | 新 | アラタしニキナリ 僧中一八オ8 三三 | | | | |
| アラタナリ | 新 | | アラタナリ III下二三ウ3 (四九) | | | |
| アラタニ | 更 | | アラタニ III下六五オ5 | | | |
| アラタハル | 畄 | アラタハル 仏中五六オ1 一〇九 | アラタハル I上七一オ3 | アラタハル 一〇四オ3 | | |
| アラタヘ | 麁姧眼 | アラタへ 仏中六八オ5 一三三 | | | | |
| アラタマ | 璞 | アラタア 法中一一オ3 一九 | | | | 阿良太万 禾 一六七4 |
| アラタム | 化 | アラタム 仏上一九ウ5 三二 | | アラタム 二オ2 | アラタム 一五ウ4 | |
| アラタム | 遷 | アラタム 仏上二六ウ6 四六 | アラタム I上五オ1 | アラタム 二五ウ6 | アラ[タ]ム 三三ウ4 | |
| アラタム | 翔 | アラタム 仏中七〇オ5 一三七 | | | | |
| アラタム | 投 | アラタム 仏下本四〇オ2 七七 | | | | |

| 和訓 | 漢字 | 観智院本 | 蓮成院本 | 高山寺本 | 西念寺本 | 図書寮本 | 備考 |
|---|---|---|---|---|---|---|---|
| アラタム | 沿 | | アラタム Ⅱ 中一五オ4 | | | | |
| アラタム | 隆 | アラタム 法中二一ウ4 四〇 | | | | | |
| アラタム | 悛 | | | | | アラタム 去 二四六4 | |
| アラタム | 悛 | アラタム 法中四六オ7 八九 | | | | アラタム 去 二七三3 | |
| アラタム | 懌 | アラタム 法中四八ウ1 九四 | | | | | |
| アラタム | 悔 | アラタム 法中四八ウ7 九四 | | | | | |
| アラタム | 蔽 | アラタム 僧上三〇ウ1 五八 | アラタム Ⅲ 下一九ウ4 | | | | |
| アラタム | 今 | アラタム 僧中二オ4 一 | アラタム Ⅲ 下一四七オ2 | | | | |
| アラタム | 新 | アラタム 僧中一八オ8 三三 | アラタム Ⅲ 下二三ウ3 (四九) | | | | |
| アラタム | 攺 | アラタム 僧中二六ウ1 五〇 | アラタム Ⅲ 下一六三ウ7 | | | | 蓮本 改 |
| アラタム | 更 | アラタム 僧中二八オ1 五三 | アラタム Ⅲ 下一六五オ5 | | | | |
| アラタム | 變 | アラタム 僧中二八オ4 五三 | アラタム Ⅲ 下一六五ウ1 | | | | |
| アラタム | 敀 | アラタム 僧中二八ウ7 五四 | アラタム Ⅲ 下一六六オ3 | | | | |
| アラタム | 改 | アラタム 僧中三一オ8 五九 | アラタム Ⅲ 下一六八ウ1 | | | | |
| アラタム | 叓 | アラタム 僧中三三オ6 六一 | アラタム Ⅲ 下一六九オ6 | | | | |

| 見出し | 漢字 | | | | | |
|---|---|---|---|---|---|---|
| アラタム | 革 | ・ア・ラ・タ・ム 僧中 七三 三七ウ2 | | | | |
| アラタム | 勒 | アラタム 僧中 七九 四一オ7 | | | | |
| アラト | 磺 | ・ア・ラ・ト 法中 二 二ウ8 | | | ・阿・良度 禾 一四八 7 | |
| アラト | 礪 | アラト 法中 四 三ウ6 | | | | |
| アラヌス | 非 | ・ア・ラ・ヌ川 僧下 八六 四四ウ6 | | | | |
| アラヌカ | 粳 | アラヌカ 法下 三三 一七ウ1 | | | | |
| アラヌカ | 糩 | アラヌカ 法下 三二 一七ウ4 | | | | 観本 重出 |
| アラヌカ | ⿰禾會 | ・ア・ラ・ヌカ 法下 二二 一二オ7 | | | | |
| アラ糠 | 穅 | ・アラ・糠 法下 二三 一三オ8 | | | | |
| アラノラ | 曠野 | ・ア・ラ・ノ・ラ 僧下 一〇一 五三オ1 | アラノラ Ⅲ 下二 二四オ5 (五三) | | | |
| アラハ | 倮 | アラハ 仏上 三 九ウ2 | | アラハ 八ウ6 | アラ(マ) 四オ3 | 西本 保 |
| アラハ | 妻 | | アラハ(フ) Ⅰ上 一五オ5 | | | |
| アラハ | 野 | アラハ 仏中 一〇 五六ウ6 | アラハ Ⅰ上 七二オ1 | | | |
| アラハ | 袒 | アラハ 法中 一四一 七二オ2 | | | | |
| アラハ | 裴 | アラハ 法中 一四三 七三オ7 | | | | |
| アラバコ | 篦宮 | ・ア・ラ・ハ・コ 僧上 六四 三三ウ4 | ・ア・ラ・ハ・コ Ⅲ 下一 一三ウ4 | | | |

| 和訓 | 漢字 | 観智院本 | 蓮成院本 | 高山寺本 | 西念寺本 | 図書寮本 | 備考 |
| --- | --- | --- | --- | --- | --- | --- | --- |
| アラハス | 徵 | アラハス 仏上 三八 三ウ8 | | アラハ[爪] 二二オ1 | アラハ爪 一九オ6 | | |
| アラハス | 聲 | アラハス 仏中 一 二オ5 | アラハス I上 三三ウ5 | アラハス 四七ウ7 | アラハス 四九オ3 | | |
| アラハス | 呈 | アラハス 仏中 六〇 三一ウ3 | アラハス I上 四九ウ3 | アラハ爪 七九オ4 | | | |
| アラハス | 纍 | アラハス 仏中 六八 三五ウ5 | アラハス I上 五三オ1 | アラハ爪 八三ウ2 | | | |
| アラハスル | 見 | アラハスル 仏中 八一 四二オ1 | アラハスル I上 五九オ1 | アラハ爪ル 九〇ウ3 | | | |
| アラハス | 𧡧 | アラハス 仏中 八三 四三オ5 | アラハス I上 六〇オ3 | アラハス 九一ウ5 | | | |
| アラハスル | 現 | アラハスル 仏中 八四 四三ウ6 | | アラハ爪ル 九二オ7 | | | |
| アラハス | 晶 | アラハス 仏中 八六 四四ウ3 | アラハス I上 六一オ7 | アラハス 九三オ7 | | | |
| アラハス | 晶 | | アラハス I上 六一オ7 | アラハス 九三オ7 | | | |
| アラハス | 明 | アラハス 仏中 八七 四五オ2 | アラハス I上 六一ウ4 | アラハス 九三ウ5 | | | |
| アラハス | 曝 | アラハス 仏中 九四 四八ウ7 | アラハス I上 六五オ1 | アラハス 九七オ7 | | | 高本 曝。 |
| アラハス | 暴 | アラハス 仏中 九五 四九オ2 | アラハス I上 六五オ4 | アラハス 九七ウ2 | | | 高本 暴。 |
| アラハス | 瞍 | アラハス 仏中 一〇二 五二ウ5 | | | | | |
| アラハス | 曉 | | アラハス I上 六七ウ7 | | | | |
| アラハス | 皛 | アラハス 仏中 一〇三 五三オ6 | アラハス I上 六九オ4 | アラハ爪 一〇一オ3 | | | |

| | | | | | | |
|---|---|---|---|---|---|---|
| アラハス | 曠 | アこハス(ミ) 仏中 五三ウ6 一〇四 | アラハス I上 六九ウ2 | アラハ爪 一〇二ウ2 | | |
| アラハス | 野 | | アラハスイ I上 七二オ1 | アラハス 一〇四ウ6 | | |
| アラハスス ナリ | 顯 | アラハス ナ爪リ 仏下本 一六ウ3 三〇 | | | | |
| アラハス | 形 | アラハス 仏下本 一七オ8 三一 | | | | |
| アラハス | 彰 | アラハス 仏下本 一七ウ1 三二 | | | | |
| アラハス | 標 | アラハス 仏下本 二六ウ2 五〇 | | | | |
| アラハスル | 揚 | アラハスル 仏下本 二九オ3 五五 | | | | |
| アラハス | 公 | アラハス 仏下末 一五オ2 二七 | | | | |
| アラハス | 着 | アラハス 仏下末 一五オ8 二七 | | | | |
| アラハス | 奕 | アラハス 仏下末 一九オ5 三五 | | | | |
| アラハス | 照 | アラハス 仏下末 二〇ウ5 三八 | | | | |
| アラハス | 灼 | アラハス 仏下末 二三オ6 四三 | | | | |
| アラハス | 激 | アラハム(ミ) 法上 一〇ウ5 一八 | アラハス II中 一〇オ6 | | | |
| アラハス | 澱 | アラハス 法上 二五オ3 四七 | アラハス II中 二五オ6 | | | |
| アラハス | 讃 | アラハス 法上 二五ウ7 四八 | アラハス II中 二六オ4 | | | |
| アラハス | 詰 | アラハス 法上 二六オ8 四九 | アラハス II中 二六ウ6 | | アラハ爪 集 七八2 | |

| 和訓 | 漢字 | 観智院本 | 蓮成院本 | 高山寺本 | 西念寺本 | 図書寮本 | 備考 |
|---|---|---|---|---|---|---|---|
| アラハス | 說 | アラハス 法上二七ウ2 五二 | アラハス Ⅱ中二八オ2 | | | | 蓮本 訖 |
| アラハス | 詮 | アラハス 法上二九オ2 五五 | アラハス Ⅱ中二九ウ2 | | | | |
| アラハス | 詮 | アラハス 法上二九オ3 五五 | アラハス Ⅱ中二九ウ2 | | | アラハ爪 白 九二 1 | |
| アラハス | 證 | アラハス 法上三〇オ4 五七 | アラハス Ⅱ中三〇ウ4 | | | アラハ爪 高 九八 6 | |
| アラハス | 許 | アラハス 法上三三オ2 六二 | アラハス Ⅱ中三三ウ3 | | | | |
| アラハス | 頭 | アラハス 法上四三ウ8 八四 | | | | | |
| アラハス | 躍 | アラハス 法上四五ウ7 八八 | | | | | |
| アラハス | 現 | アラハス 法中一四オ8 二五 | | | | アラハ爪 一七〇 7 | |
| アラハス | 郊 | アラハス 法中二〇オ3 三七 | | | | | |
| アラハス | 陽 | アラハス 法中二〇ウ4 三八 | | | | | |
| アラハス | 垣 | アラハス 法中二六オ2 四九 | | | | | |
| アラハス | 紀 | アラハス 法中五九ウ5 一一六 | | | | | |
| アラハス | 表 | アラハス 法中六九ウ8 一三六 | | | | | |
| アラハス | 宣 | アラハス 法下二六オ2 四九 | | | | | |
| アラハスル | 察 | アラハ爪ル 法下二六ウ7 五〇 | | | | | |

| | | | | | | | |
|---|---|---|---|---|---|---|---|
| アラハス | 竅 | アラハス 法下三一オ4 五九 | | | | | |
| アラハス | 霰 | アラハ爪 法下三五ウ7 六八 | | | | | |
| アラハス | 露 | アラハス 法下三七オ6 七一 | | | | | |
| アラハス | 露 | アラハス 法下三七オ6 七一 | | | | | |
| アラハス | 靡 | アラハス 法下五三ウ1 一〇四 | | | | | |
| アラハス | 著 | アラハ爪 僧上二〇オ7 三七 | | | | | |
| アラハス | 符 | アラハス 僧上三七ウ2 七二 | アラハ爪 Ⅲ下一六ウ2 | | | | |
| アラハス | 勳 | アラハス 僧上四三オ3 八一 | アラハ爪 Ⅲ下一三オ3 | | | | |
| アラハス | 効 | アラハス 僧上四三ウ2 八二 | アラハ爪 Ⅲ下一二ウ1 | | | | |
| アラハス | 銘 | アラハス 僧上六三ウ5 一二四 | アラハ爪 Ⅲ下一四〇オ7 | | | | 蓮本 銘 |
| アラハス | 甄 | アラハス 僧中一〇ウ7 一八 | アラハ爪 Ⅲ下二一九オ4（四七） | | | | |
| アラハス | 旗 | アラハス 僧中一五ウ5 二八 | アラハ爪 Ⅲ下一五四ウ1 | | | | |
| アラハス | 旌 | アラハス 僧中一五ウ7 二八 | アラハ爪 Ⅲ下一五四ウ2 | | | | |
| アラハス | 戮 | アラハス 僧中二三オ7 四一 | | | | | |
| アラハス | 皎 | アラハス 僧中二八ウ6 五四 | アラハバッ爪 Ⅲ下一六六オ2 | | | | |
| アラハス | 颺 | アラハス 僧下二七オ8 五一 | アラハ爪 Ⅲ下二一五オ3（四三） | | | | |

| 和訓 | 漢字 | 観智院本 | 蓮成院本 | 高山寺本 | 西念寺本 | 図書寮本 | 備考 |
|---|---|---|---|---|---|---|---|
| アラハス | 斥 | アラハス 僧下四一オ5 七九 | アラハ爪 Ⅲ下二（七五）四七オ2 | | | | |
| アラハス | 赫 | アラハス 僧下四四オ5 八五 | アラハ爪 Ⅲ下二（六三）三四オ3 | | | | |
| アラハス | 發 | | アラハ爪 Ⅲ下二（七〇）四二ウ5 | | | | |
| アラハナリ | 迥 | アラハナリ 仏上二九オ6 五一 | アラハナリ Ⅰ上二 七オ2 | アラハナリ 二八オ4 | アラハナリ 二六オ6 | | |
| アラハナリ | 羆 | アラハナリ 法下五七オ8 一二一 | | | | | |
| アラハナリ | 銙 | アラハナリ 僧上六〇ウ2 一二八 | アラハナリ Ⅲ下一 三七ウ3 | | | | |
| アラハナリ | 轗 | アラハナリ 僧中四五オ6 八七 | | | | | |
| アラハニ | 屛 | アラハニ 法下四五ウ6 八八 | | | | | |
| アラハニ | 效 | アラハニ 僧中六八ウ6 五四 | アラハニ Ⅲ下一 六六オ2 | | | | |
| アラハニ | 放 | アラハニ 僧中三一ウ8 六〇 | アラハニ Ⅲ下一 六九オ1 | | | | |
| アラハニ | 驅 | アラハニ 僧中五三オ2 一〇一 | アラハニ Ⅲ下二（四）七六ウ6 | | | | |
| アラハヒス | 浣衣 | アラハヒス 法中六九ウ7 一三六 | | | | アラハヒ爪 遊 三二七4 | |
| アラハル | 償 | アラハル 仏上一四オ1 二二 | | アラハル 一二オ5 | アラハル 九オ3 | | |
| アラハル | 體 | アラス（ママ） 仏上四六ウ3 八六 | アラハル Ⅰ上二 二ウ1 | アラハル 四六オ5 | アラハス（ミ） 四七ウ2 | | |
| アラハル | 見 | アラハル 仏中四二オ1 八一 | | | | | |

| | | | | | |
|---|---|---|---|---|---|
| アラハル | 覽 | ・アラ・ハル 仏中四三オ1 八二 | アラハル I上五九オ2 | ・アラ・ハル 九〇ウ3 | 蓮本 覽 高本 覽 |
| アラハル | 曉 | アラハル 仏中一五二オ4 一〇二 | | アラハル 一〇〇オ6 | |
| アラハル | 現 | | アラハル仏 I上六〇ウ5 | | |
| アラハル | 瞍 | | アラハル I上六八ウ1 | アラハル 一〇〇ウ7 | |
| アラハル | 曝 | アラハル 仏中一六七オ8 一三二 | | | |
| アラハル | 形 | ・アラ・ハル 仏本一七オ8 三二 | | | |
| アラハルニ | 揭 | アラハルニ 仏下本二九オ1 五五 | | | |
| アラハル | 首 | アラハル 仏下末一五ウ3 二八 | | | |
| アラハル | 並 | アラハル 仏下末一六オ1 二九 | | | |
| アラハル | 奎 | アラハル 仏下末一七オ6 三二 | | | |
| アラハル | 奎 | アラハル 仏下末一七オ6 三二 | | | |
| アラハル | 炳 | アラハル 仏下末二三ウ4 四二 | | | |
| アラハル | 端 | アラハル 法上四六ウ2 九〇 | | | |
| アラハニルス | 瑞 | アラハニルス 法中一ウ4 一〇 | | | |
| アラハル | 瑒 | アラハル 法中一三ウ6 二四 | | | |
| アラハル | 呈 | アラハル 法中一三ウ8 二四 | | | |

| 和訓 | 漢字 | 観智院本 | 蓮成院本 | 高山寺本 | 西念寺本 | 図書寮本 | 備考 |
|---|---|---|---|---|---|---|---|
| アラハル | 郢 | アラハル 法中一五オ5 二七 | | | | | |
| アラハル | 隆 | アラハル 法中二一ウ4 四〇 | | | | | |
| アラハル | 隨 | アラハル 法中二五オ4 四七 | | | | | |
| アラハル | 編 | アラハル 法中六三ウ8 一二四 | | | | | |
| アラハルス | 祖 | アラハルス 法中七一ウ8 一四〇 | | | | | |
| アラハル | 示 | アラハル 法下二オ2 一 | | | | | |
| アラハル | 禘 | アラハル 法下三ウ2 四 | | | | | |
| アラハルス | 祖 | アラハル爪 法下五オ1 七 | | | | | |
| アラハル | 圖 | アラハル 法下四三ウ6 八四 | | | | | |
| アラハル | 菝 | アラハル 僧上二七オ2 五二 | アラハル III下一五ウ7 | | | | |
| アラハル | 旗 | アラハル 僧中一六ウ6 三〇 | アラハル III下一五五オ5 | | | | |
| アラハル | 敞 | アラハル 僧中二九ウ8 五六 | アラハル III下六七オ2 | | | | |
| アラハル | 輊 | アラハル 僧中四四オ7 八五 | | | | | |
| アラハル | 出 | アラハル 僧下四三オ1 八三 | アラハル III下二三四ウ1（六二） | | | | |
| アラハル | 羸 | アラハル 僧下四八ウ2 九四 | アラハル III下二三八オ4（五六） | | | | |

| 和訓 | 漢字 | | | | | |
|---|---|---|---|---|---|---|
| アラハル | 出 | アラハル 僧下五七ウ8 二三 | | | | |
| アラハル | 表 | | | | | アラハル 巽 三二九 6 |
| アラハレミユ | 暴著 | アラハレミユ 僧上二〇ウ1 三八 | | | | |
| アラヒ | 流 | アラヒ 法上二オ6 三九 | アラし(ママ) Ⅱ中 三オ1 | | | |
| アラ人ガミ | 現人神 | アラ人カミ 法下二オ8 一 | | | | |
| アラヒトコト | 現事 | アラヒトコト 仏上四四オ1 八一 | アラヒトコト Ⅰ上 一九ウ2 | アラヒトコト 四二ウ2 | アラヒトコト 四四オ3 | |
| アラフ | 擯 | アラフ 仏下本二四ウ8 四六 | | | | |
| アラフ | 揩 | アラフ 仏下本三オ4 六一 | | | | |
| アラフ | 渏 | アラフ 法上二ウ4 二 | アラフ Ⅱ中 一ウ1 | | | |
| アラフ | 汙 | | | | | アラフ は 一四 3 |
| アラフ | 滌 | アラフ 法上三オ2 三 | アラフ Ⅱ中 一ウ7 | | | |
| アラフ | 洒 | アラフ 法上三オ3 三 | アラフ Ⅱ中 二オ2 | | | |
| アラフ | 洗 | アラフ 法上三オ4 三 | アラフ Ⅱ中 二オ2 | | | |
| アラフ | 溢 | | アラフ Ⅱ中 二オ4 | | | |
| アラフ | 瀬 | アラフ 法上三ウ6 四 | アラフ Ⅱ中 二ウ6 | | | |
| アラフ | 涑 | アラフ 法上三ウ7 四 | アラフ Ⅱ中 二ウ6 | | | |

| 和訓 | 漢字 | 観智院本 | 蓮成院本 | 高山寺本 | 西念寺本 | 図書寮本 | 備考 |
|---|---|---|---|---|---|---|---|
| アラフ | 澡 | ·ア·ラフ 法上四三ウ7 | アラフ II中二ウ7 | | | | |
| アラフ | 洿 | ·アラフ 法上五四オ4 | アラフ II中三オ4 | | | ·ア·ラフ 四四7 | |
| アラフ | 沐浴 | アラフ 法上七五オ8 | アラフ II中四ウ2 | | | | |
| アラフ | 浴 | アラフ 法上七五オ8 | アラフ II中四ウ2 | | | | |
| アラフ | 汰 | アラフ 法上八五ウ4 | アラフ II中四ウ6 | | | | |
| アラフ | 浣 | アラ·フ 法上一〇六ウ6 | アラフ II中八ウ2 | | | ·ア·ラフ 法 四四5 | |
| アラフ | 澣 | アラフ 法上一〇六ウ7 | アラフ II中八ウ3 | | | | |
| アラフ | 涀 | アラフ 法上一〇六ウ7 | アラフ II中八ウ3 | | | | |
| アラフ | 瀚 | ·ア·ラフ 法上一〇六ウ8 | アラフ II中八ウ3 | | | | |
| アラフ | 瀾 | アラフ 法上三八オ6 | アラフ II中五ウ4 | | | | |
| アラフ | [illegible] | アラフ 法上四八ウ6 | アラフ II中六オ3 | | | | |
| アラフ | 湔 | アラフ 法上四八ウ6 | アラフ II中六オ5 | | | ·ア·ラフ 集 二四1 | |
| アラフ | 澹 | アラフ 法上五九オ7 | アラフ II中六ウ6 | | | | |
| アラフ | 渼 | アラフ 法上一六九ウ2 | アラフ II中七オ3 | | | | |
| アラフ | 沽 | アラフ 法上一九二オ5 | アラフ II中一〇ウ6 | | | | |

| | | | | | | | |
|---|---|---|---|---|---|---|---|
| アラフ | 漑 | アラフ 法上一二オ8 一九 | ·ア·ラフ Ⅱ中一二オ2 | | | | |
| アラフ | 濯 | ·ア·ラフ 法上一三ウ3 三三 | ·ア·ラフ Ⅱ中一三オ3 | | | | |
| アラフ | 灌 | アラフ 法上一三ウ4 三三 | アラフ Ⅱ中一三オ4 | | | | |
| アラフ | 洮 | アラフ 法上一三ウ5 二四 | アラフ Ⅱ中一三オ4 | | | | |
| アラフ | 滏 | アラフ 法上一六オ2 二九 | アラし（ママ） Ⅱ中一五オ7 | | | | |
| アラフ | 漲 | アラフ 法上一六ウ7 三〇 | アラフ Ⅱ中一六オ5 | | | | |
| アラフ | 淹 | ·ア·ラフ 法上一七オ3 三三 | ·ア·ラフ· Ⅱ中一六ウ2 | | | | |
| アラフ | 潘 | ↓ アフル | アラフ Ⅱ中一七オ6 | | | | |
| アラフ | 瀷 | アラフ 法上一九ウ2 三六 | アラフ Ⅱ中一九オ3 | | | | |
| アラフ | 澤 | アラフ 法上二三オ8 四三 | アラフ Ⅱ中二三オ3 | | | | 蓮本重出 |
| アラフ | 瀆 | アラフ 法上二三オ2 四三 | アラフ Ⅱ中二三ウ5 | | | | |
| アラフ | 談 | アラフ 法上三七オ6 七一 | | | | | |
| アラフ | 雪 | アラフ 法下三六オ6 六九 | | | | | |
| アラフ | 澿 | | アラフ Ⅱ中二三ウ5 | | | | |
| アラフ | 飄 | アラフ 僧下二七オ7 五一 | | | | | |
| アラフミ | 逯 | アラフミ 仏中三三オ3 六三 | | | | | |

| 和訓 | 漢字 | 観智院本 | 蓮成院本 | 高山寺本 | 西念寺本 | 図書寮本 | 備考 |
|---|---|---|---|---|---|---|---|
| アラマキ | 苴 | アラマキ 僧上 九 六オ2 | | | | | |
| アラマキ | 苞苴 | ・ア・ラマヽ 僧上 九 六オ3 | | | | | |
| アラミソ | 隍 | アラミソ 法中 四五 二四オ6 | | | | | |
| アラメ | 瞰 | アラメ 仏中 六九 三六オ6 | アラメ I上一 五三ウ2 | アラメ 八四オ4 | | | |
| アラメ | 滑海藻 | ・ア・ラメ 僧上 二七 一五オ2 | | | | | |
| アラモト | 秔 | アラモト 法下 一〇 六ウ5 | | | | | |
| アラモト | 糯 | ・ア・ラ・モ・ト 法下 三六 一九ウ6 | | | | | |
| アララキ | 蘭葶草 | ア・ラ、ヽ 僧上 四 三ウ1 | アラ、ヽ III下一 二オ3 | | | | |
| アララキ | 蘭 | ア・ラ、ヽ 僧上 一六 九ウ3 | | | | | |
| アララキ | 蘭萬 | アラ、ヽ 僧上 一六 九ウ5 | ア・ラ・ヽヽ イ III下一 三ウ5 | | | | |
| アラレ | 靁 | アラレ 法下 六六 三四ウ5 | | | | | |
| アラレ | 雹 | ・ア・ラ・レ 法下 六八 三五ウ5 | | | | | |
| アラレ | 雹 | アラレ 法下 七〇 三六ウ1 | | | | | |
| アリ | 之 | アリ 仏上 六〇 三三ウ7 | アリ I上一 二オ4 | アリ 三二ウ4 | アリ 三一ウ4 | | 蓮本 之イ |
| アリ | 存 | ・ア・リ 仏上 八四 四五ウ6 | アリ I上一 二〇ウ6 | ・ア・リ 四五オ5 | アリ 四六オ6 | | |

| 見出し | 漢字 | 1 | 2 | 3 | 4 | 5 | 6 |
|---|---|---|---|---|---|---|---|
| アリ | 在 | アリ 仏上 四五ウ6 八四 | アリ I上 一〇ウ6 | アリ 四五オ6 | アリ 四六ウ3 | | |
| アリ | 有 | アリ 仏上 四六オ2 八五 | アリ I上 一〇ウ7 | アリ 四五ウ1 | アリ 四六ウ2 | | |
| アリ | 有 | アリ 仏中 七〇ウ3 三八 | | | | | |
| アリ | 扐 | アリ 仏下本 三三オ6 四一 | | | | | |
| アリ | 訾 | アリ 法上 三四ウ8 六六 | アリ II中 三五ウ3 | | | | |
| アリ | 陪 | アリ 法中 三三オ5 四三 | | | | | |
| アリ | 惟 | アリ 法中 四五ウ8 八八 | | | | | |
| アリ | 屓 | アリ 法下 四七オ8 九一 | | | | | |
| アリ | 或 | アリ 僧中 二一オ5 三九 | アリ III下一 五九ウ5 | | | | |
| アリ | 或 | アリ 僧中 三三オ8 四三 | | | | | |
| アリ | 螌 | アリ 僧下 一〇ウ7 一八 | | | | | |
| アリ | 飛蟻 | | アリ III下二 一三オ4 | | | | |
| アリ | 螘 | アリ 僧下 一四オ3 二五 | アリ III下二 一三オ5 | | | | |
| アリ | 玄駒 | アリ 僧下 一四オ3 二五 | | | | | |
| アリアケ | 晨明 | アリアケ 仏中 四四ウ6 八六 | アリアケ I上 六一ウ2 | アリアケ 九三ウ3 | | | |
| アリク | 御 | アリク 仏上 三三オ6 三九 | | アリク 二二オ5 | アリク 一九ウ5 | | 高本 御 |

| 和訓 | 漢字 | 観智院本 | 蓮成院本 | 高山寺本 | 西念寺本 | 図書寮本 | 備考 |
|---|---|---|---|---|---|---|---|
| アリク（ル） | 行 | アリク（ル） 仏上 二四ウ8 四二 | | アリク（ル） 二三ウ6 | アリク 二ウ1 | | |
| アリク | 歩 | アリク 法上 五〇オ7 九七 | | | | | |
| アリクサ | 漏蘆 | アリクサ 僧上 七ウ4 一二 | アリクサ III 下 一オ1 | | | | |
| アリクサ | 野蘭 | アリクサ 僧上 九ウ4 一六 | | | | | |
| アリサマ | 消息 | アリサマ 法中 三七オ3 七二 | | | | アリサマ 集 二三七4 | |
| アリサマ | 擧動 | アリサマ 僧上 四三オ7 八三 | アリサマ III 下 一三オ5 | | | | |
| △ アリサマ | 動静 | アリサマ 僧上 四三オ7 八三 | アリサマ III 下 一三オ5 | | | | |
| △ アリサマ | 動心 | アリサマ 僧上 四三オ7 八三 | アリサマ III 下 一三オ5 | | | | |
| アリツカ | 培塿 | アリツカ 法中 二七ウ1 五二 | | | | | |
| アリツカ | 垤 | アリツカ 法中 三五オ7 六七 | | | | | |
| アリノヒフキ | 桔梗 | アリノヒフキ 仏下本 五三ウ2 一〇四 | | | | | |
| アル | 寓 | アル 法下 二四ウ5 四六 | | | | | |
| アル | 荒 | アル 僧上 五ウ1 八 | | | | | |
| アルイハ | 乍 | アルイハ 仏上 四四オ4 八二 | アルイハ I 上一九ウ3 | アルイハ 四二ウ5 | アルヒハ（ミ） 四四オ6 | | |
| アルイハ | 有 | アルイハ 仏上 四六オ2 八五 | | | アルヒハ（ミ） 四六ウ2 | | |

| | | | | | |
|---|---|---|---|---|---|
| アルイハ | 有 | アルイハ 仏中 一七〇ウ4 三一八 | | | |
| アルイハ | 詎 | アルイハ 法上 三三オ8 六三 | | | |
| アルイハ | 或 | アルイハ 僧中 二一オ5 三九 | アルイ禾ハ III 下一五九ウ5 | | |
| アルイハ | 乍 | アルイハ 僧下 五八オ1 一一三 | | | |
| アルク | 蹮 | アルク 法上 三九オ5 七五 | | | |
| アルシ | 俗 | アルシ 仏上 一四オ7 二二 | | アルシ 一二ウ5 | アルシ 九ウ3 |
| アルジ | 主 | アルシ 法下 三〇ウ8 三八 | | | |
| アルシ | 主人 | アルシ 法下 三〇ウ8 三八 | | | |
| アルシ | 尸 | アルシ 法下 四五オ1 八七 | | | |
| アルシ | 饗食 | アルシ 僧上 五五オ8 一〇七 | アイルシ III 下一三三オ4 | | |
| アル人トキ | 或 | アル人トキ 僧中 二一オ5 三九 | アル人 III 下一五九ウ3 | | |
| アルムマ | 騎 | アルムマ 僧中 五四オ5 一〇五 | | | |
| アレ | 餅粉 | アレ 僧上 五五ウ3 一〇八 | アレ III 下一三三オ6 | | |
| アレイツ | 従 | アレイツ 仏上 三三ウ2 四〇 | | アレクツ 二三オ7 | アレクル 二〇オ2 |
| アレタリ | 槽 | アレタリ 仏本 六三ウ2 一二四 | | | |
| アレタリ | 猾 | アレタリ 仏本 六六オ7 一二九 | | | |

| 和訓 | 漢字 | 観智院本 | 蓮成院本 | 高山寺本 | 西念寺本 | 図書寮本 | 備考 |
|---|---|---|---|---|---|---|---|
| アレタリ | 悷 | アレタリ 法中 四九オ3 九五 | | | | | |
| アレタリ | 惹 | アレタリ 僧上 五ウ1 八 | | | | | |
| アレタリ（ル） | 䔒 | .アレ.タリ（ル） 僧上 八オ5 一三 | | | | | |
| アハ | 迊 | .ア.ハ 仏中 二〇ウ5 三八 | アハ Ⅰ上二 三九ウ1 | .ア.ハ 六八オ1 | | | |
| アハ | 漚 | .ア.ハ 法上 二ウ6 二 | .ア.ハ Ⅱ中一 一ウ4 | | | | |
| アハ | 沫 | .ア.ハ 法上 五ウ1 八 | アハ Ⅱ中一 四ウ4 | | | | |
| アハ | 泡 | .ア.ハ 法上 八ウ2 一四 | .ア.ハ Ⅱ中一 五ウ7 | | | .ア.ハ 小切韻 八 3 | |
| アハ | 漦 | アハ 法上 一九ウ7 三六 | アハ Ⅱ中一 一九オ7 | | | | |
| アハ | 漦 | .ア.ハ 僧下 五三オ7 一〇三 | アハ Ⅲ下二 一四六オ7 （七四） | | | | |
| アワシホ | 白塩 | .ア.禾.レ.ホ 僧中 九オ5 一五 | .ア.禾レ小 Ⅲ下一 五一ウ5 | | | 阿.和.之.保 禾 二三五 3 | |
| アハシホ | 鹵鹹 | .ア.ハ.レ.小.. 僧下 三〇オ7 五七 | アハレ小 Ⅲ下一 五六ウ1 | | | | |
| アハナキ | 沫泡 | | | | | 阿和那伎 八 2 | |
| アハフク | 咄 | アハフク 仏中 二五ウ7 四八 | | .ア.ハフク 七三オ4 | | | |
| アワツラヒ | 譩 | ア病 法上 二六オ1 四九 | | | | | |
| アヰ | 藍 | ア井 僧上 二一オ6 一九 | | | | | |

| | | | | | | | |
|---|---|---|---|---|---|---|---|
| アヰカラ | 莪 | | アヰカラ Ⅲ下一 九ウ4 | | | | |
| アヰシル | 澱 | アヰシル 法上 一七 一〇オ4 | ア・ヰ・シ・ル Ⅱ中 九ウ5 | | | 阿井之流 和 三八 5 | |
| アヲ | 襖 | アヲ 法中 一四四 一七三ウ6 | | | | | |
| アヲウナハラ | 滄溟 | アヲウナハラ 法上 一三〇 一六ウ2 | アソテハラ(ママ) Ⅱ中 一五ウ7 | | | 阿乎宇奈波良 和 五 7 | |
| アヲウリ | 青瓜 | ア・ヲ・ウ・リ 僧中 五 四オ1 | アヲウリ Ⅲ下二(四五) 一二七オ2 | | | | |
| アヲカヘル | 土鴨 | ・ア・ヲ・カ・ヘ・ル 僧中 一一四 五八ウ3 | ・ア・ヲ・カ・ヘ・ル Ⅲ下二(一〇) 八二オ7 | | | | |
| アヲガヘル | 青蠰蟆 | ・ア・ヲ・ガ・ヘ・ル 僧下 一九 一一オ7 | ・ア・ヲ・ガ・ヘ・ル Ⅲ下二(三八) 一〇〇ウ1 | | | | |
| アヲカヘル | 蛙蟆 | アヲカヘル 僧下 一九 一一オ8 | | | | | |
| アヲキヤシ | 鵁 | アヲキヽシ 僧中 一一九 六一オ5 | アヲキシ Ⅲ下二(三) 八四ウ1 | | | | |
| アヲクロ | 黤 | アヲクロ 仏下末 二五四 二八ウ3 | | | | | |
| アヲクロ | 黝 | アヲクロ 仏下末 二五五 二九オ6 | | | | | |
| アヲクロナリ | 青驪 | ・ア・ヲクロナリ 僧中 一四四 五三ウ3 | | | | | |
| アヲサキ | 鳽 | アヲサキ 僧中 一一三 五八オ6 | アヲサ(イ)ヽ Ⅲ下二(一〇) 八二オ3 | | | | |
| アヲサバ | 鯖 | ・ア・ヲ・サ・バ 僧下 三 三オ6 | ・ア・ヲ・サ・バ Ⅲ下二(三〇) 九二ウ7 | | | | |
| アヲサハ | [illegible] | アヲサハ 僧下 四 八ウ6 | | | | | |
| アヲシ | 青 | ア・ヲ・シ 仏中 一三八 一七〇ウ5 | | | | | |

| 和訓 | 漢字 | 観智院本 | 蓮成院本 | 高山寺本 | 西念寺本 | 図書寮本 | 備考 |
|---|---|---|---|---|---|---|---|
| アヲシ | 碧 | アヲシ 法中七ウ1 三 | | | | アヲシ 一六五2 | |
| アヲシ | 縹 | アヲシ 法中六二オ4 一二九 | | | | | |
| アヲシ | 衫 | アヲシ 法中七四オ6 一四五 | | | | | |
| アヲシ | 菁 | アヲシ 僧上八オ5 一三 | | | | | |
| アヲシ | 葱 | アヲシ 僧上二ウ1 二〇 | | | | | |
| アヲシ | 蒼 | アヲシ 僧上二二ウ4 四〇 | | | | | |
| アヲシ | 翠 | アヲシ 僧上四九ウ4 九六 | アヲシ 下一二七ウ5 Ⅲ | | | | |
| アヲシ | 翠 | アヲシ 僧下五七ウ7 一二二 | アヲシ 下二四二オ6 Ⅲ（七〇） | | | | |
| アヲジ | 襖子 | アヲシ 法中七七ウ1 一五二 | | | | | |
| アヲト | 礛 | アヲト 法中六オ1 九 | | | | | |
| アヲト | 磕 | アヲト 法中六オ2 九 | | | | | |
| アヲト | 礛磕 | アヲト 法中六オ2 九 | | | | 阿乎度 禾 一四九4 | 図本 礛磕 |
| アヲナ | 蕪 | アヲナ 僧上八オ3 一三 | | | | | |
| アヲナ | 蕪菁 | アヲナ 僧上八オ4 一三 | | | | | |
| アヲナ | 蘴菁 | アヲナ 僧上八オ5 一三 | | | | | |

| | | | | | | |
|---|---|---|---|---|---|---|
| アヲナ | 蓍 | アヲナ 僧上 八オ5 三 | | | | |
| アヲナ | 葯 | アヲナ 僧上 一三オ6 二一 | | | | |
| アヲノリ | 陸 | アヲノリ 僧下 五五ウ2 一〇八 | アヲノリ Ⅲ 下二 一四六オ5 (七四) | | | |
| アヲビヱ | 竹刀 | アヲヒヱ 僧上 四四ウ1 八六 | アヲヒエ Ⅲ 下一 一三オ2 | | | |
| アヲフチ | 碧潭 | アヲフチ 法工 三オ8 三 | アヲフチ Ⅱ 中一 二オ6 | | | アヲフチ 遊 一七 3 |
| アヲブチ | 碧潭 | | | | | アヲフチ 遊 二八 3 |
| アヲミメ | 鞄 | アヲミメ 法中 一四ウ8 二六 | | | | |
| アヲムシ | 蛤蛉 | アヲムシ 僧下 一一ウ4 二〇 | | | | |
| アヲムシ | 蜻蛉 | アヲムシ 僧下 一三オ7 二三 | アヲムシ Ⅲ 下二 一〇ウ5 (九) | | | |
| トアヲヤカナリ | 青熒 | トアヲヤカナリ 仏下末 一〇オ3 三七 | | | | |
| アヲヤカニ | 碧 | アヲヤカニ 法中 七ウ1 一二 | | | | |
| | | | | | | |
| アケノヒツ | 膳櫃 | アケノヒツ 仏下本 五三ウ3 一〇二 | | | | |
| アシラタシ | 擽 | アシラタシ 仏下本 三八ウ3 七四 | | | | |
| アハク | 諄 | | アハク Ⅱ 中 三二ウ3 | | | |

| 和訓 | 漢字 | 観智院本 | 蓮成院本 | 高山寺本 | 西念寺本 | 図書寮本 | 備考 |
|---|---|---|---|---|---|---|---|
| イ | 膪 | ・イ 仏中一二五 六四オ8 | | | | | |
| イ | 腤 | イ\ 仏中一二七 六〇オ2 | | | | | |
| イ | ⿰月監 | イ 仏中一三八 七〇ウ6 | | | | | |
| イイル | ⿱維乃 | ↓ クヽル | イヽル III 下二(六七) 三九オ5 | | | | |
| イウナリ | 優 | イウナリ\ 仏上三二 一九ウ7 | | イウナリ 一九オ4 | イウナリ 一五ウ6 | | |
| イカ | 烏賊 | イカ 仏本二〇 一一ウ2 | | | | | |
| イカ | 烏賊 | ・イ・カ 僧中四二 二三オ7 | ・イ・カ III 下 六〇ウ4 | | | | |
| イカ | 烏賊魚 | イカ 僧下二 二ウ1 | | | | | |
| イカ | 鯢 | イカ 僧下二 二ウ4 | イカ III 下二(二〇) 九二ウ1 | | | | |
| イカ | 鰞鰂 | ・イ・カ 僧下八 五ウ5 | ・イ・カ III 下二(三) 九五オ3 | | | | |
| イカヽ | 及 | イカヽ 僧中五三 二七ウ1 | イカヽ III 下 六四ウ6 | | | | |
| イカガ | 奚為 | イ・カ・ヽ 僧下七九 四一オ8 | | | | | |
| イカカル(フイ) | ⿰言亢 | ↓ イフカル | イ・カ・カル(フイ) II 中 三〇ウ2 | | | | |
| イカキ | 瑞 | イカ\ 法中二〇 一一ウ4 | | | | | |
| イカキ | 瑞籬 | イカ\ 僧上七〇 三六ウ4 | | | | | |

| | | | | | | |
|---|---|---|---|---|---|---|
| イカシ | 俾 | イカし 仏上二 九オ6 | | | | イヤシの誤 |
| イカシ | 俾 | イかし(ヤ) 仏上二六 一六ウ2 | | ↓イヤし | ↓イヤし | 観本 ヤ…米 |
| イカシ | 耶 | イカし 法中三六 一九ウ4 | | | | イヤシの誤 |
| イカシ | 苦 | イカし 僧上六 四ウ8 | | | | |
| イカシ | 若若 | イカし 僧上四七 二五オ5 | | | | |
| イカシ | 里 | ↓イヤし | イカし I上 七三オ1 | ↓イヤし | | |
| イカシテカ | 何為 | イカしテカ 僧下八〇 四一ウ1 | | | | |
| イカシテカ | 争 | | イカしテカ III下二 (四六)一八オ1 | | | |
| イカスルカ | 若為 | ・イ・カスルカ 僧上四七 二五オ5 | | | | |
| イカスルヲカ | 若為 | ・イ・カスルヲカ 僧下七九 四一オ8 | ・イ・カスルヲカ III下一 三ウ3 | | | |
| イカソ | 争 | イカソ 仏上八一 四四オ2 | イカソ I上 一九ウ2 | ・イ・ガ・・ソ 四三ウ3 | イカソ 四四オ4 | |
| イカソ | 何 | ↓イカニ | ↓イカニソ | ↓イカニソ | イカソ 二オ1 | |
| イカソ | 嗚 | イカソ 仏中六二 三三オ2 | イカソ I上 五〇オ1 | イカソ 七九ウ3 | | |
| イカソ | 噌 | イカソ 仏中六二 三三オ6 | イカソ I上 五〇オ4 | イカソ 七九ウ7 | | |
| イカソ | 安 | イカソ 仏下末二八 一五ウ8 | | | | |
| イカソ | 盍 | イカソ 僧中三 七ウ6 | イカソ III下一 五〇ウ2 | | | |

| 和訓 | 漢字 | 観智院本 | 蓮成院本 | 高山寺本 | 西念寺本 | 図書寮本 | 備考 |
|---|---|---|---|---|---|---|---|
| イカタ | 位 | イカタ 仏上 五オ2 三 | イカタ Ⅰ上 一ウ5 | イカタ 四オ2 | | | |
| イカタ | 倍 | イカタ 仏上 五オ4 三 | | | | | |
| イカタ | 艀 | イカタ 仏下本 三ウ6 四 | | | | | |
| イカダ | 桴 | イカタ 仏下本 四六オ2 八九 | | | | | |
| イカダ | 筏 | イカタ 僧上 三三オ6 六三 | イカタ Ⅲ下 一二ウ3 | | | | |
| イカタ | 箄 | イカタ 僧上 三六ウ5 七〇 | イカタ Ⅲ下 一五ウ3 | | | | |
| イカタ | 鎔 | イカタ 僧上 六三ウ6 一二四 | イカタ Ⅲ下 一四ウ1 | | | | |
| イカツチ | 遷 | イカツチ 仏上 二六ウ3 四六 | | イカツチ 二五ウ4 | イカツチ 二三ウ1 | | |
| イカヅチ | 雷公 | イカツチ 仏下末 一五オ3 二七 | | | | | |
| イカヅチ | 雷 | イカツチ 法下 三四ウ3 六六 | | | | | |
| イカツチ | 雷公 | イカツチ 法下 三四ウ4 六六 | | | | | |
| △イカツチ | 雷師 | イカツチ 法下 三四ウ4 六六 | | | | | |
| イカツチ | 霹 | イカツチ 法下 三四ウ6 六六 | | | | | |
| イカヅチ | 遷 | イカツチ 法下 三五オ3 六七 | | | | | |
| イカツチナル | 隆 | イカツチナル 法中 二一ウ4 四〇 | | | | イカツチナル 法 二〇五1 | 図本 隆 |

| | | | | | | |
|---|---|---|---|---|---|---|
| イカテ | 爻 | ・イ・カテ 法下三三オ2（四三） | | | | |
| イカテ | 盍 | イカテ 僧中一七ウ6（一二） | イカテ Ⅲ下一 五〇ウ2 | | | |
| イカテカ | 那 | イカテカ 法中一九ウ3（三六） | | | | ・イ・カ・テ・カ 集 一七一 4 |
| イカテカ | 争 | | イカテカ Ⅲ下二 二八オ1（四六） | | | |
| イカナ | 闇 | イカナ 法下四一オ1（七九） | | | | |
| イカナルヲカ | 云何 | イカナルヲカ 仏上七ウ4（八） | イカナルヲカ Ⅰ上一 三オ7 | イカナルヲカ 五ウ6 | イカナルヲカ 二オ3 | |
| イカニ | 何 | イカニ 仏上七ウ1（八） | | | | |
| イカニ | 曷 | イカニ 仏中五〇オ6（九七） | | イカニ 九八ウ5 | | |
| イカニ | 朗 | イカニ 仏中七〇オ6（一三七） | | | | |
| イカニシテカ | 云何 | | | イカニシテカ 五ウ6 | | |
| イカニソ | 何 | | イカニソイ Ⅰ上一 三オ6 | ・イ・カ・ニ・ソ 五ウ3 | | |
| イカノクロミ | 烏賊墨 | | | | | ・以・賀・乃・久・路・美 禾 二三 1 |
| イカバカリ | 太 | ・イ・カ・ハ・カ・リ 仏下末一七オ4（三二） | | | | |
| イカハカリ | 若箇 | ・イ・カハカリ 僧上一五オ6（四七） | ・イ・カハカリ Ⅲ下一 三ウ3 | | | |
| イカバカリ | 若為 | ・イ・カ・ハ・カリ 僧下四一オ8（七九） | | | | |
| イカム | 云何 | イカム 仏上七ウ4（八） | イカン Ⅰ上一 三オ7 | イカン 五ウ6 | イカン 二オ3 | |

△

| 和訓 | 漢字 | 観智院本 | 蓮成院本 | 高山寺本 | 西念寺本 | 図書寮本 | 備考 |
|---|---|---|---|---|---|---|---|
| イカム | 如之何 | イカム 仏上 八 七ウ7 | イカン I上 三ウ1 | イカン 六オ1 | イカン 二オ5 | | |
| イカム | 奚 | イカム 仏中 六 四ウ6 | | | | | |
| イカム | 何如 | イカム 仏中 六 四ウ6 | イカン I上 二五オ2 | イカン 五九ウ1 | イカン 五二オ5 | | |
| イカム | 嘷 | イカム 仏中 五二 二七ウ3 | イカム I上 四五ウ6 | イカム 七五オ3 | | | |
| イカム | 嗺 | イカム 仏中 五三 二八オ7 | イカム I上 四六ウ1 | イカム 七五ウ5 | | | |
| イカム | 孰與 | イカム 仏末 五 九オ2 | | | | | |
| イカム | 磜 | イカム 法中 一二 七ウ4 | | | | | |
| イカムカセン | 何為 | イカムカセン 仏上 八 七ウ6 | イカンカセンイ I上 三ウ1 | イカンカセム 五ウ7 | イカンカセン 二オ5 | | |
| イカムシテカ | 云何 | イカムシテカ 仏上 八 七ウ4 | イカンシテカ I上 三オ7 | | イカンシテカ 二オ3 | | |
| イカムソ | 盍 | イカムソ 仏上 七六 四一ウ1 | イカンソ I上 一七ウ6 | イカンソ 四一オ3 | イカンソ 四一オ4 | | |
| イカムソ | 曷 | イカムソ 仏中 九七 五〇オ6 | イカンソ I上 六六オ7 | イカンソ 九八ウ5 | | | |
| イカムソ | 胡為 | イカムソ 仏中 一三六 六九ウ2 | | | | | |
| イカムソ | 奈 | イカムソ 仏末 三四 一八ウ5 | | | | | |
| イカムソ | 誰 | イカムソ 法上 五一 二七オ2 | イカムソ II中 二七ウ1 | | | | |
| イカムソ | 悪 | イカムソ 法中 七五 三九オ8 | | | | | |

| | | | | | | | |
|---|---|---|---|---|---|---|---|
| イカムソ | 寧 | イカムソ 法下 三五ウ4 四八 | | | | | |
| イカム二 | 奈警何 | イカム二 仏上 七ウ4 八 | | | イカン二 二オ3 | | |
| イカメシ | 勢 | イカメし 僧上 四三オ4 八三 | イカメレ III下一 三オ3 | | | | |
| イカメシ | 威 | イカメし 僧中 二三ウ8 四二 | イカメレ III下一 六オ2 | | | | |
| イカラシ | 太 | イカラし 仏下末 一七オ4 三一 | | | | | |
| イカラシ | 多 | イカラミ 仏下末 一七オ7 三一 | | | | | |
| イカラシ | 酡 | イカラし 法上 五三ウ4 一三 | | | | | |
| イカラシ | 霏 | イカラし 法下 三五オ5 六七 | | | | | |
| イカラシ | 扉 | イカラし 法下 四七ウ1 九二 | | | | | |
| イカラシ | 甚 | イカラし 僧下 四三ウ6 八二 | イカラし III下二 一二六ウ7 (五四) | | | | |
| イカリ | 碯 | イカリ 法中 三ウ2 四 | | | | | |
| イカリ | 矴 | ・イ・カ・リ 法中 四ウ2 六 | | | | | |
| イカリ | 碇 | イカリ 法中 七オ5 二 | | | | ・伊・加・利」 糸 一五六6 | |
| イカリコト | 氷聆 | ↓ ・イ・カ・リ・ノ・ツ・ク・ル | ・イ・カ・リ・ヿ II中一 二四オ1 | | | | |
| イカリヅナ | 篞 | ・イ・カ・リ・ヅ・ナ 僧上 四一ウ3 八〇 | ・イ・カ・リ・ヅ・ナ III下一 二〇オ2 | | | | |
| イカリノツクル | 氷聆 | ・イ・カ・リ・ノ・ツ・ク・ル 法上 三三ウ6 四四 | | | | | |

| 和訓 | 漢字 | 観智院本 | 蓮成院本 | 高山寺本 | 西念寺本 | 図書寮本 | 備考 |
|---|---|---|---|---|---|---|---|
| イカリフツクル | 氷矜 | イカリフツクル 僧中 一九ウ8 三六 | | | | | |
| イカル | 仿 | イカル 仏上 四オ8 一 | イカル I上 一オ3 | イカル 三オ7 | | | 高本 仿佛 |
| イカル | 俟 | イカル 仏上 三ウ2 八 | | イカル 一〇ウ3 | イカル 七オ6 | | |
| イカル | 例 | イカル 仏上 一五オ3 三三 | | イカル 一八ウ7 | イカル 一〇ウ1 | | |
| イカル（タ） | 傳 | イカル（タ） 仏上 一六オ2 三五 | | ↓ イタル | ↓ イタル | | |
| イカル | 嚇 | イカル 仏中 一五ウ8 二八 | イカル I上 三五オ2 | イカル 六三オ3 | | | |
| イカル | 哥 | ·イ·カル 仏中 一六ウ4 三〇 | イカル I上 三五ウ5 | イカル 六三ウ5 | | | |
| イカル | 噴 | ·イ·カ.ル 仏中 一八ウ2 三四 | イカル I上 三七ウ1 | ·イ·カ.ル 六五ウ4 | | | |
| イカル | 吒 | イカル 仏中 二一オ8 三九 | [イ]カ[ル] I上 四〇オ3 | | | | |
| イカル | 嗢 | イカル 仏中 二三オ7 四三 | イカル I上 四一ウ6 | イカル 七〇ウ4 | | | |
| イカル | 嗚 | イカル 仏中 二六ウ7 五〇 | イカル I上 四五オ3 | イカル 七四オ5 | | | |
| イカル | 喊 | ·イ·カル 仏中 二八ウ1 五四 | イカル I上 四九ウ5 | ·イ·カル 七九オ7 | | | |
| イカル | 瞵 | ·イ·カル 仏中 三六オ6 六九 | イカル I上 五三ウ2 | ·イ·カル 八四オ3 | | | |
| イカルリ | 瞋 | ·イ·カ.ルリ 仏中 三九ウ3 七六 | イカル I上 五六ウ7 | ·イ·カ.ル 八七ウ5 | | | |
| イカル | 狝 | イカル 仏下本 六五オ7 一二七 | | | | | |

| | | | | | | |
|---|---|---|---|---|---|---|
| イカル | 狝 | ・イ・カ・ル 仏本 六五ウ7 三八 | | | | |
| イカル | [illegible] | ・イ・カ・ル 仏下末 一〇ウ3 一八 | | | | |
| イカル | [illegible] | イカル 仏下末 一三オ4 二二 | | | | |
| イカル | 夸 | イカル 仏下末 一七ウ3 三二 | | | | |
| イカル | 洿 | イカル 法上 一七ウ5 三二 | イカル II 中 一七オ5 | | | |
| イカル | 訶 | ・イ・カル 法上 二七オ8 五二 | ・イ・カル II 中 二七ウ6 | | | |
| イカル | 譴 | イカル 法上 二八ウ2 五四 | イカル II 中 二九オ2 | | | |
| イカル | 議 | イカル 法上 三一ウ6 六〇 | イカル II 中 三二オ6 | | | |
| イカル | [illegible] | イカル 法上 五五ウ6 一〇八 | | | | |
| イカル | 赩 | ・イ・カ・ル 法中 一四ウ2 二六 | | | | |
| イカル | 怨 | ・イ・カル 法中 三六ウ8 七〇 | | | | |
| イカル | 忓 | ・イ・カル 法中 三七ウ6 七二 | | | | |
| イカル | 諏 | | イカル II 中 三四オ5 | | | |
| イカル | 忍 | ・イ・カ・ル 法中 四二ウ3 八二 | | | | |
| イカル | 忽 | イカル 法中 四三オ1 八三 | | | | |
| イカル | 惛 | ・イ・カル 法中 四三ウ3 八四 | | | ・イ・カ・ル 治 二七二 3 | |

| 和訓 | 漢字 | 観智院本 | 蓮成院本 | 高山寺本 | 西念寺本 | 図書寮本 | 備考 |
|---|---|---|---|---|---|---|---|
| イカル | 慧 | イカル 法中四四オ2 八五 | | | | | |
| イカル | 怒 | ・イ・カル 法中四四ウ7 八六 | | | | ・イ・カ・ル 記 二四二6 | |
| イカル | 怨 | イカル 法中四四ウ8 八六 | | | | | |
| イカル | 忿 | ・イ・カル 法中四五ウ4 八八 | | | | | |
| イカル | 悁 | ・イ・カル 法中四六ウ8 九〇 | | | | ・イ・カ・ル 侖 二五一6 | |
| イカル | 悌 | イカル 法中四九オ4 九五 | | | | | |
| イカル | 憤 | ・イ・カル 法中四九オ6 九五 | | | | | |
| イカル | 悄 | ・イ・カル 法中四九オ5 九五 | | | | | |
| イカル | 憑 | ・イ・カル 法中五一ウ1 一〇〇 | | | | | |
| イカル | 原 | イカル 法下五六オ5 一〇九 | | | | | |
| イカル | 蔇 | イ\ イカル 僧上二八ウ7 五四 | | | | | |
| イカル | 恚 | | | | | ・イ・カ・ル 列 二五八2 | |
| イカル | 馮 | イカル 僧中五六オ8 一〇九 | イルカ(ママ) 下一八〇ウ3 Ⅲ(八) | | | | |
| イカル | 鰻 | イカル 僧下四四オ7 五 | ↓ イルカ | | | | |
| イカルカ | 鵤 | イ\ イカルカ 僧中五七オ6 一一二 | イカルカ 下二八一オ5 Ⅲ(九) | | | | |

| 見出し | △ | 漢字 | 一 | 二 | 三 | 四 | 五 | 備考 |
|---|---|---|---|---|---|---|---|---|
| イカルカ | | 鵤 | イカルカ 僧中五七オ7 一二二 | イカルカ III 下二 八一オ5（九） | | | | |
| イカルカ | | 鸇 | イカルカ 僧中五八ウ5 一二四 | | | | | |
| イカルガ | | 斑鳩 | イカルカ 僧中六四ウ5 一三六 | イカルカ III 下二 八七オ6（一五） | | | | |
| イカルガ | | 鵤 | イカルカ 僧中六六ウ7 一三〇 | イカルカ III 下二 八九オ4（一七） | | | | |
| イカンニ | | 如何 | イカンニ 仏上七ウ2 八 | イカンイ I 上 三オ7 | イカン 五ウ4 | イカンニ 二オ1 | | 観本 二：朱 |
| イカンニ | △ | 何如 | イカンニ 仏上七ウ2 八 | イカンイ I 上 三オ7 | イカン 五ウ4 | イカンニ 二オ2 | | |
| イカンニ | △ | 何若 | イカンニ 仏上七ウ3 八 | イカンイ I 上 三オ7 | イカン 五ウ5 | イカンニ 二オ2 | | |
| イカンニ | △ | 何哉 | イカンニ 仏上七ウ3 八 | イカンイ I 上 三オ7 | イカン 五ウ4 | イカンニ 二オ2 | | |
| イカンニ | △ | 其何 | イカンニ 仏上七ウ3 八 | | イカン 五ウ5 | イカンニ 二オ2 | | |
| イカンニ | △ | 於何 | イカンニ 仏上七ウ3 八 | イカンイ I 上 三オ7 | イカン 五ウ5 | イカンニ 二オ2 | | 西本 於 |
| イカンニ | △ | 奈何 | イカンニ 仏上七ウ3 八 | | イカン 五ウ5 | イカンニ 二オ2 | | |
| イカン | | 奚如 | | イカン I 上 二五オ2 | イカン 五九ウ1 | イカン 五二オ5 | | |
| イカンカセン | | 何須 | | イカンカセンイ I 上 三ウ1 | イカンカセム 六オ1 | | | |
| イカンカセン | | 其如予何 | | イカンカセン I 上 三ウ1 | | イカンカセムヲ 二オ6 | | |
| イキ | | 喙 | イキ 仏中二五オ2 四七 | | | | | |
| イキ | | 息 | イヽ 法中三七オ2 七一 | | | | | |

| 和訓 | 漢字 | 観智院本 | 蓮成院本 | 高山寺本 | 西念寺本 | 図書寮本 | 備考 |
|---|---|---|---|---|---|---|---|
| イキ | 孝 | イキ 法下七一オ6 一三九 | | | | | |
| イキ | 氣 | イ・キ 僧下五七オ8 二二 | イ丶 III 下二 一五〇ウ1 (七八) | | | | |
| イキクサ | 景天 | ・イ・キ・ク・サ 仏末一七オ6 三二 | | | | | |
| イキクサ | 慎火 | イ丶クサ 仏末一九ウ3 三六 | | | | | |
| イキクサ | 蘆 | イ丶クサ 僧上一七ウ2 二二 | | | | | |
| イキクサ | 藘 | イキクサ 僧上三三ウ1 四二 | | | | | |
| イキシカク | 喹 | イ・キシカク 仏中二八オ1 五三 | イ丶シカク I 上二 四六オ4 | イ丶シカク 七五オ7 | | | |
| イキス | 喹 | イ・キ・ス 仏中二八オ1 五三 | イ丶ス I 上二 四六オ4 | イ・キ・爪 七五オ7 | | | |
| イギス | 海髪 | ・イ・キ・爪 仏本一九オ8 三五 | | | | | |
| イキス | 鮹 | イキス 僧下四ウ1 六 | イ丶爪 III 下二 九三ウ7 (三二) | | | | |
| イキズタマ | 窮鬼 | ・イ・キ・ス・タ・テ 僧下二五オ8 四七 | イ丶爪タテ III 下二 一三ウ2 (四二) | | | | |
| イキダハシ | 痟瘣 | ・イ・キ・タ・ハ・シ 法下六三ウ6 一三四 | | | | | |
| イキタヘ | 悶 | イキタヘ 法下四三ウ2 八二 | | | | | |
| イキツキ | 喘 | イキツキ 仏中二九ウ3 五六 | | イキツキ 七七オ3 | | | |
| イキツク | [illegible] | イキツク 仏中一四オ1 二五 | [イ]丶ツク I 上二 三三オ5 | イ丶ツク 六一オ3 | | | |

| 見出し | 漢字 | 1 | 2 | 3 | 4 | 5 | 6 |
|---|---|---|---|---|---|---|---|
| イキヅク | 喣 | イキツク 仏中 一六ウ4 三〇 | イーツク I 上 三五ウ4 | イキツク 六三ウ5 | | | |
| イキツク | 嗗 | イキツク 仏中 二八ウ1 五四 | イキツク I 上 四六ウ1 | イーツク 七五ウ6 | | | |
| イキツク | 喘 | イキツク 仏中 二九ウ3 五六 | イキツク I 上 四〇ウ5 | イーツク 七七オ3 | | | |
| イキヅク | 兎 | イキツク 仏末 九ウ3 一六 | | | | | |
| イキツク | 態 | イーツク 法中 三六オ6 六九 | | | | | |
| イキトホリ | 懐抱 | イキトホリ 仏本 二ウ6 四〇 | | | | | |
| イキドホリ | 憤 | ↓ イートホル | | | | イートホリ 後 二五一 5 | |
| イキドホリ | 紛 | イートホリ 法中 六〇オ7 一一七 | | | | イキトホリ 老 三一三 1 | |
| イキトホル | 欝 | イキトホル 仏下本 六五オ2 一三七 | | | | | |
| イキトホル | 悒 | イートホル 法中 三六ウ5 七〇 | | | | | |
| イキトホル | 息 | イキトホル 法中 三七オ2 七一 | | | | | |
| イキトホル | 慨 | イキトホル 法中 四一ウ8 八〇 | | | | | |
| イキトホル | 惛 | イートホル 法中 四五オ1 八七 | | | | | |
| イキトホル | 懣 | イートホル 法中 四八オ1 九三 | | | | | |
| イキトホル | 恨 | イートホル 法中 四八ウ1 九四 | | | | | |
| イキトホル | 憤 | イートホル 法中 四九オ6 九五 | | | | ↓ イートホリ | |

| 和訓 | 漢字 | 観智院本 | 蓮成院本 | 高山寺本 | 西念寺本 | 図書寮本 | 備考 |
|---|---|---|---|---|---|---|---|
| イキトホル | 憑 | イ丶トホル 法中 五一ウ1 一〇〇 | | | | | |
| イキトホル | 紛 | イ丶トホル 法中 六一オ8 一一九 | | | | | |
| イキドホル | 悶 | イキトホル 法下 四一ウ3 八二 | | | | イ丶トホル 易 二六二 2 | |
| イキナシ | 氣調 | イキナシ 僧下 五七オ8 一一二 | | | | | |
| イキヌ | 砌 | イキヌ 法中 三オ1 三 | | | | | |
| イキヒク | 吸 | ↓ イル イキ ヒク | イ丶ヒク I上 四七ウ3 | ↓ イルイ ヒク | | | |
| イキホイ化 | 權 | イキホイ化 仏本 二一ウ2 四〇 | | | | | |
| ノイキボトケ | 神仙 | ノイキホトケ 仏上 七オ3 七 | ノイーホトケ I上 三オ1 | イキホトケ 五オ5 | イキ小(ミ) 一ウ1 | | |
| イキホヒ | 覩 | | イ丶ホヒ I上 五九オ5 | イ丶ホヒ 九〇ウ7 | | | |
| イキヲヒ | 覩 | イキヲヒ 仏中 四二オ6 八一 | | | | | |
| イキホヒ | 勢 | イキホヒ 僧上 四三オ3 八三 | イ丶ホヒ III下 一三オ3 | | | | |
| イキヲヒ | 僂 | イキヲヒ 仏上 一九ウ1 三三 | | | イキホヒ 一五オ6 | | |
| イキル | 爇 | イヘル 仏下末 二三オ6 四一 | | | | | |
| イク | 生 | イク 仏上 四二ウ7 七八 | イク I上 一八ウ6 | イク 四三ウ2 | イソ(ミ) 四三オ1 | | |
| イク | 存 | イク 仏上 四五ウ6 八四 | イク I上 二〇ウ6 | イツ 四五オ5 | イク 四六オ6 | | |

| 見出し | 漢字 | 欄1 | 欄2 | 欄3 | 欄4 | 欄5 | 備考 |
|---|---|---|---|---|---|---|---|
| イクリ | 貯 | イクリ 仏下本 八ウ5 四 | | | | | |
| イク | 欻 | イク 仏下末 三三ウ2 四二 | | | | | |
| イク | 濇 | イク 法上 四オ2 五 | イク Ⅱ中 三オ2 | | | | |
| イク | 活 | イク 法上 九オ8 一五 | イク Ⅱ中 七オ1 | | | イク 集 四三7 | |
| イク | 居 | イク生 法下 四六オ4 八九 | | | | | |
| イク | 創 | | イク Ⅲ下 二五オ1 | | | | |
| イク | 斂 | | イク Ⅲ下 六七オ1 | | | | |
| イク | 蘊 | イク 僧上 一〇ウ6 一八 | | | | | |
| イク | 縠 | イク 僧中 三五オ1 六七 | イク Ⅲ下 一七ウ7 | | | | |
| イク | 生 | イク 僧下 四七オ5 九一 | | | | | |
| イクサ | 辛 | イクサ 仏上 四五オ1 八三 | イクサ Ⅰ上 二〇オ5 | イクサ 四四ウ3 | イクサ 四五オ5 | | 卒 蓮本、高本 |
| イクサ | 獸 | イクサ 仏下本 六七オ3 一三一 | | | | | |
| イクサ | 咄 | ↓ イサフ | イクサ Ⅰ上 四四オ4 | ↓ イサフ | | | |
| イクサ | 兵 | イクサ 仏下末 一四オ6 二五 | | | | | |
| イクサ | 将 | イクサ 法上 二四ウ2 四六 | イクサ Ⅱ中 二四ウ5 | | | | |
| イクサ | 将師 | | | | | イクサ 論 二八四6 | |

| 和訓 | 漢字 | 観智院本 | 蓮成院本 | 高山寺本 | 西念寺本 | 図書寮本 | 備考 |
|---|---|---|---|---|---|---|---|
| イクサ | 帥 | イクサ 法中五三ウ2 一〇四 | | | | | |
| イクサ | 軍 | イクサ 法下二九オ8 五五 | | | | | |
| イクサ | 軍 | イクサ 法下二九ウ6 五六 | | | | | |
| イクサ | 魁 | イクサ 法下七三オ3 一四一 | イクサ III 下二一三ウ7 (四一) | | | | |
| イクサ | 衆 | イクサ 僧中四ウ7 六 | イクサ III 下二一八オ2 (四六) | | | | |
| イクサ | 旅 | イクサ 僧中一六ウ6 三〇 | イクサ III 下一五五オ4 | | | | |
| イクサ | 軍 | イクサ 僧中四八オ1 九三 | イクサ III 下二七三ウ4 (一) | | | | |
| イクサ | 魁 | イクサ 僧下二五ウ6 四八 | | | | | |
| イクサ | 師 | イクサ 僧下二三ウ7 一〇三 | イクサ III 下二三七オ1 (六五) | | | | |
| イクサ | 師 | イクサ 僧下二三ウ8 一〇二 | イクサ III 下二三七オ2 (六五) | | | | |
| イクサギミ | 師 | イクサキミ 僧下二三ウ8 一〇二 | イクサキミ III 下二三七オ2 (六五) | | | | |
| イクサクルマ | 軲 | イクサクルマ 僧中四五オ2 八七 | | | | | |
| イクサグルマ | 𨏥 | イクサクルマ 僧中四六オ5 八九 | | | | | |
| イクサタチ | 師 | イクサタチ 僧下二三ウ8 一〇二 | イクサタチ III 下二三七オ2 (六五) | | | | |
| イクサダチシテ | 軍 | イクサダチレテ 僧中四八オ1 九三 | イクサダチ☐ III 下二七三ウ4 (一) | | | | |

| | 見出し | 漢字 | | | | | |
|---|---|---|---|---|---|---|---|
| | イクサダチス | 師 | イクサタチス 僧下 一〇二 五三ウ7 | イクサタチ爪 III 下二 一三七オ2（六五） | | | |
| | イクサノキミ | 戦將 | イクサノキミ 仏下末 八 五ウ5 | | | | |
| | イクサブネ | 艨艟 | イクサフ子 仏下本 三 三オ6 | | | | |
| | イクソハク | 幾何 | イクソハク 仏上 八 七ウ6 | イクハク（ソイ） I 上一 三ウ1 | イクソハク 六オ1 | ↓ イクハクソ | |
| | イクソハク | 多少 | イクソハク 法下 一三五 六九オ7 | | | | |
| | イクソハク | 幾多 | イクソハク 僧中 四〇 二一ウ5 | | | | |
| △ | イクソハク | 幾所 | イクソハク 僧中 四〇 二一ウ5 | | | | |
| △ | イクソハク | 幾何 | イクソハク 僧中 四〇 二一ウ5 | | | | |
| △ | イクソハク | 幾何 | イクソハク 僧下 一〇一 五三オ2 | | | | |
| △ | イクソハク | 幾所 | イクソハク 僧下 一〇一 五三オ3 | | | | |
| △ | イクソハク | 幾許 | イクソハク 僧下 一〇一 五三オ3 | | | | |
| △ | イクソハク | 幾多 | イクソハク 僧下 一〇一 五三オ3 | | | | |
| | イクタヒ | 幾廻 | イクタヒ 仏上 五一 二九オ6 | イクタヒ I 上一 七オ2 | イクタヒ 二八オ3 | イクタヒ 二六オ5 | |
| | イクハク | 徽 | イクハク 仏上 三八 二三ウ7 | | イクハク 二〇ウ7 | イクハク 一九オ5 | |
| | イクハク | 識 | イハク（マヽ） 法上 五六 二九ウ7 | イクハク II 中一 三〇オ7 | | | |
| | イクバク | 無多 | イクハク 法下 一三五 六九オ7 | | | | |

| 和訓 | 漢字 | 観智院本 | 蓮成院本 | 高山寺本 | 西念寺本 | 図書寮本 | 備考 |
|---|---|---|---|---|---|---|---|
| イクハク | 幾 | イクハク 僧下 五三オ2 一〇二 | イクハク Ⅲ 下二 一三七ウ4 (六五) | | | | |
| イクハク | 幾何 | イツハク 僧下 五三オ2 一〇二 | イクハク Ⅲ 下二 一三七ウ4 (六五) | | | | |
| △イクハク | 幾所 | イツハク 僧下 五三オ3 一〇二 | イクハク Ⅲ 下二 一三七ウ4 (六五) | | | | |
| △イクハク | 幾多 | イツハク 僧下 五三オ3 一〇二 | イクハク Ⅲ 下二 一三七ウ4 (六五) | | | | |
| △イクハク | 幾許 | イツハク 僧下 五三オ3 一〇二 | イクハク Ⅲ 下二 一三七ウ4 (六五) | | | | |
| イクハク | 幾時 | イツハク 仏中 四五オ1 八七 | イクハク Ⅰ 上二 六一ウ3 | イツハク 九三ウ4 | | | |
| イクハクソ | 幾何 | ↓ イクソハク | ↓ イク、ハク（ソイ） | ↓ イクソハク | イクハクソ 二オ5 | | |
| イクハクハカリ | 幾許 | イクハク ハカリ 法上 三三ウ8 六〇 | | | | イツハク ハカリ 集 七五 2 | |
| イクハクハカリ | 幾許 | イクハク ハカリ 僧中 三ウ6 四〇 | イクハク ハカリ Ⅱ 中 三ウ5 | | | | |
| イクバクバカリ | 幾多 | イツハツ ハカリ 僧下 五三オ3 一〇二 | | | | | |
| イクハクハカリ | 嶘 | | イクハク ハカリ Ⅲ 下二 一三七ウ5 (六五) | | | | |
| イクハクモナシ | 無何 | イクハク モナシ 仏上 七ウ7 八 | イクハク モナシ Ⅰ 上一 三ウ1 | イクハク モナシ 六オ2 | イクハク モナシ 二オ6 | | 西本 無 |
| イクハトコロ | 射垜 | イクハ トコロ 法中 三三オ6 六三 | | | | 以久波度古路(川) 二八 6 | 図本 射垛 |
| イクビササ | 久如 | イツヒサヽ 仏中 四ウ5 六 | イクヒサヽ Ⅰ 上一 二五オ1 | イツヒサヽ 五九ウ1 | イクヒサヽ 五二オ4 | | |
| イクモイ | 絅 | イクモイ 法中 二六オ5 一三一 | | | | | |

| | | | | | |
|---|---|---|---|---|---|
| イクラハカリ | 幾許 | イクラハカリ 僧中二ウ6 四〇 | | | |
| イケ | 池 | イケ 法上 二ウ4 二 | イケ Ⅱ中 一ウ2 | | 伊介 木 七3 |
| イケ | 沿 | イケ 法上 一五ウ8 六八 | イケ Ⅱ中 一五オ5 | | イケ 選 三4 |
| イケ | 溯 | ↓スケ | イケ Ⅱ中 三オ7 | | |
| イケ | 隄 | イケ 法中 三〇ウ4 三八 | | | |
| イケ | 隌 | イケ 法中 三〇ウ5 三八 | | | |
| イケ | 阪 | イケ 法中 三〇ウ6 三八 | | | |
| イケ | 陂 | イケ 法中 二ウ5 四〇 | | | |
| イケ | 防 | イケ 法中 二四ウ6 四六 | | | |
| イケ | 堤 | イケ 法中 三〇ウ3 五八 | | | |
| イケズ | 籞 | イケス 僧上 三七ウ8 七二 | イケ爪 Ⅲ下 一六ウ7 | | |
| イケニヘ | 犠 | イケニヘ 仏下末 二オ8 一 | | | |
| イケニヘ | 牲 | イケニヘ 仏下末 二ウ1 二 | | | |
| イケニヘ | 餥 | イケニヘ 僧上 五八オ2 一二三 | イケニヘ Ⅲ下 三五ウ2 | | |
| イケハタ | 堤 | | | | イケハタ 玉抄 二三七3 |
| イケリ | 生 | イケリ 僧下 四七オ3 九一 | イケリ Ⅲ下 一三五オ2 (六三) | | |

| 和訓 | 漢字 | 観智院本 | 蓮成院本 | 高山寺本 | 西念寺本 | 図書寮本 | 備考 |
|---|---|---|---|---|---|---|---|
| イケルトキ | 殺 | イケルトキ 僧中 三五オ1 六七 | イケルトキ Ⅲ 下 七ウ7 | | | | |
| イケルトキ | 生前 | イケルトキ 僧下 四七オ5 九一 | イケルトヽ Ⅲ 下 一三五オ2 (六三) | | | | |
| イケルニ | 居 | イケルニ 法下 四六オ5 八九 | | | | | |
| イコフ | 休 | イコフ 仏上 七オ7 七 | イコフ Ⅰ 上 三オ4 | イコフ 五ウ2 | イコフ 一ウ5 | | |
| イコフ | 休息 | イコフ 仏上 七オ8 七 | イコフ Ⅰ 上 三オ4 | イコフ 五ウ2 | イコフ 一ウ5 | | |
| イコフ | 偈 | イコフ 仏上 一五ウ3 二四 | | イコフ 一三ウ6 | イコフ 一〇ウ6 | | |
| イコフ | 鵏 | イコフ 仏中 一四オ1 二五 | イコフ Ⅰ 上 三三オ5 | イコフ 六一オ2 | | | |
| イコフ | 喻 | イコフ 仏中 一五オ4 二七 | イコフ Ⅰ 上 三四ウ1 | イコフ 六二オ7 | | | 蓮本・高本 喻前 |
| イコフ | 嗢 | イコフ 仏中 一六オ7 二九 | イコフ Ⅰ 上 三五オ7 | イコフ 六三ウ1 | | | |
| イコフ | 鶨 | イコフ 仏中 四一ウ2 八〇 | イコフ Ⅰ 上 五八ウ3 | イコフ 八九ウ7 | | | |
| イコフ | 賍 | イコフ 仏下本 一一オ6 一九 | | | | | |
| イコフ | 頥 | イコフ 仏下本 一四ウ8 二六 | | | | | |
| イコフ | 揭 | イコフ 仏下本 二九オ1 五五 | | | | | |
| イコフ | 棲 | イコフ 仏下本 四〇オ6 七七 | | | | | |
| イコフ | 栖 | イコフ 仏下本 四四ウ1 八六 | | | | | |

| | | | | | | |
|---|---|---|---|---|---|---|
| イコフ | 勞 | イコフ 仏下末 二〇ウ6 三八 | | | | |
| イコフ | 活 | イコフ 法上 九オ8 一五 | イコフ II 中 七オ1 | | | イコフ 四三 7 |
| イコフ | 堅 | イコフ 法中 二六ウ5 五〇 | | | | イコフ 汁 二一六 6 |
| イコフ | 惕 | イコフ 法中 三六オ5 六九 | | | | イコフ 汁 二四六 7 |
| イコフ | 愒 | | | | | イコフ 汁 二五七 2 |
| イコフ | 懇 | イコフ 法中 三六オ6 六九 | | | | |
| イコフ | 息 | イコフ 法中 三七オ2 七一 | | | | イコフ 二三七 3 |
| イコフ | 態 | イコフ 法中 五〇ウ4 九八 | | | | |
| イコフ | 慰 | イコフ 法中 五一オ3 九九 | | | | |
| イコフ | 恤 | イコフ 法中 五二オ1 一〇一 | | | | |
| イコフ | 歇 | イコフ 僧中 二四オ3 四五 | イコフ III 下一六二オ4 | | | |
| イコフ | 敵 | イコフ 僧中 二八オ5 五三 | イコフ III 下一六五ウ2 | | | |
| イコモル | 廬籠 | イコモル 法下 二一オ7 三九 | | | | |
| イサ | 去來 | イサ 仏上 四五ウ4 八四 | イサ III 下二一四六オ1 (七四) | イサ 四五オ6 | イサ 四六オ4 | |
| イサ | 不知 | イサ 僧中 一八オ2 三三 | イサ III 下二一三オ4 (五一) | | | |
| イザ | 去來 | イサ 僧下 四二オ4 八一 | | | | |

| 和訓 | 漢字 | 観智院本 | 蓮成院本 | 高山寺本 | 西念寺本 | 図書寮本 | 備考 |
|---|---|---|---|---|---|---|---|
| イサカヒ | 鬪覚 | イサカヒ 仏下末 一〇オ6 一七 | | | | | |
| イサカヒ | 鬪競 | イサカヒ 法下 四三オ2 八三 | | | | | |
| イサカフ | 権 | イサカフ 仏下本 三六ウ3 七〇 | | | | | |
| イサカフ | 鬪覚 | イサカフ 仏下末 一〇オ6 一七 | | | | | |
| イサカフ | 陣 | イサカフ 法中 二四ウ1 四六 | | | | | |
| イサカフ | 鬪 | イ・サ・カフ 法下 四一オ1 七九 | | | | | |
| イサカフ | 鬪 | イサカフ 法下 四三オ1 八三 | | | | | |
| イサカフ | 鬪競 | イサカフ 法下 四三オ2 八三 | | | | | |
| イサキヨウス | 褈 | イサキヨウス 法下 四オ8 五 | | | | | |
| トイサヤヨク | 清冷 | ト・イ・サキヨク 法上 一三オ5 二三 | ト・イ・サヽヨク II 中 一三ウ3 | | | ト・イ・サ・キ・ヨク 踏 六七4 | |
| イサキヨシ | 絜 | イサヽヨレ 仏下末 一三オ8 二三 | | | | | |
| イサキヨシ | 爽 | イサキヨレ 仏下末 一九オ5 三五 | | | | | |
| イサキヨシ | 浄 | ・イ・サキヨレ 法上 一三オ1 二三 | ・イ・サヽヨレ II 中 一三オ7 | | | | |
| イサキヨシ | 清 | イサキヨレ 法上 一三オ4 二三 | ・イ・サ・キ・ヨ・レ II 中 一三ウ3 | | | ・イ・サ゛ヽヨ・レ 書 二 5 | |
| イサキヨシ | 潢 | イサキヨレ 法上 一六ウ8 三〇 | イサキヨレ II 中 一六オ6 | | | | |

| | | | | | | | |
|---|---|---|---|---|---|---|---|
| イサキヨシ | 洌 | イサキヨシ 法上 三オ7 四一 | イサヽヨシ Ⅱ中 三オ3 | | | イサヽヨシ 易 四六3 | |
| イサキヨシ | 潔 | イサキヨシ 法上 三ウ1 四四 | イサヽヨシ Ⅱ中 三オ6 | | | イサヽヨシ 巽 六七7 | |
| イサギヨシ | 潔 | イサギヨシ 法上 二五オ1 四七 | イサギヨシ Ⅱ中 二五オ4 | | | | |
| イサキヨシ | 潔 | イサキヨシ 法中 六七オ5 一三一 | | | | | |
| イサギヨシ | 絜 | イサヾヨシ 法中 六七オ6 一三一 | | | | イサヾヨシ 注 三一六6 | |
| イサキヨシ | 屑 | イサキヨシ 法下 五五オ7 八七 | | | | | |
| イサキヨシ | 癐 | イサキヨシ 法下 五四オ7 一〇五 | | | | | |
| イサギヨシウス | 蠲 | イサキヨシウス 僧下 三五ウ6 六八 | イサヽヨシウ爪 Ⅲ下二 一四ウ2 (六八) | | | | |
| イサコ | 潬 | イサコ 法上 三ウ5 四 | イサコ Ⅱ中 二ウ4 | | | | |
| イサコ | 砂 | イサコ 法中 一七オ4 二 | | | | 以佐古 糸 一五二3 | |
| イササカ | 尒 | イサヽカ 僧中 三オ2 三 | イサヽカ Ⅲ下一 四七ウ3 | | | | 蓮本 介尒 |
| イササカ | 聊 | ↓イサヽカニ | イサヽカ Ⅰ上 二四オ7 | | | | |
| イササカニ | 互 | イサヽカニ 仏上 三二オ3 七七 | イサヽカニ Ⅰ上 一八オ5 | イサヽカニ 四ウ5 | クサヽカニ(ミ) 四三オ1 | | 蓮本、高本 互 西本 |
| イササカニ | 聊 | イサヽカニ 仏中 四オ2 五 | ↓イサヽカ | イサヽカニ 四九ウ5 | イサヽカニ 五一オ4 | | |
| イササカニ | 怞 | イサヽカニ 法中 四九ウ5 九六 | | | | | |
| イササカニ | 尠 | イサヽカニ 僧下 六〇オ5 一一七 | イサヽカニ Ⅲ下二 一四五オ4 (七三) | | | | |

| 和訓 | 漢字 | 観智院本 | 蓮成院本 | 高山寺本 | 西念寺本 | 図書寮本 | 備考 |
|---|---|---|---|---|---|---|---|
| イササカニ | 尠 | イサヽカニ 僧下六四ウ2 一二六 | | | | | |
| イササカハカリ | 分 | イサヽカハカリ 仏下末一四ウ8 二六 | | | | | |
| イサササニ | 雅 | イサヽサニ 僧中六九オ7 一三五 | イサヽニ Ⅲ下二九ウ3 (一九) | | | | |
| イサテタリ | 黠 | イサテ(ミ)タリ 仏下末二九オ1 五五 | | | | | |
| イザナウ | 倡 | イサナウ 仏上四ウ2 二 | | | | | |
| イサナハル | 唱 | | | イサナハル 七〇ウ4 | | | |
| イザナヒミチヒク | 倡導 | イサナヒミチヒク 仏上四ウ3 二 | イサナヒミチヒク I上一オ5 | イサナヒミチヒク 三ウ2 | | | |
| イザナフ | 倡 | | イサナフ I上一オ5 | イサナフ 三ウ2 | | | |
| イサナフ | 伭 | イ\トナフ(ミ) 仏上一三オ5 一七 | | イサナフ 一〇オ5 | イサナフ 七オ1 | | |
| イサナフ | 率 | イサナフ 仏上四五オ6 八三 | イサナフ I上一〇ウ1 | イサナフ 四四ウ6 | イサナフ 四五ウ4 | | 蓮本・高本 率 |
| イザナフ<br>ハル | 唱 | イサナフ ハル 仏中二三ウ2 四四 | イサナフ ハル I上四一ウ7 | イサナフ 七〇ウ4 | | | |
| イサナフ | 引唱 | イサナフ 仏中二三ウ2 四四 | | イサナフ 七〇ウ5 | | | |
| イサナフ | 嘯 | イ\サナフ 仏中三一ウ4 六〇 | イサナフ I上四九ウ2 | イ\サナフ 七九オ5 | | | |
| イサフ | 嚇 | イサフ 仏中一五ウ8 二八 | イサフ I上三五オ2 | イサフ 六三オ2 | | | |
| イサフ | 哥 | イサフ 仏中一六ウ4 三〇 | イサフ I上三五ウ5 | イサフ 六三ウ5 | | | |

| | | | | | |
|---|---|---|---|---|---|
| イサフム | 叱 | | イサフム Ⅰ上一三五ウ1 | イサフム 六三ウ1 | |
| イサフ | 咄 | イサフ 仏中二五ウ7（四八） | | イサフ 七三オ5 | |
| イサフ | 喊 | イサフ 仏中二八ウ1（五四） | イサフ Ⅰ上一四九ウ5 | イサフ 七九オ7 | |
| イサフ | 嘖 | イサフ 仏中二八ウ5（五四） | イサムフ Ⅰ上一四六ウ5 | イサフ 七六オ3 | |
| イサフ | 訶 | イサフ 法上二七オ8（五一） | イサフ Ⅱ中一二七ウ6 | | |
| イサフ | 譴 | イサフ 法上二八ウ3（五四） | イサフ Ⅱ中一二九オ2 | | |
| イサフ | 訾 | イサフ 法上三四ウ8（六六） | | | |
| イサフ | 憒 | イサフ 法中四九ウ6（九六） | | | |
| イサフム | 剢 | イサフム 僧上四五オ6（八七） | イサフム Ⅲ下一三三ウ4 | | |
| イサフ | 抬 | イサフ 僧中一七オ2（三） | イサフ Ⅲ下一五五ウ1 | | |
| イサフム | 詰 | | イサフム Ⅱ中一二六ウ7 | | |
| イサミ | 婞 | ↓イサミホコル | イサミ Ⅰ上一三〇オ7 | イサミ 五七オ6 | |
| イサミホコル | 娐婞 | イサミホコル 仏中一〇ウ4（一八） | | | |
| イサム | 仡 | イサム 仏上八オ8（九） | | イサムフ 六ウ3 | イサム 三オ2 |
| イサム | 逸 | イサム 仏上二八オ8（四九） | | イサム 二七オ5 | イサム 二五オ6 |
| イサムフ | 叱 | イサムフ 仏中一六オ7（二九） | | | |

| 和訓 | 漢字 | 観智院本 | 蓮成院本 | 高山寺本 | 西念寺本 | 図書寮本 | 備考 |
|---|---|---|---|---|---|---|---|
| イサム | 吒 | イサム 仏中 三九 二一オ7 | イサム I上 四〇オ2 | イサム 六八ウ3 | | | |
| イサム | 皤 | イサム 仏中 一〇四 五三ウ3 | イサム I上 六九オ7 | イサム 一〇二オ7 | | | |
| イサム | 賁 | イサム 仏下本 二〇 一一ウ6 | | | | | |
| イサム | 摻 | イサム 仏下本 六〇 三一ウ6 | | | | | |
| イサム | 猛 | イサム 仏下本 一二九 六六オ3 | | | | | |
| イサム | 勇 | イサム 仏下末 二九 一六オ5 | イサム III下 三三ウ4 | | | | 蓮本 勇 |
| イサム | 半漢 | イサム 法上 六 四ウ8 | イサム II中 四オ2 | | | | |
| イサムヿ | 詰 | イサムヿ 法上 五〇 二六ウ2 | | | | イサム 月 七七 7 | |
| イサム | [言系] | イサム 法上 五六 二九ウ6 | イサム II中 三〇オ6 | | | | 蓮本 [言系] |
| イサム | 詾 | イサム 法上 五八 三〇ウ1 | イサム II中 三一オ2 | | | | |
| イサム | 証 | イサム 法上 五九 三一オ6 | イサム II中 三一ウ7 | | | | |
| イサムヿ | 諫 | イサムヿ 法上 六一 三二オ8 | イサムヿ II中 三三オ3 | | | イサム 公 七一 2 | |
| イサム | 諷 | イサム 法上 七一 三七オ8 | | | | | |
| イサム | 諫 | | | | | 伊佐牟 朱 七一 3 | |
| イサムヿ | 諷諫 | イサムヿ 法上 七二 三七ウ1 | | | | | |

| | | | | | | | |
|---|---|---|---|---|---|---|---|
| イサム | 忏 | イサム 法中七三 三七ウ6 | | | | | |
| イサム | 悍 | イサム 法中七二 三七ウ6 | | | | | |
| イサムフ | 禁 | イサムフ 法下七 五オ8 | | | | | |
| イサム | 勅 | イサム 僧上八四 四三ウ6 | イサム Ⅲ下 三ウ2 | | | | |
| イサム | 勇 | イサム 僧上八五 四四オ1 | | | | | |
| イサム | 敔 | イサム 僧中五八 三〇ウ3 | イサム Ⅲ下 六七ウ5 | | | | |
| イサム | 驍 | イサム 僧中一〇一 五二オ8 | イサム Ⅲ(五) 下 七七オ3 | | | | |
| イサム | 騎 | ハサム 僧中一〇八 五五ウ4 | | | | | |
| イサメコト | 諌 | イサメコト 法上六一 三三オ8 | イサメコト Ⅱ中 三三オ3 | | | | |
| イサメヤム | 敔 | イサメヤム 僧中五八 三〇ウ3 | イサメヤム Ⅲ下 六七ウ5 | | | | |
| イサメル | 諌 | イサメル 法上六一 三三オ8 | | | | | 観本上二字虫損 |
| イシ | 倚子 | イシ 仏上三 五オ4 | イシイ Ⅰ上 一ウ4 | イシ 四オ1 | | | |
| イシ | 石 | イシ 法中一 一オ3 | | | | 以之 禾 一四七 2 | |
| イシ | 礫 | イシ 法中一 一オ8 | | | | | |
| イシ | 礪 | イシ 法中四 三ウ5 | | | | | |
| イシ | 硏 | イシ 法中二 七オ4 | | | | | |

| 和訓 | 漢字 | 観智院本 | 蓮成院本 | 高山寺本 | 西念寺本 | 図書寮本 | 備考 |
|---|---|---|---|---|---|---|---|
| イシ | 𡈽 | イシ 法中三五ウ1 四八 | | | | | |
| 石イツル | 碕 | 石イツル 法中三ウ2 四 | | | | | |
| イシガニ | 石蠏 | イシカニ 僧下一四ウ1 二六 | イシカニ 下二一〇オ7 Ⅲ(三〇) | | | | |
| イシガメ | 蟕蠵 | イシカメ 僧下一五オ3 二七 | イシカメ 下二一三オ3 Ⅲ(三二) | | | | |
| イシスヘ | 礎 | イシスヘ 法中三オ3 三 | | | | | |
| イシズエ | 磌 | イシスヱ 法中三ウ2 四 | | | | 以之須恵 禾 一五三1 | |
| イシダタミ | 炬 | イシタヽミ 僧中一二オ2 一九 | イシタヽミ 下二一九オ7 Ⅲ(四七) | | | | |
| イシタニ | ⿰石矣 | イシタニ 法中七オ3 一一 | | | | | |
| イシナグ | 擲 | イシナク 仏下本三三ウ1 五八 | | | | | |
| イシノ | 𡈽 | | | | | イシノ 詩注 二三2 | |
| 石ノコエ | ⿰石尺 | 石ノコヱ 法中七オ4 一一 | | | | | |
| イシノコエ | 砳 | イシノコヱ 法中七ウ2 一二 | | | | | |
| イシノチ | 石鐘乳 | イシノチ 法中七ウ8 一二 | | | | 伊之乃遅 禾 一四七3 | |
| イシノ山 | 岨 | イシノ山 法上五六オ7 一〇九 | | | | | |
| イシバシヒ | 石灰 | イシハシヒ 仏下末三四ウ5 四六 | | | | | |

△

| 見出し | 漢字 | | | | | |
|---|---|---|---|---|---|---|
| イシバシヒ | 堊灰 | イシハシヒ 仏下末 三四ウ5 四六 | | | | |
| イシハシ | 砌 | イシハシ 法中 三オ1 三 | | | | |
| イシハシ | 礪 | イシハシ 法中 三ウ5 四 | | | | |
| 石ハシ | 磴 | 石ハシ 法中 七オ3 一一 | | | イシハシ 白 一五〇1 | |
| イシバシ | 矼 | イシハシ 法中 七ウ2 一二 | | | 以之波之 和 一四九6 | |
| イシハジキ | 獪 | イシハシキ 僧中 一六オ5 二九 | イシハシヽ III 下 五四ウ6 | | | |
| イシハラ | 鹵 | イシハラ 法上 五一オ7 九九 | | | | |
| イシハラ | 硫 | イシハラ 法中 二ウ1 二 | | | | |
| イシブシ | 鮍 | イシフシ 僧下 三ウ2 四 | イシフシ III 下 九三オ1 (三二) | | | |
| イシマ | 窪 | イシマ 法下 三ウ6 六〇 | | | | |
| イシマ | 窊 | イシマ 法下 三ウ7 六〇 | | | | |
| イシミ | 畚 | イシミ 仏中 五六ウ5 二〇 | イシミ I 上 七ウ7 | イシミ 一〇四ウ5 | | |
| イシミ | 苛 | イシミ 僧上 三ウ7 六〇 | イシミ III 下 二オ6 | | | |
| イシムロ | 祏 | イシムロ 法下 二ウ4 二 | | | | |
| イシモチ | 鰀 | イシモチ 僧下 四オ3 五 | イシモチ III 下 九三ウ2 (三二) | | | |
| イシモチ | 魝 魛 | イシモチ 僧下 七ウ4 二二 | | | | |

| 和訓 | 漢字 | 観智院本 | 蓮成院本 | 高山寺本 | 西念寺本 | 図書寮本 | 備考 |
|---|---|---|---|---|---|---|---|
| イソ | 礒 | イソ 法中 七オ6 二 | | | | | |
| イソガシ | 内 | イソカレ 仏上 四六オ3 八五 | イソカレ I上 二二オ2 | イソカレ 四五ウ3 | ↓イソカハシ | | |
| イソカシ | 澆 | | | | | イソカレ 五四 1 | |
| イソカツラ | 細子草 | | イソカツラ ツ戒本 III 下 一〇ウ7 | | | | |
| イソガハシ | 靾栂 | イソカハレ 仏下本 二二オ1 三九 | | | | | |
| イソガハシ | 忩 | イソカハレ 法中 四一オ5 七九 | | | | | |
| イソガハシ | 鬧 | イソカハレ 法下 三九ウ2 七六 | | | | | |
| イソカハシ | 丙 | ↓イソカレ | ↓イソカレ | ↓イソカレ | イソカハレ 四六ウ5 | | |
| イソグ | 佝 | イソク 仏上 八オ1 九 | イソク I上 三ウ3 | イソク 六オ3 | イソク 二ウ1 | | |
| イソク | 佷 | イソク 仏上 一五オ1 三三 | | イソク 一三オ7 | イソク 一〇オ5 | | |
| イソク | 遽 | イソク 仏上 二七オ3 四七 | イソク I上 五オ4 | イソク 二六オ2 | イソク 二四オ1 | | |
| イソク | 退 | イツク 仏上 二七ウ7 四八 | イソク I上 五ウ5 | イソク 二六ウ4 | イソ[ク] 二四ウ4 | | |
| イソク | 遷 | イソク 仏上 三三オ5 五九 | イソク I上 一〇ウ3 | [イ]ソク 三三オ3 | イソク 三一オ2 | | |
| イソク | 争 | イソク 仏上 四四オ2 八一 | イソク I上 一九ウ2 | イソク 四二ウ3 | イソク 四四オ4 | | |
| イソク | 角 | イソク 仏下本 六オ3 九 | | | | | |

| | | | |
|---|---|---|---|
| イソク | 賣 | イソク 仏下本 九ウ7 一六 | |
| イソク | 擾 | イソク 仏下本 三三ウ2 六二 | |
| イソク | 攘 | イソク 仏下本 四オ5 七九 | |
| イソク | 競 | イソク 仏下末 一〇オ5 一七 | |
| イソク | 誂 | イソク 法上 二七ウ5 五二 | イソク II 中 二八オ4 |
| イソク | 訴 | イソク 法上 三三ウ6 六四 | イソク II 中 三四オ7 |
| イソク | 諫 | イ・ソ・ク 法上 三四オ3 六五 | イ・ソ・ク II 中 三四ウ4 |
| イソク | 忙 | イ・ソ・ク 法中 三六ウ1 七〇 | |
| イソク | 忄忌 | イソク 法中 三六ウ4 七〇 | |
| イソグ | 忩 | イ・ソ・グ 法中 四一オ5 七九 | |
| イソク | 慵 | イソク 法中 四三ウ8 八四 | |
| イソク | 愗 | イソク 法中 四六オ4 八九 | |
| イソク | 芒 | イソク 僧上 五オ8 七 | |
| イソク | 筞 | イソク 僧上 三五ウ2 六八 | イソク III 下 四ウ2 |
| イソク | 力 | イソク 僧上 四三オ1 八一 | イソク III 下 二オ1 |
| イソク | 務 | イ・ソ・ク 僧上 四三オ4 八三 | イ・ソ・ク III 下 三オ3 |

| 和訓 | 漢字 | 観智院本 | 蓮成院本 | 高山寺本 | 西念寺本 | 図書寮本 | 備考 |
|---|---|---|---|---|---|---|---|
| イソクガハシ | 劚 | イソクカハシ 僧上四ウ8 八六 | イソクカハシ III 下三オ6 | | | | |
| イソク | 孜 | イソク 僧中三オ1 六一 | イソク III 下六九オ1 | | | | |
| イソク | 鶩 | イソク 僧中五三ウ8 一〇二 | イソク III 下二七オ1 (五) | | | | |
| イタ | 板 | イタ 仏下本四七ウ1 九二 | | | | | |
| イタイムカナ | 懐 | イタイムカナ 法中四ウ4 八六 | | | | | |
| イタイカナ | 痛平 | イタイカナ 法下五八オ5 一一三 | | | | | |
| イタク | 任 | イタク 仏上四ウ8 二 | イタク I 上一ウ2 | イタク 三ウ6 | | | |
| イタク | 把 | イタク 仏下本二一ウ3 四〇 | | | | | |
| イダク | 抱 | イダク 仏下本二一ウ5 四〇 | | | | | |
| イダク | 懐 | | | | | イダク 二四四7 | |
| イダク | 懐 | | | | | イダク 二七三1 | |
| イタク | 擾 | イタク 仏下本三三ウ3 六二 | | | | | |
| イタク | 袌 | イタク 法中一四ウ8 二六 | | | | | |
| イダクウ | 勒 | イタクウ 僧上四四オ1 八五 | イタク III 下一三ウ5 | | | | |
| イタク | 版 | (ミ)イタク 僧中一九オ8 三五 | イタク III 下二三ウ2 (五〇) | | | | |

| | | | | | | | |
|---|---|---|---|---|---|---|---|
| イダクハカリ | 十人圍 | ・イダクハカリ 法下四四ウ4 八六 | | | | | |
| イタシ | 卟 | イタシ 仏中三ウ4 四二 | イタシ I上四一オ4 | イタシ 六九ウ7 | | | |
| イタシ | 家 | イタシ 法下二九ウ1 五六 | | | | | |
| イタシ | 忉 | イタシ 僧上四八オ5 九三 | | | | | |
| イタシ | 烈 | | | | | ・イ・タ・シ 集 二五三 6 | |
| イタシ | 恫 | | | | | ・イ・タ・シ 圡 二七三 5 | |
| イタシ | 致 | ・イ・タ・シ 僧中三三オ2 六二 | イタシ III下六九オ2 | | | | 運本 致 |
| イタシ | 酷 | イタシ 僧下二九ウ8 五六 | イタシキ III下五六オ4 | | | | |
| イタシモノ | 祝 | イタシキ 法下五ウ7 八 | | | | | |
| イタス | 孃 | ハタス 仏中七ウ7 一二 | | | | | |
| イダス | 珊琰 | ・イ・タ・ス 仏中一四オ7 二五 | (マ)ソタス I上三三ウ3 | ・イ・タ・スル 六一ウ2 | | | |
| イタス | 失 | イタス 仏下末二九オ4 三五 | | | | | |
| イタス | 溢 | イタス 法上三オ6 三 | イタス II中二オ4 | | | | |
| イタス | 課 | イタス 法上三〇オ8 五七 | イタス II中三オ1 | | | | |
| イタス | 出 | イタス 法上六二ウ3 一三 | | | | | |
| イタス | 屆 | イタス 法下四五ウ4 八八 | | | | | |

| 和訓 | 漢字 | 観智院本 | 蓮成院本 | 高山寺本 | 西念寺本 | 図書寮本 | 備考 |
|---|---|---|---|---|---|---|---|
| イダス | 歊 | イタル 僧中 二五オ4 四七 | イタル Ⅲ 下一 六二ウ7 | | | | |
| イタス | 敽 | イタル 僧中 二五オ4 四七 | ↓ イタル | | | | |
| イタス | 敹 | ↓ イタル | イタル Ⅲ 下一 六三ウ6 | | | | |
| イタス | 效 | イタル 僧中 二六ウ5 五四 | イタル Ⅲ 下一 六六オ2 | | | | |
| イタス | 致 | イタル 僧中 三三オ2 六一 | イタル Ⅲ 下一 六九オ2 | | | | 蓮本致 |
| イダス | 輸 | イタス 僧中 四五ウ7 八八 | | | | | |
| イタス | 輪 | イタス 僧中 四八オ6 九三 | イタル Ⅲ 下二 七三ウ7 (一) | | | | |
| イタス | 量 | イタス 仏中 五〇ウ6 九八 | イタス Ⅰ 上一 六六ウ6 | イタル 九九オ5 | | | |
| イタス | 貸 | イタス 仏下本 一三オ4 二一 | | | | | |
| イタス | 失 | イタス 仏下末 一四ウ4 二六 | | | | | |
| イダス | 出 | イタル 僧下 四三オ1 八三 | | | | イタル 一四五 3 | |
| イダス | 發 | イタス 僧下 五五オ8 一〇七 | | | | | |
| イタス | 分 | イタス 僧下 五五ウ8 一〇八 | | | | | |
| イタタキ | 頂 | イタ、キ 仏下本 一三ウ5 二三 | | | | | |
| イタタキ | 顛 | イタ、キ 仏下本 一二ウ5 二二 | | | | | |

| | | | | | | | |
|---|---|---|---|---|---|---|---|
| イタタキ | 顛 | イタヽキ 仏下本一四ウ5 二六 | | | | | |
| イタタキ | 巓 | イタヽキ 法上六二オ4 一三一 | | | | | |
| イタダキ | 巓 | イタヽキ 法上六二オ5 一三一 | | | | 伊多以岐 禾 一四7 | |
| イタタキ | [illegible] | イタヽキ 法上六二オ5 一三一 | | | | | |
| イタタク | 上 | イタヽク 仏上四〇ウ3 七四 | イタヽク Ⅰ上一七オ5 | イタヽク 四〇オ7 | イタヽク 四〇オ3 | | |
| イタタク | 誓 | イタヽク 仏中五一ウ2 一〇〇 | イタヽク Ⅰ上六七ウ2 | □ 九九ウ7 | | | 高本 虫損で不明 |
| イタタク | 天 | イタヽク 仏下末一七オ5 三一 | | | | | |
| イタタク | 頂 | イタヽク 仏下本一三ウ5 二二 | | | | | |
| イタタク | 竭 | イタヽク 法上四六ウ7 九〇 | | | | | |
| イタタク | 冠 | イタヽク 法下二八ウ8 五四 | | | | | |
| イタタク | 家 | イタヽク 法下二九ウ1 五六 | | | | | |
| イタダク | 戴 | イタヽク 僧中三ウ5 四二 | イタヽク Ⅲ下一六〇ウ7 | | | | |
| （イタタ）ケル | 戴 | | | | | （イタヽ）ケル 訓注 二一三 2 | |
| イタチ | 狸 | イタチ 仏下本六五ウ1 一二八 | | | | | |
| イタチ | 鼠狼 | イタチ 仏下本六五ウ3 一二八 | イタチ Ⅲ下二二オ6（三九） | | | | |
| イタチ | 猨 | [イ]タチ 仏下本六六ウ2 一三〇 | | | | | |

| 和訓 | 漢字 | 観智院本 | 蓮成院本 | 高山寺本 | 西念寺本 | 図書寮本 | 備考 |
| --- | --- | --- | --- | --- | --- | --- | --- |
| イタチ | 黄貁 | イタチ 仏下末 六オ1 九 | | | | | |
| イタチ | 鼠狼 | イタチ 僧下 二三ウ7 四二 | | | | | |
| イタチ | 鼬 | イタチ 僧下 二三オ2 四三 | イタチ Ⅲ 下 二三ウ7 (三九) | | | | |
| イタチ | 鼪 | イタチ 僧下 二三オ2 四三 | イタチ Ⅲ 下 二三ウ7 (三九) | | | | |
| イタチグサ | 三廣草 | イタチクサ 僧上 三オ8 三 | イタチクサ Ⅲ 下 二オ2 | | | | |
| イタチハシカミ | 欂栭 | イタチハシカミ 仏下本 五二オ4 一〇一 | | | | | |
| イタチハゼ | 三廣草 | イタチハセ 僧上 三オ8 三 | イタチハセ Ⅲ 下 二オ2 | | | | |
| イタツカハシ | 煩 | イタツカハシ 仏下本 一七オ4 三一 | | | | | |
| イタツカハシ | 滸 | イタツカハシ 法上 二ウ4 二 | | | | | |
| イタツカハシ | 汀 | | イタツカハシ Ⅱ 中 一オ6 | | | | |
| イタツカハシ | 勞 | イタツカハシ 僧上 四三オ2 八三 | イタツカハシ Ⅲ 下 三オ2 | | | | |
| イタツキ | 平題 | イタツキ 仏下本 一七オ4 三一 | | | | | |
| イタツキ | 我 | イタツキ 僧中 二三ウ1 四二 | イタツヘ Ⅲ 下 六〇ウ6 | | | | |
| イタツラ | 徒 | イタツラ 仏上 二三オ7 三九 | | イタツラ 二三オ6 | イタツラ 一九ウ6 | | |
| イタツラ | 衡 | イタツラ 仏上 二五オ5 四三 | | イタツラ 二四オ3 | イク(タ)ツラ 二一ウ6 | | |

| | | | | | |
|---|---|---|---|---|---|
| イタツラ | 梢 | イタツラ 仏下本 二五ウ5 四八 | | | |
| イタツラ | 穭 | イタツラ 法下 一二ウ3 二二 | | | |
| イタヅラ | 閑 | ・イ・タ・ツ・ラ 法下 三九オ6 七五 | | | |
| イタツラ | 唐 | イタツラ 法下 四八ウ6 九四 | | | |
| イタツラ | 庚 | イタツラ 法下 五四オ5 一〇五 | | | |
| イタヅラニ | 唐捐 | ・イ・タ・ツ・ラニ 法下 五四オ6 一〇五 | | | |
| イタドリ | 虎杖 | イ・タ・ト・リ 法下 四九オ4 九五 | | | |
| イタハシ | 勞 | イ・タ・ハシ 仏下末 二〇ウ7 三八 | | | |
| イタハシ | 防 | イタハシ 法中 二四ウ6 四六 | | | |
| イタハラシム | 惻 | イタハラシム 法中 五〇ウ8 九八 | | | |
| イタハル | 修 | イタハル 仏上 三三オ2 三七 | | イタハル 三〇オ5 | イタハル 一八ウ2 |
| イタハル | 醜 | イタハル 仏中 四四オ2 八五 | イタハル I 上 六一オ1 | イタハル 九二ウ3 | |
| イタハル | 賢 | イ・タ・ハル 仏下本 八ウ1 一四 | | | |
| イタハル | 勞 | イ・タ・ハル 仏下末 二〇ウ7 三八 | | | |
| イタハル | 郭 | イタハル 法中 二〇オ4 三七 | | | |
| イタハル | 息 | イタハル 法中 三七オ2 七一 | | | |

| 和訓 | 漢字 | 観智院本 | 蓮成院本 | 高山寺本 | 西念寺本 | 図書寮本 | 備考 |
|---|---|---|---|---|---|---|---|
| イタハル | 性 | イタハル 法中三八ウ8 七四 | | | | | |
| イタハル | 慎 | イタハル 法中四六オ4 八九 | | | | | |
| イタハル | 惓 | イタハル 法中四八オ3 九三 | | | | | |
| イタハル | 愐 | イタハル 法中四九オ1 九五 | | | | | |
| イタハル | 志 | イタハル 法中五〇ウ7 九八 | | | | | |
| イタハル | 慫 | イタハル 法中五一オ4 九九 | | | | | |
| イタハル | 屑 | イタハル 法下四五オ7 八七 | | | | | |
| イタハル | 廙 | イタハル 法下五三オ1 一〇三 | | | | | |
| イタハル | 勤 | イタハル 僧上四二オ2 八一 | イタワル(ハ) III下一二オ2 | | | | |
| イタハル | 勤 | イタハル 僧上四二オ6 八一 | イタハル III下一二オ5 | | | | |
| イタハル | 勤 | イタハル 僧上四二オ7 八一 | イタハル III下一二オ6 | | | | |
| イタハルシ | 勞 | イタハルミ 僧上四三オ2 八三 | イタハルミ III下一三オ2 | | | | |
| イタハルシ | 劬 | イタハルミ 僧上四三オ5 八三 | イタハルミ III下一三オ4 | | | | |
| イタハル | 功 | イタハル 僧上四八ウ1 九四 | イタハル III下一二六ウ2 | | | | |
| イタハル | 憂 | イタハル 僧中二八オ7 五三 | イタハル III下一六五ウ4 | | | | |

| | | | | | | | |
|---|---|---|---|---|---|---|---|
| △ イタハル | 酉目 | イタハル 僧下 三一オ6 五九 | イタハル Ⅲ下 一五七オ3 | | | | |
| イタヒ | 木連子 | イタヒ 仏下本 四三ウ5 八二 | | | | | |
| イタヒ | 折傷不 | イタヒ 仏下本 四三ウ5 八二 | | | | | |
| イタヒ | 木蓮子 | イタヒ 法下 一七〇オ4 一三七 | | | | | |
| イタマクハ | 愴 | イタマクハ 法中 四六オ6 八九 | | | | イタマクハ 二五二 5 | |
| イタミ | 媒 | イタミ 仏中 一九オ5 一五 | | イタミ 五五ウ7 | | | |
| イタミ | 疲 | イタミ 法下 六五オ8 一三七 | | | | | |
| イタミヤム | 恫矜 | イタミヤム 法中 三六オ4 六九 | | | | イタミヤム 書 二七三 5 | |
| イタミヤム | 恫矜 | イタミヤム 法中 三七オ7 七一 | | | | | |
| イタミヨノノク | 悼慄 | イタミヨノノク 法中 四八オ6 九三 | | | | イタミヨノノク 詁 二五八 7 | |
| イタム | 侗 | イタム 仏上 七ウ8 八 | イタム Ⅰ上 三ウ2 | イタム 六オ3 | イタム 二ウ1 | | |
| イタム | 倭 | イタム 仏上 一四ウ6 二三 | | イタム 一三オ4 | イタム 一〇オ3 | | |
| イタム | 傷 | イタム 仏上 一五ウ5 二四 | | イタム 一三ウ7 | イタム 一一オ2 | | |
| イタム | 依 | イタム 仏上 一七ウ8 二八 | | イタム 一九オ1 | イタム 一三ウ4 | | |
| イタム | 依く | イタム 仏上 一七ウ8 二八 | | イタム 一九オ1 | イタム 一三ウ4 | | |
| イタム | 偖 | イタム 仏上 一八オ4 二九 | | イタム 一八オ2 | イタム 一四オ1 | | |

| 和訓 | 漢字 | 観智院本 | 蓮成院本 | 高山寺本 | 西念寺本 | 図書寮本 | 備考 |
|---|---|---|---|---|---|---|---|
| イタム | 倦 | イタム 仏上 一八ウ6 三〇 | | イタム 一七ウ1 | イタル(ミ) 一四ウ4 | | |
| イタムミ | 耿 | イタムミ 仏中 一三オ8 三 | イタミム Ⅰ上 一三ウ6 | イタミム 四九オ4 | イタミム 五〇ウ1 | | |
| イタム | 姉 | イタム 仏中 五オ5 七 | イタム Ⅰ上 二五オ7 | イタム 五一ウ4 | イタム 五二ウ5 | | |
| イタム | 嗟 | イタム 仏中 二五ウ5 四八 | イタム Ⅰ上 四三ウ7 | イタム 七三オ3 | | | |
| イタム | 嘀 | イタム 仏中 二六オ4 四九 | イタム Ⅰ上 四四ウ2 | イタム 七三オ6 | | | |
| イタム | 咜 | イタム 仏中 三一オ7 五九 | イタム Ⅰ上 四九オ7 | イタム 七八ウ7 | | | |
| イタム | 胥 | イタム 仏中 六五オ3 一二七 | イタム Ⅰ上 七四ウ6 | | | | |
| イタム | 彫 | イタム 仏下本 一七ウ2 三二 | | | | | |
| イタム | 棲 | イタム 仏下本 四〇オ6 七七 | | | | | |
| イタム | 楚 | イタム 仏下本 六四ウ8 一二六 | | | | | |
| イタム | 煌 | イタム 仏下末 二〇オ2 三七 | | | | | |
| イタム | 灼 | イタム 仏下末 二三オ6 四三 | | | | | |
| イタム | 耿 | イタム 仏下末 二六ウ8 五〇 | | | | | |
| イタム | 法 | イタム 法上 九オ1 一五 | イタム Ⅱ中 六オ7 | | | | |
| イタム | 讀 | イタム 法上 二五ウ4 四八 | イタム Ⅱ中 二五ウ5 | | | | |

| | | | |
|---|---|---|---|
| イタム | 卭 | イタム | 法中 一八オ3 三三 |
| イタム | 隠 | イタム | 法中 二四ウ8 四六 |
| イタム | 忡 | イタム | 法中 三六オ4 六九 |
| イタム | 惕 | イタム | 法中 三六オ7 六九 |
| イタム | 愁 | イタム | 法中 三六オ7 六九 |
| イタム | 惕 | イタム | 法中 三六オ8 六九 |
| イタム | 慯 | イタム | 法中 三六オ8 六九 |
| イタム | 忙 | イタム | 法中 三六ウ1 七〇 |
| イタム | 怚 | イタム | 法中 三六ウ7 七〇 |
| イタムシ | 恫 | イタムし | 法中 三七オ7 七一 |
| イタム | 懆 | イタム | 法中 三七オ8 七一 |
| イタム | 悃 | イタム | 法中 三七ウ1 七二 |
| イタム | 怬 | イタム | 法中 三八ウ4 七四 |
| イタム | 懆 | イタム | 法中 四〇オ7 七七 |
| イタム | 憭 | イタム | 法中 四〇オ8 七七 |
| イタム | 憯 | イタム | 法中 四〇ウ1 七八 |

| 和訓 | 漢字 | 観智院本 | 蓮成院本 | 高山寺本 | 西念寺本 | 図書寮本 | 備考 |
|---|---|---|---|---|---|---|---|
| イタム | 憯 | イタム 法中四〇ウ1 七八 | | | | | |
| イタム | 怊 | イタム 法中四〇ウ1 七八 | | | | | |
| イタム | 惜 | イタム 法中四〇ウ2 七八 | | | | | |
| イタム | 懵 | イタム 法中四〇ウ7 七八 | | | | | |
| イタム | 慨 | イタム 法中四一ウ8 八〇 | | | | | |
| イタム | 憿 | イタム 法中四二オ7 八一 | | | | | |
| イタム | 憿 | イタム 法中四二オ8 八一 | | | | | |
| イタム | 惚 | イタム 法中四二ウ3 八二 | | | | | |
| イタム | 慟 | イタム 法中四二ウ6 八二 | | | | イタム 聿 二六四5 | |
| イタム | 勲 | イタム 法中四二ウ6 八二 | | | | | |
| イタム | 怐 | イタム 法中四三オ2 八三 | | | | | |
| イタム | 愴 | イタム 法中四六オ5 八九 | | | | | |
| イタム | 惻 | | | | | イタム 易 二五三4 | |
| イタム | 惻愴 | イタム 法中四六オ6 八九 | | | | イタム 巽 二五二5 | |
| イタム | 悼 | | | | | イタム 彼 二五八7 | |

| | | | | | | | | | | | | | | | |
|---|---|---|---|---|---|---|---|---|---|---|---|---|---|---|---|
| イタム | イタム | イタム | イタム | イタム | イタム | イタム | イタム | イタム | イタム | イタム | イタム | イタム | イタム | イタムシ | イタム |
| 快 | 懣 | 悼 | 悵 | 悠 | 悖 | 惻 | 愍 | 悍 | 悽 | 哀 | 閔 | 屍 | 痛 | 痞 | 痗 |
| イタム 法中九二 四七ウ1 | イタム 法中九三 四八オ2 | イタム 法中九三 四八オ5 | イタム 法中九三 四八オ8 | イタム 法中九六 四九ウ3 | イタム 法中九七 五〇オ8 | イタム 法中九八 五〇ウ8 | イタム 法中一〇〇 五一ウ2 | イタム 法中一〇〇 五一ウ8 | イタム 法中一〇二 五二オ5 | イタム 法中一三七 七〇オ7 | イタム 法下七九 四一オ2 | イタム 法下九一 四七オ4 | イタムシ 法下一二三 五八オ4 | イタム 法下一二三 五八オ8 | イタム 法下一三四 六三ウ2 |
| | | | | | | | | | | | | | | | |
| | | | | | | | | | | | | | | | |
| | | | | | | | | | | | | | | | |
| | | | イタム 集 二五二ウ7 | | | | | | | | | | | | |
| | | | | | | | | | | | | | | | |

| 和訓 | 漢字 | 観智院本 | 蓮成院本 | 高山寺本 | 西念寺本 | 図書寮本 | 備考 |
|---|---|---|---|---|---|---|---|
| イタム | 劚 | イタム 僧上 四ウ8 八六 | イタム Ⅲ下 二三オ6 | | | | |
| イタム | 㦰 | イタム 僧中 三〇ウ6 三八 | イタム Ⅲ下 五九ウ1 | | | | |
| イタム | 戚 | イタム 僧中 二一ウ1 四〇 | イタム Ⅲ下 六〇オ2 | | | | |
| イタム | 慼 | イタム 僧中 二一ウ1 四〇 | (ミ)リメム Ⅲ下 六〇オ3 | | | | |
| イタム | 戔 | イタム 僧中 二三オ1 四一 | イタム Ⅲ下 六〇ウ1 | | | | |
| イタム | 斬 | イタム 僧中 四四オ1 八五 | | | | | |
| イタム | 豫 | イタム 僧中 五〇オ6 九七 | イタム Ⅲ下二 七五ウ4 (三) | | | | |
| イタム | 酸 | イタム 僧下 三一オ8 五九 | イタム Ⅲ下 五七オ4 | | | | |
| イタム | 毒 | イタム 僧下 五六ウ3 一一〇 | イタム Ⅲ下二 一三五ウ1 (六三) | | | | |
| イタムラクハ | 愴 | イタムラクハ 法中 四六オ6 八九 | | | | イタムラツハ 唱 二五二5 | |
| イタムル | 憚 | イタムル 法中 四〇オ6 七七 | | | | | |
| イタヤガヒ | 文蛤 | イタヤガヒ 僧下 一五ウ6 二八 | イタヤガヒ Ⅲ下二 一〇三ウ4 (三二) | | | | |
| イタヤガヒ | 文蛉 | | イタヤガヒ Ⅲ下二 一一〇ウ6 (三八) | | | | |
| イタリ | 施 | イタリ 僧上 四三ウ1 八四 | イタリ Ⅲ下 二三オ6 | | | | |
| イタル | 倏 | イタル 仏上 一三オ4 一七 | | イタル 一〇オ4 | イタル 六ウ6 | | |

| | | | | | | |
|---|---|---|---|---|---|---|
| イタル | 俟 | イタル 仏上 一三ウ2 一八 | | イタル 一〇ウ3 | イタル 七オ6 | 高本 優 |
| イタル | 偈 | ・イ・タ・ル 仏上 一五ウ3 二四 | | ・イ・タ・ル 一三ウ6 | タイル（ママ） 一〇ウ6 | |
| イタル | 傳 | ↓ イカ(タ)ル | | ・イ・タ・ル 一四ウ2 | イタル 一一ウ1 | |
| イタル | 伇 | イタル 仏上 一八オ7 二九 | | | | |
| イタル | 儭 | イタル 仏上 一八オ8 二九 | | イタル 一七オ1 | イタル 一四オ5 | |
| イタル | 作 | イタル 仏上 二〇オ3 三三 | | イタル 二一ウ3 | イタル 一六オ3 | |
| イタル | 假 | イタル 仏上 二〇オ5 三三 | | ・イ・タ・ル 二一ウ5 | イタル 一六オ4 | |
| イタル | 往 | イタル 仏上 二三オ6 三七 | | イタル 二〇ウ1 | イタル 一八ウ5 | |
| イタル | 徹 | イタル 仏上 二三オ3 三九 | | イタル 二二オ4 | イタル 一九ウ3 | |
| イタル | 徦 | イタル 仏上 二四オ4 四一 | | イタル 二四ウ5 | イタル 二〇ウ5 | |
| イタル | 衎 | ・イ・タル 仏上 二五オ8 四三 | | ・イ・タル 二四オ6 | イタル 二二オ3 | |
| イタル | 衕 | イタル 仏上 二五ウ1 四四 | | イタル 二四オ7 | イタル 二二オ4 | |
| イタル | 迖 | ・イ・タル 仏上 二六ウ1 四六 | | イタル 二五ウ2 | イタル 二三オ5 | |
| イタル | 逮 | イタル 仏上 二六ウ4 四六 | | イタル 二五ウ5 | イタル 二三ウ2 | |
| イタル | 迨 | イタル 仏上 二六ウ5 四六 | | イタル 二五ウ6 | イタル 二三ウ3 | |
| イタル | 逑 | イタル 仏上 二七オ7 四七 | イタル I 二 五オ7 | イタル 二六オ6 | イタル 二四オ4 | |

| 和訓 | 漢字 | 観智院本 | 蓮成院本 | 高山寺本 | 西念寺本 | 図書寮本 | 備考 |
|---|---|---|---|---|---|---|---|
| イタル | 速 | イタル 仏上 二七ウ3 四八 | イタル I上 五ウ3 | イタル 二六ウ1 | イタル 二四ウ2 | | |
| イタル | 迪 | イタル 仏上 二九オ2 五一 | イタイ(ママ) I上 六ウ7 | イタル 二七ウ7 | ナタル(ママ) 二六オ3 | | |
| イタル | 逈 | イタル 仏上 二九オ6 五一 | イタル I上 七オ3 | イタル 二八オ4 | イタル 二六オ6 | | |
| イタル | 達 | イタル 仏上 二九ウ1 五二 | イタル I上 七オ5 | ·イ·タル 二八オ6 | イタル 二六ウ2 | | |
| イタル | 逗 | イタル 仏上 二九ウ6 五二 | イタル I上 七ウ2 | イタル 二八ウ3 | イタル 二六ウ6 | | |
| イタル | 遣 | イタル 仏上 三〇ウ4 五四 | イタル I上 八オ7 | イタル 二九ウ2 | イタル 二八オ3 | | |
| イタル | 遺 | イタル 仏上 三一ウ5 五六 | イタル I上 九ウ1 | イタル 三〇ウ4 | イタル 二九オ5 | | |
| イタル | 逝 | ·イ·タル· 仏上 三二オ7 五七 | イタル I上 一〇オ1 | ·イ·タル 三一オ6 | イタル 三〇オ2 | | |
| イタル | 造 | イタル 仏上 三二ウ2 五八 | イタル I上 一〇オ3 | ·イ·タル 三一ウ1 | イタル 三〇オ4 | | |
| イタル | ⿺辶善 | イタル 仏上 三二ウ3 五八 | イタル I上 一〇オ3 | イタル 三一ウ2 | イタル 三〇オ5 | | |
| イタル | 之 | イタル 仏上 三三ウ7 六〇 | | | イタル 三一ウ4 | | |
| イタル | ⿺辶聿 | イタル 仏上 三四ウ1 六二 | イタル I上 一二ウ4 | イタル 三三オ6 | イタル 三二ウ1 | | 西本 建 |
| イタル | 趦 | イタル 仏上 三五ウ7 六四 | イタル I上 一三オ1 | イタル 三五オ2 | イタル 三四オ6 | | |
| イタル | 赴 | クタル(ママ) 仏上 三六オ5 六五 | イタル I上 一三オ6 | イタル 三五ウ1 | イタル 三四ウ6 | | |
| イタル | 至 | イタル 仏上 四一オ2 七五 | イタル I上 一七ウ2 | ·イ·タル 四〇ウ5 | イタル 四〇ウ3 | | |

| 訓 | 字 | 1 | 2 | 3 | 4 |
|---|---|---|---|---|---|
| イタル | 躬 | イタル 仏上八六 四六ウ1 | イタル I上 二オ7 | イタル 四六オ3 | イタル 四七オ6 |
| イタル | 摯 | イタル 仏中一七 一〇オ5 | イタル I上 三〇オ3 | ・イ・タル. 五七オ1 | |
| イタル | 呈 | イタル 仏中六〇 三一ウ4 | イタル I上 四九ウ3 | イタル 七九オ4 | |
| イタル | 着 | ・イ・タル 仏中七〇 三六ウ2 | イタル I上 五三ウ5 | ・イ・タル 八四オ7 | |
| イタル | 自 | ・イ・タル 仏中七九 四一オ1 | イタル I上 五八オ2 | ・イ・タル 八九オ3 | |
| イタル | 替 | イタル 仏中一〇〇 五一ウ2 | イタル I上 六七ウ2 | ・イ・タル. 九九ウ7 | |
| イタル | 曆 | イタル 仏中一〇二 五三ウ2 | イタル I上 六八オ5 | イタル 一〇〇ウ4 | |
| イタル | 般 | イタル 仏本一 一二オ5 | | | |
| イタル | 頭 | イタル 仏下本二 一三オ8 | | | |
| イタル | 抱 | イタル 仏下本四〇 二一ウ5 | | | |
| イタル | 揥 | イタル 仏下本四五 二四オ6 | | | |
| イタル | 揭 | イタル 仏下本五五 二九オ1 | | | |
| イタル | 極 | ・イ・タル 仏下本五七 三〇オ2 | | | |
| イタル | 掋 | イタル 仏下本六三 三二オ2 | | | |
| イタル | 抵 | ・イ・タル 仏下本六三 三三オ3 | | | |
| イタル | 挃 | イタル 仏下本六三 三三オ4 | | | |

| 和訓 | 漢字 | 観智院本 | 蓮成院本 | 高山寺本 | 西念寺本 | 図書寮本 | 備考 |
| --- | --- | --- | --- | --- | --- | --- | --- |
| イタル | 擻 | ・イ・タル 仏下本三三ウ3 六四 | | | | | |
| イタル | 挌 | ・イ・タ・ル 仏下本三四オ1 六五 | | | | | |
| イタル | 拒 | イタ・ル 仏下本三四ウ1 六六 | | | | | |
| イタル | 搉 | イタル 仏下本三六ウ3 七〇 | | | | | |
| イタル | 投 | イタル 仏下本四〇オ2 七七 | | | | | |
| イタル | 捉 | ・イ・タ・ル 仏下本四〇オ3 七七 | | | | | |
| イタル | 格 | イタル 仏下本四四オ5 八五 | | | | | |
| イタル | 活 | ・イ・タ・ル 仏下本四八オ3 九三 | | | | | |
| イタル | 極 | ・イ・タ・ル 仏下本五九オ1 一一五 | | | | | |
| イタル | 杠 | ・イ・タル 仏下本五九ウ3 一一六 | | | | | |
| イタル | 桯 | イタル 仏下本五九ウ3 一一六 | | | | | |
| イタル | 戻 | ・イ・タル 仏下本六六オ5 一二九 | | | | | |
| イタル | 孔 | イタル 仏下末八オ5 一三 | | | | | |
| イタル | 箁 | ・イ・タ・ル 仏下末一四ウ7 二六 | | | | | |
| イタル | 奄 | イタル 仏下末一八ウ3 三四 | | | | | |

| 訓 | 字 | 法 | 中 | | | 記 | |
|---|---|---|---|---|---|---|---|
| イタル | 熈 | イタル 仏下末二五オ3 四七 | | | | | |
| イタル | [illegible] | イタル 仏下末二七オ6 五一 | | | | | |
| イタル | 洎 | ・イ・タル 法上六オ2 九 | ・イ・タル II中七ウ4 | | | | |
| イタル | 泊 | イタル 法上六オ2 九 | イタル II中七ウ5 | | | | |
| イタル | 溘 | イタル 法上七ウ7 二二 | イタル II中九ウ1 | | | | |
| イタル | 澈 | イタル 法上一〇ウ8 一八 | イタル II中一〇ウ1 | | | | |
| イタル | 溱 | ・イ・タル 法上一一ウ7 二〇 | ・イ・タル II中一一ウ2 | | | | |
| イタル | 沖 | イタル 法上一五オ6 二七 | イタル II中一四ウ3 | | | | |
| イタル | 演 | イタル 法上一六オ7 二九 | イタル II中一五ウ4 | | | | |
| イタル | 漸 | ・イ・タル 法上一八オ5 三二 | ・イ・タル II中一七ウ6 | | | | |
| イタル | 薄 | イタル 法上二三ウ7 四二 | ↓クタル | | | | |
| イタル | 詎 | イタル 法上三三オ8 六三 | イタル II中二四オ1 | | | | |
| イタル | [illegible] | イタル 法上二四ウ6 四六 | イタル II中二五オ2 | | | | |
| イタル | 訖 | イタル 法上二七ウ3 五二 | イタル II中二八オ3 | | | | |
| イタル | 詣 | ・イ・タル 法上三七ウ2 七三 | | | | ・イ・タル・ 記 九八4 | |
| イタル | 踵 | イタル 法上三八ウ4 七四 | | | | | |

| 和訓 | 漢字 | 観智院本 | 蓮成院本 | 高山寺本 | 西念寺本 | 図書寮本 | 備考 |
|---|---|---|---|---|---|---|---|
| イタル | 蹱 | イタル 法上三八ウ5 七四 | | | | | |
| イタル | 趴 | イタル 法上四一ウ8 八〇 | | | | | |
| イタル | 距 | ・イ・タル 法上四二オ7 八一 | | | | | |
| イタル | 踇 | イタル 法上四三オ4 八三 | | | | | |
| イタル | 心 | ・イ・タル 法上五〇オ8 九七 | | | | | |
| イタル | 砧 | イタル 法中二ウ5 二 | | | | | |
| イタル | 郊 | イタル 法中二〇オ3 三七 | | | | | |
| イタル | 隆 | イタル 法中二一ウ4 四〇 | | | | | |
| イタル | 恒 | イタル 法中三六ウ7 七〇 | | | | | |
| イタル | 悃 | イタル 法中三七ウ1 七二 | | | | | |
| イタル | 慨 | イタル 法中四一ウ8 八〇 | | | | | |
| イタル | 忄冐 | イタル 法中四六ウ8 九〇 | | | | | |
| イカタル | 悔 | イカタル 法中四八ウ7 九四 | | | | | |
| イタル | 懐 | ・イ・タル・ 法中四四ウ4 八六 | | | | ・イタル・ 二四四7 | 懐 図本 |
| イタル | 懐 | | | | | ・イタル・ 二七三1 | |

| | | | |
|---|---|---|---|
| イタル | 怬 | ・イ[タ]ル | 法中 五二オ1 一〇二 |
| イタル | 祝 | イタル | 法下 四オ4 五 |
| イタル | 岳 | イタル | 法下 二一オ8 三九 |
| イタル | 向 | イタル | 法下 二一ウ5 四〇 |
| イタル | 之 | イタル | 法下 二三ウ4 四二 |
| イタル | 察 | イタル | 法下 二六ウ7 五〇 |
| イタル | 寀 | ・イ・タル・ | 法下 二七オ2 五一 |
| イタル | 圍 | イタル | 法下 四四ウ4 八六 |
| イタル | 届 | ・イ・タル | 法下 四五ウ2 八八 |
| イタル | 戾 | イタル | 法下 四八オ3 九三 |
| イタル | 废 | イタル | 法下 四八オ4 九三 |
| イタル | 底 | ・イ・タル | 法下 五一ウ5 一〇〇 |
| イタル | 𢈈 | イタル | 法下 五二オ3 一〇一 |
| イタル | 庢 | イタル | 法下 五三ウ4 一〇四 |
| イタル | 庢 | イタル | 法下 五三ウ4 一〇四 |
| イタル | 㡖 | イタル | 法下 五三ウ5 一〇四 |

| 和訓 | 漢字 | 観智院本 | 蓮成院本 | 高山寺本 | 西念寺本 | 図書寮本 | 備考 |
| --- | --- | --- | --- | --- | --- | --- | --- |
| イタル | 屬 | イタル 法下五五オ5 一〇七 | | | | | |
| イタル | 卮 | イタル 法下五五オ8 一〇七 | | | | | |
| イタル | 匜 | イタル 法下五五オ8 一〇七 | | | | | |
| イタル | 疘 | イタル 法下六二オ1 一二一 | | | | | |
| イタル | 死 | イタル 法下六八ウ4 一三四 | | | | | |
| イタル | 薄 | イタル 僧上一五ウ8 二八 | | | | | |
| イタル | 萃 | イタル 僧上二四オ6 四五 | イタル Ⅲ下二ウ4 | | | | |
| イタル | 若 | イタル 僧上二五オ5 四七 | イタル Ⅲ下三ウ3 | | | | |
| イタル | ⿺辶差 | イタル 僧上三五ウ4 六八 | イタル Ⅲ下一四ウ4 | | | | |
| イタルス | 効 | イタル爪 僧上四三ウ2 八二 | イタル爪 Ⅲ下三ウ2 | | | | |
| イタル | 到 | イタル 僧上四八ウ2 九四 | | | | | |
| イタル | 羾 | イタル 僧上五一オ4 九九 | イタル Ⅲ下二九オ4 | | | | |
| イタル | 羅 | イタル 僧中七オ6 一二 | イタル Ⅲ下五〇オ6 | | | | |
| イタル | 予 | イ\タル 僧中二〇オ7 三七 | | | | | |
| イタル | 弍 | イタル 僧中二三ウ6 四二 | イタル Ⅲ下六一オ1 | | | | |

| | | | | | | | |
|---|---|---|---|---|---|---|---|
| イタル | 歎 | イタル 僧中二四ウ4 四六 | イタル Ⅲ下一六二ウ2 | | | | |
| イタル | 歎 | イタル 僧中二六オ6 四九 | ↓ イタル爪 | | | | |
| イタル | 款 | | イタル Ⅲ下一六二ウ2 | | | | |
| イタル | 及 | イタル 僧中二七ウ1 五二 | イタル Ⅲ下一六四ウ7 | | | | |
| イタル | 放 | イタル 僧中三一ウ8 六〇 | イタル Ⅲ下一六九オ1 | | | | |
| イタル | 致 | イタル 僧中三三オ2 六二 | イタル Ⅲ下一六九オ2 | | | | 蓮本 致 |
| イタル | 集 | イタル 僧中六九オ8 一三五 | イタル Ⅲ下二九ウ4 (一九) | | | | |
| イタル | 出 | ↓ イタ爪 | イタル Ⅲ下二三四ウ1 (六二) | | | | |
| イタル | 考 | | イタル Ⅲ下二三六オ2 (六四) | | | | |
| イタル | 跮 | イタル 僧下三七ウ8 七二 | イタル Ⅲ下二四一オ5 (六九) | | | | |
| イタル | 蹸 | イタル 僧下三八オ1 七三 | イタル Ⅲ下二四一オ5 (六九) | | | | |
| イタル | 踍 | イタル 僧下三八オ1 七三 | イタル Ⅲ下二四一オ6 (六九) | | | | |
| イタル | 蹤 | イタル 僧下三八オ2 七三 | イタル Ⅲ下二四一オ6 (六九) | | | | |
| イタル | 暨 | イタル 僧下四九ウ2 九六 | イタル Ⅲ下二三六ウ3 (五四) | | | | |
| イタル | 祭 | | イタル Ⅲ下二四二ウ3 (七〇) | | | | |
| イタル | 發 | ↓ イタス | イタル Ⅲ下二四二ウ4 (七〇) | | | | |

| 和訓 | 漢字 | 観智院本 | 蓮成院本 | 高山寺本 | 西念寺本 | 図書寮本 | 備考 |
|---|---|---|---|---|---|---|---|
| イタル | 叅 | イタル 僧下五一ウ6 一〇〇 | イタル Ⅲ下二四七ウ1（七五） | | | | |
| イタル | 希 | イタル 僧下五三ウ2 一〇二 | イタル Ⅲ下二四三オ2（七〇） | | | | |
| イタル | 周 | イタル 僧下五四オ8 一〇五 | イタル Ⅲ下二三〇オ6（五八） | | | | |
| イタル | 罄 | イタル 僧下五四ウ5 一〇六 | | | | | |
| イタル | 跰 | イタル 僧下五八オ3 一一三 | イタル Ⅲ下二四六ウ5 | | | | |
| イチ | 市 | イチ 法下二一ウ1 四〇 | | | | | |
| イチカト | 闠 | イチカト 法下四〇ウ5 七八 | | | | | |
| イチカト | 闤 | イチカト 法下四二ウ6 八二 | | | | | |
| イチカフ | 市 | イチカフ 法中五二ウ6 一〇二 | | | | | |
| イチグラ | 肆 | イチクラ 仏本一八オ3 三三 | | | | | |
| イチクラ | 隧 | イチクラ 法中三三ウ3 四二 | | | | | |
| イチクラ | 壥 | イチクラ 法中三三オ6 六一 | | | | | |
| イチグラ | 廛 | イチクラ 法下五〇ウ4 九八 | | | | | |
| イチグラ | 厘 | イチクラ 法下五五ウ5 一〇八 | | | | | |
| イチゴ | 覆盆子 | イチコ 法下七〇オ5 一三七 | | | | | |

△

| | | | | | | |
|---|---|---|---|---|---|---|
| イチゴ | 蘡薁子 | イチコ 法下 七〇オ5 一三七 | | | | |
| イチコ | 薁 | イチコ 僧上 一九オ8 三五 | | | | |
| イチコ | 複薁子 | イチコ 僧上 一九オ8 三五 | | | | |
| イチコ | 薁盆 | | イチコ Ⅲ下 一ウ5 | | | |
| イチシルシ | 傑 | イチシルシ 仏上 二一ウ7 一六 | | イチシルシ 九ウ6 | □ 六ウ3 | 高本・西本 傑 虫損 |
| イチシルシ | 掲焉 | イチシルシ 仏上 四一ウ2 七六 | イチシルシ Ⅰ上 一七ウ6 | イチシルシ 四一オ4 | イチシルシ 四一オ4 | |
| イチシルシ | 見 | イチシルシ 仏中 四二オ1 八一 | イチシルシ Ⅰ上 五九オ1 | イチシルシ 九〇ウ3 | | |
| イチシルシ | 現 | イチシルシ 仏中 四三ウ7 八四 | イチシルシ Ⅰ上 六〇ウ5 | イチシルシ 九二オ7 | | |
| イチシルシ | 白地 | イチシルシ 仏中 五三オ6 一〇三 | | | | |
| イチシルシ | 皛 | | イチシルシ Ⅰ上 六九オ4 | イチシルシ 一〇一オ3 | | |
| イチシルシ | 掲 | イチシルシ 仏下本 二九オ1 五五 | | | | |
| イチシルシ | 掲焉 | イチシルシ 仏下本 二九オ3 五五 | | | | |
| イチシルシ | 栵 | イチシルシ 仏下本 六〇ウ3 一一八 | | | | |
| イチシルシ | 炤 | イチシルシ 仏下末 三〇ウ4 二三八 | | | | |
| イチシルシ | 竪 | イチシルシ 法上 四六ウ8 九〇 | | | | |
| イチシルシ | 喧著 | イチシルシ 僧上 三〇ウ1 三八 | | | | |

| 和訓 | 漢字 | 観智院本 | 蓮成院本 | 高山寺本 | 西念寺本 | 図書寮本 | 備考 |
|---|---|---|---|---|---|---|---|
| △ イチシルシ | 宣著 | イチシルシ 僧上二〇ウ1 三八 | | | | | |
| △ イチシルシ | 太著 | イチシルシ 僧上二〇ウ1 三八 | | | | | |
| イチシロシ | 白 | イチシロシ 仏中五三オ5 一〇三 | | イチシロシ 一〇オ2 | | | |
| イチシロシ | 皛 | イチシロシ 仏中五三オ6 一〇三 | | | | | |
| イチノミチ | 隊 | イチノミチ 法中三三ウ2 四二 | | | | | |
| イチノミチ | 隧 | イチノミチ 法中三三ウ3 四二 | | | | イチノミチ 巽 二〇五4 | |
| イチヒ | 橡實 | イチヒ 仏下本四九ウ6 九六 | | | | | |
| イチヒ | 櫟 | イチヒ 仏下本五三ウ8 一〇四 | | | | | |
| イチヒ | 茵 | イチヒ 僧上一七オ8 二一 | | | | | |
| イチヒ | 涼 | イチヒ 僧中一七オ3 三一 | イチヒ III 下一五五ウ1 | | | | |
| イチ井 | 栖 | イチ井 仏下本四五ウ2 八八 | | | | | |
| イチヒト | 市郭児 | イチヒト 仏下末九オ7 一五 | | | | | |
| イチヒノカサ | 櫟梂 | イチヒノカサ 仏下本五三ウ8 一〇四 | | | | | |
| イツ | 起 | イツ 仏上三六ウ2 六六 | イツ I 上二一三ウ3 | イツ 三五ウ5 | イツ 三五オ4 | | |
| イツ | 挺 | イツ 仏下本三一オ3 五九 | | | | | |

| | | | | | | |
|---|---|---|---|---|---|---|
| イツ | 讀 | イツ 法上二三五オ7 四七 | イツ Ⅱ中二五ウ6 | | | |
| イヅ | 出 | イツ 法上六三ウ3 三三 | イツ Ⅲ下二一三四ウ1（六二） | | | |
| イツ | 暦 | イツ 法下五五ウ4 一〇八 | | | | |
| イヅ | 出 | イツ 僧下四三オ1 八三 | | | | |
| イヅ | 經 | | | | | イツ 遊 二八七7 |
| イツ | 出 | イツ 僧下四三オ1 八三 | イツ Ⅲ下二一三四ウ1（六二） | | | |
| イヅ | 生 | イツ 僧下四七オ3 九一 | | | | |
| イツ | 生 | イツ 僧下四七オ3 九一 | イツ Ⅲ下二一三五オ2（六三） | | | |
| イツ | 升 | イツ 僧下五六オ1 一〇九 | | | | |
| イツ | 出 | イツ 僧下五七ウ8 一一二 | | | | |
| イツカ | 早晩 | イツカ 仏中五三オ1 一〇一 | イツカ Ⅰ上六七ウ6 | イツカ 一〇〇オ5 | | |
| イツカヘリオツ | 顛墜 | イツカヘリオツ 仏下本一四ウ6 一六 | | | | |
| イヅクカ | 爰 | | イツクカ Ⅲ下二二七ウ5（四五） | | | |
| イツクシ | 儼 | イツクシ 仏上一九オ5 三二 | | イツクシ 一七ウ6 | イツクシ 一五オ3 | |
| イツクシ | 速 | イツクシ 仏上二七ウ3 四八 | イツクシ Ⅰ上五ウ3 | イツクシ 二六ウ1 | イツクシ 二四ウ1 | |
| イツクシ | 喩 | イツクシ 仏中一九オ3 三五 | イツクシ Ⅰ上三七ウ6 | イツクシ 六六オ4 | | |

| 和訓 | 漢字 | 観智院本 | 蓮成院本 | 高山寺本 | 西念寺本 | 図書寮本 | 備考 |
|---|---|---|---|---|---|---|---|
| イツクシ | 嚴 | イツクシ 仏中 三〇ウ8 三八 | イツクシ Ⅰ上 三九ウ3 | イツクシ 六八オ4 | | | |
| イヅクシ | 於 | イツクシ 仏本 三四ウ5 六六 | | | | | |
| イツクシウス | 疰 | イツクシウス 法下 六五オ5 一三七 | | | | | |
| イツクシ | 肅 | イツクシ 僧下 五三オ2 一〇三 | イツクシ Ⅲ下 二四オ6（六八） | | | | |
| イヅクソ | 何 | イツクソ 仏上 七ウ1 八 | イツクソ Ⅰ上 三オ6 | イツクソ 五ウ3 | イツクソ 二オ1 | | |
| イツクソ | 於何 | | イツクソ Ⅰ上 三オ7 | イツクソ 五ウ5 | | | |
| △イツクソ | 奈何 | | イツクソ Ⅰ上 三オ7 | イツクソ 五ウ5 | | | |
| イヅクソ | 曷 | イツクソ 仏中 五〇オ6 九七 | イツクソ Ⅰ上 六六オ6 | イツクソ 九八ウ5 | | | |
| イヅクソ | 胡 | イツクソ 仏中 六九ウ1 一三六 | | | | | |
| イヅクソ | 安 | イツクソ 仏末 一五ウ8 二一八 | | | | | |
| イヅクソ | 奚 | イツクソ 仏末 一九オ6 二三五 | | | | | |
| イヅクソ | 悪 | イツクソ 法中 三九オ8 七五 | | | | | |
| イツクソ | 悪 | イツクソ 法中 三九ウ1 七六 | | | | | |
| イヅクソ | 安 | イツクソ 法下 二六ウ6 五〇 | | | | | |
| イヅクソ | 庸 | イツクソ 法下 四八ウ6 九四 | | | | | |

| △ | 訓 | 漢字 | 1 | 2 | 3 | 4 | 備考 |
|---|---|---|---|---|---|---|---|
| | イヅクソ | 焉 | イツクソ 僧中 六七ウ4 三三二 | (ヨミ)クツクソ Ⅲ下 八九ウ5 (七) | | | |
| | イヅクソ | 焉 | イツクソ 僧下 五三ウ5 一四四 | | | | |
| | イツクニカ | 於焉 | イツクニカ 仏上 四一ウ2 七六 | イツクニカ Ⅰ上 一七ウ6 | イツクニカ 四一オ4 | イツクニカ 四一オ5 | |
| | イヅクニカ | 於 | イツクニカ 僧中 一六ウ4 三〇 | イツクニカ Ⅲ下 五五オ4 | | ↓ イツクニソ(コ) | |
| | イツクニソ(コ) | 於 | ↓ イツクニカ | ↓ イツクニカ | | イツクニソ(コ) 二オ2 | 西本 於何? |
| △ | イツクニソ(コ) | 奈何 | | | | イツクニソ(コ) 二オ2 | |
| | イツクンソ | 焉 | イツクンソ 仏上 四一ウ1 七六 | イツクンソ Ⅰ上 一七ウ6 | イツクンソ 四一オ3 | イツクンソ 四一オ4 | |
| | イツクンソ | 於 | | | | イツクンソ 二オ2 | 西本 於何? |
| △ | イツクンソ | 奈何 | | | | イツクンソ 二オ2 | |
| | イヅコニ | 於何 | | | イヅコニ 五ウ5 | | |
| △ | イヅコニ | 奈何 | | | イヅコニ 五ウ5 | | |
| | イツコニシテカ | 於何 | | イツコニシテカ Ⅰ上 三オ7 | | | |
| △ | イツコニシテカ | 奈何 | | イツコニシテカ Ⅰ上 三オ7 | | | |
| | イツチカイヌル | 何遑 | イツチカイヌル 仏上 二七オ1 四七 | イチヂカイヌル Ⅰ上 五オ3 | イツチカイヌル 二六オ1 | イツチカイヌル 三三ウ5 | |
| | イヅチカユカン | 安之 | イヅチカユカン 法下 六六ウ6 五〇 | | | | |
| | イツツ | 伍 | イツヽ 仏上 八オ5 九 | | イツヽ 六オ7 | イツ 二ウ5 | |

| 和訓 | 漢字 | 観智院本 | 蓮成院本 | 高山寺本 | 西念寺本 | 図書寮本 | 備考 |
| --- | --- | --- | --- | --- | --- | --- | --- |
| イツツ | 五 | イツヽ 仏上四四ウ2 七四 | イツヽ Ⅰ上一七オ4 | イツヽ 四〇オ6 | イツヽ 四〇オ2 | | |
| イツツノタナツモノ | 五穀 | イツヽノタナツモノ 僧中三五オ1 六七 | イツヽノタナツモノ Ⅲ下一七ウ7 | | | | |
| イツツヲハ | 五者 | イツヽヲハ 仏上四四ウ2 七四 | イツヽヲハ Ⅰ上一七オ4 | イツヽヲハ 四〇オ6 | イツヽヲハ 四〇オ2 | | |
| イツニアラズ | 不ス一ニ | 不ス一ニ 仏上四四ウ1 七四 | 不一ニ Ⅰ上一七オ3 | 不ス一ニ 四〇オ5 | 不ス一ニ 四〇オ1 | | |
| イツハテ | 譎 | | | | | イツハテ 禽 九三 4 | |
| イツハテ | 詳 | | | | | イツハテ 九九 4 | |
| イツハリル | 僞 | イツハリル 仏上一三ウ2 一〇 | | | | | |
| イツハリ | 讟 | | イツハリ Ⅱ中二五ウ5 | | | | |
| イツハリ | 譖 | イツハリ 法上二五ウ5 四八 | イツハリ Ⅱ中二六オ3 | | | イツハリ 詁 九六 5 | |
| イツハリ | 訛 | | | | | イツハリ 月 七八 5 | |
| イツハリ | 詐 | | | | | イツハリ 後 七八 7 | |
| イツハリ | 誕 | | | | | イツハリ 巽 九四 4 | |
| イツハリ | 謔 | イツハリ 法上三三ウ1 六四 | イツハリ Ⅱ中三四オ3 | | | | 蓮本 謔 |
| イツハリ | 怪 | イツハリ 法中四八オ1 九三 | | | | | |
| イツハリ | 虚 | イツハリ 法下四八ウ2 九四 | | | | | |

△

| 見出し | 漢字 | 1 | 2 | 3 | 4 | 5 | 6 |
|---|---|---|---|---|---|---|---|
| イツハリ | 矯 | イツハリ 僧中一七ウ7 三二 | イツハリ III 下二三オ3（五二） | | | | |
| イツハリオロカニシテ | 詳愚 | イツハリヲロカニソ 法中五一ウ4 一〇〇 | | | | イツハリオロカソ 詩 二四七 7 | |
| イツハリオロカニシテ | 詐愚 | イツハリヲロカニソ 法中五一ウ4 一〇〇 | | | | イツハリオロカソ 論語 二四七 7 | |
| イツハリカマフ | 誑搆 | イツハリカマフ 法上三三オ2 六三 | イツハリカマフ II 中三三ウ4 | | | イツハリカアフ 書集解 八七 4 | |
| イツハルリコト | 佯 | イツハルリコト 仏上二〇ウ4 三四 | | | イツハルリコト 一六ウ3 | | |
| イツハリテ | 繆 | イツハリチ 法中六二オ6 一一九 | | | | イツ八リチ 記 三一六 7 | |
| イツハリテ | 陽 | | | | | イツハリチ 後 二〇三 2 | |
| イツハル | 侒 | イツハル 仏上五オ5 三 | イツハル I上一ウ5 | イツハル 四オ3 | | | |
| イツハル | 偽 | ↓ イツハリル | | イツハル 二ウ6 | イツハル 八ウ2 | | |
| イツハル | 儻 | イツハル 仏上一四オ2 二二 | | イツハル 一二オ7 | イツハル 九オ5 | | |
| イツハル | 伴 | イツハル 仏上二〇ウ3 三四 | | イツハル 一八オ3 | イツハル 一六ウ3 | | |
| イツハル | 姦 | イツハル 仏中六オ8 九 | イツハル I上二六ウ2 | イツハル 五三オ1 | イツハル 五四オ2 | | |
| イツハル | 佯 | | | イツハル 一八オ3 | | | |
| イツハル | 妄 | イツハル 仏中一八オ5 一三 | イツハル I上二六オ4 | イツハル 五四ウ7 | | | |
| イツハル | 嘌 | イツハル 仏中一八オ8 一三 | イツハル I上三七オ6 | イツハル 六五ウ2 | | | 高本 嘐 |
| イツハル | 權 | イツハル 仏本二二ウ1 四〇 | | | | | |

| 和訓 | 漢字 | 観智院本 | 蓮成院本 | 高山寺本 | 西念寺本 | 図書寮本 | 備考 |
|---|---|---|---|---|---|---|---|
| イツハル | 柯 | イツハル 仏下本四ウ8 七八 | | | | | |
| イツハル | 狂 | イツハル 仏下本七〇オ4 一三七 | | | | | |
| イツハル | 讇 | イツハル 法上二五ウ4 四八 | | | | | |
| イツハル | 謨 | イツハル 法上二七オ8 五一 | イツハル II中二七ウ7 | | | | |
| イツハル | 詑 | イツハル 法上二八オ1 五三 | イツハル II中二八ウ1 | | | イツハル 考 八〇2 | |
| イツハル | 訛 | イツハル 法上二八オ2 五三 | イツハル II中二八ウ2 | | | | |
| イツワル | 詭 | | | | | イツ禾ル 集 七八6 | |
| イツハル | 謉 | イツハル 法上二八オ5 五三 | イツハル II中二八ウ5 | | | | |
| イツハル | 訑 | イツハル 法上二八オ7 五三 | イツハル II中二八ウ6 | | | | |
| イツハルリ | 誕 | イツハルリ 法上二八オ7 五三 | イツハルリ II中二八ウ7 | | | | |
| イツハル | 謫 | イツハル 法上二八ウ1 五四 | イツハル II中二九オ2 | | | | |
| イツハル | 諂 | イツハル 法上二九オ7 五五 | イツハル II中二九ウ6 | | | | |
| イツハル | 詳 | イツハル 法上二九ウ2 五六 | イツハル II中三〇オ2 | | | イツハル 記 九〇2 | |
| イツハル | 証 | イツハル 法上三一オ6 五九 | イツハル II中三一ウ7 | | | | |
| イツハル | 誑 | イツハル 法上三一ウ1 六〇 | イツハル II中三二オ2 | | | イツハル 考 九九3 | |

| | | | | | | | |
|---|---|---|---|---|---|---|---|
| イツハル | 詐 | イツハル 法上 三三オ3 六二 | イツハルリ II 中 三三ウ5 | | | | |
| イツハル | 誣 | イツハル 法上 三三オ2 六三 | イツハル II 中 三三ウ4 | | | | |
| イツハル | 詎 | イツハル 法上 三三オ8 六三 | イツ八ル II 中 三四オ1 | | | | |
| イツハル | 詇 | イツハル 法上 三四オ2 六五 | イツハル II 中 三四ウ4 | | | | |
| イツハル | 謌 | イツハル 法上 三四オ6 六五 | イツハル II 中 三五オ1 | | | | |
| イツハル | 譫 | イツハル 法上 三五オ8 六七 | イツハル II 中 三六オ3 | | | | |
| イツハル | 論 | イツハル 法上 三五ウ4 六八 | イツハル II 中 三六オ7 | | | | |
| イツハル | 詷 | イツハル 法上 三七ウ7 七三 | | | | | |
| イツハル | 奇 | イツハル 法上 四七ウ1 九二 | | | | | |
| イツハル | 邪 | イツハル 法中 一九ウ4 二三六 | | | | | |
| イツハル | 陽 | イツハル 法中 二〇ウ4 二三八 | | | | | |
| イツハル | 縁 | イツハル 法中 六八ウ8 一三四 | | | | | |
| イツハル | 絡 | | | | | イツハル 記 三〇4 | |
| イツハル | 蔆 | イツハル 僧上 一二ウ6 二二 | | | | | |
| イツハル | 食 | イツハル 僧上 五三ウ5 一〇四 | イツハル III 下 三三オ1 | | | | |
| イツハル | 餞 | イツハル 僧上 五五オ3 一〇七 | イツハル（イ） III 下 三三ウ7 | | | | |

| 和訓 | 漢字 | 観智院本 | 蓮成院本 | 高山寺本 | 西念寺本 | 図書寮本 | 備考 |
|---|---|---|---|---|---|---|---|
| イツハル | 冋 | イツハル 僧中 七 五オ2 | イ一ハル Ⅲ下 四八ウ1 | | | | |
| イツハル | 歞 | イツハル 僧中 四五 二四オ4 | イツハル Ⅲ下 六二オ4 | | | | |
| イツハル | 欺 | イツハル 僧中 四九 二六オ4 | イツハル Ⅲ下 六三ウ4 | | | | |
| イツハル | 巧 | イツハル 僧下 一〇二 五三ウ5 | イ゛ハル Ⅲ下 一五〇オ1 (七八) | | | | 蓮本 巧 |
| イツフ | 唵 | | イツ[フ] Ⅰ上 三六オ6 | | | | |
| イツミ | 泉 | イツ(ミ) 仏中 一〇五 五四オ6 | イツミ Ⅰ上 七〇オ3 | イツミ 一〇オ2 | | イツミ 切 五九 6 | |
| イツル | 弋射 | イツル 法下 一四三 七三オ7 | | | | | |
| イツレ | 何 | イツレ 仏上 八 七ウ2 | イツレ Ⅰ上 三オ7 | イツレ 五ウ4 | イツレ 二オ1 | | |
| イヅレ | 何弖 | イヅレ 仏上 八 七ウ7 | イツレ Ⅰ上 三ウ1 | イヅレ 六オ1 | イツレ 二オ5 | | |
| イヅレ | 曷 | イヅレ 仏中 九七 五〇オ6 | イツレ Ⅰ上 六六オ6 | イヅレ 九八ウ5 | | | |
| イヅレ | 孰與 | イヅレ 仏下末 五 九オ2 | | | | | |
| イツレ | 孰 | イヅレ 仏下末 九 一二オ2 | | | | | |
| イツレ | 誰 | イツレ 法上 五一 二七オ2 | イツレ Ⅱ中 二七ウ1 | | | | |
| イツレ | 詎 | イツレ 法上 六三 三三オ8 | | | | | |
| イツレ | 幾 | イツレ 僧下 一〇二 五三オ1 | ク(ミ)ツレ Ⅲ下 一三七ウ3 (六五) | | | | |

| | | | | | | |
|---|---|---|---|---|---|---|
| イツレヲカアラヒ イツレヲカアラハサラム | 曷灘 曷否 | イツレヲカアラヒ イツレヲカアラハサラム 仏中 一八ウ7 一四 | （マヽ）アラヒヲカ アラハサラム I上 三八ウ2 | イツレヲカアラヒ イツレヲカアラハサラム 六六オ1 | | |
| イデマシ | 行 | イテヽシ 仏上 二四ウ8 四二 | | イチヽシ 二三ウ6 | イテヽシ 二一ウ1 | |
| イデマス | 之 | イテケ爪 法下 三三ウ4 四二 | | | | |
| イデヤ | 嗜 | イチヤ 仏中 三三オ6 四三 | イチヤ I上 四一ウ5 | イチヤ 七〇ウ2 | | |
| イト | 太 | イト 仏末 一七オ3 三一 | | | | |
| イト | 絲 | イト 法中 五七オ2 一一一 | | | | 以度 和 二八七 3 |
| イト | 線 | イト 法中 五九オ1 一一五 | | | | |
| イト | 縦 | イト 法中 五九オ2 一一五 | | | | |
| イト | 縦 | イト 法中 六〇ウ4 一二〇 | | | | |
| イト | 紕 | イト 法中 六五ウ5 一二八 | | | | イト 倫 二九三 5 |
| イト | 紡 | イト 法中 六八ウ1 一三四 | | | | |
| イト | 絲 | イト 法中 六九オ2 一三五 | | | | |
| イト | 冣 | イト 法下 二八ウ3 五四 | | | | |
| イト | 苦 | イト 僧上 四ウ8 六 | | | | |
| イトアハス | 綜 | イトアハス 法中 五八オ7 一一三 | | | | |

| 和訓 | 漢字 | 観智院本 | 蓮成院本 | 高山寺本 | 西念寺本 | 図書寮本 | 備考 |
|---|---|---|---|---|---|---|---|
| イトカズ | 絖 | イトカズ 法中六四ウ5 一二六 | | | | | |
| イトヤ(ケ)ナシ | 育 | イトハ(ケ)ナシ 仏中六五オ1 一三七 | | | | | |
| イトキナシ | 稚 | イトキナシ 法下一〇オ1 一一七 | | | | | |
| イトキナシ | 少 | イトキナシ 僧下三九オ3 七五 | | | | | |
| イトケナシ | 殤 | イトケナシ 法下六八オ5 一三三 | | | | | |
| イトケ(キ)ナシ | 幼 | イトケ(キ)ナシ 僧上四三オ3 八三 | イトケナシ Ⅲ下一三オ3 | | | | |
| イトケナシ | 幻 | イトケナシ 僧上四八ウ1 九四 | イトケナシ Ⅲ下一二六ウ2 | | | | |
| イトケ(ハ)ナシ | 少 | | イトケ(ハ)ナシ Ⅲ下二一四五オ1（七三） | | | | |
| イトコ | 従父兄弟 | イトコ 仏末一五ウ5 二八 | | | | | |
| △イトコ | 従母兄弟 | イトコ 仏末一五ウ5 二八 | | | | | |
| イドコカ | 曷 | イトコカ 仏中五〇オ6 九七 | イトコカ Ⅰ上二六六オ6 | イトコカ 九八ウ5 | | | |
| イトコソ | 盍 | イトコソ 僧中七ウ6 二二 | イトコソ Ⅲ下一五〇ウ2 | | | | |
| イトスチ | 縷 | イトスチ 法中五七オ6 一一二 | | | | | |
| イトスチ | 綫 | イトスチ 法中五九オ1 一一五 | | | | 以度須知 川 二九一5 | |
| イトスチ | 綖 | イトスチ 法中五九オ2 一一五 | | | | | |

| | | | | | |
|---|---|---|---|---|---|
| イトスチ | 縦 | イトスチ 法中 六一ウ4 一二〇 | | | |
| イトト | 縱 | イト丶 法中 六八ウ4 一三四 | | | |
| イトナフム | 詢 | イトナフム 法上 二六オ6 四九 | イトナフ Ⅱ中 二六ウ4 | | |
| イトナム | 佝 | イトナム 仏上 八オ1 九 | イトナム Ⅰ上 三ウ2 | イトナム 六オ3 | イトナム 二ウ1 |
| イトナム | 促 | イトナム 仏上 一八オ7 二九 | | イトナム 一七オ1 | イトナム 一四オ4 |
| イトナム | 徇 | イトナム 仏上 二三ウ5 三八 | | イトナム 二〇ウ6 | イトナム 一九オ4 |
| イトナム | 遽 | イトナム 仏上 二七オ3 四七 | イトナム Ⅰ上 五オ4 | イトナム 二六オ2 | イトナム 二四オ1 |
| イトナム | 嚱 | イトム ナ(ミ) 仏中 三二オ8 五九 | イトナム Ⅰ上 四九オ7 | イトナム 七九オ2 | |
| イトナム | 拕 | イトナム 仏下本 三六オ8 六九 | | | |
| イトナム | 勞 | イトナム 仏下末 二〇ウ6 三八 | | | |
| イトナム | 營 | イトナム 仏下末 二六ウ8 五〇 | | | |
| イトナム | 惂 | イトナム 法中 三六ウ4 七〇 | | | |
| イトナム | 惓 | イトナム 法中 四八オ3 九三 | | | |
| トイトナム | 經營 | トイトナム 法中 五七オ4 一一一 | | | |
| イトナム | 庸 | イトナム 法下 四八ウ6 九四 | | | |
| イトナム | 殉 | イトナム 法下 六六オ8 一三九 | | | |

| 和訓 | 漢字 | 観智院本 | 蓮成院本 | 高山寺本 | 西念寺本 | 図書寮本 | 備考 |
|---|---|---|---|---|---|---|---|
| イトナム | 務 | イトナム 僧上四三オ4 八三 | イトナム Ⅲ下一三オ4 | | | | |
| イトナム | 劬 | イトナム 僧上四三オ5 八三 | イトナム Ⅲ下一三オ4 | | | | |
| トイトナムジトキ | 經營 | | | | | トイトナムしトキ 巽 二八八2 | |
| イトノフシ | 纇 | イトノフし 仏本一七オ1 三一 | | | | | |
| イトフ | 衙 | ↓ トフ | | ↓ トフ | イトフ 三オ6 | | |
| イトフ | 嬾 | イトフ 仏中六ウ7 一〇 | イトフ Ⅰ上二七ウ1 | イトフ 五四オ2 | フ(ミ)トフ 五四ウ3 | | |
| イトフ | 猒 | イトフ 仏本七〇オ3 一三七 | | | | | |
| イトフ | 懨 | イトフ 法中四八オ3 九三 | | | | | |
| イトフ | 局 | ↓ イトヽ | イトフ Ⅰ上六六オ6 | ↓ イトフ | | | |
| イトフ | 厭 | イトフ 法下五四オ1 一〇五 | | | | | |
| イトフ | 射 | イトフ 法下七三オ6 一四三 | | | | | |
| イトフ | 豫 | イトフ 僧中二〇オ8 三七 | イトフ Ⅲ下二四オ4 (五三) | | | | |
| イトフ | 歟 | イトフ 僧中二六ウ1 五四〇 | イトフ Ⅲ下一六三ウ7 | | | | |
| イトフ | 戩 | イトフ 僧中三〇オ2 五一七 | イトフ Ⅲ下一六七オ3 | | | | |
| イトホヒ | 僂 | | | イトホヒ 一八オ7 | | | |

| | | | | | | |
|---|---|---|---|---|---|---|
| イトマ | 假 | イトマ 仏上二〇オ5 三三 | | イトア 二ウ5 | イトア 一六オ4 | |
| イトマ | 徨 | イトマ 仏上二三ウ8 四〇 | | イトア 三ウ6 | イトマ 二〇ウ1 | |
| イトマ | 遑 | イトマ 仏上二六ウ8 四六 | イトア I上 五オ2 | イトア 二六オ1 | イトア 三三ウ5 | |
| イトマ | 這 | イトマ 仏上二七オ5 四七 | イア(ママ)ア I上 五オ6 | イトア 二六オ5 | イトマ 二四オ3 | |
| イトマ | 告 | イトア 仏中三三オ5 六一 | イトマ I上 五〇オ3 | イトア 七九ウ6 | | |
| イトマ | 睱 | イトマ 仏中四〇オ2 七七 | イトア I上 五七オ5 | イトア 八八オ4 | | |
| イトマ | 暇 | イトマ 仏中四七オ3 九一 | イトア I上 六三オ7 | イトア 九五ウ5 | | |
| イトマ | 曷 | イトマ 仏中五〇オ6 九七 | | イトア 九八ウ5 | | |
| イトマ | 憪 | イトマ 法中四七ウ5 九二 | | | | |
| イトマ | 閑 | イトマ 法下三九オ7 七五 | | | | |
| イトマ | 劬 | イトア 僧上四三オ5 八三 | イトア III下 三三オ4 | | | |
| イトマアキツガズ | 不暇給 | イトマア\ツカス 法中六八ウ5 一三四 | | | | イトアア\ツカ爪 黒 三〇三 3 |
| イトマアク | 假 | イトマアク 仏上二〇オ5 三三 | | イトアアク 二ウ5 | イトアアク 一六オ4 | |
| イトマアク | 睱 | イトマアク 仏中四〇オ2 七七 | (イトナ)ノアク I上 五七オ5 | (イトア)─アク 八八オ4 | | |
| イトマアク | 暇 | (イトニ)\アク 仏中四七オ3 九一 | (イトナ)\アク I上 六三オ7 | (イトア)─アク 九五ウ5 | | |
| イトマアク | 遑 | (イトマ)(ママ)\ヤク 仏上二六ウ8 四六 | イトアアク I上 五オ2 | (イトア)┆アク 二六オ1 | イトアアク 三三ウ5 | |

| 和訓 | 漢字 | 観智院本 | 蓮成院本 | 高山寺本 | 西念寺本 | 図書寮本 | 備考 |
|---|---|---|---|---|---|---|---|
| イトマク | 絡 | イトヽク 法中一五七ウ4 三一二 | | | | | |
| イトム | 咷 | イトム 仏中一九オ6 三五 | イトム I上三八オ1 | イトム 六六オ7 | | | |
| イドム | 挑 | イドム 仏下本三六オ8 六六 | | | | | |
| イドム | 排 | イドム 仏下本三六ウ1 七〇 | | | | | |
| イトム | 覓 | イトム 仏下末一〇オ5 一七 | | | | | |
| イトム | 課 | イトム 法上一三〇オ8 二五七 | イトム II中三一オ1 | | | | |
| イトヨル | 捲 | イトヨル 仏下本二九ウ1 五六 | | | | | |
| イトヨル | 繪 | イトヨル 法中一五七ウ7 三一二 | | | | | |
| イトヨル | 線 | イトヨル 法中一五九オ1 三一五 | | | | | |
| イトヨル | 線 | イトヨル 法中一六〇ウ4 三二〇 | | | | | |
| イトリ | 五人 | イトリ 仏上一四オ4 | イトリ I上一オ1 | イトリ 三オ4 | | | |
| イトヲ | 倫 | イトヲ 法中一六六オ8 三二九 | | | | | |
| イナ | 不 | イナ 仏上四〇オ2 七七 | イナ I上一八オ4 | イナ 四一ウ3 | イナ 四一ウ6 | | |
| イナ | 否 | イナ 仏中一八ウ6 三四 | イナ I上三七ウ3 | イナ 六五ウ7 | | | |
| イナ | 此 | イナ 法上五一オ6 九九 | | | | | |

| | | | | |
|---|---|---|---|---|
| イナ | 竭 | イナ 僧下五四ウ7 一〇六 | イナ III下二四八オ5（七六） | |
| イナ | 不 | イナ 僧下五五ウ7 一〇八 | イナ III下二四〇ウ5（六八） | |
| イナオホセドリ | 稲負鳥 | イナオホセトリ 僧中五七オ2 一二一 | イナヲホセトリ III下二八一オ2（九） | |
| イナカ | 否 | イナカ 仏中一八ウ7 三四 | ↓ イナヤ | ↓ イナヤ |
| イナク | 嘶 | | | イナク 七四ウ7 |
| イナクキ | 稃 | イナクキ 法下一〇オ2 一七 | | |
| イナクサ | 稂 | イナクサ 法下一二ウ4 二三 | | |
| イナコマロ | 蚱蜢 | イナコテロ 僧下一三ウ3 二四 | イナコテロ III下二一〇三オ1（三二） | |
| イナタハリ | 穚 | イナタハリ 法下一九ウ3 一六 | | |
| イナタハリ | 秉 | イナタハリ 法下一三ウ1 二四 | | |
| イナタハリ | 積 | イナタハリ 法下一三ウ1 二四 | | |
| イナタバリ | 束 | イナタハリ 法下二一ウ3 四〇 | | |
| イナタマ | 電 | イナタテ 法下三四ウ5 六六 | | |
| イナツカ | 稜 | イナツカ 法下一一ウ7 二〇 | | |
| イナヅカ | 積 | イナヅカ 法下一三ウ1 二四 | | |
| イナツビ | 粒 | イナツヒ 法下一六ウ4 三〇 | | |

| 和訓 | 漢字 | 観智院本 | 蓮成院本 | 高山寺本 | 西念寺本 | 図書寮本 | 備考 |
|---|---|---|---|---|---|---|---|
| イナヅマ | 電 | イナツテ 法下 三四ウ5 六六 | | | | | |
| イナツミ | 積 | イナツミ 法下 一三ウ1 二四 | | | | | |
| イナツルビ | 電 | イナツルヒ 法下 三四ウ5 六六 | | | | | |
| イナトナラハ | 不能 | イナトナラハ 法上 五〇オ5 九七 | | | | イナトナラハ 遊 一三三 4 | |
| イナナク | 喝 | イナ、ク 仏中 三三ウ3 四四 | イナ、ク I上 四二オ1 | イナ、ク 七〇ウ6 | | | 蓮本、高本 唱 |
| イナナク | 嘶 | イナ、ク 仏中 二七ウ1 五二 | イナ、ク I上 四五ウ4 | イナ、ク 七四ウ4 | | | |
| イナナク | 嘶 | | | イナ、ク 馬 七四ウ7 | | | |
| イナナク | 鳴 | イナ、ク 仏中 三三オ2 六一 | イナ、ク I上 五〇オ1 | イナ、ク 七九ウ3 | | | |
| イナナク | 驚 | イナ、ク 僧中 五六オ5 一〇九 | イナ、ク III下 八〇ウ2 (八) | | | | |
| イナナク | 蔦 | イナ、ク 僧中 六一ウ3 一二〇 | イナ、ク III下 八四ウ5 (二三) | | | | |
| イナハナ | 多事 | イナハナ 仏上 四三ウ8 八〇 | イナハナ I上 一九ウ1 | イナハナ 四二ウ1 | イハ(マ)ハナ 四四オ2 | | 高本 声点ミス? |
| イナバナ | 尋常 | イナハナ 法下 七三オ3 一四三 | | | | | |
| イナビカリ | 遷 | イナヒカリ 仏上 二六ウ3 四六 | | イナヒカリ 二五ウ4 | イナヒカリ 二三ウ1 | | |
| イナヒカリ | 電 | イナヒカリ 法下 三四ウ5 六六 | | | | | |
| イナビカリ | 遷 | イナヒカリ 法下 三五オ3 六七 | | | | | |

| | | | | | | | |
|---|---|---|---|---|---|---|---|
| イナヒマウス | 避遜 | イナヒマウス 仏上 三三オ6 五七 | イナヒアウス I 上 九ウ7 | イナヒアウス 三一オ5 | イナヒアフ爪 二〇オ1 | | |
| イナフ | 辞 | イナフ 仏中 一四オ8 二五 | イナフ I 上 一三ウ3 | イナフ 六一ウ3 | | | |
| イナフ | 不肯 | イナフ 仏中 六一オ8 一一九 | | | | | |
| イナフ | 訔 | イナフ 法上 三四ウ8 六六 | イナフ II 中 三五ウ3 | | | | |
| イナブ | 怯惜 | イ・ナ・ブ 法中 四ウ3 七八 | | | | イ・ナ・ブ 遊 二五五1 | |
| イナフ | 禁 | イナフ 法下 五オ8 七 | | | | | |
| イナブ | 辞 | イ・ナ・ブ 僧下 三四ウ7 六六 | イナフ III 下 一三九ウ5 (六七) | | | | |
| イナムラ | 釈 | イナムラ 法下 一〇オ2 一七 | | | | | |
| イナムラ | 積 | イナムラ 僧上 八オ8 三 | | | | | |
| イナモト | 釈 | イナモト 法下 一〇オ2 一七 | | | | | |
| イナヤ | 否 | ↓ イ・ナカ | イナヤ I 上 三七ウ3 | イナヤ 六五ウ7 | | | |
| イナヤ | 否 | イハナヤ 仏中 一八ウ6 三四 | イナヤ I 上 三八ウ2 | イナヤ 六六オ1 | | | |
| イナヤ | 無 | イ・ナ・ヤ・ 仏下末 二七オ4 五一 | | | | | |
| イナヤ | 不 | イ・ナ・ヤ 僧下 五五ウ7 一〇八 | イナヤ III 下 一四〇ウ5 (六八) | | | | |
| イニシヘ | 往 | イニしヘ 仏上 三三オ6 三七 | | イニしヘ 二〇ウ1 | イニしヘ 一八ウ5 | | |
| イニシヘ | 以往 | イニしヘ 仏上 三三オ7 三七 | | | イニしヘ 一八ウ5 | | |

| 和訓 | 漢字 | 観智院本 | 蓮成院本 | 高山寺本 | 西念寺本 | 図書寮本 | 備考 |
|---|---|---|---|---|---|---|---|
| イニシヘ | 既往 | イニしヘ 仏上三三ウ1 三八 | | | イニしヘ 一八ウ6 | | |
| △イニシヘ | 乃往 | イニしヘ 仏上三三ウ1 三八 | | | イニしヘ 一九オ1 | | |
| イニシヘ | 古 | イニしヘ 仏上四六オ1 八五 | イニしヘ I上二〇ウ7 | イニしヘ 四五ウ1 | イニしヘ 四六ウ2 | | |
| イニシヘ | 古 | イニしヘ 仏中三三オ3 六三 | | | | | |
| イニシヘ | 昔 | イニしヘ 仏中四六オ3 八九 | イニしヘ I上六二ウ3 | イニしヘ 九四ウ6 | | | |
| イニシヘ | 既 | イニしヘ 仏下末二ウ8 二〇 | | | | | |
| イニシヘ | 終古 | イニしヘ 法中五七ウ6 一二 | | | | | |
| イニシヘ | 留 | イニしヘ 法下二六六オ6 四九 | | | | | |
| イニシヘ | 故 | イニしヘ 僧中二八ウ8 五四 | イニしヘ III下一六六オ4 | | | | |
| イヌ | 往 | イヌ 仏上三三オ6 三七 | | イヌ 二〇ウ1 | イヌ 一八ウ5 | | |
| イヌ | 徂 | イヌ 仏上三三ウ8 四〇 | | イヌ 三一ウ7 | イヌ 二〇ウ2 | | |
| イヌ | 逝 | イヌ 仏上三三オ7 五七 | イヌ I上一〇オ1 | イヌ 三一オ6 | イヌ 三〇オ2 | | |
| イヌ | 眠 | イヌ 仏中三三ウ2 六四 | イヌ I上五一オ1 | イヌ 八一オ6 | | | |
| イヌ | 瞤 | イヌ 仏中四〇オ8 七七 | | イヌ 八八ウ2 | | | |
| イヌ | 犬 | イヌ 仏下本六五オ5 一三七 | | | | | |

| | | | | | | | |
|---|---|---|---|---|---|---|---|
| イヌ | 猗 | イヌ 仏下本六五ウ8 一二八 | | | | | |
| イヌ | 獖 | イヌ 仏下本六八オ3 一三三 | | | | | |
| イヌ | 譈 | イヌ 法上二八ウ5 五四 | イヌ Ⅱ中 二九オ4 | | | | |
| イヌ | 懲 | イヌ 法中五一ウ5 一〇〇 | | | | | |
| イヌ | 寐 | イヌ 法下二四ウ4 四六 | | | | | |
| イヌ | 寝 | イヌ 法下三三オ6 六三 | | | | | |
| イヌ | 寐 | イヌ 法下三三ウ3 六四 | | | | | |
| イヌ | 死 | イヌ 法下六八ウ4 一三四 | | | | | |
| イヌ | 㞱 | イ\ヌ 僧下三八ウ2 七四 | | | | | |
| イヌイキ | 坐 | | | | | イヌイキ 延喜式 二三一 5 | |
| イヌエ | 蘓 | イヌエ 僧上一〇ウ6 一八 | | | | | |
| イヌエ | 水蘓 | イヌエ 僧上一〇ウ6 一八 | | | | | |
| イヌエ | 苿 | イヌエ 僧上三三オ5 四三 | イヌエ Ⅲ下 一ウ5 | | | | 蓮本 苿 |
| △ イヌエ | 香荁 | イヌエ 僧上三三オ5 四三 | イヌエ Ⅲ下 一ウ5 | | | | |
| イヌカヒボシ | 河鼓 | イヌカヒ ホシ 僧中三六オ1 六九 | | | | | |
| イヌキ | 櫪 | イヌキ 仏下本五八ウ6 一二四 | | | | | |

| 和訓 | 漢字 | 観智院本 | 蓮成院本 | 高山寺本 | 西念寺本 | 図書寮本 | 備考 |
|---|---|---|---|---|---|---|---|
| イヌタデ | 紅 | イヌタチ 僧上 七 五オ3 | | | | | |
| △ イヌタデ | 紅草 | イヌタチ 僧上 七 五オ3 | | | | | |
| イヌタテ | 遊蘢 | イヌタテ 僧上 五二 二七ウ4 | | | | | |
| イヌノアフラ | 胜 | イヌノアフラ 仏中 一一七 六〇オ4 | イヌノアフラ I上 七四ウ7 | | | | |
| 犬ノキツナ | ⿱穴幸 | 犬ノキツナ 仏下本 五七 三〇オ5 | | | | | |
| イヌノコ | 猥 | イヌノコ 仏下本 一二九 六六オ1 | | | | | |
| イヌノシシ | 肰 | イヌノシヽ 仏中 一三四 六三ウ4 | | | | | |
| イヌノツダミ | 吣 | イヌノツタミ 仏中 六一 三三オ1 | イヌノツタミ I上 五〇オ1 | イヌノツタミ 七九ウ3 | | | |
| イヌユキ | 㘴 | イヌユヽ 法中 五九 三一オ5 | | | | | |
| イヌル | 去 | イヌル 仏上 八四 四五ウ3 | イヌル I上 二〇ウ4 | イヌル 四五オ3 | イヌル 四六オ3 | | |
| イネ | 行 | イ子 仏上 四二 二四ウ8 | | イ子 二三ウ6 | イネ 二ウ1 | | |
| イネ | 稲 | イ子 法下 一〇 六ウ4 | | | | | |
| イネ | ⿰禾旁 | イ子 法下 五 九オ4 | | | | | |
| イネ | 稌 | イ子 法下 二三 一三オ3 | | | | | |
| イネツキカニ | 蟛蜞 | イ子ツキカニ 僧下 二三 一三オ2 | | | | | |

| | | | | | |
|---|---|---|---|---|---|
| イネヅキコマロ | 舂黍 | イ子ツキコテロ 法下一一オ7 一九 | イ子ツ〜コテロ Ⅲ下二三九オ3 (五七) | | |
| イネツキコマロ | 螽蟴 | イ子ツキコテロ 僧下一六ウ1 三〇 | イネツ〜コテロ Ⅲ下二一〇オ5 (三八) | | |
| イネツキコマロ | 蜙蝑 | イ子ツキコヽロ 僧下一六ウ1 三〇 | イネツ〜コテロ Ⅲ下二一〇ウ7 (三八) | | |
| イネノカヒ | 稃 | イ子ノカヒ 法下八ウ6 一四 | | | |
| イネノカヒ | 粰 | イ子ノカヒ 法下一七ウ6 三二 | | | |
| イネノモヤシ | 蘖米 | イ子ノモヤシ 法下一六オ6 二九 | | | |
| イネノヨネ | 稲米 | イ子ノヨ子 法下一六オ6 二九 | | | |
| イネヲフ | [禾秀] | イ子ヲフ 法下九オ4 一五 | | | |
| イノガモノノコトク | 如自巳有 | イツカ牛ノコトク 仏中七〇ウ4 一三八 | | | |
| イノチ | 運 | イノチ 仏上三三オ1 五七 | イノチ Ⅰ上 九ウ3 | イノチ 三オ1 | イノチ 二九ウ2 |
| イノチ | 胡 | イノチ 仏中六九ウ1 一三六 | | | |
| イノチ | 笨 | イノチ 僧上三四ウ5 六六 | イノチ Ⅲ下一四オ7 | | |
| イノチ | 命 | イノチ 僧中三オ5 三 | イノチ Ⅲ下一四七ウ4 | | |
| イノチ | 考 | | イノチ Ⅲ下二三六オ2 (六四) | | |
| イノチ | 壽 | イノチ 僧下四七オ2 九一 | | | |
| イノチ | 壽 | イノチ 僧下五八オ4 一一三 | イノチ Ⅲ下二一四ウ6 (七二) | | |

| 和訓 | 漢字 | 観智院本 | 蓮成院本 | 高山寺本 | 西念寺本 | 図書寮本 | 備考 |
|---|---|---|---|---|---|---|---|
| イノチ | 𡴭 | | イノチ 下二四ウ6 Ⅲ(七三) | | | | |
| イノチナガシ | 壽 | イノチナガシ 僧下四七オ2 九一 | イノチナカシ 下二四ウ6 Ⅲ(七三) | | | | |
| イノチナカフソ | 考 | | イノチナカフソ 下二三六オ2 Ⅲ(六四) | | | | |
| イノチモロシ | 夭 | イノチモロシ 僧中二八オ2 五三 | イノチモロシ 下一六五オ6 Ⅲ | | | | |
| イノリ | 祈 | イノリ 法下三オ1 三 | | | | | |
| イノル | 拄 | イノル 仏下本三三オ6 六三 | | | | | |
| イノル | 𢮦 | イノル 仏下本四一ウ1 八〇 | | | | | |
| イノル | 宗 | イノル 法上六〇ウ8 二八 | | | | | |
| イノル | 䄷 | イノル 法下二ウ6 二 | | | | | |
| イノル | 祰 | イノル 法下二ウ6 二 | | | | | |
| イノルリ | 禱 | イノルリ 法下三オ3 三 | | | | | |
| イノル | 祀 | イノル 法下三オ4 三 | | | | | |
| イノル | 祠 | イノル 法下三オ4 三 | | | | | |
| イノル | 社 | イノル 法下三ウ7 四 | | | | | |
| イノル | 祝 | イノル 法下四オ4 五 | | | | | |

| 見出し | 漢字 | 1 | 2 | 3 | 4 | 5 | 6 |
|---|---|---|---|---|---|---|---|
| イノル | 禋 | イノル 法下 五 四八オ8 | | | | | |
| イノル | 礼 | イノル 法下 八 五ウ8 | | | | | |
| イノル | 宗 | イノル 法下 五三 二八オ4 | | | | | |
| イハ | 磐 | ・イ・ハ 法中 四 三ウ7 | | | | ・以・波 禾 一四七 7 | |
| イハク | 僻 | ・イ・ハク 仏上 二九 一八オ2 | | ・イ・ハク 一六オ7 | イハク 一三ウ5 | | |
| イハク | 曰 | イハク 仏中 八六 四四ウ1 | イハク I 上 六二オ6 | ・イ・ハク 九三オ6 | | | |
| イハク | 謂 | ・イ・ハク 法上 四九 二六オ1 | ・イ・ハツ II 中 二六オ7 | | | | |
| イハク(フ) | 稱 | イハク(フ) 法下 一八 一〇ウ7 | | | | | |
| イハク | 云 | イハク 法下 四二 三三ウ7 | | | | | |
| イハク | 粤 | イハク 僧下 六五 三四オ6 | イハク III 下二 一三九ウ5 (五七) | | | | |
| イハクスリ | 石斛 | イハクスリ 僧上 四四 三三ウ7 | イハクスリ III 下一 二オ6 | | | | |
| イハグミ | 巻柏 | ・イ・ハ‥ツ・ミ 仏本 一二 五七ウ7 | | | | | |
| イハグミ | 石葦 | ・イ・ハ‥ツ・ミ 僧上 二二 七ウ2 | | | | | |
| イハグミ | 石帯 | ・イ・ハ‥ツ・ミ 僧中 八一 四二オ2 | | | | | |
| イハゴケ | 巻柏 | ・イ・ハ‥コ・ケ 仏本 一二 五七ウ7 | | | | | |
| イハシ | 鰯 | ・イ・ハ・シ 僧下 八 五ウ7 | ・イ・ハ・シ III 下二 九五オ5 (三三) | | | | |

| 和訓 | 漢字 | 観智院本 | 蓮成院本 | 高山寺本 | 西念寺本 | 図書寮本 | 備考 |
|---|---|---|---|---|---|---|---|
| イハシ | 鱺 | イハシ 僧下一四 八ウ6 | イハシ Ⅲ 下二(三六) 九八オ3 | | | | |
| イハシ | ⿰魚集 | | イハシ Ⅲ 下二(三六) 九八オ5 | | | | |
| イハシミツ | 石清水 | イハシミツ 法上一 二オ3 | イハシミツ Ⅱ 中 一オ1 | | | イハシミツ 延喜式 四4 | |
| イハタカ | 鶻 | イハタカ 僧中一二三 五七ウ5 | イハタカ Ⅲ 下二(九) 八一ウ3 | | | | |
| イハツツシ | 羊躑躅 | イハツヽシ 法上七五 三九オ2 | | | | 伊波豆々之 川 一〇2 | |
| イハト | 磐戸 | | | | | イハト 古 一四八1 | |
| イハノカハ | 石華 | イハノカハ 僧上三 一七ウ2 | | | | | |
| イハノカハ | 石帯 | イハノカハ 僧中八二 四三オ2 | | | | | |
| イハノ水 | 澗 | ↓ イル、水 | イハノ水 Ⅱ 中 一〇ウ3 | | | | |
| イハバシ | 磴 | イハヽシ 法中二 一七オ3 | | | | | |
| イハフ | 宗 | イハフ 法上二八 一〇ウ8 | | | | | |
| イハフ | 祝 | イハフ 法下五 四オ4 | | | | | |
| イハフ | 禜 | イハフ 法下六 四ウ4 | | | | | |
| イハフ | 齋 | イハフ 法下三九 二一オ6 | | | | | |
| イハフ | 謂 | (ミ)クハフ 法上六七 三五オ4 | イハフ Ⅱ 中 三五ウ7 | | | | |

| | | | | | | |
|---|---|---|---|---|---|---|
| ノイハホ | 巖峻 | ノ・イ・ハ・ホ 法上 五五オ1 一〇七 | | | | ノ・イハ(ホ) 異 一四1 |
| イハホ | 巘 | イハホ 法上 五五オ8 一〇七 | | | | |
| イハホ | 巋 | イハホ 法上 五五ウ1 一〇八 | | | | |
| イハホ | 岫 | イハホ 法上 五八オ7 一一三 | | | | |
| イハホ | 巖 | ・イ・ハ・ホ 法上 五八ウ8 一一四 | | | | ・伊波保 禾 一三九3 |
| イハホ | 巖 | | | | | 伊波保 禾 一四一6 |
| イハホ | 岩 | ク(ミ)ハホ 法上 六〇オ8 一一七 | | | | |
| イハホ | 碒 | イハホ 法中 一七オ8 二一 | | | | |
| イハムスヘ | 将云為便 | ・イ・ハムスヘ 仏上 一九オ1 三二 | | ・イ・ハムスヘ 一七ウ3 | イハム仈ヘ 一四ウ6 | |
| イハムヤ | 㝠 | ・イハムヤ 仏下末 四ウ2 一六六 | | | | |
| イハムヤ | 况 | ・イ・ハ・ム・ヤ 法上 二四ウ6 四六 | ・イ・ハ・ム・ヤ Ⅱ 中二 一五オ2 | | | |
| イハムヤ | 矧 | ・イ・ハ・ム・ヤ 僧中 一七ウ2 三二 | ・イ・ハ・ム・ヤ Ⅲ 下二 三二ウ7 (五〇) | | | |
| イハムヤ | 矦 | | イハムヤ Ⅲ 下二 三三オ4 (五一) | | | |
| イハムロ | 窟 | ・イ・ハ・ム・ロ 法下 三〇ウ8 五八 | | | | |
| イハヤ | 岐 | イハヤ 法上 五九オ3 一一五 | | | | |
| イハヤ | 崫 | イハヤ 法上 六一ウ6 一二〇 | | | | |

| 和訓 | 漢字 | 観智院本 | 蓮成院本 | 高山寺本 | 西念寺本 | 図書寮本 | 備考 |
|---|---|---|---|---|---|---|---|
| イハヤ | 磴 | イハヤ 法中二七オ3 二 | | | | | |
| イハヤ | 宊 | イハヤ 法下二八オ1 五三 | | | | | |
| イハヤ | 窟 | イハヤ 法下三〇ウ7 五八 | | | | | |
| イバユ | 喝 | イバユ 仏中三三ウ3 四四 | イハユ I 上四二オ1 | イバユ 七〇ウ6 | | | |
| イバユ | 嘶 | イバユ 仏中二七オ8 五二 | イハユ I 上四五ウ4 | イバユ 七四ウ7 | | | |
| イバユ | 嘶喝 | イバユ 仏中二七ウ1 五二 | リ(ママ)ハユ I 上四五ウ5 | イバユ 七五オ1 | | | |
| イバユ | 鳴 | イバユ 仏中三三オ2 六一 | イハユ I 上五〇オ1 | イハユ 七九ウ3 | | | |
| イハユ | 驟 | イハユ 僧中五三ウ6 一四四 | イハユ III 下二七八オ4 (六) | | | | |
| イバユ | 鷲 | イバユ 僧中五六オ5 一〇九 | イバユ III 下二八〇ウ2 (八) | | | | |
| イハユル | 所謂 | イハユル 法上二六オ2 四九 | イハユル II 中二六ウ1 | | | イハユル 記 九一 1 | |
| イハヨモキ | 蕳 | イハヨモキ 僧上一九ウ6 一六 | イハヨモヽ III 下一オ3 | | | | |
| イハラフ | 嫜 | | イハラフ I 上三オ6 | | | | |
| イハレナシ | 無謂 | イハレ(ママ) 法上二六オ2 四九 | イハレナし II 中二六ウ2 | | | イハレナし 修 九一 1 | |
| イハンヤ | 竻 | イハンヤ 僧中一八オ2 三三 | | | | | |
| イヒ | 械 | イヒ 仏下本四九オ2 九五 | | | | | |

| | | | | | | | |
|---|---|---|---|---|---|---|---|
| イヒ | 餁 | イヒ 僧上五四オ6 一〇五 | イヒ Ⅲ下一三オ7 | | | | |
| イビ | 鳮鶄 | ・イ・ヒ 僧中五九オ5 一一五 | イヒ Ⅲ下二八九オ6 (二七) | | | | |
| イヒアハス | 句當 | イヒアハス 仏中五六ウ7 一一〇 | イヒアハス Ⅰ上七二オ2 | イヒアハス 一四ウ7 | | | |
| イヒアリ | 赤蟻 | イヒアリ 僧下一四オ5 二五 | イヒアリ Ⅲ下二一〇二オ5 (三〇) | | | | |
| イヒアリカ | 蠪 | | イヒアリカ Ⅲ下二一〇二オ6 (三〇) | | | | |
| イヒウヘス | 饑 | ・イ・ヒ・ウヘ・爪 僧上五六ウ3 一一〇 | ・イ・ヒ・ウ工・爪 Ⅲ下一三四オ5 | | | | |
| イヒカシク | 爨 | イヒカシク 仏下末三二ウ3 四〇 | | | | | |
| イヒカシク | 炊 | イヒカシク 仏下末三三オ1 四三 | | | | | |
| 飯-カシクカナヘ | 釜 | 飯-カシク カナヘ 僧上七〇ウ3 一三八 | | | | | |
| イヒキ | 乳 | イヒキ 仏中一六ウ2 三〇 | クヒー Ⅰ上三五ウ3 | | | | |
| イヒキ | 呴 | | | イヒキ 六三ウ4 | | | |
| イヒキ | 鼾 | イヒキ 仏中四一ウ1 八〇 | クヒー Ⅰ上五六ウ2 | イヒキ 八九ウ7 | | | |
| イヒク | 哂 | イヒク 僧下三三ウ2 六四 | ヒ(き)ヒク Ⅲ下五八ウ6 | | | | |
| イヒシタミ | 箄 | イヒシタミ 僧上三三ウ3 六二 | イヒシタミ Ⅲ下一二オ2 | | | | |
| イヒシタミ | 箄 | イヒシタミ 僧上三四ウ1 六六 | | | | | |
| イヒシタミ | 飯箄 | ・イ・ヒ・シ・タミ・ 僧上三四ウ2 六六 | ・イ・ヒ・シ・タミ・ Ⅲ下一二オ2 | | | | |

| 和訓 | 漢字 | 観智院本 | 蓮成院本 | 高山寺本 | 西念寺本 | 図書寮本 | 備考 |
|---|---|---|---|---|---|---|---|
| イヒツウハラ | 拔薁 | | イヒツウハラィ Ⅲ下一 三ウ4 | | | | |
| イヒツヒ | 飮 | イヒツヒ 僧上 五七ウ5 一二三 | イヒツヒ Ⅲ下一 三五オ6 | | | | |
| イヒトヨ | 鷗 | イヒトヨ 僧中 五九オ2 一一五 | クヒトヨ Ⅲ下三 八二ウ5（一〇） | | | | |
| イヒトヨ | 鵂鶹 | イヒトヨ 僧中 五九オ3 一一五 | クヒトヨ Ⅲ下三 八二ウ6（一〇） | | | | |
| イヒドヨ | 鵂鶹 | イヒトヨ 僧中 五九オ3 一一五 | | | | | |
| イヒトヨ | 鴯 | イヒトヨ 僧中 六二オ3 一二一 | | | | | |
| イヒトヨ | 鵂 | イヒトヨ 僧中 六六ウ8 一三〇 | クヒトヨ Ⅲ下三 八九オ6（七） | | | | |
| イヒトヨ | 鶍 | イヒトヨ 僧中 六七ウ3 一三二 | （ミ）クヒトヨ Ⅲ下三 九〇オ3（八） | | | | |
| イヒニウヘタリ | 饑 | イヒニウヘタリ 僧上 五六ウ3 一一〇 | イヒニウヘタリ Ⅲ下一 三四オ5 | | | | |
| イヒノコル | 餕 | イヒノコル 僧上 五五ウ5 一〇八 | イヒノコル Ⅲ下一 三三ウ1 | | | | |
| イヒホ | 肬目 | イヒホ 仏中 五九ウ4 一一六 | | | | | |
| イヒボ | 疣 | イヒホ 法下 五九オ5 一一五 | | | | | |
| イヒボムシリ | 螳蜋 | イヒホムシリ 僧下 一〇オ7 一七 | | | | | |
| イヒホムシリ | 蟯蜋 | イヒホムシリ 僧下 一〇ウ2 一八 | | | | | |
| イヒホムシリ | 蛣蟯 | イヒホムシリ 僧下 一〇ウ2 一八 | | | | | |

| | | | | | | | |
|---|---|---|---|---|---|---|---|
| イヒマ | 栖 | イヒア 仏下本 四四ウ1 八六 | | | | | |
| イヒマ | 牖 | イヒア 仏下末 四オ6 五 | | | | | |
| イヒモノ | 膳 | イヒ牛 仏中 六八ウ6 一三四 | | | | | |
| イヒモルケ | 簞 | イ゚モルケ（ヒ） 僧上 三四オ5 六五 | イ・ヒ・モ・ル・ケ III 下一三ウ1 | | | | |
| イヒル | 扨 | イヒル 仏下本 三四オ5 六五 | | | | | |
| イヒヲサム | 約束 | イヒヲサム 法中 六三ウ3 一二四 | | | | ・伊・比・乎・佐・牟 三〇九 1 | |
| イフ | 僨 | イフ 仏上 一三ウ8 二〇 | | ↓ クフ | ↓ クフ | | |
| イフ | 倂 | ・イ・フ 仏上 一八オ2 二九 | | ・イ・フ 一六オ7 | イフ 一三ウ5 | | |
| イフ | 道 | ・イ・フ 仏上 二五ウ6 四四 | | ・イ・フ 二五オ1 | イフ 二三ウ3 | | |
| イフ | 迪 | イフ 仏上 二九オ3 五一 | イフ I上 六ウ7 | ・イ・フ 二七ウ7 | イフ 二六オ3 | | |
| イフ | 導 | イフ 仏中 二〇ウ2 三八 | イフ I上 三九オ5 | ・イ・フ 六七ウ6 | | | 高本 遒 |
| イフ | 遒 | | | イフ 六七ウ6 | | | |
| イフ | 日 | イフ 仏中 四四ウ1 八六 | イフ I上 六一オ6 | ・イ・フ 九三オ6 | | | |
| イフ | 㯖 | イフ 仏下本 二四オ5 四五 | | | | | |
| イフ | 相 | イフ 仏下本 五八オ3 一一三 | | | | | |
| イフ | 猶 | ・イ・フ 仏下本 六五ウ1 一二八 | | | | | |

| 和訓 | 漢字 | 観智院本 | 蓮成院本 | 高山寺本 | 西念寺本 | 図書寮本 | 備考 |
|---|---|---|---|---|---|---|---|
| イフ | 況 | イフ 法上四三 一三オ5 | イフ Ⅱ中一三オ2 | | | ·イ·フ 曷 四 3 | |
| イフ | 况 | ·イ·フ 法上四六 二四ウ6 | ·イ·フ Ⅱ中一五オ3 | | | | |
| イフ | 言 | ·イ·フ 法上四七 二五オ4 | ·イ·フ Ⅱ中一五ウ2 | | | | |
| イフ | 誩 | イフ 法上四七 二五オ6 | イフ Ⅱ中一五ウ4 | | | | |
| イフ | 譶 | イフ 法上四八 二五ウ1 | | | | | |
| イフ | 謂 | ·イ·フ 法上四九 二六オ1 | ·イ·フ Ⅱ中一六オ7 | | | ·イ·フ 氾 九〇 5 | |
| イブ | 謁 | ·イ··フ 法上五二 二七ウ1 | イフ Ⅱ中一八オ1 | | | | |
| イフ | 説 | ·イ·フ 法上五二 二七ウ2 | ·イフ Ⅱ中一八オ2 | | | | 蓮本 説 |
| イフ | 語 | ·イ·フ 法上五七 三〇オ5 | ·イ·フ Ⅱ中三〇ウ6 | | | ·イ·フ 曷 九〇 3 | |
| イフ | 識 | イフ 法上五八 三〇ウ4 | イフ Ⅱ中三一オ5 | | | | |
| イフ | 論 | イフ 法上六八 三五ウ3 | イフ Ⅱ中三六オ6 | | | | |
| イフ | 諷 | イフ 法上七一 三七オ8 | | | | | |
| イフ | 茹 | | イフ Ⅲ下一オ3 | | | | |
| イフ | ⿰罰力 | ↓ ノフ | イフ Ⅲ下三ウ3 | | | | |
| イフ | 歇 | | イフ Ⅲ下六二オ4 | | | | |

| | | | |
|---|---|---|---|
| イフ | 欭 | | イ(イ)フ Ⅲ下一六三ウ6 |
| イフ | 欱 | | イフ Ⅲ下一六三ウ6 |
| イフ | 齚 | イフ 法上一〇三 五三オ2 | |
| イフ | 齵 | イフ 法上一〇三 五三オ2 | |
| イフ | 齡 | イフ 法上一〇三 五三オ7 | |
| イフ | 齓 | イフ 法上一〇三 五三オ8 | |
| イフ | 齗 | イフ 法上一〇四 五三ウ1 | |
| イフ | 云 | イフ 法下四二 三三ウ7 | |
| イフ | 閒 | イフ 法下七六 三九ウ7 | |
| イフ | 雖 | イフ 僧中一三四 六八ウ1 | イフ Ⅲ下二九〇ウ6(一八) |
| イブカシ | 呀 | イフカシ 仏中五六 二九ウ6 | イフカルシ Ⅱ中三四オ7 |
| イフカシ | 欝 | イフカシ 仏本一二七 六五オ2 | |
| イフカシ | 不審 | イフカシ 法下四八 二五ウ7 | |
| △イフカシ | 未審 | イフカシ 法下四八 二五ウ7 | |
| イフカル | 読 | イフカル 法上五七 三〇オ1 | ↓ イカ(フイ)カル |
| イブカルシ | 訝 | イフカルシ 法上六四 三三ウ6 | |

| 和訓 | 漢字 | 観智院本 | 蓮成院本 | 高山寺本 | 西念寺本 | 図書寮本 | 備考 |
|---|---|---|---|---|---|---|---|
| イフカル | 誧 | イフカル 法上三三ウ6 六四 | イフカル Ⅱ中三四オ7 | | | | |
| イフク | 唒 | イフク 僧下三三ウ2 六四 | イフク Ⅲ下五八ウ6 | | | | |
| イフ心ハ | 言 | ·イ·フ心ハ 法上二五オ4 四七 | ·イフ心ハ Ⅱ中二五ウ2 | | | 伊布去·止·呂波 朱 七〇2 | |
| イフコト | 這 | イフコト 仏上二七オ5 四七 | イフ𬼂 Ⅰ上五オ6 | イフコト 二六オ5 | | | |
| イフコトシカリ | 云尓 | ·イ·フコト しカリ 僧中三オ2 三 | ·イ·フ𬼂 しカリ Ⅲ下一四七ウ3 | | | | |
| イフシク | 遒 | ·イ·フ·しク 仏中三〇ウ2 三八 | イフしク Ⅰ上三九オ5 | ↓「イフ」「しク」 | | | |
| イフシク | 日 | イフしク 仏中四四ウ2 八五 | イフしク Ⅰ上六一オ6 | イフしク 九三オ6 | | | |
| イフシク | 云 | イフしク 法下三三ウ7 四二 | | | | | |
| イフナラク | 聞道 | ·イ·フ·ナ·ラ·ク 仏上二六オ1 四五 | | ·イフ·ナラク 二五オ3 | イフナラク 三三ウ5 | | |
| △イフナラク | 従道 | ·イ·フ·ナ·ラ·ク 仏上二六オ1 四五 | | ·イフ·ナラク 二五オ3 | イフナラク 三三ウ6 | | |
| イフノミシカナラムヤ | 云尓我 | ·イ·フノミし カナラムヤ 法下三三オ1 四三 | | | | | |
| イフリ | 宛 | イフリ 法下二五ウ2 四八 | | | | | |
| イフリニ | 迤 | イフリニ 仏上二八ウ1 五〇 | イフリニ Ⅰ上六オ7 | ·イ·フリニ 二七オ5 | イフ□ヒ(ミ) 二五オ6 | | |
| イヘ | 堰 | イヘ 法中三〇オ4 五七 | | | | | |
| イヘ | 家 | ·イ·ヘ 法下二七ウ3 五二 | | | | | |

| | | | |
|---|---|---|---|
| イヘ | 宅 | イヘ 法下 二八オ6 五三 | |
| イヘセリ | 宅 | イヘセリ 法下 二八オ6 五三 | |
| イヘドコロ | 宇 | イヘトコロ 法下 二六オ5 四九 | |
| イヘド(フ)モ | 雖 | イヘト(フ)モ 僧中 六八ウ1 一三四 | イヘトモ Ⅲ 下二 九〇ウ6 (一八) |
| イヘニレ | 兔葵 | イヘニレ 僧上 一一オ3 一九 | |
| イヘ(ツ)ノイモ | 芋 | イヘ(ヅ)ノイモ 僧上 一九ウ2 三六 | |
| イヘノイモ | 蹲鴟 | イヘノイモ 僧中 六五オ6 一三七 | |
| イヘノカミ | 魅 | イヘノカミ 僧下 二五ウ5 四八 | イヘノカミ Ⅲ 下二 一三ウ5 (四一) |
| イヘハト | 鵴 | イヘハト 僧中 六二オ1 一三一 | イヘハト(イ) Ⅲ 下二 八五オ3 (一三) |
| イヘハト | 鳩 | イヘハト 僧中 六四ウ4 一三六 | イヘハト Ⅲ 下二 八七オ6 (一五) |
| イヘバト | 鴿 | イヘハト 僧中 六四ウ5 一三六 | イヘハト Ⅲ 下二 八七オ7 (一五) |
| 家ハト | 鵓[illegible] | 家ハト 僧中 六四ウ7 一三六 | |
| 家ハト | 鴽 | 家ハト 僧中 六五ウ5 一三八 | 家ハト Ⅲ 下二 八八オ3 (一六) |
| イホ | 廬 | イホ 法下 五一オ5 九九 | |
| イホス | 廞 | イホル 法下 五二オ6 一〇一 | |
| イホノカシラノホネ | 丁 | イホツカシラノホ子 仏上 四一ウ3 七六 | |

| 和訓 | 漢字 | 観智院本 | 蓮成院本 | 高山寺本 | 西念寺本 | 図書寮本 | 備考 |
| --- | --- | --- | --- | --- | --- | --- | --- |
| イホノカシラノホネ | 臭丁 | イホノカシラノホ子 仏上四一ウ4 七六 | | | | | |
| イボムシリ | 蟷蠰 | イホムシリ 僧下一〇オ8 一七 | イホムシリ Ⅲ 下二 九九オ7 (二七) | | | | |
| イホムシリ | 螳蠰 | イホムシリ 僧下一〇ウ1 一八 | | | | | |
| イホムシリ | 螳蜋 | | イホムシリ Ⅲ 下二 九九オ7 (二七) | | | | |
| イホムシリ | 蠰 | | イホムシリ Ⅲ 下二 九九ウ1 (二七) | | | | |
| イホムネ | 緊 | イホム子 仏下本五一オ1 九九 | | | | | |
| イホリ | 営 | イホリ 仏下末二六ウ8 五〇 | | | | | |
| イホリ | 廬 | イホリ 法下二五オ5 九九 | | | | | |
| イホリ | 廞 | イホリ 法下二三オ6 一〇一 | | | | | |
| イホリ | 菴蕳 | イホリ 僧上一九ウ8 一六 | | | | | |
| イマ | 伱 | イマ 仏上二一ウ4 一六 | | イマ 九ウ5 | イマ 六ウ1 | | |
| イマ | 伃 | イマ 仏上二〇オ3 三三 | | イマ 二一ウ4 | イマ 一六オ3 | | 高本 伊 |
| イマ | 往 | イマ 仏上二三オ6 三七 | | イマ 二〇ウ1 | イマ 一八ウ5 | | |
| イマ | 見 | イマ 仏中四三オ1 八一 | イマ I 上一 五九オ1 | イマ 九〇ウ3 | | | |
| イマ | 如 | | イマ I 上一 二五オ1 | イマ 五一オ4 | イマ 五二オ3 | | |

| 見出し | 漢字 | 出典1 | 出典2 | 出典3 | 出典4 | 出典5 |
|---|---|---|---|---|---|---|
| イマ | 今日 | イマ 仏中四四オ6 八五 | イマ Ⅰ上六一オ5 | イマ 九三オ2 | | |
| イマ | 時 | イマ 仏中四四ウ7 八六 | | | | |
| イマ | 肆 | イマ 仏本一八オ3 三三 | | | | |
| イマ | 岳 | イマ 法下二二オ8 三九 | | | | |
| イマ | 今 | イマ 僧中一二オ4 | イマ Ⅲ下一四七オ2 | | | |
| イマ | 如今 | イマ 僧中一二オ4 | イマ Ⅲ下一四七オ2 | | | |
| イマ | 今者 | イマ 僧中一二オ4 | イマ Ⅲ下一四七オ2 | | | |
| イマ | 新 | イマ 僧中一八オ8 三三 | イマ Ⅲ下一三一ウ3 (四九) | | | |
| イマシ | 岳 | イマシ 法下二二オ8 三九 | | | | |
| イマシ | 汝 | | | | | イマシ 古拾 五6 |
| イマシ | 向 | イマシ 法下二二ウ5 四〇 | | | | |
| イマシ | 向来 | イマシ 法下二二ウ6 四〇 | イマシ Ⅲ下一四六オ1 (七四) | | | |
| イマシ | 属 | イマシ 法下四六ウ3 九〇 | | | | |
| イマシ | 向来 | イマシ 僧下四二オ3 八一 | | | | |
| イマシ | 乃 | イマシ 僧下五五ウ5 一〇八 | イマシ Ⅲ下二三九オ4 (六七) | | | |
| イマシヌ | 去 | イマシヌ 仏上四五ウ3 八四 | イマシヌ Ⅰ上二〇ウ4 | イマシヌ 四五オ4 | イマシノ(ママ) 四六オ3 | |

| 和訓 | 漢字 | 観智院本 | 蓮成院本 | 高山寺本 | 西念寺本 | 図書寮本 | 備考 |
|---|---|---|---|---|---|---|---|
| イマシム | 儆 | イマシム 仏上 一〇ウ7 一四 | | イマシム 八オ5 | イマシム 一八オ3 | | |
| イマシム | 像 | イマシム 仏上 一一オ2 一五 | | イマシム 八オ6 | イマシム 五ウ4 | | |
| イマシム | 儉 | イマシム 仏上 一一ウ3 一六 | | イマシム 九ウ2 | イマシム 六オ5 | | |
| イマシム | 徵 | イマシム 仏上 三三オ1 三九 | | イマシム 二三オ1 | イマシム 一九オ6 | | |
| イマシム | 匿 | イマシム 仏上 三五オ8 六三 | イマシム I上 一三ウ3 | イマシム 三四ウ1 | イマシム 三三ウ5 | | |
| イマシム | 角 | イマシム 仏下本 六オ3 九 | | | | | |
| イマシム | 肆 | イマシム 仏下本 一八オ4 三三 | | | | | |
| イマシム | 禁 | イマシム 仏下本 六五オ1 一二七 | | | | | |
| イマシム | 兢 | イマシム 仏下末 九ウ5 一六 | | | | | |
| イマシム | 詵 | イマシム 法上 二七ウ5 五二 | イマシム II中 二八オ5 | | | | |
| イマシム | 證 | イマシム 法上 三〇オ4 五七 | イマシム II中 三〇ウ4 | | | | |
| イマシム | 謀 | イマシム 法上 三〇オ5 五七 | イマシム II中 三〇ウ5 | | | | |
| イマシム | 誡 | イマシム 法上 三〇ウ5 五八 | イマシム II中 三一オ6 | | | | |
| イマシム | 訓 | イマシム 法上 三三オ5 六一 | イマシム II中 三三ウ7 | | | | |
| イマシム | 諫 | イマシム 法上 三三オ8 六一 | イマシム II中 三三オ3 | | | | |

| | | | | | | |
|---|---|---|---|---|---|---|
| イマシム | 諶 | イマシム 法上三三ウ7 六二 | イマシム II中一三三ウ2 | | | |
| イマシム | 警 | イマシム 法上三三ウ8 六四 | イマシム II中一三四ウ2 | | | イマシム は 八五 4 |
| イマシム | 謹 | イマシム 法上三七オ7 七一 | | | | |
| イマシム | 諷 | イマシム 法上三七オ8 七一 | | | | |
| イマシム | 忍 | イマシム 法中三九オ2 七五 | | | | |
| イマシム | 懲 | イマシム 法中四九ウ6 九六 | | | | |
| イマシム | 惻 | イマシム 法中五〇ウ8 九八 | | | | |
| イマシム | 憴 | イマシム 法中五一オ6 九九 | | | | |
| イマシム | 戀 | イマシム 法中五一ウ3 一〇〇 | | | | |
| イマシム | 縄 | イマシム 法中六七ウ3 一三二 | | | | イマシム 三一四 1 |
| イマシム | 蔵 | イマシム 僧上一八オ5 三三 | イマシム III下 六オ1 | | | |
| イマシム | 箴 | イマシム 僧上三四ウ5 六六 | イマシム III下一四オ7 | | | |
| イマシム | 勑 | イマシム 僧上四三オ8 八三 | イマシム III下一三オ6 | | | |
| イマシム | 劄 | イマシム 僧上四五オ6 八七 | イマシム III下一三ウ4 | | | |
| イマシム | 針 | イマシム 僧上六三ウ2 一二三 | | | | |
| イマシム | 鍼 | | イマシム III下一三九オ5 | | | |

| 和訓 | 漢字 | 観智院本 | 蓮成院本 | 高山寺本 | 西念寺本 | 図書寮本 | 備考 |
|---|---|---|---|---|---|---|---|
| イマシム | 式 | イマシム 僧中三三ウ6 四二 | イマシム Ⅲ下 六一オ1 | | | | |
| イマシム | 戒 | イマシム 僧中三三ウ6 四二 | イマシム Ⅲ下 六一オ1 | | | | |
| イマシメ | 誡 | | | | | イマシメ 治 七七4 | |
| イマス | 有 | イマス 仏中七〇ウ4 一三八 | | | | | |
| イマズ | 不諱 | | | | | イマ爪 彦 九八3 | |
| イマタアキタラス | 未足 | イマタアキタラス 法上三八オ3 七三 | | | | イマタアキタラ爪 去 一〇二3 | |
| イマタカ | 鴆 | イマタカ 僧中六〇オ2 一一七 | リ(ミ)マタカ Ⅲ上 八三オ7 (二一) | | | | |
| イマダミスマジ | 未 | イマダミスマジ 仏下本五八オ7 一二三 | | | | | |
| イマタミセズ | 未 | イマタミセズ 仏下本五八オ6 一二三 | | | | | |
| イマタシ | 未 | イマタシ 仏下本五八オ6 一二三 | | | | | |
| イマダシカズ | 未若 | イマダシカズ 僧上三五オ6 四七 | イマダシカズ Ⅲ下 三ウ3 | | | | |
| イマタミニシカス | 未如 | イマタミニシカス 仏中四ウ5 六 | イタマ(マ)ニシカス Ⅰ上 二五オ1 | イタマ(マ)ミニシカ爪 五九オ7 | イマタミニシカス 五二オ4 | | |
| イマタタエス | 未殊 | イマタタエ爪 法下六八オ2 一三三 | | | | | |
| イマニ | 岳 | イマニ 法下二二オ8 三九 | | | | | |
| イマニ | 方今 | イマニ 僧中一二オ5 一 | イマニ Ⅲ下 四七オ2 | | | | |

| | | | | | | | |
|---|---|---|---|---|---|---|---|
| イマニタリ | 如 | イマニタリ 仏中 四ウ5 六 | | | | | |
| イマノヲトコ | 後夫 | イマノヲトコ 仏下末 一九オ2 三五 | | | | | |
| イママデニ | 方今 | イマテニ 僧中 二オ5 一 | イナテニ Ⅲ下 一四七オ2 | | | | |
| イマヤウスカタ | 時勢粧 | イマヤウスカタ 法下 一九ウ7 三六 | | | | | |
| イミ | 緩 | イミ 法中 六四ウ7 一二六 | | | | | |
| イミナ | 諱 | イミナ 法上 三〇オ2 五七 | イミナ Ⅱ中 三〇ウ3 | | | イミナ 白 九八 2 | |
| イミナ | 謚 | イミナ 法上 三三オ7 六三 | イミナ Ⅱ中 三三ウ7 | | | | |
| イム | 遑 | イム 仏上 二六ウ8 四六 | イム Ⅰ上 五オ2 | イム 二六オ1 | イム 三ウ5 | | |
| イム | 㾌 | イム 仏中 一五ウ2 一〇二 | イム Ⅰ上 六八オ5 | イム 一〇〇ウ4 | | | |
| イム | 禁 | イム 仏本 六五オ1 一二七 | | | | | |
| イム | 諱 | イム 法上 三〇オ2 五七 | イム Ⅱ中 三〇ウ3 | | | | |
| イム | 忌 | イム 法中 三六ウ3 七〇 | | | | イム 二五〇 1 | |
| イム | 忉 | イム 法中 四三ウ4 八二 | | | | | |
| イム | 禁 | イム 法下 五オ8 七 | | | | | |
| イム | 齋 | イム 法下 二一オ6 三九 | | | | | |
| イム | 剶 | イム 僧上 四五オ6 八七 | イム Ⅲ下 一三ウ4 | | | | |

| 和訓 | 漢字 | 観智院本 | 蓮成院本 | 高山寺本 | 西念寺本 | 図書寮本 | 備考 |
|---|---|---|---|---|---|---|---|
| イム | 式 | イム 僧中三三ウ6 四二 | イム Ⅲ下一 六一オ1 | | | | |
| イムク | 酘 | イムク 僧下三一ウ5 六〇 | イムク Ⅲ下一 五七オ7 | | | | |
| イムウダク | 懐 | イムウダク 法中四四ウ3 八六 | | | | | |
| イメ | 誡 | イメ 法上三〇ウ5 五八 | イメヌイ Ⅱ中一 三オ6 | | | | |
| イメク | 齜 | イメク 法上五四オ3 一〇五 | | | | | |
| イメミシニ | 夢 | イメミシニ 法下六九オ1 一三五 | | | | | |
| イモ | 薯 | イモ 僧上一三ウ5 二二 | | | | | |
| イモ | 芋 | イモ 僧上一九ウ2 三六 | | | | | |
| イモ | 芋〻苻君 | イモ 僧上一九ウ4 三六 | | | | | |
| イモウト | 妹 | イモフト 仏中九ウ4 一六 | イモウト Ⅰ上一 二九ウ2 | イモウト 五六オ7 | | | |
| イモガユ | 署預粥 | イモカユ 法下二〇ウ1 三八 | | | | | |
| イモガラ | 蔌 | イモカラ 僧上三三ウ5 四二 | イモカラ Ⅲ下一 三オ7 | | | | |
| イモシ | 芋柄 | イモシ 僧上一九ウ3 三六 | | | | | |
| △イモシ | 芋茎 | イモシ 僧上一九ウ3 三六 | | | | | |
| イモシ | 蔌 | イモシ 僧上三三ウ5 四二 | イモシ Ⅲ下一 三オ7 | | | | |

| | | | | | |
|---|---|---|---|---|---|
| イモジウトメ | 嫙 | イモーシウトメ 仏中 三三ウ7 三 | イモシウトメ Ｉ上 三三オ5 | イモシウトメ 五九ウ6 | |
| イモセ | 妹妋 | イモセ 仏中 一九ウ5 一六 | イモセ Ｉ上 二九ウ2 | イモセ 五六オ7 | |
| イモツラフダシ | 羇鎖 | イモツラフタ[シ] 僧上 七〇オ8 一三七 | (イ)クモツラ Ⅲ下 四五ウ3 | | |
| イモノ | 鑄 | イモノ 僧上 六三オ7 一二一 | イモノ Ⅲ下 三九オ4 | | |
| イモノ | 鋖 | イモノ 僧上 六三ウ3 一二四 | (ミ)クモノ Ⅲ下 四六ウ2 | | |
| イモノ | 銍 | イ(ハ)モノ 僧上 六六オ4 一二九 | (イ)イモノ Ⅲ下 四三オ4 | | |
| イモヒ | 瘖 | イモヒ 仏中 五三ウ2 一〇三 | (ミ)クモヒ Ｉ上 六八オ5 | イモヒ 一〇〇ウ4 | |
| イモヒ | 臍 | イモヒ 法中 三三ウ4 四三 | | | |
| イモヒ | 齋 | イモヒ 法下 二一オ6 三九 | | | |
| イヤ | 潛 | イヤ 法上 一四オ2 二五 | イヤ Ⅱ中 一三ウ1 | | |
| イヤイトコ | 再従兄弟 | イヤイトコ 仏末 一五ウ6 二八 | | | |
| イヤイヤ | 頻 | イヤ〳〵 仏本 三三オ3 三三 | | | |
| イヤシ | 俾 | イカ(ミ)シ 仏上 九オ6 二 | | イヤシ 八ウ2 | イヤシ 三ウ6 |
| イヤシ | 偸 | イヤシ 仏上 一一ウ1 一六 | | イヤシ 九ウ1 | イヤシ 六オ4 |
| イヤシ | 偏 | イヤシ 仏上 一三ウ1 一八 | | イヤシ 一〇ウ2 | イヤシ 七オ6 |
| イヤシ | 俳 | イヤシ 仏上 一五オ8 二三 | | イヤシ 一三ウ3 | イヤシ 一〇ウ4 |

| 和訓 | 漢字 | 観智院本 | 蓮成院本 | 高山寺本 | 西念寺本 | 図書寮本 | 備考 |
|---|---|---|---|---|---|---|---|
| イヤシ | 俸 | ↓イカヤシ | | イヤシ 一五オ3 | イヤシ 一三オ2 | | |
| イヤシ | 俚 | イヤシ 仏上 三〇オ8 三三 | | ・イ・ヤ・シ 一九ウ4 | イヤシ 一六オ6 | | |
| イヤシ | 得 | ・イ・ヤ・シ 仏上 二ウ4 三六 | | ・イ・ヤ・シ 一九ウ6 | イヤシ 一七ウ6 | | |
| イヤシ | 僻 | ・イ・ヤ・シ 仏上 二ウ4 三六 | | ・イ・ヤ・シ 一九ウ5 | イヤシ 一八オ1 | | |
| イヤシ | 徵 | イヤシ 仏上 三ウ7 三八 | | | イヤシ 一九オ5 | | |
| イヤシ | 遖 | イヤシ 仏上 二九オ3 五一 | イヤシ I上 七オ1 | イヤシ 二八オ1 | イヤシ 二六オ4 | | |
| イヤシ | 區 | イヤシ 仏上 三五オ7 六三 | イヤシ I上 一三ウ2 | イヤシ 三四ウ1 | イヤシ 三三ウ4 | | |
| イヤシ | 耶 | イヤシ 仏中 三オ7 三 | イヤシ I上 三三ウ4 | イヤシ 四九オ2 | イヤシ 五〇オ6 | イヤシ 玉抄 一七五1 | |
| イヤシ | 嘟 | イヤシ 仏中 三オ5 六一 | イヤシ I上 五〇オ4 | イヤシ 七九ウ7 | | | |
| イヤシ | 眇 | ・イ・ヤシ 仏中 三七オ2 七一 | | | | | |
| イヤシ | 里 | イヤシ 仏中 五六ウ5 一〇 | | イヤシ 一〇四ウ6 | | | |
| イヤシ | 野 | イヤシ 仏中 五六ウ6 一〇 | イヤシ I上 七二オ1 | イヤシ 一〇四ウ6 | | | |
| イヤシ | 畀 | イヤシ 仏中 五七オ2 一一 | イヤシ I上 七二オ4 | ・イ・ヤ［シ］ 一〇五オ3 | | | |
| イヤシ | 賤 | イヤ［シ］ 仏本 二一ウ1 二〇 | | | | | |
| イヤシ | 賎 | イヤシ 仏本 二一ウ2 二〇 | | | | | |

| | | | | | | |
|---|---|---|---|---|---|---|
| イヤシ | 貪 | イヤシ 仏下本 二ウ8 二〇 | | | | |
| イヤシ | 權 | ・イ・ヤシ 仏下本 三ウ2 四〇 | | | | |
| イヤシ | 猥 | イヤシ 仏下本 六六オ1 二九 | | | | |
| イヤシ | 寘 | ・イ・ヤシ 仏下末 一四ウ2 二六 | | | | |
| イヤシ | 苟 | イ・ヤ・シ 仏下末 一六オ2 二九 | | | | |
| イヤシ | 夫 | イヤシ 仏下末 一九オ1 三五 | | | | |
| イヤシ | 㩱 | イヤシ 仏下末 二〇ウ3 三八 | | | | |
| イヤシ | 燋 | [イ]ヤシ 仏下末 二七オ7 五一 | | | | |
| イヤシ | 湫 | イヤシ 法上 一〇ウ6 一八 | イヤシ Ⅱ中 一〇オ7 | | | |
| イヤシ | 漠 | イヤシ 法上 一六ウ7 三〇 | イヤシ Ⅱ中 一六オ6 | | | |
| イヤシ | 鄗 | イ・ヤ・シ 法中 一五オ4 二七 | | | | |
| イヤシ | 耶 | イカ(ヤ)シ 法中 一九ウ4 三六 | | | | |
| イヤシ | 隘 | イヤシ 法中 二三ウ8 四二 | | | | |
| イヤシ | 阸 | イヤシ 法中 二三ウ8 四二 | | | | |
| イヤシ | 阸 | イヤシ 法中 二四ウ1 四六 | | | | |
| イヤシムス | 陋 | イ・ヤ・シ・ム・ス 法中 二四ウ7 四六 | | | | イ・ヤ・シ 築 二〇六7 |

| 和訓 | 漢字 | 観智院本 | 蓮成院本 | 高山寺本 | 西念寺本 | 図書寮本 | 備考 |
|---|---|---|---|---|---|---|---|
| イヤシ | 忠 | イヤシ 法中三九ウ1 七六 | | | | | |
| イヤシ | 怠 | イヤシ 法中四〇ウ3 七八 | | | | | |
| イヤシ | 記 | | イヤシ Ⅱ虫 三六オ2 | | | | |
| イヤシ | 恌 | ･イ･ヤシ 法中四四オ4 八五 | | | | | |
| イヤシ | 慛 | イヤシ 法中四六オ2 八九 | | | | | |
| イヤシ | 悝 | イヤシ 法中四八オ2 九三 | | | | | |
| イヤシ | 恓 | イヤシ 法中四九オ1 九五 | | | | | |
| イヤシ | 懺 | イヤシ 法中五三オ4 一〇一 | | | | | |
| イヤシ | 悝 | ･イ･ヤシ 法中五三ウ2 一〇三 | | | | | |
| イヤシ | 寒 | イヤシ 法下二五オ7 四七 | | | | | |
| イヤシ | 固 | ･イ･ヤシ 法下四四ウ5 八六 | | | | | |
| イヤシ | 廝 | イヤシ 法下五三ウ5 一〇三 | | | | | |
| イヤシ | 仄 | ･イ･ヤシ 法下五五ウ4 一〇八 | | | | | |
| イヤシ | 扉 | イヤシ 法下五五ウ6 一〇八 | | | | | |
| イヤシ | 㾷 | イヤシ 法下五九オ2 一一五 | | | | | |

| | | | | | | | |
|---|---|---|---|---|---|---|---|
| イヤシ | 芮 | イヤシ 僧上 六ウ8 一〇 | | | | | |
| イヤシ | 蕞 | イヤシ 僧上 二九オ1 五五 | イヤシ III下 八オ4 | | | | |
| イヤシ | 鮮 | イヤシ 僧下 二ウ8 二 | イヤシ III下二 九二ウ3 (三〇) | | | | |
| イヤシ | 野 | イヤシ 僧下 五一ウ8 一〇〇 | イヤシ III下二 一三四オ5 (五三) | | | | |
| イヤシ | 羑 | イヤシ 僧下 五七オ5 一二二 | イヤシ III下二 一四六ウ6 (七四) | | | | |
| イヤシウス | 軽 | イヤシウス 僧中 四四ウ3 八六 | | | | | |
| イヤシクモ | 偷 | イヤシクモ 仏上 二一ウ1 一六 | | イヤシクモ 九ウ1 | イヤシクモ 六オ4 | | |
| イヤシクモ | 苟 | イヤシクモ 僧上 二三オ8 四三 | イヤシクモ III下一 二オ1 | | | | |
| イヤシフ | 下 | イヤシフ 仏上 四〇ウ5 七四 | イヤシフ I上二 一七オ6 | イヤシフ 四〇ウ1 | イヤシフ 四〇オ5 | | |
| イヤシフ | 頏 | イヤシフ 仏本 一七オ6 三二 | | | | | |
| イヤシム | 僘 | イヤシム 仏上 一〇ウ7 一四 | | イヤシム 八オ5 | イヤシム 一八オ3 | | |
| イヤシム | 薄 | イヤシム 僧上 一五ウ8 二八 | | | | | |
| イヤシム | 欺 | イヤシム 僧中 二六オ4 四九 | イイヤシム III下一 六三ウ4 | | | | |
| イヤシムスル | 陋 | | | | | イヤシムスル 巽 二〇七 1 | |
| イヤス | 癬 | イヤス 法下 五九ウ8 一二六 | | | | | |
| イヤメツラ | 鑿 | イヤメツラ 僧上 七〇ウ4 一三八 | イヤメツラ III下一 四五ウ5 | | | | |

| 和訓 | 漢字 | 観智院本 | 蓮成院本 | 高山寺本 | 西念寺本 | 図書寮本 | 備考 |
|---|---|---|---|---|---|---|---|
| イヤメヅラ | 鷲新 | イヤメヅラ 僧中一八ウ1 三四 | イヤメヅラ Ⅲ下二三ウ3（四九） | | | | |
| イユ | 差 | イユ 仏下末一五ウ1 二八 | | | | | |
| イユ | 愈 | イユ 法中四五オ8 八七 | | | | イユ 氾 二四七4 | |
| イユ | 念 | イユ 法中四五ウ1 八八 | | | | | |
| イユ | 間 | イユ 法下三九ウ7 七六 | | | | | |
| イユ | 癥 | イユ 法下五九ウ8 二六 | | | | | |
| イユ | 痊 | イユ 法下六二オ5 一三二 | | | | | |
| イユ | 疰 | イユ 法下六二オ5 一三二 | | | | | |
| イユ | 瘥 | イユ 法下六二ウ1 一三二 | | | | | |
| イユ | 痡 | イユ 法下六二ウ2 一三二 | | | | | |
| イユ | 瘵 | イユ 法下六四ウ2 一三六 | | | | | |
| イユ | 蠲 | イユ 僧下三五ウ6 六八 | | | | | |
| イユ | 蠲 | イユ 僧下三五ウ7 六八 | イユ Ⅲ下二四ウ2（六八） | | | | 蓮本 蠲 |
| イヨイヨ | 倍 | イラ（ヨ）く 仏上五オ5 三 | イヨく I上 一ウ5 | イヨく 四オ2 | | | |
| イヨイヨ | 逾 | イヨく 仏上三〇オ2 五三 | イヨく I上 七ウ5 | イヨく 二八ウ7 | イヨヽ丨 二七オ4 | | |

| | | | | | | | |
|---|---|---|---|---|---|---|---|
| イヨイヨ | 遂 | イヨ〻 仏上 三二オ2 五七 | イ5〻 I上 九ウ3 | イ5〻 三二オ1 | イ5〻 二九ウ3 | | |
| イヨイヨ | 森 | イヨ〻 仏本 一六四ウ3 二六六 | | | | | |
| イヨイヨ | 浸 | イヨ〻 法上 一七オ2 三二 | イヨ〻 II中 一六ウ1 | | | | |
| イヨイヨ | 愈 | ・イ・ヨ〻 法中 四五オ8 八七 | | | | ・イ・5〻 二四七4 | |
| イヨイヨ | 緯 | イヨ〻 法中 五七オ4 一一二 | | | | | |
| イヨイヨ | 俞 | ・イ・ヨ〻 僧中 二ウ7 二 | イ5〻 III下 四七ウ1 | | | | |
| イヨイヨ | 弥 | | ・イ・5〻 III下 五三オ3 | | | | |
| イヨイヨ | 轉 | ・イ・ヨ〻 僧中 四八オ2 九三 | イ5〻 III下二(二) 七三ウ5 | | | | |
| イヨイヨ | 驟 | ・イ・ヨ〻 僧中 五三ウ6 一〇四 | ・イ・5〻 III下二(六) 七八オ4 | | | | |
| イヨタツ | 竪 | ・イ・ヨタツ 法上 四六ウ8 九〇 | | | | | |
| イヨタツ | 陪 | イヨタツ 法中 二三オ5 四三 | | | | | |
| イヨタツ | 鰓 | ・イ・ヨタツ 僧下 四オ3 五 | ・イ・5タ〻 III下二(三二) 九三ウ2 | | | | |
| イヨヨカナリ | 捺 | イヨヽカナリ 仏本 二九ウ3 五六 | | | | | |
| イヨヨカナリ | 森 | イ・ヨヽ・カナリ 仏本 一六四ウ3 一二六 | | | | | |
| イヨヨカナリ(ニ) | 粒 | イヨヽカナ(ニ)リ 法上 四六ウ4 九〇 | | | | | |
| イラ | 苛 | イ・ラ 僧上 四ウ1 六 | | | | | |

| 和訓 | 漢字 | 観智院本 | 蓮成院本 | 高山寺本 | 西念寺本 | 図書寮本 | 備考 |
|---|---|---|---|---|---|---|---|
| イラカ | 甍 | イラカ 僧上 四九 二六オ3 | イラカ Ⅲ下一 五オ6 | | | | |
| イラカ | 甍 | イ.ラ.カ 僧中 一八 一〇ウ8 | イ.ラ.カ Ⅲ下二 (四七) 一九オ5 | | | | |
| イラス | 班合 | イラス 法中 四 八ウ5 | | | | | |
| イラフ | 聲 | イ.ラ.フ 仏中 一 二オ5 | イラフ Ⅰ上二 三ウ5 | イ.ラ.フ 四七ウ7 | イラフ 四九オ3 | | 蓮本、高本 聲 |
| イラフ | 接 | イラフ 仏本 七八 四〇ウ5 | | | | | |
| イラフ | 况 | イ.ラ.フ 法上 四六 二四ウ6 | イ.ラ.フ Ⅱ中 二五オ3 | | | | |
| イラフ | 應荅 | イラフ 法下 一〇三 五三オ5 | | | | | |
| イラムシ | 螌 | イラムシ 僧下 一八 一〇ウ7 | | | | | |
| イララ | 橈 | イラヽ 仏本 一二 五七オ8 | | | | | |
| イララ | 鞕 | イラヽ 僧下 六 四ウ8 | イ.ラ.ヽ Ⅲ下二 (三三) 九四オ5 | | | | |
| イララ草 | 鈚芒 | イ.ラ.ヽ草 僧上 三八 二〇ウ6 | | | | | |
| イリアヒ | 日没 | イ.リ.アヒ 仏中 八六 四四ウ1 | イリアヒ Ⅰ上二 六一オ6 | イ.リ.アヒ 九三オ5 | | | |
| イリアヒ | 黄草 | イリアヒ 僧上 一 一二オ8 | イリアヒ Ⅲ下 四オ4 | | | | 蓮本 黄 |
| イリコ | 熬海鼠 | イ.リ.コ 僧下 四二 二三ウ5 | イ.リ.コ Ⅲ下二 (三九) 二二オ6 | | | | |
| イリシシ | 腩 | イリシヽ 仏中 一一四 五八ウ8 | イリシヽ Ⅰ上二 七三ウ6 | | | | |

| | | | | | | | |
|---|---|---|---|---|---|---|---|
| イリタナ | 熱 | イ.リタナ 仏下末二七オ1 五一 | | | | | |
| イル | 侯 | イル 仏上一三オ3 一七 | | イル 一〇オ3 | イル 六ウ5 | | |
| イル | 偪 | イル 仏上二一オ7 三五 | | イル 一九オ5 | イル 一七ウ2 | | |
| イル | 邀 | イル 仏上二七オ1 四七 | イル I上五オ3 | イル 二六オ1 | イル 二三ウ6 | | |
| イル | 選 | イル 仏上二七オ2 四七 | イル I上五オ4 | ・イ.ル 二六オ2 | イル 二三ウ6 | | |
| イル | 逗 | イル 仏上二九ウ6 五二 | ↓クル | ↓クル | ↓クル | | |
| イル | 巡 | イル 仏上三三オ5 五七 | イル I上九ウ6 | イル 三一オ4 | イル 二九ウ6 | | |
| イル | 射 | イル 仏上四七ウ1 八八 | イル I上三オ7 | イル 四七オ5 | イル 四八ウ3 | | |
| イル | 梟 | イル 仏中四一オ4 七九 | (ママ)クル I上五八オ5 | イル 八九オ7 | | | |
| イル | 畜 | ・イ.ル 仏中五七ウ1 一二二 | (ママ)クル I上七三オ5 | イ.ル 一〇五オ4 | | | |
| イル | ⿰月宁 | イル 仏中六九オ8 一三五 | | | | | |
| イル | 吸 | | イル I上四七ウ3 | | | | |
| イル | 貯 | イル 仏下本八ウ5 一四 | | | | | |
| イル | 䝟 | イル 仏下本一三オ3 二一 | | | | | |
| イル | 纇 | イル 仏下本一四ウ4 二六 | | | | | |
| イル | 扵 | イル 仏下本三四ウ5 六六 | | | | | |

| 和訓 | 漢字 | 観智院本 | 蓮成院本 | 高山寺本 | 西念寺本 | 図書寮本 | 備考 |
|---|---|---|---|---|---|---|---|
| イル | 格 | イル 仏本四四オ5 八五 | | | | | |
| イル | 炒 | イル 仏下末二一オ6 三九 | | | | | |
| イル | 暑 | イル 仏下末二四ウ7 四六 | | | | | |
| イル | 煎 | イル 仏下末二六ウ5 五〇 | | | | | |
| イル | 熬 | イ[ル] 仏下末二七オ1 五二 | | | | | |
| イル | 沃 | ・イ・ル 法上九ウ2 一六 | ・イ・ル Ⅱ中七オ3 | | | | |
| イル | 洪 | イル 法上九ウ2 一六 | イル Ⅱ中七オ3 | | | | |
| イル | 激 | イル 法上一〇ウ4 一八 | イル Ⅱ中一〇オ6 | | | | |
| イル | 添 | イル 法上一一ウ8 二〇 | ク(ミ)ル Ⅱ中一二ウ2 | | | | |
| イル | 灌 | イル 法上一二ウ5 二二 | イル Ⅱ中一三オ5 | | | | |
| イル | 涵 | イル 法上一五ウ1 二八 | ・イ・ル Ⅱ中一四ウ5 | | | | 蓮本 涵 |
| イル | 沕 | イル 法上一七オ7 三一 | イル Ⅱ中一六ウ6 | | | | |
| イル | 注 | ・イ・ル 法上一八ウ8 三四 | ・イ・ル入 Ⅱ中一八オ7 | | | ・イ・ル は九6 | |
| イル | 滞 | イル 法上二一オ3 三九 | イル Ⅱ中二〇ウ5 | | | | |
| イル | 没 | ・イ・ル 法上二二ウ2 四二 | ・イ・ル Ⅱ中二三オ5 | | | | |

| 汳 | 滅 | 潑 | 陷 | 堂 | 納 | 獻納 | 襲 | 容 | 窚 | 闗 | 閼 | 射 | 鑠 | 鑄 | 鎔 |
|---|---|---|---|---|---|---|---|---|---|---|---|---|---|---|---|
| イル | イル | イル | イル | イル | イル | イル | イル | イル | イル | イル | イル | イル | イル | イル | イル |
|  | ・イル 法上 二三オ6 四三 | ・イ・ル 法上 二三ウ1 四四 | イル 法中 二三オ1 四三 | イル 法中 三一オ6 五九 | ・イ・ル 法中 六八ウ7 一三四 |  | イル 法中 七一ウ5 一四〇 | イル 法下 二六ウ3 五〇 | イル 法下 三三ウ8 六四 | イル 法下 八八ウ8 一七四 | ・イ・ル 法下 八九ウ2 一七六 | イル 法下 七三オ6 一四三 | イル 僧上 六一オ3 一一九 | ・イ・ル 僧上 六二オ7 一二一 | イル 僧上 六三ウ6 一二四 |
|  | イル入 Ⅱ中 三三オ3 | ・イ・ル Ⅱ中 三三オ6 |  |  |  |  |  |  |  |  |  |  | イイル Ⅲ下 三七ウ6 | ・イ・ル Ⅲ下 三九オ4 | イル Ⅲ下 四〇ウ1 |
|  |  |  |  |  |  |  |  |  |  |  |  |  |  |  |  |
|  |  |  |  |  |  |  |  |  |  |  |  |  |  |  |  |
| ・イ・ル 五〇 7 |  |  |  |  | ・イ・ル 易 二九八 1 | ・イ・ル 巽 二九八 3 |  |  |  |  |  |  |  |  |  |
|  |  |  |  |  |  |  |  |  |  |  |  |  |  |  |  |

| 和訓 | 漢字 | 観智院本 | 蓮成院本 | 高山寺本 | 西念寺本 | 図書寮本 | 備考 |
| --- | --- | --- | --- | --- | --- | --- | --- |
| イル | 矢 | イル 僧中一七ウ1 三二 | イル Ⅲ下二一三ウ6（五〇） | | | | |
| イル | 戈 | イル 僧中二〇ウ6 三八 | イル Ⅲ下一五九ウ1 | | | | |
| イル | 弋 | イル 僧中二〇ウ6 三八 | イル Ⅲ下一五九ウ1 | | | | |
| イル | 函 | イル 僧下三七オ8 七一 | イル Ⅲ下二一二九オ7（五七） | | | | |
| イル | 鵦 | イル 僧下三九ウ7 七六 | | | | | |
| イル | 内 | イル 僧下五六オ6 一〇九 | イル Ⅲ下二一三〇ウ5（五八） | | | | |
| イル | 内 | イル 僧下五六オ6 一〇九 | イル Ⅲ下二一三〇ウ5（五八） | | | | |
| イル | 入 | イル 僧下五六オ7 一〇九 | | | | | |
| イル | 曲 | イル 僧下六四オ7 一三五 | | | | | |
| イルイ | 吸 | ↓ イル イキ ヒク | ↓ イル イ〵ヒク | イルイ 七六ウ4 | | | |
| イルイキ | 吸 | イルイキ 仏中二九オ5 五五 | | | | | |
| イルカ | 江豚 | イルカ 仏中六五ウ8 一三八 | | | | | |
| イルカ | 鰎 | イルカ 僧下三三オ5 三 | イルカ Ⅲ下二九二ウ6（二〇） | | | | |
| イルカ | 鯆 | イルカ 僧下二七オ5 二 | | | | | |
| イルカ | 鰻 | ↓ イカル（ミ） | イルカ Ⅲ下二九三ウ5（二一） | | | | |

| | | | | | | | |
|---|---|---|---|---|---|---|---|
| イルカ | [illegible] | | イルカ Ⅲ下三 九四ウ6 (三三) | | | | |
| イルカ | 鱺 | イルカ 僧下 八ウ6 一四 | イルカ Ⅲ下二 九八オ3 (二六) | | | | |
| イルカ | [illegible] | イルカ 僧下 九オ2 一五 | イルカ Ⅲ下二 九八オ7 (二六) | | | | |
| イルカセ | 忌 | イルカセ 法中 三六ウ2 七〇 | | | | | |
| イルカセ | 忽 | イルカセ 法中 四三オ1 八三 | | | | イルカセ は 二四九 1 | |
| イルカセ | 忽諸 | イルカセ 法中 四三オ1 八三 | | | | | |
| イルカセ | 軽 | イルカセ 僧中 四四ウ4 八六 | | | | | |
| イルル水 | 渳 | イル、水 法上 二オ2 一九 | ↓ イハノ水 | | | | |
| イレテ | 没 | | | | | イレテ 記 二〇 7 | |
| イレヒホ | 襻 | イレヒホ 法中 七二ウ4 一四二 | | | | | |
| イロ | [illegible] | イロ 仏下本 一七オ6 三一 | | | | | |
| イロ | [illegible] | イロ 仏下本 一七ウ5 三二 | | | | | |
| イロ | 色 | イロ 法中 一四ウ2 二六 | | | | | |
| イロ | 綵 | イロ 法中 六九オ2 一三五 | | | | | |
| イロ | 藹 | イロ 僧上 一五オ6 二七 | イロ Ⅲ下一 三ウ2 | | | | |
| イロ | 色 | イロ 僧下 六四オ8 一二五 | | | | イロ 記 一八五 3 | |

| 和訓 | 漢字 | 観智院本 | 蓮成院本 | 高山寺本 | 西念寺本 | 図書寮本 | 備考 |
|---|---|---|---|---|---|---|---|
| イロオツ | 穤 | イロオツ 僧下四四オ2 八五 | イロオツ Ⅲ 下二 三四オ3 (六三) | | | | |
| イロカタチ | 色 | イロカタチ 仏下末八ウ3 一四 | | | | | |
| トイロキビウシテ（ビシウ） | 絲緻 | | | | | トイロキビウシ（ヒシウ） 巽三七5 | |
| イロキヒシ | 緻 | イロキヒシ 法中六五ウ7 一二八 | | | | | |
| イロキヒシ | 絲緻 | イロキヒシ 法中六九オ3 一三五 | | | | | |
| イロクツ | 鱗 | イロクツ 僧下三三オ5 三 | イロクツ Ⅲ 下二 九三ウ6 (三〇) | | | | |
| イロコ | 雲脂 | イロコ 仏中六八オ7 一三三 | | | | | |
| イロコ | 鱗 | イロコ 僧下三三オ5 三 | イロコ Ⅲ 下二 九三ウ6 (三〇) | | | | |
| イロコ | 鯤 | イロコ 僧下九六オ2 九 | イロコ Ⅲ 下二 九五ウ1 (三三) | | | | |
| イロト | 妹 | イロト 仏中一九ウ4 一六 | イロト Ⅰ 上二 二九ウ2 | イロト 五六オ7 | | | |
| イロトリ | 采 | イロトリ 仏下本四六オ6 八九 | | | | | |
| イロトル | 臒 | イロトル 仏中六二ウ6 一三二 | | | | | |
| イロトル | 臛 | イロトル 仏中七〇ウ5 一三八 | | | | | |
| イロトル | 丹臛 | イロトル 仏下本三ウ8 四 | | | | | |
| イロトル | 彩 | イロトル 仏下本一七ウ5 三二 | | | | | |

| | | | | | | |
|---|---|---|---|---|---|---|
| イロトル | 採 | イロトル 仏本 三九ウ7 七六 | | | | |
| イロトル | 采 | イ・ロ・ト・ル 仏本 四六オ6 八九 | | | | |
| イロトル | 綵 | イロトル 法中 六九オ2 一三五 | | | | |
| イロナマリ | 釾 | ↓ しロナヘリ | イロナテリ（イ） Ⅲ 下 一四〇オ1 | | | |
| イロネ | 兄 | イロ子 仏末 九ウ3 一六 | | | | |
| イロハ | 母 | イロハ 仏中 二三オ6 二二 | イロハ Ⅰ 上 一三オ1 | [イ]・ロ・ハ 五九オ1 | | |
| イロハ | 父母 | イ・ロ・ハ 僧中 二七オ1 五一 | イ・ロ・ハ Ⅲ 下 一六四ウ1 | | | |
| イロフ | 掲 | イロフ 仏本 二九オ1 五五 | | | | |
| イロフ | 艶 | イロフ 法中 一四ウ4 二六 | | | | |
| イロフ | 陜 | イロフ 法中 二五オ3 四七 | | | | |
| イロフ | 填 | ・イ・ロ・フ 法中 二六オ1 四九 | | | | |
| イロフ | 綺 | イロフ 法中 六八ウ2 一三四 | | | | |
| イロフ | [illegible] | イロフ 法下 五三ウ3 一〇四 | | | | |
| イロフ | 雑 | イロフ 僧中 七〇オ1 一三七 | イロフ Ⅲ 下 二九二オ1 （二〇） | | | |
| イロヘ | 填 | | | | ・伊・呂・倍 係く 二一五 7 | |
| イロメク | 悠 | イ・ロ・メク 法中 四六ウ2 九〇 | | | | |

| 和訓 | 漢字 | 観智院本 | 蓮成院本 | 高山寺本 | 西念寺本 | 図書寮本 | 備考 |
|---|---|---|---|---|---|---|---|
| イロメク | 飆悠 | イ\ロメク 僧下二九オ5 五五 | | | | | |
| イロリ | 煎汁 | イロリ 法上二ウ1 二 | イロリ Ⅱ中一オ5 | | | ・イ・ロ・リ 一四7 | |
| イロリ | 煎汁 | | イロリ Ⅱ中一オ6 | | | | |
| イワシ | ⿰魚集 | イ禾し 僧下八ウ8 四 | | | | | |
| イヲ | 魚 | ・イ・ヲ 僧下二オ2 一 | イヲ Ⅲ下三二九オ5（三〇） | | | | |
| イヲスキ | 商陸 | イヲスー 法中二五オ5 四七 | | | | | |
| イヲズキ | 商陸 | | | | | ・伊・乎・須・歧 禾 二〇五7 | |
| イヲソナ | 人魚 | | | イヲソナ 三オ5 | | | |
| イヲトリ | 漁者 | | | | | ・以・乎・度・利 禾 六〇6 | |
| イヲノカシラノホネ | 魚丁 | | イヲノカしラノホ子 Ⅰ上一七ウ7 | イヲノカしラノホ子 四オ5 | イヲノカしラノ㮣（ヱ）ネ 四オ6 | | |
| イヲノカシラノホネ | 丁 | | | イヲノカしラノホ子 四オ5 | イヲノカしラノ㮣（ヱ）ネ 四オ6 | | |
| イヲノフエ | 脬 | ・イ・ヲ・ソフヱ 仏中二六オ3 一二九 | | | | | |
| イヲノワタ | 鮑 | イヲノ秀 僧下八ウ5 四 | イヲノ秀 Ⅲ下二九オ2（二六） | | | | |
| | | | | | | | |
| イホメ | 肬目 | 又（ヱ）・イ・ホ・メ 仏中二九ウ4 一二六 | [イ]ホメ Ⅰ上七四ウ2 | | | | |

| | | | | | |
|---|---|---|---|---|---|
| ウ | 得 | ウ゛ 仏上 三七 三三オ1 | | ウ 二〇オ4 | ウ 一八ウ1 |
| ウ | 逮 | ウ 仏上 四六 二六ウ4 | | ウ゛ 二五ウ5 | 一ウ〔ヲ〕 二三ウ2 |
| ウ | 眼 | ウ゛ 仏中 一三三 六八オ5 | | | |
| ウ | 撣 | ウ 仏本 四五 二四オ4 | | | |
| ウ | 猨 | ウ 仏本 一三〇 六六ウ7 | | | |
| ウ | 邮 | ウ 法下 一三四 六八ウ4 | | | |
| ウ | 獲 | ウ 僧上 三二 一七ウ1 | | | |
| ウ | 鶘 | ウ 僧中 一二二 五七ウ1 | | | |
| ウ | 鸕 | ウ\ 僧中 一一五 五九オ7 | ウ III（一二）下 八三オ1 | | |
| ウ | 鸕鷀 | ウ\ 僧中 一一五 五九オ7 | | | |
| ウ | 水鴉 | ゜ウ 僧中 一一九 六一オ1 | ゜ウ III（三）下 八四オ5 | | |
| ウ | 鶩 | ウ\ 僧中 一二〇 六二ウ5 | ウ III（三）下 八四ウ7 | | |
| ウ | 鷀 | ウ\ 僧中 一二〇 六二ウ6 | ウィ III（三）下 八四ウ7 | | |
| ウ | 鵜 | ウ 僧中 一二二 六三ウ1 | ゜ウ III（三）下 八五ウ2 | | |
| ウ | 鵜鶘 | ウ 僧中 一二二 六三ウ1 | | | |
| ウ | 鴮鸅 | ゜ウ 僧中 一三〇 六六ウ1 | ゜ウ III（一六）下 八八ウ5 | | |

| 和訓 | 漢字 | 観智院本 | 蓮成院本 | 高山寺本 | 西念寺本 | 図書寮本 | 備考 |
|---|---|---|---|---|---|---|---|
| ウ | 鵃 | ウ 僧中 六六ウ7 一三〇 | ウ Ⅲ下三 八九オ4 (一七) | | | | |
| ウイテ | 屋 | ウイテ 法下 四八ウ2 九四 | | | | | |
| ウフ | 脩 | ウフ 仏上 三三オ3 三七 | | ウフ 三〇オ6 | ウフ 一八ウ3 | | |
| ウフ | 邁 | ウフ 仏上 三〇ウ1 五四 | ウフ Ⅰ上 八オ4 | ・ウ・フ 二九オ6 | ウケ(ミ) 二七ウ6 | | |
| ウフ | 化 | | | ウフ 二オ2 | | | |
| ウフ | 噣 | | | ウフ\ 水二 七〇ウ6 | | | |
| ウフ | 時 | ウフ 仏中 四四ウ8 八六 | ウフ Ⅰ上 六ウ2 | ウフ 九三ウ3 | | | |
| ウフ | 播 | ・ウフ 仏下本 三八ウ4 七四 | | | | | |
| ウフ | 接 | ウフ 仏下本 四一オ6 七九 | | | | | |
| ウフ | 植 | ウフ 仏下本 四一オ7 七九 | | | | | |
| ウフ | 樹 | ウフ 仏下本 四三ウ8 八二 | | | | | |
| ウフ | 栯 | ・ウ・フ 仏下本 四四オ8 八五 | | | | | |
| ウフ | 栽 | ・ウ・フ 仏下本 五五オ3 一〇七 | | | | | |
| ウフ | 鸛 | ウフ 法上 一六オ4 二九 | ウク(ミ) Ⅱ中 一五ウ2 | | | | |
| ウフ | 渇 | ・ウ・フ 法上 一八オ3 三三 | ウフ Ⅱ中 一七ウ4 | ウフ 九八ウ5 | | | 高本 曷 |

| | | | | | |
|---|---|---|---|---|---|
| ウフ | 息 | ウフ | 法中 七一 三七オ3 | | |
| ウフ | 悁 | ウフ | 法中 九〇 四六ウ8 | | |
| ウフ | 卒 | ウフ | 法中 一三九 七一オ3 | | |
| ウフ | 種 | ウフ | 法下 一九 一一オ3 | | |
| ウフ | 殖 | ウフ | 法下 一三九 六八オ3 | | |
| ウフ | 邁 | ウフ | 僧上 三七 二〇オ2 | | |
| ウフ | 藝 | ウフ | 僧上 四五 二四オ2 | ウフ | III下 二ウ2 |
| ウフ | 蒔 | ウフ | 僧上 四七 二五オ7 | ウフ | III下 三ウ6 |
| ウフ | 餕 | ウフ | 僧上 一〇五 五四オ7 | ウフ | III下 三三オ7 |
| ウフ | 鈉 | ウフ | 僧上 一〇五 五四オ7 | ウフ | III下 三三オ7 |
| ウフ | 餒 | ウフ | 僧上 一〇五 五四オ8 | | |
| ウフ | 鐀 | ウフ | 僧上 一〇六 五四ウ6 | ウフ | III下 三三ウ4 |
| ウフ | 鐣 | ウフ | 僧上 一二〇 五六ウ1 | ウク(ミ) | III下 三四オ3 |
| ウウフ | 鐖 | ウ、フ | 僧上 一二〇 五六ウ3 | ウハフ | III下 三四オ5 |
| ウフ | 餮 | ウフ | 僧上 一二〇 五六ウ6 | ウフ | III下 三四オ7 |
| ウフ | 飧 | ウフ | 僧上 一二三 五八オ3 | ウフ | III下 三五ウ3 |

| 和訓 | 漢字 | 観智院本 | 蓮成院本 | 高山寺本 | 西念寺本 | 図書寮本 | 備考 |
|---|---|---|---|---|---|---|---|
| ウフ | 裁 | ウフ 僧中三ウ7 四二 | ウフ Ⅲ下一六一オ3 | | | | 蓮本 栽 |
| ウフ | 栽 | ウフ 僧中三オ1 四三 | ウフ Ⅲ下一六一オ3 | | | | |
| ウカカヒミル | 闚闞 | ウカヽヒミル 法下四〇オ5 七七 | | | | | |
| ウカカウ | 伺 | ウカヽウ 仏上七ウ8 八 | ウカヽフ Ⅰ上三ウ2 | ウカヽフ 六オ2 | ウカヽフ 二オ6 | | |
| ウカガフ | 候 | ウカフ(ママ) 仏上一三オ3 一七 | | ウカヽフ 一〇オ3 | ウカヽフ 六オ6 | | |
| ウカカフ | 伃 | ウカヽフ 仏上一四ウ7 二三 | | ウカヽフ 一三オ5 | ウカヽフ 一〇オ3 | | |
| ウカカフ | ⿰亻乏 | ウカラ(ママ) 仏上一八オ6 二九 | | ウカヽフ 一六ウ7 | ウカヽフ 一四オ2 | | |
| ウカガフ | 俔 | ウカヽフ(ママ) 仏上一八ウ6 三〇 | | ウカヽフ 一七オ6 | ウカヽフ 一四ウ3 | | 観本 声点ミス |
| ウカカフ | 留 | ウカヽフ 仏中一七ウ7 三三 | | | | | |
| ウカカウ | ⿰𧢲見 | ウカヽウ 仏中四〇オ7 七七 | | ウカヽフ 八八ウ2~1 | | | |
| ウカカフ | 觀 | ウカフ(ママ) 仏中四三オ3 八一 | ウカヽフ Ⅰ上五九オ3 | ウカヽフ 九〇ウ4 | | | |
| ウカカフ | ⿰石見 | ウカヽフ 仏中四三オ7 八一 | ウカヽフ Ⅰ上五九オ5 | ウカヽフ 九一オ1 | | | |
| ウカカフ | 覬 | ウカヽフ 仏中四三ウ2 八二 | ウカヽフ Ⅰ上五九ウ1 | ウカヽフ 九一オ3 | | | |
| ウカカフ | ⿰石見 | ウカヽフ 仏中四三ウ5 八二 | | | | | |
| ウカカフ | ⿰車見 | ウカヽフ 仏中四三ウ7 八四 | ウカヽフ Ⅰ上六〇ウ5 | ウカヽフ 九二オ7 | | | |

| | | | | | | | |
|---|---|---|---|---|---|---|---|
| ウカカフ | 覦 | | ウカヽフ I上 二九ウ2 | ウカヽフ 九一オ4 | | | |
| ウカカフ | 俔 | ウカヽフ 仏中 四四オ1 八五 | ウカヽフ I上 六〇ウ6 | ウカヽフ 九二ウ2 | | | |
| ウカカフ | 覰 | ・ウ・カヽフ 仏中 四四オ3 八五 | ウカヽフ I上 六一オ2 | ・ウ・カヽフ 九三ウ5 | | | |
| ウカガフ | 畱 | ・ウ・カ∴ヽ・フ 仏中 五七オ6 一二一 | ウカヽフ I上 七三オ7 | ウカヽフ 一〇五オ7 | | | |
| ウカカフ | 覗 | ウカラ(ヲ) 仏下本 一六ウ7 三〇 | | | | | |
| ウカカフ | 格 | ウカヽフ 仏下本 四四オ5 八五 | | | | | |
| ウカカフ | 狟 | ウカヽフ 仏下本 六九オ8 一三五 | | | | | |
| ウカカフ | 諜 | ウカヽフ 法上 三三ウ4 六二 | ・ウ・カ∴ヽ・フ II中 三三オ6 | | | ・ウ・カヽフ 九三 6 | |
| ウカカフ | 譜 | ウカヽフ 法上 三三オ1 六三 | ウカフ(ヲ) II中 三三ウ3 | | | | |
| ウカカフ | 䟽 | ウタ(ヲ)ヽフ 法上 四五ウ8 八八 | | | | | |
| ウカガウ | 窺 | ・ウ・カ∴・ウ 法下 三一ウ4 六〇 | | | | | |
| ウカカフ | 窺 | ウカヽフ 法下 三一ウ4 六〇 | | | | | |
| ウカカフ | 竄 | ウカヽフ 法下 三一オ2 六一 | | | | | |
| ウカカフ | 窬 | ウカヽフ 法下 三一オ6 六一 | | | | | |
| ウカカフ | 窮 | ウカヽフ 法下 三三ウ5 六四 | | | | | |
| ウカカフ | 窬 | ウカヽフ 法下 三七ウ2 七二 | | | | | |

| 和訓 | 漢字 | 観智院本 | 蓮成院本 | 高山寺本 | 西念寺本 | 図書寮本 | 備考 |
|---|---|---|---|---|---|---|---|
| ウカカフ | 靇 | ウカヽフ 法下 三七ウ3 七三 | | | | | |
| ウカカフ | ⿱雨視 | ウカヽフ 法下 三七ウ3 七二 | | | | | |
| ウカカフ | 閃 | ウカヽフ 法下 三九ウ4 七六 | | | | | |
| ウカガフ | 閒 | ウカヾフ 法下 三九ウ7 七六 | | | | | |
| ウカカフ | 闐 | ウカヽフ 法下 四〇オ3 七七 | | | | | |
| ウカガフ | 闚 | ウカヾフ 法下 四〇オ8 七七 | | | | | |
| ウカガフ | 闚 | ウカヾフ 法下 四〇オ8 七七 | | | | | |
| ウカカフ | 咸 | ウカヽフ 僧中 二一ウ7 四〇 | ウカヽフ Ⅲ下 六〇オ6 | | | | |
| ウカカフ | 疊 | ウカヽフ 僧下 三七オ2 七一 | | | | | |
| ウカカフ | 曡 | ウカヽフ 僧下 三七オ3 七一 | ウカラ(ミ) Ⅲ下 一八ウ6 (五六) | | | | |
| ウカス | 僞 | ウカ仈 仏上 三三ウ2 二〇 | | ウカス 二ウ6 | ウア仈(ママ) 八ウ2 | | |
| ウカス | 漂 | ウカス 法上 三一ウ1 四 | ウカス Ⅱ中 二オ7 | | | | |
| ウカス | 汎 | ウカス 法上 五ウ6 八 | ウカス Ⅱ中 五オ2 | | | | |
| ウカス | 盪 | ウカス 僧中 七ウ7 一二 | ウカス Ⅲ下 五〇ウ3 | | | | |
| ウカツ | 貫 | ウカツ 仏中 一三ウ3 二四 | ウカツ Ⅰ上 三三オ3 | ウカツ 六〇ウ2 | | | |

| | | | | |
|---|---|---|---|---|
| ウカツ | 扶 | ウカツ 仏下本 二七オ1 五一 | | |
| ウカツ | 撤 | ウカツ 仏下本 三三ウ4 六四 | | |
| ウガツ | 掘 | ウカツ 仏下本 三五オ5 六七 | | |
| ウカツ | 漏 | ウカツ 法上 一七ウ2 一二 | ウカツ Ⅱ中一 九オ4 | 蓮本漏 |
| ウカツ | 灟 | ウカツ 法上 三三ウ8 四二 | ウカツ Ⅱ中一 三ウ4 | |
| ウカツ | 決 | ウカツ 法上 二四オ8 四五 | ウカツ Ⅱ中一 二四ウ1 | |
| ウカツ | 穴 | ウカツ 法下 三〇ウ5 五八 | | |
| ウガツ | 穿 | ウカツ 法下 三一オ8 五九 | | |
| ウカツ | 突 | ウカツ 法下 三一ウ1 六〇 | | |
| ウカツ | 窔 | ウカツ 法下 三三ウ5 六二 | | |
| ウカツ | 釿 | ウカツ 僧上 六一ウ7 一二〇 | ウカツ Ⅲ下一 三八ウ4 | |
| ウカツ | 鑽 | ウカツ 僧上 六四オ8 一二五 | ウ(イ)カツ Ⅲ下一 四〇ウ7 | |
| ウガツ | 鑿 | ウカツ 僧上 六六ウ7 一三〇 | ウカツ Ⅲ下一 四二ウ5 | |
| ウガツ | 鑿 | ウカツ 僧上 七〇ウ4 一三八 | ウカツ Ⅲ下一 四五ウ5 | |
| ウガツ | 鑿 | ウカツ 僧上 七〇ウ4 一三八 | ウカツ Ⅲ下一 四五ウ6 | |
| ウガツ | 鑿 | ウカツ 僧上 七一オ3 一三九 | ウカツ Ⅲ下一 四六オ3 | |

| 和訓 | 漢字 | 観智院本 | 蓮成院本 | 高山寺本 | 西念寺本 | 図書寮本 | 備考 |
|---|---|---|---|---|---|---|---|
| ウカノミタマ | 稲魂 | ウカノミタマ 僧下 二五ウ2 四八 | ウカノミタマ Ⅲ下二 一三ウ3 (四二) | | | | |
| ウガヒ | 酭 | ウカヒ 僧下 三三オ8 六一 | ウカヒ Ⅲ下 五八オ1 | | | | |
| ウガヒ | 酭 | ウカヒ 僧下 三三ウ1 六二 | | | | | |
| ウガヒス | 唻 | ウカヒス 仏中 二五オ8 二七 | ウカヒス Ⅰ上二 三四ウ3 | ウカヒ爪 六二ウ3 | | | |
| ウカヒス | ⿰口頼 | ウカヒス 仏中 二五ウ1 二八 | ウカヒス Ⅰ上二 三四ウ5 | ウカヒ爪 六二ウ4 | | | 高本 ⿰口厲 ⿰口頼 |
| ウカフ | 漂 | | | | | ウカフ 書 二八 1 | |
| ウカフ | 僄 | ウカフ 仏上 七オ4 七 | ウ[カフ] Ⅰ上 三オ2 | ウカフ 五オ7 | ウカフ 一ウ3 | | |
| ウカフ | ⿰彳乏 | ウカフ 仏上 一八オ6 二九 | | ウ[カ]フ 一六ウ7 | ウカフ 一四オ3 | | |
| ウカフ | 觀 | ウカフ 仏中 四三オ3 八一 | | | | | |
| ウカフ | 揺 | ウカフ 仏本 三九オ4 七五 | | | | | |
| ウカフ | 漚 | ウカフ 法上 二一ウ6 二 | ウカフ Ⅱ中 一ウ4 | | | | |
| ウカフ | 漂 | ウカフ 法上 三ウ1 四 | ウカフ Ⅱ中 二オ7 | | | | |
| ウカフ | 浮 | | | | | ウカフ 小切 二 6 | |
| ウカフ | 瀬 | ウカフ 法上 三ウ6 四 | ウカフ Ⅱ中 二ウ6 | | | | |
| ウガフ | 澡 | ウカフ 法上 三ウ7 四 | ウカフ Ⅱ中 二ウ7 | | | ウカフ 一五 7 | |

| | | | | | | | |
|---|---|---|---|---|---|---|---|
| ウカブ | 泛 | | | | | ・ウカフ・・ 選 八 6 | |
| ウカフ | 浮 | ウカフ 法上 五 四オ5 | ウカフ II中 三オ5 | | | | |
| ウカフ | 汎 | ・ウ・カ・フ 法上 八 五オ6 | ・ウ・カ・フ II中 五オ1 | | | | |
| ウカフ | 氾 | ウカフ 法上 八 五ウ5 | ウカフ II中 五オ1 | | | | |
| ウカフ | 澰 | ウカフ 法上 九 六オ5 | ウカフ II中 八オ1 | | | | |
| ウカフ | 漾 | ウカフ 法上 二 七オ4 | ウカフ II中 八ウ6 | | | | |
| ウカフ | 泡 | ・ウ・カフ 法上 一四 八ウ2 | ・ウ・カフ II中 五ウ7 | | | | |
| ウカフ | 泝 | ウカフ 法上 一四 八ウ4 | ウカフ II中 六オ2 | | | | |
| ウカフ | 溼 | ウカフ 法上 一五 九オ2 | ウカフ II中 六ウ1 | | | | |
| ウカフ | 游 | ウカフ 法上 一七 一〇オ8 | ・ウカフ II中 一〇オ1 | | | | |
| ウカフ | 浪 | ウカフ 法上 二〇 二ウ1 | ウカフ II中 一二オ3 | | | | |
| ウカフ | 渒 | ウカフ 法上 二二 一三ウ1 | ウカフ II中 一三オ1 | | | | |
| ウカブ | 泛 | ・ウ・カ・・フ 法上 二八 一五ウ1 | ・ウ・カ・フ II中 一四ウ5 | | | ・ウカフ 切 五七 7 | 泛 蓮本・図本 |
| ウカフ | 漲 | ウカフ 法上 三〇 一六ウ7 | ウカフ II中 一六オ5 | | | | |
| ウカブ | 濫 | ・ウ・カ・・フ 法上 三二 一七ウ4 | ・ウ・カ・フ II中 一七オ4 | | | ・ウカフ 選 四六 1 | 濫 図本 |
| ウカフ | 馮 | ・ウ・カフ 法上 三八 二〇ウ7 | ウ・カフ II中 二〇ウ2 | | | | |

| 和訓 | 漢字 | 観智院本 | 蓮成院本 | 高山寺本 | 西念寺本 | 図書寮本 | 備考 |
|---|---|---|---|---|---|---|---|
| ウカフ | 流 | ウカフ 法上 二一オ6 三九 | ウカフ Ⅱ 中 一二一オ1 | | | | |
| ウカフ | 諳 | ウカフ 法上 二五ウ8 四八 | ウカフ Ⅱ 中 一二六オ7 | | | | |
| ウカフ | 諷 | ウカフ 法上 三七オ8 七一 | | | | | |
| ウカフ | 怫<br>恱 | ウカフ 法中 四八オ5 九三 | | | | | |
| ウカフ | 慪 | ウカフ 法中 五一ウ7 一〇〇 | | | | | |
| ウカフ | 出 | ウカフ 僧下 四三オ1 八三 | ウカフ Ⅲ 下 一三四ウ1 (六二) | | | | |
| ウカミス | 間<br>諫 | ・ウ・カ・ミ・ス 伺覓 法下 四〇オ2 七七 | | | | | |
| ウカメク | 徵 | ウカメ 仏上 三三ウ7 三八 | | ウカヌリ 三一オ1 | ウカフリ 一九オ6 | | |
| ウカラ | 贓 | ウカラ 仏本 一三オ1 二二 | | | | | |
| ウカラ | 覽 | ・ウ・カラ 仏下末 二一ウ4 四〇 | | | | | |
| ウカラ | 疊 | | ウカラ Ⅲ 下 一二八ウ6 (五六) | | | | |
| ウカラカス | 刳 | ウカラカス 僧上 四六オ4 八九 | ウカラカ爪 Ⅲ 下 一二四ウ1 | | | | |
| ウカリ | 傷 | ウカリ 仏上 二一ウ5 三六 | | ウカリ 一九ウ5 | ウカリ 一八オ1 | | |
| ウカル | 𠆲 | ウカル 仏上 二一オ6 三五 | | ウカル 二一ウ2 | ウカル 一七ウ1 | | |
| ウカル | 遊 | ウカル 仏上 三〇オ1 五三 | ウカル Ⅰ 上 一七ウ4 | ウカル 二八ウ6 | ウカル 二七オ3 | | |

| | | | | | |
|---|---|---|---|---|---|
| ウカル | 浅一 | | ウィカル Ⅰ上 一八ウ6 | ウカル 四三ウ2 | |
| ウカル | 浪 | ウカル 法上 二〇 一一ウ1 | ウカル Ⅱ中 二一オ3 | | |
| ウカル | 穴 | ウカル 法下 五八 三〇ウ5 | | | |
| ウカレテ | 孤 | ウカレテ 法下 三九 一七オ8 | | | |
| ウカレメ | 遊行女兒 | ・ウ・カ・レ・メ 仏中 六 四ウ2 | ウカレメ Ⅰ上 二四ウ7 | ・ウ・カ・レ・メ 五九オ6 | ウカラレメ 五二オ1 |
| ウカレメ | 媱 | ウ\|カレメ 仏中 三三 一八オ2 | ウカレメ Ⅰ上 二八オ2 | ウ\|カレヌメ 五四ウ5 | |
| ウキキ | 浮木 | ・ウ・キ、 仏下本 八二 四二ウ7 | | | |
| ウキキ | 槎 | ・ウ・キ・ハ 仏下本 一〇五 五四オ8 | | | |
| ウキクサ | 泙 | ウキクサ 法上 二三 一二ウ8 | | | |
| ウキクサ | 蒗 | ウキクサ 僧上 一七 一〇オ2 | | | |
| ウキクサ | 萍 | ・ウ・キクサ 僧上 二八 一五ウ6 | | | |
| ウキクサ | 蘋 | ウキクサ 僧上 二九 一六オ2 | | | |
| ウキハシ | 浮橋 | ・ウ・キ・ハ・シ 仏下本 一〇四 五三ウ1 | | | |
| ウキミソ | 涺 | ウキミソ 法上 一二 一七ウ3 | ・ウ・ハ・ミ・ツ Ⅱ中 九オ5 | | |
| ウク | 徽 | ウク 仏上 三九 二三オ4 | | ウク 二三オ4 | ウク 一九ウ3 |
| △ウク | 徽 | | | ウク 二三オ4 | |

| 和訓 | 漢字 | 観智院本 | 蓮成院本 | 高山寺本 | 西念寺本 | 図書寮本 | 備考 |
|---|---|---|---|---|---|---|---|
| ウク | 告 | ウク 仏中六一 三三オ5 | ウク I上 五〇オ3 | ウク 七九ウ6 | | | |
| ウク | 覚 | ウク 仏中八二 四二ウ6 | ウク I上 五九ウ4 | ウク 九一オ6 | | | |
| ウク | 膺 | ウク 仏中一一五 五九オ3 | ウク I上 七四オ2 | | | | |
| ウク | 賕 | ウク 仏本一五 九オ7 | | | | | |
| ウク | 乗 | ウク 仏本六〇 三一ウ1 | | | | | |
| ウク | 授 | ウク 仏本七九 四一オ6 | | | | | |
| ウク | 奉 | ウク 仏末一四 一三ウ2 | | | | | |
| ウク | 奉 | ウク 仏末一四 一三ウ7 | | | | | |
| ウク | 羕 | ウク 仏末二七 一五オ4 | | | | | |
| ウク | 然 | ウク 仏末五〇 二六ウ4 | | | | | |
| ウク | 熟 | ウク 仏末五〇 二六ウ6 | | | | | |
| ウク | 浇 | | ウク II中一 一六オ3 | | | | |
| ウク | 讀 | ウク 法上四七 二五オ7 | ウク II中一 一五ウ6 | | | | |
| ウク | 謁 | ウク 法上五二 二七ウ1 | ウク II中一 二八オ1 | | | | |
| ウク | 誘 | | ウク II中一 二八オ5 | | | | |

| | | | |
|---|---|---|---|
| ウク | 請 | ウ・ク 法上 三一オ3 五九 | ウ・ク II 中一 三一ウ5 |
| ウク | 詩 | ウ・ク 法上 三三オ7 六一 | ウク II 中一 三三オ2 |
| ウク | 阻 | ウク 法中 二〇ウ7 三八 | |
| ウク | 懮 | ウク 法中 三七ウ2 七二 | |
| ウク | 恃 | ウク 法中 四二オ3 八一 | |
| ウク | 惣 | ウク 兼 法中 四二ウ7 八二 | |
| ウク | 納 | ウク 法中 六八ウ7 一三四 | |
| ウク | 禧 | ウク 法下 五オ6 七 | |
| ウク | 禀 | ウ・ク 法下 六オ1 九 | |
| ウク | 秸 | ウク 法下 七ウ7 一二 | |
| ウク | 粟 | ウク 法下 二〇オ1 三七 | |
| ウク | 享 | ウク 法下 二二ウ3 四二 | |
| ウク | 容 | ウク 法下 二六ウ4 五〇 | |
| ウク | 宵 | ウク 法下 二七ウ7 五二 | |
| ウク | 閑 | ウク 法下 三九ウ2 七六 | |
| ウク | 膺 | ウク 法下 五〇ウ4 九八 | |

| 和訓 | 漢字 | 観智院本 | 蓮成院本 | 高山寺本 | 西念寺本 | 図書寮本 | 備考 |
|---|---|---|---|---|---|---|---|
| ウク | 殉 | ウク 法下一二九 六六オ8 | | | | | |
| ウク | 藝 | ウク 僧上四五 二四オ3 | ウク Ⅲ下一 二ウ3 | | | | |
| ウク | 箏 | | ウク Ⅲ下一 一九ウ3 | | | | |
| ウク | 管 | ウク 僧上七二 三七ウ3 | ウク Ⅲ下一 二〇オ4 | | | | |
| ウク | 饗 | ウク 僧上一〇七 五五オ8 | ウク Ⅲ下一 三三オ4 | | | | |
| ウク | 甄 | ウク 僧中一八 一〇ウ7 | ウク Ⅲ下二 一二九オ5（四七） | | | | |
| ウク | 歆 | ウツ 僧中四六 二四ウ2 | ウク Ⅲ下一 六二ウ1 | | | | |
| ウク | 歒 | ウク 僧中四九 二六オ4 | ウク Ⅲ下一 六三ウ4 | | | | |
| ウク | 受 | ウツ 僧中五四 二八ウ3 | ウク Ⅲ下一 六五ウ7 | | | | |
| ウク | ⿱亯⿰月丸 | ウク 僧下九三 四八オ6 | | | | | |
| ウク | ⿱镸⿰肉丸 | ウク 僧下九四 四八ウ5 | | | | | |
| ウク | 尚 | ウク 僧下九九 五二オ2 | ウク Ⅲ下二 一三〇ウ1（五八） | | | | |
| ウク | 受 | | ウク Ⅲ下二 一一七ウ5（四五） | | | | |
| ウグソ | 蜀水花 | ウツソ 僧上五 四オ4 | | | | | |
| ウグチ | 兎鼓 | ウツチ 仏下末一七 一〇オ1 | | | | | |

| | | | | | | | |
|---|---|---|---|---|---|---|---|
| ウクツク | 軀 | ウクツク 仏上 四六ウ2 八六 | ウクツク I上 二オ7 | ウクツク 四六オ4 | ウツクツク（ママ） 四七ウ1 | | 蓮本 躬 |
| ウクツク | 跄 | ウクツク 法上 四〇オ5 七七 | | | | | |
| ウクツク | 躍 | ウクツク 法上 四五ウ7 八八 | | | | | |
| ウクツク | ⿰車辛 | ウクツク 法下 七三ウ8 一四二 | | | | | |
| ウグツク | 轉 | ウグツク 僧中 四八オ3 九三 | ウクツク III下二 七三ウ5 （二） | | | | |
| ウクツク | 驟 | ウクツク 僧中 五三ウ2 一〇二 | | | | | |
| ウグツク | 驟 | ウグツク 僧中 五三ウ6 一〇四 | ウクツク III下二 七八オ4 （六） | | | | |
| ウクツク | ⿰車辛 | ウクツク 僧下 三四オ7 六五 | ウクツク III下二 一三九ウ5 （六七） | | | | |
| ウグヒス | 黄鳥 | ウクヒス 僧中 五六ウ8 一〇 | | | | | |
| △ ウグヒス | 春鳥子 | ウクヒス 僧中 五六ウ8 一〇 | ウクヒ爪 III下二 八一オ2 （九） | | | | |
| ウグヒス | 鶯 | ウクヒス 僧中 五七ウ8 一一二 | ウクヒス III下二 八一ウ5 （九） | | | | |
| ウクヒス | 黄鸝 | ウクヒス 僧中 六三オ8 一二三 | | | | | |
| ウクヒス | 鷬 | ウクヒス 僧中 六三ウ8 一二四 | | | | | |
| ウクヒス | 鶛 | ウクヒス 僧中 六七オ8 一三一 | ウクヒス III下二 八九ウ7 （一七） | | | | |
| ウクヒス | 鷉 | ウクヒス 僧中 六七ウ4 一三二 | ウクヒ爪 III下二 九〇オ4 （一八） | | | | |
| ウグヒスノイヒネ | 恒山 | | | | | 宇久比須乃以比祢 木 二五一3 | |

| 和訓 | 漢字 | 観智院本 | 蓮成院本 | 高山寺本 | 西念寺本 | 図書寮本 | 備考 |
|---|---|---|---|---|---|---|---|
| ウグヒスノミ | 鸎賓 | ウグヒスノミ 法下二八オ7 五三 | | | | | |
| ウクヤカナリ | 絮 | ウクヤカナリ 法中六七オ2 一三一 | | | | | フクヤカナリ? |
| ウクル | 遺 | ウクル 仏上三〇ウ4 五四 | ウクル I 上八オ7 | ウクル 二九ウ2 | ウクル 二八オ2 | | |
| ウクロモチ | 壌 | ウクロモチ 法中二九オ1 五五 | | | | | |
| ウクロモチ | 糞鼠 | ウクロモチ 僧下三三ウ7 四二 | ウクロモチ III 下二二オ6 (三九) | | | | |
| ウグロモチ | 鼴鼠 | ウグロモチ 僧下三三オ3 四三 | ウグロモチ III 下二三オ1 (四〇) | | | | 蓮本 鼴鼠 |
| ウグロモチ | 鼠賁鼠 | ウグロモチ 僧下三三オ4 四三 | ウクロモチ III 下二三オ1 (四〇) | | | | |
| ウクロモツ | 隆 | ウクロモツ 法中二一ウ4 四〇 | | | | | |
| ウクロモツ | 嬭 | ウクロモツ 僧中三七オ4 七一 | | | | | |
| ウケ | 小車 | ウケ 僧中四三ウ3 八四 | | | | | |
| ウケ | 泛子 | | | | | 宇許 八7 | |
| ウケカヘ | 肯 | ウケカヘ 仏中六六オ7 一一九 | | | | | |
| ウケカヘス | 不肯没 | ウケカヘス 仏中六六オ8 一一九 | | | | | |
| ウケカヘニセス | 不肯 | ウケカヘニセス 仏中六六オ8 一一九 | | | | | |
| ウケタマハル | 聴 | ウケタアハル 仏中三三オ1 三 | ウケタアハル I 上二三ウ1 | ウケタアハル 四八ウ5 | ウケタアハル 五〇オ2 | | |

| | | | | | | | |
|---|---|---|---|---|---|---|---|
| ウケタマハル | 乗 | ウケタマハル 仏本 三一ウ1 六〇 | | | | | |
| ウケタマワル | 奉 | ウケタマワル 仏下末 一三ウ2 二四 | | | | | |
| ウケタマハル | 奉 | ウケタマハル 仏下末 一三ウ7 二四 | | | | | |
| ウケタマハル | 兼 | ウケタマハル 仏下末 一五オ4 二七 | | | | | |
| ウケタマハル | 然 | ウケタマハル 仏下末 二六ウ4 五〇 | | | | | |
| ウケ下ハル | 請 | ウケ下ハル 法上 三一オ3 五九 | ウケ下ハル(ミ) II 中一 三一ウ5 | | | | |
| ウケ給ハル | 共 | ウケ給ハル 僧上 二五ウ6 四八 | ウケタマワル III 下一 四オ4 | | | | |
| ウケタマハル | 受 | | ウケタマハル III 下二 一七ウ5 (四五) | | | | |
| ウケタマヘ | 尚饗 | ウケタマヘ 僧上 五五ウ1 一〇八 | ウケタマヘ(ミ) III 下一 三三オ5 | | | | |
| ウケノミタマ | 稲魂 | ウケノミタマ 僧下 二五ウ1 四八 | ウケノミタマ 下二 一三ウ3 (四二) | | | | |
| ウケフ | 約誓 | | | | | ウケフ 古 三〇九1 | |
| ウケモチノカミ | 保食神 | ウケモチノカミ 法下 二オ7 一 | | | | | |
| ウコカス | 偽 | ウコカス 仏上 一三ウ2 二〇 | | ウコカ爪 二ウ6 | ウコカス 八ウ3 | | |
| ウコカス | 債 | ウコカス 仏上 二一ウ5 三六 | | ウコカ爪 一二オ2 | ウコカ爪 八ウ5 | | |
| ウコカス | 嫵 | ウコカス 仏中 八ウ1 一四 | ウコカス I 上一 二八オ7 | ウコカ爪 五五オ3 | | | 高本 嫵嫔 |
| ウコカス | 嫋 | ウコカス 仏中 九ウ7 一六 | ウ(オ)コカス I 上一 二九ウ5 | ウコカ爪 五六ウ2 | | | |

| 和訓 | 漢字 | 観智院本 | 蓮成院本 | 高山寺本 | 西念寺本 | 図書寮本 | 備考 |
| --- | --- | --- | --- | --- | --- | --- | --- |
| ウコカス | 抈 | ウコカス 仏中 一〇オ5 一三七 | | | | | |
| ウ(オ)ゴ(ク)カス | 扤 | ウ(オ)コカ(リ)ス 仏下本 三一オ4 四一 | | | | | |
| ウコカス | 抗 | ウコカス 仏下本 三一オ5 四一 | | | | | |
| ウコカス | 托 | ウコカス 仏下本 三一オ7 四一 | | | | | |
| ウゴカス | 撃 | ウコカス 仏下本 三一オ7 四三 | | | | | |
| ウゴカス | 揻 | ウコカス 仏下本 二四オ3 四五 | | | | | |
| ウコカス | 擺 | ウコカス 仏下本 二七ウ3 五二 | | | | | |
| ウコカス | 扮 | ウコカス 仏下本 二八オ3 五三 | | | | | |
| ウコカス | 揚 | ウコカス 仏下本 二九オ3 五五 | | | | | |
| ウゴカス | 挺 | ウコカス 仏下本 三一オ3 五九 | | | | | |
| ウゴカス | 揌 | ウコカス 仏下本 三四オ7 六五 | | | | | |
| ウゴカス | 揮 | ウコカス 仏下本 三五ウ2 六八 | | | | | |
| ウゴカ(リ)ス | 振 | ウコカ(リ)ス 仏下本 三五ウ2 六八 | | | | | |
| ウゴカス | ⿰扌朝 | ウコカ(リ)ス 仏下本 三七ウ8 七二 | | | | | |
| ウコカス | 擺 | ウコカス 仏下本 三八オ6 七三 | | | | | |

| | | | | | | | |
|---|---|---|---|---|---|---|---|
| ウゴカス | 擡 | ウコカス 仏下本 三八オ7 七三 | | | | | |
| ウコカス | 播 | ウコカス 仏下本 三八ウ4 七四 | | | | | |
| ウコカス | 撓 | ウコカス 仏下本 三八ウ8 七四 | | | | | |
| ウゴカ(ク)ス | 揺 | ウコカ(ツ)ス 仏下本 三九オ4 七五 | | | | | ツ朱 |
| ウコカス | 杌 | ウコカス 仏本 五〇ウ6 九八 | | | | | |
| ウコカス | 滌 | ウコカス 法上 三オ2 三 | ウコカス II中一 一ウ7 | | | | |
| ウコカス | 泊 | ウコカス 法上 六オ2 九 | ウコカス II中一 七ウ5 | | | | |
| ウコカス | 瀟 | ウコカス 法上 八オ6 一三 | ウコカス II中一 五ウ4 | | | | |
| ウコカス | 汨 | ウコカス 法上 九ウ8 一六 | ウコカス II中一 七ウ2 | | | | |
| ウコカ(ク)ス | 浪 | ウコカ(リ)ス 法上 一一ウ1 二〇 | ウコカ(リ)ス II中一 二オ3 | | | ウコカ爪 集 一八5 | |
| ウコカス | 浬 | ウコカス 法上 一三ウ1 二二 | ウコカス II中一 一三オ1 | | | | |
| ウゴカ(ク)ス | 詑 | ウコカ(リ)ス 法上 二六オ2 五三 | ウコカ(リ)ス II中一 二八ウ2 | | | | |
| ウゴカ(ク)ス | 躁 | ウコカ(リ)ス 法上 三八ウ2 七四 | | | | | |
| ウコカス | 岌 | ウコカス 法上 五九オ6 一一五 | | | | | |
| ウゴカ(ク)ス | 悼 | ウコカ(リ)ス 法中 四八オ6 九三 | | | | | |
| ウコカス | 樒 | ウコカス 法下 六オ1 九 | | | | | |

| 和訓 | 漢字 | 観智院本 | 蓮成院本 | 高山寺本 | 西念寺本 | 図書寮本 | 備考 |
|---|---|---|---|---|---|---|---|
| ウゴカス(ク) | 蕕 | ウコカス(ク) 僧上 一五オ4 二七 | | | | | |
| ウコク | 僤 | ウコク 仏上 二九オ5 二 | | ウコク 八ウ1 | ウコク 三ウ5 | | |
| ウコク | 僞 | ウコク 仏上 一三ウ2 一〇 | | | オ(ウ)コク 八ウ3 | | |
| ウコク | 債 | ウコク 仏上 一三ウ4 一〇 | | ウコク 一三オ1 | ウコク 八ウ4 | | |
| ウゴク | 傾 | ウコツ 仏上 一九ウ3 一三 | | ウコク 一二ウ7 | ウコク 一五ウ3 | | |
| ウゴク | 化 | ウコク 仏上 一九ウ5 一三 | | ウコツ 一二オ2 | ウコク 一五ウ5 | | |
| ウコク | 趡 | ウコク 仏上 三六オ7 二五 | ウコク I上 一三ウ1 | ウコク 三五ウ2 | ウコク 三五オ1 | | |
| ウコク | 起 | | ウコク I上 一三ウ3 | ウコク 三五ウ5 | ウコク 三五オ4 | | |
| ウコク | 吸 | ウコク 仏中 二九オ5 | ウコク I上 四七ウ3 | ウコク 七六ウ4 | | | |
| ウゴク | 觸 | ウコツ 仏下本 一七オ2 一二 | | | | | |
| ウゴク | 領 | ウコツ 仏下本 一三ウ3 一四 | | | | | |
| ウゴク | 摵 | ウコク 仏下本 二四オ2 四五 | | | | | |
| ウコク | 搯 | ウコク 仏下本 二五オ8 四七 | | | | | |
| ウゴク | 捍 | ウコツ 仏下本 二七ウ2 五二 | | | | | |
| ウコク | 揣 | ウコク 仏下本 三〇オ8 五七 | | | | | |

| | | | | | | | |
|---|---|---|---|---|---|---|---|
| ウコク | 拂 | ウコク 仏下本 四一オ1 七九 | | | | | |
| ウコク | 激 | ウコク 法上 一〇オ7 一七 | ウコク II 中 一〇オ1 | | | ウコク 集 五四 6 | |
| ウゴク | 蕩 | | | | | ウコク 六〇 7 | |
| ウコク | 訛 | | | | | ウコク 計 七八 5 | |
| ウゴク | 蹈 | ウコク 法上 三八ウ7 七四 | | | | ウコク 計 一〇九 2 | 図本 蹈 |
| ウコク | 蹌 | ウコク 法上 四〇オ5 七七 | | | | | |
| ウゴク | 蹶 | | | | | ウコク 計 一〇 5 | |
| ウゴク | 躁 | | | | | ウ[コ]ク 易 一四 7 | |
| ウコク | 忧 | ウコク 法中 四一ウ1 八〇 | | | | | |
| ウコク | 戁 | ウコク 法中 四四ウ6 八六 | | | | | |
| ウコク | 憒 | ウコク 法中 四九オ6 九五 | | | | | |
| ウコク | 葉 | ウコク 僧上 二四ウ3 四六 | ウコク III 下一 三オ3 | | | | |
| ウゴクオ | 感 | ウコクオ 僧中 二〇ウ6 三八 | ウコクオ III 下一 五九ウ1 | | | | |
| ウゴク | 蠢 | | ウコク III 下二 一四ウ1 (三三) | | | | |
| ウゴク | 疊 | ウコク 僧下 三七オ2 七一 | | | | | |
| ウコク | 疉 | ウコク 僧下 三七オ3 七一 | ウコク III 下二 一三八ウ6 (五六) | | | | |

| 和訓 | 漢字 | 観智院本 | 蓮成院本 | 高山寺本 | 西念寺本 | 図書寮本 | 備考 |
|---|---|---|---|---|---|---|---|
| ウコナハラス | 俛 | ウコナハラス 仏上 八ウ7 一〇 | ウコナハラ八 I上一 四オ6 | ウコナハラ八 七オ1 | (ヲ)ワコナハラス 三オ6 | | |
| ウコナハル | 諫 | ウコナハル 法上 三三オ8 六一 | | | | | ウコナらしき三文字削除? |
| ウゴマ | 胡麻 | ウコ〻 仏中 六九ウ2 一三六 | | | | | |
| ウゴマ | 胡麻 | ウコマ 法下 五三オ6 一〇三 | | | | | |
| ウゴモツ | 墳 | | | | | ウコモ〻 記 三九7 | |
| ウゴモル | 墳 | ウコモル 法下 五三オ3 一〇七 | | | | | |
| ウコル | 僭 | ウコル 仏上 一三ウ7 二〇 | | | | | |
| ウサキ | 兎 | ウサ〻 仏末 一九ウ8 一六 | | | | | |
| ウサキ | 菟 | ウサキ 僧上 一〇ウ1 一八 | ウサ〻 III下一 六ウ5 | | | | |
| ウサキウマ | 犍 | ウサ〻ウ〻 仏末 三オ4 三 | | | | | |
| ウサキウマ | 驢 | ウサキウ〻 僧下 四八オ6 九三 | | | | | |
| ウサキトルアミ | 罛 | | ウサ〻トルアミ III下一 四八ウ3 | | | | |
| ウサキトルサテ | 罛 | ウサキトルサテ 僧中 五オ5 七 | | | | | |
| ウサキノミチ | 远 | ウサキノミチ 仏上 三一オ6 五五 | ウサ〻ノミチ I上一 九オ2 | ウサ〻ノミチ 二〇オ4 | ウサキノミチ 二六ウ5 | | |
| ウサキマ | 駝 | ウサキマ 僧中 五一ウ5 一〇〇 | ウサ〻マ III下二 (四)二六ウ2 | | | | |

| 見出し | 漢字 | 用例1 | 用例2 | 備考 |
|---|---|---|---|---|
| ウサキマ | 驢 | ウサキマ 僧中五六オ7 一〇九 | | |
| ウサキムマ | 驤 | ウサキムマ 僧中五一ウ6 一〇〇 | ウサヽムマ Ⅲ下二 七六ウ3 (四) | |
| ウサギムマ | 驢 | ウサキムマ 僧中五六オ7 一〇九 | ウサヽムマ Ⅲ下二 八〇ウ3 (八) | |
| ウサキムマ | [illegible] | | ウサヽムマイ Ⅲ下二 一三八オ1 (五六) | |
| ウシ | 捁 | ウシ 仏本二四ウ2 四六 | | |
| ウシ | 牛 | ウシ 仏下末二オ3 一 | | |
| ウシ | [illegible] | ウシ 仏下末四ウ6 六 | | |
| ウシ | [illegible] | ウシ 仏下末四ウ6 六 | | |
| ウシ | 慌 | ウシ 法中三六ウ2 七〇 | | |
| ウシ | 虫 蛆 | ウシ 僧下一〇ウ5 一八 | | 声点墨 |
| ウシカフ | 牧 | ウシカフ 仏下末三オ8 三 | | |
| ウシクサ | 蓄 蓄 | ウシクサ 僧上一七ウ6 三三 | | |
| ウシクハ | [illegible] | ウシクハ 仏下末二オ6 一 | | |
| ウシシ | [illegible] | ウシヽ 仏本三九ウ4 七六 | | ウシヽ 朱 |
| ウシタカ(テイ) | [illegible] | ウシタカ(テイ) 僧中六二オ3 一三一 | ウシタカ Ⅲ下二 八五オ4 (一三) | |
| ウシトラ | 突 | ウシトラ 法下三三ウ6 六二 | | |

| 和訓 | 漢字 | 観智院本 | 蓮成院本 | 高山寺本 | 西念寺本 | 図書寮本 | 備考 |
|---|---|---|---|---|---|---|---|
| ウシナフ | 遺 | ウレナフ 仏上 三一ウ5 五六 | ウレナフ I上 九ウ1 | ウレナフ 三〇ウ5 | ウレナフ 二九オ6 | | |
| ウシナフ | 喪 | ウレナフ 仏上 四六オ3 八五 | ウレナフ I上 二オ1 | ・ウ・レナフ 四五ウ2 | ウレナフ 四六ウ4 | | |
| ウシナフ | 共 | ウレナフ 仏下末 一四ウ4 二六 | | | | | |
| ウシナフ | 失 | ・ウ・レ・ナフ 仏下末 一九オ4 三五 | | | | | |
| ウシナフ | 泯 | ウレナフ 法上 四ウ2 六 | ウレナフ II中 三ウ3 | | | | |
| ウシナフ | 𠍰 | ウレナフ 法上 三六ウ2 七〇 | | | | | |
| ウシナフ | 巨 | ・ウ・レナフ 法上 五〇オ1 九七 | | | | | |
| ウシナフ | 鄰 | ウレナフ 法中 一九ウ8 三六 | | | | | |
| ウシナフ | 變 | ・ウ・レナフ 僧中 二八オ4 五三 | ・ウ・レナフ III下 六五ウ1 | | | | |
| ウシノアツモノ | 臙 | ウレノアツ牛 仏中 六六ウ3 一三〇 | | | | | |
| ウシノイキ | 呫 | 牛ノイキ 仏中 二九オ6 五五 | | 牛ノイキ 七六ウ5 | | | |
| ウシノイキナカスソ | 呫 | 牛ノイキナカスソ 仏中 二九オ6 五五 | | 牛ノイキナカスソ 七六ウ5 | | | |
| ウシノコ | 犢 | ウレノコ 仏下末 二一ウ5 二二 | | | | | |
| 牛ノコヅノ | 䡵 | 牛ノコツノ 仏本 六ウ8 一〇 | | | | | |
| 牛ノツナ | 紼 | 牛ノツナ 法中 六一ウ2 一二〇 | | | | | |

| | | | | | | | |
|---|---|---|---|---|---|---|---|
| 牛ノニケカム | 喣 | 牛(ミ)ノニケカム 仏中 三三ウ8 六二 | | 牛ノニケカム 八〇ウ4 | | | |
| 牛ノハナギ | 桊 | 牛ノハナキ 仏本 四三ウ7 八四 | | | | | |
| ウシノハナヅラ | 紖 | ウシノハナツラ 法中 五八オ6 一二三 | | | | | |
| 牛ノハナツラ | 純 | 牛ノハナツラ 法中 六二ウ7 一三三 | | | | | |
| 牛ノハナツラ | 縁 | 牛ノハナツラ 法中 六八ウ8 一三四 | | | | | |
| 牛ノヒタヒ | 石龍茎 | 牛ノヒタヒ 僧上 三ウ7 四 | | | | | |
| ウシフ | 告 | | | ウレフ 七九ウ6 | | | |
| ウシホ | 潮 | ウレア 法上 一三ウ6 二四 | ウレア II 中 一三オ5 | | | 宇之保 四二 5 | |
| ウシロ | 後 | ウレロ 仏上 三三ウ3 三八 | | ウレロ 二〇ウ5 | ウレロ 一九オ3 | | |
| ウシロ | 晩 | ウレロ 仏中 一五三オ1 一〇一 | ウレロ I 上 六〇ウ6 | ウレロ 一〇〇オ5 | | | 蓮本・高本 早晩 |
| ウシロ | 肱 | ウレロ 仏中 一六三ウ3 一三二 | | | | | |
| ウシロ | 背 | ウレロ 仏中 一六三ウ5 一三四 | | | | | |
| ウス | 促 | ウス 仏上 一八オ7 二九 | | | | | |
| ウス | 辛 | ウス 仏上 四五オ1 八三 | | ウ爪 四四ウ3 | ウス 四五オ5 | | |
| ウス | 去 | ウス 仏上 四五ウ3 八四 | ウス I 上 二〇ウ4 | ウ爪 四五オ4 | ウ爪 四六オ3 | | |
| ウス | 失 | ウス 仏末 一九オ4 三五 | | | | | |

| 和訓 | 漢字 | 観智院本 | 蓮成院本 | 高山寺本 | 西念寺本 | 図書寮本 | 備考 |
|---|---|---|---|---|---|---|---|
| ウス | 漏 | ウス 法上 二七ウ2 三 | ウス II 中 九オ4 | | | | 蓮本 漏 |
| ウス | 澆 | | ウス II 中 一六オ3 | | | | |
| ウス | 沒 | ウス 法上 二三ウ2 四二 | ウス II 中 二三オ6 | | | | |
| ウス | 磧 | ウス 法中 二一ウ3 二 | | | | | |
| ウス | 碓 | ウ:ス 法中 四四ウ5 六 | | | | 于:須 倭言 一五六3 | |
| ウズ | 雲珠 | ウ:ス 法中 一三ウ6 二四 | | | | 宇須 一六六1 | |
| ウス | 愆 | ウス 法中 四三ウ2 八四 | | | | | |
| ウス | 亡 | ウス 法下 二三オ3 四一 | | | | | |
| ウス | 宣 | ウス 法下 三三オ3 四一 | | | | | |
| ウス | 辛 | ウス 法下 二三オ8 四一 | | | | | |
| ウス | 軼 | ウ爪 僧中 四四ウ7 八六 | | | | | |
| ウス | 臼 | ウ:ス 僧下 三七オ3 七一 | ウ:爪 III 下二 一二九オ5 (五七) | | | | |
| ウス | 暘 | ウ爪 僧下 三七オ7 七一 | ウ爪 III 下二 一二九オ6 (五七) | | | | |
| ウス | 釋 | ウス 僧下 四一ウ4 八〇 | ウ爪 III 下二 一三八ウ6 (六六) | | | | |
| ウスイキヌ | 紈 | ウスイヽヌ 法中 六三オ3 一三 | | | | ウ爪イキ(ヌ) 三一八4 | |

| | | | | | | | |
|---|---|---|---|---|---|---|---|
| ウスイコトモナシ | 無莫 | ウ爪イ丁モナし 僧上 二ウ3 二 | ウスイ丁モナし III下一 四オ5 | | | | 蓮本 无莫 |
| ウズクマリ | 蹲 | ウクヽリ（スク） 法上 三九ウ7 七六 | | | | | |
| ウスクマリヰル | 蹲踞 | ウスクヽリヰル 法上 三九ウ8 七六 | | | | | |
| ウスクマリヰル | 踐 | ウスクヽリヰル 法上 四六オ2 八九 | | | | | |
| ウズクマル | 蹲 | | | | | ウ爪クヽテル 一〇六4 | |
| ウズクマル | 踞 | ウスクヽル 法上 三九ウ8 七六 | | | | | |
| ウズクマル | 跌 | ウスクヽル 法上 四五ウ4 八八 | | | | | |
| ウスクマル | 窅 | ウ爪クテル 法下 三一オ2 五九 | | | | | |
| ウスコホリ | 淩 | ウスコホリ 法上 七ウ7 一二 | ウスコふリ II中 九ウ2 | | | | |
| ウスシ | 偸 | ウスし 仏上 二ウ1 一六 | | ウ爪し 九ウ1 | ウスし 六オ4 | | |
| ウスシ | 婾 | ウスし 仏中 六ウ5 一〇 | ウ爪し I上 三六ウ6 | ウ爪し 五三オ6 | ウスシ 五四オ6 | | |
| ウスシ | 單 | ウスし 仏中 一七ウ8 三二 | ウスし I上 三七オ2 | ウスし 六五オ5 | | | |
| ウスシ | 洗 | ウスし 法上 三オ4 三 | ウスし II中 二オ2 | | | | |
| ウスシ | 薄 | ウスし 法上 二三ウ7 四二 | スウし（ママ） II中 三オ5 | | | | |
| ウスシ | 約 | ウスし 法中 六三ウ1 一二四 | | | | | |
| ウスシ | 碮 | ウスし 法中 四四オ3 五 | | | | | |

| 和訓 | 漢字 | 観智院本 | 蓮成院本 | 高山寺本 | 西念寺本 | 図書寮本 | 備考 |
|---|---|---|---|---|---|---|---|
| ウスシ | 亡 | ・ウ・ス・シ 法下二三オ3 四三 | | | | | |
| ウスシ | 莫 | ウスシ 僧上二ウ2 二 | ウスシ Ⅲ下一 四オ5 | | | | |
| ウスシ | 薄 | ウス・シ 僧上一五ウ7 二八 | | | | | |
| ウスシ | 菲 | ・ウ・爪・シ 僧上二〇ウ2 三八 | | | | | |
| ウスシ | 韮 | /ウ爪シ 僧上二〇ウ4 三八 | | | | | |
| ウスシ | 共 | ウスシ 僧上二五ウ6 四八 | ウ爪シ Ⅲ下一 四オ4 | | | | |
| ウスシ | 剥 | ・ウ・爪・シ 僧上四五ウ6 八八 | ・ウ・ス・シ Ⅲ下一 二四オ2 | | | | |
| ウスシ | 輪 | ・ウ・爪シ 僧下六四オ4 三五 | ウ爪シ Ⅲ下二 一四三オ7 (七二) | | | | |
| ウスシ | 輪 | ・ウ・爪シ 僧下六五ウ8 二八 | | | | | |
| ウスバ | 齣 | ・ウ・ス・ハ 法上五四オ8 一〇五 | | | | | |
| ウスヘ | 碟 | ウスヘ 法中二オ4 一 | | | | | |
| ウスメ | 鸜鵒 | ウスメ 僧中五九ウ3 一二六 | ウィ爪メ Ⅲ下二 八三オ3 (二二) | | | | |
| ウスモノ | 紗 | ウス牛 法中六八ウ2 一三四 | | | | | |
| ウスモノ | 羅 | ウ爪牛 僧中一七オ7 二 | ウ爪モノ Ⅲ下一 五〇オ6 | | | | |
| ウスラク | 涜 | ・ウ・スラク 法上一六ウ4 三〇 | ・ウ・スラス(ミ) Ⅱ中一 一六オ3 | | | ・ウ爪ラク 遊 五三 7 | |

| | | | | | | | |
|---|---|---|---|---|---|---|---|
| ウスラク | 磷 | ウスラク 法中 三ウ 四 | | | | ウ爪ラク 論 一五六5 | |
| ウスラク | 坾 | ウスラク 法中 三四ウ8 六六 | | | | | |
| ウスラク | 簿 | ウ爪ラク 僧上 四〇オ7 七七 | ウ爪ラク III下 一九オ3 | | | | |
| ウスラク | 醨 | ウスラク 僧下 三一オ8 五九 | ウ爪ラク III下 三七オ4 | | | | |
| ウスワタ | 複 | ウス禾タ 法中 七一ウ7 四〇 | | | | | |
| ウズ井 | 夷 | ウス井 仏下末 一八ウ8 三四 | | | | | |
| ウズ井 | 踞 | ウス井 法上 三九ウ8 七六 | | | | ウ爪井 論 一〇六4 | |
| ウセル | 飆 | ウセル 仏中 四一オ6 七九 | ウセル I上 五八オ7 | ウセル 八九ウ4 | | | |
| ウソ | 凄 | ウソ 法上 二五オ1 四七 | ↓サムシウソ | | | | |
| ウソクレタリ | 黠 | ウソクレタリ 仏下末 二九オ1 五五 | | | | | |
| ウソク | 猊 | ウソゝク 仏本 六七オ8 一三一 | | | | | |
| ウソナケキ | 嘷 | ウソナケキ 仏中 二八オ5 五三 | | ウソナケキ 七六オ4 | | | |
| ウソフク | 啾ゝ | ウソフク 仏中 二三ウ5 四二 | | ウソ[フ]ク 七〇オ1 | | | |
| ウソフク | 嘘 | ウソフク 仏中 二八オ1 五三 | ウソフク I上 四六オ4 | ウソフク 七五オ7 | | | |
| ウソフク | 嘯 | ウソフク 仏中 二八ウ3 五四 | ウソフク I上 四六ウ4 | ウソフク 七六オ2 | | | |
| ウソフク | 計 | ウソフク 法上 三二オ1 六一 | ウソフク II中 三二ウ1 | | | | |

| 和訓 | 漢字 | 観智院本 | 蓮成院本 | 高山寺本 | 西念寺本 | 図書寮本 | 備考 |
|---|---|---|---|---|---|---|---|
| ウソフク | 主 | ウソフク 法下 二〇ウ8 三八 | | | | | |
| ウソフク | 帍 | ウソフク 法下 四九オ3 九五 | | | | | |
| ウソフク | 規 | ウソフク 僧中 一七ウ2 三二 | ウソフク Ⅲ下三 一三ウ6 (五〇) | | | | |
| ウソフク | 断 | ウソフク 僧中 一八ウ3 三四 | ウソフク Ⅲ下三 一三ウ5 (四九) | | | | |
| ウソム | 嘯 | ウソム 仏中 二六ウ3 五四 | ウソム Ⅰ上 四六ウ4 | ウソム 七六オ2 | | | |
| ウソム | 歗 | ウソム 僧中 二四オ8 四五 | ウソム Ⅲ下 六二オ7 | | | | |
| ウソムブク | 歗 | ウソムブク 僧中 二四オ8 四五 | ウソフク Ⅲ下 六二オ7 | | | | |
| ウタ | 唱 | ウタ 仏中 三三ウ1 四四 | ウ[タ] Ⅰ上 四一ウ7 | ウタ 七〇ウ4 | | | |
| ウタ | 貰 | ウタ 仏下本 九オ5 一五 | | | | | |
| ウタ | 謂 | ウタ 法上 二六オ4 四九 | ウタ Ⅱ中 二六ウ2 | | | | |
| ウタ | 謌 | ウタ 法上 二七オ7 五一 | ウタ Ⅱ中 二七ウ6 | | | | |
| ウタ | 讌 | ウタ 法上 二九ウ1 五六 | ウタ Ⅱ中 三〇オ1 | | | | |
| ウタ | 詩 | ウタ 法上 三三オ7 六一 | ウタ Ⅱ中 三三オ2 | | | ウタ 切 九一4 | |
| ウタ | 謡 | ウタ 法上 三三オ5 六三 | ウタ Ⅱ中 三三ウ6 | | | | |
| ウタ | 歌 | ウタ 僧中 二五ウ7 四八 | ウタ Ⅲ下 六三ウ1 | | | | |

| | | | | | | |
|---|---|---|---|---|---|---|
| ウタウタヒ | 倡 | ウタ〱ヒ 仏上 四ウ2 二 | ウタ〻〻ヒ Ⅰ上二 一オ5 | ウタハヽヒ 三ウ1 | | |
| ウタウタフ | 歌 | ウタウタフ 僧中 二五ウ7 四八 | ウタウタフ Ⅲ下一 六三ウ1 | | | |
| ウタカクサ | 紵麻 | ウタカクサ 法下 五三オ6 一三 | | | | |
| ウタカタ | 沫雨 | ウタカフ(タ) 法上 五ウ1 八 | ウタカタ Ⅱ中 四ウ4 | | | 宇太加多 和 八3 |
| ウタカタモ | 未必 | ウタカタモ 僧下 五五オ5 一〇七 | | | | |
| ウタガヒフ | 疑 | ウタカヒフ 僧下 五一ウ7 一〇〇 | ウタカヒフ Ⅲ下一 一四九ウ4 (七七) | | | |
| ウタガヒ | 需 | ウタカヒ 僧下 五三オ5 一〇三 | | | | |
| ウタカヒホトハシル | 感躍 | ウタカヒホトハシル 法上 四五ウ7 八八 | | | | ウタカヒホトハシル 易 一〇七6 |
| ウタカフ | 偕 | ウタカフ 仏上 一九ウ1 三三 | | ウタカフ 一八ウ1 | ウタカフ 一五ウ1 | |
| ウタカフ | 嬢 | ウタカフ 仏中 一七ウ7 一二 | ウタカフ Ⅰ上二 二七ウ7 | ウタカフ 五四ウ2 | | |
| ウタガフ | 猜 | ウタカフ 仏下本 六八オ1 一三三 | | | | |
| ウタガフ | 諂 | ウタカフ 法上 二九オ7 五五 | ウタカフ Ⅱ中 二九ウ6 | | | 宇多加不 季 八八6 |
| ウタカフ | 謟 | ウタカフ 法上 二九オ8 五五 | ウタカフ Ⅱ中 二九ウ7 | | | |
| ウタカフ | 譢 | ウタカフ 法上 三〇オ2 五七 | ウタカフ Ⅱ中 三〇ウ3 | | | |
| ウタカフ | 靖 | ウタカフ 法上 四七ウ3 九二 | | | | |
| ウタカフ | 礙 | ウタカフ 法中 二ウ3 二 | | | | |

| 和訓 | 漢字 | 観智院本 | 蓮成院本 | 高山寺本 | 西念寺本 | 図書寮本 | 備考 |
|---|---|---|---|---|---|---|---|
| ウタカフ | 阻 | ウタカフ 法中二〇ウ6 三八 | | | | | |
| ウタカフ | 怚 | ウタカフ 法中三七オ4 七一 | | | | | |
| ウタカフ | 忒 | ウタカフ 法中四五ウ6 八八 | | | | | |
| ウタカフ | 慊 | ウタカフ 法中四八ウ6 九四 | | | | | |
| ウタカフ | 惢 | ウタカフ 法中五〇ウ5 九八 | | | | | |
| ウタカフ | 給 | ウタカフ 法中五九ウ2 一一六 | | | | | |
| ウタカフ | 蠱 | ウタカフ 僧中一七ウ7 二二 | ウタカフ Ⅲ下 五〇ウ3 | | | | |
| ウタカフ | 惑 | ウタカフ 僧中二一オ6 三九 | ウタカフ Ⅲ下 五九ウ5 | | | | |
| ウタガフ | 貳 | ウタカフ 僧中二一オ7 三九 | ウタカフ Ⅲ下 五九ウ7 | | | | |
| ウタガフ | 忒 | ウタカフ 僧中二一ウ4 四〇 | | | | | |
| ウタカフ | 忒 | ウタカフ 僧中二三オ4 四三 | ウタカフ Ⅲ下 六〇オ6 | | | | |
| ウダカフ | 欺 | ウタカフ 僧中二六オ5 四九 | | | | | 声点誤り？ |
| ウタク | 抱 | ウタク 仏下本二一ウ5 四〇 | | | | | |
| ウ(イ)ダク | 拱 | ウ(イ)ツリ 仏下本三〇オ3 五七 | | | | | |
| ウタク | 携 | ウタク 仏下本三六ウ4 七〇 | | | | | |

| | | | | | | | |
|---|---|---|---|---|---|---|---|
| ウタク | 裛 | ウタク 法中 一七〇オ3 一三七 | | | | | |
| ウタク | 苞 | ウタク 僧上 六オ3 九 | | | | | |
| ウタク | 苞 | ウタク 僧上 一〇ウ5 一八 | | | | | |
| ウタクミ | 跗 | ウタクミ 法上 三九ウ1 七六 | | | | | |
| ウタクミ | 跏 | ウタクミ 法上 四五ウ3 八八 | | | | | |
| ウタケウツ | 讌 | ウタケウツ 法上 二九ウ1 五六 | ウタケウツ II 中一 三〇オ1 | | | | |
| ウタタ | 假 | ウタヽ 仏上 二〇オ5 三三 | | ウタヽ 二ウ5 | ウタヽ 一六オ4 | | |
| ウタタ | 漸 | ウタヽ 法上 一八オ5 三三 | ウタヽ II 中一 一七ウ6 | | | | |
| ウタタ | 轉 | ・ウ・タ・ヽ 僧中 四八オ3 九三 | ・ウ・タ・ヽ III 下二 (一) 七三ウ5 | | | | |
| ウタタ | 悖 | | | | | ウタヽ 二六九7 | |
| ウタタ | 輙 | ウタヽ 僧中 四八オ5 九三 | ウタヽ III 下二 (一) 七三ウ7 | | | | |
| ウタタネ | 假寐 | ・ウ・タヽ子 法下 三三ウ4 六四 | | | | | |
| ウタチ | 杌 | ウタチ 仏下本 五〇ウ6 九八 | | | | | |
| ウダチ | 梲 | ・ウタ・チ 仏下本 五一オ5 九九 | | | | | |
| ウタチ | 杠 | ウタチ 仏下本 五九ウ3 二一六 | | | | | |
| ウタチ | 枘 | ウタチ 仏下本 五九ウ5 二一六 | | | | | |

| 和訓 | 漢字 | 観智院本 | 蓮成院本 | 高山寺本 | 西念寺本 | 図書寮本 | 備考 |
|---|---|---|---|---|---|---|---|
| ウタフ | 倡 | ウタフ 仏上 四ウ2 二 | ウタフ I上 一オ5 | ウタフ 三ウ1 | | | |
| ウタフ | 哥 | ウタフ 仏上 四三ウ5 七八 | ウタフ I上 一八ウ5 | ウタフ 四三オ7 | ウタフ 四三ウ5 | | |
| ウタフ | 哇 | ウタフ 仏中 一六オ8 二九 | ウタフ I上 三五ウ1 | ウタフ 六三ウ2 | | | |
| ウタフ | 咢 | ウタフ 仏中 一九ウ8 三六 | ウタフ I上 三八ウ4 | ウタフ 六七オ3 | | | |
| ウタフ | 呪 | ウタフ 仏中 二三オ6 四一 | ウタフ I上 四〇ウ7 | ウタフ 六九ウ1 | | | |
| ウタフ | 唱 | ウタフ 仏中 二三ウ1 四四 | ウタフ I上 四一ウ7 | ウタフ 七〇ウ4 | | | |
| ウタフ | 咏 | ウタフ 仏中 二六オ8 四九 | ウタフ I上 四四ウ5 | ウタフ 七三ウ7 | | | |
| ウタフ | 哇 | ウタフ 仏中 二八オ7 五三 | | | | | |
| ウタフ | 賦 | ウタフ 仏下本 一一オ7 一九 | | | | | |
| ウタフ | 債 | ウタフ 仏下本 六八オ2 一三三 | | | | | |
| ウタフ | 譖 | ウタフ 法上 二五ウ5 四八 | ウタフ II中 二六オ3 | | | | |
| ウタフ | 諧 | ウタフ 法上 二五ウ6 四八 | ウタフ II中 二六オ4 | | | | |
| ウタフ | 認 | ウタフ 法上 二八オ3 五三 | ウタフ II中 二八ウ3 | | | | |
| ウタフ | 訢 | ウタフ 法上 三一オ5 五九 | ウタフ II中 三一ウ6 | | | ウタフ汁 七五5 | 訢 図本 |
| ウタフ | 詩 | ウタフ 法上 三二オ7 六一 | ウカ(タ)フ II中 三三オ2 | | | | |

| | | | | | | | |
|---|---|---|---|---|---|---|---|
| ウタフ | 謡 | ・ウ・タフ 法上 三三オ5 六三 | ・ウ・タフ Ⅱ中一 三三ウ6 | | | ・ウ・タ・フ 注 九二 3 | |
| ウタフ | 謳 | ・ウ・タ・フ 法上 三四オ7 六五 | ・ウ・タ・フ Ⅱ中一 三五オ2 | | | ウタフ 切 九二 4 | 図本 謳歌 |
| ウタフ | 諷 | ウタフ 法上 三七オ8 七一 | | | | | |
| ウタフ | 諭 | ウタフ 法上 三七ウ2 七二 | | | | | |
| ウタフ | 詠 | ・ウ・タフ 法上 三七ウ4 七二 | | | | | |
| ウタフ | 慈 | ウタフ 法中 五一オ3 九九 | | | | | |
| ウタフヘ | 愬 | ・ウ・タフヘ 法中 五一オ7 九九 | | | | ウ・タ・フ 注 二七五 6 | |
| ウタフ | 動 | ウ\|タフ 僧上 四三オ6 八三 | ウ\|タ﹅(ミ) Ⅲ下一 三三オ4 | | | | |
| ウタフ | 歌 | ・ウ・タ・フ 僧中 二五ウ7 四八 | ・ウ・タ・フ Ⅲ下一 六三ウ1 | | | | |
| ウタフ | 勒 | ウタフ 僧中 四一オ8 七九 | | | | | |
| ウタフ | 凰 | ウタフ 僧下 二九オ1 五五 | ウィタフ Ⅲ下二 一二六ウ4 (四四) | | | | |
| ウタフ | 哥 | ・ウ・タ・フ 僧下 五五ウ2 一〇八 | ウタフ Ⅲ下二 一四八ウ3 (七六) | | | | |
| ウタフルコト | 訟 | | | | | ウ・タ・フ・ル・コ・ト 記 九二 5 | |
| ウタヘ | 卟 | ウタヘ 仏中 三三ウ4 四二 | ウタフヘ Ⅰ上一 四一オ4 | ウタヘ 六九ウ7 | | | 高本 卟字虫損 |
| ウタヘ | 獄 | ・ウ・タ・ヘ 仏下本 六七オ2 一三二 | | | | | |
| ウタヘ | 訴 | ・ウ・タヘ 法上 三一オ4 五九 | ウタヘ Ⅱ中一 三一ウ5 | | | | |

| 和訓 | 漢字 | 観智院本 | 蓮成院本 | 高山寺本 | 西念寺本 | 図書寮本 | 備考 |
|---|---|---|---|---|---|---|---|
| ウタヘ | 詇 | ウタヘ 法上 三四オ2 六五 | | | | | |
| ウタヘ | 訩 | ウタヘ 法上 三七オ5 七一 | ウタヘ Ⅱ 中一 二八ウ2 | | | | |
| ウタヘ | 崖 | ウタヘ 法上 五七オ8 一二二 | | | | ウタヘ 論 一三八7 | |
| ウタヘ | 岸 | ウタヘ 法上 五七オ8 一二二 | | | | | |
| ウタメ | 倡 | ウタメ 仏上 四ウ2 二 | ウタメ Ⅰ 上二 一オ5 | ウタメ 三ウ1 | | | |
| ウタメ | 倡女 | ウタメ 仏上 四ウ3 二 | | ウタメ 三ウ2 | | | |
| ウタレム | 敵 | ウタレム 僧中 二九オ3 五五 | ウタレム Ⅲ 下一 六六オ6 | | | | |
| ウチ | 儭 | ウチ 仏上 一八オ8 二九 | | ウチ 一七オ1 | ウチ 一四オ4 | | |
| ウチ | 中 | ウチ 仏上 四三オ5 七九 | ウチ Ⅰ 上二 一九オ3 | ウチ 四三ウ7 | ウチ 四三オ6 | | |
| ウチ | 資 | ウチ 仏本 八ウ2 一四 | | | | | |
| ウチ | 奥 | ウチ 仏下末 一九オ6 三五 | | | | | |
| ウチ | 裏 | ウチ 法中 一七〇オ3 一三七 | | | | | |
| ウチ | 内 | ウチ 僧下 五六オ6 一〇九 | ウチ Ⅲ 下二 一三〇ウ5 (五八) | | | | 蓮本 皇太 |
| ウチアハセ | 腿 | ウチアハセ 仏中 六〇オ8 一二七 | | | | | |
| ウチアハセ | 股 | ウチアハセ 仏中 六〇ウ1 一二八 | | | | | |

| | | | | | | | |
|---|---|---|---|---|---|---|---|
| ウチアハセコト | 狭會 | ウチアハセコト 僧中 二ウ2 二 | ウチアハセ了 〈元〉 Ⅲ 下一 四七オ4 | | | | |
| ウチカク | 搭 | ウチカク 仏下本 二八ウ2 五四 | | | | | |
| ウチカケ | 裲襠 | ウチカケ 法中 七三ウ1 一四四 | | | | 宇知加介 禾 三三七7 | 図本 雨襠 |
| ウチカケギヌ | 帔 | ウチカケヽヌ 法中 五六ウ1 二一〇 | | | | ウチカケキヌ 玄蕃式 二〇一 | |
| ウチカヘス | 孱 | ウチカヘス 法下 四五ウ6 八八 | | | | | |
| ウチキ | 袿 | ウチヽ 法中 七四オ7 一四五 | | | | 宇知岐 川 三三九1 | |
| ウチキ | 褂 | ウチヽ 法中 七四オ7 一四五 | | | | | |
| ウチキ | 衿 | ウチヽ 法中 七六オ3 一四九 | | | | | |
| ウチクヒ | 杙 | ウチクヒ 仏下本 四八ウ5 九四 | | | | | |
| ウチケツ | 撲 | ウチケツ 仏下本 二九オ1 五五 | | | | | |
| ウチケツ | 擈 | ウチケツ 仏下本 二九オ5 五五 | | | | | |
| ウチトノ | 内外 | ウチトノ 法下 六八ウ3 一三四 | | | | | |
| ウチナシ | 磬 | ウチナシ 法中 五オ7 七 | | | | 宇知奈之 禾 一五六7 | 図本 磬 |
| ウチナヤム | 亭 | ウチナヤム 法下 二三オ4 四一 | | | | | |
| ウチニル | 儭 | ウチニル 仏上 一八オ8 二九 | | ウチニル 一七オ1 | ウイ(チ)ニル 一四オ5 | | |
| ウチハ | 團扇 | ウチハ 法下 四八オ5 九三 | | | | | |

| 和訓 | 漢字 | 観智院本 | 蓮成院本 | 高山寺本 | 西念寺本 | 図書寮本 | 備考 |
|---|---|---|---|---|---|---|---|
| ウチハ | 翢 | ウチハ 僧上五一オ4 九九 | ウチハ Ⅲ下一 元オ4 | | | | |
| ウチハヤシ | 迍邅 | ウチハカ(マ)シ 仏上二七オ6 四七 | ウチハヤシ Ⅰ上 五オ7 | ウチハヤシ 二六オ5 | ウテ(マ)ハヤシ 二四オ4 | | 蓮本・高本 迍邅 |
| ウチハヤシ | 乇 | ウチハヤシ 仏下末八オ7 一三 | | | | | |
| ウチハヤシ | 踦(足區) | ウケ(マ)ハヤシ 法上四三ウ5 八二 | | | | 宇知波夜之 季 一一三 2 | 図本 踦 |
| ウヂハヤシ | 崎嶇 | | | | | ウヂハヤシ 集 一四三 3 | |
| ウヂハヤシ | 岴 | ウヂハヤシ 法上五五オ5 一〇七 | | | | | |
| ウヂハヤシ | 阻 | ウヂハヤシ 法中二〇ウ6 三八 | | | | | |
| ウヂハヤシ | 劚 | ウヂハヤシ 僧上四四ウ8 八六 | ウヂハヤシ Ⅲ下 二三オ6 | | | | |
| ウヂハヤシ | 難 | ウヂハヤシ 僧中六九ウ5 一三六 | ウヂハヤシ Ⅲ下二 九一ウ7 (九) | | | | |
| ウチハラフ | 擺 | ウチハラフ 仏下本二七ウ3 五二 | | | | | |
| ウチハラフ | 擺 | ウチハラフ 仏下本三八オ5 七三 | | | | | |
| ウチヘ=マイル | 入内 | ウチヘ= ニイル 僧下五六オ8 一〇九 | | | | | |
| ウチボラ | 宏 | ウチホラ 法下三一オ3 五九 | | | | | |
| ウチボラ | 閎 | ウチホラ 法下四一オ8 七九 | | | | | |
| ウチミダリノハコ | 巾箱 | ウチミダリノハコ 法中五二ウ3 一〇二 | | | | 宇知美太利乃波古 (11) 二七七 2 | 図本 手箱 |

| | | | | | |
|---|---|---|---|---|---|
| ウチメ | 斵 | ウチメ 僧中 一八ウ7 三四 | | | |
| ウチモモ | 股 | ウチモヽ 仏中 六〇オ8 一一七 | | | |
| ウチワタス | 滦 | ウチ禾タス 法上 三ウ2 四 | ウチ禾タス II 中 二ウ1 | | |
| ウチワタス | 洴 | ウ禾(ミ)禾タ爪 法上 一三ウ8 二三 | ウチハタ(禾)ス II 中 一三オ7 | | |
| ウチワタス | 澼 | | ウチ禾タス II 中 一三ウ1 | | |
| ウチワタル | 澼 | ウチ禾タル 法上 三三ウ3 四四 | | | |
| ウチワル | 棓 | ウチ禾ル 仏下本 二七オ4 五一 | | | |
| ウチワル | 剖 | ウチ禾ル 法下 七三ウ7 一四四 | | | |
| ウチワル | 鉋 | ウチ禾ル 僧上 五九ウ7 一一六 | ウチ禾ル III 下 三七オ3 | | |
| ウツ | 伐 | ウツ 仏上 一〇オ4 一三 | | ウツ 七ウ3 | ウツ 四ウ5 |
| ウツ | 征 | ウツ 仏上 二四ウ1 四二 | | ウツ 三三オ7 | ウツ 二オ3 |
| ウツ | 妓 | ウツ 仏中 二七オ7 二一 | | ↓ ウツタツ | ウツ タツ 五五オ4 |
| ウツ | 叩 | ウツ 仏中 三三ウ3 四二 | ウツ I 上 四一ウ3 | ウツ 六九ウ6 | |
| ウツ | 昬 | ウツ 仏中 五三オ2 一〇二 | ウツ I 上 六七ウ6 | ウツ 一〇〇オ5 | |
| ウツ | 皛 | ウツ 仏中 五三オ6 一〇三 | ↓ ウツヽ | ↓ ウツヽ | |
| ウツ | 觸 | ウツ 仏下本 二七オ2 | | | |

| 和訓 | 漢字 | 観智院本 | 蓮成院本 | 高山寺本 | 西念寺本 | 図書寮本 | 備考 |
|---|---|---|---|---|---|---|---|
| ウツ | 拳 | ウツ 仏下本二一オ7 三九 | | | | | |
| ウツ | 抛 | ・ウ・ツ 仏下本二二オ3 四一 | | | | | |
| ウツ | 抌 | ・ウ・ツ 仏下本二二オ3 四一 | | | | | |
| ウツ | 捥 | ウツ 仏下本二二オ8 四一 | | | | | |
| ウツ | 摯 | ウツ 仏下本二二ウ3 四二 | | | | | |
| ウツ | 拮 | ウツ 仏下本二二ウ6 四二 | | | | | |
| ウツ | 擊 | ・ウ・ツ 仏下本二三オ7 四三 | | | | | |
| ウツ | 扫 | ウツ 仏下本二三オ8 四三 | | | | | |
| ウツ | 擎 | ウツ 仏下本二三オ8 四三 | | | | | |
| ウツ | 摳 | ウツ 仏下本二三ウ2 四四 | | | | | |
| ウツ | 控 | ウツ 仏下本二五オ1 四七 | | | | | |
| ウツ | 揤 | ウツ 仏下本二五オ7 四七 | | | | | |
| ウツ | 掐 | ・ウ・ツ 仏下本二五オ8 四七 | | | | | |
| ウツ | 拍 | ・ウ・ツ 仏下本二五ウ2 四八 | | | | | |
| ウツ | 掄 | ウツ 仏下本二五ウ3 四八 | | | | | |

| | | | |
|---|---|---|---|
| ウツ | 捎 | ・ウ・ツ | 仏下本 二五ウ5 四八 |
| ウツ | 拼 | ウツ | 仏下本 二六オ1 四九 |
| ウツ | 抃 | ウツ | 仏下本 二六オ2 四九 |
| ウツ | 標 | ・ウ・ツ | 仏下本 二六ウ3 五〇 |
| ウツ | 抶 | ・ウ・ツ | 仏下本 二七オ1 五一 |
| ウツ | 扶 | ・ウ・ツ | 仏下本 二七オ1 五一 |
| ウツ | 搨 | ・ウ・ツ | 仏下本 二八ウ3 五四 |
| ウツ | 擢 | ウツ | 仏下本 二八ウ4 五四 |
| ウツ | 撲 | ウツ | 仏下本 二九オ4 五五 |
| ウツ | 擈 | ウツ | 仏下本 二九オ5 五五 |
| ウツ | 擽 | ウツ | 仏下本 二九オ5 五五 |
| ウツ | 堵 | ウツ | 仏下本 二九オ8 五五 |
| ウツ | 捲 | ウ・ツ | 仏下本 二九ウ1 五六 |
| ウツ | 撻 | ・ウ・ツ | 仏下本 二九ウ5 五六 |
| ウツ | 択 | ・ウ・ツ | 仏下本 三〇オ5 五七 |
| ウツ | 批 | ・ウ・ツ | 仏下本 三〇オ7 五七 |

| 和訓 | 漢字 | 観智院本 | 蓮成院本 | 高山寺本 | 西念寺本 | 図書寮本 | 備考 |
|---|---|---|---|---|---|---|---|
| ウツ | 擲 | ウツ 仏下本 三〇ウ1 五八 | | | | | |
| ウツ | 擿 | ・ウ・ツ 仏下本 三〇ウ2 五八 | | | | | |
| ウツ | 摘 | ウツ 仏下本 三〇ウ3 五八 | | | | | |
| ウツ | 搥 | ウツ 仏下本 三〇ウ4 五八 | | | | | |
| ウツ | 掟 | ・ウ・ツ 仏下本 三〇ウ4 五八 | | | | | |
| ウツ | 搥 | ウツ 仏下本 三〇ウ6 五八 | | | | | |
| ウツ | 撾 | ・ウ・ツ 仏下本 三一オ1 五九 | | | | | |
| ウツ | 挻 | ・ウ・ツ 仏下本 三一オ4 五九 | | | | | |
| ウツ | 抖 | ウツ 仏下本 三一オ8 五九 | | | | | |
| ウツ | 椓 | ・ウ・ツ 仏下本 三一ウ3 六〇 | | | | | |
| ウツ | 㧻 | ウツ 仏下本 三一ウ3 六〇 | | | | | |
| ウツ | 揯 | ウツ 仏下本 三一ウ7 六〇 | | | | | |
| ウツ | 𢯱 | ウツ 仏下本 三二オ3 六一 | | | | | |
| ウツ | 撞 | ・ウ・ツ 仏下本 三三オ1 六三 | | | | | |
| ウツ | 扺 | ツウ（ママ） 仏下本 三三オ1 六三 | | | | | |

| 見出し | 字 | 訓・出典 | | | | 備考 |
|---|---|---|---|---|---|---|
| ウツ | 掋 | ウツ 仏下本三三オ2 六三 | | | | |
| ウツ | 抵 | ·ウ·ツ 仏下本三三オ3 六三 | | | | |
| ウツ | 搒 | ウツ 仏下本三四オ1 六五 | | | | |
| ウツ | 挌 | ·ウ·ツ 仏下本三四オ1 六五 | | | | |
| ウツ | 抋 | ·ウ·ツ 仏下本三四オ5 六五 | | | | |
| ウツ | 擽 | ·ウ·ツ 仏下本三四ウ4 六六 | | | | |
| ウツ | 拎 | ウツ 仏下本三四ウ6 六六 | | | | |
| ウツ | 拊 | ウツ 仏下本三五オ8 六七 | | | | |
| ウツ | 擘 | ウツ 仏下本三五ウ8 六八 | | | | |
| ウツ | 擗 | ウツ 仏下本三六オ1 六九 | | | | |
| ウツ | 撩 | ·ウ·ツ 仏下本三六オ4 六九 | | | | |
| ウツ(スイ) | 推 | ·ウ·ツ(スイ) 仏下本三六ウ2 七〇 | | | | スイ:朱 |
| ウツ | 擢 | ウツ 仏下本三七オ4 七一 | | | | |
| ウツ | 摶 | ウツ 仏下本三七オ5 七一 | | | | |
| ウツ | 搏 | ·ウ·ツ 仏下本三七オ5 七一 | | | | |
| ウツ | 捉 | [ウ]ツ 仏下本三七オ8 七一 | | | | |

| 和訓 | 漢字 | 観智院本 | 蓮成院本 | 高山寺本 | 西念寺本 | 図書寮本 | 備考 |
|---|---|---|---|---|---|---|---|
| ウツ | [扌旋] | ウツ 仏下本三七オ8 七一 | | | | | |
| ウツ | [扌従] | ウツ 仏下本三七オ8 七一 | | | | | |
| ウツ | [扌従] | ・ウ・ツ 仏下本三七ウ1 七二 | | | | | |
| ウツ | [扌朝] | [ウ]ツ 仏下本三八オ1 七三 | | | | | |
| ウツ | 擣 | ・ウ・ツ 仏下本三八オ4 七三 | | | | | |
| ウツ | [扌有] | ウツ 仏下本三八オ8 七三 | | | | | |
| ウツ | 押 | ウツ 仏下本三八ウ2 七四 | | | | | |
| ウツ | 擽 | ウツ 仏下本三八ウ7 七四 | | | | | |
| ウツ | 撰 | ウツ 仏下本三九ウ2 七六 | | | | | |
| ウツ | 撞 | ・ウ・ツ 仏下本三九ウ7 七六 | | | | | |
| ウツ | 投 | ウツ 仏下本四〇オ2 七七 | | | | | |
| ウツ | 打 | ・ウ・ツ 仏下本四〇オ4 七七 | | | | | |
| ウツ | 撫 | ウツ 仏下本四〇オ7 七七 | | | | | |
| ウツ | 抑 | ウツ 仏下本四〇ウ3 七八 | | | | | |
| ウツ | 提 | ウツ 仏下本四〇ウ6 七八 | | | | | |

| | | | | | | | | | | | | | | | |
|---|---|---|---|---|---|---|---|---|---|---|---|---|---|---|---|
| ウツ | ウツ | ウツ | ウツ | ウツ | ウツ | ウツ | ウツ | ウツ | ウツ | ウツ | ウツ | ウツ | ウツ | ウツ | ウツ |
| 拂 | 擠 | 揳 | 格 | 柣 | 椨 | 椽 | 椎 | 柲 | 柏 | 栢 | 楚 | 隊 | 隧 | 激 | 冶 |
| ・ウ・ツ 仏下本四一オ1 七九 | ウツ 仏下本四一ウ1 八〇 | ウツ 仏下本四三ウ3 八二 | ウツ 仏下本四四オ5 八五 | ウツ 仏下本四八オ5 九三 | ウツ 仏下本四八オ7 九三 | ウツ 仏下本四九ウ4 九六 | ウツ 仏下本五〇オ6 九七 | ウツ 仏下本一二七オ3 二二一 | ウツ 仏下本一二七ウ6 二二三 | ウツ 仏下本一二七ウ6 二二三 | ・ウ・ツ 仏下本一六四ウ8 二三六 | ・ウ・ツ 仏下末一〇ウ4 一八 | ウツ 仏下末一〇ウ4 一八 | ウツ 法上一〇ウ4 一八 | ・ウ・ツ 法上三三ウ8 四四 |
| | | | | | | | | | | | | | | ウツ II中一〇オ5 | ・ウ・ツ II中一四オ3 |
| | | | | | | | | | | | | | | | |
| | | | | | | | | | | | | | | | |
| | | | | | | | | | | | | | | | ・テ・ル 六六4 |
| | | | | | | | | | | | | | | 激 蓮本 | |

| 和訓 | 漢字 | 観智院本 | 蓮成院本 | 高山寺本 | 西念寺本 | 図書寮本 | 備考 |
|---|---|---|---|---|---|---|---|
| ウツ | 話 | ウツ 法上 二六オ7 四九 | ウツ Ⅱ中一 二六ウ5 | | | | |
| ウツ | 討 | ・ウ・ツ 法上 三三オ6 六一 | ・ウ・ツ Ⅱ中一 三三オ1 | | | | |
| ウツ | 誅 | ウツ 法上 三三ウ2 六三 | ウツ Ⅱ中一 三三オ4 | | | | |
| ウツ | 蹔 | ・ウ・ツ 法上 四四ウ4 八六 | | | | ・宇・豈 季 一一三 5 | |
| ウツ | 礧 | ・ウ・ツ 法中 二オ5 一 | | | | | |
| ウツ | 研 | ウツ 法中 三オ3 三 | | | | | |
| ウツ | 斫 | ウツ 法中 三オ8 三 | | | | ・ウ・ツ 聿 一五六 6 | |
| ウツ | 磓 | ・ウ・ツ 法中 四オ3 五 | | | | ・宇・豈 一五五 5 | |
| ウツ | ⿰阝南 | ウツ 法中 二三ウ4 四二 | | | | | |
| ウツ | 惣 | ウツ 法中 四二ウ7 八二 | | | | | |
| ウツ | 惟 | ウツ 法中 四五ウ8 八八 | | | | | |
| ウツ | 慱 | ウツ 法中 四九ウ8 九六 | | | | | |
| ウツ | 霸 | ウツ 法下 三六オ1 六九 | | | | | |
| ウツ | 閑 | ウツ 法下 三九ウ5 七六 | | | | | |
| ウツ | 廡 | ウツ 法下 五四オ7 一〇五 | | | | | |

| | | | | | |
|---|---|---|---|---|---|
| ウツ | 搴 | ウツ | 僧上 二ウ7 二 | ウツ | Ⅲ下 四ウ7 |
| ウツ | 菙 | ウツ | 僧上 三ウ4 六〇 | ウツ | Ⅲ下 一〇ウ4 |
| ウツ | 笞 | ウツ | 僧上 三六オ6 六九 | ウツ | Ⅲ下 一五オ5 |
| ウツ | 趐 | ウツ | 僧上 四九オ8 九五 | ウツ | Ⅲ下 二七ウ2 |
| ウツ | 鎚 | ウツ | 僧上 五九ウ8 一一六 | ウツ | Ⅲ下 三七オ4 |
| ウツ | 鋌 | ウツ | 僧上 六〇オ1 一一七 | ウツ | Ⅲ下 三七オ5 |
| ウツ | 鍜 | ウツ | 僧上 六一ウ2 一二〇 | ウツ | Ⅲ下 三八ウ1 |
| ウツ | 釘 | ウツ | 僧上 六二ウ4 一二二 | ウツ | Ⅲ下 三九オ7 |
| ウツ | 罰 | ウツ | 僧中 七オ1 二 | ウツ | Ⅲ下 五〇オ1 |
| ウツ | 夏 | ウツ | 僧中 二一ウ7 四〇 | ウツ | Ⅲ下 六〇オ7 |
| ウツ | 賊 | ウツ | 僧中 二三オ6 四一 | ウツ | Ⅲ下 六〇ウ4 |
| ウツ | 戮 | ウツ | 僧中 二三オ7 四一 | ウツ | Ⅲ下 六〇ウ4 |
| ウツ | 戢 | ウツ | 僧中 二三ウ1 四二 | ウツ | Ⅲ下 六〇ウ5 |
| ウツ | 截 | ウツ | 僧中 二三オ5 四三 | ウツ | Ⅲ下 六一オ5 |
| ウツ | 攺 | ウツ | 僧中 二八ウ7 五四 | ウツ | Ⅲ下 六六オ3 |
| ウツ | 鼓 | ウツ | 僧中 二九ウ2 五六 | ウツ | Ⅲ下 六六ウ4 |

| 和訓 | 漢字 | 観智院本 | 蓮成院本 | 高山寺本 | 西念寺本 | 図書寮本 | 備考 |
|---|---|---|---|---|---|---|---|
| ウツ | 歙 | ウツ 僧中二九ウ8 五六 | ウツ Ⅲ下一 六七オ2 | | | | 蓮本毆 |
| ウツ | 敲 | ウツ 僧中三〇オ8 五七 | ウツ Ⅲ下一 六七ウ1 | | | | |
| ウツ | 吱 | ウツ 僧中三一オ2 五九 | ウツ Ⅲ下一 六八オ3 | | | | |
| ウツ | 歐 | ウツ 僧中三一ウ2 六〇 | ウツ Ⅲ下一 六八ウ3 | | | | |
| ウツ | 攻 | ウツ 僧中三一ウ6 六〇 | ウツ Ⅲ下一 六八ウ7 | | | | |
| ウツ | 毆 | ウツ 僧中三四オ4 六五 | ウツ Ⅲ下一 七一オ4 | | | | |
| ウツ | 皷 | ウツ 僧中三五ウ7 六八 | | | | | |
| ウツ | 鞕 | ウツ 僧中三八ウ1 七四 | | | | | |
| ウツ | 靻 | ウツ 僧中三九ウ8 七六 | | | | | |
| ウツ | 鴂 | ウツ 僧中六五オ4 一三七 | | | | | |
| ウツ | 謦 | ウツ 僧下四五ウ3 八八 | ウツ Ⅲ下二 一四オ4（七三） | | | | |
| ウツカス | 伇 | ウツカス 仏上一八オ8 二九 | | ウツカス 一七オ1 | ウツヤカ(ママ)仏 一四オ4 | | |
| ウツカス | 秏 | ウツカ仏 法下二七オ2 二 | | | | | |
| ウツキ | 檜 | ウツキ 仏本四七オ1 九一 | | | | | |
| ウツギ | 楊櫨 | ウツキ 仏本四八ウ2 九四 | | | | | |

| | | | | | | |
|---|---|---|---|---|---|---|
| ウツキ | 枇 | ウツキ 仏本 一〇〇 五一ウ5 | | | | |
| ウツキ | 溲蚖 | ウツキ 法上 一三〇 一六ウ6 | ウツヤ(ま) Ⅱ中 一六オ4 | | | |
| ウツキヤ | 筝 | ウツキヤ 僧上 六二 三三オ4 | ウツーヤ Ⅲ下 一二ウ3 | | | |
| ウツク | 擊 | | ウツク Ⅲ下 六七オ1 | | | |
| ウツク | 驤 | ウツク 僧中 一〇四 五三ウ1 | ウツク Ⅲ下 (六) 七八オ6 | | | |
| ウツク | 驟 | ウツク 僧中 一〇四 五三ウ6 | ウツク Ⅲ下 (六) 七八オ4 | | | |
| ウツクシフ | 嬖 | ウツクシフ 仏中 八 五ウ3 | ウツクシ Ⅰ上 二五ウ5 | ウツクシ 五二オ2 | ウツクシ 五三オ3 | |
| ウツクシ | 娃 | ウツシ(ま) 仏中 一八 一〇ウ6 | ウツクシ Ⅰ上 三〇ウ3 | ウツクシ 五七ウ1 | | |
| ウツクシ | 猑 | ウツクシ 仏本 一三七 七〇オ4 | | | | |
| ウツクシ | 浮 | ウツクシ 法上 五 四四オ6 | ウツクシ Ⅱ中 三オ6 | | | |
| ウツクシ | 温 | ウツクシ 法上 一五 九オ3 | ウツクシ Ⅱ中 六ウ3 | | | |
| ウツクシ | 端 | ウツクシ 法上 九〇 四六ウ2 | | | | |
| ウツクシフ | 愛 | | ウツクシフ Ⅲ下 (四五) 二一七ウ6 | | | |
| ウツクシ | 偏愛 | | ウツクシ Ⅲ下 (四五) 二一七ウ6 | | | |
| ウツクシヒ | 澤 | ウツクシヒ 法上 四一 二三オ7 | ウツクシヒ Ⅱ中 三三オ3 | | | ウツクシヒ 四八 3 |
| ウツクシヒフ | 慈 | ウツクシヒフ 法中 九九 五一オ3 | | | | ウツクシヒは 二三六 7 |

| 和訓 | 漢字 | 観智院本 | 蓮成院本 | 高山寺本 | 西念寺本 | 図書寮本 | 備考 |
|---|---|---|---|---|---|---|---|
| ウツクシヒブ（ウス） | 媚 | ウツクシヒフ（ウス） 仏中 八ウ8 一四 | ウ[ツクシ]ヒフ I上 二八ウ7 | ウツクシヒフ 宗 五五ウ4 | | | |
| ウツクシヒ | 慈 | ウツクシヒ 僧上 二ウ3 一〇 | | | | | |
| ウツクシフ | 仁 | ウツクシフ 仏上 四ウ6 二 | ウツクシク I上 一オ7 | ウツクシフ 三ウ4 | | | |
| ウツクシウ | 依 | ウツクシウ 仏上 一七ウ8 二八 | | ウツクシフ 一九オ1 | ウツクシフ 一三ウ4 | | |
| ウツクシフ | 化 | ウツクシフ 仏上 一九ウ5 三三 | | ウツクシフ 二一オ2 | ウツクシフ 一五ウ4 | | |
| ウツクシフ | 行 | ウツクシフ 仏上 二五オ1 四三 | | | ウツクシフ 二一ウ2 | | |
| ウツクシフ | 上 | ウツクシフ 仏上 四〇ウ3 七四 | ウツクシフ（イえ） I上 一七オ5 | ウツクシ 四〇オ7 | ウツクシフ 四〇オ3 | | |
| ウツクシフ | 娩 | ウツクシフ 仏中 八ウ1 一四 | ウツクシフ I上 二八オ7 | ウツクシフ 五五オ3 | | | 高本 嬿娩 |
| ウツクシフ | 親 | ウツクシフ 仏中 四二オ4 八一 | ウツクシフ I上 五九オ4 | ウツクシフ 九〇ウ5 | | | |
| ウツクシフ | 現 | ウツクシフ 仏中 四三ウ7 八四 | | | | | |
| ウツクシフ | 樂 | ウツクシフ 仏本 五四オ1 一〇五 | | | | | |
| ウツクシフ | 恵 | ウツクシフ 法中 三六オ2 六九 | | | | | |
| ウツクシフ | 惧 | ウツクシフ 法中 三七オ6 七一 | | | | | |
| ウツクシフ | 恤 | ウツクシフ 法中 三九ウ2 七六 | | | | | |
| ウツクシフ | 憐 | ウツクシフ 法中 四八オ6 九三 | | | | | |

| | | | | | | | |
|---|---|---|---|---|---|---|---|
| ウツクシフ | 寵 | ウツクシフ 法下 二七オ6 五一 | | | | | |
| ウツクシフ | 字 | ウツクシフ 法下 二七ウ1 五二 | | | | | |
| ウツクシフ | 孜 | ウツクシフ 僧中 三三オ1 六一 | ウツクシフ Ⅲ 下一 六九オ1 | | | | |
| ウツクシフ | 弁 | ウツクシフ 僧下 二五七オ5 一二一 | ウツクシフ Ⅲ 下二 一四七ウ3 (七五) | | | | |
| ウツクシム | 恵 | | | | | ウツクシム は 二三六5 | |
| ウツクシム | 恳 | ウツクシム 法中 三七オ2 七一 | | | | | |
| ウツクシム | 恩 | | | | | ウツクシム は 二四2 | |
| ウツクシム | 字 | ウツクシム 法下 七一ウ3 一四〇 | | | | | |
| ウツクシムズ | 可怜 | | | | | ウツクシムズ 遊 二五五6 | |
| ウツクヒ | 端 | ウツクヒ 法上 四六ウ2 九〇 | | | | | |
| ウツケタリ | 粃 | ウツケタリ 法下 一七ウ4 三二 | | | | | |
| ウツケタリ | 空 | ウツケタリ 法下 三〇ウ6 五八 | | | | | |
| ウツケタリ | 虚 | ウツケタリ 法下 四八ウ2 九四 | | | | | |
| ウツシ | 蹟 | ウツシ 法上 四二オ4 八一 | | | | | |
| ウツシ | 緅 | ウツシ 法中 六六オ2 一一九 | | | | | |
| ウツシ | 移栽 | ウツシ 僧中 三七ウ5 七二 | | | | | |

| 和訓 | 漢字 | 観智院本 | 蓮成院本 | 高山寺本 | 西念寺本 | 図書寮本 | 備考 |
|---|---|---|---|---|---|---|---|
| ウツス | 促 | ウツス 仏上一〇 八ウ2 | ウツス I上 四オ2 | ウツル 六ウ4 | ウツル 三オ3 | | |
| ウツス | 徔 | ウツ・ス 仏上三九 二三オ7 | | ・ウ・ツ・ス 二三オ6 | ウツル 一九ウ6 | | |
| ウツス | 徒 | ウツス 仏上三九 二三オ8 | | ・ウ・ツ・ス 二三オ7 | ウツス 一九ウ6 | | |
| ウツス | 從 | ウツス 仏上四〇 二三ウ2 | | ウツス 二三オ7 | ウツル 二〇オ2 | | |
| ウツス | 迷 | ウツス 仏上四五 二六オ6 | | ウツス 二五オ6 | ウツル 二三オ3 | | |
| ウツス | 這 | ウツス 仏上四七 二七オ6 | ウツス I上 五オ6 | ウツス 二六オ5 | ウツル 二四オ3 | | |
| ウツス | 遣 | ウツス 仏上五六 三二ウ5 | ウツス I上 九ウ1 | ウツス 三〇ウ5 | ウツル(ママ) 二九オ6 | | |
| ウツス | 運 | ウツス 仏上五七 三三オ1 | ウツス I上 九ウ3 | ウツス 三〇ウ7 | ウツル 二九ウ2 | | |
| ウツス | 趁 | | | ウツス 三六ウ1 | | | |
| ウツス | 景 | ウツス 仏中一〇〇 五一ウ1 | ウツス I上 六七ウ1 | ウツス 九九ウ7 | | | |
| ウツス | 擣 | ウツス 仏下本四八 二五ウ8 | | | | | |
| ウツス | 摸 | ウツス 仏下本五五 二九オ6 | | | | | |
| ウツス | 捲 | ・ウ・ツ・ス 仏下本五六 二九ウ1 | | | | | |
| ウツス | 捫 | ウツス 仏下本六二 三二ウ7 | | | | | |
| ウツス | 擗 | ウツス 仏下本六九 三六オ1 | | | | | |

| | | | | | | | |
|---|---|---|---|---|---|---|---|
| ウツス | 横 | ウツス 仏本五一ウ8 一〇〇 | | | | | |
| ウツス | 瀉 | ウツス 法上二〇オ1 三七 | ウツス II中一一九ウ2 | | | | |
| ウツス | 繕 | ウツス 法中六〇ウ2 一一八 | | | | | |
| ウツス | 寫 | ウツス 法下二九オ1 五五 | | | | | |
| ウツス | 摹 | ウツ爪 僧上二ウ7 二 | ウツ爪 III下四ウ7 | | | | |
| ウツス | 摹 | ウツス 僧上二ウ7 二 | | | | | |
| ウツス | 鏡 | ウツス 僧上七〇オ6 一三七 | | | | | |
| ウツス | 施 | ウツ爪 僧中一六ウ4 三〇 | ウツ爪 III下五四ウ6 | | | | |
| ウツタカシ | 堆 | ウツタカシ 法中二七ウ7 五二 | | | | ウツタカシ 么 二三〇2 | |
| ウツタフヘ | 訟 | ウツタフヘ 法上三〇オ7 五七 | ウツタフヘ II中一三〇ウ7 | | | | |
| ウツタヘニ | 未必 | ウツタヘニ 僧下五五オ5 一〇七 | | | | | |
| ウツタマ | 嫉 | | | ウツタマ 五四オ1 | | | |
| ウツツ | 覽 | ウツヽ 仏中四二オ2 八一 | ウツヽ I上五九オ2 | ウツヽ 九〇ウ3 | | | 高本 覽 |
| ウツツ | 噴 | | ウツヽ I上三八オ4 | ウ川ヽ 六六オ5 | | | |
| ウツツ | 晶 | ↓ ウツ | ウツヽ I上六九オ4 | ウ川ヽ 一〇一オ3 | | | |
| ウツツナリ | 現 | ウツヽナリ 仏中四三ウ6 八四 | ウツヽナリ I上六〇ウ5 | ウ川ヽナリ 九二オ7 | | | |

| 和訓 | 漢字 | 観智院本 | 蓮成院本 | 高山寺本 | 西念寺本 | 図書寮本 | 備考 |
|---|---|---|---|---|---|---|---|
| ウツツニ | 遛 | ウツヽニ 仏上 二九ウ6 五三 | ウツヽニ Ⅰ上 七ウ2 | ウツヽニ 二八ウ3 | ウツヽニ 三七オ1 | | |
| ウツハモノ | 仗 | ウツハモノ 仏上 一〇ウ2 一四 | | ウツハキ 七ウ7 | ウツキ（ママ） 五オ4 | | |
| ウツハモノ | 器 | ・ウ・ツ・ハキ 仏中 二四オ8 四五 | ウツハキ Ⅰ上 四二ウ7 | ウツハモノ 七一ウ4 | | | |
| ウツハモノ | 鈇 | ウ[ツ]ハモノ 僧上 六三オ7 一三三 | ウツハモノ Ⅲ下 四〇オ2 | | | | |
| ウツハモノ | 鉒 | ウツハモノ 僧上 六七ウ6 一三二 | ウツハキ Ⅲ下 四三ウ2 | | | | |
| ウツハモノ | 血 | ウツハキ 僧中 九オ2 一五 | ウツハキ Ⅲ下 五一ウ3 | | | | |
| ウツハモノ | 瓷 | ウツハキ 僧中 一〇ウ6 一八 | ウツハキ Ⅲ下 二一九オ4（四七） | | | | |
| ウツハヤシ | 崎 | ウツハアし（ママ） 法上 五五オ3 一〇七 | | | | | |
| ウツハヤシ | 錡 | ウツハヤし 僧上 六四ウ3 一二六 | ウツハヤし Ⅲ下 四一オ4 | | | | |
| ウツハヤシ | 䳌 | ウツハヤし 僧下 五八オ5 一二三 | | | | | |
| ウツハリ | 梁 | ・ウ・ツ・ハ・リ 仏下本 四九オ6 九五 | | | | | |
| ウツハリ | 杌 | ウツハリ 仏下本 五一オ2 九九 | | | | | |
| ウツフ | 鵯 | ウツフ 僧中 六〇ウ7 一一八 | | | | | |
| ウツフク | 椂 | ウツフク 仏下本 二八ウ8 五四 | | | | | |
| ウツフク | 橝 | ウツフク 仏下本 三四オ4 六五 | | | | | |

| | | | | | | | |
|---|---|---|---|---|---|---|---|
| ウツフス | 俛 | ウツフス 仏上 八ウ5 一〇 | ウツフ爪 Ⅰ上 四オ4 | ウツフス 六ウ6 | ウツフ爪 三オ5 | | |
| ウツフス | 伏 | ウツフス 仏上 一〇オ6 一三 | | ウツフ爪 七ウ4 | ウソ(ミ)フス 五オ1 | | |
| ウツフス | 覆 | ウツフス 法下 三七オ5 七一 | | | | | |
| ウツフチ | 鞕 | ウツフチ 僧中 三八ウ1 七四 | | | | | |
| ウツホ | 空 | ウツホ 法下 三〇ウ6 五八 | | | | | |
| ウツホナリ | 蹟 | ウツホナリ 法上 四二オ4 八一 | | | | | |
| ウツホナリ | 踈 | ウツホナリ 法上 四二オ5 八一 | | | | | |
| ウヅマク | 洄 | ウツマク 法上 二ウ7 二 | ウツマク Ⅱ中 一ウ5 | | | | |
| ウツマク | 洑 | ウツマク 法上 一〇ウ7 一八 | ウツマク Ⅱ中 一〇ウ1 | | | | |
| ウツマク | 激 | ウツマク 法上 二三ウ2 四四 | ウツマク Ⅱ中 二三オ7 | | | | 蓮本 激 |
| トウヅマク | 緊紆 | トウツテク 法中 五九ウ2 一一六 | | | | | |
| ウツム | 衒 | ウツム 仏上 二五オ6 四三 | | ウツム 二三オ4 | ウツム 三オ1 | | |
| ウツム | 擿 | ウツム 仏下本 三〇ウ2 五八 | | | | | |
| ウヅム | 湮 | ウツム 法上 三ウ1 四 | ウツム Ⅱ中 二ウ1 | | | | |
| ウヅム | 磩 | ウツム 法中 七ウ6 三 | | | | | |
| ウツム | 堙 | ウツム 法中 二五ウ8 四八 | | | | | |

| 和訓 | 漢字 | 観智院本 | 蓮成院本 | 高山寺本 | 西念寺本 | 図書寮本 | 備考 |
| --- | --- | --- | --- | --- | --- | --- | --- |
| ウヅム | 塡 | ウツム 法中 二六オ1 四九 | | | | ウツム 公 二二五 7 | |
| ウヅム | 埋 | ウツム 法中 二六オ3 四九 | | | | ウツム 記 二三〇 5 | |
| ウヅム | 坑 | ウツム 法中 二六オ6 四九 | | | | ウツム 土 二三二 3 | 坑図本 |
| ウヅム | 墐 | ウツム 法中 二六ウ4 五〇 | | | | | |
| ウヅム | 堙 | ウツム 法中 二七ウ4 五二 | | | | | |
| ウツム | 堆 | ウツム 法中 二七ウ7 五二 | | | | | |
| ウツム | 堛 | ウツム 法中 二八オ4 五三 | | | | | |
| ウヅム | 壅 | ウツム 法中 三四ウ5 六六 | | | | ウツム 二三四 2 | |
| ウヅム | 壅 | ウツム 法中 三四ウ5 六六 | | | | | |
| ウツム | 定 | ウツム 法下 二七ウ3 五二 | | | | | |
| ウヅム | 窆 | ウツム 法下 三一ウ2 六〇 | | | | | |
| ウヅム | 霾 | ウツム 法下 三五ウ4 六八 | | | | | |
| ウツム | 履 | ウツム 法下 四七オ5 九一 | | | | | |
| ウツム | [illegible] | ウツム 法下 五三オ5 一〇三 | | | | | |
| ウツム | 瘞 | ウツム 法下 六四ウ3 一二六 | | | | | |

| | | | | | | | |
|---|---|---|---|---|---|---|---|
| ウヅム | 瘞 | ・ウ・ツ・ム 法下 六四ウ3 一三六 | | | | | |
| ウツム | 纂 | ウツム 僧上 二ウ6 二 | ウツム III 下一 一オ3 | | | | |
| ウツム | 薶 | ウツム 僧上 二九オ2 五五 | ウツム III 下一 八オ5 | | | | |
| ウツムロ | 無戸室 | ・ウ・ツ・ム・ロ 法下 二七ウ5 五二 | | | | | |
| ウツモモ | 腿 | ・ウ・ツ・モ・ハ 仏中 六〇オ8 一一七 | | | | | |
| ウツモル | 御 | ウツモル 仏上 二四ウ2 四三 | | ウツモル 三ウ1 | ウツモル 二オ5 | | |
| ウツモル | 薀 | ウツモル 僧上 一四ウ8 二六 | | | | | |
| ウツラ | 鶉 | ウツラ 僧中 五八ウ2 一一四 | ウツラ III 下二 八二オ6 (一〇) | | | | |
| ウツラ | 鵭 | ウツラ 僧中 五九ウ1 一一六 | ・ウ・ツ・ラ III 下二 八三オ2 (一二) | | | | |
| ウツラ | 鵪 | ウ\ツフ(ラ) 僧中 六〇ウ7 一一八 | ウ\ツラ III 下二 八四オ4 (一三) | | | | |
| ウツラ | 鳰 | ウ\ツラ 僧中 六五ウ5 一三八 | | | | | |
| ウツラ | 鶉 | ウ\ツラ 僧中 六七ウ1 一三二 | ウツラ III 下二 九〇オ2 (一八) | | | | |
| △ ウツラ | [illegible] | ウツラ 僧中 六七ウ2 一三二 | ウ\ツラ III 下二 九〇オ2 (一八) | | | | |
| ウツラ | 雜 | ウツラ 僧中 六八オ8 一三三 | ウッラ III 下二 九〇ウ5 (一八) | | | | |
| ウツラノコ | 鳰 | ウ\ツラノコ 僧中 六五ウ5 一三八 | ウ(イ)ツラノコ III 下二 八七ウ7 (一五) | | | | |
| ウツル | 徔 | ウツル 仏上 二三オ7 三九 | | ・ウ・ツ・ル 三三オ6 | ウツル 一九ウ6 | | 高本 従 |

| 和訓 | 漢字 | 観智院本 | 蓮成院本 | 高山寺本 | 西念寺本 | 図書寮本 | 備考 |
|---|---|---|---|---|---|---|---|
| ウツルス | 遷 | ・ウ・ツ・ルス 仏上 二六ウ6 (四六) | ウツル仏 I上 五オ1 | ・ウ・ツ・ルス 二五ウ6 | ウツル仏 二三ウ4 | | |
| ウツル | 邅 | ウツル 仏上 二七オ7 (四七) | | | | | |
| ウツル | 迺 | ウツル 仏上 二七ウ8 (四八) | ウツル I上 五ウ7 | ウツル 二六ウ5 | ウツル 二四ウ5 | | |
| ウツルス | 逷 | ウツルス 仏上 三〇ウ4 (五四) | ウツル仏 I上 八ウ1 | ウツルス 二九ウ3 | ウク(ミ)ルス 二八オ3 | | |
| ウツル | 趯 | ウツル 仏上 三六ウ6 (六六) | ウツル I上 一三ウ6 | ウツル 三六オ1 | ウツル 三五ウ1 | | |
| ウツル | 趍 | ウツル 仏上 三七オ6 (六七) | ウツルス I上 一四オ5 | | ウフ(ミ)ル 三六オ1 | | |
| ウツル | 趣 | ウツル 仏上 三八オ8 (六九) | ウツル I上 一五オ7 | ウツル 三七ウ4 | ウツル 三七オ6 | | |
| ウツルス | 移 | ・ウ・ツ・ル仏 法下 六ウ6 (一〇) | | | | | |
| ウツル | 鏡 | | ウツル III下 四五ウ2 | | | | |
| ウツル | 圖 | ウツル 法下 四三ウ6 (八四) | | | | | |
| ウツル | 輸 | ウツル 僧中 四五ウ7 (八八) | | | | | |
| ウツル | 轉 | ウツル 僧中 四八オ3 (九三) | ウツル III下二(二) 七三ウ5 | | | | |
| ウツロフ | 從 | ウツロフ 仏上 三三オ7 (三九) | | ・ウ・ツロフ 二三オ6 | ウツロフ 一九ウ6 | | |
| トウヅワク | 槃紆 | | | | | ト・ウ・ヅ・ワ・ク 三〇四3 | |
| ウデ | 腕 | ・ウ・テ 仏中 五八ウ3 (一一四) | ウテ I上 七三ウ2 | | | | |

| | | | | | | |
|---|---|---|---|---|---|---|
| ウテ | 捥 | ウテ 仏下本三三オ8 四一 | | | | |
| ウテナ | 櫕 | ウテナ 仏下本五三ウ7 一〇四 | | | | |
| ウテナ | 軒 | ウテナ 僧中四四ウ2 八六 | | | | |
| ウテナ | 臺 | ウテナ 僧下三六ウ4 七〇 | ウテナ Ⅲ下二一三オ5 (六〇) | | | |
| ウト | 獨活 | ウト 法上九オ8 一五 | ウト Ⅱ中七オ1 | | | 宇止 本草和名 四三7 |
| ウト | 獨搖草 | ウト 僧上三オ7 三 | ウト Ⅲ下二オ1 | | | |
| ウトキ人 | 外人 | ウトキ人 法下六八ウ3 一三四 | | | | |
| ウトシ | 摸 | ウトシ 仏下本二九オ6 五五 | | | | |
| ウトシ | 諸 | ウトシ 法上三四オ5 六五 | ウトシ Ⅱ中三四ウ6 | | | |
| ウトシ | 踈 | ウトシ 法上四二オ5 八一 | | | | ウトシ 汜 二四1 |
| ウトシムス | 疏 | ウトシムス 法上四五ウ8 八八 | | | | |
| ウトシ | 闌 | ウトシ 法下四二オ8 八一 | | | | |
| ウトシ | 外 | ウトシ 法下六八ウ3 一三四 | | | | |
| ウトム | 形逐 | ウトム 仏上三三オ8 五七 | ウトム Ⅰ上一〇オ2 | ウトム 三一オ7 | ウトム 三〇オ3 | |
| ウトムズ | 蹊 | | | | | ウトム爪 倫 二八6 |
| ウナガス | 催 | ウナカス 仏上一三オ5 一七 | | ウナカス 一〇オ5 | ウナカス 七オ1 | |

| 和訓 | 漢字 | 観智院本 | 蓮成院本 | 高山寺本 | 西念寺本 | 図書寮本 | 備考 |
|---|---|---|---|---|---|---|---|
| ウナカス | 促 | ウナカス 仏上二九 一八オ6 | | ウナカス 一六ウ7 | ウナカ爪 一四オ3 | | |
| ウナカス | 御 | ウナカス 仏上二九 一三オ6 | | ウナカス 二二オ5 | ウナカ爪 一九ウ5 | | |
| ウナカス | 趍 | ウナカス 仏上六七 三七オ6 | ウナカス I上二 一四オ5 | ウナカス 三六ウ1 | ウナカス 三六オ1 | | |
| ウナガス | 趣 | ウナカス 仏上六九 三八オ8 | ウナカス I上二 一五オ7 | ウナカス 三七ウ4 | ウナカ爪 三七オ1 | | |
| ウナカス | 唱 | ウナカス 仏中四四 三三ウ1 | ウナカス I上二 四一ウ7 | ウナカ爪 七〇ウ4 | | | |
| ウナカス | 筞 | ウナカス 僧上六八 三五ウ2 | ウナカ爪 III下一 一四ウ2 | | | | |
| ウナカス | 罵 | ウナカス 僧中一〇 一六ウ5 | ウナカス III下 四九ウ5 | | | | |
| ウナカス | 馭 | ウナカス 僧中九九 五一オ5 | ウナカス III下二 七六オ4 (四) | | | | |
| ウナカミ | 鬣 | ウナカミ 仏本三六 一九ウ8 | | | | | |
| ウナカミ | 鬋 | ウナカミ 仏本三八 二〇ウ2 | | | | | |
| ウナキ | 鞅 | ウナキ 僧下四 八ウ4 | ウナヽ III下二 九八オ1 (三六) | | | | |
| ウナジ | 脰 | ウナシ 仏中一九 六六オ4 | | | | | |
| ウナシ | 頷 | ウナシ 仏本二二 一二ウ3 | | | | | |
| ウナシ | 項 | ウナシ 仏本二四 一三ウ5 | | | | | |
| ウナシ | 頤 | ウナシ 仏本三二 一七オ2 | | | | | |

| | | | | | |
|---|---|---|---|---|---|
| ウナツク | 黙頷 | ウナツク 仏下本 一二ウ4 二二 | | | |
| ウナツク | 頷 | ウナツク 仏下本 一三ウ3 二四 | | | |
| ウナツク | 頷許 | ウナツク 仏下本 一三ウ4 二四 | | | |
| ウナ井 | 髭 | ウナ井 仏下本 一八ウ5 三四 | | | |
| ウナヒ | 髫髪 | ウナヒ 仏下本 一九ウ1 三六 | | | |
| ウナヒ | 卝 | ウナヒ 僧下 四九オ4 九五 | | | |
| ウニノケ | 芒角 | ウニノケ 仏下本 六オ5 九 | | | |
| ウネ | 畝 | ウ子 仏上 二一オ7 三五 | | ウ子 一九オ5 | ウネ 一七ウ2 |
| ウネ | 畦 | ウネ 仏中 五五オ7 一〇七 | ウネ I 上 七〇ウ3 | | |
| ウネ | 疇 | ウネ 仏中 五五ウ2 一〇八 | ウ子 I 上 七〇ウ4 | ウ子 一三ウ4 | |
| ウネ | 甾 | ウネ 仏中 五六オ1 一〇九 | ウ子 I 上 七一オ3 | ウ子 一四オ3 | |
| ウネ | 鄰 | ウ子 法中 一九ウ8 三六 | | | |
| ウネ | 隴 | ウ子 法中 二〇ウ8 三八 | | | |
| ウネ | 壠 | ウ子 法中 三三ウ5 六二 | | | |
| ウネ | 壔 | ウ子 法中 三五オ4 六七 | | | |
| ウネ | 崽 | ウ子 法中 五一オ7 九九 | | | |

| 和訓 | 漢字 | 観智院本 | 蓮成院本 | 高山寺本 | 西念寺本 | 図書寮本 | 備考 |
|---|---|---|---|---|---|---|---|
| ウハウ | 稀 | ウハウ 法下 八ウ7 一四 | | | | | |
| ウハオソヒ | 慴子 | ウハオソヒ 法中 五四オ7 一〇五 | | | | ウハオソヒ 遊仙窟 二八〇4 | |
| ウハオソヒ | 表 | ウハオソレ（ヒ） 法中 六九ウ8 一三六 | | | | ウハオソヒ 論 三九6 | |
| ウハオソヒ | 尚 | ウハオソヒ 僧下 五一オ3 九九 | ウハオソヒ Ⅲ 下二一三〇ウ1（五八） | | | | |
| 上カハチ | 輔車 | 上カハチ 僧中 四三ウ1 八四 | | | | | |
| ウハシキ | 褥 | ウハシ丶 法中 七三ウ3 一四四 | | | | | |
| ウハシキ | 鞍褥 | ウハシキ 僧中 三七ウ6 七二 | | | | | |
| ウハシキ | 韉 | ウハシキ 僧中 四一ウ3 八〇 | | | | | |
| ウハツツミ | 縢 | ウハツヽミ 仏中 六三オ4 一二三 | | | | | |
| ウハナリ | 娉 | ウハナリ 仏中 三ウ1 四 | ウハナリ Ⅰ 上二 三ウ7 | ウハナリ 四九オ4 | ウハナリ 五〇ウ2 | | |
| ウハナリ | 後妻 | ウハナリ 仏中 五オ3 七 | ウハナリ Ⅰ 上二 二五オ5 | ウハナリ 五一ウ1 | ウハナリ 五二ウ2 | | 西本 後 |
| ウハナリ | 姑 | ウハナリ 仏中 五ウ7 八 | ウハナリ Ⅰ 上二 二六オ1 | | ウハナリ 五三オ6 | | |
| ウハナリ | 媿 | ウハナリ 仏中 七ウ7 一二 | ウハナリ Ⅰ 上二 二七ウ7 | ウハナリ 五四ウ2 | | | |
| ウハナリ | 嫉 | ウハナリ 仏中 九オ1 一五 | ウハナリ Ⅰ 上二 二八ウ7 | ウハナリ 五五ウ5 | | | |
| ウハナリ | 嫐 | ウハナリ 仏中 一三オ8 二三 | ウハナリ Ⅰ 上二 三二ウ5 | ウハナリ 六〇オ7 | | | |

| | | | | | | | |
|---|---|---|---|---|---|---|---|
| ウハナリネタミ | 妬 | | | ウハナリネタミ 五二オ6 | | | |
| ウハハラオビ | 鞶 | ウハハラ オビ 僧中三九オ5 七五 | | | | | |
| ウハフ | ⿰土帝 | ウハフ 法中三四ウ8 六六 | | | | | |
| ウハフ | ⿰忄冓 | ウハフ 法中四八ウ3 九四 | | | | | |
| ウハフ | 褅 | ウハフ 法中六四オ2 一四五 | | | | | |
| ウハフ | 棄 | ウハフ 法下七三ウ7 一四四 | | | | | |
| ウハフ | 簒 | | ウハフ Ⅲ下 二ウ4 | | | | |
| ウハミ | 褶 | ウハミ 法中七七オ7 一五一 | | | | 宇波美 禾 三三四 6 | |
| ウハモ | 表裙 | ウハモ 法中七〇ウ6 一三八 | | | | ウハモ 三三七 7 | 図本 表裙 |
| ウハラ | 莁 | ウハラ 僧上八オ5 三 | | | | | |
| ウバラ | 荊 | ウハラ 僧上八ウ1 四 | | | | | |
| ウバラ | 莿 | ウハラ 僧上三〇ウ5 五八 | ウムハラ Ⅲ下 九ウ7 | | | | |
| ウハラ | 莿 | ウハラ 僧上四四ウ6 八六 | | | | | |
| ウハラ | 荊 | ウハラ 僧上四七ウ5 九二 | | | | | |
| ウハル | 徹 | | | ウハル 二オ4 | | | |
| ウハヲ | 後夫 | ウハウ(ヲ) 仏下末一九オ2 三五 | | | | | |

| 和訓 | 漢字 | 観智院本 | 蓮成院本 | 高山寺本 | 西念寺本 | 図書寮本 | 備考 |
|---|---|---|---|---|---|---|---|
| ウヒアユミ | 蹱 | ウヒアユミ 法上四二ウ3 八二 | | | | 宇比阿由美 倭名後人加部 一〇九6 | 図本 蹤蹱 |
| ウビタヒノムマ | 戴星馬 | ウヒタヒノムマ 僧中五〇ウ7 九八 | ウヒタヒノムマ Ⅲ下二七五ウ6（三） | | | | |
| ウヒヂ | 泥土 | | | | | 子比尼 光 二三2 | |
| ウフネ | 艜 | ウフ子 仏本二ウ7 二 | | | | | |
| ウブメ | 産婦 | ウフメ 仏中一三ウ4 二二 | ウフメ Ⅰ上三三オ4 | ウフメ 五九ウ4 | | | |
| ウヘ | 上 | ウヘ 仏上四〇ウ3 七四 | ウヘ Ⅰ上一七オ5 | ウヘ 四〇オ7 | ウヘ 四〇オ2 | | |
| ウヘ | 服 | ウヘ 仏中六八オ4 一三三 | | | | | |
| ウヘ | 頂 | ウヘ 仏本一三ウ5 二二 | | | | | |
| ウヘ | 溶落 | | ウヘ Ⅱ中一三三ウ4 | | | | |
| ウヘ | 端 | ウヘ 法上四六ウ2 九〇 | | | | | |
| ウヘ | 端 | ウヘ 法上四七ウ7 九二 | | | | | |
| ウヘ | 表 | ウヘ 法中六九ウ8 一三六 | | | | 宇閇 川 三九6 | |
| ウヘ | 稼 | ウヘ 法下七オ4 二 | | | | | |
| ウヘ | 外 | ウヘ 法下六八ウ3 一三四 | | | | | |
| ウヘ | 蒲 | ウヘ 僧上一〇オ1 一七 | | | | | |

| | | | | | | | |
|---|---|---|---|---|---|---|---|
| ウヱ | 笥 | ・ウ・ヱ 僧上三三オ7 六一 | ・ウ・ヒ III下一 一ウ5 | | | | |
| ウヘ | 筌 | ・ウ・ヘ 僧上三三オ2 六三 | ・ウ・ヘ III下一 一三オ7 | | | | |
| ウヘ | 箌 | ウヘ 僧上三六ウ6 七〇 | ウヘ III下一 一五ウ4 | | | | |
| ウヘ | 餞 | ウヘ 僧上五六ウ3 一一〇 | ウヘ III下一 三四オ5 | | | | |
| ウヘキ | 樹 | ウヘキ 仏本四三ウ8 八二 | | | | | |
| エツムクルマノワ | 軨 | エツムクルアノ禾 僧中四六ウ3 九〇 | | | | | |
| ウヘニ | 扵 | ・ウ・ヘ二 仏本三四ウ5 六六 | | | | | |
| ウヘニス | 尚 | ・ウ・ヘニス 僧下五一オ2 九九 | ・ウ・ヘ・ニ爪 III下二 一三〇ウ1 (五八) | | | | |
| ウヘノキヌ | 裌 | ウヘノキヌ 法中七〇オ8 一三七 | | | | | |
| ウヘノキヌ | 袍 | ・ウ・ヘ・ノ〵ヌ 法中七三オ4 一四三 | | | | ・宇・倍・乃・岐・沼 禾 三三一 6 | |
| ウヘノキヌ | 褈 | ウヘノ〵ヌ 法中七七オ6 一五一 | | | | | |
| 上ノミル | 孱 | 上ノミル 法下四五ウ6 八八 | | | | | |
| ウヘモ | 裔 | ウヘモ 法中七三オ6 一四三 | | | | | |
| ウマ | 馬 | ・ウ・マ 僧中五〇ウ4 九八 | ・ウ・マ III下二 七五ウ6 (三) | | | | |
| 馬イナク | 嘶 | 馬イナ〵ク 仏中二七ウ1 五二 | | | | | |
| ウマキサケ | 醽 | ウマキサケ 僧下三三ウ4 六四 | ウマ〵サケ III下一 五九オ1 | | | | |

| 和訓 | 漢字 | 観智院本 | 蓮成院本 | 高山寺本 | 西念寺本 | 図書寮本 | 備考 |
| --- | --- | --- | --- | --- | --- | --- | --- |
| ウマキタシ | 鱧脂草 | ウマヘタシ 僧上 三オ5 三 | ウマキタシ III 下二 九四オ2 (三) | | | | |
| ウマギタシ | 鰠腹草 | ウマキタシ 僧下 四ウ4 六 | ウマヘタシ III 下一 一〇ウ7 | | | | 蓮本 脂草 |
| 馬クツハ | 銜 | 馬クツハ 仏上 二五ウ1 四四 | | 馬クツ木 二四オ6 | 馬クツ木 三オ3 | | |
| ウマクハ | 馬栬 | ウマクハ 仏下本 五一オ6 九九 | | | | | |
| ウマグハ | 鍽揆 | ウマクハ 僧上 一六オ2 二九 | ウマクハ III 下一 三八ウ1 | | | | |
| ウマサク | 青葙 | ウマサク 僧上 二五オ7 四七 | ウマサク III 下 三ウ7 | | | | |
| ウマス | 飯 | ウマス 僧上 五四オ5 一〇五 | | | | | |
| ウマツナキ | 芽 | ウマツナキ 僧上 一三ウ3 二四 | | | | | |
| ウマノイボカヒ | 紫貝 | ウマノイホカヒ 仏下本 八オ6 一三 | | | | | |
| △ ウマノイボカヒ | 大貝 | ウマノイホカヒ 仏下本 八オ7 一三 | | | | | |
| 馬ノカミ | 鬣 | 馬ノカミ 仏下本 一九ウ8 三六 | | | | | |
| ウマノキボネ | 食槽 | ウマノキホネ 仏下本 五五オ4 一〇七 | | | | | |
| ウマハダケ | 馬厰 | ウマハタケ 僧中 二七オ6 五一 | ウマハタケ III 下一 六四ウ5 | | | | |
| ウマビユ | 馬歯草 | ウマヒユ 僧上 三ウ2 四 | ウマヒユ III 下 二オ3 | | | | |
| ウムマヒユ | 馬莧 | ウムマヒユ 僧上 二三ウ8 四四 | | | | | |

△

| | | | | | | |
|---|---|---|---|---|---|---|
| ウマフフキ | 牛蒡 | | ウマフヽ Ⅲ下一オ6 | | | |
| ウマユミ | 馬射 | ウアユミ 法下七三オ6 一四三 | | | | |
| ウマル | 生 | ウマル 仏上四三ウ7 七八 | ウアル Ⅰ上一八ウ6 | ウアル 四三ウ2 | ウアル 四三オ1 | |
| ウマル(ウム) | 誕 | ウアル(ウム) 法上二八オ7 五三 | ウマル(ウム) Ⅱ中二八ウ7 | | | |
| ウマル | 産 | ウアル 法上四七ウ2 九二 | | | | |
| ウミ | 膝 | ウミ 仏中六三オ4 一三三 | | | | |
| ウミ | 海 | ウミ 法上二オ5 一 | ウミ Ⅱ中一オ2 | | | 宇美 和名 五4 |
| ウミ | 澥 | ウミ 法上二二オ3 三九 | ウミ Ⅱ中二〇ウ5 | | | |
| ウミ | 履 | ウア 法下四七オ5 九一 | | | | |
| ウミカニ | 螯 | ウミカニ 僧下一七ウ1 三三 | | | | |
| ウミカメ | 黿 | ウミカメ 僧下二五オ2 四七 | ウミカメ Ⅲ下一三オ6 (四一) | | | |
| ウミガメ | 鼇 | ウミカメ 僧下二五オ3 四七 | ウミカメ Ⅲ下一三オ6 (四一) | | | |
| ウミシル | 膿 | ウミシル 仏中六一オ4 一一九 | | | | |
| ウミタリ | 厭 | ウミタリ 法下五五オ5 一〇七 | | | | |
| ウミツヒ | 蛡 | ウミツヒ 僧下二三オ2 四一 | ウミツヒ Ⅲ下二一オ3 (三九) | | | |
| ウミツヒ | 蚴 | | ウミツヒ Ⅲ下二一オ3 (三九) | | | |

| 和訓 | 漢字 | 観智院本 | 蓮成院本 | 高山寺本 | 西念寺本 | 図書寮本 | 備考 |
|---|---|---|---|---|---|---|---|
| △ウミツヒ | 纞 | | ウミツヒ Ⅲ下二 二一オ3 (三九) | | | | |
| ウミナ | 孃 | ウミナ 仏中七オ8 二 | | ウミナ 五四オ2 | | | |
| ウミヌ | 悔 | ウミヌ 法中四八ウ7 九四 | | | | | |
| ウミメム | 倦 | ウミメム 仏上六ウ6 三〇 | | ウミヌム 一七ウ1 | ウミヌム 一四ウ4 | | |
| 海ハト | 〔毎+鳥〕 | 海ハト 僧中六七オ4 一三一 | 海ハト Ⅲ下 八九ウ7 (一七) | | | | |
| ウム | 俗 | ウム 仏上一四オ7 二二 | | ウム 三ウ5 | ウム 九ウ3 | | |
| ウム | 媸 | ウム 仏中一三ウ6 二四 | ウム Ⅰ上二 三三オ2 | ウム 六〇ウ5 | | | |
| ウム | 膿 | ウム 仏中六一オ4 一一九 | | | | | |
| ウム | 贅 | ウム 仏下本九オ4 一五 | | | | | |
| ウム | 熟 | ウム 仏下末三六ウ6 五〇 | | | | | |
| ウム | 山 | ウム 法上五四ウ7 一〇六 | | | | | |
| ウム | 聖 | ウム 法中一四オ1 二五 | | | | | |
| ウム | 塡 | ウム 法中二六オ1 四九 | | | | | |
| ウム | 垔 | ウム 法中二七ウ4 五二 | | | | | |
| ウム | 堙 | ウム 法中二七ウ4 五二 | | | | 宇牟 季 二四3 | |

| | 和訓 | 漢字 | 観智院本 | III | | | |
|---|---|---|---|---|---|---|---|
| | ウム | 性 | ウム 法中四四オ5 八五 | | | | |
| | ウムミメ | 惓 | ウムミメ 法中四八オ3 九三 | | | | |
| | ウム | 績 | ウム 法中一〇〇オ1 二一七 | | | | 宇牟 川 二九六5 |
| | ウム | 緝 | ウム 法中六一ウ5 一三〇 | | | | |
| | ウムミヌ | 勧 | ウムミヌ 僧上四三ウ1 八二 | ウム III下 二一ウ1 | | | |
| | ウム | 難 | ウム 僧中六九ウ5 一三六 | ウム III下三 九ウ7 (一九) | | | |
| | ウム | 甘至 | ウム 僧下四三ウ4 八二 | | | | |
| | ウムマル | 生 | ウムマル 僧下四七オ3 九一 | | | | |
| | ウム | 生 | ウム 僧下四七オ5 九一 | ウム III下三 一三五オ2 (六三) | | | |
| | ウムキ | 蚶 | ウムキ 僧下一五オ2 二七 | | | | |
| | ウムキナ | 羝羊草 | ウムキナ 僧上三ウ2 四 | ウム～ナ III下 二オ3 | | | |
| | ウムキナ | 羝羊藿 | ウムキナ 僧上一〇ウ2 一八 | | | | |
| | ウムキノカヒ | 海蛤 | ウムキノカヒ 僧下一五ウ5 二六八 | ウムキノカヒ III下二 一〇三ウ4 (三一) | | | |
| △ | ウムキノカヒ | 魁蛤 | ウムキノカヒ 僧下一五ウ5 二六八 | ウムキノカヒ III下二 一〇三ウ4 (三一) | | | |
| | ウムキノカヒ | 海蛉 | | ウムキノカヒ III下二 一〇ウ5 (三八) | | | |
| △ | ウムキノカヒ | 魁蛉 | | ウムキノカヒ III下二 一〇ウ5 (三八) | | | |

| 和訓 | 漢字 | 観智院本 | 蓮成院本 | 高山寺本 | 西念寺本 | 図書寮本 | 備考 |
|---|---|---|---|---|---|---|---|
| ウムナ | 女 | | ウムナ　I上 二四ウ7 | | | | |
| ウメ | 梅 | ウメ　仏下本 四三オ4 八三 | | | | | |
| ウメリ | 養 | ウメリ　僧上 五七ウ2 二二 | ウメリ　III下 三五オ3 | | | | |
| ウモス | 薫 | ウモス　僧上 二一オ2 三九 | | | | | |
| ウヤ | 拜 | ウヤ　仏下本 三三オ7 四三 | | | | | |
| ウヤ | 礼 | ウヤ　仏末 八ウ3 四 | | | | | |
| ウ〔ヰ〕ヤ | 恭 | ウ〔ヰ〕ヤ　僧上 五ウ4 八 | ウ〔イ〕ヤ　III下 一 六オ1 | | | | |
| ウ〔ヰ〕ヤ | 恭 | ウ〔ヰ〕ヤ　僧上 二七オ3 五一 | | | | | |
| ウヤ | 敬 | ウヤ　僧中 三ウ3 六〇 | ウヤ　III下 六八ウ4 | | | | |
| ウ〔ヰ〕ヤウヤシ | 恭 | ウ〔ヰ〕ヤゝゝシ　僧上 五ウ4 八 | | | | | |
| ウヤウヤシ | 共 | ウヤ〱シ　僧上 二五ウ6 四八 | ウヤゝゝシ　III下 四オ4 | | | | |
| ウ〔ヰ〕ヤウヤシ | 恭 | ウ〔ヰ〕ヤ〱シ　僧上 二七オ3 五一 | ウヤ〔ヰ〕ゝゝシ　III下 六オ1 | | | | |
| ウヤシロ | 礼代 | ウヤシロ　法下 五ウ8 八 | | | | | |
| ウヤス | 嫵 | ウヤス　仏中 五ウ5 八 | ウヤ仈　I上 二五ウ6 | ウヤ仈　五二オ4 | ウヤス　五三オ5 | | |
| ウヤス | 揖 | ウヤス　仏下本 二三ウ2 四四 | | | | | |

| 見出し | 漢字 | 出典1 | 出典2 | 出典3 | 出典4 |
|---|---|---|---|---|---|
| ウヤス | 掩 | ウヤス 仏本 五三 二八オ4 | | | |
| ウヤヒ(ヤ)カナリ | 閑 | ウヤヒカ(ヤ)ナリ 法下 七五 三九オ6 | | | |
| ウヤマフ | 儼 | ウヤ丆フ 仏上 三一 一九オ5 | | ウヤ丆フ 一七ウ6 | ウヤ丆フ 一五オ3 |
| ウヤマウ | 信 | ウヤ丆ウ 仏上 三二 一九ウ8 | | ウヤ丆フ 一九ウ3 | ウヤ丆フ 一六オ1 |
| ウヤマフ | 逯 | ウヤ丆フ 仏上 四六 二六ウ4 | | ウヤ丆フ 二五ウ5 | ウヤ丆フ 二三ウ2 |
| ウヤマフ | 遜 | ウヤマフ 仏上 五七 三二オ5 | ウヤ丆フ Ⅰ上 九ウ6 | ウヤ丆フ 三一オ4 | ウヤナ(ママ)フ 二九ウ6 |
| ウヤマウ | 嚴 | ウヤ丆ウ 仏中 三八 二〇ウ8 | ウヤ丆フ Ⅰ上 三九ウ4 | ウヤ丆フ 六八オ4 | |
| ウヤマウ | 嘔 | ウヤ丆ウ 仏中 三九 二一オ2 | ウヤ丆ウ Ⅰ上 三九ウ5 | ウヤ丆フ 六八オ5 | |
| ウヤマフ | 異 | ウヤマフ 仏中 二一 五七オ4 | ウヤ丆ウ Ⅰ上 一七二オ6 | ウヤマフ 一五オ5 | |
| ウヤマフ | 顯 | ウヤマフ 仏本 三三 一三オ3 | | | |
| ウヤマフ | 頓 | ウヤ丆フ 仏本 三三 一三オ8 | | | |
| ウヤマフ | 揖 | ウヤマフ 仏本 四四 二三ウ2 | | | |
| ウヤマウ | 礼 | ウヤ丆ウ 仏末 一四 八ウ3 | | | |
| ウヤマフ | 異 | ウヤマフ 仏末 二六 一四ウ1 | | | |
| ウヤマフ | 洒 | ウヤマフ 法上 三 三オ4 | ウヤマフ Ⅱ中 二オ1 | | |
| ウヤマフ | 油 | ウヤマフ 法上 二七 一五オ7 | ウヤマフ Ⅱ中 一四ウ4 | | |

| 和訓 | 漢字 | 観智院本 | 蓮成院本 | 高山寺本 | 西念寺本 | 図書寮本 | 備考 |
|---|---|---|---|---|---|---|---|
| ウヤマフ | [illegible] | ウヤマフ 法上三〇オ2 五七 | ・ウヤマフ Ⅱ中一三〇ウ3 | | | | |
| ウヤマフ | 讓 | ウヤマフ 法上三〇オ4 五七 | ウヤマフ Ⅱ中一三〇ウ5 | | | | |
| ウヤマフ | 謠 | ウヤマフ 法上三三オ5 六三 | ウヤマフ Ⅱ中一三三ウ6 | | | | |
| ウヤマフ | 諲 | ・ウ・ヤマフ 法上三六オ4 六九 | | | | | |
| ウヤマフ | 諷 | ウヤマフ 法上三七オ8 七一 | | | | | |
| ウヤマフ | 蹡 | ウヤマフ 法上四一ウ6 八〇 | | | | | |
| ウヤマフ | 竦 | ・ウ・ヤマフ 法上四六ウ4 九〇 | | | | | |
| ウヤマフ | 碏 | ウヤアフ 法中四オ7 五 | | | | | |
| ウヤマフ | 忠 | ウヤマフ 法中三六オ3 六九 | | | | | |
| ウヤマウ | 愓 | ウヤアウ 法中三六オ8 六九 | | | | | |
| ウヤマフ | 恪 | ・ウ・ヤアフ 法中三九オ4 七五 | | | | | |
| ウヤマフ | 慜 | ・ウ・ヤアフ 法中三九ウ6 七六 | | | | | |
| ウヤマウ | 慺 | ・ウ・ヤアウ 法中四四オ6 八五 | | | | | |
| ウヤマフ | 戁 | ウヤマフ 法中四四ウ6 八六 | | | | | |
| ウヤマフ | [illegible] | ・ウ・ヤアフ 法中四五オ5 八七 | | | | | |

| | | | | | | | |
|---|---|---|---|---|---|---|---|
| ウヤマフ | 恔 | ウヤマフ 法中四六オ7 八九 | | | | | |
| ウヤマフ | 憋 | ウヤマフ 法中四六ウ5 九〇 | | | | | |
| ウヤマフ | 懇 | ・ウ・ヤマフ 法中四七ウ2 九二 | | | | | |
| ウヤマウ | 忻 | ・ウ・ヤアウ 法中五三オ3 一〇二 | | | | ・ウ・ヤ・アフ 二四〇1 | |
| ウヤマフ | 祇 | ウヤアフ 法下二ウ2 二 | | | | | |
| ウヤマフ | 衵 | ・ウ・ヤ・マフ 法下二ウ7 二 | | | | | |
| ウヤマフ | 禋 | ウヤアフ 法下四オ8 五 | | | | | |
| ウヤマフ | 礼 | ウヤアフ 法下五ウ8 八 | | | | | |
| ウヤマフ | 禮 | ウヤマフ 法下五ウ8 八 | | | | | |
| ウヤマフ | 穆 | ・ウ・ヤアフ 法下一一オ8 一九 | | | | | |
| ウヤマフ | 宣 | ウヤアフ 法下二六オ2 四九 | | | | | |
| ウヤマフ | 賓 | ウヤアフ 法下二八オ5 五三 | | | | | |
| ウヤマウ | 屑 | ・ウ・ヤアウ 法下四五オ7 八七 | | | | | |
| ウヤマフ | 屈 | ウヤアフ 法下四五ウ4 八八 | | | | | |
| ウヤマフ | 展 | ウヤアフ 法下四七オ7 九一 | | | | | |
| ウヤマフ | 廋 | ・ウ・ヤ・アフ 法下五〇オ1 九七 | | | | | |

| 和訓 | 漢字 | 観智院本 | 蓮成院本 | 高山寺本 | 西念寺本 | 図書寮本 | 備考 |
|---|---|---|---|---|---|---|---|
| ウヤマフ | 子 | ウヤナフ 法下 二六〇オ1 一三七 | | | | | |
| ウヤマフ | 孝 | ウヤナフ 法下 二七一オ6 一三九 | | | | | |
| ウヤマフ | 尊 | ウヤナフ 法下 二七三ウ6 一四四 | | | | | |
| ウ(井)ヤマフ | 荼 | ・ウ(井)・ヤ・ナ・フ 僧上 五ウ4 八 | ウヤナフ III 下一 六オ1 | | | | |
| ウ(井)ヤマフ | 荼 | ・ウ(井)・ヤ・ナ・フ 僧上 二七オ3 五二 | | | | | |
| ウヤマフ | 翼 | ウヤナフ 僧上 四九オ7 九五 | ウヤナフ III 下一 二七ウ1 | | | | |
| ウヤマフ | 欽 | ・ウ・ヤ・ナ・フ 僧上 六三ウ4 一二四 | ・ウ・ヤ・ア・ウ III 下一 四〇オ6 | | | | |
| ウヤマフ | 鍾 | ウヤナフ 僧上 六四ウ6 一二六 | ウヤマフ III 下一 四一オ4 | | | | |
| ウヤマフ | 憂 | ウヤナフ 僧中 二二ウ8 四〇 | ウヤナフ III 下一 六〇オ7 | | | | |
| ウヤマフ | 戴 | ウヤナフ 僧中 三三ウ5 四二 | ウヤアウ III 下一 六〇ウ7 | | | | |
| ウヤマフ | 敬 | ・ウ・ヤ・ア・フ 僧中 三一ウ3 六〇 | ・ウ・ヤ・ア・ウ III 下一 六八ウ4 | | | | |
| ウヤマウ | 龔 | ウヤアウ 僧下 三八六ウ5 七四 | ウヤア[フ] III 下二 一三七ウ1 (五五) | | | | |
| ウヤマフ | 懿 | ウヤマフ 僧下 四五五ウ2 八八 | ウヤマフ III 下二 一四四オ3 (七二) | | | | |
| ウヤマウ | 肅 | ウヤアウ 僧下 五三三オ2 一〇三 | ウヤマウ III 下二 一四〇オ6 (六八) | | | | |
| ウヤマフ | 龔 | ウヤマフ 僧下 五五五オ7 一〇七 | | | | | |

| | | | | | | |
|---|---|---|---|---|---|---|
| ウヤマフ | 貟 | ウヤマフ 僧下五八オ7 一一三 | ウヤマウ III下二三八オ6 (六六) | | | |
| ウラ | 占 | ウラ 仏中二九オ5 五五 | ウラ I上四七オ6 | ウラ 七六ウ4 | | |
| ウラ | 浦 | ウラ 法上二一ウ3 二〇 | ウラ II中二オ5 | | | 宇良 禾 四三1 |
| ウラ | 占 | ウラ 法上四九ウ6 九六 | | | | |
| ウラ | 裏 | ウラ 法中七〇オ2 一三七 | | | | 宇良 川 三三九6 |
| ウラ | 裝 | ウラ 法中七七オ3 一五一 | | | | |
| ウラ | 底 | ウラ 法下五一ウ5 一〇〇 | | | | |
| ウラウラ | 遅〻 | ウラ〱 仏上三三オ7 五七 | ウラ〻 I上一〇オ1 | ウラヽヽ 三一オ6 | ウラヽヽ 三〇オ2 | |
| ウラオモフ | 裏猫 | ウラオモフ 仏下本六五ウ2 一二八 | | | | |
| ウラオモフ | 慝 | ウラオモフ 法下四九オ1 九五 | | | | |
| ウラサメ | 鮐 | ウラサメ 僧下二二オ4 三三 | ウラサメ III下二九二ウ5 (二〇) | | | |
| ウラトメ | 姑 | ↓ レフトメ | ウラトメ I上二九オ1 | ↓ レフトメ | | |
| ウラナフ | 噬 | ウラナフ 仏中二七ウ7 五二 | ウラナフ I上四六オ2 | ウラナフ 七五オ6 | | |
| ウラナフ | 占 | ウラナフ 仏中二九オ5 五五 | ウラナフ I上四七オ6 | ウラナフ 七六ウ4 | | |
| ウラナフ | 掩 | ウラナフ 仏下本二八オ4 五三 | | | | |
| ウラナフ | 訴 | ウラナフ 法上三五ウ5 六八 | ウラナフ II中一三六ウ1 | | | |

| 和訓 | 漢字 | 観智院本 | 蓮成院本 | 高山寺本 | 西念寺本 | 図書寮本 | 備考 |
|---|---|---|---|---|---|---|---|
| ウラナフ | 卜 | ウ・ラ・ナフ 法上四九ウ4 九六 | | | | | |
| ウラナフ | 占 | ウ・ラ・ナフ 法上四九ウ6 九六 | | | | | |
| ウラナフ | 卨 | ウラナフ 法下三三ウ7 四二 | | | | | |
| ウラナフ | 筮 | ウラナフ 僧上三〇ウ6 五八 | ウラナフ III下 九ウ7 | | | | |
| ウラナフ | 爻 | ウラナフ 僧中二七オ5 五一 | ウラナリ(ヌ) III下 六四ウ3 | | | | |
| ウラナフ | 非 | ウラナフ 僧下四四ウ5 八六 | ウラナフ III下 一二四オ6 (七〇) | | | | |
| ウラナフ | 需 | ウラナフ 僧下五三オ5 一〇三 | | | | | |
| ウラミ | 怨恨 | | | | | ウラミ 巽 二四三 1 | |
| ウラミオモヒ | 怨思 | ウ・ラ・ミ・オモ・ヒ 法中三六ウ8 七〇 | | | | ウ・ラ・ミ・オ・モ・ヒ 巽 二四二 7 | |
| ウラミノソム | 觖望 | ウ・ラ・ミノソム 法中一四オ3 二五 | | | | ウ・ラ・ミ・ノ・ソ・ム 書注 一六九 2 | |
| ウラム | 倖 | ウラム 仏上一六ウ3 二六 | | ウラム 一五オ3 | ウラム 二オ2 | | |
| ウラム | 返 | ウラム 仏上三三ウ3 五八 | ウラム I上 一〇オ3 | ウラ[ム] 三一ウ2 | ウラム 三〇オ5 | | |
| ウラム | 違 | ウラム 仏上三三オ2 五九 | ウラム I上 一〇ウ1 | ウラム 三二オ1 | ウラム 三〇ウ5 | | |
| ウラム | 妻 | ウラム 仏中五三オ2 七 | ウラム I上 二五オ5 | ウラム 五一ウ1 | ウラム 五二ウ2 | | |
| ウラム | 嫉 | ウ・ラム 仏中八オ2 一三 | ウラム I上 二八オ1 | ウラム 五四ウ4 | | | |

| 見出し | 字 | 1 | 2 | 3 | 4 | 5 |
| --- | --- | --- | --- | --- | --- | --- |
| ウラム | 嘔 | ウラム 仏中 一九ウ4 三六 | | ウラム 六六ウ6 | | |
| ウラム | ⿰月艮 | ウラム 仏中 六八オ4 三三 | | | | |
| ウラム | 觖 | ウラム 仏本 一七ウ8 一二 | | | | |
| ウラム | 猜 | ウラム 仏下本 六八オ2 一三三 | | | | |
| ウラム | 債 | ウラム 仏下本 六八オ2 一三三 | | | | |
| ウラム | ⿰氵討 | ウラム 法上 二ウ4 二 | ウラム II中 一ウ1 | | | |
| ウラム | 涯 | ウラム 法上 七オ8 二一 | ウラム II中 九オ2 | | | |
| ウラム | 涇 | ウラム 法上 一八ウ6 二四 | ウラム II中 一八オ5 | | | |
| ウラム | 讟 | ウラム 法上 二五ウ4 四八 | ウラム II中 二五ウ5 | | | |
| ウラム | 望 | ウラム 法中 一三ウ7 二四 | | | ウラム は 一六九1 | |
| ウラム | 忙 | ウラム 法中 三六ウ1 七〇 | | | | |
| ウラム | 忌 | ウラム 法中 三六ウ3 七〇 | | | | |
| ウラムミ | 怨 | ウラムミ 法中 三六ウ7 七〇 | | | | |
| ウラム | 悗 | ウラム 法中 三七オ1 七一 | | | | |
| ウラム | 悕 | ウラム 法中 三八ウ7 七四 | | | | |
| ウラムミ | 惐 | ウラムミ 法中 四〇オ3 七七 | | | | |

| 和訓 | 漢字 | 観智院本 | 蓮成院本 | 高山寺本 | 西念寺本 | 図書寮本 | 備考 |
|---|---|---|---|---|---|---|---|
| ウラム | 怊 | ウラム 法中四〇ウ1 七八 | | | | | |
| ウラム | 慨 | ウラム 法中四一ウ8 八〇 | | | | | |
| ウラム | 憝 | ウラム 法中四二オ8 八一 | | | | | |
| ウラム | 慇 | ウラム 法中四二ウ5 八二 | | | | | |
| ウラム | 懟 | ウラム 法中四二ウ6 八二 | | | | | |
| ウラム | 怒 | ウラム 法中四四ウ7 八六 | | | | | |
| ウラム | 忿 | ウラム 法中四五ウ4 八八 | | | | | |
| ウラム | 愴 | ウラム 法中四六オ6 八九 | | | | | |
| ウラム | 忣 | ウラム 法中四六ウ1 九〇 | | | | | |
| ウラム | 惝 | ウラム 法中四六ウ7 九〇 | | | | | |
| ウラム | 悵 | ウラム 法中四八オ8 九三 | | | | | |
| ウラム | 恨 | ウラム 法中四八ウ1 九四 | | | | | |
| ウラム | 慊 | ウラム 法中四八ウ6 九四 | | | | | |
| ウラム | 悄 | ウラム 法中四九オ5 九五 | | | | | |
| ウラム | 悄 | ウラム 法中四九オ5 九五 | | | | | |

| | | | | | |
|---|---|---|---|---|---|
| ウラム | 愸 | ウラム 法中九六 四九ウ2 | | | |
| ウラム | 慦 | ウラム 法中一〇一 五三オ1 | | | |
| ウラム | 愇 | ウラム 法中一〇一 五三オ4 | | | |
| ウラム | 悽 | ウラム 法中一〇一 五三オ5 | | | |
| ウラム | 卮 | ウラム 法下五六 二九ウ2 | | | |
| ウラム | 闖 | ウラム 法下八〇 四一ウ2 | | | |
| ウラム | 閅 | ・ウラ・ム 法下八二 四二ウ2 | | | |
| ウラム | 夋 | ・ウラ・ム 僧中五二 二七ウ5 | | | |
| ウラヤマシ | 猜 | ウラヤミし 仏本一三三 六八オ2 | | | |
| ウラヤム | 妬 | ウラヤム 仏中八 五ウ7 | ウラヤム Ⅰ上 二六オ1 | ・ウ・ラ・ヤ・ム 五二オ6 | ウラヤム 五三ウ1 |
| ウラヤム | 妒 | ウラヤム 仏中八 五ウ7 | ウラヤム Ⅰ上 二六オ1 | ウラヤム 五二オ7 | ウラヤム 五三ウ1 |
| ウラヤム | 嫉 | ウラヤム 仏中一三 八オ2 | | ・ウ・ラ・ヤ・ム 五四ウ4 | |
| ウラヤム | 妷 | ウラヤム 仏中一三 八オ3 | ウラヤム Ⅰ上 二八オ1 | ウラヤム 五四ウ5 | |
| ウラヤム | 濬 | ウラヤム 法上五 四オ2 | ウラヤム Ⅱ中 三オ2 | | |
| ウラヤム | 慉 | ウラヤム 法中九七 五〇オ6 | | | |
| ウラル | ⿱隹云 | ・ウ・ラル 僧中一三三 六八オ5 | ・ウ・ラル Ⅲ下二 九〇ウ3（一八） | | |

| 和訓 | 漢字 | 観智院本 | 蓮成院本 | 高山寺本 | 西念寺本 | 図書寮本 | 備考 |
|---|---|---|---|---|---|---|---|
| ウラル | 讐 | ウラル 僧中六八オ6 [一三三] | ウラル Ⅲ下二九〇ウ4 （一八） | | | | |
| ウリ | [illegible] | ウリ 僧上九オ4 [一五] | | | | | |
| ウリ | 瓜 | ウリ 僧中四四オ1 [五] | ウリ Ⅲ下二一七オ2 （四五） | | | | |
| ウリ | 瓢 | ウリ 僧中四四ウ2 [六] | | | | | |
| ウリ | 集 | ウリ 僧中六九オ8 [一三五] | | | | | |
| ウリノサネ | 瓣 | ウリノサネ 僧下三四ウ2 [六六] | ウリノサネ Ⅲ下二三九ウ3 （六七） | | | | |
| ウリバヘ | 守瓜 | ウリハヘ 僧中四四オ4 [五] | ウリハヘ Ⅲ下二一七オ1 （四五） | | | | |
| ウリバヘ | 蠸 | ウリハヘ 僧下一三ウ6 [二四] | ウリハヘ Ⅲ下二〇三オ1 （三〇） | | | | |
| ウル | 儉 | | | ウル 九ウ2 | | | |
| ウル | 估 | ウル 仏上一七オ3 [二七] | | ウル 一五ウ4 | ウル 三ウ4 | | |
| ウル | 儥 | ウル 仏上二一ウ5 [三六] | | ウル 一三オ2 | ウル 八ウ5 | | |
| ウル | 衒 | ウル 仏上二五オ6 [四三] | | ウル 二四オ4 | ウル 三三オ1 | | |
| ウル | 衒 | ウル 仏上二五オ6 [四三] | | | ウル 三三オ1 | | |
| ウル | 售 | ウル 仏中三三オ2 [四三] | ウル Ⅰ上二四ウ1 | ウル 七〇オ5 | | | |
| ウル | 買 | ウル 仏下本一九ウ7 [一六] | | | | | |

| | | | | | | | |
|---|---|---|---|---|---|---|---|
| ウル | 買 | ウル | 仏本 一九ウ7 一六 | | | | |
| ウル | 賣 | ウル | 仏本 一九ウ7 一六 | | | | |
| ウル | 販 | ウル | 仏本 二一ウ4 二〇 | | | | |
| ウル | 睥 | ウル | 仏本 二三オ2 二一 | | | | |
| ウル | 撓 | ウル | 仏本 三八ウ8 七四 | | | | |
| ウル | 沽 | ・ウ・ル | 法上 一一オ5 九 | ・ウ・ル | II中 一〇ウ6 | ・ウ・ル | 集 三〇6 |
| ウル | 漬 | ウル | 法上 一三オ5 二一 | | | | |
| ウル | 譎 | ウル | 法上 三五オ8 六七 | ウル | II中 三六オ3 | | |
| ウル | 息 | ウル | 法中 三七オ3 七二 | | | | |
| ウル | 瓢 | ・ウ・ル | 僧中 四ウ2 六 | | | | |
| ウル | 歆 | ウル | 僧中 二四ウ2 四六 | ウル | III下 六二ウ1 | | |
| ウル | 隻 | ・ウ・ル | 僧中 一六八オ5 一三三 | ・ウ・ル | III下 九〇ウ3 (一八) | | |
| ウル | 讐 | ・ウ・ル | 僧中 一六八オ6 一三三 | ・ウ・ル | III下 九〇ウ4 (一八) | | |
| ウル | 集 | ・ウ・ル | 僧中 一六九オ8 一三五 | ウル | III下 九一ウ4 (一九) | | |
| ウル | 酌 | ウル | 僧下 三〇オ1 五七 | ウル | III下 五六オ5 | | |
| ウル | 鬻 | ・ウ・ル | 僧下 六一オ4 一一九 | ウル | III下 一三三オ2 (六〇) | | |

| 和訓 | 漢字 | 観智院本 | 蓮成院本 | 高山寺本 | 西念寺本 | 図書寮本 | 備考 |
|---|---|---|---|---|---|---|---|
| ウルオフ | 渭 | ウルオフ 法上六オ1 九 | ウルウ(ハイ)フ Ⅱ中七ウ3 | | | | |
| ウルカ | 放 | ウルカ 僧中三一ウ8 六〇 | ウルカ Ⅲ下六九オ1 | | | | |
| ウルカフ | 酤 | ・ウル・カ・フ 僧下二九ウ7 五六 | ・ウル・カ・フ Ⅲ下五六オ4 | | | | |
| ウルキ | 趂 | ウルキ 仏上三七ウ8 六八 | ウル丶 Ⅰ上二四ウ7 | ウルキ 三七オ4 | ウルキ 三六ウ5 | | |
| ウルキ | 夏枯草 | ↓ ・ウ・ル・ヒ | ウル丶 Ⅲ下二一オ1 | | | | |
| ウルサク | 慵 | ウルサク 法中四八ウ3 九四 | | | | | |
| ウルサシ | 慍 | ウルサシ 法中四三ウ8 八二 | | | | | |
| ウルシ | 漆 | ・ウ・ルシ 法上一四ウ8 二六 | ・ウ・ルシ Ⅱ中一四オ5 | | | ・宇・流・之 禾 二九 5 | |
| ウルシヌリノキ | 漆 | ウルシヌリノキ 仏下本四五オ6 八七 | | | | | |
| ウルシヌリノヤキシルノツボ | 漆灸函 | ・ウ・ル・シ・ヌ・リ・ノ・ヤ・キ ・シ・ル・ノ・ツ・ホ 僧下三七ウ1 七二 | ・ウ・ル・シ・ヌ・ノ・ヤ・丶 ・シ・ル・ノ・ツ・ホ Ⅲ下二一二九オ7（五七） | | | | |
| ウルシヌル | 髹 | ウルシヌル 仏下本一九オ5 三五 | | | | | |
| ウルシネ | 稌 | ウルシ子 法下一三オ7 二二 | | | | | |
| ウルシネ | 秈 | ウルシ子 法下三ウ7 二二 | | | | | |
| ウルシネ | 粳 | ウルシ子 法下一七ウ1 三二 | | | | | |

| 見出し | 字 | 1 | 2 | 3 | 4 | 5 | 備考 |
|---|---|---|---|---|---|---|---|
| ウルシネ | 粃 | ・ウ・ル・し・子 法下一七ウ4 三二 | | | | | |
| ウルシネ | 粒 | ウルし子 法下一九ウ7 三六 | | | | | |
| ウルシネ | 粱 | ウルし子 法下二〇オ1 三七 | | | | | |
| ウルシネ | 粄 | ウルし子 法下二〇オ4 三七 | | | | | |
| ウルシネ | 粳米 | ウルし子 法下二〇オ8 三七 | | | | | |
| △ ウルシネ | 粃 | ウルし子 法下二〇オ8 三七 | | | | | |
| ウルシノキ | 椅 | ウルしノキ 仏下本四六ウ6 九〇 | | | | | |
| ウルシムロ | 窨 | ・ウ・ル・し・台・口 法下三三ウ3 六二 | | | | | |
| ウルシヤ | 窨 | ・ウ・ルしヤ 法下三三ウ3 六二 | | | | | |
| ウルタフ | 妓 | ウタフ(ル) 仏中六ウ1 一〇 | ウタフ(ルイ) I 上 二六ウ3 | ウルタフ 五三オ2 | ウタフ(ル) 五四オ3 | | 蓮本 [illegible] |
| ウルハシ | 債 | ウルハし 仏上三三ウ4 一〇 | | ウルハし 三オ1 | ウ□ハし ハウ4 | | |
| ウルハシ | 偉 | ウルハし 仏上一六ウ2 二六 | | ウルハし 一五オ3 | ウルハし 一二オ2 | | |
| ウルハシ | 便 | ウルハし 仏上一八ウ7 三〇 | | ウルハし 一七オ7 | ウルハし 一四ウ5 | | |
| ウルハシ | 儼 | ウルハし 仏上一九オ5 三二 | | ウルハし 一七ウ6 | ウルハし 一五オ3 | | |
| ウルハシ | 徴 | ・ウ・ル・ハし 仏上三三ウ6 三八 | | ・ウ・ルハ・し 二〇ウ7 | ウルハシ 一九オ5 | | |
| ウルハシ | 徽 | ウルハし 仏上三三オ1 二九 | | ウルハし 二三オ2 | ウルハし 一九ウ1 | | |

| 和訓 | 漢字 | 観智院本 | 蓮成院本 | 高山寺本 | 西念寺本 | 図書寮本 | 備考 |
|---|---|---|---|---|---|---|---|
| ウルハシ | 徹 | ウルハし 仏上 三九 二三オ3 | | ウルハし 二三オ3 | ウルハし 一九ウ3 | | |
| ウルハシ | 衝 | ウルハし 仏上 四三 二五オ7 | | ウルハし 二四オ5 | ウルハし 二二オ2 | | |
| ウルハシ | 衕 | ウルハし 仏上 四四 二五ウ1 | | ウルハし 二四オ7 | ウルナし（ミ） 二二オ4 | | |
| ウルハシ | 迺 | ウルハし 仏上 五五 三二オ2 | ウルハし I上 八ウ5 | ウルワし 三〇オ1 | ウルハし 二八ウ2 | | 蓮本 逌 |
| ウルハシ | 遅 | ウルハし 仏上 五七 三二オ6 | ウルハし I上 九ウ7 | ウルハし 三一オ5 | ウルハし 三〇オ1 | | |
| ウルハシ | 逼 | ウルハし 仏上 五八 三二ウ5 | ウルハし I上 一〇オ5 | ウルハし 三一ウ3 | ウルハし 三〇オ6 | | |
| ウルハシ | 妙 | ウルハし 仏中 五 四ウ4 | ウルハし I上 二五オ1 | ウルハし 五一オ4 | ウルハし 五二オ2 | | |
| ウルハシ | 婞 | ウルハし 仏中 七 五オ7 | ウルハし I上 二五ウ1 | ウルハし 五一ウ6 | ウルハし 五二ウ6 | | 蓮本、高本 西本 婷 |
| ウルハシ | 婷 | ウルハし 仏中 八 五ウ4 | ウルハし I上 二五ウ6 | ウルハし 五二オ4 | ウルハし 五三オ4 | | |
| ウルハシ | [女+対] | ウルハし 仏中 九 六オ2 | ウルハし I上 二六オ3 | ウルハし 五二ウ2 | ウルハし 五三ウ3 | | 西本 [女+付] |
| ウルハシ | [女+建] 妤 | ウルハし 仏中 九 六オ3 | ウルハし I上 二六オ4 | ウルハし 五二ウ3 | ウルハし 五三ウ4 | | |
| ウルハシ | 嫺 | ウルハし 仏中 九 六オ4 | ウルハし I上 二六オ6 | ウルハし 五二ウ4 | ウルハし 五三ウ5 | | |
| ウルハシ | 妍 | ウルハし 仏中 九 六オ6 | ウルハし I上 二六ウ1 | ウルハし 五二ウ6 | ウルハし 五四オ1 | | |
| ウルハシ | 姸 | ウルハし 仏中 九 六オ6 | ウルハし I上 二六ウ1 | ウル禾し 五二ウ7 | ウル禾し 五四オ1 | | |
| ウルハシ | 姸 [女+便] | ウルハし 仏中 九 六オ7 | ウルハし I上 二六ウ1 | ウルハし 五二ウ7 | ウルハし 五四オ1 | | |

| | | | | | | | |
|---|---|---|---|---|---|---|---|
| ウルハシ | 奸妟 | ウルハシ 仏中九六オ7 | ウルハシ I上二六ウ2 | ウルハシ 五二ウ7 | ウルハシ 五四オ1 | | |
| ウルワシ | 奸 | ウル禾シ 仏中九六オ7 | | | ウルハシ 五四オ2 | | |
| ウルハシ | 婙 | ウルハシ 仏中一〇六ウ6 | ウルハシ I上二六ウ6 | ウル禾シ 五三オ6 | ウルハシ 五四ウ1 | | |
| ウルハシ | 嫘 | ウルハシ 仏中一二七オ2 | ウルハシ I上二七オ3 | ウルハシ 五三ウ3 | ウルハシ 五四ウ5 | | 蓮本 嫘 |
| ウルハシ | 婾孌 | ウルハシ 仏中一二七オ2 | ウルハシ I上二七オ4 | ウルハシ 五三ウ4 | ウルハシ 五四ウ6 | | |
| ウルハシ | 妓 | ウルハシ 仏中一二七オ7 | ウルハシ I上二七オ6 | ウルハシ 五四オ1 | ウルハシ 五五オ4 | | |
| ウルハシ | [illegible]娟 | ウルハシ 仏中一三七ウ4 | ウルハシ I上二七ウ4 | ウルハシ 五四オ6 | | | 高本 [illegible]妓 |
| ウルハシ | 嬋媛 | ウルハシ 仏中一三七ウ4 | | ウルハシ 五四オ6 | | | |
| ウルハシ | 孃 | ウルハシ 仏中一三七ウ7 | | | | | |
| ウルハシ | 婉 | ウルハシ 仏中一四八ウ1 | ウルハシ I上二八オ7 | ウルハシ 五五オ3 | | | 蓮本、高本 嫵婉 |
| ウルハシ | 好 | ウルハシ 仏中一四八ウ2 | ウルハシ I上二八オ7 | ウルハシ 五五オ4 | | | |
| ウルハシ | 娥 | ウルハシ 仏中一五九オ8 | ウルハシ I上二九オ5 | ウルハシ 五六オ3 | | | |
| ウルハシ | [illegible] | ウルハシ 仏中一六九ウ3 | ウルハシ I上二九ウ1 | ウルハシ 五六オ5 | | | |
| ウルハシ | 姝 | ウルハシ 仏中一六九ウ4 | ウルハシ I上二九ウ2 | ウルハシ 五六オ6 | | | |
| ウルハシ | 嬗 | ウルハシ 仏中一七〇オ6 | ウルハシ I上三〇オ3 | ウルハシ 五七オ2 | | | |
| ウルハシ | 姱 | ウルハシ 仏中一八〇ウ3 | ウルハシ I上三〇ウ1 | ウルハシ 五七オ6 | | | |

| 和訓 | 漢字 | 観智院本 | 蓮成院本 | 高山寺本 | 西念寺本 | 図書寮本 | 備考 |
|---|---|---|---|---|---|---|---|
| ウルハシ | 婎 | ウルハシ 仏中一一オ1 一九 | | | | | |
| ウルハシ | [illegible] | ウルハシ 仏中一一ウ1 二〇 | ウルハシ Ⅰ上 三一オ4 | ウルハシ 五八オ4 | | | |
| ウルハシ | 媁 | | ウルホシ Ⅰ上 三〇ウ4 | ウルハシ 五七ウ3 | | | |
| ウルハシ | 嫺 | ウルハシ 仏中一一ウ4 二〇 | ウルハシ Ⅰ上 三一オ6 | ウルハシ 五八オ6 | | | |
| ウルハシ | 婥 | ウルハシ 仏中一三オ4 二三 | ウルハシ Ⅰ上 三一ウ6 | ウルハシ 五八ウ6 | | | |
| ウルハシ | 委 | ウルハシ 仏中一三オ1 二三 | ウルハシ Ⅰ上 三二オ6 | ウルホシ 六〇オ1 | | | |
| ウルハシ | [illegible] | ウルハシ 仏中一三ウ2 二四 | ウルハシ Ⅰ上 三二ウ6 | ウルハシ 六〇ウ1 | | | |
| ウルハシ | [illegible] | ウルハシ 仏中一三ウ2 二四 | ウルハシ Ⅰ上 三二ウ7 | ウルハシ 六〇ウ2 | | | |
| ウルハシ | 睟 | ウルハシ 仏中三九ウ5 七六 | ウルハシ Ⅰ上 五七オ2 | ウルハシ 八七ウ7 | | | |
| ウルハシ | 曄 | ウルハシ 仏中四八ウ5 九四 | ウルハシ Ⅰ上 六四ウ7 | ウルハシ 九七オ6 | | | |
| ウルハシ | 旦 | ウルハシ 仏中五〇オ5 九七 | ウルハシ Ⅰ上 六六オ6 | ウルハシ 九八ウ4 | | | |
| ウルハシ | 腆 | ウルハシ 仏中六三ウ4 一二四 | | | | | |
| ウルハシ | [illegible] | ウルハシ 仏中六八ウ4 一三四 | | | | | |
| ウルハシ | 贇 | ウルハシ 仏下本一〇ウ4 一八 | | | | | |
| ウルハシ | 敉 | ウルハシ 仏下本一七ウ5 三二 | | | | | |

| | | | |
|---|---|---|---|
| ウルワシ | 采 | ウル禾し 仏下本四六オ6 八九 | |
| トウルハシ | 猗々 | トウルハし 仏下本六六オ2 一二九 | |
| ウルハシ | 猗々 | ウルハし 仏下本六六オ2 一二九 | |
| ウルハシ | 光 | ウルハし 仏下末一二オ7 二一 | |
| ウルハシ | 美 | ウルハし 仏下末一六オ2 二九 | |
| ウルハシ | 煒 | ウルハし 仏下末二二オ2 四一 | |
| ウルハシ | 炯 | ウルハし 仏下末二三ウ8 四四 | |
| ウルハシ | 濡 | ウルハし 法上三オ7 三 | ウルハし II 中 二オ5 |
| ウルハシ | 浥 | ウルハし 法上八ウ3 一四 | ウルハし II 中 六オ1 |
| ウルハシ | 洴 | ウルハし 法上一六オ6 二九 | ウルハし II 中 一五ウ3 |
| ウルハシ | 治 | ウルハし 法上一七ウ2 三二 | ウルハし II 中 一七オ2 |
| ウルハシ | 瀌 | ウルハし 法上二〇オ1 三七 | ウルハし II 中 一九ウ2 |
| ウルハシ | 冶 | ウルハし 法上二三ウ8 四四 | ウルハし II 中 二四オ3 |
| ウルハシ | 端 | ウルハし 法上四六ウ2 九〇 | |
| ウルハシ | 研 | ウルハし 法中三オ3 三 | |
| ウルハシ | 瑋 | ウルハし 法中八ウ1 一四 | |

| 和訓 | 漢字 | 観智院本 | 蓮成院本 | 高山寺本 | 西念寺本 | 図書寮本 | 備考 |
|---|---|---|---|---|---|---|---|
| ウルハシ | 瑳 | ウルハし 法中九ウ6 一六 | | | | | |
| ウルハシ | 珎 | ウルハし 法中一一オ1 一九 | | | | | |
| ウルハシ | 艶 | ウルハし 法中一四ウ4 二六 | | | | | |
| ウルハシ | 隋 | ウルハし 法中二一オ7 三九 | | | | | |
| ウルハシ | 墇 | ウルハし 法中二七ウ3 五二 | | | | | |
| ウルハシ | 紕 | ウルハし 法中六五ウ4 一二八 | | | | | |
| ウルハシ | 繒 | ウルハし 法中六六ウ6 一三〇 | | | | | |
| ウルハシ | 褘 | ウルハし 法中七一オ6 一三九 | | | | | |
| ウルハシ | 移 | ウルハし 法下一一オ8 一九 | | | | | |
| ウルハシ | 疊 | ウルハし 法下二三オ6 四一 | | | | | |
| ウルハシ | 閑 | ウルハし 法下三九オ6 七五 | | | | | |
| ウルハシ | 庯 | ウルハし 法下四八ウ6 九四 | | | | | |
| ウルワシ | 摩 | ウルホし 法下五三オ8 一〇三 | | | | | |
| ウルハシ | 靡 | ウルハし 法下五三ウ1 一〇四 | | | | | |
| ウルハシ | 庶 | ウルハし 法下五四オ7 一〇五 | | | | | |

| | | | |
|---|---|---|---|
| ウルハシ | 麗 | ウルハシ 法下 一五七オ8 二一 | |
| トウルハシ | 麗巧 | トウルハシ 法下 一五七ウ1 二二 | |
| ウルハシ | 華 | ウルハシ 僧上 三ウ8 四 | |
| ウルワシ | 蒨 | ウル禾シ 僧上 一八オ6 一三 | |
| ウルハシ | 莚 | ウルハシ 僧上 一八ウ5 一四 | |
| ウルハシ | 藻 | ウルハシ 僧上 一五オ1 二七 | |
| ウルハシ | 劭 | ウルハシ 僧上 四三オ6 八一 | ウルハシ III下 二一オ5 |
| ウルハシ | 劭 | ウルハシ 僧上 四七オ7 九一 | ウルハシ III下 二五ウ2 |
| ウルハシ | 飾 | ウルハシ 僧上 一五六オ4 一〇九 | ウルハシ III下 一三ウ6 |
| ウルハシ | 方 | ウルハシ 僧中 一六ウ7 三〇 | ウルハシ III下 五五オ6 |
| ウルハシ | 惑 | ウルハシ 僧中 三三オ8 四三 | |
| ウルハシ | 文 | ウルハシ 僧中 三三オ8 六一 | ウルハシ III下 六九オ7 |
| ウルハシ | 镸攵 | ウルハシ 僧中 三三オ8 六一 | |
| ウルハシ | 斌 | | ウルハシ III下 六九ウ1 |
| ウルハシ | 斐 | ウルハシ 僧中 三三ウ1 六二 | ウルハシ III下 六九ウ1 |
| ウルワシ（ハ） | 韡 | ウル禾シ（ハ） 僧中 四二ウ3 八二 | |

| 和訓 | 漢字 | 観智院本 | 蓮成院本 | 高山寺本 | 西念寺本 | 図書寮本 | 備考 |
| --- | --- | --- | --- | --- | --- | --- | --- |
| ウルハシ | 敕 | ウルハシ 僧中 四五ウ2 八八 | | | | | |
| ウルハシ | 雄 | ウルハシ 僧中 六八オ4 一三三 | ウルハシ III 下二 九〇ウ2 (一八) | | | | |
| ウルハシ | 稚 | ウルハシ 僧中 六九オ7 一三五 | ウルハシ III 下二 九一ウ3 (一九) | | | | |
| ウルワシ | 鮮 | ウル禾シ 僧下 二ウ8 二 | ウル禾シ III 下二 九ウ (二) | | | | |
| ウルハシ | 鱄 | ウルハシ 僧下 五オ6 七 | ウルハシ III 下二 九四ウ6 (三) | | | | |
| ウルハシ | 鮬 | ウルハシ 僧下 五ウ2 八 | ウルハシ III 下二 九五オ1 (三) | | | | |
| ウルハシ | 委蛇 | ウルハシ 僧下 九ウ5 一六 | | | | | |
| ウルハシ | 虵 | ウルハシ 僧下 九ウ6 一六 | ウルハシ III 下二 九八ウ7 (二六) | | | | |
| ウルハシ | 韶 | ウルハシ 僧下 五三オ4 一〇一 | | | | | |
| ウルハシ | 艶 | ウルハシ 僧下 五三オ1 一〇三 | | | | | |
| ウルハシ | 粛 | ウルハシ 僧下 五三オ2 一〇三 | ウルハシ III 下二 一〇四オ6 (六八) | | | | |
| ウルハシ | 需 | ウルハシ 僧下 五三オ5 一〇三 | | | | | |
| ウルハシ | 璋 | ウルハシ 僧下 六五ウ6 一二七 | | | | | |
| ウルハシクヰル | 端坐 | ウルハシクヰル 法中 三五オ5 六七 | | | | ウルハシクヰル 三九 5 | |
| ウルヒ | 夏枯草 | ウルヒ 僧上 三オ6 三 | ↓ウルー | | | | |

| | | | | | | | |
|---|---|---|---|---|---|---|---|
| ウルヒアマネシ | 霑洽 | | | | | ウルヒアマネシ 後漢 二 4 | |
| ウルフ | 懐 | ウルフ 仏上 一二オ4 一五 | | ウルフ 一九ウ1 | ウルフ 五ウ6 | | |
| ウルフ | 化 | ウルフ 仏上 一九ウ5 三三 | | | ウルフ 一五ウ5 | | |
| ウルフ | 應 | ウルフ 仏上 二二ウ1 三六 | | | ウルフ 一七ウ4 | | |
| ウルフ | 吼 | ウルフ 仏中 三三オ2 四一 | | ウルフ 六九オ4 | | | |
| ウルフ | 迯 | ウルフ 仏中 三三ウ6 四四 | | | | | |
| ウルフ | 膏 | ウルフ 仏中 一六三オ5 一三一 | | | | | |
| ウルフ | 祭 | ウルフ 仏下本 一六〇ウ3 一一八 | | | | | |
| ウルフ | 濡 | ウルフ 法上 三三オ8 三 | ウルフ Ⅱ中一 二オ5 | | | ウルフ 三三 3 | |
| ウルフ | 濡 | | | | | ウルフ 小切 三三 3 | |
| ウルフ | 沽濡 | | | | | ウルフ 三〇 6 | |
| ウルフ | 澐 | ウルフ 法上 一三ウ3 四 | ウルフ Ⅱ中一 二ウ1 | | | | |
| ウルフ | 藏 | ウルフ 法上 四ウ7 六 | ウルフ Ⅱ中一 四オ1 | | | | |
| ウルフ | 洽 | ウルフ 法上 六ウ1 一〇 | ウルフ Ⅱ中一 八オ4 | | | | |
| ウルフ | 渥 | ウルフ 法上 七オ8 二一 | ウルフ Ⅱ中一 九オ3 | | | | |
| ウルフ | 潤 | ウルフ 法上 八オ7 三 | ウルフ Ⅱ中一 五ウ4 | | | ウルフ 選 三四 6 | |

| 和訓 | 漢字 | 観智院本 | 蓮成院本 | 高山寺本 | 西念寺本 | 図書寮本 | 備考 |
|---|---|---|---|---|---|---|---|
| ウルフ | 漍 | ウルフ 法上 四八ウ1 | ウルフ Ⅱ虫 五ウ6 | | | | |
| ウルフ | 淅 | ウルフ 法上 四八ウ5 | ウルフ Ⅱ虫 六オ3 | | | | |
| ウルフ | 泫 | ウルフ 法上 一五九オ1 | ウルフ Ⅱ虫 六オ7 | | | | |
| ウルフ | 滋 | ウルフ 法上 一五九オ1 | ウルフ Ⅱ虫 六オ7 | | | | |
| ウルフ | 濕 | ウルフ 法上 一五九オ2 | ウルフ Ⅱ虫 六ウ1 | | | ウルフ 易 二六5 | |
| ウルフ | 温 | ウルフ 法上 一五九オ3 | ウルフ Ⅱ虫 六ウ2 | | | | |
| ウルフ | 渼 | ウルフ 法上 一六九ウ2 | ウルフ Ⅱ虫 七オ3 | | | | |
| ウルフ | 滛 | ウルフ 法上 一六九ウ3 | ウルフ Ⅱ虫 七オ4 | | | | |
| ウルフ | 泹 | ウルフ 法上 一六九ウ7 | ウルフ Ⅱ虫 七オ7 | | | | |
| ウルフ | 澱 | ウルフ 法上 一七〇オ4 | ウルフ Ⅱ虫 九ウ5 | | | | |
| ウルフ | 沽 | ウルフ 法上 一九二一オ5 | ウルフ Ⅱ虫 一〇ウ6 | | | | |
| ウルフ | 漬 | ウルフ 法上 二二一三オ4 | ウルフ Ⅱ虫 一二ウ5 | | | | |
| ウルフ | 灌 | ウルフ 法上 三二一三ウ5 | ウルフ Ⅱ虫 一三オ5 | | | | |
| ウルフ | 演 | ウルフ 法上 二九一六オ7 | ウルフ Ⅱ虫 一五ウ4 | | | | |
| ウルフ | 湾 | ウルフ 法上 三二一七ウ5 | ウルフ Ⅱ虫 一七オ5 | | | | |

| | | | |
|---|---|---|---|
| ウルフ | 漸 | ウルフ 法上一八オ5 三三 | ウルフ Ⅱ中一七ウ6 |
| ウルフホス | 津 | ↓ ウルホス フ | ウルフホス Ⅱ中一八オ6 |
| ウルフ | 溩 | ウルフ 法上三三ウ3 四四 | ウルフ Ⅱ中三三ウ1 |
| ウルフ | 霓 | ウルフ 法下三五ウ2 六八 | |
| ウルフ | ⿱雨秳 | ウルフ 法下三七オ3 七一 | |
| ウルフ | 露 | ウルフ 法下三七オ6 七一 | |
| ウルフ | 霈 | ウルフ 法下三七ウ1 七二 | |
| ウルフ | ⿱雨流 | ウルフ 法下三七ウ2 七二 | |
| ウルフ | 霑 | ウルフ 法下三七ウ7 七二 | |
| ウルフ | 閏 | ウルフ 法下四一ウ7 八〇 | |
| ウルフ | 茹 | ウルフ 僧上九ウ7 一六 | ウルフ Ⅲ下一オ3 |
| ウルフ | 茹 | ウルフ 僧上九ウ7 一六 | |
| ウルフ | 蔚 | ウルフ 僧上三オ5 二二 | |
| ウルフ | 薈 | ウルフ 僧上二ウ6 四〇 | |
| ウルフ | ⿱温皿 | ウルフ 僧中七ウ6 三二 | ウルフ Ⅲ下五〇ウ3 |
| ウルフ | 軔 | ウルフ 僧中四四ウ8 八六 | |

| 和訓 | 漢字 | 観智院本 | 蓮成院本 | 高山寺本 | 西念寺本 | 図書寮本 | 備考 |
| --- | --- | --- | --- | --- | --- | --- | --- |
| ウルフ | 塾 | ウルフ 僧下一五ウ5 二八 | ウルフ Ⅲ下二一三ウ3（三二） | | | | |
| ウルホシ | 澤 | ウルホレ 法上三三オ7 四一 | ウルヲス Ⅱ中三オ3 | | | | |
| ウルホフス | 浸 | | ウルホフス Ⅱ中一六ウ1 | | | | |
| ウルホス | 漸 | | | | | 宇畄保須 季 三一6 | |
| ウルホス | 燥 | ウルホス 仏下末一九ウ3 三六 | | | | | |
| ウルホフス | 沾 | ウルホフス 法上一二オ4 一九 | ウルホフス Ⅱ中一〇ウ6 | | | | |
| ウルホフス | 浸 | ウルホフス 法上一七オ2 三一 | | | | | |
| ウルヲス | 漬 | ↓「ウル」「ホル」 | ウルヲス Ⅱ中一一ウ5 | | | | |
| ウルホス | 渾 | ウルホス 法上一七オ4 三一 | ウルヲス Ⅱ中一六ウ3 | | | | |
| ウルホス | 溽 | ウルホス 法上一八オ7 三三 | ウルヲス Ⅱ中一八オ1 | | | | |
| ウルホフス | 津 | ウルホフス 法上一八ウ7 二四 | | | | | |
| ウルヲス | 徽 | ウルヲス 仏上三三オ1 三九 | | ↓ ウルホヒ | ↓ ウルホヒ | | |
| ウルヲス | 沃 | ウルヲス 法上一九ウ2 二六 | | | | | |
| ウルヲス | 霔 | ウルヲス 法下三五オ1 六七 | | | | | |
| ウルホヒ | 徽 | ↓ ウルヲス | | ウルホヒ 三三オ2 | ウルホヒ 一九ウ1 | | |

| | | | | | | |
|---|---|---|---|---|---|---|
| ウルホヒ | 蘆 | ウルホヒ 僧上 七ウ2 三 | | | | |
| ウルホヒ | 蘆 | ウルホヒ 僧上 三三ウ1 四二 | | | | |
| ウルホフヒ | 澤 | | | | | ウルホフヒ は 四八 3 |
| ウルム | 瘊 | ウルム 法下 六一ウ1 一三〇 | | | | |
| ウルリ | 鰮 | ウルリ 僧下 一二オ5 一 | ウルリ III下二 九二オ6 (三〇) | | | |
| ウルリ | 鮒 | ウルリ 僧下 九オ2 一五 | ウルリ III下二 九八オ7 (三六) | | | |
| ウルリコ | 鰮 | ウルリコ 僧下 一二オ5 一 | ウルリコ III下二 九二オ6 (三〇) | | | |
| ウルルク | 悖 | ウル、ク 法中 五〇オ8 九七 | | | | |
| ウレシ | 俤 | ウレシ 仏上 一六ウ3 二六 | | | ウレシ 一三オ2 | |
| ウレシ | 晏 | ウレシ 仏中 五一ウ7 一〇〇 | ウレシ I上 六七ウ5 | ウレシ 一〇〇オ4 | | |
| ウレシ | 怡 | ウレシ 法中 四〇ウ6 七八 | | | | |
| ウレシ | 怮 | ウレシ 法中 四三ウ1 八二 | | | | |
| ウレシ | 悠 | ウレシ 法中 四六ウ2 九〇 | | | | |
| ウレシ | 京 | ウレシ 法下 二一ウ2 四〇 | | | | |
| ウレシ | 懿 | ウレシ 僧下 四五ウ2 八八 | ウレシ III下二 一四オ3 (七三) | | | |
| ウレハシフキ | 吁 | ウレハシキ（フ） 仏中 二八オ4 五三 | ウレハシ（フ） I上 四六オ6 | ウレハシキ（フ） 七五ウ3 | | |

| 和訓 | 漢字 | 観智院本 | 蓮成院本 | 高山寺本 | 西念寺本 | 図書寮本 | 備考 |
|---|---|---|---|---|---|---|---|
| ウレハシキ | 憂 | ウ・レハシキ 僧下 五三オ8 一〇三 | ウレハシレ Ⅲ下二 一二六オ1 (五四) | | | | |
| ウレフ | 優 | ウレフ 仏上 一九ウ7 三三 | | ウレフ 一九オ4 | ウレフ 一五ウ6 | | |
| ウレフ | 迯 | ウレフ 仏上 二七オ6 四七 | ウレフ Ⅰ上 五オ7 | ウレフ 二六オ5 | ウレフ 二四オ3 | | |
| ウレフ | 丙 | ウレフ 仏上 四一ウ3 七六 | ウレフ Ⅰ上 一七ウ7 | ウレフ 四一オ4 | ウレフ 四一オ5 | | |
| ウレウ | 唿 | ウレウ 仏中 一七オ8 三二 | ウレフ Ⅰ上 三六オ7 | ウレフ 六四ウ2 | | | |
| ウレフ | ⿱罒巴 | ウレフ 仏中 二七オ6 五一 | ウレフ Ⅰ上 四五ウ2 | ウレフ 七四ウ4 | | | |
| ウレフ | 晉 | ・ウ・レ・フ 仏中 四六オ5 八九 | ウレフ Ⅰ上 六二ウ4 | ・ウレフ 九五オ1 | | | 高本 晉 |
| ウレフ | 頽 | ウレフ 仏本 一四ウ1 二六 | | | | | |
| ウレフ | 摇 | ウレフ 仏本 三九オ4 七五 | | | | | |
| ウレフ | 欝 | ウレフ 仏本 六五オ3 一二七 | | | | | |
| ウレフ | 燸 | ウレフ 仏末 二三ウ4 四二 | | | | | |
| ウレフ | 奕 | ウレフ 仏末 二七ウ5 五二 | | | | | |
| ウレフ | 瀼 | ウレフ 法上 一七オ5 二 | ウレフ Ⅱ中 八ウ7 | | | | |
| ウレフ | 話 | ウレフ 法上 二六オ7 四九 | ウレウ Ⅱ中 二六ウ5 | | | | |
| ウレフ | 邑 | ウレフ 法中 一五オ2 二七 | | | | | |

| | | | | | | |
|---|---|---|---|---|---|---|
| ウレフ | 鄙 | ウレフ　法中二七　一五オ4 | | | | |
| ウレフ | 卹 | ウレフ　法中三〇　一六ウ1 | | | | |
| ウレフ | 陶 | ウレフ　法中四〇　二一ウ8 | | | | |
| ウレフ | 悽 | ウレフ　法中六九　三六オ3 | | | | |
| ウレフ | 忡 | ウ・ル・フ　法中六九　三六オ4 | | | | |
| ウレフ | 愓 | ウレフ　法中六九　三六オ8 | | | | |
| ウレフ | 愓 | ウレフ　法中六九　三六オ8 | | | | |
| ウレフ | 忙 | ウレフ　法中七〇　三六ウ1 | | | | |
| ウレフ | 惆 | ウ・ル・フ　法中七一　三七オ8 | | | | |
| ウレフ | 懆 | ウレフ　法中七一　三七オ8 | | | | |
| ウレフ | 患 | ウレフ　法中七二　三七ウ1 | | | ウ・ル・フ　氾　二五七　6 | |
| ウレフ | 忤 | ウレフ　法中七二　三七ウ6 | | | | |
| ウレフ | 悖 | ウ・ル・フ　法中七二　三七ウ6 | | | | |
| ウレフ | 愬 | ウ・ル・フ　法中七四　三八ウ4 | | | | |
| ウレフ | 惘 | ウレ・フ　法中七四　三八ウ4 | | | | |
| ウレフ | 忍 | ウレフ　法中七五　三九オ2 | | | | |

| 和訓 | 漢字 | 観智院本 | 蓮成院本 | 高山寺本 | 西念寺本 | 図書寮本 | 備考 |
|---|---|---|---|---|---|---|---|
| ウレフ | 惙 | ・ウ・レ・フ 法中三九オ3 七五 | | | | | |
| ウレフ | 悕 | ウレフ 法中三九オ5 七五 | | | | | |
| ウレフ | 恧 | ウレフ 法中三九オ8 七五 | | | | | |
| ウレフ | 恤 | ・ウ・レ・フ 法中三九ウ2 七六 | | | | | |
| ウレフ | 懍 | ウレフ 法中三九ウ5 七六 | | | | | |
| ウレフ | 慽 | ウレフ 法中四〇オ4 七七 | | | | | |
| ウレフ | 懆 | ・ウ・レ・フ 法中四〇オ7 七七 | | | | | |
| ウレフ | 慘 | ・ウ・レ・フ 法中四〇オ8 七七 | | | | | |
| ウレフ | 慘烈 | | | | | ・ウ・レ・フ 二五二6 | |
| ウレフ | 憯 | ・ウ・レ・フ 法中四〇ウ8 七八 | | | | | |
| ウレフ | 悺 | ウレフ 法中四一オ5 七九 | | | | | |
| ウレフ | 伸 | ウレフ 法中四一ウ2 八〇 | | | | | |
| ウレフ | 怞 | ウレフ 法中四一ウ3 八〇 | | | | | |
| ウレフ | 惚 | ウレフ 法中四二ウ3 八二 | | | | | |
| ウレフ | 慰 | ウレフ 法中四二ウ6 八二 | | | | | |

| | | | |
|---|---|---|---|
| ウレフ | 惱 | ウレフ | 法中四二ウ8 八二 |
| ウレフ | 愮 | ・ウ・レ・フ | 法中四四オ3 八五 |
| ウレフ | 愮 | ウレフ | 法中四四オ4 八五 |
| ウレフ | 恙 | ・ウ・レ・フ | 法中四四ウ1 八六 |
| ウレフ | 悇 | ウレフ | 法中四五ウ1 八八 |
| ウレフ | 悴 | ・ウ・レ・フ | 法中四六オ1 八九 |
| ウレフ | 慛 | ウレフ | 法中四六オ2 八九 |
| ウレフ | 愴 | ・ウ・レ・フ | 法中四六オ5 八九 |
| ウレフ | [illegible] | ウレフ | 法中四八オ1 九三 |
| ウレフ | 悼 | ウレフ | 法中四八オ6 九三 |
| ウレフ | 悵 | ウレフ | 法中四八オ8 九三 |
| ウレウ | 悄 | ・ウ・レ・ウ | 法中四九オ5 九五 |
| ウレフ | 悄 | ・ウ・レ・フ | 法中四九オ5 九五 |
| ウレフ | 悌 | ウレフ | 法中四九オ4 九五 |
| ウレフ | 慬 | ・ウ・レ・フ | 法中五〇オ1 九七 |
| ウレフ | 慅 | ・ウ・レ・フ | 法中五〇オ1 九七 |

| 和訓 | 漢字 | 観智院本 | 蓮成院本 | 高山寺本 | 西念寺本 | 図書寮本 | 備考 |
|---|---|---|---|---|---|---|---|
| ウレフ | 悸 | ウレフ 法中 五〇オ8 九七 | | | | | |
| ウレフ | 想 | ・ウ・レ・フ 法中 五一オ7 九九 | | | | ・ウ・レ・フ 巽 二七五 6 | |
| ウレフ | 意 | ウレフ 法中 五一ウ4 一〇〇 | | | | | |
| ウレフ | 愁 | ・ウ・レ・フ 法中 五三オ1 一〇二 | | | | ・ウ・レ・フ 易 二五七 3 | |
| ウレフ | 怲 | ウレフ 法中 五三オ2 一〇二 | | | | | |
| ウレフ | 結 | ウレフ 法中 六三オ1 一二一 | | | | | |
| ウレフ | 衰 | ウレフ 法中 七〇オ7 一三七 | | | | | |
| ウレフ | 糒 | ウレフ 法下 二〇オ4 三七 | | | | | |
| ウレフ | 悶 | ウレフ 法下 四二ウ2 八二 | | | | | |
| ウレフ | 疾 | ウレフ 法下 五八オ4 一一三 | | | | | |
| ウレフ | 瘁 | ・ウ・レ・フ 法下 六三オ1 一二三 | | | | | |
| ウレフ | 欽 | ・ウ・レ・フ 僧上 六三ウ4 一二四 | ・ウ・レ・フ Ⅲ 下 四〇オ6 | | | | |
| ウレフ | 羅 | ・ウ・レ・フ 僧中 七オ7 一一 | ・ウ・レ・フ Ⅲ 下 五〇オ6 | | | | |
| ウレフ | 罹 | ・ウ・レ・フ 僧中 七オ4 一一 | ・ウ・レ・フ Ⅲ 下 五〇オ3 | | | | |
| ウレフヘ | 慼 | ・ウ・レ・フヘ 僧中 二一ウ1 四〇 | ウレフヘ Ⅲ 下 六〇オ3 | | | | |

| | | | | | | | |
|---|---|---|---|---|---|---|---|
| ウレフ | 欶 | ・ウ・レ・フ 僧中二五オ3 四七 | ・ウ・レ・フ Ⅲ下一 六二ウ6 | | | | |
| ウレフヘ | 憂 | ・ウ・レ・フ・ヘ 僧中二八オ7 五三 | ・ウ・レ・フ・ヘ Ⅲ下一 六五ウ4 | | | | |
| ウレフ | 難 | ウレフ 僧中六九ウ5 一三六 | ウレフ Ⅲ下二 九一ウ7 (一九) | | | | |
| ウレフ | 毒 | ・ウ・レ・フ 僧下五六ウ2 一二〇 | ウレフ Ⅲ下二 一三五ウ1 (六三) | | | | |
| ウレヘ | 負 | ・ウ・レ・ヘ 仏下本一〇オ4 一七 | | | | | |
| ウレヘ | 怐 | ウレヘ 法中四三オ2 八三 | | | | | |
| ウレヘ | 戚 | ・ウ・レ・ヘ 僧中二一ウ1 四〇 | ウレヘ Ⅲ下一 六〇オ2 | | | | |
| ウレヘ | 騒 | ウレヘ 僧中五三オ3 一〇一 | ウイレ己 Ⅲ下二 七六ウ7 (四) | | | | |
| ウレヘフ | 凶 | ・ウ・レ・ヘフ 僧下五五ウ1 一〇八 | ウレヘフ Ⅲ下二 一二九ウ3 (五七) | | | | |
| ウレヘイタム | 邱隠 | ・ウ・レ・ヘ・イ・タ・ム 法中二五オ6 四七 | | | | ・ウ・レ・ヘ・イ・タ・ム 集 二〇六3 | |
| ウヲ | 魚 | ・ウ・ヲ 僧下一二オ2 一 | ウヲ Ⅲ下二 九二オ5 (二〇) | | | | |
| ノウヲ | 眥 | ノウヲ 仏中三三オ7 六三 | ノウヲ Ⅰ上 五〇ウ7 | ノウヲ 八オ3 | | | 観本 北 |
| 魚スシ | 鮓 | 魚スし 僧下六六オ7 九 | | | | | |
| ウヲノコ | 鯤 | ウヲノコ 僧下六六オ2 九 | ウ(ラ)ウヲノコ(イ) Ⅲ下二 九五ウ1 (三三) | | | | |
| 魚ノキ | 鯁 | 魚ノヽキ 僧下四ウ8 六 | 魚ノヽキ Ⅲ下二 九四オ5 (三三) | | | | |
| 魚ノハラサク | 劉 | 魚ノハラサク 僧上四七オ1 九一 | 魚ノハラサク Ⅲ下一 二五オ3 | | | | |

| 和訓 | 漢字 | 観智院本 | 蓮成院本 | 高山寺本 | 西念寺本 | 図書寮本 | 備考 |
|---|---|---|---|---|---|---|---|
| エ | 促 | エ 仏上 一八オ7 二九 | | | エ | | 西本 役 |
| エ | 梓 | エ 仏下本 四五ウ8 八八 | | | | | |
| エ | 榿 | エ 仏下本 四九ウ6 九六 | | | | | |
| エ | 柄 | ・エ 仏下本 五六ウ6 一一〇 | | | | | |
| エ | 柲 | エ 仏下本 五七オ3 一一一 | | | | | |
| エ | 栢樌 | エ 仏下本 五七ウ7 一一二 | | | | | |
| エ | 柏 | エ 仏下本 五八オ2 一一三 | | | | | |
| エ | 江 | エ 法上 二オ7 一 | ・エ II 中 一オ4 | | | ・衣 禾名 六3 | |
| エ | 荏 | ・エ 僧上 一八ウ3 三四 | | | | | |
| エ | 簃 | エ 僧上 三九ウ6 七六 | ↓ ツカエ | | | | |
| エ | 敢 | エ゛ 僧中 三一ウ3 六〇 | エ゛ III 下 六八ウ4 | | | | |
| エイヨチ | 伯父 | ・エ・イ・ヨ・チ 僧中 二七オ3 五一 | ・エ・イ・ヨ・チ III 下 六四ウ2 | | | | |
| エガハラ | 痁 | エ゛・カ・ハ・ラ 法下 六ウ3 一二〇 | | | | | |
| アダ | 條 | ・ア・ダ 仏上 六ウ6 六 | エタ I 上 二ウ6 | ・エ・ダ 五オ3 | エタ 一オ3 | | |
| エタ | 條 | エタ 仏上 三二オ5 三七 | | エタ 一〇オ7 | エタ 一八ウ4 | | |

| | | | | | | | |
|---|---|---|---|---|---|---|---|
| エタ | 得 | エタ 仏上 二四ウ6 四二 | | エタ 二三ウ3 | エタ 二オ6 | | 高本・西本 俾 |
| エタ | 鞁 | エタ 仏上 四七オ8 八七 | エタ I上 三オ6 | エタ 四七オ4 | エタ 四八ウ2 | | |
| エタ | 冗 | エタ 仏中 三三オ6 四一 | エタ I上 四ウ6 | エタ 六九ウ1 | | | |
| エダ | 胑 | エ・ダ 仏中 一六ウ7 三二 | | | | | |
| エタ | 格 | エタ 仏下本 四四オ5 八五 | | | | | |
| エダ | 椑 | エ・ダ 仏下本 四五オ6 八七 | | | | | |
| エダ | 朶 | エ・ダ 仏下本 四七ウ3 九二 | | | | | |
| エタ | 株 | エタ 仏下本 四八オ4 九三 | | | | | |
| エタ | 椅 | エタ 仏下本 五〇オ2 九七 | | | | | |
| エダ | 杷 | エ・ダ 仏下本 五一ウ4 一〇〇 | | | | | |
| エタ | 枸椇 | エタ 仏下本 五四ウ8 一〇六 | | | | | |
| エタ | 末 | エタ 仏下本 五八オ6 一一三 | | | | | |
| エダ | 柯 | エ・ダ 仏下本 六一オ7 一一九 | | | | | |
| エダ | 枝 | エ・ダ 仏下本 六三ウ7 一二四 | | | | | |
| エタ | 冗 | エタ 仏下末 九ウ4 一六 | | | | | |
| エタ | 奉 | エタ 仏下末 三三ウ3 二四 | | | | | |

| 和訓 | 漢字 | 観智院本 | 蓮成院本 | 高山寺本 | 西念寺本 | 図書寮本 | 備考 |
|---|---|---|---|---|---|---|---|
| エタ | 太 | エタ 仏下末 三一 一七オ4 | | | | | |
| エダ | 菱 | ・エダ 僧上 三 三ウ6 | | | | | |
| エタ | 族 | ・エ・タ 僧中 三〇 一六ウ3 | エタ Ⅲ下 五五オ4 | | | | |
| エダ | 支 | ・エダ 僧中 五二 二七ウ3 | ・エダ Ⅲ下 六四ウ7 | | | | |
| エタ | 攴 | エタ 僧中 六二 三三ウ4 | エタ Ⅲ下 六九ウ4 | | | | |
| エタス | 侵 | エタス 仏上 二九 一八オ7 | | エタス 一七オ1 | エタ爪 一四オ4 | | 西本 役 |
| エタス | 緜 | エタス 法中 一三三 六八オ6 | | | | | |
| エタリ | 適 | エタリ 仏上 五〇 二六ウ6 | エタリ Ⅰ上 六ウ3 | エタリ 二七ウ3 | エタリ 二五ウ4 | | 蓮本・高本 西本 適 |
| エタリ | 咎 | エタリ 仏下末 五〇 二六ウ8 | | | | | |
| エタリ | 漸 | ↓ ツエタリ | エタリ Ⅱ中 一七ウ6 | | | | |
| エタリ | 足 | エタリ 法上 七三 三八オ1 | | | | | |
| エタリ | 醎 | エ・タ・リ 僧下 六〇 三一ウ6 | エ・タ・リ Ⅲ下 五七ウ1 | | | | |
| エタレ | 幕 | エタレ 僧上 二 二ウ8 | | | | | |
| エチサイ | 雀鰔 | ・エ・チ・サ・イ 僧中 一三一 六七オ1 | エチサイ Ⅲ下二 八九オ2 (二七) | | | | |
| エツリ | 枌 | エツリ 仏下本 九〇 四六ウ7 | | | | | |

| | | | |
|---|---|---|---|
| エツリ | 楼 | エツリ 仏下本 四八ウ7 九四 | |
| エツリ | 棰 | エツリ 仏下本 五二ウ5 一〇二 | |
| エツリ | 椁 | エツリ 仏下本 五八ウ2 一一四 | |
| エツリ | 棼 | エツリ 仏下本 六四ウ7 一二六 | |
| エツリ | 綖 | エツリ 法中 五九オ2 一一五 | |
| エツリ | 綖 | エツリ 法中 六一ウ4 一二〇 | |
| エナ | 胞衣 | ↓ エナ | エナ I 上二 七四オ3 |
| エノキ | 榎 | エノキ 仏下本 四四オ1 八五 | |
| エノキ | 榴 | エノキ 仏下本 五〇オ3 九七 | |
| エハメ | 楔 | エハメ 仏下本 五三オ4 一〇三 | |
| エビ | 鱓 | エヒ 僧下 二ウ5 二 | エヒ III 下二 九二ウ1 (二〇) |
| エビ | 鰕 | エヒ 僧下 二三ウ2 四 | エヒ III 下二 九三オ2 (二二) |
| エヒ | 鶍 | エヒ 僧下 八ウ1 一四 | エヒ III 下二 九七ウ5 (二五) |
| エヒ | 覞 | エヒ 僧下 九オ3 一五 | エヒ III 下二 九八ウ1 (二六) |
| エヒ | 蛝 | エヒ 僧下 一八ウ6 三四 | エヒ III 下二 一〇七オ6 (三五) |
| エヒ | 蚺 | エヒ 僧下 二二オ2 四一 | エヒ III 下二 一二一オ2 (三九) |

| 和訓 | 漢字 | 観智院本 | 蓮成院本 | 高山寺本 | 西念寺本 | 図書寮本 | 備考 |
|---|---|---|---|---|---|---|---|
| △エヒ | 螆 | エヒ 僧下三一オ2 四一 | | | | | |
| △エヒ | 虫慈 | エヒ 僧下三三オ3 四一 | | | | | |
| エビカツラ | 紫葛 | ・エ・・ヒカツラ 僧上三五オ4 四七 | ・エ・・ヒカツラ Ⅲ上 三ウ2 | | | | |
| エビカツラノミ | 蒲萄 | ・エ゛ヒカツラノミ 僧上二一オ1 一九 | | | | | |
| エヒス | 複 | エヒス 法下二四ウ3 四六 | | | | | |
| エヒス | 戎 | エヒ爪 僧中三三オ4 四三 | エヒ爪 Ⅲ下 六一ウ1 | | | | |
| エヒスクサ | 決明 | エヒスクサ 仏中七〇オ4 一三七 | | | | | |
| エヒスクスリ | 芍薬 | エヒスクスリ 僧上四ウ6 六 | | | | | |
| エヒスネ | 地楡 | エヒス子 仏下本四七オ1 九一 | | | | ・衣・・比須・祢 二四3 | |
| エビスネ | 玉豉 | ・エ・・ヒ・ス・子 法上四九ウ2 九六 | | | | | |
| エビスメ | 昆布 | ・エ゛ヒ・ス・メ 法中五六ウ6 一一〇 | | | | ・衣・・比須・米 二七八5 | |
| エヒラ | 柘 | エヒラ 仏下本五三ウ6 一四四 | | | | | |
| エビラ | 笛 | ・エ・・ヒ・ラ 僧上四〇オ1 七七 | ・エ・・ヒ・ラ Ⅲ下 一八ウ5 | | | | |
| エビラ | 簿 | ・エ・・ヒ・ラ 僧上四〇オ7 七七 | ・エ・・ヒ・ラ Ⅲ下 一九オ3 | | | | |
| エヒラ | 簿 | エヒラ 僧上四〇オ7 七七 | エヒラ Ⅲ下 一九オ3 | | | | |

| | | | | | | | |
|---|---|---|---|---|---|---|---|
| エヒラ | 箶 | | エヒライ Ⅲ下一一九オ6 | | | | |
| エビラ | 籂 | エヒラ 僧上四一ウ4 八〇 | エヒラ Ⅲ下一二〇オ3 | | | | |
| エヒラ | [illegible] | エヒラ 僧下四二オ1 八一 | エラ(ママ)ヒ Ⅲ下二一四〇オ3 (六八) | | | | |
| エブリ | 杁 | エフリ 仏下本五四ウ1 一〇六 | | | | | |
| エホシ | 梓 | エホし 仏下本四五ウ8 八八 | | | | | |
| エモノ | 獲 | エモノ 仏下本六六ウ7 一三〇 | | | | | |
| エモノ | 穫 | エモノ 僧上一七ウ1 三二 | エキ Ⅲ下一 三ウ4 | | | | 蓮本 獲 |
| エヤミ | 疫 | エヤミ 法下五九ウ7 一一六 | | | | | |
| エヤミ | 瘟 | エヤミ 法下六一オ7 一一九 | | | | | |
| エヤミグサ | 龍膽 | エヤミクサ 仏中六四ウ1 一二六 | | | | | |
| エヤミノオニ | 瘧鬼 | エヤミノオニ 僧下二五オ8 四七 | エヤミノオニ Ⅲ下二一三オ1 (四一) | | | | |
| エラヒ | 薄 | エラヒ 僧上一六オ1 二九 | | | | | |
| エラフ | 倭 | エラフ 仏上一四ウ6 二二 | | エラフ 一三オ4 | エラフ 一〇オ3 | | |
| エラフ | 僎 | ↓アラフ | | エラフ 一五ウ2 | エラフ 一二ウ3 | | |
| エラフ | 僴 | ↓アラフ | | エラフ 一六オ3 | エラフ 一三オ3 | | |
| エラフ | 衒 | ↓アラフ | | エラフ 二四オ4 | エラフ 二三オ1 | | |

| 和訓 | 漢字 | 観智院本 | 蓮成院本 | 高山寺本 | 西念寺本 | 図書寮本 | 備考 |
|---|---|---|---|---|---|---|---|
| エラフ | 選 | エラフ 仏上二七オ2 四七 | エラフ I上 五オ4 | エラフ 二六オ2 | エラフ 二三ウ6 | | |
| エラフ | 暹 | エラフ 仏上二八オ1 四九 | エラフ I上 五ウ7 | | エラフ 二四ウ6 | | |
| エラフ | 五 | エラフ 仏上四三オ3 七七 | エラフ I上 一八オ5 | エラフ 四一ウ5 | エラフ 四三オ1 | | |
| エラフ | 嗟 | エラフ 仏中一五ウ7 二八 | エラフ I上 三五オ2 | エラフ 六三オ2 | | | |
| エラフ | 見 | | エラフ I上 五九オ1 | エラフ 九〇ウ3 | | | |
| エラフ | 略 | エラフ 仏中五五オ8 一〇七 | エラフ I上 七〇ウ3 | エラフ 一〇三ウ2 | | | |
| エラフ | 髭 | エラフ 仏下本二〇オ5 三七 | | | | | |
| エラフ | 搭 | エラフ 仏下本二四ウ2 四六 | | | | | |
| エラフ | 捘 | エラフ 仏下本二四ウ7 四六 | | | | | |
| エラフ | 掏 | エラフ 仏下本二五ウ5 四八 | | | | | |
| エラブ | 掄 | エラフ 仏下本二七ウ7 五二 | | | | | |
| エラフ | 揀 | エラフ 仏下本三四ウ7 六六 | | | | | |
| エラフ | 擇 | エラフ 仏下本三八ウ6 七四 | | | | | |
| エラフ | 撰 | エラフ 仏下本三九ウ2 七六 | | | | | |
| エラフ | 接 | エラフ 仏下本四〇ウ6 七八 | | | | | |

| | | | | | | | |
|---|---|---|---|---|---|---|---|
| エラフ | 采 | エラフ 仏下本八九 四六オ7 | | | | | |
| エラフ | 楰 | エラフ 仏下本三二 六二オ2 | | | | | |
| エラブ | 獸 | エラフ 仏下本二九 六六オ7 | | | | | |
| エラフ | 差 | エラフ 仏下末二八 一五ウ1 | | | | | |
| エラフ | 為 | エラフ 仏下末二九 一六オ8 | | | | | |
| エラフ | 消 | エラフ 法上一五 一四オ5 | エラフ II中 一三ウ3 | | | 衣良不 四三2 | |
| エラフ | 謁 | エラフ 法上五二 二七ウ2 | エラフ II中 二八オ1 | | | | |
| エラフ | 調 | エラフ 法上五五 二九オ6 | エラフ II中 二九ウ5 | | | | |
| エラフ | 諂 | | エラフ II中 二九ウ6 | | | | |
| エラフ | 講 | エラフ 法上五七 三〇オ1 | エラフ II中 三〇ウ2 | | | | |
| エラフ | 諛 | エラフ 法上六五 三四オ2 | エラフ II中 三四ウ4 | | | | |
| エラフ | 論 | エラフ 法上六八 三五ウ3 | エラフ II中 三六オ6 | | | | |
| エラフ | 練 | エラフ 法中一三 五八オ4 | | | | | |
| エラフ | 稀 | エラフ 法下四 八ウ7 | | | | | |
| エラフ | 精 | エラフ 法下二九 一六オ8 | | | | | |
| エラフ | 窄 | エラフ 法下六四 三三ウ5 | | | | | |

| 和訓 | 漢字 | 観智院本 | 蓮成院本 | 高山寺本 | 西念寺本 | 図書寮本 | 備考 |
|---|---|---|---|---|---|---|---|
| エラブ | 闍 | エラフ 法下三九ウ2（七六） | | | | | |
| エラフ | 㦗 | エラフ 法下五三ウ2（一〇四） | | | | | |
| エラフ | 扉 | エラフ 法下五五ウ6（一〇八） | | | | | |
| エラフ | 葥 | エラフ 僧上九ウ2（一六） | | | | | |
| エラフ | 蘭 | エラフ 僧上九ウ3（一六） | | | | | |
| エラフ | 芼 | エラフ 僧上一四ウ7（二六） | | | | | |
| エラフ | 蔟 | エラフ 僧上一六オ8（二九） | | | | | |
| エラフ | 莵 | エラフ 僧上二六ウ2（五〇） | エラフ Ⅲ下一五オ4 | | | | |
| エラフ | 箋 | エラフ 僧上三九ウ1（七六） | エラフ Ⅲ下一一八オ5 | | | | |
| エラブ | 簡 | エラフ 僧上四〇ウ4（七八） | | | | | |
| エラフ | 算 | エラフ 僧上四〇ウ5（七八） | エ[ラ]フ Ⅲ下一一九ウ1 | | | | |
| エラフ | 刪 | エラフ 僧上四五オ7（八七） | エラフ Ⅲ下一三三ウ4 | | | | |
| エラブ | 䀯 | エラフ 僧下三九オ8（七五） | エラフ Ⅲ下二一三六ウ3（六四） | | | | |
| エラフ | 爲 | エラフ 僧下四一オ6（七九） | | | | | |
| エラフ | 却 | エラフ 僧下五六ウ3（一一〇） | エラフ Ⅲ下二一四三オ3（七〇） | | | | |

| | | | | | | | |
|---|---|---|---|---|---|---|---|
| エラフ | 纂集 | | | | | 衣良布 弘 二九七1 | |
| エラフ | 冊 | | エラフ Ⅲ 下二一四九オ2 (七七) | | | | |
| アラム | 見 | ・アラム 仏中四二オ1 八一 | | | | | |
| エンビ | 纓 | ・エ・ン・ヒ 法中六六オ7 一二九 | | | | | |
| エンヒ | 纓 | エンヒ 法中六六オ7 一二九 | | | | | |
| エンボウ | 烏帽 | ・エ・ン・ア・ウ 法中五三ウ8 一〇三 | | | | | |

| 和訓 | 漢字 | 観智院本 | 蓮成院本 | 高山寺本 | 西念寺本 | 図書寮本 | 備考 |
|---|---|---|---|---|---|---|---|
| オアリ | 馬蟻 | オアリ 僧下一四オ4 一二五 | | | | | |
| △オアリ | 大蟻 | ヲアリ 僧下一四オ4 一二五 | | | | | |
| オイ | 笄 | オイ 法下二七ウ5 五二 | | | | | |
| オイカケ | 緌 | オイカケ 法中六四オ5 一三五 | | | | 於以加介 三一6 | |
| オイケラシ | 老 | ・オ・イケラレ 僧下六〇ウ7 一三三 | オイケラレ Ⅲ下二三五ウ6 (六三) | | | | |
| オイタル | 猨 | オイタル 仏本六六ウ7 一三〇 | | | | | |
| オイタル人 | 耆 | オイタル人 仏中三六ウ2 七〇 | ヲイタル人 Ⅰ上三三ウ5 | オイタル人 八四オ7 | | | |
| オイテ | 扵 | ・オ・イ・テ 仏本三四ウ5 六六 | | | | | |
| オイテ | 越 | | | ・オ・イ・テ 三五ウ6 | | | |
| オイナム | 耋 | | オイナム Ⅲ下二三六オ1 (六四) | | | | |
| オウナ | 好 | | | オウナ 五五オ4 | | | |
| オウナ | 姥 | オウナ 仏中八ウ7 一四 | オウナ Ⅰ上二八ウ6 | オウナ 五五ウ3 | | | |
| オウナ | 娟 | オウナ 仏中九ウ2 一六 | オウナ Ⅰ上二九オ7 | オウナ 五六オ5 | | | |
| オウナメ | 孃 | | | オウナメ 五四オ2 | | | |
| オウヰヨウ | 瘦 | オ・ウヰヨ・ウ 法下一五八オ6 一三 | | | | | |

| | | | | | |
|---|---|---|---|---|---|
| オオ | 敺 | オ、 僧中 五五 二九オ4 | | | |
| ヲヲ | 偲 | ヲ、 仏上 三 九ウ1 | | オ丶 八ウ5 | オ丶 四オ2 |
| オオカリ | 亹 | | | | オ、カリ 四二オ5 |
| オオキナリ | 儒 | オキナリ(ロ(ミ)) 仏上 二八 一七ウ4 | | オ丶丶ナリ 一六ウ3 | オキナリ(ミ) 一三ウ1 |
| オオハ | 姥 | オ、八 仏中 一四 八ウ7 | | | |
| オカヌカ | 寘 | ・オ・カ・ヌ・カ 法下 四五 二四オ6 | | | |
| オキ | 熇 煨 | オ丶 仏下末 四一 二三オ2 | | | |
| オキ | 熥 | オ丶 仏下末 四九 二六オ2 | | | |
| オキ | 熾 | オ丶 仏下末 五〇 二六ウ3 | | | |
| オキ | 灊 | オキ 法上 三八 二〇ウ5 | オ丶 II 中 二〇オ7 | | |
| オキコカル | 熷 | オキコカル 仏下末 五〇 二六ウ2 | | | |
| オキツ | 行 | オキツ 仏上 四二 二四ウ8 | | オキツ 二三ウ6 | オ[キ]ツ 二一ウ2 |
| オキテ | 俸 | オキナ(ミ) 仏上 三〇 一八ウ7 | | オ丶テ 一七ウ1 | オキテ 一四ウ4 |
| オキテ | 術 | | | オキテ 二四オ2 | オ[キ]テ 二一ウ5 |
| オキテ | 在 | ・オキ・テ 仏上 八四 四五ウ7 | オ丶テ I 上 二〇ウ6 | ・オ丶・テ 四五オ6 | オ丶テ 四六ウ3 |
| オキテ | 摹 | オキテ 仏下本 五五 二九オ7 | | | |

| | 和訓 | 漢字 | 観智院本 | 蓮成院本 | 高山寺本 | 西念寺本 | 図書寮本 | 備考 |
|---|---|---|---|---|---|---|---|---|
| | オキテ | 捴 | オキテ 仏下本 三四オ8 六五 | | | | | |
| | オキテ | 将 | オキテ 法上 三四ウ2 四六 | オ〜テ Ⅱ中 二四ウ5 | | | | |
| | オキテ | 藝 | オキテ 僧上 二四オ3 四五 | オキテ Ⅲ下 二ウ3 | | | | |
| | オキテケリ | 措 | オキテケリ 仏下本 二九ウ8 五六 | | | | | |
| | オキトコロ | 措 | オキトコロ 仏下本 二九ウ8 五六 | | | | | |
| | ヲキナ | 傻 | ヲキナ 仏上 一八ウ3 三〇 | | オ〜ナ 一七オ3 | オキナ 一四ウ1 | | |
| | オキナ | 耆 | オキナ 仏中 三六ウ2 七〇 | ヲ〜ナ Ⅰ上 五三ウ5 | オ〜ナ 八四オ7 | | | |
| | オキナ | 蓊 | オ〜ナ 僧上 一九オ3 一五 | キ〜ナ Ⅲ下 四ウ4 | | | | |
| | オキナ | 翁 | オキナ 僧上 五一オ6 九九 | オヽナ Ⅲ下 二九オ5 | | | | |
| | オキナ | 叟 | オキナ 僧中 二七オ5 五一 | オヽナ Ⅲ下 六四ウ3 | | | | |
| | ヲキナグサ | 白頭公 | ヲヽナツサ 仏下末 二五オ3 二七 | | | | | |
| | オキナビト | 古老 | オキナヒト 僧下 六二ウ7 一三二 | オキナヒト Ⅲ下二 一三五ウ6 (六三) | | | | |
| △ | オキナビト | 故老 | オキナヒト 僧下 六二ウ7 一三二 | オキナ人 Ⅲ下二 一三五ウ6 (六三) | | | | |
| △ | オキナビト | 舊老 | オキナヒト 僧下 六二ウ7 一三二 | オキナ人 Ⅲ下二 一三五ウ6 (六三) | | | | |
| △ | オキナビト | 老公 | オキナヒト 僧下 六二ウ7 一三二 | オキナ人 Ⅲ下二 一三五ウ6 (六三) | | | | |

| | | | | | | | |
|---|---|---|---|---|---|---|---|
| オキナビト | 着 | ・オキナ・ヒ・ト 僧下 六三ウ8 一三三 | | | | | |
| オキナビト | 着宿 | ・オキ・ナ・ヒ・ト 僧下 六三オ1 一三三 | オキ丶ナヒト Ⅲ下 一三五ウ7 (六三) | | | | |
| オキヌ(ク) | 起 | オキヌ(リ) 仏上 三六ウ2 六六 | オ丶ヌ(イ) Ⅰ上 一三ウ3 | オキヌ(リ) 三五ウ5 | オキヌ(リ) 三五オ4 | | |
| オキヌフ | 補 | ・オ丶・ヌ・フ 法中 七四オ8 一四五 | | | | ・オ・キ・ヌ・フ 裝 三三五 3 | |
| オキヌフ | 裨 | ・オ・丶ヌフ 法中 七四ウ4 一四六 | | | | | |
| オキヌフ | 補 | オキヌフ 法下 五ウ4 八 | | | | | |
| オキノル | 賖 | ・オ・キ・ソ・ル 仏本 九ウ1 一六 | | | | | |
| オキノル | 貰 | ・オ・キノル 仏本 二三オ1 二二 | | | | | |
| ヲキノル | 貸 | ヲキノル 仏本 二三オ3 二二 | | | | | |
| ヲキノル | 典 | ・ヲ・〈・ソ・ル 仏末 二四オ2 二五 | | | | | |
| オキノル | 酤 | ・オ・キノル 僧下 二九ウ7 五六 | ・オ・キノル Ⅲ下 五六オ4 | | | | |
| オキヒ | 煨 | オ丶ヒ(リ) 仏末 二ウ2 四〇 | | | | | |
| オキヒ | 煻 | オ丶ヒ 仏末 二三オ1 四一 | | | | | |
| オク | 傳 | オク 仏上 二一オ7 三五 | | オク 一九オ5 | オク 一七ウ2 | | |
| オク | 作 | ↓キク | | オ(リ)ク 二一ウ3 | オク 一六オ2 | | |
| オク | 逘 | オク 仏上 二六ウ1 五〇 | | オク 二七オ6 | オクー 二五オ6 | | |

| 和訓 | 漢字 | 観智院本 | 蓮成院本 | 高山寺本 | 西念寺本 | 図書寮本 | 備考 |
|---|---|---|---|---|---|---|---|
| オクイテ | 越 | オクイテ 仏上 三六ウ3 六六 | オクイテ Ⅰ上 一三ウ4 | オク 三五ウ6 | オクイテ 三五オ5 | | |
| オク | 所 | オク 仏上 四一オ2 七五 | オク Ⅰ上 一七ウ2 | オク 四〇ウ5 | オク 四〇ウ3 | | |
| オク | 呼 | オク 仏中 二八オ4 五三 | | オク 七五ウ3 | | | |
| オク | 畳 | オク 仏中 五〇ウ6 九八 | | オク 九九オ5 | | | |
| オク | 置 | オク 仏中 五三オ4 一〇三 | ヲク Ⅰ上 六六ウ6 | オク 一〇二ウ1 | | | |
| オク | 長 | オク 仏下本 一八オ1 三三 | | | | | |
| オク | 攄 | オク 仏下本 二四オ8 四五 | | | | | |
| オク | 捨 | オク 仏下本 二八オ7 五三 | | | | | |
| オク | 措 | オク 仏下本 二九ウ8 五六 | | | | | |
| オク | 挃 | オク 仏下本 三三オ6 六三 | | | | | |
| オク | 拎 | オク 仏下本 三四ウ5 六六 | | | | | |
| オク | 攘 | オク 仏下本 三五ウ6 六八 | | | | | |
| オク | 投 | オク 仏下本 四〇オ2 七七 | | | | | |
| オク | 摟 | オク 仏下本 四〇オ6 七七 | | | | | |
| オク | 擦 | オク 仏下本 四一オ3 七九 | | | | | |

| | | | | | | | |
|---|---|---|---|---|---|---|---|
| オク | 積 | オク 仏下本 四一オ7 七九 | | | | | |
| オク | 奠 | オク 仏下末 一四ウ2 二六 | | | | | |
| オク | 安 | オク 仏下末 一五ウ8 二八 | | | | | |
| オク | 奥 | ・オ・ク 仏下末 一九オ6 三五 | | | | | |
| オク | 訟 | オク 法上 三七オ1 七一 | | | | | |
| オク | 跱 | オク 法上 三八ウ5 七四 | | | | | |
| オク | 袘 | オク 法中 一四ウ2 二六 | | | | | |
| オク | 都 | オク 法中 一九ウ5 三六 | | | オク 玉村 一七九 5 | | |
| オク | 注 | ↓ オフ | オク II 史一 一八オ7 | | | | |
| オク | 降 | オク 法中 二二ウ3 四〇 | | | | | |
| オク | 隆 | オ\|ク 法中 二二ウ4 四〇 | | | | | |
| オク | 除 | ・オ・ク 法中 二三ウ3 四四 | | | | | |
| オク | 宜 | オク 法下 二四オ2 四五 | | | | | |
| オク | 冥 | オク 法下 二四オ5 四五 | | | | | |
| オク | 寘 | ・オ・ク 法下 二四オ6 四五 | | | | | |
| オク | 安 | オク 法下 二六ウ5 五〇 | | | | | |

| 和訓 | 漢字 | 観智院本 | 蓮成院本 | 高山寺本 | 西念寺本 | 図書寮本 | 備考 |
|---|---|---|---|---|---|---|---|
| オク | 宿 | オク 法下 二八ウ6 五四 | | | | | |
| オク | 賔 | オク 法下 三一オ3 五九 | | | | | |
| オク | 冡 | オク 法下 三六ウ6 七〇 | | | | | |
| オク | 閣 | オク 法下 四二ウ2 八二 | | | | | |
| オク | 居 | オク 法下 四六オ4 八九 | | | | | |
| オク | 扆 | オク 法下 五〇オ2 九七 | | | | | |
| オク | 廢 | オク 法下 五三オ3 一〇三 | | | | | |
| オク | 庋 | オク 法下 五四オ2 一〇五 | | | | | |
| オク | 層 | オク 法下 五五ウ4 一〇八 | | | | | |
| オク | 著 | オク 僧上 二〇オ8 三七 | | | | | |
| オク | 勵 | オク 僧上 四二ウ6 八二 | オク Ⅲ下 二ウ5 | | | | |
| オク | 錯 | オク 僧上 六四ウ2 一二六 | オク Ⅲ下 四一オ1 | | | | |
| オク | 鎮 | オク 僧上 七〇オ7 一三七 | オク Ⅲ下 四五ウ3 | | | | |
| オク | 舍 | オク 僧中 二オ7 一 | オク Ⅲ下 四七オ3 | | | | |
| オク | 署 | オク 僧中 六オ7 九 | オク Ⅲ下 四九ウ1 | | | | |

| | | | | | | |
|---|---|---|---|---|---|---|
| オク | 置 | ・オ・ク 僧中六ウ1 一〇 | オク Ⅲ下四九ウ2 | | | |
| オク | 施 | ・オ・ク 僧中一六ウ4 三〇 | ・オ・ク Ⅲ下五四ウ6 | | | |
| オク | 於 | オク 僧中一六ウ4 三〇 | ・オ・ク Ⅲ下五五オ4 | | | |
| オク | 攻 | オク 僧中三一ウ6 六〇 | オク Ⅲ下六八ウ7 | | | |
| オク | 赦 | オク 僧中三一ウ7 六〇 | オク Ⅲ下六八ウ7 | | | |
| オク | 放 | ・オ・ク 僧中三一ウ8 六〇 | ・オ・ク Ⅲ下六九オ1 | | | |
| オク | 軼 | オク 僧中四四ウ7 八六 | | | | |
| オク | 釋 | ・オ・ク 僧下四ウ4 八〇 | オク Ⅲ下一三八ウ6（六六） | | | |
| オク | 冥 | オク 僧下五七ウ6 一一二 | オク Ⅲ下一三六ウ2（五四） | | | |
| オクテ | 晩稲 | オクテ 法下六ウ4 一〇 | | | | |
| オクテ | 稑 | オクテ 法下七オ8 二 | | | | |
| ヲクニ | 于 | ヲクニ 仏上四五オ4 八三 | オクニ Ⅰ上二〇オ7 | ↓ コヽニオクニ | ヲクニ 四五ウ2 | |
| オクヒ | 上氣 | オクヒ 僧下五七ウ1 一一二 | | | | |
| ヲクラス | 後 | ・ヲクラ・ス 仏上三二ウ3 三八 | | ・オ・ク・ラ・爪 二〇ウ5 | オクラ爪 一九オ3 | |
| オクラヌカ | 詒 | ・オクラヌカ 法上三一ウ2 六〇 | ・オ・ク・ラ・ヌ・カ Ⅱ中三二オ4 | | | ・オ・ク・ラ・ヌ・カ は 九七4 |
| ヲクル | 傳 | ヲクル 仏上一六オ2 三五 | | オクル 一四ウ2 | オクル 一一ウ1 | |

| 和訓 | 漢字 | 観智院本 | 蓮成院本 | 高山寺本 | 西念寺本 | 図書寮本 | 備考 |
|---|---|---|---|---|---|---|---|
| ヲクル | 徳 | ヲクル 仏上二六 二ウ8 | | オクル 二〇オ4 | オクル 一八ウ1 | | |
| オクル | 遙 | ・オ・クル 仏上五三 二〇オ4 | オクル I上 七ウ7 | ・オ・クル 二九オ2 | オクル 二七ウ2 | | |
| オクル | 適 | オクル 仏上五三 二〇オ5 | オクル I上 七ウ7 | オクル 二九オ3 | オクル 二七ウ2 | | |
| オクル | 遺 | ・オ・クル 仏上五六 二一ウ5 | オクル I上 九ウ1 | ・オ・クル 三〇ウ3 | オクル 二九オ5 | | |
| ヲクル | 遣 | ヲクル 仏上五六 二一ウ6 | オクル I上 九ウ1 | オクル 三〇ウ5 | ヲクル 二九オ6 | | |
| オクル | 運 | オクル 仏上五七 二二オ1 | オクル I上 九ウ3 | オクル 三一オ1 | オクル 二九ウ2 | | |
| オクル | 送 | ・オ・クル 仏上五九 二三オ1 | オクル I上 一〇オ7 | ・オ・クル 三一ウ7 | ・オ・ク・ル 三〇ウ4 | | |
| オクル | 腰 | オクル 仏中一三三 六二ウ2 | | | | | |
| オクル | 腰 | オクル 仏中一三三 六三オ7 | オクル I上 七四オ3 | | | | |
| オクル | 賄 | オクル 仏下本一四 八ウ3 | | | | | |
| オクル | 貺 | オクル 仏下本一四 八ウ7 | | | | | |
| オクル | 贈 | オクル 仏下本一四 八ウ7 | | | | | |
| オクル | 賻 | オクル 仏下本一五 九オ1 | | | | | |
| オクル | 貽 | ・オ・クル 仏下本一七 一〇オ2 | | | | | |
| オクル | 債 | オクル 仏下本一三三 六八オ2 | | | | | |

| | | | | | | | |
|---|---|---|---|---|---|---|---|
| オクル | 將 | オクル 仏下末 五ウ4 八 | ・オクル Ⅱ 中 二四ウ6 | | | ・オ・ツ・ル 法 六〇 5 | 将（草本） |
| オクル | 关 | オクル 仏下末 二六オ5 二九 | | | | | |
| オクル | 将 | オクル 法上 二四ウ2 四六 | | | | | |
| オクル | 詒 | ・オ・クル 法上 三二ウ2 六〇 | ヲクル Ⅱ 中 三三オ4 | | | | |
| オクル | 詔 | ・オ・クル 法上 三二ウ3 六〇 | ヲクル Ⅱ 中 三三オ4 | | | | |
| オクル | 祝 | オクル 法下 四オ4 五 | | | | | |
| オクル | 問 | ・オ・クル 法下 四三ウ7 八二 | | | | | |
| オクル | 饋 | ・オ・クル 僧上 五四ウ6 一〇六 | ・オ・クル Ⅲ 下 三三ウ4 | | | | |
| オクル | 餞 | ・オ・クル 僧上 五五オ2 一〇七 | ・オ・クル Ⅲ 下 三三ウ7 | | | | |
| オクル | 餉 | オクル 僧上 五五ウ4 一〇八 | オクル Ⅲ 下 三三オ7 | | | | |
| オクル | 歸 | ・オ・クル 僧下 四三ウ3 八四 | ・オ・クル Ⅲ 下 一三七オ4（六五） | | | | |
| オクル | 奏 | オクル 僧下 四九オ1 九五 | オクル Ⅲ 下 一四二ウ6（七〇） | | | | |
| オクル | 發 | ・オ・クル 僧下 五五オ8 一〇七 | オクル Ⅲ 下 一四二ウ5（七〇） | | | | |
| オクル | 歸 | ・オ・ク・ル 僧下 五八オ6 一一三 | | | | | |
| ヲクレタリ（ル） | 後 | ヲクレタリ（ル） 仏上 三三ウ3 三八 | | ・オ・クレ・タリ（ル） 二〇ウ5 | オクレタリ 一九オ3 | | |
| オクレヌ | 遅 | オクレヌ 仏上 三二オ6 五七 | オクレ㋦ Ⅰ 上 九ウ7 | ・オ・クレヌ 三一オ5 | オクレヌ 三〇オ1 | | |

| 和訓 | 漢字 | 観智院本 | 蓮成院本 | 高山寺本 | 西念寺本 | 図書寮本 | 備考 |
|---|---|---|---|---|---|---|---|
| オクレヌ | 婦 | オクレヌ 仏中 六ウ3 一〇 | ヲクレヌ Ⅰ上 二六ウ5 | オクレヌ 五三オ4 | ヲクレヌ 五四オ6 | | |
| オクレヌ | 慢 | オクレヌ 法中 四八ウ7 九四 | | | | | |
| オクレヌ | 殿 | オクレヌ 僧中 三四オ2 六五 | オクレヌ Ⅲ下 七一オ2 | | | | |
| オクレリ | 詒 | | | | | オクレリ 法 九七4 | |
| オケル | 亐 | オケル 僧下 五三オ4 一〇三 | オケル Ⅲ下 一五〇オ1 (七八) | | | | |
| ヲコカス | 嫋 | ヲコカス 仏中 一三ウ8 二二 | | オコカ爪 五九ウ7 | | | |
| ヲコカス | 拒 | ヲコカス 仏本 三四オ8 六五 | | | | | |
| オコカス | 警 | オコカス 法上 三三ウ8 六四 | オコカス Ⅱ中 三四ウ2 | | | | |
| オコク | 倦 | オコク 仏上 一八ウ6 三〇 | | | オコク 一四ウ3 | | |
| オコク | 衡 | オコク 仏上 二五オ7 四三 | | オコク 二四オ5 | オコク 三三オ2 | | |
| オコク | 迤 | オコク 仏上 二八オ8 四九 | | | オコク 二五オ6 | | |
| オコク | 運 | オコク 仏上 三三オ1 五七 | オコク Ⅰ上 九ウ3 | オコク 三一オ1 | オコク 二九ウ2 | | |
| オゴク | 妯 | オコク 仏中 五オ5 七 | オコク Ⅰ上 二五オ7 | オコツ 五一ウ4 | ヲコク 五二ウ5 | | |
| オゴク | 甕 | オコツ 仏中 一七ウ5 一二 | | | | | |
| オコク | 㨨 | オコク 仏本 二四オ2 四五 | | | | | |

| | | | | | | | |
|---|---|---|---|---|---|---|---|
| オコク | 掬 | オコク 仏下本 五ウ6 四八 | | | | | |
| オコク | 擽 | オコク 仏下本 三七ウ7 七二 | | | | | |
| オコク | 泅 | オコク 法上 三オ3 三 | ↓ オらク | | | | |
| オウゴク | 蹶 | オウコク 法上 三八オ6 七三 | | | | | |
| オコク | 踞 | オコク 法上 三九ウ8 七六 | | | | | |
| オコク | 蹌 | オコク 法上 四〇オ5 七七 | | | | | |
| オゴク | 蹲 | オコク 法上 四六オ4 八九 | | | | オコク お 一二一 3 | |
| オコク | 懺 | オコク 法中 四〇オ5 七七 | オコク III下 五九ウ4 | | | | 蓮本 戰 |
| オコク | 惝 | オコク 法中 四四オ4 八五 | | | | | |
| オコク | 惆 | オコク 法中 四七ウ5 九二 | | | | | |
| オゴウク | 震 | オコウク 法下 三六オ7 六九 | | | | | |
| オゴク | 藉 | オコク 僧上 一六ウ8 三〇 | | | | | |
| オコク | 蔿 | オコク 僧上 一九オ3 三五 | | | | | |
| オコク | 菽 | オコク 僧上 二七オ2 五一 | オコク III下 五ウ7 | | | | |
| オウゴク | 動 | オウコク 僧上 四三オ5 八三 | オウコク III下 三オ4 | | | | |
| オコク | 翕 | キコク 僧上 五一オ1 九九 | オコク III下 二九オ1 | | | | |

| 和訓 | 漢字 | 観智院本 | 蓮成院本 | 高山寺本 | 西念寺本 | 図書寮本 | 備考 |
|---|---|---|---|---|---|---|---|
| オコク | 盪 | オコク 僧中一七ウ6 二二 | オコク Ⅲ下 五〇ウ3 | | | | |
| オコク | 鼓 | オコク 僧中二九ウ2 五六 | オコク Ⅲ下 六六ウ4 | | | | |
| オゴク | 文 | ・オ・コ・ツ 僧中三三オ7 六二 | オコク Ⅲ下 六九オ7 | | | | |
| オゴク | 斆 | ・オ・コ・ツ 僧中三三オ3 六三 | | | | | |
| オコク | 駭 | オコク 僧中五一オ7 九九 | オコク Ⅲ下二 (四)七六オ5 | | | | |
| オコク | 蜿蟮 | キコク 僧下一二オ6 二二 | | | | | |
| オコシゴメ | 粔籹 | ・オ・コ・レ・コ・メ 法下一七オ8 三二 | | | | | |
| オコシコメ | 粰 | オコレコメ 法下一七ウ6 三二 | | | | | |
| オコシコメ | 粖 | オコレコメ 法下一七ウ7 三二 | | | | | |
| オコシコメ | 粰䉩 | オコレコメ 法下一七ウ7 三二 | | | | | |
| ヲコス | 作 | ヲコス 仏上二〇オ2 三三 | | ・オ・コ・爪ル 二一ウ3 | オコ爪ル 一六オ2 | | |
| ヲコス | 〔辶+己〕 | ヲコス 仏上三三ウ6 六〇 | オコ・スル イ Ⅰ上 一一オ3 | ↓ オコル | ・オ・コ・爪 三一ウ3 | | 西本 〔辶+乇〕 |
| オコス | 起 | ・オ・コ・ス 仏上三六ウ2 六六 | オコ爪ル Ⅰ上 一三ウ3 | オコ爪ル 三五ウ5 | ↓ オコル 爪ル | | |
| オコス | 叩 | ・オ・コ・ス 仏中三三ウ3 四二 | オコス Ⅰ上 四一ウ3 | オコ爪 六九ウ6 | | | |
| オコス | 湏 | オコス 仏下本一六ウ8 三〇 | | | | | |

| | | | | | | | |
|---|---|---|---|---|---|---|---|
| オコス | 滞 | オコス 法上二一オ3 (三九) | オコス II中二〇ウ5 | | | | |
| オコス | 竪 | オコス 法上四六ウ8 (九〇) | | | | | |
| オコス | 墾 | オコ爪 法中二五ウ6 (四八) | | | | | |
| オコスル | 息 | ・オ・コスル 法中三七オ2 (七一) | | | | | |
| オコス | 祁 | オコ爪 法下五ウ6 (八) | | | | | |
| オコスル | 菸 | オコ爪ル 僧上二七オ1 (五一) | オコ爪 III下五ウ7 | | | | |
| オコス | 颺 | ↓ヲコル | オコ爪 III下二一五オ3 (四三) | | | | |
| ヲコス | 爲 | ヲ・コ・ス 僧下四一オ6 (七九) | | | | | |
| オコス | 赫 | ・オ・コ・ス 僧下四四オ5 (八五) | オコ爪 III下二一三四オ3 (六二) | | | | |
| オコス | 凸 | オコス 僧下四七オ1 (九一) | | | | | |
| オコス | 生 | ヲコス 僧下四七オ4 (九一) | オコ爪 III下二一三五オ2 (六三) | | | | |
| オコスル | 發 | ヲ・コ・スル 僧下五五オ8 (一〇七) | オコ爪ル III下二一四二ウ4 (七〇) | | | | |
| オゴソカ | 疰 | ・オ・コ・ッ・カ 法下六五オ5 (一三七) | | | | | |
| オコソカナリ(ニ) | 儼 | オロ(ヲ)ソカナニリ 仏上一九オ5 (三二) | | オコソカナニリ 一七ウ6 | オコソカナニリ 一五オ3 | | 儼 高本 西本 |
| オコソカニ | 高 | オコソカニ 法下二三オ2 (四三) | | | | | |
| ヲコタル | 倦 | ヲコル(ヲ) 仏上一八ウ6 (三〇) | | ヲコタル 一七ウ1 | オコタル 一四ウ4 | | |

| 和訓 | 漢字 | 観智院本 | 蓮成院本 | 高山寺本 | 西念寺本 | 図書寮本 | 備考 |
|---|---|---|---|---|---|---|---|
| ヲコタル | 後 | ヲコタル 仏上 三三ウ3 三八 | | オコタル 二〇ウ5 | オコタル 一九オ3 | | |
| ヲコタル | 辷 | ヲコタル 仏上 二六ウ2 五〇 | キコタル I上 六ウ1 | オコタル 二七オ7 | オコタル 二五ウ2 | | |
| ヲコタル | 過 | ヲコタル 仏上 三三オ3 五七 | キコタル I上 九ウ4 | オコタル 三一オ2 | オコタル 二九ウ4 | | |
| ヲコタル | 婸 | ヲコタル 仏中 一六ウ3 一〇 | ヲコタル I上 二六ウ5 | オコタル 五三オ4 | ヲコタル 五四オ5 | | |
| オコタル | 嬾 | オコタル 仏中 一六ウ7 一〇 | オコタル I上 二七ウ1 | オコタル 五四オ2 | ヲコタル 五四ウ3 | | |
| オコタル | 已 | オコタル 仏下末 八ウ1 一四 | | | | | |
| オコタル | 墮 | オコタル 法中 三ウ1 四〇 | | | | | |
| オコタル | 怠 | オコタル 法中 四一オ6 七九 | | | | オコタル 二四三 5 | 図本 怠 |
| オコタル | 懈 | | | | | オコタル は 二四三 4 | |
| オコタル | 忽 | オコタル 法中 四三オ1 八三 | | | | | |
| オコタル | 堕 | オコタル 法中 四四オ7 八五 | | | | | |
| オコタル | 惰 | オコタル 法中 四四オ8 八五 | | | | オコタル 去 二四三 7 | 図本 情 |
| オコタル | 憜 | オコタル 法中 四四ウ1 八六 | | | | | |
| オコタル | 惰 | オコタル 法中 四四ウ1 八六 | | | | | |
| オコタル | 懶 | オコタル 法中 四七ウ5 九二 | | | | | |

| | | | | | | | |
|---|---|---|---|---|---|---|---|
| オコタル | 慢 | オコタル 法中 四八ウ6 九四 | | | | ・オ・コ・タル・ 二四八 6 | |
| オコタル | 愸 | オコタル 法中 四九ウ2 九六 | | | | | |
| オコタル | 慵 | ・オ・コタル 法中 五二オ3 一〇一 | | | | ・オ・コ・タル・ 付 二四三 4 | 慵・図本 |
| ヲコタル | 態 | ヲコタル 法中 五二オ3 一〇一 | | | | | |
| オコタル | 紓 | ・オ・コタル 法中 五九ウ6 一一六 | | | | | |
| オコタル | 緩 | ・オ・コタル 法中 六四ウ7 一二六 | | | | ・オ・コ・タル・ 易 三一八 5 | |
| オコタル | 紿 | オコタル 法中 六八ウ3 一三四 | | | | | |
| ヲコタル | 闕 | ・ヲ・コタル 法下 三九ウ4 七六 | | | | | |
| オコタル | 殆 | オコタル 法下 六七オ6 一三一 | | | | | |
| オコタル | 休 | ヲ(ママ)コル 仏上 七オ7 七 | オコタル I上 三オ4 | オコタル 五ウ1 | オコタル 一ウ5 | | |
| ヲコタル | 瞽 | ・ヲ・コタル 僧下 三四オ3 六五 | | | | | |
| オコトク | 咻 | オコト、ク 仏中 二七オ8 五一 | オコト、ク I上 四五ウ3 | オコト、ク 七四ウ6 | | | |
| オコトク | 嗅咻 | オコト、ク 仏中 二九ウ7 五六 | オコ[ト]、ク I上 四八オ1 | オコ[ト]、ク 七七オ7 | | | |
| ヲコナフ | 修 | ヲコナフ 仏上 六オ8 五 | オコナフ I上 二ウ2 | オコナフ 四ウ5 | オコナフ 一六ウ2 | | |
| ヲコナフ | 後 | ヲコナフ 仏上 二三オ1 三七 | | オコナフ 二〇オ5 | | | |
| ヲコナフ | 征 | ヲコナフ 仏上 二四ウ2 四三 | | オコナフ 二三オ7 | ナ(ママ)コナフ 二一オ3 | | |

| 和訓 | 漢字 | 観智院本 | 蓮成院本 | 高山寺本 | 西念寺本 | 図書寮本 | 備考 |
|---|---|---|---|---|---|---|---|
| オコナフ | 行 | オコナフ 仏上 二四ウ8 四二 | | オコナフ 三三ウ6 | オコナフ 二一ウ2 | | |
| ヲコナフ | 衙 | ヲコナフ 仏上 二五ウ3 四四 | | オコナフ 二四ウ2 | オフ(ママ)ナフ 三一オ5 | | |
| オコナフ | 邁 | オコナフ 仏上 三〇ウ1 五四 | オコナフ I上 八オ4 | オコナフ 二九オ6 | オコナフ 二七ウ6 | | |
| ヲコナフ | 邇 | ヲコナフ 仏上 三三オ6 五九 | オコナフ I上 一〇ウ4 | | オコナフ 三一オ3 | | |
| ヲコナフ | 率 | ヲコナフ 仏上 四五オ6 八三 | オコナフ I上 二〇ウ1 | オコナフ 四四ウ6 | ヲコナフ 四五ウ4 | | 蓮本・高本 繂 率 |
| オコナフ | 特 | オコナフ 仏末 二二ウ6 二 | | | | | |
| オコナフ | 沽 | オコナフ 法上 一一オ5 一九 | ヲコナフ II中 一〇ウ6 | | | | |
| オコナフ | 将 | オコナフ 法上 二四ウ2 四六 | ヲコナウ II中 二四ウ5 | | | オコナフ 六八 5 | |
| オコナフ | 歩 | オコナフ 法上 五〇オ6 九七 | | | | オコナフ 沽 一三三 5 | 歩 図本 |
| オコナフ | 履 | オコナフ 法下 四七オ5 九一 | | | | | |
| オコナフ | 菝 | オコナフ 僧上 二七オ2 五一 | オコナフ III下 五ウ7 | | | | |
| オコナフ | 載 | オコナフ 僧中 二一オ1 三九 | オコナフ III下 五九ウ3 | | | | |
| オコナフ | 甞 | オコナフ 僧下 四二ウ7 八二 | ヲコナフ III下 一二六ウ6 (五四) | | | | |
| オコナフ | 發 | オコナフ 僧下 五五オ8 一〇七 | オコナフ III下 一四二ウ5 (七〇) | | | | |
| ヲコハル | 穨 | ヲコハル 法下 一三ウ2 二四 | | | | | |

| | | | | | | | |
|---|---|---|---|---|---|---|---|
| オゴマ | 胡麻子 | オコテ 法下七〇オ6 一三七 | | | | | |
| ヲゴリ | 奢 | ヲコリ 仏上二二オ3 三五 | | オコリ 二一オ7 | オコリ 一七オ4 | | 高本・西本 奢侈 |
| オゴリ | 驕大 | オコリ 仏下末一七オ3 三一二 | | | | | |
| オコリ | 矜 | オ[コ]リ 僧中九ウ8 三六 | オコリ III 下二三ウ4 (五一) | | | | |
| オコル | 矜夸 | | オコル III 下二三ウ4 (五一) | | | | |
| ヲゴル | 傲 | ヲコル 仏上一〇ウ5 一四 | | オコル 八オ3 | オコル 五ウ1 | | |
| ヲコル | 倨 | ヲコル 仏上一三オ7 一七 | | オコル 一〇オ7 | オコル 七オ3 | | |
| ヲコル | 偃蹇 | ヲコル 仏上一四ウ4 二二 | | | オコル 一〇オ2 | | |
| オコル | 僭 | ↓ ウコル | | オコル 一三オ4 | キコル 九オ2 | | |
| オコル | 侮 | オコル 仏上二二ウ2 三六 | | オコル 一九ウ1 | オコル 一七ウ4 | | |
| ヲゴル | 侈 | ヲコル 仏上二二オ2 三五 | | オコル 二一オ7 | オコル 一七オ3 | | |
| オコル | 奢侈 | ホ(ヲ)コル 仏上二二オ3 三五 | | オコル 二一オ7 | オコル 一七オ4 | | 観本 奢 |
| オコル | 逓 | オコル 仏上二八オ8 四九 | オコル I上 六オ6 | オコル 二七オ5 | オコル 二五オ6 | | |
| ヲコル | 巡 | ヲコル 仏上三一オ5 五七 | オコル I上 九ウ6 | オコル 三一オ4 | オコル 二九ウ6 | | |
| オコル | 迟 | ↓ ヲコス | ↓ オコスルイ | オコル 三三ウ4 | ↓ オコ爪 | | |
| オコスル | 起 | ↓ オコス | ↓ オコ爪ル | ↓ オコ爪ル | オコ爪ル 三五オ3 | | |

| 和訓 | 漢字 | 観智院本 | 蓮成院本 | 高山寺本 | 西念寺本 | 図書寮本 | 備考 |
|---|---|---|---|---|---|---|---|
| オゴル | 嬌 | オコル 仏中 二七ウ4 三 | オコル I上 二七ウ4 | オコル 五四オ6 | | | |
| オコル | 姐 | | オコル I上 二八ウ5 | オコル 五五ウ2 | | | |
| オコル | 嗇 | オコル 仏中 五ウ3 一〇〇 | ヲコル I上 六七ウ2 | オコル 一〇〇オ1 | | | |
| オコル | 植 | オコル 仏本 四オ7 七九 | | | | | |
| オコルス | 興 | オコルス 仏下末 一四ウ1 二六 | | | | | |
| オコル | 夸 | オコル 仏下末 一七ウ3 三二 | | | | | |
| オゴル | 奢 | オコル 仏下末 一八ウ6 三四 | | | | | |
| オゴル | 奓 | オコル 仏下末 一八ウ7 三四 | | | | | |
| オコル | 熈 | オコル 仏下末 二五オ3 四七 | | | | | |
| オコル | [illegible] | オコル 仏下末 二五オ3 四七 | | | | | |
| オコル | 託 | オコル 法上 二六ウ4 五〇 | ヲコル II中 二七オ2 | | | | |
| オゴル | 詡 | オコル 法上 三一オ2 五九 | オコル II中 三一ウ3 | | | | |
| オコル | 詡 | オコル 法上 三一オ2 五九 | オコル II中 三一ウ4 | | | | |
| オゴル | 誇 | オコル 法上 三六ウ1 七〇 | | | | | |
| オゴル | 訞 | オコル 法上 三七オ4 七一 | | | | | |

| 見出し | 字 | 訓・所在 | | | | 他 |
| --- | --- | --- | --- | --- | --- | --- |
| オコル | 蹇 | オコル 法上七三 三八オ7 | | | | |
| オコル | 蹻 | オコル 法上七八 四〇ウ2 | | | | |
| オコル | 忌 | オコル 法中七〇 三六ウ3 | | | | |
| オコル | 慈 | オコル 法中七六 三九ウ1 | | | | |
| オコル | 怊 | オコル 法中七八 四〇ウ1 | | | | |
| オコル | 忲 | オコル 法中七九 四一オ7 | | | | |
| オコル | 憮 | オコル 法中八一 四二オ4 | | | | |
| オゴル | 憿 | ・オ・コ・ル 法中八一 四二オ5 | | | | ・オ・コ・ル 孝 二七三3 |
| オコル | 愊 | オ・コ・ル 法中八八 四五ウ6 | | | | |
| オコル | 憍慠 | オコル 法中九四 四八ウ5 | | | | |
| オコル | 慢 | オコル 法中九四 四八ウ6 | | | | ・オ・コ・ル 氾 二四八7 |
| オコル | 寶 | オコル 法下四五 二四オ1 | | | | |
| ヲコル | 突 | ヲコル 法下六〇 三一ウ1 | | | | |
| オコル | 竉 | オコル 法下六四 三三ウ2 | | | | |
| オコル | 突 | キコル 法下六五 三四オ2 | | | | |
| オコル | 厄 | オコル 法下九四 四八ウ8 | | | | |

| 和訓 | 漢字 | 観智院本 | 蓮成院本 | 高山寺本 | 西念寺本 | 図書寮本 | 備考 |
|---|---|---|---|---|---|---|---|
| オコル | 廞 | ・オ・コ・ル 法下 三五オ6 一〇一 | | | | | |
| オコル | 矯 | オコル 僧中 一七ウ6 三三 | オコル III下 一三オ3 (五一) | | | | |
| オコル | 矜 | オコル 僧中 一九ウ7 三六 | | | | | |
| オコル | 矝 | オコル 僧中 一九ウ8 三六 | オコル III下 一三ウ4 (五一) | | | | |
| オコル | 敎 | オコル 僧中 三ウ2 六〇 | オコル III下 一六八ウ3 | | | | |
| オゴル | 驕 | ・オ・コ・ル 僧中 五四オ5 一〇五 | ・オ・コ・ル III下 一七六ウ3 (六六) | | | | |
| オコル | 驕 | オ\コル 僧中 五六ウ3 一一〇 | オコル III下 一八〇ウ6 (八〇) | | | | |
| オコル | 颾 | オコル 僧下 二七オ8 五一 | ↓ オコ爪 | | | | |
| オコル | 𤼵 | オコル 僧下 六四オ6 一三五 | | | | | |
| オゴレリ | 㒵 | ・オ・コレリ 仏本 六六ウ1 一三〇 | | | | | |
| オサフ | 僥 | オハ(サ)フ 仏上 五ウ4 四 | | オサフ 一ウ2 | | | |
| ヲサフ | 依 | ・ヲ・サ・フ 仏上 一七ウ8 二八 | | ・オ・サ・フ 一九オ1 | オサフ 一三ウ4 | | |
| オサフ | 述 | オサフ 仏上 二三ウ7 五四 | オサフ I上 八ウ3 | オサフ 二九ウ5 | オサフ 二八オ5 | | |
| オサフ | 晉 | ・オ・サ・フ 仏中 四六オ5 八九 | オサフ I上 六二ウ4 | ・オ・サ・フ 九五オ1 | | | 高本 晉 |
| オサフ | 揖 | オサフ 仏下本 三三ウ3 四四 | | | | | |

| | | | |
|---|---|---|---|
| オサフ | 擨 | オサフ | 仏下本二三ウ3 四四 |
| オサフ | 掾 | オサフ | 仏下本二四オ8 四五 |
| ヲサフ | 拗 | ヲサフ | 仏下本二四ウ8 四六 |
| オサフ | 拗 | オサフ | 仏下本二四ウ8 四六 |
| オサフ | 掩 | オサフ | 仏下本二八オ4 五三 |
| ヲサフ | 抧 | ヲサフ 馬 | 仏下本三〇オ6 五七 |
| ヲサフ | 㨾 | ヲサフ | 仏下本三一ウ2 六〇 |
| オサフ | 抒 | オサフ | 仏下本三二ウ1 六二 |
| オサフ | 挫 | オサフ | 仏下本三三オ7 六三 |
| オサフ | 攏 | オサフ | 仏下本三四ウ6 六六 |
| オサフ | 捺 | オサフ | 仏下本三六オ3 六九 |
| オサフ | 撥 | オサフ | 仏下本三七ウ7 七二 |
| ヲサフ | 擁 | ヲサフ | 仏下本三八オ1 七三 |
| オサフ | 按 | オサフ | 仏下本三八ウ5 七四 |
| オサフ | 撫 | オサフ | 仏下本四〇オ8 七七 |
| オサフ | 抑 | オサフ | 仏下本四〇ウ2 七八 |

| 和訓 | 漢字 | 観智院本 | 蓮成院本 | 高山寺本 | 西念寺本 | 図書寮本 | 備考 |
|---|---|---|---|---|---|---|---|
| オサフ | 搦 | ・オ・サ・フ 仏本四〇ウ7 七八 | | | | | |
| オサフ | 寀 | ・オ・サフ 仏本五七オ3 一二一 | | | | | |
| オサフ | 移 | オサフ 仏本六〇ウ8 一一八 | | | | | |
| ヲサフ | 檝 | ヲサフ 仏末四〇ウ5 六 | | | | | |
| オサフ | 已 | オサフ 仏末八〇ウ1 一四 | | | | | |
| オサフ | 馮 | オサフ 法上二〇ウ8 三八 | オサフ II中一二〇ウ2 | | | | |
| オサフ | 壓 | ・オサフ 法中六八オ8 五三 | | | | | |
| ヲサフ | 稅 | ヲサフ 法下一三オ4 二三 | | | | | |
| オサフ | 安 | ・オ・サフ 法下三六ウ6 五〇 | | | | | |
| オサフ | 厭 | ・オ・サフ 法下五四オ1 一〇五 | | | | | |
| オサフ | 耐 | オサフ 法下七三ウ3 一四四 | | | | | |
| オサフ | 蓊 | オサフ 僧上二ウ6 四〇 | | | | | |
| オサフ | 方 | オサフ 僧中一六ウ8 三〇 | オサフ III下五五オ7 | | | | |
| オサフ | 戚 | オサフ 僧中二三オ4 四一 | オサフ III下六〇ウ3 | | | | |
| オシ | 鼠弩 | ・オ・レ 僧中一五オ1 二七 | オレ III下五三ウ4 | | | | |

| | | | | | | | |
|---|---|---|---|---|---|---|---|
| オシアユ | 押年魚 | オシアユ 僧下 二オ6 一 | オシアユ III下二 九二オ6 (三〇) | | | | |
| オシカカル | 扶 | オシカヽル 仏下本 二七オ1 五一 | | | | | |
| オシスル | 按 | オシスル 仏下本 三八ウ4 七四 | | | | | |
| オシテ | 印 | オシテ 仏上 四四オ2 八一 | オシテ I上 一九ウ2 | オシテ 四二ウ3 | ヲシテ 四四オ4 | | |
| オシテ | 璽 | オシテ 法中 三四オ4 六五 | | | | | |
| オシハカル | 推 | オシハカル 仏下本 三六ウ3 七〇 | | | | | |
| オシハラフ | 押 | オシハラフ 仏下本 三八ウ2 七四 | | | | | |
| オシヒラク | 擠 | オシヒラク 仏下本 三五ウ4 六八 | | | | | |
| オシヒラク | 排 | オシヒラク 仏下本 三六ウ1 七〇 | | | | | |
| オシマツキ | 嗅 | オシテツヽ 仏中 二九ウ7 五六 | オシテツヽ I上 四八オ1 | オシマツキ 七七オ6 | | | |
| オシマツキ | 榆 | オシマツキ 仏下本 六三ウ5 一二四 | | | | | |
| オシマツキ | 凭 | ウ(キ)シテツヽ 仏下末 九オ3 一五 | | | | | |
| オシマヅキ | 几 | オシテツキ 仏下末 九オ4 一五 | | | | | |
| オシマツキ | 軾 | オシマツキ 僧中 四四オ6 八五 | | | | | |
| オシユツル | 件 | ↓「スナヲ」「ユツル」 | | オシユツル 一〇オ2 | オシユツル 六ウ4 | | |
| オス | 佊 | ↓ウス | | オス 一七オ1 | オ仈 スイ本 一四オ4 | | 佊 西本 |

| 和訓 | 漢字 | 観智院本 | 蓮成院本 | 高山寺本 | 西念寺本 | 図書寮本 | 備考 |
|---|---|---|---|---|---|---|---|
| オス | 捻 | オス 仏下本 二八ウ7 五四 | | | | | |
| オス | 攤 | オス 仏下本 二四ウ2 六六 | | | | | |
| オス | 擠 | ・オ・ス 仏下本 三五ウ3 六八 | | | | | |
| オス | 捺 | オス 仏下本 三六オ3 六九 | | | | | |
| オス | 排 | ・オ・ス 仏下本 三六ウ1 七〇 | | | | | |
| オス | 推 | ・オ・ス 仏下本 三六ウ2 七〇 | | | | | |
| オス | 押 | ・オ・ス 仏下本 三八ウ2 七四 | | | | | |
| オス | 按 | オス 仏下本 三八ウ4 七四 | | | | | |
| オス | 湯 | オス 法上 一八オ2 三三 | オ爪 Ⅱ 中 一七ウ3 | | | ・オ・爪 淪 五二 7 | |
| オス | 歷 | オス 法中 二六オ8 五三 | | | | | |
| オス | 卒 | オス 法中 七一オ3 一三九 | | | | | |
| オス | 栅 | オ爪 法下 四二オ7 八一 | | | | | |
| オス | 摩 | オ爪 法下 五三ウ8 一〇四 | | | | | |
| オス | 壓 | ・オ・爪 法下 五三ウ8 一〇四 | | | | | |
| オス | 笮 | オ爪 僧上 三五オ4 六七 | オ(イ)爪 Ⅲ 下 一四オ4 | | | | |

| | | | | | | | |
|---|---|---|---|---|---|---|---|
| オスメトリ | 護田鳥 | オスメトリ 僧中 五七オ1 一二一 | オ爪メトリ III 下 八一オ2 (九) | | | | |
| オスメドリ | 鸚鵡 | オスメトリ 僧中 五九ウ3 一一六 | オ爪メトリ III 下 八三オ3 (二) | | | | |
| オスメトリ | 鴇 | オ爪区トリ 僧中 六三ウ6 一三四 | オ爪メトリ III 下 八六ウ2 (四) | | | | |
| ヲス | 挨 | ヲス 仏本 三三オ8 六三 | | | | | ヲス 朱 |
| オソウマ | 篤 | オソウテ 僧中 五三オ6 一〇一 | ヲソウテ III 下 七七オ1 (五) | | | | |
| オソク | 扌乍 | オソク 仏本 四一ウ8 八〇 | | | | | |
| オソクス | 暮 | オソクス 仏中 五三オ5 一〇一 | ヲソクス I 上 六八オ1 | オソクス 一〇〇オ7 | | | |
| ヲソクチ | 驎 | ヲソクチ 僧中 五三オ7 一〇一 | ヲソクチィ III 下 七七オ2 (五) | | | | |
| ヲゾクレタリ | 佐 | ヲソクレタリ 仏上 八ウ1 一〇 | ヺソクレタリ I 上 三ウ7 | オソクレタリ 六ウ3 | オソレタリ(ママ) 三オ2 | | |
| ヲゾクレタリ | 忄乞 | ヲソクレタリ 法中 四一ウ6 八〇 | | | | | |
| オソサトサ | 遅速 | オソフ(ママ)トサ 仏上 二七ウ4 四八 | オソフ(ママ)トサ I 上 五ウ4 | オソサトサ 二六ウ2 | オソサトサ 二四ウ2 | | |
| ヲソシ | 後 | ヲソし 仏上 二二ウ3 三八 | | オソし 二〇ウ5 | オソシ 一九オ3 | | |
| ヲソシ | 徐 | ヲソし 仏上 二三ウ4 四〇 | | オソし 二一ウ4 | オソし 二〇オ4 | | |
| ヲソシ | 徲 | ヲソし 仏上 二四オ7 四一 | | オソし 二三オ5 | オソシ 二一オ1 | | |
| ヲソシ | 遖 | ヲソし 仏上 二六ウ7 四六 | オソし I 上 五オ2 | オソし 二五ウ7 | オソシ 二三ウ4 | | |
| ヲソシ | 遅 | ヲソし 仏上 三三オ6 五七 | ヲソし I 上 九ウ7 | オソし 三一オ5 | オソし 三〇オ1 | | |

| 和訓 | 漢字 | 観智院本 | 蓮成院本 | 高山寺本 | 西念寺本 | 図書寮本 | 備考 |
|---|---|---|---|---|---|---|---|
| オソシ | 婸 | オソし 仏中 六ウ3 一〇 | ヲソし I上 二六ウ5 | ・オ・ソ・し 五三オ4 | ヲソし 五四オ5 | | |
| オソシ | 嬉 | オソし 仏中 一一オ3 一九 | オソし I上 三〇ウ6 | オソし 五七ウ5 | | | |
| オソシ | 昳 | オソし 仏中 四七オ5 九一 | ヲソし I上 六三ウ2 | オソし 九五ウ7 | | | |
| ヲソシ | 昆 | ヲソし 仏中 四八オ5 九三 | | オソし 九六ウ7 | | | |
| オソシ | 晏 | ・オソ・し 仏中 五一ウ6 一〇〇 | オソし I上 六七ウ5 | ・オ・ソし 一〇〇オ4 | | | |
| オソシ | 晩 | ・オ・ソし 仏中 五二オ1 一〇一 | ヲソし I上 六七ウ6 | ・オ・ソし 一〇〇オ4 | | | |
| オソシ | 賖 | ・オ・ソ・し 仏下本 九ウ1 一六 | | | | | |
| オソシ | 溼 | オソし 法上 九オ2 一五 | オソし II中 六ウ1 | | | | |
| オソシ | 滞 | オソし 法上 二一オ3 三九 | オソし II中 二〇ウ5 | | | | |
| オソシ | 謇 | | | | | ・オ・ツ・し 論語 八七3 | |
| オソシ | 訥 | ・オソし 法上 三七ウ6 七二 | | | | | |
| オソシ | 愓 | | | | | ・オ・ツ・し 集 二四八7 | |
| オソシ | 踟蹰 | オソし 法上 三九ウ2 七六 | | | | | |
| オソシ | 踟跦 | オソし 法上 三九ウ3 七六 | | | | | |
| オソシ | 忌 | ・オ・ソし 法中 三六ウ3 七〇 | | | | | |

| | | | |
|---|---|---|---|
| オソシ | 惏 | オソシ 法中 四一オ8 七九 | |
| オソシ | 愃 | オソシ 法中 四二オ6 八一 | |
| オソシ | 綏 | オソシ 法中 六四オ5 一二五 | |
| オソシ | 緩 | オソシ 法中 六四ウ7 一二六 | |
| オソシ | 㱙 | オソシ 法下 六八オ4 一三三 | |
| オソシ | 暮 | ・オ・ソシ 僧上 二ウ5 二 | ・ヲ・ソシ III 下 四ウ5 |
| オソシ | 葉 | オソシ 僧上 二四ウ3 四六 | キソシ III 下 三オ3 |
| オソシ | 篤 | オソシ 僧中 五二オ6 一〇一 | オソシ III 下三 七七オ1 (五) |
| オソシ | 颸 | ・キ・ソシ 僧下 二九オ1 五五 | ・オ・ソシ III 下三 二六ウ1 (四) |
| オソナハル | 㬜 | ・キ・ソナハル 僧下 三四オ3 六五 | |
| オソハ | 齵 | オソハ 法上 五三オ2 一〇三 | |
| オソハ | 齗 | オソハ 法上 五三オ8 一〇三 | |
| オソヒ | 樹 | オソヒ 仏下本 五六ウ1 一一〇 | |
| オソヒ | 冠 | オソヒ 法下 二八ウ8 五四 | |
| オソフ | 攏 | オソフ 仏下本 三四ウ6 六六 | |
| オソフ | 捺 | オソフ 仏下本 三六オ3 六九 | |

| 和訓 | 漢字 | 観智院本 | 蓮成院本 | 高山寺本 | 西念寺本 | 図書寮本 | 備考 |
|---|---|---|---|---|---|---|---|
| オソフ | 㑂 | オソフ　仏本三九オ5　七五 | | | | | |
| オソフ | [illegible] | オソフ　仏本四一ウ4　八〇 | | | | | |
| オソフ | 點 | キソフ　仏末三〇オ1　五七 | | | | | |
| オソフ | 磕 | オソフ　法中三オ1　三 | | | | | |
| オソフ | 塡 | オソフ　法中二五ウ8　四八 | | | | | |
| オソフ | 壓 | ・オ・ソフ　法中二八オ8　五三 | | | | | |
| オソフ | 忍 | オソフ　法中四三ウ3　八二 | | | | | |
| オソフ | 襲 | ・オ・ソ・フ　法中七一ウ5　一四〇 | | | | ・オ・ソ・フ　三三六6 | |
| オソフ | 磨 | オソフ　法下五三ウ8　一〇四 | | | | | |
| オソフ | 蔭 | オソフ　僧上一九オ4　三五 | | | | | |
| オソフ | 鎮壓 | ・オ・ソ・フ　僧上七〇オ8　一三七 | オラク（ママ）　III 下一 四五ウ3 | | | | 蓮本 鎮厭 |
| オソヨカナリ | 嬋媛 | | | オソヨカナリ　五四オ6 | | | |
| オソヨカニ | 嬋媛 | オソヨカニ　仏中七ウ4　一二 | | | | | |
| オソリ | 物 | オソリ　法中四三オ2　八三 | | | | | |
| オソル | 伈 | オソル　仏上一三ウ6　一八 | | オソル　二オ1 | オソル　七ウ4 | | |

| | | | | | | | |
|---|---|---|---|---|---|---|---|
| ヲソル | 佖 | ヲソル 仏上 一八 一二ウ7 | | | オソル 七ウ5 | | |
| ヲソル | 備 | ヲソル 仏上 二七 一七オ5 | | オソル 一五ウ6 | オソル 一三ウ6 | | |
| ヲソル | 僾 | ヲソル 仏上 二八 一七ウ6 | | オソル 一六オ5 | オソル 一三ウ2 | | |
| オソル | 遽 | オソル 仏上 四七 二七オ3 | オソレ(ミ) I上 五オ4 | オソル 二六オ3 | オソル 二四オ1 | | |
| オソル | 返 | ・オ・ソ・ル 仏上 五八 三二ウ3 | オソル I上 一〇オ3 | オソル 三一ウ2 | オソル 二〇オ5 | | |
| オソル | 聳 | オソル 仏中 三 三オ6 | オソル I上 三三ウ4 | ・オ・ソ・ル 四九オ1 | ヲソル 五〇オ5 | | |
| オソル | 靚 | ・オ・ソル 仏中 八一 四二オ8 | オソル I上 五九オ7 | ・オ・ソル 九一オ2 | | | |
| オソル | 畏 | オソル 仏中 一一一 五七オ3 | ヲソル I上 七三オ5 | ・オ・ソ・ル 一〇五オ4 | | | |
| オソル | 貴 | ・オ・ソル 仏下本 一六 九ウ6 | | | | | |
| オソル(ク) | 贎 | オソル(リ) 仏下本 一七 一〇オ8 | | | | | |
| オソル | 柃棟 | オソル 仏下本 六六 三四ウ8 | | | | | |
| ヲソル | 搆 | ヲソル 仏下本 七七 四〇オ8 | | | | | |
| オソル | 猥 | オソル 仏下本 一二九 六六オ1 | | | | | |
| オソル | 猲 | ・オ・ソ・ル 仏下本 一三〇 六六ウ4 | | | | | |
| オソル | 競 | オソル 仏下末 一六 九ウ5 | | | | | |
| オソル | 兇 | ・オ・ソ・ル 仏下末 一六 九ウ7 | | | | | |

| 和訓 | 漢字 | 観智院本 | 蓮成院本 | 高山寺本 | 西念寺本 | 図書寮本 | 備考 |
|---|---|---|---|---|---|---|---|
| オソルシ | 奢 | オソルレ 仏末一八ウ6 三四 | | | | | |
| オソル | 訝 | オソル 法上三三ウ6 六四 | オソル II 中 三四オ7 | | | | |
| オソル | 讋 | オソル 法上三五ウ1 六八 | オソル II 中 三六オ4 | | | | |
| オソル | 竦 | オソル 法上四六ウ4 九〇 | | | | | |
| オソル | 跙 | オソル 法上四七オ7 九一 | | | | | |
| オソル | 惕 | オソル 法中三六オ7 六九 | | | | オソル 易 二五七 2 | |
| ヲソル | 惕 | ヲソル 法中三六オ8 六九 | | | | オソル 易 二五七 1 | |
| オソル | 慓 | | | | | オソル 法 二四五 3 | |
| オソル | 惖 | オソル 法中三六ウ1 七〇 | | | | | |
| オソル | 忌 | オソル 法中三六ウ3 七〇 | | | | | |
| オソル | 怛 | オソル 法中三六ウ6 七〇 | | | | | |
| オソル | 息 | オソル 法中三七オ2 七一 | | | | | |
| オソル | 懼 | オソル 法中三七ウ4 七二 | | | | | |
| オソル | 懼 | オソル 法中三七ウ4 七二 | | | | | |
| オソル | 悉 | オソル 法中三八オ1 七三 | | | | | |

| | | | |
|---|---|---|---|
| オソル | 惴 | オソル | 法中三九オ5 七五 |
| オソル | 惴憢 | オソル | 法中三九オ7 七五 |
| オソル | 憢 | オソル | 法中三九オ7 七五 |
| オソル | 懍 | オソル | 法中三九ウ4 七六 |
| オソル | 慞 | オソル | 法中三九ウ6 七六 |
| オソル | 憚 | オソル | 法中四〇オ6 七七 |
| オソル | 怕 | オソル | 法中四一オ1 七九 |
| オソル | 怯 | オソル | 法中四一オ3 七九 |
| オソル | 怵 | オソル | 法中四一オ8 七九 |
| ヲソル | 怞 | ヲソル | 法中四一ウ3 八〇 |
| オソル | 忔 | オソル | 法中四一ウ4 八〇 |
| オソル | 恊 | オソル | 法中四二ウ2 八二 |
| オソル | 聴 | オソル | 法中四四ウ6 八六 |
| オソル | 忍 | オソル | 法中四五オ2 八七 |
| オソル | 㥄 | オソル | 法中四六オ7 八九 |
| オソル | 慴 | オソル | 法中四七オ1 九一 |

| 和訓 | 漢字 | 観智院本 | 蓮成院本 | 高山寺本 | 西念寺本 | 図書寮本 | 備考 |
| --- | --- | --- | --- | --- | --- | --- | --- |
| オソル | 悚 | オソル 法中四七ウ6 九二 | | | | | |
| オソル | 悰 | オソル 法中四八オ4 九三 | | | | | |
| トオソル | 悰然 | トオソル 法中四八オ4 九三 | | | | トオソル 二七五6 | |
| オソル | 悼 | オソル 法中四八オ5 九三 | | | | | |
| オソル | 怖 | オソル 法中四八ウ1 九四 | | | | | |
| オソル | 惶 | オソル 法中四八ウ5 九四 | | | | | |
| オソル | 恐 | オソル 法中四九ウ3 九六 | | | | | |
| オソル | 懲 | オソル 法中四九ウ6 九六 | | | | | |
| オソル | 想 | オソル 法中五〇ウ7 九八 | | | | | |
| オソル | 戀 | オソル 法中五一ウ3 一〇〇 | | | | | |
| オソル | 恩 | オソル 法中五一ウ3 一〇〇 | | | | | |
| オソル | 蹤 | オソル 法中五一ウ6 一〇〇 | | | | | |
| オソル | 怲 | オソル 法中五二オ2 一〇一 | | | | | |
| オソル | 享 | オソル 法下三ウ3 四二 | | | | | |
| オソル | 騫 | オソル 法下五オ4 四七 | | | | | |

| | | | | | | | | | | | | | | | |
|---|---|---|---|---|---|---|---|---|---|---|---|---|---|---|---|
| オソル | オソル | オソル | オソル | オソル ツ | オソル | ヲソル | オソル | ヲソル | オソロシ | オソロシ | オソロシ ル | オソロシ | オソロシ | オソロシ | ヲダヒカニ ナリ |
| 莢 | 葸 | 葉 | 勢 | 戰 | 驚 | 烏 | 棘 | 周 | 淩 | 懆 | 怕 | 震 | 厲 | 威 | 穏 |
| オソル 僧上 一二オ7 一 | オソル 僧上 二一ウ7 二〇 | オソル 僧上 二四ウ3 四六 | オソル 僧上 四三オ3 八三 | オソル ツ 僧中 二一オ3 三九 | オソル 僧中 五六オ5 一〇九 | ヲソル 僧中 五六ウ7 一一〇 | オソル 僧下 四〇オ7 七七 | ヲソル 僧下 五四オ7 一〇五 | オソロシ 法上 一五ウ6 二八 | オソロシ 法中 四〇オ8 七七 | オソロシ ル 法中 四〇ウ8 七八 | オソロシ 法下 三六オ7 六九 | オソロシ 法下 五五オ5 一〇七 | オソロシ 僧中 二三ウ7 四二 | ヲダヒカニ ナリ 法下 一二ウ2 二三 |
| | | オソル III 下 三オ3 | オソル III 下 三オ3 | ヲソル III 下 五九ウ3 | オソル シイ III 下 八〇ウ2 (八) | オソル III 下 八一オ1 (九) | オソル III 下 一四五ウ5 (七三) | ↓ ヲハル | ヲソロシ II 中 一五オ3 | | | | | オソロシ III 下 六一オ2 | |
| | | | | | | | | | | | | | | | |
| | | | | | | | | | | | | | | | |
| | | | | | | | | | | | | | | | |
| | | | | 蓮本 戰 | | | | | | | | | | | |

| 和訓 | 漢字 | 観智院本 | 蓮成院本 | 高山寺本 | 西念寺本 | 図書寮本 | 備考 |
|---|---|---|---|---|---|---|---|
| オダヒカナリ | 雅 | オタヒカナリ 僧中 一六九オ7 一三五 | オタヒカナリ 下二 一九ウ3 III（九二） | | | | |
| オチイリニタリ | 陥 | | | | | 於知伊利尓多利 朱 一九九 4 | |
| オチイル | 擠 | オチイル 仏本 三五ウ4 六八 | | | | | |
| オチイル | 陥 | オチイル 法中 二三オ1 四三 | | | | | |
| オチイル | 阞 | オホ（ヒつき）チイル 法中 二五オ6 四七 | | | | | ヒ朱 |
| オチイル | 埝 | オチイル 法中 二六ウ6 五四 | | | | | |
| オチヰル | 渟 | オチ井ル 法上 一九オ4 三五 | | | | | |
| オヂテ | 懼 | | | | | オチテ 二四五 5 | |
| オチフル | 落魂 | オチフル 僧上 七ウ8 一三 | | | | | |
| △オチフル | 落ゝ | オチフル 僧上 七ウ8 一三 | | | | | |
| オチフル | 落䰟 | オチフル 僧下 二五ウ2 四八 | | | | | |
| オチル | 堕 | オチル 法中 二二ウ1 四〇 | | | | | |
| オチル | 陥 | オチル 法中 二三オ1 四三 | | | | | |
| オチル | 陥 | | | | | オチル 一九九 1 | |
| オヂヲノノク | 怖慄 | | | | | オチヲノノク 列 二四五 4 | |

| 読み | 字 | 1 | 2 | 3 | 4 |
|---|---|---|---|---|---|
| オツ | 傾 | オツ 仏上三二 一九ウ3 | | | オツ 一五ウ3 |
| オツ | 化 | オツ 仏上三二 一九ウ5 | | オミ 二一オ2 | オツ 一五ウ5 |
| オツ | 遏 | オツ 仏上四七 二七オ3 | オミ I上 五オ4 | オミ 二六オ3 | オツ 二四オ1 |
| オツ | ⿺乚缶 | オツ 仏上六二 三四ウ6 | オツ I上 二三オ2 | オミ 三三ウ6 | オミ 三三オ1 |
| オツ | 下 | | | オミ 四〇ウ1 | |
| オヅ | 聳 | オツ 仏中三 三オ6 | オツ I上 三三ウ4 | オミ 四九オ1 | ヲミ 五〇オ5 |
| オツ | 委 | オ\ツ 仏中三 三オ1 | オツ I上 三三オ6 | オ\ミ 六〇オ1 | |
| オツ | 瞿 | オツ 仏中六八 三五ウ2 | オツ I上 五二ウ7 | | |
| オヅ | 畏 | オツ 仏中二二 五七オ3 | オツ I上 七二オ5 | オ川 一〇五オ4 | |
| オツ | 朊 | オツ 仏中三四 六八ウ8 | | | |
| オツ | 觧 | オツ角 仏下本九 六オ6 | | | |
| オツ | 貶 | オツ 仏下本一七 一〇オ1 | | | |
| オツ | 顛 | オツ 仏下本二六 一四ウ5 | | | |
| オツ | 額 | オツ 仏下本三〇 一六ウ5 | | | |
| オツ | 碩 | オツ 仏下本三一 一七オ3 | | | |
| オツ | 控 | オツ 仏下本四七 二五オ1 | | | |

| 和訓 | 漢字 | 観智院本 | 蓮成院本 | 高山寺本 | 西念寺本 | 図書寮本 | 備考 |
|---|---|---|---|---|---|---|---|
| オツ | 標 | オツ 仏下本二六ウ3 五〇 | | | | | |
| オツ | 攏 | オツ 仏下本三四ウ6 六六 | | | | | |
| オツ | 標 | オツ 仏下本五二ウ6 一〇二 | | | | | |
| オツ | 猥 | オツ 仏下本六六オ1 一三九 | | | | | |
| オツ | 危 | オツ 仏下末一五オ7 二七 | | | | | |
| オツ | 湮 | オツ 法上三ウ1 四 | | | | | |
| オツ | 汰 | オツ 法上五ウ4 八 | オツ II中四ウ6 | | | | |
| オツ | 沆 | オツ 法上五ウ8 八 | オツ II中五オ4 | | | | |
| オツ | 渼 | オツ 法上九ウ2 一六 | オツ II中七オ3 | | | | |
| オツ | 滛 | オツ 法上九ウ3 一六 | オツ II中七オ5 | | | | |
| オツ | 渾 | オツ 法上一七オ3 三一 | オツ II中一六ウ3 | | | | |
| オツ | 灘 | オツ 法上二〇オ4 三七 | オツ II中一九ウ5 | | | | |
| オツ | 沰 | オツ 法上二一ウ7 四〇 | オツ II中二一ウ2 | | | | |
| オツ | 凋 | オツ 法上二三ウ8 四四 | オツ II中二四オ3 | | | | |
| オツ | 巓 | オツ 法上六二オ5 一三二 | | | | | |

| | | | | | | | |
|---|---|---|---|---|---|---|---|
| オツ | 硺 | オツ 法中 五オ6 七 | | | | | |
| オツ | 硩 | オツ 法中 五ウ6 八 | | | | | |
| オツ | 碩 | オツ 法中 七オ7 二一 | | | | | |
| オツ | 隤 | オツ 法中 二一オ6 三九 | | | | | |
| オツ | 隕 | オツ 法中 二一オ6 三九 | | | | | |
| オツ | 陏 | オツ 法中 二一オ7 三九 | | | | | |
| オツ | 隕 | オツ 法中 二一オ7 三九 | | | | | |
| オツ | 堕 | オツ 法中 二二ウ1 四〇 | | | | オツ 巽 二三三1 | |
| オツ | 院 | オツ 法中 三三オ5 四一 | | | | | |
| オツ | 隊 | オツ 法中 三三ウ2 四二 | | | | | |
| オツ | 墜 | オツ 法中 三三ウ3 四二 | | | | | |
| オツ | 隧 | オツ 法中 三三ウ3 四二 | | | | | |
| オツ | 陷 | オツ 法中 三三オ1 四三 | | | | | |
| オツ | 陁 | オツ 法中 三三オ3 四三 | | | | | |
| オツ | ⿰阝巴 | オツ 法中 三三オ3 四三 | | | | | |
| オツ | ⿰阝仑 | オツ 法中 二四ウ3 四六 | | | | | |

| 和訓 | 漢字 | 観智院本 | 蓮成院本 | 高山寺本 | 西念寺本 | 図書寮本 | 備考 |
|---|---|---|---|---|---|---|---|
| オツ | 隣 | オツ 法中二四ウ6 四六 | | | | | |
| オツ | 阢 | オツ 法中二五オ3 四七 | | | | | |
| オツ | 坻 | オツ 法中二七オ5 五一 | | | | | |
| オツ | 塠 | オツ 法中二七ウ6 五二 | | | | オツ 二三〇3 | |
| オツ | 堵 | オツ 法中二九オ2 五五 | | | | | |
| オツ | 墜 | オツ 法中三四ウ3 六六 | | | | | |
| オツ | 埆 | オツ 法中三四ウ8 六六 | | | | | |
| オヅ | 懼 | オツ 法中三七ウ4 七二 | | | | | |
| オツ | 恐懼 | | | | | オツ [illegible] 二六三1 | |
| オツ | 恇 | オツ 法中三八オ2 七三 | | | | | |
| オツ | 悕 | オツ 法中三八ウ7 七四 | | | | | |
| オツ | 慄 | キツ 法中三九ウ4 七六 | | | | | |
| オヅ | 怕 | オツ 法中四〇ウ8 七八 | | | | | |
| オツ | 恐 | オツ 法中四五オ2 八七 | | | | | |
| オツ | 愉 | オツ 法中四五オ8 八七 | | | | | |

| 見出し | 字 | 法華経音訓 | 他資料 |
|---|---|---|---|
| オヅ | 悛 | ・オ・ヅ 法中四六オ7 八九 | ・柃豆 季 二七五4 |
| オヅ | 悚 | オ・ヅ 法中四七ウ6 九二 | |
| オヅ | 慄 | | ・オ・ヅ 巽 二四五3 |
| トオヅ | 悰然 | ト・オ・ヅ 法中四八オ4 九三 | ト・オ・ヅ 巽 二七五6 |
| オヅ | 怖 | ・オ・ヅ 法中四八ウ1 九四 | |
| オヅ | 性儴 | | 柃豆 二五七7 |
| オヅ | [忄冓] | ・オ・ヅ 法中四八ウ3 九四 | ・オ・ヅ 巽 二五八4 |
| オヅ | [忄委] | ・オ・ヅ 法中五三ウ2 一〇二 | |
| オツ | 社 | オツ 法下三ウ8 四 | |
| オツ | [衤叟] | オツ 法下五ウ4 八 | |
| オツ | 委 | オツ 法下九オ3 一五 | |
| オツ | 禿 | オツ 法下九オ6 一五 | |
| オツ | 霣 | オツ 法下三四ウ7 六六 | |
| オツ | 霝 | ・オ・ツ 法下三六オ8 六九 | |
| オツトス | 殞 | ・オ・ツトス 法下六七ウ6 一三二 | |
| オツ | [歹艮] | オツ 法下六八オ1 一三三 | |

| 和訓 | 漢字 | 観智院本 | 蓮成院本 | 高山寺本 | 西念寺本 | 図書寮本 | 備考 |
|---|---|---|---|---|---|---|---|
| オツ | 落 | オツ 僧上 七ウ7 一三 | | | | | |
| オツ | 蒠 | オツ 僧上 一一ウ7 二〇 | | | | | |
| オツ | 韡 | オツ 僧上 一六オ7 二九 | | | | | |
| オツ | 鍤 | オツ 僧上 七〇ウ5 一三八 | オツ Ⅲ 下 四五ウ6 | | | | |
| オツ | 轂 | オツ 僧中 三五オ1 六七 | オツ Ⅲ 下 七一ウ7 | | | | |
| オツ | 輸 | オツ 僧中 四五ウ7 八八 | | | | | |
| オツ | 飄 | オツ 僧下 二七オ7 五一 | オツ Ⅲ 下 二五オ2（四三） | | | | |
| オツク | 浦 | オツク 法上 一一ウ3 二〇 | オ小（ママ）ク Ⅱ 中 二オ5 | | | | |
| オツルモノ | 標 | オツルキ 仏下本 五二ウ6 一〇二 | | | | | |
| オト | 聲 | オト 仏中 二オ5 一 | オト Ⅰ 上 三ウ5 | オト 四七ウ7 | ヲト 四九オ3 | | 蓮本・高本 西本 聲 |
| オト | 嗓 | オト 仏中 二五オ2 四七 | オト Ⅰ 上 四三オ7 | オト 七三オ6 | | | |
| オト | 音 | オト 法上 四八オ1 九三 | | | | | |
| オトイモウト | 小妹 | オトイモウト 仏中 九ウ5 一六 | オトイモウト Ⅰ 上 二九ウ2 | オトイモウト 五六オ7 | | | |
| オトウト | 弟 | オトウト 仏下末 一五ウ5 二八 | | | | | |
| オトガヒ | 領 | オトカヒ 仏下本 一三ウ2 二四 | | | | | |

| | | | | | | |
|---|---|---|---|---|---|---|
| ヲトガヒ | 頷 | ヲトカヒ 仏本 一三ウ3 二四 | | | | |
| オトカヒ | 頤 | オトカヒ 仏本 一四ウ8 二六 | | | | |
| オトコカムナキ | 覡 | | ヲトコカムナ丨 I上 五九ウ2 | オトコカムナキ 九一オ5 | | |
| ヲトス | 儥 | ヲトス 仏上 一三ウ4 二〇 | | ↓ オ小ル | オトス 八ウ4 | |
| ヲトス | 退 | ヲトス 仏上 二七ウ7 四八 | ヲトス I上 五ウ6 | オトル 二六ウ4 | オ[上]ル 二四ウ4 | |
| ヲトッス | 下 | ヲトッス 仏上 四四ウ5 七四 | オトム(ヲ) I上 一七オ6 | オトス 四〇ウ1 | オトス 四〇オ5 | |
| オトス | 朊 | オ[上]ス 仏中 六八ウ8 一三四 | | | | |
| オトス | 減 | | オトル II中 四オ7 | | | オトル は 六八2 |
| オトス | 貶 | オトス 仏本 一〇オ1 一七 | | | | |
| オトス | 損 | オト[又] 仏本 三八オ8 七三 | | | | |
| オトス | 危 | オトス 仏末 二六ウ1 三〇 | | | | |
| オトス | 泄 | オ[下]ル 法上 一三ウ3 二四 | オトル II中 一三オ2 | | | |
| オトス | 減 | オトス 法上 一八オ8 三三 | オトス II中 二四ウ3 | | | |
| オドス | 讋 | オトス 法上 三五ウ1 六八 | ヲトス II中 三六オ4 | | | オトル 集 一〇〇2 |
| オトス | 降 | オトス 法中 二一ウ3 四〇 | | | | オトル 後 一九八1 |
| オトス | 懾 | オトス 法中 四二ウ3 八二 | | | | |

| 和訓 | 漢字 | 観智院本 | 蓮成院本 | 高山寺本 | 西念寺本 | 図書寮本 | 備考 |
|---|---|---|---|---|---|---|---|
| オドス | 恐 | ・オ‥トス 法中四五オ2 八七 | | | | | |
| オドス | 恖 | | | | | ・オ‥ト爪・ 氾 二六二7 | |
| オトス | 㦝 | ・オトス 法中四八ウ3 九四 | | | | | |
| オトス | 震 | オト爪 法下三六オ7 六九 | | | | | |
| オドス（ツ） | 威 | ・オ‥ト・ス（ツ） 僧中三三ウ7 四二 | ・オ‥ト・爪 Ⅲ下六オ2 | | | | |
| オトツル | 音 | オトツル 仏中四四ウ6 八六 | | | | | |
| オトツル | 鈴 | オトツル 僧上一〇六ウ3 二一八 | オトツル Ⅲ下三七ウ4 | | | | |
| オトツル | 風 | ・オ・トツル 僧下一二七オ1 五一 | ・オ・トツル Ⅲ下一二四ウ7（四三） | | | | |
| オトヽ | 曻 | オ・ト・ヽ 仏中四八オ5 九三 | オトヽ I上六四オ7 | オトヽ 九六ウ7 | | | |
| オトヽケシ | 偉 | オトヽケレ 仏上一六ウ2 二六 | | オトヽケし 一五オ3 | オトヽケレ 三オ2 | | |
| オトナツク | 長 | オトナツク 仏本一八オ1 三三 | | | | | |
| オトナフ | 聒 | | ヲトナフィ I上三ウ7 | オトナフ 四八オ2 | | | |
| ヲトヨメ | 娰婦 | ヲト・ヨ・メ 仏中四四ウ7 六 | オト5メ I上三オ5 | ・オ・ト・5・メ 五九ウ4 | ヲ小（ト）ヨメ 五二オ6 | | 蓮本・高本 娣婦 |
| △オトヨメ | 娰婦 | | | ・オ・ト・5・メ 五九ウ4 | | | |
| オトヨメ | 娣 | オト・ヨ・メ 仏中二三ウ4 二二 | | | | | |

△

| | | | | | | |
|---|---|---|---|---|---|---|
| オトヨメ | 仏ス婦 | オトヨメ 仏中二ウ5 三二 | | | | |
| オトルス | 減 | オトルス 法上五オ6 七 | | | | |
| オトルス | 劣 | オトル仏 僧上四三ウ5 八四 | オトル仏 Ⅲ下 三ウ1 | | | |
| オトル | 贏 | オトル 僧下四八ウ2 九四 | オトル Ⅲ下二 一六オ4 (五六) | | | |
| オトロ | 迮 | オトロ 仏上二六ウ2 四六 | | オトロ 二五ウ3 | オトロ 三三オ6 | |
| オドロ | 榛 | オトロ 仏下本四三ウ4 八四 | | | | |
| オトロ | 蹟 | オトロ 法上四三オ4 八一 | | | | |
| オトロ | 苿 | オトロ 僧上二オ6 一 | | | | |
| オドロ | 夢荊 | オトロ 僧上八ウ1 一四 | | | | |
| オトロ | 藪 | オトロ 僧上八ウ3 一四 | | | | |
| オドロ | 蘩 | オトロ 僧上三三ウ4 六〇 | オトロ Ⅲ下 一〇ウ5 | | | |
| オドロ | 棘 | オトロ 僧下四〇オ6 七七 | オトロ Ⅲ下二 四五ウ4 (七三) | | | |
| オドロ | 棘 | オトロ 僧下四〇オ7 七七 | オトロ Ⅲ下二 四五ウ5 (七三) | | | |
| オドロカス | 警 | オトロカ仏 法上三三ウ8 六四 | オトロカス Ⅱ中 三四ウ2 | | | オトロカ仏 八五4 |
| オトロカス | 鷺 | オトロカス 僧中六六ウ6 一三〇 | オトロカ仏 Ⅲ下二 八九オ4 (一七) | | | |
| オトロク | 噩 | オトロク 仏上四ウ5 七六 | オトロリ Ⅰ上二 一八オ1 | オトロリ 四一オ6 | | |

| 和訓 | 漢字 | 観智院本 | 蓮成院本 | 高山寺本 | 西念寺本 | 図書寮本 | 備考 |
|---|---|---|---|---|---|---|---|
| オトロク | 聳 | オトロク 仏中三 三オ6 | オトロフ I上 三三ウ4 | ↓ホトロフ | ヲトロフ 五〇オ5 | | |
| オトロク | 眙 | オトロク 仏中五 四四オ6 | オトロク I上 二四ウ4 | オトロク 五〇オ2 | ヲトロク 五一オ6 | | |
| オトロク | 咢 | オトロク 仏中三六 一九ウ8 | オトロク I上 三八ウ4 | オトロク 六七オ3 | | | |
| オトロク | 噩 | オトロク 仏中四七 二五オ4 | オトロリ I上 四三ウ2 | | オトロク 四一ウ1 | | |
| オトロク | 吁 | オトロク 仏中五三 二六オ4 | オトロク I上 四六オ6 | オトロク 七五ウ3 | | | |
| オトロク | 瞿 | オトロク 仏中六八 三五ウ5 | オトロリ I上 五三オ2 | オトロク 八三ウ2 | | | |
| オトロク | 瞗 | オトロク 仏中七七 四〇オ5 | キトロク I上 五六ウ6 | オトロク 八八オ7 | | | |
| オドロク | 覔 | オトロク 仏中八二 四三ウ7 | キトロク I上 五九ウ5 | オトロク 九一オ7 | | | |
| オトロク | 騰 | オトロク 仏中一三三 六三オ6 | | | | | |
| オトロク | 頯 | オトロク 仏下本一〇 六ウ5 | | | | | |
| オドロク | 䇃 | オトロク 法上九一 四七オ6 | | | | | |
| オトロク | 靖 | オトロク 法上九二 四七ウ3 | | | | | |
| オトロク | 惕 | オトロク 法中六九 三六オ8 | | | | | |
| オドロク | 恒 | オトロク 法中七〇 三六ウ6 | | | | | |
| オドロク | 愕 | オトロク 法中七七 四〇オ6 | | オトロク 一〇一オ1 | | | 高本 愕眙 |

| | | | | | |
|---|---|---|---|---|---|
| オトロク | [忄+家] | オトロク 法中四三ウ8 八四 | | | |
| オトロク | 慫 | オトロク 法中四八オ1 九三 | | | |
| オトロク | [忄+冓] | オトロク 法中四八ウ3 九四 | | | |
| オトロク | [大+隹+寸] | オトロク 法下二五オ4 四七 | | | |
| オドロク | 扇 | オトロク 法下四八オ4 九三 | | | |
| オトロク | 殆 | オトロク 法下六七オ6 一三一 | | | |
| オドロク | 剔 | オトロク 僧上四五ウ4 八八 | [オト]ロク Ⅲ下 一四オ1 | | |
| オトロク | 駭 | オトロク 僧中五一オ7 九九 | オトロク Ⅲ下（四）一六六オ5 | | |
| オトロク | 駁 | オトロク 僧中五一オ8 九九 | オトロク Ⅲ下（四）一六六オ6 | | |
| オトロク | 奪 | オトロク 僧中五五オ4 一〇七 | オトロク Ⅲ下（七）一七九オ7 | | |
| オドロク | 驚 | オトロク 僧中五六オ5 一〇九 | ヲトロク Ⅲ下（八）一八〇ウ2 | | |
| オトロク | 凨 | キトロク 僧下二六八オ2 五三三 | キトロク Ⅲ下（四）二一六ウ5 | | |
| オトロフ | 聒 | オトロフ 仏中一二オ7 一 | オトロク（ヲトナウイ） Ⅰ上 三ウ7 | ↓ オトナフ | ヲトロフ 四九オ5 |
| オトロフ | 頹 | オトロフ 仏下本二四ウ1 二六 | | | |
| オトロフ | 彫 | オトロフ 仏下本一七ウ1 三二 | | | |
| オトロフ | 焠 | オトロフ 仏下末二五オ6 四七 | | | |

| 和訓 | 漢字 | 観智院本 | 蓮成院本 | 高山寺本 | 西念寺本 | 図書寮本 | 備考 |
|---|---|---|---|---|---|---|---|
| オトロフ | 凋 | オトロフ 法上 三三ウ8 四四 | オトロフ II 中一四オ3 | | | | |
| オトロフ | 讖 | オトロフ 法上 三七ウ1 七二 | | | | | |
| オトロフ | 忡 | オトロフ 法中 三六オ4 六九 | | | | | |
| オトロフ | 悴 | オトロフ 法中 四六オ1 八九 | | | | | |
| オトロフ | 褰 | オトロフ 法中 七〇ウ1 一三八 | | | | | |
| オトロフ | 秏 | オトロフ 法下 七オ2 一一 | | | | | |
| オトロフ | 落 | オトロフ 僧上 七ウ7 一二 | | | | | |
| オトロヘンダル | 褰 | | | | | オトロヘンタル は 三三一1 | |
| オホトヲヂ | 妳父 | オホトヲチ 僧中 二七オ3 五一 | オトツチ III 下一六四ウ2 | | | | |
| オトワ | 藤 | オトワ 僧上 一七ウ8 三二 | | | | | オトロの誤り？ |
| オナシ | 傐 | オナシ 仏上 二一オ8 三五 | | オナシ 一九オ6 | オナシ 一七ウ2 | | 高本 傐 |
| オナシ | 一 | オナシ 仏上 四〇オ8 七三 | | | オナシ 三九ウ6 | | |
| オナシ | 昆 | オナシ 仏中 四八オ5 九三 | ヲモナシ（イヱ） I 上一六四オ7 | オナシ 九六ウ7 | | | |
| オナシ | 膠 | オナシ 仏中 六一オ5 一一九 | | | | | |
| オナジ | 撿 | オナシ 仏下本 二八オ8 五三 | | | | | |

| | | | | | | |
|---|---|---|---|---|---|---|
| オナシ | 捏 | オナシ 仏本 三三オ3 六二 | | | | |
| オナシ | 沴 | オナシ 法上 一五ウ1 六八 | オナシ Ⅱ中 一四ウ5 | | | |
| オナシ | 埒 | オナシ 法中 三〇ウ4 五八 | | | | |
| オナシ | 縄 | オナシ 法中 六七ウ3 一三二 | | | | |
| オナシ | 共 | オナシ 僧上 二五ウ6 四八 | オナシ Ⅲ下 四オ4 | | | |
| オナジ | 僉 | オナシ 僧中 二オ2 一 | | | | |
| オナジ | 同 | オナシ 僧下 五四ウ1 一〇六 | オナシ Ⅲ下二 三〇オ5 (五八) | | | |
| オナシウシテ | 混 | オナシウソ 法上 二三オ4 四三 | オナシウソ Ⅱ中 三オ1 | | | オナシウソ 選 二五7 |
| オナジク | 咸 | オナシク 僧中 二ウ7 四〇 | オナシク Ⅲ下 六〇オ7 | | | |
| オナヘリ | 可 | オナヘリ 仏上 四ウ6 七六 | オナヘリ Ⅰ上 一八オ1 | オナヘリ 四一オ6 | オナヘリ 四一ウ2 | |
| オナリス | 養 | オナリス 僧上 五七ウ1 一一二 | オナリ仏 Ⅲ下 三五オ3 | | | |
| オニ | 神 | オニ 法下 二オ3 一 | | | | |
| オニ | 魔 | オニ 法下 五三ウ2 一〇四 | | | | |
| オニ | 鬼 | オニ 僧下 二五オ7 四七 | オニ Ⅲ下二 二三ウ1 (四二) | | | |
| オニ | 魍 | オニ 僧下 二五ウ8 四八 | オニ Ⅲ下二 二三ウ7 (四二) | | | |
| オニ | 魎 | オニ 僧下 二五ウ8 四八 | オニ Ⅲ下二 二四オ1 (四三) | | | |

| 和訓 | 漢字 | 観智院本 | 蓮成院本 | 高山寺本 | 西念寺本 | 図書寮本 | 備考 |
| --- | --- | --- | --- | --- | --- | --- | --- |
| オニ | 鬼戊 | オニ 僧下二六オ8 四九 | オニ Ⅲ下二二四オ7 (四三) | | | | |
| オニカシラ | 毒藤 | オニカレラ 僧下五四オ6 一〇五 | | | | | |
| オニノヤカラ | [illegible]藤 | オニノヤカラ 僧上三三オ2 四一 | | | | | |
| オニノヤガラ | 續断 | オニノヤカラ 僧中一八ウ3 三四 | オニノヤカラ Ⅲ下二三ウ6 (四九) | | | | |
| オニヒ | 燐 | オニヒ 仏下末二六オ6 四九 | | | | | |
| オノオノ | 各 | オノ〱 仏中三〇ウ2 五八 | オノ〻 Ⅰ上四八ウ4 | オノ〱 七八オ2 | | | |
| ヲノヲノ | 各各 | ヲノ〱 仏中三〇ウ2 五八 | オノ〻 Ⅰ上四八ウ4 | オノ〱 七八オ3 | | | |
| ヲニヤライ | 儺 | ヲニヤラ イ(フ) 仏上一八オ8 二九 | | オニヤラヒ(フ) 一七オ2 | オニヤラライ(ヌ) 一四オ5 | | |
| オニヤラヒ | 貫衆 | オニアラヒ(ヤ) 仏下本二三オ3 二二 | | | | | |
| ヲノツカラ | 偃 | ヲノツカラ 仏上一四ウ3 三三 | | オノツカラ 一九オ2 | オノツカラ 一〇オ1 | | |
| ヲノツカラ | 俔 | ヲノツカラ 仏上一八ウ2 三〇 | | オノツカラ 一七オ3 | オノツカラ 一四オ6 | | |
| ヲノヅカラ | 自 | ヲノツカラ 仏中四〇ウ8 七八 | ヲノツカラ Ⅰ上五八オ2 | オノツカラ 八九オ3 | | | |
| オノヅカラ | 然 | オノツカラ 仏下末二六ウ4 五〇 | | | | | |
| ヲノツカラ | 自然 | ヲノツカラ 仏下末二六ウ4 五〇 | | | | | |
| オノツカラ | 穭 | オノツカラ 法下一二ウ3 二二 | | | | | |

| | | | | | |
|---|---|---|---|---|---|
| オノツカラ | 作 | キノツカラ 僧下 一二三 五六オ1 | | | |
| オノレ | 吾 | オノレ 仏中 六〇 三ウ8 | オノレ I上 四九ウ7 | ↓ オレ | |
| オノレ | 質 | オノレ 仏下本 一九 一二オ3 | | | |
| オノレ | 己 | オソレ 仏下末 一三 八オ8 | | | |
| オハ | 姥 | オハ 仏中 一四 八ウ7 | ヲハ I上 二八ウ6 | オハ 五三ウ3 | |
| オバ | 祖母 | オバ 仏中 一二 一二オ7 | オハ I上 三三オ1 | オバ 五九オ1 | |
| オバ | 祖母 | オバ 法下 九 六オ3 | | | |
| オハキ | 蒿菜 | オハキ 僧上 二五 一四オ5 | | | |
| △オハキ | 荿蒿 | オハキ 僧上 二五 一四オ5 | | | |
| オハキ | 莪蒿 | オハキ 僧上 二五 一四オ5 | | | |
| オハキ | 蒿 | オハキ 僧上 二五 一四オ7 | | | |
| オハキ | 蓊蒿 | オハー 僧上 二五 一四オ8 | | | |
| オハシタリ | 來 | オハシタリ 僧下 八一 四三オ3 | オハシタリ III下 一四五ウ7 (七三) | | |
| オハシヌ | 去 | オハシヌ 仏上 八四 四五ウ3 | オハシヌ I上 二〇ウ4 | オハシヌ 四五オ4 | ヲハシヌ 四六オ3 |
| オバシマ | 檻 | オハシマ 仏下本 二二 五七オ1 | | | |
| オハシマス | 金 | オハシテ爪 僧上 一二三 五六オ6 | オハシテ爪 III下 三六オ1 | | |

| 和訓 | 漢字 | 観智院本 | 蓮成院本 | 高山寺本 | 西念寺本 | 図書寮本 | 備考 |
|---|---|---|---|---|---|---|---|
| ヲハシム | 佩 | ヲハシム 仏上一七ウ2 二八 | | オハシム 一九オ4 | オハシム 一三オ4 | | |
| ヲハヨメ | 嫗 | ヲハヨメ 仏中五三オ4 七一 | オハヨメ I上二五オ6 | オハヨメ 五一ウ3 | ヲハヨメ 五二ウ3 | | |
| オバヲバ | 祖姑 | オハヲハ 仏中九オ3 一五 | オハヲハ I上二九オ2 | | | | |
| オハヲバ | 従祖母 | オハヲハ 仏中一三オ7 二一 | オハヲハ I上三三オ1 | オハヲハ 五九オ2 | | | |
| オビ | 鞶 | オヒ 僧中三九オ5 七五 | | | | | |
| オヒイテタリ | 芮 | オヒイテタリ 僧上六ウ8 一〇 | | | | | |
| オヒイテタリ | 芫 | オヒイテタリ 僧上一三オ6 二一 | | | | | |
| オヒウツ | 行侯 | オヒウツ 仏上一三オ4 一七 | | オヒウツ 一〇オ4 | オヒウツ 七オ1 | | 西本 汙侯 |
| オヒウツ | 逐 | オヒウツ 仏上三三オ2 五九 | オヒウツ I上一〇ウ1 | オヒウツ 三三オ1 | オヒウツ 二〇ウ5 | | |
| オヒカス | 偃 | | | オヒカス 一九オ2 | | | |
| オヒカネ | 鍱 | オヒカ子 僧上六二オ8 一三一 | オヒカネ Ⅲ下二九オ5 | | | | |
| オヒカハ | 韃 | オヒカハ 僧中四一オ7 七九 | | | | | |
| オビカハ | 鞓 | オヒカハ 僧中四一ウ5 八〇 | | | | | |
| オヒカヒ | 膶 | オヒカヒ 仏中六二オ7 一三一 | | | | | |
| オヒク | 淤 | オヒク 法上一〇オ7 一七 | ↓ オヒク | | | | |

| | | | | | | | |
|---|---|---|---|---|---|---|---|
| オビク | 弁 | オヒク 仏本 一 一二オ3 | | | | | |
| オビク | 帯 | オヒク 法中 一〇九 一五六オ7 | | | | | |
| オビシ | 臕 | オヒシ 仏中 一三五 一六九オ6 | | | | | |
| オヒシキテ | 逼及 | オヒシキテ 僧中 五二 一七ウ2 | オヒシテ Ⅲ下 六四ウ7 | | | | |
| オビシバリ | 臕 | オヒシハリ 仏中 一三五 一六九オ6 | | | | | |
| オビシム | 帯 | | | | | オヒシム 月 二七九6 | |
| オビシム | 弁 | オヒシム 仏本 一 一二オ3 | | | | | |
| オヒヘタリ | 佩 | オヒヘタリ 仏上 一二八 一七ウ2 | | ↓オヘリ フ ヒタ | オヒヘタリ 三オ4 | | |
| ヲヒフタリ | 作 | ヲヒフタリ 仏上 一三三 一〇オ2 | | オヒタリ 二ウ3 | オヒフタリ 一六オ2 | | |
| オヒタリ | 要 | オヒタリ 仏中 一三三 一三オ7 | オヒタリ Ⅰ上 三三ウ3 | オヒタリ 六〇オ6 | | | |
| オビタリ | 帯 | オヒタリ 法中 一〇九 一五六オ7 | | | | | |
| オヒタリ | 絽 | オヒタリ 法中 一三四 一六八ウ4 | | | | | |
| オヒタリ | 生 | オヒタリ 僧下 九一 一四七オ5 | オヒテタリ(ヨ) Ⅲ下 一三五オ2 (六三) | | | | |
| オヒトトノホル | 毬 | オヒトトノホル 僧上 一〇三 一五三オ1 | オヒトトノホル Ⅲ下 三オ3 | | | | |
| オヒトトノホル | 毬 | オヒトトノホル 僧上 一〇三 一五三オ7 | オヒトトノホル Ⅲ下 三ウ1 | | | | |
| オビトリ | 鞴 | オヒトリ 僧中 八一 一四二オ7 | | | | | |

| 和訓 | 漢字 | 観智院本 | 蓮成院本 | 高山寺本 | 西念寺本 | 図書寮本 | 備考 |
|---|---|---|---|---|---|---|---|
| オヒフクロ | 縢 | オヒフクロ 仏中六三オ6 一三三 | | | | | |
| ヲビヤカス | 迫 | ヲヒヤカス 仏上二八オ5 四九 | ↓ ヤカ爪 | ↓ オヒユ ヤカ爪 | オヒヤカ爪 二五オ3 | | |
| ヲビヤカス | 協 | ヲヒヤカス 仏上四五オ2 八三 | オヒヤカス I上二〇オ6 | オヒヤカス 四四ウ4 | ヲヒヤカ爪 四五オ6 | オヒヤカ爪 二六七3 | 恊 図本 |
| オビヤユカス | 脅 | オヒヤユカス 仏中六一オ1 一二九 | | | | | |
| オビヤカス | 讋 | オヒヤカス 法上三五ウ1 六八 | ヲヒヤカス II中三六オ4 | | | オヒヤカ爪 一〇〇2 | |
| オビヤカス | 恊 | オヒヤス 法中四二ウ2 八二 | | | | | |
| オビヤカス | 虍 | オヒヤカス 法下四八ウ8 九四 | | | | | |
| オビヤカス | 剖 | オヒヤカ爪 僧上四四ウ4 八六 | オヒヤカス III下三一オ4 | | | | |
| オビヤカス | 刦 | オヒヤカ爪 僧上四六オ4 八九 | オヒヤカ爪 III下四四ウ1 | | | | |
| オビヤカス | 剽 | オヒヤカス 僧上四六ウ4 九〇 | オヒヤカス III下四四ウ6 | | | | |
| オヒヤシ | 鄙 | オヒヤし 法中二〇オ1 三七 | | | | | |
| オヒヤス | 逼 | オヒヤス 仏上三三ウ5 五八 | オヒヤス I上一〇オ5 | オヒヤス 三一ウ3 | オヒヤ爪 二〇オ6 | | |
| ヲヒユ | 侵 | ヲヒユ 仏上三三ウ6 四〇 | | オヒユ 三一ウ5 | オヒユ 二〇オ5 | | |
| ヲヒユ | 迫 | ヲヒユ 仏上二八オ5 四九 | オヒユ I上六オ4 | オヒユ ヤカ爪 二七オ2 | オヒユ 二五オ3 | | 高本 オヒユ ヤカ爪？ |
| オヒユ | 喟 | オヒユ 仏中一八オ1 三三 | オヒユ I上三六ウ7 | オヒユ 六五オ3 | | | 喟 蓮本、高本 |

| | | | | | | | |
|---|---|---|---|---|---|---|---|
| オヒユ | 噲 | オヒユ 仏中一九オ3 三五 | | | | | |
| オヒユ | 喉 | | | オヒユ 六六オ5 | | | |
| オヒユ | 喝 | オヒユ 仏中三三ウ3 四四 | オヒユ I上四二オ1 | オヒユ 七〇ウ6 | | | 草本・高本 唱 |
| オヒユ | 喝嗑 | オヒユ 仏中三三ウ3 四四 | | | | | |
| オヒユ | 貧 | オヒユ 仏本一〇オ3 一七 | | | | | |
| ヲヒユ | 競 | ヲヒユ 仏末九ウ5 一六 | | | | | |
| オヒユ | 嵔 | オヒユ 法上五五オ7 一〇七 | | | | | |
| オビユ ヤカス | 愕 | オヒユヤカス 法中四二オ6 七七 | | | | | |
| オビユ | 癩 | オヒユ 法下六一オ6 一一九 | | | | | |
| ヲフ | 任 | ヲフ 仏上一四ウ8 二 | ヲフ I上一ウ2 | ヲフ 三ウ6 | | | |
| オフ | 倞 | オフ 仏上一五ウ8 二四 | | オフ 一四オ6 | オフ 二オ5 | | 西本 倞 |
| オフ | 逄 | オフ 仏上三〇オ4 五三 | オフ I上七ウ7 | オフ 二九オ2 | オフ 二七ウ2 | | |
| ヲフ | 従 | ヲフ 仏上三三ウ2 四〇 | | オフ 三三ウ1 | オフ 三〇オ2 | | |
| オフ | 追 | オフ 仏上三〇オ5 五三 | オフ I上七ウ7 | オフ 二九オ3 | オフ 二七ウ2 | | |
| オフ | 遮 | オフ 仏上三三ウ1 五八 | オフ I上一〇オ2 | オフ 三三オ7 | | | |
| オフ | 逐 | オフ 仏上三三オ2 五九 | オフ I上一〇ウ1 | オフ 三三オ1 | オフ 三〇ウ5 | | |

| 和訓 | 漢字 | 観智院本 | 蓮成院本 | 高山寺本 | 西念寺本 | 図書寮本 | 備考 |
|---|---|---|---|---|---|---|---|
| オフ | 遂 | オフ 仏上三三オ3 五九 | オフ I上一〇ウ2 | オフ 三三オ1 | オフ 三〇ウ6 | | |
| オフ | 趦 | キフ 仏上三六オ4 六五 | オフ I上一三オ5 | オフ 三五オ7 | オフ 三四ウ4 | | |
| オフ | 赿 | オフ 仏上三七オ2 六七 | オフ I上一四オ2 | ·オ·フ 三六オ4 | ·オ·フ 三五ウ4 | | |
| オフ | 生 | オフ 仏上四三ウ7 七八 | オフ I上一八ウ6 | オフ 四三ウ2 | オフ 四三オ1 | | |
| オフ | 吁 | ·オ·フ 仏中二八オ4 五三 | オノ(ヲ) I上四六オ6 | オノ(ヲ) 七五ウ3 | | | |
| オフ | 賫 | オフ 仏本八ウ4 一四 | | | | | |
| オフ | 負 | ·オ·フ 仏本一〇オ3 一七 | | | | | |
| オフ | 搶 | ·オ·フ 仏本二八ウ1 五四 | | | | | |
| オフ | 揭 | オフ 仏本二九オ1 五五 | | | | | |
| オフ | 撘 | オ·フ 仏本三六ウ5 七〇 | | | | | |
| オフ | 植 | オフ 仏本四四オ8 八五 | | | | | |
| オフ | 注 | オフ 法上一八ウ8 三四 | ↓ オク | | | | |
| オフ | 諠 | オフ 法上二五オ6 四七 | | | | | |
| オフ | 嘼 | オフ 法上三〇ウ2 五八 | オフ II中三オ4 | | | | |
| ヲフ | 蹴 | ·ヲフ 法上四六オ3 八九 | | | | | |

| 見出し | 字 | 訓1 | 出典1 | 訓2 | 出典2 |
|---|---|---|---|---|---|
| オフ | 随 | ・オ・フ | 法中二一オ8 三九 | | |
| オフ | 恬 | オフ | 法中四〇ウ6 七八 | | |
| オフ | 料 | オフ | 法中七六オ3 一四九 | | |
| オフ | 襘 | オフ | 法中七七オ7 一五一 | | |
| オフ | 襘 | オフ | 法下三オ5 三 | | |
| オフ | 被 | オフ | 法下六オ1 九 | | |
| オフ | 屓 | オフ | 法下四七オ8 九一 | | |
| オフ | 厈 | オフ | 法下五六オ1 一〇九 | | |
| オフ | 尋 | ・オ・フ | 法下七三ウ2 一四三 | | |
| オフ | 篌 | オフ | 僧上三八オ1 七三 | オフ | Ⅲ下 一七オ1 |
| オフ | 舀 | | | オフ | Ⅲ下二一八オ5 (四六) |
| オフ | 仟 | ・オ・フ | 僧中一九オ7 三五 | ・オ・フ | Ⅲ下二一三ウ1 (五〇) |
| オフ | 縠 | オ\フ | 僧中三四ウ8 六六 | | |
| オフ | 馺 | オフ | 僧中五一オ8 九九 | ・オ・フ | Ⅲ下二七六オ6 (四) |
| オフ | 驅 | ・オ・フ | 僧中五二オ2 一〇一 | ・オ・フ | Ⅲ下二七六ウ6 (四) |
| オフ | 蛤 | オ\フ | 僧下一三オ5 二三 | オ\フ | Ⅲ下二一〇ウ3 (二九) |

| 和訓 | 漢字 | 観智院本 | 蓮成院本 | 高山寺本 | 西念寺本 | 図書寮本 | 備考 |
|---|---|---|---|---|---|---|---|
| オフ | 生 | ・オ・フ 僧下 九一 四七オ3 | オフ 工二一 三五オ2 Ⅲ(六三) | | | | |
| オフ | 生 | キフ 僧下 九一 四七オ4 | | | | | |
| オフシ | 啞 | オフし〳 仏中 四一 三三オ7 | | オフし 六九ウ1 | | | |
| オフシ | 喑 | オフし〳 仏中 六三 三三ウ8 | | | | | |
| オフシ | 瘖 | オフし 法下 一五 二九オ3 | | | | | |
| オフシ | 瘖瘂 | ・オ・フ・し 法下 一五 二九オ3 | | | | | |
| オフシ | 瘂 | オフし 法下 一九 一六オ2 | | | | | |
| オフス | 拍浮 | ・オ・フ・ス 仏本 四八 三五ウ2 | | | | | |
| オフモノ | 鈴珮 | | | | | ・於・布・毛・乃 一六三4 | |
| オフル | 慵 | オ・フル 法中 九四 四八ウ3 | | | | | |
| オベラセ | 容皃 | ・オ・ヘ・ラせ 法下 五〇 一六ウ5 | | | | | |
| オヘリ フ ヒタリ | 佩 | ↓ オヒタリ ヘ | | ・オ・ヘ・リ ・ブ ヒタリ 一九オ4 | ↓ オヒタリ ヘ | | |
| オヘリ フ | 佩 | ・オ・ヘ・リ フ 仏上 一八 二七ウ2 | | | オヘリ 一三オ4 | | |
| オホ | 陞 | オホ 法中 四一 三三オ6 | | | | | |
| オホヒ | 防 | ・オホヒ 法中 四七 三五オ6 | | | | | ヒ朱 |

| | | | | | | | |
|---|---|---|---|---|---|---|---|
| オホアニ | 鵬 | オホアニ 僧中 三六三ウ5 三四 | オホアニ Ⅲ下二 八六ウ1 (四) | | | | |
| オホアメ | 沛 | オホアメ 法上 二一ウ4 二〇 | オホアメ Ⅱ中 二オ6 | | | | |
| オホアリ | 馬蟻 | | オホアリ Ⅲ下二 一〇二オ5 (三〇) | | | | |
| △ オホアリ | 大蟻 | | オホアリ Ⅲ下二 一〇二オ5 (三〇) | | | | |
| オホイウモ | 大使 | オホイウモ 仏上 一九オ2 三二 | | ↓ オホイオモ | ↓ オホイオモ | | |
| オホイオモ | 大使 | ↓ オホイウモ | | オホイオモ 一七ウ4 | オホイオモ 一五オ1 | | |
| オホイサ | 大 | オホイサ 仏末 一七オ3 三二 | | | | | |
| オホイシ | 磐 | オホイシ 法中 三ウ7 四 | | | | | |
| オホイト | 紬 | オホイト 法中 六三オ6 三三 | | | | | |
| オホイナラスヤ | 大舌 | オホイナラスヤ 仏中 一八ウ7 三四 | オホイナラスヤ Ⅰ上 三八ウ1 | オホイナラスヤ 六六オ1 | | | |
| ヲホイナリ | 佳 | ヲホイナリ 仏上 五オ2 三 | オホイナリ Ⅰ上 一ウ3 | オホイナリ 三ウ7 | | | |
| ヲホイナリ | 俺 | ヲホイナリ 仏上 三オ3 九 | | オホイナリ 二オ6 | オホイナリ 八オ3 | | |
| ヲホイナリ | 儀 | ヲホイナリ 仏上 三〇オ8 三三 | | オホイナリ 一九ウ2 | オホイナリ 一六オ6 | | |
| ヲホイナリ | 丕 | ヲヲイナリ 仏上 四三オ6 七七 | オホイナリ Ⅰ上 一八オ7 | | | | |
| オホイキナリ | 丕 | ↓ ヲヲイナリ | オホイナリ Ⅰ上 一八オ7 | オホイキナリ 四ウ7 | オホイキナリ 四オ4 | | |
| オホイナリ | 大弓 | | オホイナリ Ⅰ上 一七ウ6 | オホイナリ 四オ4 | オホイナリ 四オ5 | | 蓮本 大弓 |

| 和訓 | 漢字 | 観智院本 | 蓮成院本 | 高山寺本 | 西念寺本 | 図書寮本 | 備考 |
|---|---|---|---|---|---|---|---|
| オホイナリ | 唪 | | オホイナリ I上 四一ウ5 | オホイナリ 七〇ウ2 | | | |
| オホイナリ | 昊 | オホイナリ 仏中 五オ1 九九 | ヲホイナリ I上 六七オ2 | オホイナリ 九九ウ1 | | | |
| オホイナリ | 權 | オホイナリ 仏本 二ウ2 四〇 | | | | | |
| オホイナリ | 將 | オホイナリ 仏末 五ウ4 八 | | | | | |
| オホイナリ | 孔 | オホイナリ 仏末 八オ5 三 | | | | | |
| オホイナリ | 奄 | オホイナリ 仏末 一八ウ3 三四 | | | | | |
| オホイナリ | 灮 | オホイナリ 仏末 一九ウ5 三六 | | | | | |
| オホイナリ | 淼 | オホイナリ 法上 五オ6 七 | オホイナリ II中 四ウ1 | | | | |
| オホイナリ | 浩 | オホイナリ 法上 九オ7 一五 | オホイナリ II中 六ウ7 | | | | |
| オホイナリ | 謠 | オホイナリ 法上 九ウ4 一六 | オホイナリ II中 七オ5 | | | | |
| オホイナリ | 演 | オホイナリ 法上 一六オ7 二九 | オホイナリ II中 一五ウ4 | | | | |
| オホイキナリ | 洪 | オホイキナリ 法上 三ウ1 四二 | オホイナリ II中 三オ5 | | | | |
| オホイナリ | 誕 | オホイナリ 法上 二六オ7 五三 | オホイナリ II中 二八ウ6 | | | | |
| オホイナリ | 譱 | オホイナリ 法上 二九ウ3 五六 | オホイナリ II中 三〇オ3 | | | | |
| オホイナリ | 許 | オホイナリ 法上 三ウ1 六一 | オホイナリ II中 三ウ2 | | | オホイナリ 七四 4 | |

| | | | | | | |
|---|---|---|---|---|---|---|
| オホイナリ | 諱 | | オホイナリ Ⅱ中一三ウ3 | | | | 
| オホイキナリ | 路 | オホイキナリ 法上 四五ウ2 八八 | | | | オホイナリ 一三 1 |
| オホイナリ | 巍 | オホイナリ 法上 五七オ4 二二一 | | | | |
| オホイナリ | 碆 | オホイナリ 法中 四四オ6 五 | | | | |
| オホイキナリ | 碩 | オホイキナリ 法中 五三オ3 七 | | | | |
| オホイキナリ | 王 | オホイキナリ 法中 六オ5 一三 | | | | |
| オホイキナリ | 皇 | オホイキナリ 法中 六オ5 一三 | | | | |
| ヲホイナリ | 祁 | ヲホイナリ 法中 一六オ7 二九 | | | | |
| オホイナリ | 阜 | オホイナリ 法中 二〇オ7 三七 | | | | オホイナリは 一八六2 |
| オホイナリ | 堂 | オホイナリ 法中 三三オ6 五九 | | | | |
| オホイナリ | 恒 | オホイナリ 法中 三六ウ6 七〇 | | | | |
| オホイナリ | 恢 | オホイナリ 法中 三八ウ6 七四 | | | | |
| オホイナリ | 憑 | オホイナリ 法中 五一ウ1 一〇〇 | | | | |
| ヲホイナリ | 繹 | ヲホイナリ 法中 五九オ3 一二五 | | | | |
| オホイナリ | 祏 | オホイナリ 法中 六六ウ5 一五〇 | | | | |
| オホイキナリ | 祇 | オホイキナリ 法下 二二ウ2 | | | | |

図本 阜（阜の欄）

| 和訓 | 漢字 | 観智院本 | 蓮成院本 | 高山寺本 | 西念寺本 | 図書寮本 | 備考 |
|---|---|---|---|---|---|---|---|
| オホイナリ | 粗 | オホイナリ 法下 一七オ1 三一 | | | | | |
| オホイナリ | 京 | オホイナリ 法下 二一ウ2 四〇 | | | | | |
| オホイナリ〔キ〕 | 宏 | オホイナリ〔キ〕 法下 二四ウ1 四六 | | | | | |
| オホイナリ | 唇 | オホイナリ 法下 四八ウ7 九四 | | | | | |
| オホイナリ | 廓 | オホイナリ 法下 五一ウ2 一〇〇 | | | | | |
| オホイナリ | 摹 | オホイナリ 僧上 二ウ7 二 | オふイナリ III 下 四ウ7 | | | | |
| オホイナリ | 芋 | オホイナリ 僧上 一九ウ2 三六 | | | | | |
| オホイナリ | 葉 | オホイナリ 僧上 二四ウ4 四六 | オふイサリ（ミ） III 下 三オ3 | | | | |
| オホイナリ | 鉅 | オホイナリ 僧上 六九オ7 一三五 | オふイナハ（ミ） III 下 四五オ2 | | | | |
| オホイナリ〔キ〕 | 張 | オふイナリ〔キ〕 僧中 一四ウ7 二六 | オふイナリ III 下 五三ウ3 | | | | |
| オホイナリ | 弘 | オホイナリ 僧中 一五オ3 二七 | オふイナリ III 下 五三ウ5 | | | | |
| オホイナリ | 馮 | オホイナリ 僧中 五六オ8 一〇九 | オふイクサ（ミ） III 下 一八〇ウ3 （八） | | | | |
| オホイナリ〔キ〕 | 鴻 | オホイナリ〔キ〕 僧中 六四ウ8 一三六 | オふイナリ III 下 一八七ウ2 （一五） | | | | |
| オホイナリ〔キ〕 | 巨 | オふイナリ〔キ〕 僧下 三九オ7 七五 | オふイナリ〔ハ〕 III 下 一三七オ1 （六五） | | | | |
| オホイナリ | 泰 | オふイナリ 僧下 五七オ5 一二一 | オふイナリ III 下 一四三ウ7 （七〇） | | | | |

| | | | | | | | |
|---|---|---|---|---|---|---|---|
| オザイナルカナ | 皇矣 | オホイナルカナ 法中 一八オ6 一三 | | | | オホイナルカナ 氾 一六八 6 | |
| オホイマウチキミ | 大臣 | オホイマウチキミ 僧下 三九オ4 七五 | オホチイマウチヘミ III下二 三六ウ1 (六四) | | | | |
| トオホウシテ | 紛々 | トオホウメ 法中 六〇オ8 一一七 | | | | トオホウメ 巽 三一三 2 | |
| オホウス | 観 | オホウス 仏中 四三オ3 八一 | オホウス I上 五九オ3 | オホウル 九〇ウ4 | | | |
| オホウハ | 夕 | オホウハ 法下 六九オ6 一三五 | | | | | |
| オホウハラ | 抜葜 | オホウハラ 僧上 二五オ7 四七 | オホウハラ III下 三ウ4 | | | | |
| オホオバ | 曽祖母 | オホオハ 仏中 一三オ7 二二 | オホオハ I上 三三オ1 | オホヲハ 五九オ2 | | | |
| オホオホチ | 曽祖父 | オホオホチ 僧中 二七オ1 五一 | オホオホチ III下 六四ウ2 | | | | |
| オホオホヂヲヂ | 族父 | オホヽヽチヲチ 僧中 二七オ2 五一 | オホミチオチ III下 六四ウ2 | | | | |
| オホオヨビ | 拇 | オホオヨヒ 仏本 三〇ウ8 三八 | | | | | |
| オホガ | 絲車 | オホカ 法中 六〇オ6 一一七 | | | | 於保賀 三一三 7 | |
| オホガサ | 簦 | オホカサ 僧上 四〇ウ2 七八 | オホカサ III下 一九オ5 | | | | |
| オホカサ | 大簦 | オホカサ 僧上 四〇ウ2 七八 | オホカサ III下 一九オ5 | | | | |
| オホガシラナリ | 欺猥 | オホカシラナリ 仏本 六六オ2 一二九 | | | | | |
| オホガス（ク） | 憚 | オホカル（リ） 法中 四〇オ6 七七 | | | | | |
| オホカゼ | 大風 | オホカセ 僧下 二七オ3 五一 | オホカセ III下二 一五オ1 (四三) | | | | |

| 和訓 | 漢字 | 観智院本 | 蓮成院本 | 高山寺本 | 西念寺本 | 図書寮本 | 備考 |
|---|---|---|---|---|---|---|---|
| オホカゼ | 颶 | オホカセ 僧下一六オ6 五三 | オ小カセ III下二五ウ6 (四三) | | | | |
| オホカゼ | 颶 | オ小カセ 僧下一六ウ3 五四 | オ小カセ III下二六オ4 (四四) | | | | |
| オホカタ | 興 | オホカタ 仏末四ウ1 六六 | | | | | |
| 大カナヘ | 鎗 | 大カナヘ 僧上六〇ウ7 二八 | | | | | |
| オホガネ | 洪鐘 | オホカ子 僧上六四ウ7 一三六 | オ小カネ III下四一オ5 | | | | |
| オホカヒ | 大峡 | | | | | オ小カヒ 三九7 | |
| オホカミ | 狘狼 | オホカミ 仏本六五ウ3 三三八 | | | | | |
| ノオホカミ | 豾狼 | ノオホカミ 仏本六五ウ3 三三八 | | | | | |
| オホカミ | 豾 | オホカミ 仏末六オ7 九 | | | | | |
| オホカメ | 瓦 | オホカメ 僧中一〇オ2 一七 | オ小カメ III下二八ウ1 (四六) | | | | |
| オホガメ | 甕 罌 | オ小カメ 僧下二四ウ5 四六 | オ小カメ III下二三ウ7 (四〇) | | | | |
| ヲホカリ | 丘 | ヲホカレリ 仏上四一ウ4 七六 | オ小カリ I上一七ウ7 | オホカリ 四一オ5 | ホオモカリ 四一オ6 | | |
| オホカリ | 畐 | オホカリ 仏上四三オ7 七七 | オ小カリ I上一八ウ1 | オ小カリ 四一ウ7 | | | |
| オホカリ | 甫 | オホカリ 仏上四三ウ6 八〇 | オ小カリ I上一九オ7 | オホカリ 四三オ7 | ヲワカナリ(ミ) 四四オ1 | | |
| オホカリシ | 嗎 | オホカリシ 仏中一八オ4 三三 | オ小カリ I上三七オ2 | オ小カリ 六五オ4 | | | |

| | | | | | | |
|---|---|---|---|---|---|---|
| オホカリ（シ） | 宮 | オホカリ（レ） 仏中 一九ウ5 三六 | オホカリ I上 三八オ7 | オホカリ 六六ウ7 | | |
| オホカリ（シ） | 観 | オホカリ（レ） 仏中 四二オ3 八一 | ヲホカリ I上 五九オ3 | オホカナリ 九〇ウ4 | | |
| オホカリ | 胖 | オホカリ 仏中 六九オ8 一三五 | | | | |
| オホカリ | 贍 | オホカリ 仏本 八ウ4 一四 | | | | |
| オホカリ | 灌 | オホカリ 法上 二三ウ5 三三 | オホカリ II中 一三オ5 | | | |
| オホカリ | 邯 | オホカリ 法中 一七ウ2 三二 | | | | |
| ヲホカリ（シ） | 稠 | ヲホカリ（レ） 法下 七ウ1 一三 | | | | |
| オホカリ | 蕃 | オホカリ 僧上 七ウ5 一二 | | | | |
| オホカリ（シ） | 薫 | オホカリ（レ） 僧上 二二オ1 三九 | | | | |
| オホカリ | 牲 | オホカリ 僧下 四二オ4 九一 | オホカリ III下 一三五オ3（六三） | | | |
| オホキウミ | 溟 | オホキウミ 法上 四オ6 五 | オホ―ウミ II中 三オ6 | | | |
| オホキウミ | 溟渤 | | | | | 於保岐宇美 和名 六1 |
| ヲホキナリ | 任 | ヲホキナリ 仏上 四ウ8 二 | オホ―ナリ I上 一ウ1 | オホ゛ナリ 三ウ5 | | |
| ヲホキナリ | 僴 | ヲホキナリ 仏上 一七ウ1 二八 | | オホ―ナリ 一六オ3 | オホキナリ 一三オ3 | |
| ヲホキナリ | 倬 | ヲホキナリ 仏上 一七ウ5 二八 | | オホ―ナリ 一六オ5 | オホキナリ 一三ウ2 | |
| ヲホキナリ（イ） | 假 | ヲホキナリ（イ） 仏上 二〇オ5 三三 | | オホキナリ（イ） 二ウ5 | オホキナリ（イ） 一六オ4 | |

| 和訓 | 漢字 | 観智院本 | 蓮成院本 | 高山寺本 | 西念寺本 | 図書寮本 | 備考 |
|---|---|---|---|---|---|---|---|
| ヲホキナリ | 侈 | ヲホキナリ 仏上 二二オ2 三五 | | オホヽナリ 二一オ7 | オホキナリ 一七オ3 | | |
| ヲホキナリ | 逵 | ヲホキナリ 仏上 二六オ7 四九 | オホヽナリ I上 六オ6 | オホヽナリ 二七オ5 | オホキナリ 二五オ5 | | |
| ヲホキナリ | 逩 | ヲホキナリ 仏上 三三ウ5 六〇 | オホヽナリ I上 一一オ2 | オホヽナリ 三三ウ3 | | | |
| ヲホキナリ | 甫 | ヲホキナリ 仏上 四三ウ6 八〇 | オホヽナリ I上 一九オ7 | オホヽナリ 四二オ7 | ヲトキナリ（マヽ） 四四オ1 | | |
| オホキナリ | 覽 | オホキナリ 仏中 四二オ2 八一 | オホヽナリ I上 五九オ2 | オホヽナリ 九〇ウ3 | | | 蓮本、高本覧 |
| オホキナリ | 普 | オホヽナリ 仏中 四六オ2 八九 | オホヽナリ I上 六三ウ2 | オホヽナリ 九四ウ5 | | | |
| オホキナリ | 景 | オホヽナリ 仏中 五一ウ1 一〇〇 | ヲホヽナリ I上 六七ウ1 | オホヽナリ 九九ウ7 | | | |
| オホキ(イ)ナリ | 碩 | オホキ(イ)ナリ 仏下本 一七オ3 三二 | | | | | |
| オホキナリ | 将指 | オホキナリ 仏下本 二二オ5 三九 | | | | | |
| △ オホキナリ | 母指 | オホキナリ 仏下本 二二オ5 三九 | | | | | |
| △ オホキナリ | 大指 | オホキナリ 仏下本 二二オ6 三九 | | | | | |
| オホキナリ | 擁 | オホキナリ 仏下本 三八オ1 七三 | | | | | |
| ヲホキナリ | 壮 | ヲホヽナリ 仏下末 五ウ8 八 | | | | | |
| オホキナリ | 光 | オホヽナリ 仏下末 一〇オ5 一七 | | | | | |
| オホキナリ | 元 | オホヽナリ 仏下末 一一ウ4 二〇 | | | | | |

| | | | |
|---|---|---|---|
| ヲホキナリ | 大 | ヲホヘナリ 仏下末 一七オ3 三一 | |
| オホキナリ | 凞 | オホヘナリ 仏下末 二五オ3 四七 | |
| オホヤナリ | 洪水 | | オホキナリ 書 四3 |
| オホキナリ | 浩 | | オホキナリ 巽 一四5 |
| ヲホキイナリ | 杰 | ヲホヘイナリ 仏下末 二七オ2 五一 | |
| オホキナリ | 許 | オホキナリ 法上 三三オ2 六一 | |
| オホキナリ | 旁 | オホキナリ 法上 四七ウ5 九二 | |
| オホキナリ | 磦 | オホヘナリ 法中 二オ4 一 | |
| オホキナリ | 磧 | オホヘナリ 法中 二ウ3 二 | |
| オホキナリ | 郭 | オホヘナリ 法中 二〇オ3 三七 | |
| ヲホキナリ | 隠 | ヲホヘナリ 法中 二四ウ8 四六 | |
| オホキナリ | 坦 | オホヘナリ 法中 二六オ2 四九 | |
| オホキナリ | 堪 | オホヘナリ 法中 三三オ8 六二 | |
| オホキセ | 墳 | オホキセ 法中 三五オ3 六七 | |
| オホキナリ | 憮 | オホヘナリ 法中 四三オ4 八一 | |
| オホキナリ ヤカナ | 悠 | オホキナリ ヤカナ 法中 四六ウ2 九〇 | |

| 和訓 | 漢字 | 観智院本 | 蓮成院本 | 高山寺本 | 西念寺本 | 図書寮本 | 備考 |
|---|---|---|---|---|---|---|---|
| オホキナリ | 慱 | オホヘナリ 法中 四九ウ8 九六 | | | | | |
| オホキナリ | 綖 | オホヘナリ 法中 五九オ2 一一五 | | | | | |
| オホキナリ | 繁 | オホヘナリ 法中 六二ウ1 一二二 | | | | | |
| オホキナリ | 祏 | オホヘナリ 法中 七一オ1 一三九 | | | | | |
| オホキナリ | 移 | オホキナリ 法下 六ウ6 一〇 | | | | | |
| オホキナリ | 宇 | オホキナリ 法下 二六オ5 四九 | | | | | |
| オホキナリ | 空 | オホキナリ 法下 三〇ウ6 五八 | | | | | |
| オホキナリ | 瘧 | オホキナリ 法下 六五オ5 一二七 | | | | | |
| オホキナリ | 封 | オホキナリ 法下 七三ウ1 一四四 | | | | | |
| オホキナリ | 荒 | オホヘナリ 僧上 五ウ1 八 | | | | | |
| オホキナリ | 蔏 | オホヘナリ 僧上 九ウ2 一六 | | | | | |
| オホキナリ | 藹 | オホキナリ 僧上 一五オ6 二七 | オホヘナリ Ⅲ下 三ウ2 | | | | |
| オホキナリ | 讟 | オホキナリ 僧中 一〇ウ1 一八 | オホヘナリ Ⅲ下 二二八ウ7 (四六) | | | | |
| オホキナリ | 戎 | オホキナリ 僧中 二三オ4 四三 | オホヘナリ Ⅲ下 六一ウ1 | | | | |
| オホキナリ | 夏 | オホキナリ 僧中 二七ウ7 五二 | オホヘナリ Ⅲ下 六五オ4 | | | | |

| | | | | | | | |
|---|---|---|---|---|---|---|---|
| オホキナリ | 㲉 | オホキナリ 僧中 三四ウ6 六六 | オホヘナリ Ⅲ下 七ウ5 | | | | |
| オホキナリ | 鼠 | オホキナリ 僧下 三三ウ4 四二 | オホヘナリ Ⅲ下 二二オ5 (三九) | | | | |
| ヲホキナリ | 䶩 | ヲホキナリ 僧下 四四ウ5 八六 | | | | | |
| オホキナリ | 䶩 | オホキナリ 僧下 一六〇オ6 一二七 | オホヘナリ Ⅲ下 二四八ウ2 (七六) | | | | |
| オホキニ | 頒 | オホキニ 仏本 二三ウ6 三三 | | | | | |
| オホキニ | 元 | オホヽニ 仏末 九オ4 一五 | | | | | |
| オホキニ | 皇 | | | | | オホキニ 氾 一六八 6 | |
| オホキニナリ | 紕 | オホヽニナリ 法中 二六五ウ4 一三八 | | | | オホヽニ 土 二九三 5 | |
| オホキニナリ | 駿 | オホキニナリ 僧中 五二オ1 九九 | オホヽニナリ Ⅲ下 六六オ1 (四) | | | | |
| ヲホキニスナリ | 佛 | ヲアキニスナリ 仏上 四四オ7 一 | オホヽニス Ⅰ上 一オ2 | オホヽニ爪 三オ3 | | | |
| オホキニス | 豊 | オホキニス 法上 四九オ4 九五 | | | | オホヽニ爪 琶 一二九 3 | 図本 豐 |
| オホキニスナリ | 介 | オホキニスナリ 僧中 二ウ7 二 | オホヽニ爪ナリ Ⅲ下 四七ウ1 | | | | |
| オホキニス | 矜 | オホキニス 僧中 一九ウ6 三六 | オホキニ爪 Ⅲ下 三三ウ4 (五二) | | | | 蓮本 矜 |
| オホキニヨフ | 器 | オホキニヨフ 仏中 二五オ1 四七 | ヲホヽニヨフ Ⅰ上 四三オ6 | オホ[ヽニ][ヨ]フ 七二オ5 | | | |
| オホキムダチ | 王等 | オホキムダチ 僧上 四二オ2 七九 | オホヽムダチ Ⅲ下 一九ウ3 | | | | |
| オホク | 饒 | オホク 僧上 二五六ウ7 二〇 | オナク(イ) Ⅲ下 三四ウ1 | | | | |

| 和訓 | 漢字 | 観智院本 | 蓮成院本 | 高山寺本 | 西念寺本 | 図書寮本 | 備考 |
|---|---|---|---|---|---|---|---|
| オホクチ | 哆 | オホクチ 仏中三二ウ4 四二 | オホクチ Ⅰ上四一オ4 | オホクチ 六九ウ7 | | | |
| オホクチノハカマ | 大口袴 | オホクチノハカマ 法中七七オ5 一五一 | | | | 於保久知乃八加麻 和 三三六2 | |
| △オホクチノハカマ | 表袴 | オホクチノハカマ 法中七七オ5 一五一 | | | | | |
| オホクチハカマ | 裩 | オホクチハカマ 法中七七オ1 一五一 | | | | | |
| オホクヒ | 結 | オホクヒ 法中六八ウ4 一三四 | | | | | |
| オホクビ | 袵 | オホクビ 法中七二ウ4 一四二 | | | | 於保久比 和 三三一3 | |
| オホケタリ | 蒬 | オホケタリ 僧上一四ウ2 二六 | | | | | |
| オホケナシ | 啼 | オホケナシ 仏中二六オ4 四九 | オホケナシ Ⅰ上四四ウ2 | オホケナシ 七三オ6 | | | |
| オホサカ | 隴 | オホサカ 法中二〇ウ8 三八 | | | | | |
| ヲホシ | 道 | ヲホシ 仏上二五ウ7 四四 | | オホシ 二五オ1 | オホシ 三ウ3 | | |
| オホシ | 𨑳 | オホシ 仏上三三ウ5 六〇 | オホシ Ⅰ上二一オ2 | オホシ 三三ウ3 | オホシ 三ウ3 | | |
| オホシ | 甫 | オホシ 仏上四三ウ6 八〇 | | | ヲホシ 四オ1 | | |
| オホシ | 晟 | オホシ 仏中四九オ6 九五 | オホシ Ⅰ上六五ウ1 | オホシ 九七ウ6 | | | |
| オホシ | 膭 | オホシ 仏中六三オ8 一三三 | | | | | |
| オホシ | 黟 | オホシ 仏下末二六オ8 五三三 | | | | | |

| | | | | | | |
|---|---|---|---|---|---|---|
| オホシ | 詵 | ヲ(ミ)ホシ 法上二七ウ6 五二 | オホシ Ⅱ中一六オ5 | | | |
| オホシ | 眞 | オホシ 法上五〇オ3 九七 | | | | |
| オホシ | 宗 | オホシ 法上六〇ウ7 一一八 | | | | |
| オホシ | 那 | オホシ 法中六九ウ3 一三六 | | | | |
| オホシ | 紗 | オホシ 法中六〇オ8 一一七 | | | オホシ 切 三一三1 | |
| オホシ | 纊 | オホシ 法中六一オ8 一一九 | | | | |
| オホシ | 繁 | オホシ 法中六二ウ1 一二二 | | | | |
| オホシ | 卒 | オホシ 法中七一オ3 一三九 | | | | |
| オホシ | 夛 | オホシ 法下六九オ6 一三五 | | | | |
| オホシ | 夥 | オホシ 法下六九ウ1 一三六 | | | | |
| オホシ | 夠 | オホシ 法下六九ウ4 一三六 | | | | |
| オホシ | 夠 | オホシ 法下六九ウ6 一三六 | | | | |
| オホシ | 夢 | オホシ 法下六九ウ7 一三六 | | | | |
| オホシ | 大黄 | オホシ 僧上二ウ1 二 | オホシ Ⅲ下 四オ4 | | | |
| △ オホシ | 大良 | オホシ 僧上二ウ1 二 | オホシ Ⅲ下 四オ4 | | | |
| オホシ | 衆 | オホシ 僧中四ウ6 六 | オホシ Ⅲ下二六オ2 (四六) | | | |

| 和訓 | 漢字 | 観智院本 | 蓮成院本 | 高山寺本 | 西念寺本 | 図書寮本 | 備考 |
|---|---|---|---|---|---|---|---|
| オホシ | 盈 | オホシ 僧中 八オ6 一三 | オホシ III下 五一オ2 | | | | |
| オホシ | 㚇 | オホシ 僧中 三三オ1 四一 | オホシ III下 六〇ウ1 | | | | |
| オホシ | 趁 | オホシ 僧中 三三ウ5 六三 | オホシ III下 六九ウ4 | | | | |
| オホシ | 巨 | オホシ 僧下 三九オ7 七五 | | | | | |
| オホシ | 牲 | オホシ 僧下 四七オ4 九一 | | | | | |
| オホシウス | 欲 | オホシウス 僧中 二六ウ2 五〇 | オホシウス III下 六三ウ7 | | | | |
| オホシオキテテ | 所念後 | オホシオキテヽ 仏上 三三オ2 三七 | | オホシオキテヽ 一〇オ5 | オホシオキテヽ 一八ウ2 | | |
| オホシカ | 麋 | オホシカ 法下 五七オ3 一二 | | | | | |
| ヲホス | 仰 | ヲホス 仏上 八ウ6 一〇 | オホセス I上 四オ5 | オホスセ 七オ1 | オホセ 三オ6 | | |
| オホス | 債 | ↓ヲトス | | オホス 一三オ1 | | | |
| オホス | 減 | | | | | オホス 後 三五5 | |
| オホス | 負 | オホス 仏下本 一〇オ4 一七 | | | | | |
| オホス | 撿 | オホス 仏下本 二六オ8 五三 | | | | | |
| オホス | 課 | オホス 法上 三〇オ8 五七 | オホス II中 三オ1 | | | オホス 集 七八4 | |
| オホス | 被 | オホス 法中 七四ウ5 一四六 | | | | オホス 三三五1 | 被 図本 |

| | | | | | |
|---|---|---|---|---|---|
| オホス | 科 | ・オ・ホ・ル 法下 二オ1 一九 | | | |
| オホスス | 鐸 | オホル、 僧上 一七〇オ8 一三七 | キ小ル、 Ⅲ下 四五ウ4 | | |
| オホセ | 順 | オホセ 仏本 一四四オ7 一五 | | | |
| オホセコト | 何 | ↓オホセリ | | オ小セコト 五ウ4 | オ小セ[ホカ]丁 二オ1 |
| オホセコト | 撿 | オホセ丁 仏本 二六オ8 五三 | | | |
| オホセコト | 債 | ↓ヲホセリ | | オ小セ丁 一三オ1 | オ小セ丁 八ウ4 |
| オホセコト | 苻 | オタセ丁 仏末 二六オ7 一九 | | | |
| オホセコト | 宣 | オホセコト 法下 二六オ2 四九 | | | |
| オホセコト | 勅 | キホセコト 僧上 一四三オ8 八三 | オ小セ丁 Ⅲ下 三三オ5 | | |
| オホセコト | 令 | オホセ丁 僧中 二ウ6 二 | キ小セ丁 Ⅲ下 四七オ7 | | |
| オホセノ下 | 詔 | ・オ・ホ・セノ下 法上 一三ウ3 六〇 | オ小セノ下 Ⅱ中 三三オ4 | | |
| オホセリ | 何 | オホセリ 仏上 七ウ2 八 | | ↓オ小セコト | ↓オ小セ[ホカ]丁 |
| ヲホセリ | 債 | ヲホセリ 仏上 一三ウ4 一〇 | | ↓オ小セ丁 | ↓オ小セ丁 |
| オホソラ | 宇 | オホソラ 法下 二六オ5 四九 | | | |
| オホソラ | 宙 | オホソラ 法下 二六オ6 四九 | | | |
| オホソラ | 空 | オホソラ 法下 一三〇ウ6 五八 | | | |

| 和訓 | 漢字 | 観智院本 | 蓮成院本 | 高山寺本 | 西念寺本 | 図書寮本 | 備考 |
|---|---|---|---|---|---|---|---|
| オホソラ | 霄 | オホソラ 法下三六オ2 六九 | | | | | |
| オホソラ | 亞 | オホソラ 法下四八ウ2 九四 | | | | | |
| オホタカ | 青鷹 白鷹 | オホタカ 僧中六六ウ4 一三〇 | オホタカ Ⅲ下二八九オ2（七） | | | | |
| オホタケ | 淡竹 | オホタケ 僧上四一オ5 七九 | オホタケ Ⅲ下二一ウ1 | | | | |
| オホタケ | 竹淡竹 | オホタケ 僧上四一オ8 七九 | オホタケ Ⅲ下一九ウ7 | | | | 蓮本 ⿱⺮淡竹 |
| オホタラ | 食茱萸 | オホタラ 僧上一三オ7 二三 | | | | | |
| オホチ | 路 | オホチ 法上四五ウ2 八八 | | | | | |
| オホヂ | 祖 | オホヂ 法下五オ1 七 | | | | | |
| オホヂ | 祖父 | オホヂ 法下六オ3 九 | オホヂ Ⅲ下六四ウ2 | | | | |
| オホヂ | 祖父 | オホヂ 僧中二七オ2 五一 | | | | | |
| オホヂガフグリ | 螵蛸 | オホヂカフツリ 僧下一一オ4 一九 | オホチカフクリ Ⅲ下二一〇〇オ5（三八） | | | | |
| ヲホヂカラ | 税 | ヲホヂカラ 法下一三オ3 二三 | | | | | |
| オホヂラヂ | 従祖父 | オホヂラヂ 僧中二七オ2 五一 | オホヂオヂ Ⅲ下六四ウ2 | | | | |
| ヲホツカナシ | 仿 | ヲアツカナシ 仏上一四オ8 一 | オホツカナシ Ⅰ上一オ3 | オホツカナシ 三オ7 | | | 高本 仿佛 |
| ヲホツカナシ | 微 | ヲホツカナシ 仏上三三ウ7 三八 | | オホツカナシ 三三オ1 | オホツカナシ 一九オ6 | | |

| 見出し | 漢字 | 出典1 | 出典2 | 出典3 |
|---|---|---|---|---|
| ヲホツカナシ | 鈍 | ヲホツカナシ 僧上六三オ1 一三三 | オホツカナシ III下三九ウ5 | |
| オホツカナシ | 嚕 | オアツカナシ 仏中三三オ6 六一 | オアツカナシ I上五〇オ4 | オ[ホ]ツカナシ 一九ウ7 |
| オホツカナシ | 揺 | オホツカナシ 仏本三三オ1 四一 | | |
| オホツカナシ | 霧 | オホツカナシ 法下三五ウ4 六八 | | |
| オホツカナシ | 闇 | オホツカナシ 法下四二オ5 八一 | | |
| オホツカナシ | 悶 | オホツカナシ 法下四二ウ3 八二 | | |
| オホツツミ | [illegible] | オホツツミ 僧下四五ウ4 八八 | オホツツミ III下二一四オ6（七三） | |
| オホツボ | 扉子 | オホツホ 法下四九オ4 九五 | | |
| オホツメ | [illegible] | オホツメ 仏本四二オ8 五 | | |
| オホヅメ | 螯 | オホツメ 僧下一七ウ1 三二 | オホツメ III下二一六オ2（三四） | |
| オホドコ | 椁 | オホトコ 仏本五八ウ2 一一四 | | |
| オホトコロ | 華觧 | オホトコロ 僧上一七オ5 三二 | | |
| オホトチ | 荼 | オホトチ 僧上五ウ2 八 | | |
| オホトノ | 御殿 | オホトノ 僧中三四オ2 六五 | オホトノ III下七一オ3 | |
| オホトノコモル | 寝 | オホトノコモル 法下三三オ7 六三 | | |
| オホトリ | [illegible] | オホトリ 僧中五八オ2 一一三 | オホトリ III下八一ウ7（九） | |

| 和訓 | 漢字 | 観智院本 | 蓮成院本 | 高山寺本 | 西念寺本 | 図書寮本 | 備考 |
|---|---|---|---|---|---|---|---|
| オホ鳥 | 鷚 | オ\ホ鳥 僧中五八オ4 一三三 | オ\小鳥 Ⅲ下二八二オ1 (一〇) | | | | |
| オホ鳥 | 鵠 | オ\ホ鳥 僧中五八オ7 一三三 | | | | | |
| オホ鳥 | 天鵝 | オ\ホ鳥 僧中五八オ8 一三三 | | | | | |
| 大トリ | 鵬 | 大トリ 僧中五八ウ1 一二四 | 大トリ Ⅲ下二八二オ5 (一〇) | | | | |
| オホトリ | 鵊 | オホトリ 僧中六二ウ5 一三〇 | キホトリ Ⅲ下二八四ウ6 (一三) | | | | |
| オホトル | 逢 | オホトル 僧上二〇オ1 二七 | | | | | |
| オボトレガシラ | 逢頭 | オボトレガシラ 僧上二〇オ2 二七 | | | | | |
| オホナミウツ | 渤 | オホナミウツ 法上四オ6 五 | オホナミウツ Ⅱ中一三オ6 | | | | |
| オホニハノヱ | 甞 | オホニハノヱ 僧下四〇ウ7 八二 | オホニハノヱ Ⅲ下二三六ウ6 (五六) | | | | |
| オホニヘ | 苞苴 | オホニヘ 僧上六オ3 九 | | | | | |
| オホヌサ | 御麻 | オホヌサ 法下三三オ6 一〇三 | | | | | |
| オホネ | 葍 | オホネ 僧上一八ウ4 三四 | オ小子 Ⅲ下一三ウ6 | | | | |
| オホネ | 蘆菔 | オホネ 僧上一八ウ5 三四 | オ小子 Ⅲ下一三ウ6 | | | | |
| △オホネ | 蘆茯 | | オ小子 Ⅲ下一三ウ6 | | | | |
| △オホネ | 蘿蔔 | | オ小子 Ⅲ下一三ウ6 | | | | |

△

| | | | | | | | |
|---|---|---|---|---|---|---|---|
| オホネ | 莱菔 | | オホ子 Ⅲ 下 三ウ6 | | | | |
| オホネムシ | 蝗 | オホネムシ 僧下 三三 一三オ8 | オホネムシ Ⅲ 下三 一〇ウ6 (三〇) | | | | |
| オホハ | 姥 | | オホハ Ⅰ 上 二八ウ6 | オホハ 五五ウ3 | | | |
| オホバコ | 車前子 | オホバコ 法下 一三八 七〇ウ2 | | | | | |
| オホハコ | 車前草 | オホハコ 僧上 四 三ウ3 | オホハコ Ⅲ 下 二オ3 | | | | |
| オホバコ | 芣苡 | オホバコ 僧上 七 五オ6 | オホバコ Ⅲ 下 一ウ6 | | | | |
| オホハコ | 芣 | オホハコ 僧上 七 五オ6 | | | | | |
| オホハチ | 蛁 | オホハチ 僧下 三三 一三ウ6 | オホハチ Ⅲ 下三 一〇ウ5 (三八) | | | | |
| オホハチ | 蝎 | オホハチ 僧下 一七 一五オ3 | オホハチ Ⅲ 下三 一〇三オ4 (三三) | | | | |
| オホハナ | 華 | オホハナ 僧上 四 三ウ8 | | | | | |
| オホヒ | 䘿 | オホヒ 法中 一四〇 七二ウ1 | | | | | |
| オホヒ | 怶 | | | | | オホヒ 二八三 5 | |
| オホヒ | 首蓿 | オホヒ 僧上 一〇 六ウ7 | | | | | |
| オホヒナリ | 蕩 | オホヒナリ 僧上 一七 一〇オ4 | | | | | |
| オホヒノミ | 首蓿 | オホヒノミ 僧上 一〇 六ウ7 | | | | | |
| オホヒマク | 纏綣 | オホヒアク 法中 一三四 六三ウ5 | | | | オホヒアク 集 三一七 4 | |

| 和訓 | 漢字 | 観智院本 | 蓮成院本 | 高山寺本 | 西念寺本 | 図書寮本 | 備考 |
|---|---|---|---|---|---|---|---|
| オホヒル | 蒜 | オホヒル 僧上 一七オ1 三三一 | | | | | |
| 大ヒル | 葫 | 大ヒル 僧上 一七オ2 三三一 | | | | | |
| オホヒル | 䪥 | オ\|ホヒル 僧下 三六ウ7 七四 | | | | | |
| オホフ | 傷 | ↓ オモフ（ホ） | | オホフ 一三ウ7 | ↓ オモフ（ホ） | | |
| オホフ | 佩 | オホフ 仏上 一七ウ2 二八 | | | オホフ 一三オ4 | | |
| オホフ | 複 | オホフ 仏上 三ウ2 三八 | | オホフ 二〇ウ4 | オホフ 一九オ1 | | |
| オホフ | 冒 | オホフ 仏中 四四ウ3 八六 | オホフ I 上六オ7 | オホフ 九三オ5 | | | |
| オホフ | 育 | オホフ 仏中 六五オ1 一三七 | | | | | |
| オホフ | 般 | オホフ 仏本 一二オ5 一 | | | | | |
| オホフ | 掩 | オホフ 仏本 二六オ4 五三 | | | | | |
| オホフ | 揜 | オホフ 仏本 二六オ5 五三 | | | | | |
| オホフ | 搭 | オホフ 仏本 二六ウ2 五四 | | | | | |
| オホフ | 損 | オホフ 仏本 三八オ8 七三 | | | | | |
| オホフ | 投 | オホフ 仏本 四〇オ2 七七 | | | | | |
| オホフ | 奄 | オホフ 仏下末 一八ウ3 三四 | | | | | |

| 見出し | 字 | 訓・出典 | 備考 |
|---|---|---|---|
| オホフ | 燾 | オホフ 仏下末二五ウ1 四八 | |
| オホフ | 斃 | オホフ 仏下末二七オ6 五一 | |
| オホフ | 滋 | 団ホフ 法上九オ1 一五 | ヲアフ Ⅱ虫 六オ7 |
| オホフ | 淹 | オホフ 法上一七オ3 三一 | ヲふフ Ⅱ虫 一六ウ2 |
| オホフ | 諳 | オホフ 法上二五オ6 四七 | ↓ 〵ふフ |
| オホフ | 障 | オホフ 法中二五オ1 四七 | |
| オホフ | 墾 | オホフ 法中二五ウ7 四八 | |
| オホフ | 愼 | オホフ 法中四三オ5 八三 | |
| オホフ | 憤 | オホフ 法中四九オ6 九五 | |
| オホフ | 憒 | オホフ 法中四九オ7 九五 | |
| オホフ | 忼 | オホフ 法中五一オ8 九九 | |
| オホフ | 帽 | オホフ 法中五二ウ7 一〇二 | |
| オホフヒ | 帊 | オホフヒ 法中五三オ8 一〇三 | |
| オホフ | 惋 | オホフ 法中五三ウ1 一〇四 | |
| オホフ | 綖 | オホフ 法中五九オ2 一一五 | |
| オホフ | 綖 | オホフ 法中六一ウ4 一二〇 | |

| 和訓 | 漢字 | 観智院本 | 蓮成院本 | 高山寺本 | 西念寺本 | 図書寮本 | 備考 |
|---|---|---|---|---|---|---|---|
| オホフ | 繇 | オホフ 法中 一六九ウ1 一三六 | | | | | |
| オホフ | 襲 | オヲフ 法中 一七一ウ5 一四〇 | | | | | |
| オホフ | 檜 | オホフ 法中 一七七オ7 一五一 | | | | | |
| オホフ | 檮 | オホフ 法下 一九ウ1 三六 | | | | | |
| オホフ | 察 | オホフ 法下 二六ウ7 五〇 | | | | | |
| オホフ | 寢 | オホフ 法下 三三オ7 六三 | | | | | |
| オホフ | 竃 | オホフ 法下 三六ウ7 七〇 | | | | | |
| オホフ | 霞 | オアフ 法下 三七オ6 七一 | | | | | |
| オホフ | 覂 | オホフ 法下 三八オ2 七三 | | | | | |
| オホフ | 閽 | オホフ 法下 四〇ウ3 七八 | | | | | |
| オホフ | 广 | オホフ 法下 五〇ウ3 九八 | | | | | |
| オホフ | 庇 | オホフ 法下 五二ウ7 一〇〇 | | | | | |
| オホフ | 幕 | オホフ 僧上 二ウ8 二 | オホフ Ⅲ下 四ウ7 | | | | |
| オホフ | 芒 | オホフ 僧上 五オ8 七 | | | | | |
| オホフ | 荒 | オホフ 僧上 五ウ1 八 | | | | | |

| | | | | |
|---|---|---|---|---|
| オホフ | 葺 | オホフ 僧上 七ウ1 三 | | |
| オホフ | 藹 | オホフ 僧上 一五オ6 二七 | オホフ Ⅲ下 三ウ2 | |
| オホフ | 薄 | オホフ 僧上 一五ウ8 二八 | | |
| オホフ | 蓗 | オホフ 僧上 一九オ4 三五 | | |
| オホフ | 蓋 | オホフ 僧上 一九オ7 三五 | | |
| オホフ | 蔀 | オホフ 僧上 二三オ6 四三 | オホフ Ⅲ下 一ウ5 | |
| オホフ | 蔽 | オホフ 僧上 二四ウ4 四六 | オホフ Ⅲ下 三オ3 | |
| オホフ | 蘚 | オホフ 僧上 二四ウ5 四六 | オホフ Ⅲ下 三オ4 | |
| オホフ | 翳 | オホフ 僧上 四九ウ1 九六 | オホフ Ⅲ下 二七ウ3 | |
| オホフ | 翁 | オホフ 僧上 五一オ1 九九 | オホフ Ⅲ下 二九オ1 | |
| オホフ | 翻 | オホフ 僧上 五一オ3 九九 | オホフ Ⅲ下 二九オ3 | 蓮本 [illegible] |
| オホフ | 罯 | オホフ 僧中 六オ6 九 | オホフ Ⅲ下 四九オ7 | |
| オホフ | 盖 | オホフ 僧中 九オ1 一五 | オホフ Ⅲ下 五一ウ2 | |
| オホフ | 葢 | オホフ 僧中 九オ3 一五 | オホフ Ⅲ下 五一ウ3 | |
| オホフ | 弥 | オホフ 僧中 一四オ6 二五 | オホフ Ⅲ下 五三オ4 | |
| オホフ | 韃 | オホフ 僧中 三八オ5 七三 | | |

| 和訓 | 漢字 | 観智院本 | 蓮成院本 | 高山寺本 | 西念寺本 | 図書寮本 | 備考 |
|---|---|---|---|---|---|---|---|
| オホフ | 曰 | オホフ 僧下四四オ1 八五 | オホフ Ⅲ下二三〇オ4 (五八) | | | | |
| オホフ | 飜 | オホフ 僧下五五ウ1 一〇八 | オホフ Ⅲ下二三八ウ4 (六六) | | | | |
| オホフナリ | 瀁 | オホフナリ 法上七オ5 二二 | オホ伝(ミ)ナリ Ⅱ中 八ウ7 | | | | |
| オホブネ | 舶 | オホブ子 仏本一二オ4 | | | | | |
| オホフネ | 般 | オホフ子 仏下本一二オ5 | | | | | |
| オホホコ | 鑽 | オホヽコ 僧上六四ウ1 一三六 | オ(イ)ホヽフ(ミ) Ⅲ下 四〇ウ1 | | | | |
| オホホル | 航 | オホヽル 仏上四七オ8 八七 | オホヽル Ⅰ上 二三オ5 | | ヲホハル(ミ) 四八ウ1 | | |
| オホホル | 姚 | オホヽル 仏中六ウ8 一〇 | オホヽル Ⅰ上 二七オ1 | オホヽル 五三ウ1 | ヲアヽル 五四ウ4 | | |
| オホホル | 漂 | オホヽル 法上三ウ1 四 | オホヽル Ⅱ中 二オ7 | | | | |
| オホホル | 溺 | オホヽル 法上七オ1 二二 | オホヽル Ⅱ中 八ウ4 | | | オホハル 18 二六7 | |
| オホホル | 洫溺 | | オホヽル(ミ) Ⅱ中 三三ウ4 | | | | |
| オホホル(フ) | 蒙 | オホハル(フ) 僧上一〇ウ5 一八 | | | | | |
| オホマツリゴトノ<br>オホマヘツキミ | 大政<br>大臣 | オホマツリコトノ<br>オホマヘツキミ 僧下三九オ5 七五 | オホマツリコトノ<br>オホアヘツヽミ Ⅲ下二三六ウ1 (六四) | | | | |
| オホミアカシ | 燈明 | オホミアカシ 仏下末二七ウ3 五二 | | | | | |

| | | | | | | | |
|---|---|---|---|---|---|---|---|
| オホミチ | 大路 | オホミチ 法上四五ウ2 八八 | | | | 於保美知 和 一二2 | |
| オホミチ | 陪 | オホミチ 法中二三ウ4 四四 | | | | | |
| オホミツ | 淼 | オホミツ 法上五オ6 七 | オ小ミツ Ⅱ中 四ウ1 | | | | |
| オホ水 | 澇 | オホ水 法上七オ6 二 | オ小水 Ⅱ中 九オ1 | | | | |
| オホ水 | 漲 | オホ水 法上一六ウ7 三〇 | オ小水 Ⅱ中 一六オ5 | | | | |
| オホミテクラ | 大幣 | オホミテ クラ 法中五三ウ7 一〇二 | | | | | |
| オホミテクラ | 大財幣 | | | | | オ小ミテ クラ 二七九5 | |
| オホミテグラ | 幣布 | オホミテ ツラ 法中五六ウ6 一〇 | | | | | |
| オホミテグラ | 幣帛 | | | | | オ小ミテ ツラ 二八四1 | |
| オホミミ | 奔 | オホミ、 仏中三ウ8 四 | オ小ミ、 Ⅰ上 二四オ6 | オ小ミ、 四九ウ4 | ヲ、ミ、 五一オ2 | | |
| オホミユキ | 馳 | オホミユキ 僧中五三オ3 一〇一 | オ（イ）小ミユ一 Ⅲ下 七七オ1（五） | | | | |
| オホミラ | 蘿 | オホミラ 僧上二〇ウ5 三八 | | | | | |
| オホミル | 蓍 | オホミル 僧上二一オ8 三九 | | | | | |
| オホミル | 莨蓍子 | オホミル 僧上二一オ8 三九 | | | | | |
| △オホミル | 葺蓍 | オホミル 僧上二一オ8 三九 | | | | | |
| オホム | 御 | オホム 仏上二三オ5 三九 | | オ小ム 二三オ5 | オホム 一九ウ5 | | |

| 和訓 | 漢字 | 観智院本 | 蓮成院本 | 高山寺本 | 西念寺本 | 図書寮本 | 備考 |
|---|---|---|---|---|---|---|---|
| オホム | 臣 | オ小ム 僧下三九オ4 七五 | オ小ム III下二三六ウ1（六四） | | | | |
| オホムサキオヒ | 前駈 | オホムサキオヒ 僧中五二オ3 一〇一 | オ小ムサヘオヒ III下二七六ウ6（四） | | | | |
| オホムシリヘシツメマツ | 後殿 | オ小ムシリヘシツメマツ 僧中三四オ3 六五 | オ小ムシリヘシツメテツ III下七一オ3 | | | | |
| オホムタカラ | 人民 | オ小ムタカラ 僧下四〇オ1 七七 | オ小ムタカラ III下二三七オ7（六五） | | | | |
| オホムタラシ | 御弓 | オホムタラシ 僧中一三オ7 二三 | オ小ムタラシ III下五二ウ1 | | | | |
| オホムネ | 率 | オアム子 仏上四五オ5 八三 | オ小ム子 I上二〇ウ1 | オホム子 四四ウ6 | ヲ小ム禾 四五ウ3 | | 蓮本、高本 𢙣 𤣿 |
| オホムネ | 略 | オホムネ 仏中五五オ8 一〇七 | オ小ム子 I上七〇ウ4 | オ小ム子 一〇三ウ2 | | | |
| オホムネ | 類 | オホム子 仏下本六六ウ8 一三〇 | | | | | |
| オホムネ | 概 | オホム子 仏下本三三オ2 六三 | | | | | |
| オホムネ | 杚 | オホム子 仏下本三三オ3 六三 | | | | | |
| オホムネ | 梗槃 | オホム子 仏下本五一オ1 九九 | | | | | |
| オホムネ | 大桓 | オホム子 仏下本五三オ1 一〇三 | | | | | |
| オホムネ | 大分 | オホム子 仏下末一五三オ2 二二七 | | | | | |
| ヲホムネ | 大都 | ヲホム子 法中一九ウ6 三六 | | | | オ小ムネ 集 一七九6 | |
| オホムネ | 大底 | オホム子 法下五一ウ6 一〇〇 | | | | | |

| | | | | | | |
|---|---|---|---|---|---|---|
| オホムネ | 盖 | オホムネ 僧中九オ1 一五 | オホムネ Ⅲ下五一ウ2 | | | |
| オホムベ | 大嘗 | オホムヘ 僧下四三ウ8 八二 | オホムヘ Ⅲ下二二六ウ7 (五四) | | | |
| オボメク | 訥 | オホメク 法上三七ウ6 七二 | | | | |
| オホヤケ | 公 | オホヤケ 仏末二五オ2 二七 | | | | |
| ヲホヤケ | 僚 | ヲホヤケ 仏上一三オ3 一九 | | オホヤケ 二オ6 | オホヤケ 八オ2 | |
| ヲホヤケ | 官 | ヲホヤケ 法下二八ウ2 五四 | | | | |
| ヲホヤケコト | 天事 | ヲホヤケコト 仏上四四オ1 八一 | オホヤケコト Ⅰ上一九ウ2 | オホヤケコト 四三ウ2 | ヲホヤケコト 四四オ3 | |
| オボユ | 省 | オホユ 仏中三九ウ7 七六 | オホユ Ⅰ上五七オ3 | オホユ 八八オ2 | | |
| オボユ | 覺 | オホユ 仏中四三オ2 八一 | オホユ Ⅰ上五九オ2 | オホユ 九〇ウ3 | | 蓮本 覺　高本 覽 |
| オホユ | 洋 | オホユ 法上一七オ2 二一 | オホユ Ⅱ中八ウ5 | | | |
| オホユ | 諸 | オホユ 法上二五ウ8 四八 | オホユ Ⅱ中二六オ7 | | | |
| オボユ | 憶 | オホユ 法中三九ウ6 七六 | | | | |
| オホユ | 愢 | オホユ 法中四六ウ2 九〇 | | | | |
| オホユヒ | 捋 | オホユヒ 仏本二一オ5 三九 | | | | 捋指の誤？ |
| △オホユヒ | 母捋 | オホユヒ 仏本二一オ5 三九 | | | | 母指の誤？ |
| △オホユヒ | 大捋 | オホユヒ 仏本二一オ6 三九 | | | | 大指の誤？ |

| 和訓 | 漢字 | 観智院本 | 蓮成院本 | 高山寺本 | 西念寺本 | 図書寮本 | 備考 |
|---|---|---|---|---|---|---|---|
| オホユミ | 弩 | オホユミ 僧中一五オ1 一二七 | オホミ(ママ) Ⅲ下一五三ウ4 | | | | |
| ヲホユミノハス | 銅弩牙 | ヲホユミノハス 仏上四三オ8 七七 | オホユミノハス Ⅰ上一七ウ5 | オホユミノ八爪 四一ウ2 | オホユミノ八爪 四二オ6 | | 蓮本 牙 |
| オホヨソ | 凡 | オホヨソ 仏末一九オ5 一五 | | | | | |
| オホヨソ | 諸 | オホヨソ 法上三四オ5 六五 | オホラソ Ⅱ中一三四ウ6 | | | オホ[ヨ]ソ 一〇一 1 | |
| オホヨソ | 大都 | オホヨソ 法中一九ウ6 一三六 | | | | | |
| オホヨソ | 惣 | オホヨソ 法中四二ウ7 八二 | | | | | |
| オホヨソ | 凡 | オホヨソ 僧中一三オ7 二二 | オホラツソ Ⅲ下二一〇ウ4（四八） | | | | |
| オホヨメ | 女婦 | ↓ヲトヨメ | オホラメ Ⅰ上二四ウ7 | オホラメ 五オ3 | | | |
| オホル | 慯 | オホル 法中四八ウ4 九四 | | | | | |
| オホル | 歆 | ↓オホレル | オホル Ⅲ下六二ウ1 | | | | |
| オホレル | 歆 | オホレル 僧中二四ウ2 四六 | ↓オホル | | | | |
| オホロ | 朧々 | オホロ 仏中一七〇オ6 一三七 | | | | | |
| オホロ | 穠 | オアロ 法下一三ウ4 二四 | | | | | |
| オボロケ | 少 | オホロケ 僧下三九オ3 七五 | オホロケ Ⅲ下二一四五オ1（七三） | | | | |
| オホロナリ ツキヨ | 朧 | オ\ オホロナリ ツキヨ 仏中一七〇オ6 一三七 | | | | | |

| 見出し | 漢字 | | | | | |
|---|---|---|---|---|---|---|
| オホワ | 軥 | オ小禾 僧中 四八オ7 九三 | オ小禾 III 下三 七四オ1 (三) | | | |
| オホワシ | 鵰 | オホ禾し 僧中 六一ウ5 一三〇 | オ小禾し III 下三 八四ウ6 (三) | | | |
| オホワタ | 大腸 | オホ禾タ 仏中 六〇ウ8 一一八 | | | | |
| オホワタ | 肶脈 | オ小禾タ 仏中 六八ウ3 一三四 | | | | |
| オホワニ | 鱟 | オ小禾二 僧下 八一ウ7 一四〇 | オ小禾二 III 下三 九八オ4 (二六) | | | |
| オホヰ | 首 | オホ井 僧上 六ウ7 一〇 | | | | |
| △オホヰ | 蓓 | オホ井 僧上 六ウ7 一〇 | | | | |
| オホヰ | 莞 | オホ井 僧上 一〇オ6 一七 | | | | |
| オホヰ | 莞 | オホ井 僧上 一三オ3 二二 | | | | |
| オホヱミ | 黄精 | オアヱ三 法下 一六ウ1 三〇 | | | | |
| オホヲ | 絛 | ↓ オホウ | | オ小ヲ 五オ2 | | |
| オム | 臣 | オム 僧下 三九オ4 七五 | オム III 下二 一三六ウ1 (六四) | | | 臣 蓮本 |
| オムカシ | 倖 | オムカシ 仏上 一六ウ3 二六 | | | オムカシ 一三オ2 | |
| オムタリ | 慭 | オムタヽリ 法中 四六ウ5 九〇 | | | | |
| オムナ | 嫗 | オムナ 仏中 五オ4 七 | キムナ I 上三 二五オ6 | オムナ 五一ウ3 | ヲムナ 五二ウ3 | |
| オムナカヅラ | 芎藭 | オムナカツラ 僧上 三三オ5 四一 | | | | |

| 和訓 | 漢字 | 観智院本 | 蓮成院本 | 高山寺本 | 西念寺本 | 図書寮本 | 備考 |
|---|---|---|---|---|---|---|---|
| オムモノ | 佩 | オムオ 仏上一七ウ2 二八 | | オムオ 一九オ4 | オムモノ 一三オ5 | | |
| オムモ(フ)ノ | 珮 | オム(フ)オ 法中一二ウ7 二三 | | | | 於牟毛乃(川) 一六三 3 | |
| オムモノイル | 馳射 | オムモノイ[ル] 法下七三オ8 一四三 | | | | | |
| オメアシ | 櫨 | オメアし 仏下末一〇ウ5 一八 | | | | | |
| オメムシ | 蛜蝛 | オメムし 僧下一〇ウ3 一八 | オメムし Ⅲ 下二九ウ4 (三七) | | | | |
| オメムシ | 𧉮螻 | オメムし 僧下二三オ1 四一 | オメムし Ⅲ 下三一オ2 (三九) | | | | |
| オモカイ | 罵 | オモカイ 僧中五ウ1 八 | キモカイ Ⅲ 下四八ウ5 | | | | |
| オモカイ | 鞖 | オモカイ 僧中四一ウ2 八〇 | | | | | |
| オモカキ | 羈 | オモカキ(ヽ) 僧中五オ7 七 | | | | | |
| オモガキ | 勒 | オモカキ 僧中四一オ8 七九 | | | | | |
| ヲモカケ | 强頦 | ヲモカケ 仏下本三ウ2 二二 | | | | | |
| オモカニ | 妍 | オモカニ 僧中三六オ3 六九 | | | | | |
| オモクサ | 妍 | オモクサ 僧中三六オ3 六九 | | | | | |
| オモシ | 信 | オモレ 仏上一九ウ8 三二 | | オモし 一九ウ3 | オモレ 一六オ1 | | |
| オモシ | 腆 | オモし 仏中六三ウ3 一二四 | | | | | |

| | | | | | | |
|---|---|---|---|---|---|---|
| オモシ | 砥 | オモシ　法中　二七オ3　二 | | | | |
| オモシ | 神 | オモシ　法下　二オ4　一 | | | | |
| ヲモシ | 秤 | ヲモシ　法下　一〇ウ8　一八 | | | | |
| オモシ | 重 | オモシ　法下　三三ウ5　四二 | | | | |
| オモシ | 尃 | オモシ　法下　七三ウ6　一四四 | | | | |
| オモシ | 錘 | オモシ　僧上　六〇オ1　一一七 | ヲモシ　Ⅲ下　三七オ5 | | | |
| オモシ | 鎮 | オモシ重石　僧上　七〇オ7　一三七 | オモシ　Ⅲ下　四五ウ3 | | | |
| オモシロシ | 嗂 | オモシロシ　仏中　三三ウ7　六二 | ヲモシロシ　Ⅰ上　五〇ウ4 | オモシロシ　八〇ウ3 | | |
| オモシロシ | 風 | オモシロシ　法上　二一オ8　三九 | ヲモシロシ　Ⅱ中　二一オ2 | | オモシロシ　遊　一七　7 | 観本　風流の誤 |
| オモシロシ | 詼 | オモシロシ　法上　三四ウ1　六六 | ヲモシロシ　Ⅱ中　三五オ3 | | | |
| オモシロシ | 怜 | オモシロシ　法中　四五オ5　八七 | | | | |
| オモシロシ | 恗 | オモシロシ　法中　五一ウ8　一〇〇 | | | | |
| オモシロフ | 賞 | オモシロフ　仏本　二一オ8　一九 | | | | |
| オモタカ | 澤蕮 | オモタカ　僧上　三五ウ5　四八 | オモタカ　Ⅲ下　四〇オ3 | | | |
| ヲモツラ | 籠頭 | ヲモツラ　仏本　三三ウ2　二二 | | | | |
| オモツラ | 勒 | オモツラ　僧上　四四オ1　八五 | オモツラ　Ⅲ下　三三ウ5 | | | |

| 和訓 | 漢字 | 観智院本 | 蓮成院本 | 高山寺本 | 西念寺本 | 図書寮本 | 備考 |
|---|---|---|---|---|---|---|---|
| オモヅラ | 羈 | ・オ・モ・ヅ・ラ 僧中 五オ7 七 | ・オ・モ・ヅ・ラ Ⅲ 下一 四八ウ4 | | | | |
| オモツラ | ⿱罒⿰忄馬 | オモツラ 僧中 五ウ1 八 | キモツラ Ⅲ 下一 四八ウ5 | | | | |
| オモツラ | ⿰革奇 | オモツラ 僧中 三八オ2 七三 | | | | | |
| オモツラ | ⿰革龍 | オモツラ 僧中 四一ウ2 八〇 | | | | | |
| オモヅラ | ⿰革龍頭 | ・オ・モ・ヅ・ラ 僧中 四一ウ4 八〇 | | | | | |
| オモツラ | ⿰革馬 | オモツラ 僧中 五六オ7 一〇九 | オモツラ Ⅲ 下二 八〇オ7 (八) | | | | |
| オモテ | 骼 | オモテ 仏本 四ウ3 六 | | | | | |
| オモテ | 顏 | ・オ・モ・テ 仏本 一三ウ2 二三 | | | | | |
| オモテ | 面 | ・オ・モ・テ 法上 五一ウ8 一〇〇 | | | オモテ 四三オ3 | | |
| オモテアカム | ⿰去皮 | オモテ アカム 僧中 三六ウ3 七〇 | | | | | |
| オモテアラフ | 點 | オモテ アラフ 仏本 一五オ3 二七 | | | | | |
| オモテアラフ | 奇 | ・オ・モ・テ アラフ 法上 四七ウ1 九二 | | | | | |
| オモテオコス | 面目 | ・オ・モ・テ オコ仏 法上 五二ウ5 一〇二 | | | | | |
| オモテホテル | 靦 | オ\モテ ホテル 仏中 四三ウ8 八四 | | | | | |
| オモテヲハホル | 皮面 | オモテヲ ・ハ・ホ・ル 僧中 三五ウ6 六八 | | | | | |

| | | | | | | |
|---|---|---|---|---|---|---|
| オモナフ | 詔 | オモナフ 法上三ウ3 六〇 | オモナフ II中三オ4 | | | |
| ヲモネル | 倭 | ヲモ子ル 仏上一四ウ6 三三 | | オモ子ル 一三オ4 | オモネル 一〇オ3 | |
| ヲモネル | 躭 | ヲモ子ル 仏上四七オ8 八七 | オモ子ル I上三三オ5 | オモ子ル 四七オ4 | ヲモハル(ミ) 四八ウ1 | |
| オモネル | 嗜 | オモネル 仏中二五ウ6 六八 | オモ子ル I上三五オ1 | オモネル 六三オ1 | | |
| オモネル | 靦 | オモネル 仏中四三ウ8 八四 | | | | |
| オモネル | 靦 | オモ子ル 法上五三ウ3 一〇二 | オモ子ル I上六〇ウ7 | オモネル 九二ウ1 | | |
| オモネル | 阿 | オモ子ル 法中二〇オ8 三七 | | | | 於毛祢留 季 一〇三 2 |
| オモネル | 愐 | オモ子ル 法中四八ウ8 九四 | | | | |
| オモネル | 阿容 | オモ子ル 法下二六ウ4 五〇 | | | | |
| ヲモノ | 鶴 | | ヲモノイ III下二八三ウ1 (二) | | | |
| オモハカリ | 景 | | ヲモハカリ I上六七ウ1 | オモハカリ 九九ウ7 | | |
| オモハカリオモハカル | 衷恕 | オモハカリ オモハカル 法中四五オ1 八七 | | | | オモハカリ オモハカル は 二四二 5 |
| ヲモハカル | 億 | ヲモハカル 仏上五オ6 三 | オモハカル I上一ウ5 | オモハカル 四オ3 | | |
| ヲモハカル | 還述 | ヲモハカル 仏上三三ウ1 六〇 | オモハカル I上一〇ウ6 | オモハカル 三二オ6 | オモハカル 三一オ5 | |
| オモハカルリ | 景 | オモハカルリ 仏中五一ウ1 一〇〇 | | | | |
| オモハカル | 怒 | オモハカル 法中四四ウ8 八六 | | | | |

| 和訓 | 漢字 | 観智院本 | 蓮成院本 | 高山寺本 | 西念寺本 | 図書寮本 | 備考 |
|---|---|---|---|---|---|---|---|
| オモハカル | 恕 | オモハカル 法中四四ウ8 八六 | | | | オモハカル 法 三二4 | |
| オモハカル | 惟 | オモハカル 法中四五ウ7 八八 | | | | | |
| オモハカル | 哀 | オモハカル 法中七〇オ6 一三七 | | | | オモハカル 法 三四〇1 | |
| オモバカルリ | 慮 | オモバカルリ 法下四八ウ8 九四 | | | | | リ朱 |
| オモハク | 道 | ヲモハク 仏上二五ウ6 四四 | | オモハク 二五オ1 | オモハク 三ウ3 | | |
| オモハズニ | 浪 | | | | | オモハズニ 遊 一八5 | |
| オモハハクソ | 羆 | オモハハクソ 仏下末二九ウ6 五六 | | | | | |
| オモヒ | 思 | オモヒ 法中三七オ3 七一 | | | | オモヒ 巽 三八3 | |
| オモヒ | 思 | | | | | オモヒ 三八3 | |
| オモヒフ | 念住 | | | | | オモヒフ 法 三九3 | |
| オモヒフ | 恕 | オモヒフ 法中四四ウ8 八六 | | | | | |
| オモヒ | 薀 | オモヒ 僧上一四ウ8 二六 | | | | | |
| オモヒ | 魄 | キモヒ 僧下二五ウ1 四八 | オモヒ 下一一三オ2 III（四一） | | | | |
| オモヒ | 懐 | | | | | オモヒ 巽 二七三1 | |
| オモヒオモフ | 哀恕 | オモヒ オモフ 法中四五オ1 八七 | | | | オモヒ オモフ 二四二5 | |

| | | | | | | |
|---|---|---|---|---|---|---|
| オモヒデ | 信 | オモヒテ 法上 三五ウ2 四八 | ヲモヒテ II中 一六オ1 | | | オモヒテ 畦 七三 4 | |
| オモヒテ | 以為 | オモヒテ 僧下 四一オ7 七九 | | | | | |
| 思イテタリ | 蔱 | 思イテタリ 僧上 三七オ2 五一 | 思イテタリ III下 五ウ7 | | | | |
| オモヒハカル | 擄 | オモヒハカル 仏本 二四オ5 四五 | | | | | |
| オモヒハカル | 記 | オモヒハカル 法上 三五オ7 六七 | オモヒハカル II中 三六オ2 | | | | |
| ヲモヒヤル | 像 | ヲモヒヤル 仏上 二一オ3 一五 | | オモヒヤル 九オ4 | オモヒアル(ヤ) 五ウ5 | | |
| ヲモヒヤル | 想像 | ヲモヒヤル 仏上 二一オ3 一五 | | オモヒヤル 九オ4 | オモヒヤル 五ウ5 | | |
| オモヒヤレ | 想像 | オモヒヤレ 法中 五〇ウ8 九八 | | | | | |
| ヲモフ | 億 | ヲモフ 仏上 三五オ6 三 | オモフ I上 一ウ6 | オモフ 四オ3 | | | |
| ヲモフ | 以 | ヲモフ 仏上 四五ウ8 四 | オモフ I上 二オ6 | オモフ 四ウ2 | | | 高本 ムス |
| オモホフ | 傷 | オモホフ 仏上 一五ウ5 一四 | | ↓ オ小フ | オモホフ 一一オ2 | | |
| オモフ | 遅 | オモフ 仏上 三三オ6 五七 | オモフ I上 九ウ7 | オモフ 三一オ5 | オモフ 三〇オ1 | | |
| ヲモフ | 趁 | ヲモフ 仏上 三七オ6 六七 | オモフ I上 一四オ5 | オモフ 三六ウ1 | オモフ 三六オ1 | | |
| オモフ | 赤 | オモフ 仏上 四五ウ1 八四 | ↓ オ5フ（モイ） | オモフ 四五オ2 | ヲモフ 四六オ1 | | |
| オモフ | 覺 | オモフ 仏中 四三オ2 八一 | ヲモフ I上 五九オ2 | オモフ 九〇ウ3 | | | 蓮本 覺 高本 覺 |
| オモフ | 觀 | | オモフ I上 五九ウ2 | オモフ 九一オ4 | | | |

| 和訓 | 漢字 | 観智院本 | 蓮成院本 | 高山寺本 | 西念寺本 | 図書寮本 | 備考 |
|---|---|---|---|---|---|---|---|
| オモフ | 靚 | オモフ 仏中四二ウ1 八二 | オモフ I上五九オ7 | オモフ 九オ2 | | | |
| オモフ | 脍 | オモフ 仏中一五九オ8 二五 | | | | | |
| オモフヒ | 腸 | オモフヒ 仏中一六〇ウ7 二八 | | | | | |
| オモフ | 顧 | オモフ 仏本一三オ4 三 | | | | | |
| オモフ | 頫 | オモフ 仏本一五オ2 二七 | | | | | |
| オモフ | 擬 | オモフ 仏下本四〇ウ4 七八 | | | | | |
| オモフ | 謂 | オモフ 法上二六オ1 四九 | ヲモフ II中二六オ7 | | | オモフ 事 九〇5 | |
| オモフ | 諤 | オモフ 法上二八ウ7 五四 | オモフ II中二九オ6 | | | | |
| オモフ | 認 | オモフ 法上二八ウ7 五四 | オモフ II中二九オ6 | | | | |
| オモフ | 諗 | オモフ 法上二九オ2 五五 | オモフ II中二九ウ1 | | | | |
| オモフ | 訟 | オモフ 法上三〇オ7 五七 | ヲモフ II中三〇ウ7 | | | | |
| オモフ | 誉 | オモフ 法上三四ウ8 六六 | ヲモフ II中三五ウ3 | | | | |
| オモフ | 記 | オモフ 法上三五オ7 六七 | オモフ II中三六オ2 | | | | |
| オモフ | 論 | オモフ 法上三五ウ3 六八 | オモフ II中三六オ6 | | | オモフ 七一上 | |
| ヲモフ | 端 | ヲモフ 法上四六ウ2 九〇 | | | | | |

| | | | | | | | |
|---|---|---|---|---|---|---|---|
| オモフ | 端 | オモフ 法上 四七ウ7 九二 | | | | | |
| オモフ | 惠 | オモフ 法中 三六オ3 六九 | | | | | |
| オモフ | 愓 | オモフ 法中 三六オ8 六九 | | | | | |
| オモフ | 怨 | オモフ 法中 三六ウ8 七〇 | | | | | |
| オモフ | 息 | オモフ 法中 三七オ3 七一 | | | | | |
| オモフ | 思 | オモフ 法中 三七オ3 七一 | | | | オモフ 二三八 3 | |
| オモフ | 忖 | オモフ 法中 三七ウ7 七二 | | | | | |
| オモフ | 愵 | オモフ 法中 三八オ4 七三 | | | | | |
| オモフ | 怨 | | | | | オモフ 二四二 4 | |
| オモフ | 愁 | オモフ 法中 三八オ4 七三 | | | | オモフ は 二七五 1 | |
| オモフ | 悕 | オモフ 法中 三八ウ7 七四 | | | | | |
| オモフ | 憶 | オモフ 法中 三九ウ6 七六 | | | | オモフ 二七四 7 | |
| オモフヒ | 意 | オモフヒ 法中 三九ウ7 七六 | | | | オモフ 二三八 1 | |
| オモフ | 憻 | オモフ 法中 四〇オ1 七七 | | | | | |
| ヲモフ | 惜 | ヲモフ 法中 四〇ウ2 七八 | | | | | |
| オモフ | 忨 | オモフ 法中 四一ウ7 八〇 | | | | | |

| 和訓 | 漢字 | 観智院本 | 蓮成院本 | 高山寺本 | 西念寺本 | 図書寮本 | 備考 |
| --- | --- | --- | --- | --- | --- | --- | --- |
| オモフヒ | 懷 | ・オ・モ・フ・ヒ 法中四四ウ3 八六 | | | | ・オ・モ・フ は 二七三2 | |
| オモフヒ | 懐 | | | | | ・オ・モ・フ・ヒ 二四7 | |
| オモフ | 惀 | ・オ・モ・フ 法中四五オ7 八七 | | | | | |
| オモフヒ | 念 | ・オ・モ・フヒ 法中四五ウ2 八八 | | | | | |
| オモフ | 惗 | オモフ 法中四五ウ1 八八 | | | | | |
| オモフ | 惟 | ・オ・モ・フ 法中四五ウ8 八八 | | | | ・オ・モ・フ は 二四4 | |
| オモフ | 忄冒 | オモフ 法中四六ウ8 九〇 | | | | | |
| オモフ | 恁 | ・オ・モ・フ 法中四七ウ4 九二 | | | | | |
| オモフ | 悼 | オモフ 法中四八オ6 九三 | | | | | |
| オモフ | 愐 | オモフ 法中四九オ1 九五 | | | | | |
| オモフ | 志 | ・オ・モ・フ 法中五〇ウ6 九八 | | | | | |
| オモフ | 想 | ・オ・モ・フ 法中五〇ウ7 九八 | | | | | |
| オモフ | 怱 | オモフ 法中五一オ8 九九 | | | | | |
| オモフ | 戀 | オモフ 法中五一ウ3 一〇〇 | | | | | |
| オモフ | 襟 | オモフ 法下五ウ7 八 | | | | | |

| 和訓 | 漢字 | 観智院本 | 図書寮本 | | | 色葉字類抄 | 備考 |
| --- | --- | --- | --- | --- | --- | --- | --- |
| オモフ | 被 | オモフ 法下六オ1 九 | | | | | |
| オモフ | 寡 | オモフ 法下二五ウ4 四八 | | | | | |
| オモフ | 審 | オモフ 法下二五ウ6 四八 | | | | | |
| オモフ | 寵 | オモフ 法下二七オ7 五一 | | | | | |
| オモフ | 寵 | オモフ 法下三三ウ2 六四 | | | | | |
| オモフ | 慮 | オ[モ]フ 法下四八ウ8 九四 | | | | | |
| オモフ | 尌 | オモフ 法下七三ウ2 一四四 | | | | | |
| オモフ | 勰思 | オ.モ.フ 僧上四三ウ7 八四 | オモフ III下二ウ3 | | | | |
| オモフ | 念 | オモフ 僧中四三ウ5 四 | オモフ III下四八オ2 | | | | 蓮本 念 |
| オモフ | 欲 | .オ.モ.フ 僧中二六オ8 四九 | オモフ III下六三ウ7 | | | | |
| オモフ | 孜 | オモフ 僧中三三オ1 六一 | オモフ III下六九オ1 | | | | |
| オモフ | 畜 | オモフ 僧下四三オ6 八一 | オモフ III下二三〇オ1 (五八) | | | | |
| オモフ | 静 | オモフ 僧下五一オ3 九九 | オモフ III下二三七オ4 (五五) | | | | |
| オモフ | 靚 | オモフ 僧下五一オ5 九九 | オモフ III下二三七オ5 (五五) | | | | |
| オモフ | 弁 | オモフ 僧下五七オ5 一一二 | オモフ III下二四七ウ3 (七五) | | | | |
| オモフカナ | 悠哉 | | | | | オ.モ.フカ.ナ 二七〇7 | |

| 和訓 | 漢字 | 観智院本 | 蓮成院本 | 高山寺本 | 西念寺本 | 図書寮本 | 備考 |
|---|---|---|---|---|---|---|---|
| ヲモフ(ム)ク | 化 | ヲモフ(ム)ク 仏上一九ウ5 三三 | | オモフク 二一オ1 | オモムク 一五ウ4 | | 観本ム朱 |
| オモフク | 遇 | オモフク 仏上三三オ2 五七 | オモフク I上九ウ4 | [オ]モフ[ク] 三三オ2 | オモフク 二九ウ3 | | |
| オモフク | ⿺辶翊 | オモフク 仏上三三オ3 五九 | オモフク I上一〇ウ2 | オモフク 三三オ2 | オモフク 三〇ウ6 | | |
| オモフク | 趍 | ↓ ヲモムク | オモフク I上一四オ5 | オモフク 三六ウ1 | オモフク 三六オ1 | | |
| ヲモフ(ム)ク | 趣 | ヲモフク 仏上三八オ8 六九 | オモム(フ)ク I上一五オ7 | オモフク 三七ウ4 | オモフ(ム)ク 三七オ6 | | |
| オモブ(ム)ク | 赴 | ↓ オモム(フ)ク | | オモフ(ム)ク 三五ウ2 | ↓ オモム(フ)ク | | |
| オモフク | 訝 | オモフク 法上三三ウ6 六四 | オモフク II中三四オ7 | | | | |
| オモフク | 詣 | オモフク 法上三七ウ2 七二 | | | | | |
| オモフクラ | 豊下 | オモフクラ 法上四九オ4 九五 | | | | | |
| オモフコト | 恖 | | | | | オモフヿ 訓 二五九7 | |
| オモフツヤ | 悠哉 | | | | | オモフツヤ 二七〇7 | |
| オモフニ | 想 | | | | | 於毛布尓 朱 二七四3 | |
| オモフラム | 悠 | オモフラム 法中四六ウ2 九〇 | | | | | |
| オモフラム | 悠哉 | | | | | オモフラム 訓 二七〇7 | |
| ヲモフル | 徐 | ヲモフル 仏上三三ウ5 四〇 | | オモフル 三三ウ4 | オモフル 二〇オ4 | | |

| | | | | | | | |
|---|---|---|---|---|---|---|---|
| オモフル | 舒 | ・オモ・フル 僧中一〇ウ1 三八 | ・オモ・フル Ⅲ下二一四オ4（五三） | | | | |
| オモヘラク | 以 | オモヘラク 仏上五ウ8 四 | オモヘラク Ⅰ上二 二オ6 | オモヘラク 四ウ2 | | | 高本 以 |
| オモヘラク | 紕 | オモヘラク 法中六五ウ4 三八 | | | | ・オ・モ・ヘ・ラ・ク 姓 二九三5 | |
| オモヘラク | 欲 | ・オ・モ・ヘラク 僧中六六オ8 四九 | ・オ・モ・ヘ・ラ・ク Ⅲ下 六三ウ7 | | | | |
| オモヘラク | 以為 | ・オ・モ・ヘラク 僧下四一オ7 七九 | | | | | |
| オモヘラク | 以為 | ・オ・モヘラク 僧下四一オ7 七九 | | | | | |
| トオモヘリ | 以為 | トオモヘリ 僧下四一オ7 七九 | | | | | |
| オモホテル | 嘈然 | オモホテル 仏中一八オ2 三三 | | | | | |
| オモホテル | 靦 | オモホテル 法上一五三オ7 一〇一 | | | | | |
| オモミル | 顧 | オモミル 仏下本一三オ4 二三 | | | | | |
| オモミル | 意 | | | | | ・オ・モ・ミ・ル 白 二三八1 | |
| オモミル | 以為 | ・オ・モ・ミル 僧下四一オ7 七九 | | | | | |
| オモミレハ | 推 | オモミレハ 仏下本三六ウ2 七〇 | | | | | |
| オモミレバ | 惟 | | | | | ・オ・モ・ミ・レ・ハ∴ 二四四4 | |
| オモミレハ | 意者 | ・オ・モ・ミレハ 法中三九ウ7 七六 | | | | | |
| オモムキ | 軗 | オモムキ 僧中四五オ3 八七 | | | | | |

| 和訓 | 漢字 | 観智院本 | 蓮成院本 | 高山寺本 | 西念寺本 | 図書寮本 | 備考 |
|---|---|---|---|---|---|---|---|
| オモムキリ | 歸 | ・オ・モムキリ 僧下 四三ウ3 八四 | オモムキ Ⅲ下 一三七オ3 (六五) | | | | |
| オモムク | 候 | | | | オモウク(ママ) 六ウ6 | | |
| ヲモムク | 傢 | ヲモムク 仏上 三一ウ2 三六 | | オモムク 一九ウ2 | オモムク 一七ウ5 | | |
| オモムク | 支 | オモムク 仏上 三五ウ6 六四 | オモムク Ⅰ上 一三ウ7 | ・オモムク 三五オ1 | オモムク 三四オ5 | | |
| オモムク | 赴 | オモムク 仏上 三六オ5 六五 | オモムク Ⅰ上 一三オ6 | オモムク 三五ウ1 | オモムク 三四ウ6 | | |
| オモムク(フ) | 赴 | オモムク(フ) 仏上 三六オ7 六五 | | ↓ ・オ・モ・フ(ム)ク | オモムク(フ) 三五オ1 | | |
| オモムク | 邅 | オモムク 仏上 三六ウ6 六六 | オモムク Ⅰ上 一三ウ6 | オモムク 三六オ1 | オモムク 三五ウ1 | | |
| ヲモムク | 趍 | ヲモムク 仏上 三七オ6 六七 | ↓ オモフク | ↓ ・オ・モ・フク | ↓ オモフク | | |
| オモムク | 撙 | ・オ・モムク 仏本 二五ウ8 四八 | | | | | |
| オモムク | 揆 | ・オ・モムク 仏本 三三ウ6 六〇 | | | | | |
| オモムク | 投 | オモムク 仏本 四〇オ2 七七 | | | | | |
| オモムク | 首 | ・オ・モムク 仏末 一五ウ3 二八 | | | | | |
| オモムク | 奔 | オモムク 仏末 一七ウ8 三二 | | | | | |
| オモムク | 激 | ・オ・モムク 法上 一〇ウ5 一八 | ・オ・モ・ムク Ⅱ中 一〇オ6 | | | | |
| オモムク | 帰 | ・オ・モムク 法上 五〇ウ4 九八 | | | | | 声点墨 |

| | | | | | | | |
|---|---|---|---|---|---|---|---|
| オモムク | 面 | オモムク 法上五一ウ8 一〇〇 | | | | | |
| オモムク | 意 | オモムク 法中三九ウ7 七六 | | | | | |
| オモムク | 向 | オモムク 法下二一ウ5 四〇 | | | | | |
| オモムク | 即 | オモムク 僧下五六ウ1 一一〇 | | | | | |
| オモムク | 歸 | オモムク 僧下五八オ6 一一三 | オモムク III下二 三七オ4 (六五) | | | | |
| オモムク | 嚮 | オ・モ・ムク 僧下五八オ7 一一三 | ヲモムク III下二 一三〇ウ1 (五八) | | | | |
| オモムミレハ | 惟 | オ・モ・ムミレハ 法中四五ウ7 八八 | | | | | |
| オモムル | 舒 | | オモムル III下二 一二四オ4 (五三) | | | | |
| オモムルナラムコトヲ | 舒 | オ・モ・ム・ル・ナラムコトヲ 僧下五二ウ3 一〇二 | | | | | |
| オモユハシ | 醜 | オモユハシ 仏中四三ウ8 八四 | | オモユハシ 九二ウ1 | | | |
| ヲモンミレハ(ミル) | 以 | ヲモンミレハ(ミル) 仏上五ウ8 四 | ヲモミル I上 二オ6 | オモミル 四ウ2 | | | ミル朱 |
| オヤ | 親 | オヤ 仏中四二オ4 八一 | オヤ I上 五九オ4 | オヤ 九〇ウ6 | | | |
| ヲヤス | 娟 | ヲハヤス 仏中八ウ8 一四 | | ヲハヤ爪 五五ウ4 | | | |
| オヤマス | 撓 | オヤニス 仏下本三八ウ8 七四 | | | | | ナヤスの誤り? |
| オユ | 僂 | ・オ・ユ 仏上一六ウ3 三〇 | | オユ 一七オ3 | オユ 一四ウ1 | | |
| △オユ | 僾 | | | | オユ 一四ウ1 | | |

| 和訓 | 漢字 | 観智院本 | 蓮成院本 | 高山寺本 | 西念寺本 | 図書寮本 | 備考 |
| --- | --- | --- | --- | --- | --- | --- | --- |
| オユ | 耄 | オユ 僧上 一〇二 五三ウ6 | オユ III 下 三一オ1 | | | | |
| オユ | 老 | オユ 僧下 一三三 六三ウ7 | オユ III 下 一三五ウ6（六三） | | | | |
| オユ | 耄 | オユ 僧下 一三三 六三オ1 | | | | | |
| オヨク | 涸 | ↓オコク | オヨク II 中 二オ1 | | | | |
| オヨグ | 游 | オヨグ 法上 一七 一〇オ8 | オヨグ II 中 一〇オ1 | | | | |
| オヨク | 游 | | | | | 於ヨ久 季 五一3 | |
| オヨク | 淤 | ↓オヒク | オヨク II 中 一〇オ1 | | | | |
| オヨク | 泳 | オヨク 法上 二七 一五オ8 | オヒク（ヨ） II 中 一四ウ4 | | | | 天理本 オヨク |
| オヨク | 洊 | オヨク 法上 二七 一五オ8 | キヨク II 中 一四ウ5 | | | | |
| オヨク | 泝 | オヨク 法上 二八 一五ウ1 | \ヨク（ヨ） II 中 一四ウ5 | | | | |
| オヨク | 戯 | オヨク 僧中 三九 二一オ8 | オヨク III 下 六〇オ1 | | | | |
| オヨス | 者 | オヨス 僧下 一三三 六三オ1 | オヨ仈 III 下 一三五ウ7（六三） | | | | |
| オヨソ | 被 | オヨソ 法中 一四六 七四ウ5 | | | | | |
| ヲヨハヌカ | 迨 | ヲヨヌカ（ヨ） 仏上 四六 二六ウ5 | | オヨハヌカ 二五ウ6 | カヨハヌカ（ヲ）（ヌイ） 三三ウ3 | | |
| オヨビ | 指 | オヨヒ 仏本 三九 二一オ3 | | | | | |

| | | | | | | | |
|---|---|---|---|---|---|---|---|
| オヨビヌキ | 鍣 | オヨヒヌイ 僧上 六四ウ4 一二六 | オヨヒヌイ III 下 一四オ2 | | | | |
| オヨヒヌキ | 鐶 | オヨヒヌイ 僧上 一六七オ3 一三二 | | | | | |
| ヲヨフ | 俾 | ヲヨフ 仏上 一九オ6 二 | | オラフ 八ウ2 | オヨフ 三ウ6 | | |
| オヨフ | 迄 | オヨフ 仏上 二六ウ1 四六 | | オラフ 二五ウ2 | オラフ 三二オ5 | | |
| オヨブ | 迨 | オヨブ 仏上 二六ウ5 四六 | | オラブ 二五ウ6 | オラブ 三二ウ3 | | |
| ヲヨフ | 遏 | ヲヨフ 仏上 二九オ1 五二 | オヨフ I 上 六ウ6 | オラフ 二七ウ6 | オラフ 二六オ1 | | |
| オヨフ | 逾 | オヨフ 仏上 三三ウ3 五六 | オラフ I 上 九オ6 | オラフ 三〇ウ1 | オラフ 二九オ3 | | |
| オヨフ | 遣 | オヨフ 仏上 三三ウ6 五六 | | オラフ 三〇ウ5 | オラフ 二九オ6 | | |
| オヨフ | 連 | オヨフ 仏上 三三ウ7 五六 | オラフ I 上 九ウ2 | オラフ 三〇ウ6 | オラフ 二九ウ1 | | |
| ヲヨフ | 逝 | ヲヨフ 仏上 三三オ7 五七 | オラフ I 上 一〇オ1 | オラフ 三一オ6 | オラヅ 三〇オ2 | | |
| ヲヨフ | 建 | ヲヨフ 仏上 三四ウ1 六二 | オラフ I 上 二ウ4 | オラフ 三三オ6 | オラフ 三二ウ1 | | |
| ヲヨフ | 延 | ヲヨフ 仏上 三四ウ2 六二 | オラフ I 上 二ウ5 | オラブ 三三オ7 | オラフ 三二ウ2 | | 高本 延 |
| オヨフ(モイ) | 赤 | ↓ オモフ | オラフ(モイ) I 上 一〇ウ3 | ↓ オモフ | ↓ ヲモフ | | |
| オヨフ | 觀 | オヨフ 仏中 四三オ3 八二 | オラフ I 上 五九オ3 | オラフ 九〇ウ4 | | | |
| オヨフ | 泊 | オヨフ 法上 一六オ2 九 | オラフ II 中 七ウ4 | | | | |
| オヨフ | 襲 | オヨフ 法中 一七ウ5 一四〇 | | | | | |

| 和訓 | 漢字 | 観智院本 | 蓮成院本 | 高山寺本 | 西念寺本 | 図書寮本 | 備考 |
|---|---|---|---|---|---|---|---|
| オヨブ | ・被 | | | | | ・オ・ラ・ブ 三三五1 | |
| オヨフ | 盃 | オヨフ 法下 二一オ8 三九 | | | | | |
| オヨフ | 覃 | ・オ・ヨフ 法下 三八オ5 七三 | | | | | |
| ヲヨフ | 屬 | ヲヨフ 法下 四六ウ3 九〇 | | | | | |
| オヨフ | 殆 | オヨフ 法下 六七オ7 一三一 | | | | | |
| オヨブ | 及 | ・オ・ヨブ 僧中 二七ウ1 五三 | オラフ Ⅲ下 六四ウ6 | | | | |
| オヨブ | 暨 | ・オ・ヨブ 僧下 四九ウ2 九六 | オラフ Ⅲ下 一二六ウ3 (五四) | | | | |
| オヨホスブ | 逮 | ↓ ヲヨホフス | | オラホスブ 二五ウ5 | オラ小爪 三ウ2 | | |
| オヨホス | 洽 | オヨホス 法上 六ウ1 一〇 | ヲヨふス Ⅱ虫 八オ4 | | | | |
| オヨホス | 霣 | オヨア爪 法下 三七オ8 七一 | | | | | |
| ヲヨホフス | 逮 | ・ヲ・ヨホフス 仏上 二六ウ4 四六 | | | | | |
| オヨユヒノマタ | 扐 | オヨユヒノヽタ 仏本 二一オ6 三九 | | | | | |
| オヨユヒノマタ | 扐 | ・オ・ヨ・ユ・ヒ・ノ・ヽ・タ 仏本 四一オ2 七九 | | | | | |
| オラク | 洄 | ↓ オコリ | オラク Ⅱ虫 二オ1 | | | | |
| オラス | 廓 | オラ爪 法下 五一ウ2 一〇〇 | | | | | |

| | | | | | | | |
|---|---|---|---|---|---|---|---|
| オリ | 衡 | オリ 仏上 二五オ7 四三 | | ↓オル | ナ(キ)リ 二二オ2 | | |
| オリモノ | 綺 | ・オ・リ・キ 法中 六八ウ1 三四 | | | | ・於・利・毛・能 三〇七 2 | |
| オル | 衡 | ↓オリ | | オル 二四オ5 | | | |
| オル(ロス) | 下 | ・オ・ル(ロス) 仏上 四〇ウ5 七四 | オル(コス) I上 一七オ6 | ・オ・ル 四〇ウ1 | オ・ル 四〇オ5 | | |
| オル | 降 | オル 法中 二一ウ3 四〇 | | | | オ・ル 一九八 1 | |
| オル | 織 | ・オ・ル 法中 五九ウ1 一一六 | | | | ・於・流 川 二九四 6 | |
| オレ | 吾 | ↓オノレ | ↓オノレ | オレ 六九ウ1 | | | |
| オレシヲ | 舒 | | オレ(レ)シヲ III下 一三四オ4 (五三) | | | | |
| オレノ | 咄 | キレノ 仏中 二五ウ7 四八 | オレノ I上 四四オ4 | オレノ 七三オ5 | | | |
| オロカ | 近 | オロカ 仏上 二九ウ2 五二 | オロカ I上 七オ6 | オロカ 二八オ7 | オロカ 二六ウ3 | | |
| オロカ | 騃 | ・オ・ロ・カ 僧中 五一オ6 九九 | オロカ III下 七六オ5 (四) | | | | |
| オロカオヒ | 樔梠 | ・オ・ロ・カ・オ(キ)・ヒ 仏本 四七ウ8 九二 | | | | | |
| ヲロカオヒ | 穭 | ・ヲ・ロ・カ・オ・ヒ 法下 二三ウ3 二二 | | | | | |
| オロカナシ | 嘍囉 | オロカナレ 仏中 一五オ5 二七 | | | | | |
| オロカナリ | 娍 | オロカナリ 仏中 一五ウ4 八 | オロカナリ I上 二五ウ5 | オロカナリ 五三オ3 | ヲロカナリ 五三オ4 | | |
| オロカナリ | 嬾 | オロカナリ 仏中 六ウ7 一〇 | オロカナリ I上 二七ウ1 | オロカナリ 五四オ3 | ヲロカナリ 五四ウ3 | | |

| 和訓 | 漢字 | 観智院本 | 蓮成院本 | 高山寺本 | 西念寺本 | 図書寮本 | 備考 |
|---|---|---|---|---|---|---|---|
| ヲロカナリ | 噌 | ヲロカナリ 仏中 三三オ6 六一 | オロカナリ I上 五〇オ4 | オロカナリ 七九ウ7 | | | |
| オロカナリ | 魯 | オロカナリ 仏中 五一ウ3 一〇〇 | ヲロカセ I上 六七ウ2 | オロカナリ 一〇〇オ1 | | | |
| オロカナリ | 頑 | オロカナリ 仏下本 一四オ4 二五 | | | | | |
| オロカナリ | 蚩 | オロカナリ 法上 五五オ7 一〇七 | | | | | |
| オロカナリ | 憧 | オロカナリ 法中 四〇オ1 七七 | | | | | |
| オロカナリ | [illegible] | オロカナリ 法中 四〇ウ4 七八 | | | | | |
| オロカナリ | 怯 | オロカナリ 法中 四一オ3 七九 | | | | | |
| オロカナリ | 懟 | オロカナリ 法中 四三ウ6 八二 | | | | | |
| オロカナリ | 怐 | オロカナリ 法中 四三オ2 八三 | | | | | |
| ヲロカナリ | 惛 | ヲロカナリ 法中 四五オ1 八七 | | | | | |
| オロカナリニ | 戇 惷 | ・オ・ロカナリニ 法中 四七ウ7 九二 | | | | | |
| オロカナリ | 憨 | オロカナリ 法中 四九オ3 九五 | | | | | |
| オロカナニ | 愚 | ・オ・ロカナニ 法中 五二ウ4 一〇〇 | | | | オロカナリ 切 二四七 5 | |
| オロカナリ | 憧 | オロカナリ 法中 五四オ3 一〇五 | | | | | |
| オロカナリ | 庸 | オロカナリ 法下 四八ウ5 九四 | | | | | |

| | | | | | |
|---|---|---|---|---|---|
| ヲロカナリ | 虜 | ヲロカナリ 法下 四八ウ7 九四 | | | |
| オロカナリ(ニ) | 癡 | オロカナリ(ニ) 法下 六五オ6 一三七 | | | |
| オロカナリ | 凡 | オロカナリ 僧中 一二オ7 二一 | オロカナリ Ⅲ上二 一二〇ウ4 (四八) | | |
| オロカナリ | 蚩 | オロカナリ 僧下 一三ウ2 三三 | ヲロカナリ Ⅲ上二 一〇オ4 (二九) | | |
| オロカナリ | 少 | オロカナリ 僧下 三九オ3 七五 | オロカナリ Ⅲ上二 一四五オ1 (七三) | | |
| オロカナリ | 贛 | オロカナリ 僧下 五一ウ4 一〇〇 | オロカナリ Ⅲ上二 一三三ウ3 (六二) | | |
| オロカナレ | 嘍囉 | | | オロカナレ 六二ウ2 | |
| オロカニ | 略 | オロカニ 仏中 五五オ8 一〇七 | オロカニ Ⅰ上二 七〇ウ4 | オロカニ 一〇三ウ2 | |
| オロカニ | 僞心 | オロカニ 法中 四七オ2 九一 | | | |
| オロカニ | 蕫 | オロカニ 僧上 二六オ1 四九 | オ(イ)ロカニ Ⅲ下 四ウ1 | | |
| オロカニ | 𡑮 | オロカレ(ニ) 僧下 三九ウ4 七六 | ヲコカヽ(ママ) Ⅲ下二 一三六ウ7 (六四) | | |
| オロク | 垂 | オロク 法中 一三ウ8 二四 | | | |
| オロケタリ | 托 | オロケタリ 仏本 三八ウ7 七四 | | | |
| オロシ | 讌 | オロレ 法上 二九ウ1 五六 | ヲロし Ⅱ中 三〇オ1 | | |
| オロス | 下 | オロス 仏上 四〇ウ5 七四 | オロス Ⅰ上 一七オ5 | オロス 四〇ウ1 | オロ爪 四〇オ4 |
| オロス | 稅 | オロス 法下 一三オ4 三三 | | | |

| 和訓 | 漢字 | 観智院本 | 蓮成院本 | 高山寺本 | 西念寺本 | 図書寮本 | 備考 |
|---|---|---|---|---|---|---|---|
| オロス | 舎 | オロス 僧中二オ8 一 | オロ爪 Ⅲ下四七オ4 | | | | |
| オロス | 舎下 | オロ爪 僧中二ウ1 二 | | | | | |
| オロス | 下 | | | オロス 四〇ウ1 | | | |
| オロス | 驕 | オロス 僧中五六ウ3 一〇 | オロ爪 Ⅲ上八〇ウ6（八） | | | | |
| オロソカナ=リ | 儼 | オロソカナ=リ 仏上一九オ5 三一 | | | | | |
| オロソカナリ | 曠 | オロソカナリ 仏中四五ウ1 八八 | オロソカナリ Ⅰ上六三オ3 | オロソカナリ 九四オ5 | | | |
| オロソカナリ | 跢 | | | | | オロツカナリ [illegible] 二八6 | |
| オロソカナリ | 蹟 | オロツカナリ 法上四三オ4 八一 | | | | | |
| オロソカナ=リ | 踈 | オロツカナ=リ 法上四三オ5 八一 | | | | | |
| オロソカナ=リ | 疏 | オロツカナ=リ 法上四五ウ8 八八 | | | | | |
| ヲロソカナリ | 稀 | ヲロツカナリ 法下八ウ7 一四 | | | | | |
| ヲロソカナリ | 齊 | ヲロソカナリ 法下二二オ1 三九 | | | | | |
| オロソカナリ | 闌 | オロソカナリ 法下四三ウ1 八二 | | | | | |
| オロソカナリ | 閒 | オロソカナリ 法下四三ウ2 八二 | | | | | |
| オロソカナリ | 簡 | オロソカナリ 僧上九ウ2 一六 | | | | | |

| | | | | | | |
|---|---|---|---|---|---|---|
| オロソカナリ（ニ） | 鹿 | ・オ・ロ・ソ・カナリ（ニ） 法下五六ウ6 一〇 | | | | |
| オロソカニ | 簡 | ・オ・ロ・ソ・カニ 僧上四ウ4 七八 | オロソカニ 皿下一九オ6 | | | |

| 和訓 | 漢字 | 観智院本 | 蓮成院本 | 高山寺本 | 西念寺本 | 図書寮本 | 備考 |
|---|---|---|---|---|---|---|---|
| カ | 香 | カ 法下九オ2 一五 | | | | | |
| カ | 庣 | カ 法下五六ウ3 一〇 | | | | | |
| カ | 鄗 | カ 僧上二二オ7 三九 | | | | | |
| カ | 蚊 | カ 僧下二三オ3 二二 | カ III 下二一〇〇ウ5 (二八) | | | | |
| カ | 馥 | カ 僧下五六ウ1 一〇 | | | | | |
| カイ | 舥 | カイ 仏本三ウ3 四 | | | | | |
| カイ | 棹 | カイ 仏下本五〇ウ1 九八 | | | | | |
| カイ | 鎧 | カイ 僧上六四オ1 三五 | | | | | |
| カイ | 「虬/虫」 | カイ 僧下一三オ4 三 | カイ III 下二一〇ウ3 (二九) | | | | |
| カイカネ | 膊 | カイカ子 仏中五八オ8 一二三 | カイカ子 I 上二七三オ7 | | | | |
| カイカネ | 脾 | カイカ子 仏中六一ウ4 一三〇 | | | | | |
| カイガネ | 胛 | カイカ子 仏中六一ウ8 一三〇 | | | | | |
| カイカネ | 胛 | カイカネ 仏中七〇ウ8 一三八 | | | | | |
| カイカヘス | 攏 | カイカヘス 仏下本三四ウ6 六六 | | | | | |
| カイカヘス | 挩 | カイカヘス 仏下本三六オ8 六九 | | | | | |
| ノカイシキ | 橇 | ノカイシキ 仏下本六三オ4 一三三 | | | | | |

| 和訓 | 漢字 | 観智院本 | 蓮成院本 | 高山寺本 | 西念寺本 | 図書寮本 | 備考 |
|---|---|---|---|---|---|---|---|
| カイソク | 芰 | カイソク 僧上一三オ5 二三 | | | | | |
| カイソク | 海賊 | カイソク 僧中二二オ6 四一 | カイソク Ⅲ下 六〇ウ4 | | | | |
| カイソク | 戉 | カイソク 僧中二二ウ2 四二 | カイソク Ⅲ下 六〇ウ6 | | | | |
| カイソフ | 剡 | カイソフ 僧上四四ウ2 八六 | カイソフ Ⅲ下 三オ2 | | | | |
| カイツクロフ | 摳 | カイツクロフ 仏下本二三ウ2 四四 | | | | | |
| カイツクロフ | 搆 | カイツクロフ 仏下本四〇ウ1 七八 | | | | | |
| カイツクロフ | 刷 | カイツクロフ 僧上四五オ1 八七 | カイツクロフ Ⅲ下 三三オ7 | | | | |
| カイツクロフ | 鉋 | カイツクロフ 僧上五九ウ7 一一六 | カイツクロフ Ⅲ下 三七オ3 | | | | |
| カイツクロフ | 釼 | カイツクロフ 僧上六三ウ1 一二四 | カイツクロフ Ⅲ下 四〇オ5 | | | | |
| カイツクロフ | 鍛 | カイツクロフ 僧中三四ウ6 六六 | カイツクロフ Ⅲ下 七一ウ4 | | | | |
| カイツクロフ | 整 | カイツクロフ 僧下五四オ1 一〇五 | カイツクロフ Ⅲ下 一四六ウ4 (七四) | | | | |
| カイナ | 黄草 | カイナ 僧上二オ8 一 | カイナ Ⅲ下 四オ4 | | | | 黄 蓮本 |
| カイナ | 黄草 | カイナ 僧上二オ8 一 | カイナ Ⅲ下 一〇ウ6 | | | | |
| カイナ | 裂安草 | カイナ 僧上二オ8 一 | カイナ Ⅲ下 一〇ウ6 | | | | |
| カイナツ | 撫 | カイナツ 仏下本四〇オ8 七七 | | | | | |

| | | | | | | |
|---|---|---|---|---|---|---|
| カイナラス | 擽 | カイナラス 仏下本三〇オ1 五七 | | | | |
| カイナラム | 掩 | カイナラム 仏下本二八オ4 五三 | | | | |
| カイハサム | 閬 | カイハサム 法下四〇ウ3 七八 | | | | |
| カイマタラ | 絢 | カイマタラ 法中六三ウ3 一三四 | | | | |
| カウ | 愉 | カウ 法中四五オ8 八七 | | | | |
| カウカイ | 箄 | カウカイ 僧上三四ウ2 六六 | カウカイ Ⅲ下三オ2 | | | |
| カウケチ | 夾纈 | カウケチ 法中六三オ2 一三三 | | | 賀宇計智 三九2 | |
| カウシ | 篙子 | カウシ 僧上三八オ3 七三 | カウシ Ⅲ下一七オ3 | | | |
| カウナ | 蜷 | カウナ 僧下一八ウ2 三四 | カウテ(ナ) Ⅲ下一〇七オ3（三五） | | | |
| カウナ | 蚉 | | カウナ Ⅲ下一〇七オ3（三五） | | | |
| カウナイシトト | 神鳥 | カウナイシトト 僧中五八ウ5 一二四 | | | | |
| カウノコシ | 香輿 | カウノコシ 仏下末一四オ8 二五 | | | | |
| カウハシ | 烈 | カウハシ 仏下末二七オ2 五一 | | | | |
| カウハシ | 馤 | カウハシ 法下一八ウ4 一四 | | | | |
| カウハシ | 香 | カウハシ 法下一九オ2 一五 | | | | |
| カウバシ | 香 | カウハシ 法下一五オ3 二七 | | | | |

| 和訓 | 漢字 | 観智院本 | 蓮成院本 | 高山寺本 | 西念寺本 | 図書寮本 | 備考 |
|---|---|---|---|---|---|---|---|
| カウハシ | 馝 | カウハレ 法下 一五オ5 二七 | | | | | |
| カウハシ | 苾 | カウハレ 僧上 三ウ5 四 | | | | | |
| カウバシ | 薫 | カウハレ 僧上 九オ7 一五 | | | | | |
| カウハシ | 蘭 | カウハレ 僧上 九ウ3 一六 | | | | | |
| カウハシ | 荃 | カウハレ 僧上 一八ウ1 三四 | | | | | |
| カウバシ | 芬 | カウハレ 僧上 一九オ7 三五 | | | | | |
| カウバシ | 芳 | カウハレ 僧上 二〇ウ2 三八 | | | | | |
| カウハシ | 菲 | カウハレ 僧上 二〇ウ3 三八 | | | | | |
| カウハシ | 鄭 | カウハレ 僧上 二一オ7 三九 | | | | | |
| カウハシ | 狼 | カウハレ 僧上 二四ウ4 四六 | カウハレ Ⅲ下 三オ2 | | | | |
| カウハシ | 躝 | カウハレ 僧中 三三オ2 六三 | カウハレ Ⅲ下 七〇オ1 | | | | |
| カウハシ | 酚 | カウハレ 僧下 五六オ8 一〇九 | | | | | |
| カウハシ | 醱 | カウハレ 僧下 五六ウ1 一一〇 | | | | | |
| カウハシ | 氛 | カウハレ 僧下 五七オ6 一一二 | カウハレ Ⅲ下二 一五〇ウ3 (七八) | | | | |
| カウハシ | 氳 | | カウハレ Ⅲ下二 一五〇ウ3 (七八) | | | | |

| | | | | | | | |
|---|---|---|---|---|---|---|---|
| カウブラシム | ・被 | | | | | カウフラ ム公 巽 三三五 1 | |
| カウブラシム（ヴゥ） | 冠 | カウフラマレム（ウ） 法下 五四 二八ウ 8 | | | | | |
| カウフリ | 髻 | カウフリ 仏下本 三五 一九オ 5 | | | | | |
| カウブリ | 巾 | | | | | カウフリ 白 二七七 1 | |
| カウフリ | 頭巾 | カウフリ 法中 一〇二 五三ウ 4 | | | | カウフリ 二七七 3 | |
| カウブリ | 幞頭 | カウフリ 法中 一〇三 五三オ 7 | | | | 加宇布利 川 二八三 3 | 図本 幞頭 |
| カウフリ | 帼 | カウフリ 法中 一〇七 五五オ 8 | | | | | |
| カウブリ | 冠 | カウフリ 法下 五四 二八ウ 8 | | | | | |
| カウブリセリ | 弁 | カウフリセリ 仏下末 二三 一三オ 7 | | | | | |
| 冠ノヲ | 緌 | 冠ノヲ 法中 一二五 六四オ 5 | | | | 冠乃乎 三一 6 | |
| カウブル | 頼 | カウフル 仏下本 二六 一四ウ 7 | | | | | |
| カウフル | 弁 | カウフル 仏下末 二三 一三オ 7 | | | | | |
| カウブル | 黷 | カウフル 仏下末 五四 二八ウ 7 | | | | | |
| カウフル | 悖 | カウフル 法中 九六 四九ウ 8 | | | | | |
| カウブル | ・被 | | | | | カウフル 記 三三五 1 | |
| カウフル（ラシム） | 被 | カウフル（ラレム） 法中 一四六 七四ウ 5 | | | | | |

| 和訓 | 漢字 | 観智院本 | 蓮成院本 | 高山寺本 | 西念寺本 | 図書寮本 | 備考 |
|---|---|---|---|---|---|---|---|
| カウフル | 霑 | カウフル 法下三七オ3 七一 | | | | | |
| カウフル | 荷 | カウフル 僧上四ウ1 六 | | | | | |
| カウフル | 蒙 | カウフル 僧上一〇ウ5 一八 | | | | | |
| カウベ | 頭 | カウヘ 仏下本一三オ8 二二 | | | | | |
| カウベ | 首 | カウヘ 仏下末一五ウ3 二八 | | | | | |
| カウベ | 首 | カウヘ 僧下三四オ1 六五 | カウヘ 上一三五ウ5 Ⅲ(五三) | | | | |
| カウル | 肳 | カウル 仏中六四ウ6 一三六 | | | | | |
| カガ | 利 | カヽ 法下一三オ7 二三 | | | | | |
| カカク | 攘 | カハク 仏下本三五ウ6 六八 | | | | | |
| カカク キヤク | 批 | カヽク キヤク 仏下本三六オ7 六九 | | | | | |
| カカク | 撥 | カヽク 仏下本三七ウ6 七二 | | | | | |
| カカク | 挂 | カヽク 仏下本三九ウ2 七六 | | | | | |
| カカク | 枇 | カヽク 仏下本四四ウ8 八六 | | | | | |
| カカク | 祛 | カハク 法中七〇ウ4 一三八 | | | | | |
| カカグ | 褰 | カハク 法中七五ウ2 一四八 | | | | カハク 切 三三二 5 | |

| 見出し | 字 | 1 | 2 | 3 | 4 | 5 | 6 |
|---|---|---|---|---|---|---|---|
| カカグ | 袪 | カヽク 法下二 二ウ7 | | | | カヽク 琵 三三二 2 | |
| カカク | 褁 | カヽク 法下四七 二五オ5 | | | | | |
| カカグル | 擐 | カヽクル 仏下本六八 三五ウ6 | | | | | |
| カカケタリ | 攲 | カヽケタリ 僧中五八 三〇ウ6 | カヽケタリ Ⅲ下 六七ウ7 | | | | |
| カカシ | 譪 | カヽシ 法上四八 二五ウ2 | | | | | |
| カカシ | 鵶 | カヽシ 僧中一三 六七ウ3 | | | | | |
| カカシ | 鴉 | | カヽシ Ⅲ下 九〇オ3（一八） | | | | |
| カカナク | 嚇 | カヽナク 仏中一六八 一五ウ8 | カヽナフ（ミ） Ⅰ上 三五オ2 | カヽナク 六三オ2 | | | |
| カカナク | 吧 | カヽナク 仏中一三五 一九オ8 | カヽナク Ⅰ上 三八オ3 | カヽナク 六六ウ3 | | | |
| カカフ | 拘 | カヽフ 仏下本六四 三三ウ5 | | | | | |
| カカフ | 攘 | カヽフ 仏下本六八 三五ウ6 | | | | | |
| カカブ | 擁 | カヽフ 仏下本七三 三八オ1 | | | | | |
| カカフ | 犳 | カヽフ 仏下末四 三ウ1 | | | | | |
| カカフ | 裼 | カヽフ 法下二 二ウ3 | | | | | |
| カカフ | 闔 | カヽフ 法下八一 四三オ1 | | | | | |
| カカフ | 釦 | カヽフ 僧上二四 一五八ウ7 | カヽフ Ⅲ下 三六オ6 | | | | |

| 和訓 | 漢字 | 観智院本 | 蓮成院本 | 高山寺本 | 西念寺本 | 図書寮本 | 備考 |
|---|---|---|---|---|---|---|---|
| カカフ | 鉤 | カヽフ 僧上五九オ2 一一五 | カヽフ III下 三六ウ2 | | | | |
| カカフ | 盗 | カヽフ 僧中八ウ7 一四 | カヽフ III下 五一ウ1 | | | | |
| カカフル | 図 | カヽフル 法下四四ウ1 八六 | | | | | |
| カカヘシ | 扠 | カカヘシ 仏下本三五ウ4 六八 | | | | | |
| カガマヤカニシテ | 僂 | カヽマヤカニソ 仏上一九ウ1 三三 | | カヽマヤカニソ 一八オ7 | カヽマヤカニソ 一五オ6 | | |
| カカマル | 傴 | カヽマル 仏上一九オ8 三三 | | カヽ[マル] 一八オ7 | カヽマル 一五オ5 | | |
| カカマル | 躬 | カヽマル 仏上四六ウ1 八五 | カヽマル I上 二一オ7 | カヽマル 四六オ3 | カヽマル 四七オ6 | | |
| カカマル | 嘔 | カヽマル 仏中二一オ2 三九 | カヽマル I上 三九ウ5 | カヽマル 六八オ5 | | | |
| カカマル | 拳 | カヽマル 仏下本二一オ7 三九 | | | | | |
| カガマル | 捲 | カヽマル 仏下本二一オ7 三九 | | | | | |
| カカマル | 拖 | カヽマル 仏下本二一ウ4 四〇 | | | | | |
| カカマル | 拘 | カヽマル 仏下本三三ウ5 六四 | | | | | |
| カカマル | 拘 | カヽマル 仏下本三三ウ6 六四 | | | | | |
| カガマル | 折 | カヽマル 仏下本三七ウ5 七二 | | | | | |
| カカマル | 乇 | カヽマル 仏下末八オ7 一三 | | | | | |

| | | | | | | |
|---|---|---|---|---|---|---|
| カカマル | 訟 | カヾル(ヲ) 法上 三四ウ5 六六 | カヾルム II 中 三五オ7 | | | |
| カカマル | 跡 | カヾル 法上 四三ウ6 八二 | | | | |
| カカマム ル | 踠 | カカヾム ル 法上 四四ウ5 八六 | | | | カヾヾム ル 一九 3 |
| カカマル | 惓 | カヾル 法中 四八オ3 九三 | | | | |
| カガマル | 句 | カヾル 法下 三〇オ8 五七 | | | | |
| カカマル | 鈎 | カヾル 僧上 五九オ2 一二五 | カヾル III 下 三六ウ2 | | | |
| カガマル | 龜 | カヾヾル 僧下 二四オ4 四五 | カヾヾル III 下 一二三オ7 (四〇) | | | |
| カカマル | 曲 | カヾル 僧下 四六ウ7 九〇 | | | | |
| カカマル | 巻 | カヾル 僧下 五五オ3 一〇七 | カヾル III 下 一四三オ2 (七二) | | | |
| カガミ | 苋蘭 | カヾミ 僧上 一九ウ5 一六 | | | | |
| カカミ | 蘿摩子 | カヾミ 僧上 一九オ6 三五 | | | | |
| カカミ | 蔹 | カヾミ 僧上 二三ウ3 四二 | | | | |
| カガミ | 鑒 | カヾミ 僧上 六二オ6 一三二 | カヾミ III 下 三九オ2 | | | |
| カカミ | 鑑 | カヾミ 僧上 六二オ6 一三二 | カヾミ III 下 三九オ2 | | | |
| カガミ | 鋏 | カヾミ 僧上 六六オ8 一三九 | カヾミ III 下 四三オ7 | | | |
| カガミ | 鑼 | カヾミ 僧上 六七ウ5 一三二 | カヾミ III 下 四三ウ2 | | | |

| 和訓 | 漢字 | 観智院本 | 蓮成院本 | 高山寺本 | 西念寺本 | 図書寮本 | 備考 |
|---|---|---|---|---|---|---|---|
| カガミ | 鏡 | カヽミ 僧上 一七〇オ6 一三七 | カヽミ Ⅲ下 四五ウ2 | | | | |
| カガミカケ | 鏡臺 | カヾミカケ 僧上 一七〇オ6 一三七 | カヽミカケ Ⅲ下 四五ウ2 | | | | |
| カカミル | 攬 | カヽミル 仏本 三三オ2 四三 | | | | | |
| カガミル | 鑒 | カヽミル 僧上 一六六オ5 一三 | カヽミル Ⅲ下 三九オ2 | | | | |
| カガミル | 鏡 | カヽミル 僧上 一七〇オ6 一三七 | カヽミル Ⅲ下 四五ウ2 | | | | |
| カカミル | 監 | カヽミル 僧中 八ウ5 一四 | カヽミル Ⅲ下 五一オ7 | | | | |
| カカム | 債 | カヽム 仏上 一三ウ4 一〇 | | カヽム 一三オ1 | カヽム 八ウ4 | | |
| カカム | 侄 | ↓ ナハム | | ↓ ナヽム | カヽム 一〇ウ2 | | |
| カガム | 宼 | カヽム 法下 一三オ8 六一 | | | | | |
| カガムマル | 屈 | カヽムマル 法下 四五ウ4 八八 | | | | | |
| カカメシム | 孚 | カヽメシム 法下 一七〇ウ8 一三八 | | | | | |
| カカマイテ | 玲瓏 | | | | | カヽヤイテ 莊 一六一6 | |
| カカヤカス | 衒 | カヽヤカス 仏上 三五オ6 四三 | | カヽヤカス 二四オ4 | カヽヤカ爪 三オ1 | | |
| カカヤカス | 糶 | カヽヤカス 仏下末 三三ウ1 三 | | | | | |
| カカヤク | 眗 | カヽヤク 仏中 三四オ4 六五 | カヽヤク Ⅰ上 五一ウ2 | カヽ[ヤ]ク 八三オ1 | | | |

| | | | | | | | |
|---|---|---|---|---|---|---|---|
| カカヤク | 昡 | カヽヤク 仏中 六五 三四オ8 | カヽヤク Ｉ上 五三ウ5 | カヽヤク 八二オ5 | | | |
| カカヤク | 曈 | カヽヤク 仏中 八九 四六オ1 | カヽヤク Ｉ上 六二ウ2 | カヽヤク 九四ウ4 | | | |
| カカヤク | 曨 | カヽヤク 仏中 八九 四六オ1 | カヽヤク Ｉ上 六三オ5 | カヽヤク 九五ウ3 | | | |
| カカヤク | 暘 | カヽヤク 仏中 九〇 四六ウ4 | カヽヤク Ｉ上 六三オ3 | カヽヤク 九五オ7 | | | 睗 蓮本、高本 |
| カカヤク | 暵 | カヽヤク 仏中 九一 四七オ5 | カヽヤク Ｉ上 六三ウ2 | カヽヤク 九五ウ7 | | | |
| カカヤク | 昳 | カヽヤク 仏中 九一 四七オ5 | カヽヤク Ｉ上 六三ウ2 | カヽヤク 九五ウ7 | | | |
| カカヤク | 暉 | カヽヤク 仏中 九三 四八オ1 | カヽヤク Ｉ上 六四オ3 | カヽヤク 九六ウ3 | | | |
| カカヤク | 曜 | カヽヤク 仏中 九五 四九オ5 | カヽヤク Ｉ上 六五オ6 | カヽヤク 九七ウ4 | | | 矅 蓮本、高本 |
| カカヤク | 晟 | カヽヤク 仏中 九五 四九オ6 | カヽヤク Ｉ上 六五ウ1 | カヽヤク 九七ウ6 | | | |
| カカヤク | 曦 | カヽヤク 仏中 一〇一 五三オ3 | カヽヤク Ｉ上 六七ウ1 | カヽヤク 一〇〇オ6 | | | |
| カカヤク | 昡 | カヽヤク 仏中 一〇一 五三オ6 | カヽヤク Ｉ上 六八オ2 | カヽヤク 一〇〇ウ1 | | | 眩 蓮本、高本 |
| カカヤク | 晱 | カヽヤク 仏中 一〇一 五三オ6 | カヽヤク Ｉ上 六八オ2 | カヽヤク 一〇〇ウ1 | | | |
| カカヤク | 皪 | カヽヤク 仏中 一〇二 五三ウ4 | カヽヤク Ｉ上 六八オ6 | カヽヤク 一〇〇ウ6 | | | |
| カカヤク | 皓 | カヽヤク 仏中 一〇三 五三オ8 | カヽヤク Ｉ上 六九オ5 | カヽヤク 一〇一オ4 | | | |
| カカヤク | 皈 | カヽヤク 仏中 一〇五 五四オ6 | カヽヤク Ｉ上 七〇オ2 | カヽヤク 一〇三オ2 | | | |
| カカヤク | 胘 | カヽヤク 仏中 一三六 六九ウ3 | | | | | |

| 和訓 | 漢字 | 観智院本 | 蓮成院本 | 高山寺本 | 西念寺本 | 図書寮本 | 備考 |
|---|---|---|---|---|---|---|---|
| カカヤク | 賷 | カ、ヤク 仏下本二〇 一一ウ5 | | | | | |
| カカヤク | 〔光+韋〕 | カ、ヤク 仏下末二二 一二ウ1 | | | | | |
| カカヤク | 〔光+韋〕 | カ、ヤク 仏下末二二 一二ウ4 | | | | | |
| カカヤク | 熠 | カ、ヤク 仏下末三八 二〇ウ8 | | | | | |
| カカヤク | 焴 | カ、ヤク 仏下末三九 二一オ3 | | | | | |
| カカヤク | 〔火+憂〕 | カ、ヤク 仏下末三九 二一オ8 | | | | | |
| カカヤク | 爚 | カ、ヤク 仏下末四〇 二一ウ7 | | | | | |
| カカヤク | 煒 | カ、ヤク 仏下末四一 二二オ2 | | | | | |
| カカヤク | 炫 | カ、ヤク 仏下末四二 二二ウ3 | | | | | |
| カカヤク | 烔 | カ、ヤク 仏下末四四 二三ウ8 | | | | | |
| カカヤク | 爔 | カ、ヤク 仏下末五〇 二六ウ1 | | | | | |
| カカヤク | 〔亦+火〕 | カ、ヤク 仏下末五二 二七ウ5 | | | | | |
| カカヤク | 濯 | カ、ヤク 法上二二 一二ウ4 | カ、ヤスクイ Ⅱ虫 一三オ4 | | | | |
| カカヤク | 磜 | カ、ヤク 法中一二 七ウ4 | | | | | |
| カカヤク | 〔求+糸〕 | カ、ヤク 法中一二三 六三オ2 | | | | | |

| | | | | | |
|---|---|---|---|---|---|
| カカヤク | 祛 | カヽヤク 法下二ウ7 二 | | | |
| カカヤク | 花 | ・カ・ヽヤク 僧上四オ2 五 | | | |
| カカヤク | 飾 | カヽヤク 僧上一五六オ4 一〇九 | カヽヤク III下三三ウ6 | | |
| カカヤク | 銷 | | ・カ・ヽヤク III下三九オ3 | | |
| カカヤク | 鎣 | カヽヤク 僧上一六六ウ5 一二〇 | カヽヤク III下四二ウ4 | | |
| カカヤク | 威 | カヽヤク 僧中二三ウ8 四二 | カヽヤク III下六一オ2 | | |
| カカヤク | 赫 | ・カ・ヽヤク 僧下四四オ5 八五 | カヽヤク III下一三四オ3 (六三) | | |
| カカヤク | 燿 | カヽヤク 僧下五一オ6 九九 | | | |
| カカヤク | 爦 | カヽヤク 僧下五一オ6 九九 | | | |
| カガリ | 篝 | ・カ・ヽ・リ 僧上一三五オ8 六七 | ・カ・ヽ・リ III下一六ウ3 | | |
| カカリ | 筴 | カヽリ 僧上一三五ウ2 六八 | カヽリ III下一四ウ3 | | |
| カカリ | 鎖 | カヽリ 僧上一六三オ2 一二一 | | | |
| カカリ | 錟 | カヽリ 僧上一六七オ7 一二一 | カヽリ(イ) III下四三オ4 | | |
| カカリ | 銖 | カヽリ 僧上一六八ウ8 一三四 | カヽリ III下四四ウ1 | | |
| カカル | 假 | カヽル 仏上二〇オ5 三三 | | カヽル 二ウ5 | |
| カカル | 係 | ・カ・ヽ・ル 仏上三〇ウ4 三四 | | ・カ・ヽ・ル 一八オ4 | カヽル 一六ウ4 |

| 和訓 | 漢字 | 観智院本 | 蓮成院本 | 高山寺本 | 西念寺本 | 図書寮本 | 備考 |
|---|---|---|---|---|---|---|---|
| カカル | 嬰 | ・カヽ・ル 仏中 七ウ1 三 | カヽル Ⅰ上 二七ウ2 | カヽル 五四オ3 | | | |
| カカル | 眩 | カヽル 仏中 三四ウ1 六六 | カヽル Ⅰ上 五一ウ5 | カヽル 八二オ5 | | | |
| カカル | 嬰 | ・カ・ヽ・ル 仏中 三五オ4 六七 | カヽル Ⅰ上 五三ウ1 | ・カ・ヽ・ル 八三オ2 | | | 高本 嬰 |
| カカル | 觸 | カヽル 仏下本 七オ2 二 | | | | | |
| カカル | 攉 | カヽル 仏下本 二一ウ1 四〇 | | | | | |
| カカル | 扼 | カヽル 仏下本 二一ウ7 四〇 | | | | | |
| カカル | 披 | カヽル 仏下本 二六ウ5 五〇 | | | | | |
| カカル | 撲 | カヽル 仏下本 三三オ8 六三 | | | | | |
| カカル | 推 | カヽル 仏下本 三六ウ3 七〇 | | | | | |
| カカル | 掛 | ・カ・ヽ・ル 仏下本 三九ウ2 七六 | | | | | |
| カカル | 摟 | ・カ・ヽ・ル 仏下本 四〇オ6 七七 | | | | | |
| カカル | 桂 | カヽル 仏下本 四九オ8 九五 | | | | | |
| カカル | 楚 | カヽル 仏下本 六四ウ8 一三六 | | | | | |
| カカル | 尋 | | カヽル Ⅰ上 六八オ4 | カヽル 一〇〇ウ4 | | | 高本 尋 |
| カカル | 漁 | ・カ・ヽル・ 法上 七ウ7 二三 | カヽル Ⅱ中 九ウ2 | | | | 蓮本 漁 |

| 見出し | 漢字 | | | | | |
|---|---|---|---|---|---|---|
| カカル | 沿 | ↓ナカレカヽル | カヽル II史一五オ5 | | | |
| カカル | 注 | カヽル 法上一八ウ8 三四 | カヽル II史一八オ7 | | | |
| カカル | 涇 | ↓キニレカヽル | カヽル II史一八オ5 | | | |
| カカル | 訾 | カヽル 法上三四ウ8 六六 | ↓カ｜ル | | | |
| カカル | 隱 | カヽル 法中三四ウ8 四六 | | | | |
| カカル | 懸 | カヽル 法中五一オ5 九九 | | | | |
| カカル | 維 | カヽル 法中一五八ウ2 一四 | | | | |
| カカル | [illegible] | カヽル 法中一五八ウ3 一四 | | | | |
| カカル | 紆 | カヽル 法中一五九オ4 一五 | | | | |
| カカル | 綰 | カヽル 法中一六一ウ7 一三〇 | | | | |
| カカル | 綴 | カヽル 法中一六二ウ3 一三二 | | | | |
| カカル | 繫 | | | | カヽル 村 三〇〇5 | |
| カカル | 絓 | カヽル 法中一六五オ6 一三七 | | | | |
| カカル | 纓 | カヽル 法中一六六オ7 一三九 | | | | |
| カカル | 縋 | カヽル 法中一六七ウ8 一三三 | | | | |
| カカル | 縛 | カヽル 法中一六八ウ6 一三四 | | | | |

| 和訓 | 漢字 | 観智院本 | 蓮成院本 | 高山寺本 | 西念寺本 | 図書寮本 | 備考 |
|---|---|---|---|---|---|---|---|
| カカル | 縈 | カヽル 法中 一六九オ6 一三五 | | | | | |
| カカル | 簒 | ↓カヽル | カヽル Ⅲ下 一九オ6 | | | | |
| カカル | 寄 | カヽル 法下 二七ウ8 五二 | | | | | |
| カカル | 匄 | カヽル 法下 三〇ウ1 五八 | | | | | |
| カカル | 西 | カヽル 法下 三七ウ8 七二 | | | | | |
| カカル | 麼 | カヽル 法下 五一オ7 九九 | | | | | |
| カカル | 乙 | カヽル 法下 一七ウ5 一四〇 | | | | | |
| カカル | 蘭 | カヽル 僧上 一九ウ3 一六 | | | | | |
| カカル | 加 | カヽル 僧上 四三ウ3 八四 | カヽル Ⅲ下 三オ7 | | | | |
| カカル | 剞 | カヽル 僧上 四五オ3 八七 | カヽル Ⅲ下 三ウ1 | | | | |
| カカル | 鎖 | カヽル 罪 僧上 一六六オ2 三二 | カヽル Ⅲ下 三八ウ7 | | | | |
| カカル | 罥 | カヽル 僧中 一〇六ウ2 | カヽル Ⅲ下 四九ウ3 | | | | |
| カカクル | 羂 | カヽツル 僧中 一〇六ウ3 | カヽツル Ⅲ下 四九ウ3 | | | | |
| カカル | 罗 | カヽル 僧中 一〇六ウ5 | カヽル Ⅲ下 四九ウ5 | | | | |
| カカル | 羅 | カヽル 僧中 二七オ4 | カヽル Ⅲ下 五〇オ3 | | | | |

| | | | | | | | |
|---|---|---|---|---|---|---|---|
| カカル | 羂 | カヽル 僧中二七オ6 | | | | | |
| カカル | 羅 | カヽル 僧中二七オ6 | カヽル III下五〇オ6 | | | | |
| カカル | 羅 | カヽル 僧中二七オ6 | カヽル III下五〇オ6 | | | | |
| カカル | 斯 | カヽル 僧中一九オ3 三五 | カヽル III下一三オ5（五〇） | | | | |
| カカル | 雅 | カヽル 僧中二〇オ1 三七 | カヽル III下一三ウ5（五二） | | | | |
| カカル | 叉 | カヽル 僧中二七オ4 五一 | カヽル III下六四ウ2 | | | | |
| カカル | 叉 | | カヽル III下六四ウ2 | | | | |
| カカルク | 篙 | カヽルリ 僧中五六オ6 一〇九 | カヽルイ III下八〇ウ2（八） | | | | |
| カカル | 離 | カヽル 僧中六九ウ3 一三六 | カヽル III下九一ウ6（九） | | | | |
| カカル | 皿 | カヽル 僧下五一オ7 九九 | | | | | |
| カカル | 鑁 | カヽル 僧下五八オ5 一三三 | | | | | |
| カカルコト | 是 | カヽルコト 仏中四九オ3 九五 | カヽルコト I上六八ウ4 | カヽルコト 九七ウ3 | | | |
| カカレリ | 懸 | | | | | カヽレリ 記 二六八2 | |
| カキ | 播 | カキ 仏本三九ウ5 七六 | | | | | |
| カキ | 樹 | カキ 仏本四二ウ8 八二 | | | | | |
| カキ | 桓 | カキ 仏本五二ウ8 一〇二 | | | | | |

| 和訓 | 漢字 | 観智院本 | 蓮成院本 | 高山寺本 | 西念寺本 | 図書寮本 | 備考 |
| --- | --- | --- | --- | --- | --- | --- | --- |
| カキ | 柿 | ・カ・キ 仏本五六オ1 一〇九 | | | | | |
| カキ | 栫 | カキ 仏本六ウ7 一〇 | | | | | |
| カキ | 牆 | ・カヽ・ 仏下末四ウ6 六 | | | | | |
| カキ | 燃 | カヽ 仏下末三〇オ7 三七 | | | | | |
| カキ | 院 | カヽ 法中二一オ5 四一 | | | | | |
| カキ | 墾 | ・カヽ・ 法中二五ウ7 四八 | | | | カキ 三八 6 | |
| カキ | 壚 | カヽ 法中二六オ4 四九 | | | | | |
| カキ | 墻 | ・カキ・ 法中二六オ4 四九 | | | | | |
| カキ | 城 | カヽ 法中二六オ5 四九 | | | | | |
| カキ | 塹 | カヽ 法中二六オ8 四九 | | | | | |
| カキ | 壁 | カヽ 法中二六オ8 四九 | | | | | |
| カキ | 埬 | ・カキ・ 法中二八オ3 五三 | | | | | |
| カキ | 㙩 | カヽ 法中二八オ3 五三 | | | | | |
| カキ | 堞 | カキ 法中二八オ3 五三 | | | | ・カキ・ 二八 2 | |
| カキ | 垣 | ・カヽ・ 法中二九オ1 五五 | | | | ・加以岐・ 禾 二七 6 | |

| | | | | | | | |
|---|---|---|---|---|---|---|---|
| カキ | 堵 | カヽ 法中 二九オ2 五五 | | | | | |
| カキ | 墉 | ·カ.ヽ 法中 二九オ2 五五 | | | | ·カき. ɔ8 二八1 | |
| カキ | 蜜丸 | ·カ·キ 法下 二九オ8 五五 | | | | | |
| カキ | 窬 | カキ 法下 三三オ6 六一 | | | | | |
| カキ | 閈 | カキ 法下 三八ウ8 七四 | | | | | |
| カキ | 庬 | カキ 法下 五四ウ2 一〇六 | | | | | |
| カキ | 蕃 | カキ 僧上 七ウ5 一三 | | | | | |
| カキ | 藩 | カキ 僧上 七ウ6 一三 | | | | | |
| カギ | 鉤 | ·カ‥ヽ 僧上 五九オ2 一一五 | ·カ‥ヽ Ⅲ下 三六ウ2 | | | | |
| カキ | 鏈 | カヽ 僧上 六〇オ3 一一七 | カヽ Ⅲ下 三七オ6 | | | | |
| カキ | 鍏 | カキ 僧上 六〇オ3 一一七 | カヽ Ⅲ下 三七オ6 | | | | |
| カキ | 鏑 | カキ 僧上 六〇オ6 一一七 | カキ Ⅲ下 三七オ7 | | | | |
| カキ | 鑰 | カキ 僧上 六〇ウ4 一一八 | カヽ Ⅲ下 三七ウ5 | | | | |
| カギ | 鑠鎰 | ·カき‥ 僧上 六〇ウ5 一一八 | ·カ‥ヽ Ⅲ下 三七ウ6 | | | | |
| カキ | 鎰 | カキ 僧上 六〇ウ5 一一八 | カヽ Ⅲ下 三七ウ7 | | | | |
| カキ | 鎖 | カヽ 僧上 六二オ2 一三一 | カヽ Ⅲ下 三八ウ7 | | | | |

| 和訓 | 漢字 | 観智院本 | 蓮成院本 | 高山寺本 | 西念寺本 | 図書寮本 | 備考 |
|---|---|---|---|---|---|---|---|
| カキ | 鑰匙 | | カ〻(州) Ⅲ下三七ウ6 | | | | |
| カキ | 鏞 | カキ 僧上六七オ4 三 | カ〻 Ⅲ下四三オ2 | | | | |
| カキ | 歛 | ↓ ・カキヲサム | ・カ〻 Ⅲ下六七オ1 | | | | |
| カキ | 蚵 | カ〻 僧下二四オ5 五 | | | | | |
| カキ | 蚄 | カキ 僧下一四ウ7 二六 | カ〻 Ⅲ下(三)一三ウ4 | | | | |
| カキ | 蠣 | ・カキ 僧下一四ウ7 二六 | カ〻 Ⅲ下(三)一三ウ5 | | | | |
| ガキ | 餓鬼 | ・・カキ 僧下二五オ7 四七 | | | | | |
| カキ | 裩 | | ・カ〻 Ⅲ下(四)一三ウ1 | | | | |
| カキアク | 偏 | ヤ(ミ)キアク 仏上一三ウ1 八 | | カ〻アク 一〇ウ2 | ア(ミ)キアク 七オ6 | | |
| カキアク | 擊 | カキアク 仏下本一三ウ7 四三 | | | | | |
| カキアク | 摳 | カキアク 仏下本一三ウ2 四 | | | | | |
| カキアク | 揚 | カキアク 仏下本二九オ3 五五 | | | | | |
| カキアク | 擦 | カキアク 仏下本二七オ3 七一 | | | | | |
| カキアク | 薢 | カ〻アク 僧上二四ウ5 四六 | | | | | |
| カキウカツ | 穴坏 | ・カ〻・ウカツ 法中三一ウ2 六〇 | | | | 加・支・宇・加・豆 季 三三2 | 図本 坏二 穴一 |

| | | | | | | |
|---|---|---|---|---|---|---|
| カキウタク | 勒 | カキウタク 僧上四四オ1 八五 | カヽウタク Ⅲ下三ウ5 | | | |
| カキカヘ | 墻 | カキカヘ 法中六六オ5 四九 | | | | |
| カキクタク | 揄 | カキソタク 仏本二八オ2 五三 | | | | |
| カキコナス | 擾 | カキコナス 仏本三三ウ2 六三 | | | | |
| カキシ | 鵄 | カキし 僧中六六オ4 一三九 | カヽし Ⅲ下八八ウ1 (一六) | | | |
| カキシルス | 署 | カキしル爪 僧中六オ7 九 | カヽしル爪 Ⅲ下四九ウ1 | | | |
| カキスツ | 件 | カキスツ 仏上二三オ1 一七 | | カヽ爪川 一〇オ2 | カキスツ 六ウ4 | |
| カキツバタナ | 由跋 | カキツハタナ 法上三九オ8 七五 | | | | |
| カキツハタ | 劇草 | カヽツハタ 僧上三オ2 三 | カキツハタ Ⅲ下一〇ウ7 | | | |
| カキツハタ | 馬藺 | カキツハタ 僧上一〇オ3 一七 | カヽツハタ Ⅲ下二ウ4 | | | |
| カキツハタ | 杜若 | カキツハタ 僧上二五オ6 四七 | カヽツハタ Ⅲ下三ウ3 | | | |
| カキツバナ | 由跋 | | | | | 加波都波奈 禾 一三6 |
| カキナ | 蓋草 | カヽナ 僧上四 三ウ4 | | | | |
| カキナラス | 擽 | カキナラス 仏本三八ウ7 七四 | | | | |
| カキノメクリ | 墩 | カヽノメクリ 法中二六ウ2 五〇 | | | | |
| カキハ | 堅磐 | | | | | カキハ 宣命 一四八2 |
| | | | | | | |

| 和訓 | 漢字 | 観智院本 | 蓮成院本 | 高山寺本 | 西念寺本 | 図書寮本 | 備考 |
| --- | --- | --- | --- | --- | --- | --- | --- |
| カキミル | 聀 | カキミル 仏中 四〇オ4 五 | カ〜ミル Ⅰ上 二四ウ2 | カキアル 四九ウ7 | カキミル 五一オ5 | | |
| カキミル | 採 | カキミル 仏下本 三九ウ7 七六 | | | | | |
| カキメクラカス | 攪 | カキメリラカ仏 仏下本 三三オ3 四三 | | | | | |
| カキメクラス | 攬 | カキメクラス 仏下本 三三オ2 四三 | | | | | |
| カギリ | 根 | カキリ 仏下本 四八オ3 九三 | | | | | |
| カギリ | 極 | カキリ 仏下本 二九オ1 二五 | | | | | |
| カキリ | 崖 | カキリ 法上 二七オ7 二一 | | | | | |
| カキリ | 岸 | カキリ 法上 二七オ8 二一 | | | | | |
| カキリ | 隄 | | | | | か支利 季 二〇三 3 | |
| カギリル | 隄 | カ〜リル 法中 二〇ウ4 三八 | | | | | |
| カギリ | 限 | ↓ カキルリ | | | | カ〜リ 氾 二四 3 | |
| カキリ | 無垠 | | | | | カキリ 三八 1 | |
| カギリ | 境 | | | | | カ〜リ 集 三八 4 | |
| カギリ | 圻 | カ〜リ 法中 二五オ7 六七 | | | | | |
| カキリ | 強 | カキリ 僧中 三ウ3 二四 | カ〜リ Ⅲ下一 五三ウ4 | | | | |

| 訓 | 字 | 観智院本 | I | II | III | | 備考 |
|---|---|---|---|---|---|---|---|
| カギリ | 疆 | ・カキ・リ 僧下五二ウ8 一〇〇 | カヽリ III上二三八オ5（六六） | | | | |
| カキル | 修 | カキル 仏上六六ウ1 六 | | | | | |
| カキル | 脩 | カキル 仏上六六ウ1 六 | | | | | |
| カキル | 假 | | | | カヽル 一六オ4 | | |
| カキル | 循 | ヤ（ミ）キル 仏上三三オ3 三七 | | カヽル 三〇オ6 | カキル 一八ウ3 | | 高本・西本 循 |
| カキル | 絛 | カキル 仏上三三オ5 三七 | | カキル 三〇オ7 | カキル 一八ウ4 | | |
| カキル | 遏 | カキル 仏上五九オ1 五一 | カヽル I上六ウ6 | カキル 二七ウ6 | カキル 二六オ1 | | |
| カキル | 㝵 | カヽル 仏中五三ウ1 一〇二 | カヽル I上六八オ4 | | | | |
| カキル | 㝵 | カヽル 仏中五三ウ2 一〇二 | カヽル I上六八オ4 | カヽル 一〇〇ウ4 | | | |
| カギル | 畔 | ・カ・ヽ・ル 仏中五六ウ7 一一〇 | カヽル I上七三オ2 | [カヽル] 一〇五オ1 | | | 高本 畔 畳積 |
| カギル | 畐 | ・カヽ・ル 仏中五七ウ6 一一二 | | | | | |
| カギル | 畿 | ・カ・ヽ・ル 仏中五七ウ6 一一二 | | | | | |
| カギル | 期 | ・カキ・ル 仏中七〇オ7 一三七 | | | | | |
| カキル | 堿 | カキル 仏下本二四オ2 四五 | | | | | |
| カキル | 墟 | カキル 仏下本二四オ3 四五 | | | | | |
| カキル | 撿 | カキル 仏下本二八オ8 五三 | | | | | |

| 和訓 | 漢字 | 観智院本 | 蓮成院本 | 高山寺本 | 西念寺本 | 図書寮本 | 備考 |
|---|---|---|---|---|---|---|---|
| カキル | 橡 | カキル 仏本 四一ウ1 八〇 | | | | | |
| カキル | 樊 | カヽル 仏末 一九オ3 三五 | | | | | |
| カキル | 涯 | カキル 法上 七オ7 二 | カヽル II 中 九オ2 | | | | |
| カキル | 磯 | カヽル 法中 二ウ2 二 | | | | | |
| カキル | 鄂 | カキル 法中 一五ウ4 二八 | | | | | |
| カギル | 陼 | カヾル 法中 二二オ1 三九 | | | | | |
| カキル | 際 | カキル 法中 三三ウ3 四四 | | | | | |
| カギルリ | 限 | カキルリ 法中 三四ウ7 四六 | | | | ↓カヾリ | |
| カギルリ | 垠 | カヾルリ 法中 三三ウ8 五八 | | | | | |
| カキル | 域 | カヽル 法中 三一ウ7 六〇 | | | | | |
| カキル | 惐 | カヽル 法中 四〇オ4 七七 | | | | | |
| カキル | 惿 | カキル 法中 五三オ1 一〇一 | | | | | |
| カキル | 約 | カヽル 法中 六三ウ1 一二四 | | | | | |
| カキル | 褰 | カキル 法中 七五ウ2 一四八 | | | | | |
| カキル | 程 | カキル 法下 五ウ2 八 | | | | | |

| | | | |
|---|---|---|---|
| カキル | 膂 | カキル 法下 三九 二一オ1 | |
| カキル | 富 | カキル 法下 五四 二八ウ5 | |
| カキル | 誉 | ↓カ、ル | カ＼ル II中 三五ウ2 |
| カギル | 関 | カキル 法下 七六 三九ウ3 | |
| カキル | 閲 | カキル 法下 八二 四三ウ2 | |
| カキル | 局 | カキル 法下 九一 四七オ2 | |
| カギル | 節 | カキル 僧上 四八 二五ウ3 | |
| カキル | 符 | カキル 僧上 七三 三七ウ2 | カ＼ル III下 一六ウ3 |
| カキル | 節 | カ＼ル 僧上 七七 四〇オ6 | カ＼ル III下 一九オ3 |
| カキル | 簾 | カ＼ル 僧上 七八 四〇ウ2 | ↓カ、ル |
| カギル | 勒 | カキル 僧上 八五 四四オ1 | |
| カギル | 翅 | カキル 僧上 九六 四九ウ7 | カ＼ル III下 二七ウ7 |
| カキル | 尉 | カキル 僧中 九 六オ6 | カ＼ル III下 四九オ7 |
| カギル | 断 | カキル 僧中 二四 一八ウ3 | カ＼ル III下 一三ウ5 (四九) |
| カキル | 勒 | カキル 僧中 七九 四一オ8 | |
| カギル | 織 | カキル 僧下 一〇一 五三オ1 | カキル III下 一三七ウ4 (六五) |

| 和訓 | 漢字 | 観智院本 | 蓮成院本 | 高山寺本 | 西念寺本 | 図書寮本 | 備考 |
|---|---|---|---|---|---|---|---|
| カキヲサム | 搆 | カキヲサム 仏下本 四〇ウ1 七八 | | | | | |
| カキヲサム | 斂 | カキヲサム 僧中 二九ウ7 五六 | ↓ カヽ | | | | |
| カク | 係 | カク 仏上 二〇ウ4 三四 | | カツ 一八オ4 | カク 一六ウ4 | | |
| カク | 嗅 | カク 仏中 二八ウ6 五四 | カク I上 四六ウ6 | カク 七六オ3 | | | |
| カク | 嚊 | カク 仏中 三三オ1 六三 | カク I上 五〇ウ5 | カク 八〇ウ4 | | | |
| カク | 嬰 | カク 仏中 三五オ4 六七 | カク I上 五三ウ1 | カク 八三オ2 | | | |
| カク | 臭 | カク 仏中 四一オ2 七九 | カク I上 五八オ3 | カク 八九オ3 | | | |
| カグ | 齅 | カク 仏中 四一ウ5 八〇 | カク I上 五八ウ5 | カク 九〇オ3 | | | |
| カク | 獻 | カク 仏中 四一ウ7 八〇 | カク I上 五八ウ6 | カク 九〇オ5 | | | |
| カク | 書 | カク 仏中 五一オ8 九九 | カク I上 六七オ7 | カツ 九九ウ6 | | | |
| カク | 昱 | カク 仏中 五二オ8 一〇一 | カク I上 六八オ3 | カク 一〇〇ウ2 | | | |
| カク | 亘 | | | | カク 四二オ5 | | |
| カク | 扼 | カク 仏下本 二一ウ7 四〇 | | | | | |
| カク | 攬 | カク 仏下本 二三オ2 四三 | | | | | |
| カク | 攪 | カツ 仏下本 二三オ4 四三 | | | | | |

| | | | |
|---|---|---|---|
| カク | 株 | カツ | 仏下本二七オ1 五一 |
| カク | 擺 | カク | 仏下本二七ウ3 五二 |
| カク | 搭 | カク | 仏下本二八ウ2 五四 |
| カク | 擢 | カリ | 仏下本二八ウ4 五四 |
| カク | 擿 | カク | 仏下本三〇ウ2 五八 |
| カク | 搵 | カク | 仏下本三一オ2 六一 |
| カク | 擾 | カク | 仏下本三三ウ3 六二 |
| カク | 𢬍 | カク | 仏下本三三ウ7 六三 |
| カク | 撇 | カツ | 仏下本三三ウ7 六四 |
| カク | 抓 | カツ | 仏下本三五ウ7 六八 |
| カク | 扼 | カク | 仏下本三六ウ5 七〇 |
| カク | 折 | カク | 仏下本三七ウ5 七二 |
| カク | 擺 | カク | 仏下本三八オ6 七三 |
| カク | 托 | カク | 仏下本三八ウ7 七四 |
| カク | 挂 | カク | 仏下本三九ウ2 七六 |
| カク | 撫 | カク | 仏下本四〇オ7 七七 |

| 和訓 | 漢字 | 観智院本 | 蓮成院本 | 高山寺本 | 西念寺本 | 図書寮本 | 備考 |
|---|---|---|---|---|---|---|---|
| カク | 搔 | カツ 仏下本 四二オ1 八二 | | | | | |
| カク | 析 | カク 仏下本 五八ウ3 一一四 | | | | | |
| カク | 犳 | カク 仏下末 三ウ1 四 | | | | | |
| カク | 昪 | カツ 仏下末 一三オ7 二三 | | | | | |
| カク | 具 | カク 仏下末 一四ウ5 二六 | | | | | |
| カク | 點 | カク 仏下末 三〇オ1 五七 | | | | | |
| カク | 渦 | カク 法上 二四ウ8 四六 | カク II 中 二五オ3 | | | | |
| カク | 讀 | カク 法上 二五オ7 四七 | カク II 中 二五ウ6 | | | | |
| カク | 蠹 | カク 法上 五四オ7 一〇五 | | | | | |
| カク | 碟 | カク 法中 二オ4 一 | | | | | |
| カク | 瑕 | カク 法中 八オ6 一三 | | | | | |
| カク | 那 | カク 法中 一九ウ3 三六 | | | | | |
| カク | 鄧 | カク 法中 一九ウ7 三六 | | | | | |
| カク | 懸 | カツ 法中 五一オ6 九九 | | | | | |
| カク | 㦬 | カク 法中 五一オ7 九九 | | | | | |

| 見出し | 字 | 法・僧 | III | | | 季 | |
|---|---|---|---|---|---|---|---|
| カク | 𢅥 | カク 法中 五六オ7 一〇九 | | | | | |
| カク | 纂 | ・カツ 法中 五八ウ4 一二四 | | | | | |
| カク | 續 | カク 法中 五九ウ2 一二六 | | | | | |
| カク | 絹 | カク 法中 六〇オ2 一二七 | | | | | |
| カク | 累 | カク 法中 六〇ウ6 一二八 | | | | | |
| カクカル | 繫 | ・カ・ツハ・ル 法中 六四オ3 一三五 | | | | | |
| カク | 縛 | ・カ・ク 法中 六八ウ6 一三四 | | | | | |
| カク | 𦂶 | | | | | ・かい・次 季 二九七 3 | |
| カク | 袪 | ・カ・ツ 法中 七〇ウ4 一三八 | | | | | |
| カグ | 聞 | ・カ・ク 法下 三九オ5 七五 | | | | | |
| カクケタリ | 闕 | カクケタリ 法下 四三オ2 八一 | | | | | |
| カク | 闞 | カク 法下 四三オ3 八一 | | | | | |
| カク | 加 | ・カ・ク 僧上 四三ウ3 八四 | ・カ・ク III下 三オ7 | | | | |
| カク | 剖 | カク 僧上 四四ウ5 八六 | | | | | |
| カク | 鈎 | ・カ・ク 僧上 五九オ2 一二五 | ・カ・ク III下 三六ウ2 | | | | |
| カク | 鉇 | カク 僧上 五九ウ6 一二六 | カク III下 三七オ3 | | | | |

| 和訓 | 漢字 | 観智院本 | 蓮成院本 | 高山寺本 | 西念寺本 | 図書寮本 | 備考 |
|---|---|---|---|---|---|---|---|
| カク | 爬 | カク 僧中六 四ウ3 | カク Ⅲ下一二七ウ4（四五） | | | | |
| カク | 畫 | ･カ･ク 僧中一四 八ウ7 | ･カ･ク Ⅲ下五ウ1 | | | | |
| カク | 缺 | カク 僧中二二 一二ウ8 | カク Ⅲ下一三一オ5（四九） | | | | |
| カク | 斯 | ･カ･ク 僧中三五 一九オ3 | カク Ⅲ下一三一オ5（五〇） | | | | |
| カク | 虖 | ･カ･ク 僧中三七 二〇オ7 | ･カ･ク Ⅲ下一二四オ3（五三） | | | | |
| カク | 少 | ･カ･ク 僧下七五 三九オ3 | カク Ⅲ下一四五オ1（七三） | | | | |
| カク | 斅 | カク 僧下九八 五〇ウ5 | | | | | |
| カク | 皃 | カ\ク 僧下一〇九 五六オ5 | | | | | |
| カク | 虧 | カク 僧下一一二 五七ウ4 | カク Ⅲ下一五〇オ3（七八） | | | | |
| カク | 韡 | カク 僧下一一二 五七ウ8 | カク Ⅲ下一五〇オ5（七八） | | | | |
| ガクイトオトロイテ | 愕眙 | ･カクイトオトロイチ 仏中八七 四五オ5 | カクイト（ミ）オア（ミ）イテ Ⅰ上一六ウ6 | ･カクイト（ミ）オロイチ 九四ウ1 | | | |
| カクカノトリ | 覺賀鳥 | ･カツカノ･トリ 僧中一一一 五七オ3 | ･カツカノ･トリ Ⅲ下一八オ3（九） | | | | |
| カクシテ | 懲 | カクレテ 仏上一九 一三オ1 | | カクレテ 一オ4 | カクシテ 八オ1 | | |
| カクシテ | 潛 | | | | | カツクレテ 疑 一三6 | |
| カクス | 併 | カクス 仏上四 五ウ6 | カクス Ⅰ上一二オ3 | カクス 四オ6 | | | |

| | | | | | | |
|---|---|---|---|---|---|---|
| カクスル | 伏 | .カ.クス.ル 仏上 一〇オ6 三 | | | | ル朱 |
| カクス | 僻 | カクス 仏上 一二オ6 一七 | | カクス 一〇オ6 | カクス 七オ2 | |
| カクス | 借 | カクス 仏上 一三ウ1 一〇 | | カクス 二ウ5 | カクス 八ウ1 | |
| カクス | 遮 | カクス 仏上 三三ウ1 五八 | カクス I上 一〇オ2 | カクス 三一オ7 | カク爪 三〇オ3 | |
| カクス | 區 | カクス 仏上 三五オ7 六三 | カクス I上 一二ウ2 | カクス 三四ウ1 | カク爪 三三ウ4 | |
| カクスル | 匿 | .カ.クスル 仏上 三五オ7 六三 | カクスイル I上 一二ウ3 | .カ.ク.爪ル 三四ウ1 | カク爪ル 三三ウ5 | |
| カクス | 皐 | カクス 仏中 四一オ2 七九 | | | | |
| カクス | 昵 | カクス 仏中 四七オ4 九一 | | | | |
| カクスル | 暱 | カクスル 仏中 四七オ4 九一 | | | | |
| カクスル | 晦 | カクスル 仏中 四七ウ5 九二 | | カクスル 九六ウ1 | | |
| カクス | 睇 | カクス 仏中 四八オ8 九三 | カクス I上 六四ウ3 | カク爪 九七オ2 | | |
| カクス | 曜 | カクス 仏中 五〇オ8 九七 | | カクス 九八ウ6 | | |
| カクスル | 育 | カクスル 仏中 六五オ1 一三七 | | | | |
| カクス | 有 | .カ.クス 仏中 七〇ウ4 一三八 | | | | |
| カクス | 賑 | カクス 仏下本 一〇オ2 一七 | | | | |
| カクス | 贓 | カクス 仏下本 一一ウ3 二〇 | | | | |

| 和訓 | 漢字 | 観智院本 | 蓮成院本 | 高山寺本 | 西念寺本 | 図書寮本 | 備考 |
|---|---|---|---|---|---|---|---|
| カクス | 譜 | カクス 法上四八 二五ウ5 | カクス II中 二六オ2 | | | | |
| カクス | 埋 | カクス 法中四九 二六オ3 | | | | | |
| カクス | 壅 | .カ.ク.ス 法中六六 三四ウ5 | | | | .カ.ク爪 二四 2 | |
| カクス | 隠 | | | | | .カ.ク爪 易 一〇六 3 | |
| カクス | 忮 | カクス 法中九〇 四六ウ1 | | | | | |
| カクスル | 秘 | .カ.ク爪ル 法下一〇 六ウ3 | | | | | |
| カクス | 宓 | カク爪 法下四九 二六オ8 | | | | | |
| カクス | 霆 | カクス 法下六七 三五オ1 | | | | | |
| カクス | 覈 | カク爪 法下六八 三五ウ7 | | | | | |
| カクスル | 庇 | .カ.ク爪ル 法下一〇〇 五一ウ8 | | | | | |
| カクスル | 扉 | カク爪ル 法下一〇二 五三ウ2 | | | | | |
| カクス | 扆 | カクス 法下一〇九 五六オ4 | | | | | |
| カクス | 蔵 | | カク爪 III下 一オ6 | | | | |
| カクス | 蒐 | カクス 僧上一八 一〇ウ1 | カク爪 III下 六ウ5 | | | | |
| カクス | 蔚 | カクス 僧上二二 三オ5 | | | | | |

| | | | | | | | |
|---|---|---|---|---|---|---|---|
| カクス | 薀 | カクス 僧上一四ウ8 二六 | | | | | |
| カクス | 蔭 | カツス 僧上一九オ3 三五 | | | | | |
| カクスル | 茈 | カク爪ル 僧上二一オ3 三九 | | | | | |
| カクス | 剜 | カク爪 僧上四五オ4 八七 | カク爪 Ⅲ下三三ウ2 | | | | |
| カクス | 蔽 | カク爪ル 僧上二四ウ4 四六 | カク爪ル Ⅲ下三オ3 | | | | |
| カクス | 莾 | カクス 僧上二五ウ1 四八 | カクス Ⅲ下四オ1 | | | | |
| カクス | 戢 | | カク爪 Ⅲ下六〇ウ6 | | | | |
| カクス | 幽 | カク爪 僧下五五オ2 一〇七 | カク爪 Ⅲ下一九ウ3 (五七) | | | | |
| カクスコト | 謎 | カクスヿ 法上二六ウ3 五四 | カク爪ヿ Ⅱ中一九オ3 | | | | 華本謎 |
| カクニケ | 菮 | ↓カノニケ | カクニケ Ⅲ下二オ5 | | | | |
| カクノ | 之 | カクノ 仏上三三ウ7 六〇 | カクノ Ⅰ上一二オ4 | カクノ 三ウ4 | カクノ 三ウ4 | | |
| カクノ | 自 | カクノ 仏中四一オ1 七九 | カクノ Ⅰ上五八オ2 | カク乃 八九オ3 | | | |
| カクノ | 之 | カクノ 法下三三ウ4 四二 | | | | | |
| カクノアワ | 結果 | カツツア禾 仏本五五ウ7 一〇八 | | | | | |
| カクノゴトキ | 是 | | | カクノコトキ 九七ウ3 | | | |
| カクノゴトキ | 夫然 | カクノコトノ 仏下末一九オ3 三五 | | | | | |

| 和訓 | 漢字 | 観智院本 | 蓮成院本 | 高山寺本 | 西念寺本 | 図書寮本 | 備考 |
|---|---|---|---|---|---|---|---|
| カクノゴトキ | 若斯 | カクノゴトキ 僧中一九オ3 三五 | | | | | |
| カクノゴトキ | 斯 | | カクノゴト III 下二三オ5（五〇） | | | | |
| カクノコトクキ | 如 | カクノコトクキ 仏中四ウ4 六 | カクノコトヽリ I 上一五オ1 | カクノコトクキ 五一オ4 | カクノコトク 五二オ3 | | |
| カクノゴトク | 如是 | カクノゴトク 仏中四ウ7 六 | カクノコトク I 上一五オ2 | カクノゴトク 五九ウ2 | カクノコトク 五二オ5 | | |
| カクノコトク | 若時 | カクノコトク 仏中四五オ2 八七 | カクノコトク I 上六〇ウ3 | カクノコトク 九三ウ5 | | | |
| カクノゴトクキ | 是 | カクノゴトクキ 仏中四九オ4 九五 | カクノコトクハ I 上六八ウ5 | | | | |
| カクノコトクキ | 猶 | カクノコトクキ 仏下本六五ウ1 二三八 | | | | | |
| カクノコトク | 寔 | カクノコトク 法下二七ウ6 五二 | | | | | |
| カクノコトク | 茲 | カクノコトク 僧上一一ウ3 一〇 | | | | | |
| カクノコトク | 若茲 | カクノコトク 僧上一一ウ3 一〇 | | | | | |
| カクノコトク | 若 | | カクノコトク III 下三ウ3 | | | | |
| カクノコトクシ | 若 | カクノコトクシ 僧上二五オ5 四七 | | | | | |
| カクノゴトク | 斯 | カクノゴトク 僧中一九オ3 三五 | | | | | |
| カクノゴトク | 若斯 | | カクノゴトク III 下二三オ5（五〇） | | | | |
| カクノコトケム（ク） | 若此 | カクノコトケム（ク） 僧上二五オ6 四七 | | | | | |

△

| 見出し | 漢字 | | | | |
|---|---|---|---|---|---|
| カクノコトケン | 若此 | | カクノコトケン III下 三ウ3 | | |
| カクノコトシ | 若 | カクノコトシ 仏下末五ウ6 六八 | | | |
| カクバカリ | 団 | カクハカリ 仏上四三ウ2 七八 | カクハカリ I上 一八ウ3 | カクハカリ 四三オ4 | カクハカリ 四三ウ2 |
| カクバカリ | 只団 | カクハカリ 仏上四三ウ3 七八 | カクハカリ I上 一八ウ3 | カクハカリ 四三オ5 | カクハカリ 四三ウ2 |
| カクバカリ | 只且 | カクハカリ 仏中六六ウ1 五〇 | カクハカリ I上 四四ウ6 | カクハカリ 七三ウ7 | |
| カグバカリ | 且 | カクハカリ 仏中三九ウ8 七六 | カクハカリ I上 五七オ4 | カクハカリ 八八オ3 | |
| カクハカリ | 只且 | カクハカリ 仏中五〇オ5 九七 | | カクハカリ 九八ウ5 | |
| カクヒ | 逑 | | ↓タクヒ | ↓タクヒ | カクヒ 二八オ5 |
| カクフ | 㬰 | カクフ 仏中一五三ウ3 一〇二 | カクフ I上 六八オ5 | カクフ 一〇〇ウ5 | |
| カクフ | 室 | カクフ 法下一七ウ4 五二 | | | |
| カクフ | 蕃 | カクフ 僧上二七ウ5 一二 | | | |
| カクフ | 藩 | カクフ 僧上二七ウ6 一二 | | | |
| カクフ | 蕃 | カクフ 僧上一四ウ5 二六 | | | |
| カクフ | 蔀 | カクフ 僧上三三オ6 四三 | カクフ III下 一ウ5 | | |
| カクマグサ | 黄連 | カクマクサ 仏上三一ウ8 五六 | カクテクサ I上 九ウ2 | カクテ[ク]サ 三〇ウ7 | カクテクサ 二九ウ1 |
| カクマグサ | 王連 | カクマクサ 仏上三一ウ8 五六 | カ[ク]テクサ I上 九ウ2 | カクテ[ク]サ 三〇ウ7 | カクテクサ 二九ウ1 |

| 和訓 | 漢字 | 観智院本 | 蓮成院本 | 高山寺本 | 西念寺本 | 図書寮本 | 備考 |
|---|---|---|---|---|---|---|---|
| カクミチ | 陳 | カクミチ 法中 二四ウ1 四六 | | | | | |
| カクム | 衛 | カクム 仏上 二五オ3 四三 | | カクム 二四オ2 | カクム 二ウ4 | | |
| △カクム | 衛 | | | | カクム 二ウ4 | | |
| カクム | 遶 | ·カ·クム 仏上 三三オ5 五九 | カクム I上 一〇ウ3 | ↓ カタム | カクム 三オ2 | | |
| カクム | 愽 | カクム 法中 四九ウ8 九六 | | | | | |
| カクム | 繞 | カクム 法中 六六オ4 一二九 | | | | | |
| カクム | 圍 | カクム 法下 四四ウ4 八六 | | | | | |
| カグラ | 神樂 | ·カ··ク·ラ 法下 一一ウ1 二一 | | | | | |
| カクル | 伏 | | | ·カ·クル 七ウ4 | カクル 五オ1 | | |
| カクル | 偃 | カクル 仏上 一四ウ3 二三 | | カクル 一九オ2 | カクル スイ 一〇オ1 | | |
| カクル | 側 | カクル 仏上 一五オ2 二三 | | ·カ·ク·ル 一三ウ1 | カクル 一〇オ6 | | |
| カクル | 儔 | カクル 仏上 一六オ3 二五 | | カクル 一四ウ3 | カクル 一一ウ2 | | |
| カクル | 偖 | カクル 仏上 二一オ8 三五 | | カクル 一九オ6 | カクル 一七ウ3 | | |
| カクル | 徽 | ·カ·ク·ル 仏上 二三ウ6 三八 | | ·カ·ク·ル 二〇ウ7 | カクル 一九オ5 | | |
| カクル | 邋 | カクル 仏上 二七オ4 四七 | カクル I上 五オ5 | カクル 二六オ4 | カクル 二四オ2 | | |

| | | | | | | |
|---|---|---|---|---|---|---|
| カクル | 逌 | カクル 仏上 二九ウ4 五三 | カクル I上 七オ7 | カクル 二八ウ1 | カクル 二六ウ4 | |
| カクル | 逃 | カクル 仏上 三一オ3 五七 | カクル I上 九ウ5 | カクル 三一オ3 | カクル 二九ウ4 | |
| カクル | 逨 | カクル 仏上 三二オ7 五九 | カクル I上 一〇ウ5 | カクル 三三オ5 | カクル 三一オ4 | |
| カクル | 匽 | カクル 仏上 三五オ8 六三 | カクル I上 一三ウ3 | カクル 三四ウ1 | カクル 三三ウ5 | |
| カクル | 吹 | カクル 仏中 一七オ7 三一 | カクル I上 三六オ7 | | | |
| カクル | 皐 | | カクル I上 五八オ3 | カクル 八九オ4 | | |
| カクル | 瞥 | カクル 仏中 三五オ6 六七 | カクル I上 五二ウ2 | カクル 八三オ3 | | |
| カクル | 眣 | カクル 仏中 四七オ5 九一 | カクル I上 六二ウ2 | カクル 九五ウ7 | | |
| カクル | 暱 | | カクル I上 六三ウ1 | カクル 九五ウ6 | | |
| カクル | 月 | カクル 仏中 七〇オ2 一三七 | | | | |
| カクル | 掩 | カクル 仏本 二六オ4 五三 | | | | |
| カクルス | 晦 | | カクルス I上 六四オ1 | | | |
| カクル | 深 | カクル 法上 六ウ3 一〇 | カクル II中 八オ6 | | | |
| カクル | 淪 | カクル 法上 六ウ4 一〇 | カクル II中 八オ7 | | | カクル 集 二〇6 |
| カクル | 潛 | カクル 法上 一四オ2 二五 | カクル II中 一三ウ1 | | | |
| カクル | 沒 | カクル 法上 二三ウ2 四二 | カクルス II中 一三オ6 | | | カクル 易 二〇7 |

| 和訓 | 漢字 | 観智院本 | 蓮成院本 | 高山寺本 | 西念寺本 | 図書寮本 | 備考 |
|---|---|---|---|---|---|---|---|
| カクル | 沕 | ↓アカル | カクル Ⅱ中一六ウ6 | | | | |
| カクル | 凴 | カクル 法上二四ウ8 四六 | カクル Ⅱ中二五オ3 | | | | |
| カクル | 諱 | カクル 法上三〇オ2 五七 | カクル Ⅱ中三〇ウ3 | | | | |
| カクル | 玷 | カ・クル 法中八オ8 一三 | | | | | |
| カクル | 鄣 | カクル 法中二〇オ4 三七 | | | | | |
| カクル | 陰 | カクル 法中二〇ウ2 三八 | | | | | |
| カクル | 隩 | カクル 法中二一オ2 三九 | | | | | |
| カクル | 陏 | カクル 法中二一オ7 三九 | | | | | |
| カクル | [illegible] | カクル 法中二三ウ4 四二 | | | | | |
| カクル | 隔 | カクル 法中二三ウ5 四二 | | | | | |
| カクルス | 隠 | ・カ・クル・ス 法中二四ウ8 四六 | | | | | |
| カクル | 障 | カクル 法中二五オ1 四七 | | | | | |
| カクル | 壊 | カクル 法中三四オ8 六五 | | | | | |
| カクル | 墜 | カクル 法中三四ウ5 六六 | | | | | |
| カクル | 恩 | ・カ・ツル 法中三七オ1 七一 | | | | | |

| | | | |
|---|---|---|---|
| カクル | 惱 | ・カ・クル | 法中四三ウ8 八四 |
| カクル | 懐 | ・カ・クル | 法中四四ウ4 八六 |
| カクル | 愢 | カクル | 法中五〇ウ8 九八 |
| カクル | 私 | カクル | 法下七ウ3 一三 |
| カクル | 和 | カクル | 法下七ウ5 一三 |
| カクル | 〓 | カクル | 法下一九ウ1 三六 |
| カクル | 窴 | カクル | 法下二四オ6 四五 |
| カクル | 塞 | カクル | 法下二五オ8 四七 |
| カクル | 容 | カクル | 法下二六ウ3 五〇 |
| カクル | 穿 | カクル | 法下二九ウ4 五六 |
| カクル | 穴 | カクル | 法下二九ウ5 五六 |
| カクル | 穴 | カクル | 法下三〇ウ5 五八 |
| カクルス | 竄 | ・カ・ク・ル・爪 | 法下三三オ1 六一 |
| カクル | 竄 | カクル | 法下三七ウ3 七二 |
| カクル | 闚 | カクル | 法下四二オ8 八一 |
| カクルス | 屛 | ・カ・ク・ル・爪 | 法下四六ウ3 九〇 |

| 和訓 | 漢字 | 観智院本 | 蓮成院本 | 高山寺本 | 西念寺本 | 図書寮本 | 備考 |
|---|---|---|---|---|---|---|---|
| カクル | 庅 | カクル 法下 一三三ウ5 一〇四 | | | | | |
| カクル | 廋 | カクル 法下 一五五オ2 一〇七 | | | | | |
| カクル | 厞 | カクル 法下 一五五ウ6 一〇八 | | | | | |
| カクル | 瘦 | カクル 法下 一六三オ3 一一三 | | | | | |
| カクル | 痤 | カクル 法下 一六四ウ3 一一六 | | | | | |
| カクル | 痕 | カクル 法下 一六五オ7 一一七 | | | | | |
| カクル | 蔆 | カクル 僧上 一三ウ3 二四 | カクル Ⅲ下 二七ウ6 (四五) | | | | 蓮本蔆 |
| カクル | 藹 | カクル 僧上 一五オ6 二七 | カクル Ⅲ下 三ウ2 | | | | |
| カクルス | 藏 | カクルス 僧上 一八オ4 三三 | カクル Ⅲ下 一オ6 | | | | 蓮本藏 |
| カクル | 藭 | カクル 僧上 一九オ4 三五 | | | | | |
| カクル | 蒐 | カクル 僧上 二六ウ1 五〇 | カクル Ⅲ下 五オ4 | | | | |
| カクル | 勃 | カクル 僧上 四三ウ6 八四 | カクル Ⅲ下 三ウ2 | | | | |
| カクル | 翼 | カクル 僧上 四九オ7 九五 | カクル日 Ⅲ下 二七ウ1 | | | | |
| カクル | 鷖 | カクル 僧上 四九ウ1 九六 | カクル Ⅲ下 二七ウ3 | | | | |
| カクル | 罶 | カクル 僧中 一六ウ3 一〇 | カクル Ⅲ下 四九ウ3 | | | | |

| | | | | | | |
|---|---|---|---|---|---|---|
| カクル | 戢 | カクル 僧中 三ウ1 四二 | | | | |
| カクル | 軿 | カクル 僧中 四六オ6 八九 | | | | |
| カクル | 隻 | カクル 僧中 六九ウ1 一三六 | カクル（カイ） III 下 一九ウ5（一九） | | | 蓮本 佳人 |
| カクル | 蟄 | ・カ・クル・ 僧下 一五ウ5 二六八 | ・カ・イル・（ミ） III 下 一〇三ウ3（三二） | | | |
| カクル | 𦉯 | カクル 僧下 一五七オ5 二二 | | | | |
| カクレ | 芘 | カクレ 僧上 三二オ2 三九 | | | | |
| カクレアソヒ | 白地蔵 | ・カク・レ アソヒ 僧上 一八オ5 三三 | カクレ アソヒ III 下 一オ7 | | | |
| カクレフト | 鵶鳥 | カクレフト 僧中 六三オ4 一三三 | | | | |
| カクレミチ | 間道 | ・カク・レ・ミ・チ 仏上 二五ウ8 四四 | | カクレミチ 二五オ2 | カクレミチ 二三ウ4 | |
| カケ | 音 | カケ 仏中 四四ウ7 八六 | | | | |
| カゲ | 晷 | ・カ・ゲ 仏中 四七ウ1 九二 | カケ I 上 六三ウ5 | ・カ・ゲ 九六オ3 | | |
| カゲ | 景 | ・カ・ゲ 仏中 五一ウ1 一〇〇 | カケ I 上 六七ウ1 | ・カ・ゲ 九九ウ7 | | |
| カゲ | 歞 | ・カ・ゲ 仏本 一七ウ2 三二 | | | | |
| カケ | 釵 | カケ 仏本 一七ウ5 三三 | | | | |
| カケ | 拙 | カケ 仏本 二七オ5 五一 | | | | |
| カケ | 梔 | カケ 仏本 五一ウ1 一〇 | | | | |

| 和訓 | 漢字 | 観智院本 | 蓮成院本 | 高山寺本 | 西念寺本 | 図書寮本 | 備考 |
|---|---|---|---|---|---|---|---|
| カゲ | 音 | ・カ・ゲ 法上四八オ1 九三 | | | | | |
| カゲ | 陰 | ・カ・ゲ 法中三〇ウ2 三八 | | | | ・カ・ゲ 三〇二 7 | |
| カケ | 庇 | カケ 法下五一ウ8 一〇〇 | | | | | |
| カケ | 㡍 | カケ 法下五三ウ5 一〇四 | | | | | |
| カゲ | 蔭 | ・カ・ゲ 僧上一九オ3 三五 | | | | | |
| カケクル | 拔 | カケクル 仏本二六ウ7 五〇 | | | | | |
| カケタリ | 晷 | カケタリ 仏中四七ウ2 九二 | カケタリ Ⅰ上 六三ウ5 | | | | |
| カケタリ | 昃 | | | カケタリ 九六オ4 | | | |
| カケタリ | 振 | カケタリ 仏本三九ウ6 七六 | | | | | |
| カケタリ | 漏 | カケタリ 法上二七ウ2 二二 | カケタリ Ⅱ中 九オ4 | | | | |
| カケタリ | 玷 | ・カ・ケ・タリ 法中一八オ8 一三 | | | | カケタリ 侖 一六三 3 | |
| カケタリ | 穴 | カケタリ 法下三〇ウ5 五八 | | | | | |
| カケタリ | 姑 | ・カ・ケ・タリ 法下六六ウ8 一三〇 | | | | | |
| カケタリ | 鑮 | ・カ・ケ・タリ 僧中一二ウ6 二二 | ・カ・ケ・タ・リ Ⅲ下二 一三オ3 (四九) | | | | |
| カケタリ | 肙 | カケタリ 僧中二三ウ3 四四 | カケタリ Ⅲ下 六一オ7 | | | | 蓮本 肙 |

| | | | | | | | |
|---|---|---|---|---|---|---|---|
| カケナハ | 紲 | カケナハ 法中 六一オ1 一一九 | | | | | |
| カケナハ | 罥索 | ・カ・ケ・ナ・ハ 僧中 六ウ2 一〇 | ・カ・ケ・ナ・ハ Ⅲ下 四九ウ3 | | | | 蓮本 罥索 |
| カケヌ | 月暖 | ・カケ・ヌ 仏中 四七オ1 九一 | カケヌ Ⅰ上 六三オ6 | ・カ・ケ・ヌ 九五ウ4 | | | |
| カケヌ | 月睃 | カケヌ 仏中 四七オ2 九一 | カケヌ Ⅰ上 六四ウ1 | カケヌ 九五ウ5 | | | |
| カケハシ | 棧 | カケハシ 仏下本 二四オ3 四五 | | | | | |
| カケハシ | 桴 | カケハシ 仏下本 三五オ4 六七 | | | | | |
| カケハシ | 橼 | ・カ・ケ・ハ・シ 仏下本 四八ウ6 九四 | | | | | |
| カケハシ | 棧 | ・カ・ケ・ハ・シ 仏下本 四八ウ7 九四 | | | | | |
| カケハシ | 梯 | ・カ・ケ・ハ・シ 仏下本 五四ウ4 一〇六 | | | | | |
| カケマクモ | 剬 | | カケマクモ Ⅲ下 一三七ウ4 (五五) | | | | |
| カケマクモカシコキ | 桂畏 | カケマクモ カシコキ 仏本 三九ウ3 七六 | | | | | |
| カケヤム | 迮 | ↓「スケ」「ヤム」 | カケヤム Ⅰ上 一三オ2 | ↓「スケ」「ヤム」 | ↓「スケ」「ヤム」 | | |
| カケユミ | 歩射 | カケユミ 法下 七三オ8 一四三 | | | | | |
| カケル | 噣 | ↓ケカス | カケル Ⅰ上 四七ウ3 | ↓ケカス | | | |
| トカケル | 啇ゝ | トカケル 法上 四七ウ7 九二 | | | | ト・カ・ケ・ル 集 一三三 3 | |
| カケル | 篇 | カケル 僧上 四四ウ3 七八 | カケル Ⅲ下 一九オ6 | | | | |

| 和訓 | 漢字 | 観智院本 | 蓮成院本 | 高山寺本 | 西念寺本 | 図書寮本 | 備考 |
|---|---|---|---|---|---|---|---|
| カケル | 翠 | カケル 僧上四九ウ4（九六） | カケル Ⅲ下一二七ウ5 | | | | |
| カケル | 翾 | ・カ・ケル 僧上五〇オ4（九七） | ・カ・ケル Ⅲ下一二八オ4 | | | | |
| カケル | 翺 | ・カ・ケル 僧上五一オ2（九九） | カケル Ⅲ下一二九オ2 | | | | |
| カケル | 翶 | カケル 僧上五一オ2（九九） | カケル Ⅲ下一二九オ2 | | | | |
| カケル | 翔 | ・カ・ケル 僧上五一オ2（九九） | ・カ・ケル Ⅲ下一二九オ2 | | | | |
| カケル | 翻 | カケル 僧上五一オ3（九九） | | | | | |
| カケル | 霍羽 | | カケル Ⅲ下一二九オ3 | | | | |
| カケル | 飠羽 | カケル 僧上五一オ4（九九） | カケル Ⅲ下一二九オ3 | | | | |
| カケル | 翔 | カケル 僧中五〇オ5（九七） | カケル Ⅲ下一七五ウ3（三） | | | | |
| カケル | 飜 | カケル 僧下五五ウ1（一〇八） | カケル Ⅲ下一三八ウ4（六六） | | | | |
| カケロフ | 炎 | カケロフ 仏末二六ウ5（五〇） | | | | | |
| カケロフ | 野馬 | ・カ・ケ・ロ・フ 僧中五一オ1（九九） | ・カ・ケ・ロ・フ Ⅲ下一七五ウ7（三） | | | | |
| カケロフ | 蛉 | カケロフ 僧下一一ウ2（二〇） | カケロフ Ⅲ下一〇オ3（二八） | | | | |
| カケロフ | 胡蟄 | カケロフ 僧下一一ウ3（二〇） | カケロフ Ⅲ下一〇オ2（二八） | | | | |
| カケロフ | 蝍蛉 | カケロフ 僧下一五オ7（二七） | カケロフ Ⅲ下一三オ7（三一） | | | | |

| | | | | |
|---|---|---|---|---|
| カゴ | ⿸鹿見 | カコ 法下 三六ウ7 一〇 | | |
| カコ | 鉸具 | カコ 僧上 六三ウ3 一二四 | カコ III 上 四〇オ5 | |
| カコ | 水手 | | | 賀古 順 四4 |
| カコツ | 涅 | | | カコツ 文集 三九4 |
| カコツ | 泥 | カコツ 法上 三〇ウ3 三八 | カコツ II 中 三〇オ5 | |
| カコツ | ⿰言造 | カコツ 法上 二六オ8 四九 | カコツ II 中 二六ウ6 | |
| カコツ | 詰 | カコツ 法上 二六ウ2 五〇 | カコツ II 中 二七オ1 | |
| カコツ | 詧 | カコツ 法上 二九ウ5 五六 | カコツ II 中 三〇オ5 | |
| カコツ | 誙 | カコツ 法上 三三オ2 六三 | カコツ II 中 三三ウ4 | |
| カコツ | 謦 | カコツ 法上 三四オ1 六五 | カコツ II 中 三四ウ2 | |
| カコツ | ⿰利鬼 | カコツ 僧下 三六ウ4 五〇 | カコツ III 下二 二四ウ4 (四二) | |
| カコフ | 拵 | カコフ 仏本 四三ウ3 八二 | | |
| カコフ | 栫 | カコフ 仏本 六一ウ7 一二〇 | | |
| カコフ | 棼 | カコフ 仏本 六四ウ7 一二六 | | |
| カコフ | 樊 | カコフ 仏下末 九オ3 三五 | | |
| カコナフ | ⿰扌从力 | カコナフ 仏下本 三ウ8 六〇 | | |

| 和訓 | 漢字 | 観智院本 | 蓮成院本 | 高山寺本 | 西念寺本 | 図書寮本 | 備考 |
|---|---|---|---|---|---|---|---|
| カサ | 腫 | (ミ)私カサ 仏中一六六ウ3 一三〇 | | | | | |
| カサ | 纖 | ・カ・サ 法中一六九オ6 一三五 | | | | かた 三八6 | |
| カサ | 疣 | カサ 法下一五九オ4 一二五 | | | | | |
| カサ | 瘤 | ・カ・サ 法下一六一ウ5 一三〇 | | | | | |
| カサ | 瘡 | ・カ・サ 法下一六五ウ5 一三八 | | | | | |
| カサ | 笠 | ・カ・サ 僧上三四ウ6 六六 | カサ Ⅲ下一三ウ6 | | | | |
| カサ | 簦 | ・カ・サ 僧上四〇ウ1 七八 | カサ Ⅲ下一九オ5 | | | | |
| カサ | 篸 | カサ 僧上四〇ウ2 七八 | カサ Ⅲ下一九オ5 | | | | |
| カサカク | 把 | カサカク 仏本二一ウ3 四〇 | | | | | |
| カサキ | 砮 | カサキ 法中一七ウ6 二二 | | | | | |
| カサキ | 銃 | ↓ヤサ丶 | カサ丶 Ⅲ下三六ウ7 | | | | |
| カザキリ | 翑 | ・カ・サ・キ・リ 僧上五〇ウ6 九八 | カサ丶リ Ⅲ下二八ウ6 | | | | |
| カサキリ | 翑 | カサキリ 僧上五一オ4 九九 | カサ丶リ Ⅲ下二九オ4 | | | | |
| カサクサ | 菊 | カサクサ 僧上三ウ7 四 | | | | | |
| カササキ | 鶬 | カサ丶キ 僧中一六〇ウ7 一一八 | ・カ・サ・丶丶 Ⅲ下二八四オ4（二三） | | | | |

| | | | | | | | |
|---|---|---|---|---|---|---|---|
| カササキナク | 噴 | カサヽキナク 仏中 一八オ3 三三 | | カサヽキナク 六五オ4 | | | |
| カササル | 箆 | カサヽル 僧上 四〇ウ7 七八 | カサヽル III下 一九ウ1 | | | | |
| カサシ | 拈 | カサレ 仏本 四〇オ4 七七 | | | | | |
| カザシ | 頭花 | カザレ 僧上 四オ3 五 | | | | | |
| カサシ | 頭草 | | カサレ III下 二オ4 | | | | |
| カサス | 撻 | カサス 仏本 三〇ウ8 五八 | | | | | |
| カサトコロ | 瘵 | カサトコロ 法下 六一ウ7 一三〇 | | | | | |
| カサドコロ | 痕 | カサドコロ 法下 六五オ7 一三七 | | | | | |
| カサナリ | 曽黒 | カサナリ 法中 六〇ウ7 一一八 | | | | | |
| カサナリ | 鎮厭 | | カサナリ III下 四五ウ3 | | | | |
| カサナリオソフ | 鎮壓 | カサナリ オソフ 僧上 一七〇オ7 三三七 | | | | | |
| カサナリカサナレリ | 曽累 | | | | | カサナリ カサナレリ 二九九 7 | |
| カサナル | 儽 | カサナル 仏上 九ウ3 一二 | | | カサナル 四オ4 | | |
| カサナル | 甲 | カサナル 仏上 四四ウ2 八二 | カサナル I上 七〇オ6 | カサナル 一〇三オ5 | カサナル 四四ウ5 | | 西本 甲介 |
| カサナル | 甲 | カサナル 仏中 五五オ3 一〇七 | | | | | |
| カサナル | 壘 | カサナル 仏中 五七オ5 一一一 | カサナル I上 七二オ6 | カサナル 一〇五オ5 | | | |

| 和訓 | 漢字 | 観智院本 | 蓮成院本 | 高山寺本 | 西念寺本 | 図書寮本 | 備考 |
|---|---|---|---|---|---|---|---|
| カサナル | 疊 | | | カサナル 一〇五オ5 | | | |
| カサナル | 挃 | ・カ・サナル 仏下本 三〇ウ4 五八 | | | | | |
| カサナル | 樏 | ・カ・サナル 仏下本 四一ウ7 八〇 | | | | | |
| カサナルヌ | 曽 | ・カ・サ・ナルヌ 仏下末 一五オ6 二七 | | | | | |
| カサナル | ⿰火畾 | カサナル 仏下末 二六オ7 四九 | | | | | |
| カサナル | 涔 | カサナル 法上 一八ウ4 三四 | カサナル Ⅱ中 一八オ4 | | | | |
| カサナル | ⿰山襄 | サカナル（ママ） 法上 五五ウ5 一〇八 | | | | | |
| カサナル | ⿰土貞 | カサナル 法中 二六オ8 四九 | | | | | |
| カサナル | 曽黒 | カサナル 法中 六〇ウ7 一一八 | | | | | |
| カサナル | 級 | カサナル 法中 六一ウ7 一二〇 | | | | | |
| カサナル | 綺 | ・カ・サナル 法中 六九ウ2 一三六 | | | | | |
| カサナル | 匌 | カサナル 法下 三〇オ5 五七 | | | | | |
| カサナルヌ | 恭 | ・カ・サナルヌ 僧上 五ウ4 八 | | | | | |
| カサナルヌ | 恭 | ・カ・サナルヌ 僧上 二七オ3 五一 | | | | | |
| カサナル | 劫 | ・カ・サナル 僧上 四四オ1 八五 | | | | | |

| | | | | | | |
|---|---|---|---|---|---|---|
| カサナル | 刲 | カサナル 僧上八九 四六オ4 | カサナル Ⅲ下 二四ウ1 | | | |
| カサナル | 鎮 | ・カ・サ・ナ・ル 僧上一三七 三七オ7 | カサナル Ⅲ下 四五ウ3 | | | |
| カサナル | 龕 | カサナル 僧中二 二ウ5 | カサナル Ⅲ下 四七オ6 | | | |
| カサナル | 弥 | カサナル 僧中二五 一四オ6 | | | | |
| カサナル（ヌ） | 貳 | ・カ・サナル（ヌ） 僧中三九 二一オ7 | | | | |
| カサナル | 犇 | ・カ・サナル 僧下八六 四四ウ7 | | | | |
| カサナル | 厶 | ア（ミ）サナル 僧下九二 四七ウ7 | ア（ミ）サナル Ⅲ下二 一四七オ5（七五） | | | |
| カサナル | 圭 | カ\サナル 僧下一二三 五六オ1 | | | | |
| カサナル | 鞳 | ・カ・サナル 僧下一二七 六五ウ6 | | | | |
| カサナル | 盂 | ・カ・サナル 僧下一二八 六五ウ8 | | | | |
| カサナル | 鞭 | ・カ・サナル 僧下一二九 六六オ2 | | | | |
| カサナレリ | 壘 | カサナレリ 法中五三 二八オ2 | | | | |
| カサナレルヒ | 增氷 | | | | ・カ・サ・ナ・レ・ルヒ，巽 二二三1 | |
| カサヌ | 儽 | カサヌ 仏上三 九ウ4 | | カサヌ 八ウ7 | カサヌ 四オ4 | |
| カサヌ | 衝 | カ\サヌ 仏上四三 二五オ7 | | | カサヌ 三オ2 | |
| カサヌ | 迗 | カサヌ 仏上五〇 二八ウ4 | | | カサヌ 二五ウ3 | |

| 和訓 | 漢字 | 観智院本 | 蓮成院本 | 高山寺本 | 西念寺本 | 図書寮本 | 備考 |
|---|---|---|---|---|---|---|---|
| カサヌ | 壐 | カサヌ 仏上 四ウ5 七六 | カサヌ Ⅰ上 一八オ1 | カサヌ 四一オ6 | カサヌ 四一ウ1 | | |
| カサヌ | 申 | カサヌ 仏上 四四ウ2 八二 | | カサヌ 四三オ4 | | | |
| カサヌ | 眦 | カサヌ 仏中 三六ウ4 七〇 | カサヌ Ⅰ上 五三ウ7 | カサヌ 八四ウ3 | | | |
| カサヌ | 時 | カサヌ 仏中 四四ウ8 八六 | | | | | |
| カサヌ | 非時 | カサヌ 仏中 四五オ1 八七 | | | | | |
| カサヌナル | 沓 | カサヌナル 仏中 四九オ6 九五 | カサメ（ヌ） Ⅰ上 六五オ7 | カサヌ 九七ウ5 | | | |
| カサヌ | 曽 | カサヌ 仏中 五一ウ4 一〇〇 | | | | | |
| カサヌ | 累 | カサヌ 仏中 五六ウ4 一一〇 | カサヌ Ⅰ上 七一ウ6 | カサヌ 一〇四ウ5 | | カサヌ 侖 二九6 | |
| カサヌナル | 疊 | カサヌナル 仏中 五七オ5 一一一 | カサヌ Ⅰ上 七三オ7 | カ[サ]ヌ 一〇五オ5 | | | |
| カサヌ | 菁 | カサヌ 仏中 六一ウ2 一二〇 | | | | | |
| カサヌナル | 腆 | カサヌナル 仏中 六三ウ3 一二四 | | | | | |
| カサヌナル | 䝿 | カサヌナル 仏下本 一二ウ6 二〇 | | | | | |
| カサヌ | 拏 | カサヌ 仏下本 二七ウ4 五二 | | | | | |
| カサヌ | 梂 | カサヌ 仏下本 五三ウ8 一〇四 | | | | | |
| カサヌ | 獵 | カサヌ 仏下本 六六ウ5 一三〇 | | | | | |

| | | | | | | | | |
|---|---|---|---|---|---|---|---|---|
| カサヌ | 既 | ・カ・サヌ | 仏下末 二〇 一一ウ8 | | | | | |
| カサヌ | 芥 | カサヌ | 仏下末 二四 一三ウ2 | | | | | |
| カサヌ | 燼 | カサヌ | 仏下末 五一 二七オ8 | | | | | |
| カサヌ | 宗 | ・カ・サヌ | 法上 一一八 六〇ウ7 | | | | | |
| カサヌ | 陪 | サカヌ(ママ) | 法中 四三 二三オ5 | | | | | |
| カサヌ | 培 | カ・サ・ヌ | 法中 五一 二七オ8 | | | | ・加佐奴 季 三七5 | |
| カサヌ | 増 | カサヌナル | 法中 六六 三四ウ7 | | | | | |
| カサヌ | 圭 | カサヌ | 法中 六七 三五オ7 | | | | | |
| カサヌナル | 墫 | ・カ・サヌナル | 法中 六八 三五ウ3 | | | | | |
| カサヌ | 伈 | カサヌ | 法中 八八 四五ウ6 | | | | | |
| カサヌ | 帖 | カサヌ | 法中 一〇三 五三オ5 | | | | | |
| カサヌナル | 累 | ・カ・サヌナル | 法中 一一八 六〇ウ6 | | | | | |
| カサヌ | 紈 | カサヌ | 法中 一三三 六三オ3 | | | | | |
| カサヌネ | 襲 | ・カ・サヌ・子 | 法中 一四〇 七一ウ5 | | | | | |
| カサヌ | 複 | カサヌ | 法中 一四〇 七一ウ7 | | | | | |
| カサヌ | 褻 | カサヌ | 法中 一四一 七二オ5 | | | | | |

| 和訓 | 漢字 | 観智院本 | 蓮成院本 | 高山寺本 | 西念寺本 | 図書寮本 | 備考 |
| --- | --- | --- | --- | --- | --- | --- | --- |
| カサヌ | 裼 | カ・サヌ 法中 一七三オ1 一四三 | | | | ・カ・サ・ヌ 注 三三三6 | |
| カサヌナル | 裹 | カ・サヌナル 法中 一七三オ8 一四三 | | | | | |
| カサヌ | [衤几] | カサヌ 法中 一七六ウ1 一五〇 | | | | | |
| カサヌ | 恭 | | カサヌ Ⅲ下 六オ1 | | | | |
| カサヌ | 複 | カサヌ 法下 五ウ6 八 | | | | | |
| カサヌナル | 重 | ・カ・サ・ヌナル 法下 三三ウ5 四三 | | | | | |
| カサヌ | [宀貝] | カサヌ 法下 三三オ6 六一 | | | | | |
| カサヌ | 霞 | カサヌ 法下 三七オ5 七一 | | | | | |
| カサヌ | 層 | ・カ・サ・ヌ 法下 四六オ2 八九 | | | | | |
| カサヌ | 殗 | ・カ・サヌ 法下 六八オ4 一三三 | | | | | |
| カサヌ | 對 | カサヌ衣 法下 七三ウ2 一四四 | | | | | |
| カサヌナル | 蒷 | ・カ・サヌナル 僧上 七ウ1 一一 | | | | | |
| カサヌ | 蕃 | カサヌ 僧上 七ウ5 一二 | | | | | |
| カサヌナル | 荐 | ・カ・サヌナル 僧上 八オ1 一三 | | | | | |
| カサヌ | 薦 | ・カ・サヌ 僧上 二三ウ2 四〇 | ・カ・サヌ Ⅲ下 四ウ4 | | | | 蓮本 薦 |

| | | | | | | | |
|---|---|---|---|---|---|---|---|
| △ カサヌ | 擁歛 | ・カ・サ・ヌ 僧上 四八ウ8 九四 | カサヌ Ⅲ下 二七オ1 | | | | |
| カサヌ | 大歛 | ・カ・サ・ヌ 僧上 四八ウ8 九四 | カサヌ Ⅲ下 二七オ1 | | | | |
| カサヌ | 貳 | | カサヌ Ⅲ下 五九ウ7 | | | | |
| カサヌナル | 更 | ・カ・サヌナル 僧中 二六オ1 五三三 | カサヌ Ⅲ下 六五オ5 | | | | |
| カサヌ | 雑 | カサヌ 僧中 一七〇オ1 三三七 | カサヌ Ⅲ下 九二オ1（三〇） | | | | |
| カサヌナル | 踄 | ・カ・サヌナル 僧下 三六オ1 七三三 | カサヌ Ⅲ下 一四一オ6（六九） | | | | |
| カサヌナル | 冃 | ・カ・サヌナル 僧下 四四オ1 八五 | カサヌ Ⅲ下 一三〇オ4（五八） | | | | |
| カサヌナル | 翡 | ・カ・サヌナル 僧下 一五七ウ7 三三二 | カサヌ Ⅲ下 一四二オ6（七〇） | | | | |
| カサヌ | 申絹 | ↓ カサ子ヌ | | | カサヌ 四四ウ4 | | |
| カサヌル | 仍 | カサヌル 仏上 六オ3 五 | | カサヌ 一四オ4 | | | |
| カサネ | 襲 | | | | | ・加・左・祢 川 三三六6 | |
| カサネヌ | 申 | | | ・カ・サ子・ヌ 四四オ2 | | | |
| トカサネカマヘタリ | 層構 | ・ト・カ・サ子・カマヘタリ 法下 四六オ2 八九 | | | | | |
| カサネテ | 重 | | | | | カサネテ 後乙六 九三7 | |
| カサネテ | 復 | カサ子テ 仏上 三三ウ2 三八 | | ・カ・サ・ネチ 二〇ウ4 | カサネテ 一九オ2 | | 復 高本、復 西本 |
| カサネテ | 複 | | | | | ・カ・サネ・テ 白 三三三4 | |

| 和訓 | 漢字 | 観智院本 | 蓮成院本 | 高山寺本 | 西念寺本 | 図書寮本 | 備考 |
|---|---|---|---|---|---|---|---|
| カサネテヌ | 申 | カ〻サ子テヌ 仏上 四三ウ3 八〇 | カサ子テヌ I上 一九オ6 | | (キ)アサ木テヌ 四三ウ4 | | 蓮本 申印 |
| カサネテ | 姅 | | カサ子テ I上 二六ウ4 | | カサネテ 五四オ5 | | |
| カサネテトツキス | 姅 | カサ子テトツイス 仏中 六ウ3 一〇 | | カサネテトツキ爪 五三オ3 | | | |
| カサネノアシ | 跏 | カサ子ノアシ 法上 四五ウ3 八八 | | | | | |
| カサハタ | 膝 | カ〻サハタ 仏中 六五ウ1 一三八 | | | | | |
| カサハタ | 胯 | カ〻サハタ 仏中 七〇ウ7 一三八 | | | | | |
| カサビル | 草蟦 | ·カ·サ·ヒル· 僧下 一五ウ4 二八 | ·カ·サ·ヒル· III下 一三ウ2 (三二) | | | | |
| カサフタ | 痂 | ·カ·サ·フ·タ 法下 五九ウ5 一一六 | | | | | |
| カザホロシ | 風瘙胗 | ·カ·サ·ホ·ロ·シ 法下 六六オ7 一三一 | | | | | |
| カサメ | 蛕蛑 | カサメ 僧下 一二ウ8 二三 | カサメ III下 二三オ1 (三九) | | | | |
| カサモチ | 白芝 | ·カ·サ·モ·チ 僧上 一二オ2 二二 | | | | | |
| カサモチ | 白芷 | カ〻サモチ 僧上 一二オ3 二九 | | | | | |
| カサリ | 韓 | カサリ 僧中 一六オ7 七三 | | | | | |
| カサル | 修 | カサル 仏上 六ウ1 六 | | | | | |
| カサル | 倏 | | カサル I上 二ウ2 | カサル 四ウ6 | | | |

| | | | | | | |
|---|---|---|---|---|---|---|
| カサル | 循 | カサル 仏上 三七 三三オ3 | | カサル 二〇オ6 | カサル 一八ウ3 | |
| カサル | 條 | カサル 仏上 三七 三三オ5 | | カサル 二〇オ7 | カサル 一八ウ4 | |
| カサル | 婾 | カ\サル 仏中 一〇 六ウ5 | | | カサル 五四ウ1 | |
| カザル | 婉 | ·カ··サル 仏中 四六ウ1 | カサル I上 六オ7 | カ[サ]ル 五五オ3 | | |
| カザル | 嬗 | ·カ··サル 仏中 一七 一〇オ6 | サカ(ママ)ル I上 三〇オ3 | カサル 五七オ2 | | |
| カサル | 嬸 | カサル 仏中 一〇 二一ウ6 | カサル I上 三一ウ1 | カサル 五八ウ1 | | |
| カザル | 嚴 | ·カ··サル 仏中 三八 三〇ウ8 | カサル I上 三九ウ3 | ·カ··サル 六八オ4 | | |
| カサル | 靚 | ·カサル 仏中 八二 四二ウ1 | カサル I上 五九オ7 | ·カ··サル 九一オ2 | | |
| カサル | 𥇍 | カサル 仏中 一〇二 五三ウ2 | カサル I上 六八オ5 | カサル 一〇〇ウ4 | | |
| カサル | 艤 | カサル 仏下本 四 三三ウ1 | | | | |
| カサル | 賁 | カサル 仏下本 一〇 二ウ6 | | | | |
| カサル | 賁 | カサル 仏下本 一〇 二ウ8 | | | | |
| カサル | 彰 | カサル 仏下本 三二 一七ウ4 | | | | |
| カサル | 檀 | カサル 仏下本 八三 四二オ3 | | | | |
| カサル | 特 | カサル 仏下末 二四 一三ウ2 | | | | |
| カサル | 誇 | カサル 法上 五一 二七オ7 | カサル II中 二七ウ6 | | | |

| 和訓 | 漢字 | 観智院本 | 蓮成院本 | 高山寺本 | 西念寺本 | 図書寮本 | 備考 |
|---|---|---|---|---|---|---|---|
| カサル | 訛 | カサル 法上 二八オ2 五三 | カサル Ⅱ虫 二八ウ2 | | | | |
| カサル | 諫 | カサル 法上 三三オ8 六一 | カサル Ⅱ虫 三三オ3 | | | | |
| カサル | 諫 | カサル 法上 三三オ8 六一 | カサル Ⅱ虫 三三オ3 | | | | |
| カサル | 端 | カサル 法上 四六ウ2 九〇 | | | | | |
| カサル | 翊 | カサル 法上 四七オ1 九一 | | | | | |
| カザル | 宗 | ･カ･･サル 法上 六〇ウ8 一一八 | | | | | |
| カサル | 憒 | カサル 法中 四九オ7 九五 | | | | | |
| カサル | 繠 | カサル 法中 五三オ8 一〇一 | | | | | |
| カザル | 紩 | | | | | ･カ･･サル･ 法 三〇三5 | |
| カサル | 絞 | カサル 法中 五七ウ4 一一二 | | | | | |
| カサル | 絫 | カサル 法中 六〇ウ8 一一八 | | | | | |
| カサル | 裝 | カサル 法中 七七オ3 一五一 | | | | | |
| カサル | 程 | カサル 法下 五ウ2 八 | | | | | |
| カサル | 粃 | カサル 法下 一九ウ6 三六 | | | | | |
| カサル | 勺 | カサル 法下 三〇ウ1 五八 | | | | | |

| | | | |
|---|---|---|---|
| カザル | 兩 | カサル 法下 三七ウ4（七二） | |
| カサル | 閑 | カサル閑 法下 三九ウ3（七六） | |
| カサル | 閒 | カサル 法下 三九ウ8（七六） | |
| カサル | 闇 | カサル 法下 四一ウ5（八〇） | |
| カサル | 廁 | カサル 法下 五四オ8（一〇五） | |
| カザル | 疘 | カサル 法下 六五オ5（一二七） | |
| カザル | 華 | カサル 僧上 三ウ8（四） | |
| カザル | 莊 | カサル 僧上 一四ウ6（二六） | |
| カサル | 務 | カサル 僧上 四三オ4（八三） | カサル III下 三オ3 |
| カサル | 翊 | カサル 僧上 四九オ7（九五） | カサル III下 二七ウ2 |
| カサル | 翹 | カサル 僧上 四九オ8（九五） | カサル III下 二七ウ2 |
| カザルリ | 飾 | カサルリ 僧上 五六オ4（一〇九） | カサル III下 三三ウ6 |
| カザル | 養 | カサル 僧上 五七ウ2（一一二） | カサル III下 三五オ3 |
| カザル | 鍫 | カサル 僧上 六五ウ8（一二八） | カサル III下 四二オ1 |
| カサル | 矯 | カサル 僧中 一七ウ6（三三二） | カサル III下 一三オ3（五二） |
| カサル | 文 | カサル 僧中 三三オ7（六一） | カサル III下 六九オ7 |

| 和訓 | 漢字 | 観智院本 | 蓮成院本 | 高山寺本 | 西念寺本 | 図書寮本 | 備考 |
|---|---|---|---|---|---|---|---|
| カザル | 尚 | カサル 僧下 五一オ2 九九 | カサル III下 一三〇ウ1 （五八） | | | | |
| カサル | ⿰寻蒦 | カサル 僧下 五一オ4 九九 | | | | | |
| カザル | 韾 | カサル 僧下 六二オ3 一三一 | カサル III下 一三三ウ3 （六一） | | | | |
| カザル | ⿰黒蒦 | カサル 僧下 六四オ6 一三五 | | | | | |
| カザレルノキスケ | ⿱文梍 | カサレルノキスケ 仏本 四七ウ6 九二 | | | | | |
| カシ | 掝 | カシ 仏本 二三ウ6 四四 | | | | | |
| カシ | 櫓 | カシ 仏本 四八ウ3 九四 | | | | | |
| カシ | 橿 | カシ 仏本 四八ウ4 九四 | | | | | |
| カシ | 柞 | カシ 仏本 二七ウ3 五二 | | | | | |
| カシ | 戕 | カシ 仏末 五ウ7 八 | | | | | |
| カシ | 鉼 | カシ 僧上 一六七ウ4 三三二 | カシ III下 一四三ウ1 | | | | |
| カシ | 卯 | | カシ III下 一四〇ウ6 （六九） | | | | |
| カシカマシ | 姦 | カシカマシ 仏中 六オ8 九 | カシカマシ I上 二六ウ2 | カシカマシ 五三オ1 | カシカマシ 五四オ2 | | |
| カシカマシ | ⿱口乏 | カシカマシ 仏中 二五オ3 四七 | カシカマシ I上 四三ウ1 | カシカマシ 七三ウ1 | | | |
| カシカマシ | ⿰口萬 | カシカマシ 仏中 三三オ6 六一 | カシカマシ I上 五〇オ4 | カシカマシ 七九ウ7 | | | |

| | | | | |
|---|---|---|---|---|
| カシカマシ | 諠 | カシカマシ 法上 二六オ4 四九 | カシカマシ Ⅱ中 二六ウ2 | |
| カシカマシ | 詾 | カシカマシ 法上 二六オ6 四九 | カシカマシ Ⅱ中 二六ウ4 | |
| カシカマシ | 譐 | カシカマシ 法上 二九ウ4 五六 | カシカマシ Ⅱ中 三〇オ4 | |
| カシカマシ | 譏 | カシカマシ 法上 二九ウ5 五六 | カシカマシ Ⅱ中 三〇オ5 | |
| カシカマシ | 訲 | カシカマシ 法上 二九ウ6 五六 | カシカマシ Ⅱ中 三〇オ6 | |
| カシカマシ | 讋 | カシカマシ 法上 三五ウ1 六八 | カシカマシ Ⅱ中 三六オ4 | |
| カジキ | 秏 | カシキ 僧上 五三ウ1 一〇四 | カシキ Ⅲ下 三一ウ3 | |
| カシキカテ | 粆 | カシキカテ 法下 一七オ2 三二一 | | |
| カシキガテ | 飼 | カシキカテ 僧上 五四ウ7 一〇六 | カシキカテ Ⅲ下 三一ウ5 | |
| カシキガテ | 飼飯 | カシキカテ 僧上 五四ウ8 一〇六 | カシヽカテ Ⅲ下 三一ウ6 | |
| カシク | 吹 | カシク 仏中 二六オ7 四九 | カシク Ⅰ上 四四ウ4 | カシク 七三ウ6 |
| カシク | [illegible] | カシク 仏本 一四オ8 二五 | | |
| カシク | [illegible]頏 | カシク 仏本 一四ウ1 二六 | | |
| カシク | [illegible] | カシク 仏下末 二一ウ3 四〇 | | |
| カシク | 爨 | カシク 仏下末 二一ウ3 四〇 | | |
| カシク | 炊 | カシク 仏下末 二三オ1 四三 | | |

| 和訓 | 漢字 | 観智院本 | 蓮成院本 | 高山寺本 | 西念寺本 | 図書寮本 | 備考 |
|---|---|---|---|---|---|---|---|
| カシク | 燀 | ·カ·シ·ク 仏下末 二四オ7 四五 | | | | | |
| カシク | 暑 | カシク 仏下末 二四ウ7 四六 | | | | | |
| カシク | 熟 | カシク 仏下末 二六ウ6 五〇 | | | | | |
| カシク | 怱 | カシク 法中 四三オ1 八三 | | | | | |
| カシク | 怍 | | | | | ·カ·シ·ク 白 二五七5 | |
| カシク | 瘁 | カシク 法下 五八オ3 一一三 | | | | | |
| カシク | 瘁 | ·カ·シ·ク 法下 六三オ2 一二三 | | | | | |
| カシク | 疹 | ·カ·シ·ク 法下 六五ウ2 一二八 | | | | | |
| カシク | 弥 | ·カ·シ·ク 法下 六八オ1 一三三 | | | | | |
| カシク | 蕉 | カシク 僧上 二一オ1 三九 | | | | | |
| カシク | 餅 | カシク 僧上 五四オ5 一〇五 | | | | | |
| カシク | 鐓 | カ丶ク 僧上 六九ウ8 一三六 | カシク Ⅲ下 四五オ6 | | | | |
| カシケタリ | 頳 | ·カ·シケタリ 仏下本 一四ウ1 二六 | | | | | |
| カシケタリ | 頳 | カシケタリ 仏下本 一四ウ8 二六 | | | | | |
| カシケタリ | 擮 | (ミ) アシケタリ 仏下本 二四オ1 四五 | | | | | |

| | | | | | | |
|---|---|---|---|---|---|---|
| カシケタリ | 檝 | カシケタリ 仏本 四五ウ7 八八 | | | | |
| カシケタリ（ク） | 搣 | ・カ・シケタリ（リ） 仏本 四九オ1 九五 | | | | |
| カシケタリ | 燋 | カシケタリ 仏末 二四オ4 四五 | | | | |
| カシケタリ | 憔 | カシケタリ 法中 四五ウ8 八八 | | | | |
| カシケタリ | 悴 | ・カ・シケタリ 法中 四六オ1 八九 | | | | |
| カシケタリ | 疾 | カシケタリ 法下 一六三オ4 一三三 | | | | |
| カシケタユタ | 老杙 | | カシケタ［ヱ］タ Ⅲ 下二 一三五ウ6（六三） | | | □ ユ？エ？ |
| カシコ | 他 | ・カ・シ・コ 仏上 一九ウ6 三三 | | ・カ・シ・コ 二オ2 | カシコ 一五ウ5 | |
| カシコ | 彼 | ・カ・シ・コ 仏上 三三オ4 三九 | | ・カ・シ・コ 三オ4 | コ（ミ）シコ 一九ウ4 | |
| カシコ | 彼間 | ・カ・シ・コ 法下 四〇オ1 一七七 | | | | |
| カシコシ | 伉 | カシコシ 仏上 八オ6 九 | カシコシ Ⅰ 上 三ウ5 | カシコシ 六ウ1 | カシコシ 二ウ6 | |
| カシコシ | 傑 | カシコシ 仏上 一二ウ7 一六 | | カシコシ 九ウ6 | カシ［コシ］ 六ウ3 | |
| カシコシ | 哲 | カシコシ 仏中 六六ウ5 吾 | カシコシ Ⅰ 上 四五オ2 | カシコシ 七四オ4 | | |
| カシコシ | 曝 | カシコシ 仏中 六七オ8 一三一 | | | | |
| カシコシ | 賢 | カシコシ 仏本 八ウ1 一四 | | | | |
| カシコシ | 棨 | カシコシ 仏本 一六〇ウ3 一八 | | | | |

| 和訓 | 漢字 | 観智院本 | 蓮成院本 | 高山寺本 | 西念寺本 | 図書寮本 | 備考 |
|---|---|---|---|---|---|---|---|
| カシコシ | 黠 | カシコシ 仏下末 二九オ1 五五 | | | | | |
| カシコシ | 愈 | カシコシ 法中 四五ウ1 八八 | | | | | |
| カシコシ | 感 | カシコシ 僧中 二〇ウ7 三八 | カシコシ III下 五九ウ2 | | | | |
| カシコシ | 威 | カシコシ 僧中 三三ウ8 四二 | カシコシ III下 六二オ2 | | | | |
| カシコマラス | 不威 | カシコマ ラス 僧中 三三ウ8 四二 | カシコテ ラ爪 III下 六二オ2 | | | | |
| カシコマル | 儼 | カシコマル 仏上 一九オ5 三二 | | カシコテル 一七ウ6 | カシコテル 一五オ3 | | 高本 西本 儼 |
| カシコマル | 徴 | カシコマル 仏上 三三ウ7 三八 | | カシコテル 二〇ウ7 | カシコテル 一九オ5 | | |
| カシコマル | 迠 | カシコマル 仏上 三四ウ6 六二 | 囗カシコテル I上 一二オ2 | カシコテル 三三ウ6 | カシコナ(ママ)ル 三三オ1 | | |
| カシコマル | 吪 | カシコテル 仏中 一九ウ2 三六 | カシコテル I上 四〇オ2 | カシコテル 六八ウ2 | | | |
| カシコマル | 吪 | カシコテル 仏中 二一オ7 三九 | | | | | |
| カシコマル | 恐喝 | カシコテル 仏中 三三ウ3 四四 | | カシコテル 七〇ウ7 | | | 高本 恐喝 |
| カシコマル | 畏 | カシコテル 仏中 一五七オ3 一二一 | カシコテル I上 七二オ5 | カシコテル 一〇五オ4 | | | |
| カシコマル | 膜 | カシコテル 仏中 一五八ウ8 一二四 | カシテ(ママ)テル I上 七三ウ6 | | | | |
| カシコマル | 拖 | カシコマル 仏下本 二三ウ4 四〇 | | | | | |
| カシコマル | 掜 | カシコマル 仏下本 二三オ1 四一 | | | | | |

| | | | |
|---|---|---|---|
| カシコマル | 揖 | カシコマル 仏下本 三ウ2 四四 | |
| カシコマル | 兢 | カシコテル 仏下末 九ウ5 一六 | |
| カシコマル | 謙 | カシコマル 法上 二八ウ5 五四 | カシコミル II 中 二九オ4 |
| カシコマル | 跡踏 | カシコマル 法上 四三ウ7 八二 | |
| カシコマル | 憏 | カシコテル 法中 四〇オ8 七七 | |
| カシコマル | 恐 | ・カ・シ・コテル 法中 四五オ2 八七 | |
| カシコマル | 悚 | ・カシ・コテル 法中 四七ウ6 九二 | |
| カシコマル | 惶 | カシコテル 法中 四八ウ5 九四 | |
| カシコマル | 㤲 | カシコテル 法中 五一ウ4 一〇〇 | |
| カシコマル | 寫 | ・カ・シコマル 法下 二九オ1 五五 | |
| カシコマル | 孝 | カシコマル 法下 一七オ6 一三九 | |
| カシコマル | 恭 | カシコテル 僧上 五ウ4 八 | カシコマル III 下 六オ1 |
| カシコマル | 恭 | カシコテル 僧上 二七オ3 五一 | |
| カシコマル | 死罪 | カシコマル 僧中 一七オ4 一一 | カシコテル III 下 五〇オ3 |
| カシコマル | 威 | ・カ・シ・コマル 僧中 三三ウ7 四二 | カシコマル III 下 六二オ2 |
| カシコマル | 敢 | カシコマル 僧中 三三ウ4 六〇 | カ(ママ)コマル III 下 六八ウ4 |

| 和訓 | 漢字 | 観智院本 | 蓮成院本 | 高山寺本 | 西念寺本 | 図書寮本 | 備考 |
|---|---|---|---|---|---|---|---|
| カシヅキセラル | 扶入 | カシヅキセラル 仏下本 二七オ2 五一 | | | | | |
| カシヅクキ | 傅 | カミ(シ)ツクキ 仏上 一六オ2 二五 | | カシヅク 一四ウ2 | カシツクキ 二ウ1 | | |
| カシツク | 宗 | カシツク 法上 六〇ウ7 一一八 | | | | | |
| カシツク | 鎮 | カシツク 僧上 七〇オ6 一三七 | カシツク Ⅲ下 四五ウ3 | | | | |
| カシツク | ⿰目冊 | カシツク 僧下 三九オ8 七五 | カシヅク Ⅲ下二 一三六ウ3 (六四) | | | | |
| カシツク | 冊 | | カシヅク Ⅲ下二 一四九オ2 (七七) | | | | |
| カシテス | 稪 | カシテ爪 法下 一三オ8 二三 | | | | | |
| カシトリ | 鷄 | カシトリ 僧中 五八ウ1 一二四 | カシトリ Ⅲ下二 八二オ5 (一〇) | | | | |
| カシトリ | ⿱剡鳥 | カシトリ 僧中 六四オ4 一三五 | カシトリ Ⅲ下二 八六ウ6 (四) | | | | |
| カシノキ | 檽 | カシノキ 仏下本 四四ウ3 八六 | | | | | |
| カシノキ | 橿 | カシノキ 仏下本 四八ウ4 九四 | | | | | |
| カシノキ | 樫 | カシノキ 仏下本 五六ウ8 一一〇 | | | | | |
| カシノキ | 栩 | カヽシノキ 仏下本 六〇オ5 一一七 | | | | | |
| カシハ | 槲 | カシハ 仏下本 五七ウ2 一一二 | | | | | |
| カシハ | ⿰木斛 | カシハ 仏下本 五七ウ2 一一二 | | | | | |

| | | | | | | |
|---|---|---|---|---|---|---|
| カシハ | 柏 | カシハ　仏下本 一五七ウ6 二二二 | | | | |
| カシハ | 栢 | カシハ　法下 五ウ3 八 | | | | |
| カシハキ | 柘 | カシハキ　仏下本 四五ウ2 八八 | | | | |
| カシハキ | 槲 | カシハキ　仏下本 一五七ウ2 二二二 | | | | |
| カシハテ | 膳 | カシハテ　仏中 一六八ウ6 一三四 | | | | |
| カシハテ | 饍 | カシハテ　僧上 一五七ウ6 二二二 | カシハテ　Ⅲ 下 三五オ6 | | | |
| カシメ | ⿰目奐 | カシメ　仏中 四〇ウ8 七八 | | カシメ　八九オ2 | | |
| カシヨネ | 粿 | カシヨ子　法下 一八ウ6 三四 | | | | |
| カシラ | 頭 | カシ[ラ]　仏下本 一三オ8 二二 | | | | |
| カシラ | 額 | カシラ　仏下本 一三ウ5 二二 | | | | |
| カシラ | 首 | カシラ　仏下末 一五ウ3 六八 | カシラ　Ⅲ 下 一三五ウ5（五三） | | | |
| カシラ | 首 | カシラ　僧下 三四オ1 六五 | | | | |
| カシラアラフ | 沐 | カシラアラフ　法上 五オ7 七 | カシラアラフ　Ⅱ 中 四ウ2 | | カシラアラフ　集 一七2 | |
| カシライタキヤマヒ | 頭風 | カシライタキヤマヒ　仏下本 一三オ8 二二 | | | | |
| カシラカカフ | 蒿累 | カシラカヽフ　僧上 一四ウ1 二六 | | | | |
| カシラカカフ | 蓬累 | カシラカヽフ　僧上 二〇オ2 三七 | | | | |

| 和訓 | 漢字 | 観智院本 | 蓮成院本 | 高山寺本 | 西念寺本 | 図書寮本 | 備考 |
|---|---|---|---|---|---|---|---|
| カシラガサ | 瘍 | カシラカサ 法下 五九オ1 一二五 | | | | | |
| カシラケツル | 揤 | カシラケツル 仏本 二五オ8 四七 | | | | | |
| カシラサシトノフ | 頡砡 | カシラサシトノフ 仏本 一四オ3 二五 | | | | | |
| カシラノアカ | 雲脂 | カシラノアカ 仏中 六八オ7 一三三 | | | | | |
| カシラノカハラ | 顱 | カシラノカハラ 仏本 二三ウ3 三三 | | | | | |
| カシラノホネ | 髑 | カシラノホネ 仏本 四オ4 五 | | | | | |
| カシラミタル | 逢 | カシラミタル 僧上 二〇オ1 三七 | | | | | |
| カス | 佳 | カス 仏上 五オ2 三 | | | | | |
| カス | 併 | カス 仏上 五ウ6 四 | カス I上 二オ3 | カス 四オ6 | | | |
| カス | 何 | カス 仏上 七ウ2 八 | | ↓ ナカハ | ↓ ヘカス | | |
| カス | 貸 | カス 仏上 一〇オ2 一三 | | | カハ 四ウ3 | | |
| カス | 〔亻+貳〕 | | カ欠 I上 四ウ5 | カ欠 七オ6 | | | |
| カス | 借 | | | カス 一ウ5 | | | |
| カス | 假 | カス 仏上 二〇オ5 三三 | | カハ 一ウ5 | カハ 一六オ4 | | |
| カス | 徵 | カ\ス 仏上 二三オ1 三九 | | カハ 三オ1 | (き)タハ 一九ウ1 | | |

| | | | | | | |
|---|---|---|---|---|---|---|
| カズ | 量 | カス 仏中 八八 四五ウ8 | カス I上 六六ウ1 | カハ 九四ウ4 | | |
| カス | 昝 | カス 仏中 一〇〇 五一ウ2 | | | | |
| カス | 貸 | カハ 仏下本 二二 一三オ4 | | | | |
| カス | 貟 | カハ 仏下本 二二 一三オ4 | | | | |
| カス | 枚 | カス 仏下本 四三 二三オ6 | | | | |
| カズ | 撰 | カス 仏下本 七六 三九ウ2 | | | | |
| カス | 濡 | カス 法上 三 三オ8 | カス II中 二オ5 | | | |
| カス | 泊 | カス 法上 九 六オ2 | カス II中 七ウ4 | | | |
| カス | 淅 | カス 法上 一四 八ウ5 | カス II中 六オ3 | | | カハ 三二1 |
| カス | 滓 | カス 法上 一四 一三ウ5 | カス II中 一三オ4 | | | |
| カズ | 説 | カス 法上 五二 二七ウ3 | カス II中 一八オ2 | | | |
| カズ | 計 | カス 法上 六一 三三オ1 | カス II中 三二ウ1 | | | |
| カズ | 曆 | カハ 法下 一〇 六ウ7 | | | | |
| カス | 種 | カハ 法下 一九 一一オ3 | | | | |
| カス | 糟 | カハ 法下 三〇 一六ウ3 | | | | |
| カス | 粕 | カハ 法下 三二 一七ウ5 | | | | |

| 和訓 | 漢字 | 観智院本 | 蓮成院本 | 高山寺本 | 西念寺本 | 図書寮本 | 備考 |
|---|---|---|---|---|---|---|---|
| カス | 料 | カス 法下 一八オ7 三三 | | | | | |
| カス | 嶶 | | | | | カ爪 一四二5 | |
| カズフ和 | 艾 | カスフ和 僧上 五ウ7 八 | | | | | |
| カスヌ和 | 荐 | カスヌ和 僧上 一八オ2 三三 | | | | | |
| カズ一和 | 艾 | カ爪一和 僧上 一三オ8 三三 | | | | | |
| カズ | 籌 | カス 僧上 三三ウ4 六二 | カ爪 Ⅲ下 一三オ3 | | | | |
| カス | 箇 | | カ爪 Ⅲ下 一三ウ4 | | | | |
| カス | 笇 | カス 僧上 三四ウ4 六六 | カ爪 Ⅲ下 一四オ7 | | | | |
| カズ | 笇 | カス 僧上 三四ウ4 六六 | | | | | |
| カス | 方 | カス 僧中 一六ウ7 一三〇 | | | | | |
| カズ | 方 | カス 僧中 一六ウ7 一三〇 | カ爪 Ⅲ下 五五オ6 | | | | |
| カス | 埋 | | | | | カ爪 玉抄 二三〇5 | |
| カズ | 數 | カ爪 僧中 二九オ8 二五五 | カ爪 Ⅲ下 六六ウ3 | | | | |
| カス | 醋 | カス 僧下 三〇ウ7 五八 | カ爪 Ⅲ下 五六ウ6 | | | | |
| カス | 酥 | カ爪 僧下 三三ウ8 六二 | カ爪 Ⅲ下 五八オ7 | | | | |

| | | | | | | | |
|---|---|---|---|---|---|---|---|
| カス | 繹 | ・カス・ 僧下 四一ウ4 八〇 | カ〻 Ⅲ下 二三八ウ6（六六） | | | | |
| カズ | ⿰革巖 | ・カ・・ス 僧下 一六〇ウ2 一一八 | カ〻 Ⅲ下 二三一ウ2（五九） | | | | |
| カズ | ⿰革發 | ・カ・・ス 僧下 一六〇ウ4 一一八 | カ〻 Ⅲ下 二三一ウ1（五九） | | | | |
| カズオフ | 輸 | ・カ・・〻・オ・フ 僧中 四五ウ7 八八 | | | | | |
| トカスカナリ | 蕭條 | トカスカナリ 仏上 三三オ6 三七 | | | トカスカナリ 一八ウ4 | | |
| カスカナリ | 朋 | カスカナリ 仏中 七〇オ5 三七 | | | | | |
| カスカナリ | 幽 | カスカナリ 法上 一六〇ウ5 一一八 | | | | | |
| カスカナリ | 瑟 | カスカナリ 法中 一三ウ3 二四 | | | | | |
| カスカナリ | 隠 | カスカナリ 法中 二四ウ8 四六 | | | | | |
| トカスカナリ | 悠 | トカ・ス・カナリ 法中 四六ウ2 九〇 | | | | | |
| トカスカナリ | 悠々 | | | | | トカ・〻・カナリ 遊 二七一1 | |
| カスカナリ | 悠 | カスカナリ 法中 四六ウ2 九〇 | | | | | |
| カスカナリ | 宴 | カスカナリ 法下 二四オ7 四五 | | | | | |
| カスカナリ | 窈 | カスカナリ 法下 三一オ5 五九 | | | | | |
| カスカナリ | 蕭 | カ〻カナリ 僧上 二三オ4 四三 | カ〻カナリ Ⅲ下 一ウ4 | | | | |
| カスカナリ | 跂 | ・カスカナリ 僧中 三二ウ6 六二 | カ〻カナリ Ⅲ下 六九ウ5 | | | | |

| 和訓 | 漢字 | 観智院本 | 蓮成院本 | 高山寺本 | 西念寺本 | 図書寮本 | 備考 |
|---|---|---|---|---|---|---|---|
| カスカナリ | 幽 | ・カ・ス・カナリ 僧下 五五オ2 一〇七 | カ爪カナリ Ⅲ下 二九ウ3（五七） | | | | |
| カスカニ | 晻 | カスカニ 仏中 三三ウ1 六四 | カスカニ Ⅰ上 五一オ1 | カスカニ 八オ5 | | | |
| トカスカニシテ | 蕭條 | ト・カ・爪・カニソ 僧上 三三オ4 四三 | ト・カ・爪・カニヒ Ⅲ下 一ウ5 | | | | |
| △トカスカニシテ | 蕭索 | ト・カ・爪・カニソ 僧上 三三オ4 四三 | | | | | |
| △トカスカニシテ | 蕭瑟 | ト・カ・爪・カニソ 僧上 三三オ4 四三 | | | | | |
| カスカヒ | 鏈 | カスカヒ 僧上 六〇オ3 一一七 | | | | | |
| カスカヒ | 鎹 | カ爪カヒ 僧上 六〇オ7 一一七 | カ爪カヒ Ⅲ下 三七ウ1 | | | | |
| カスカヒ | 鍉 | カスカヒ 僧上 六七ウ1 一三二 | カ（イ）爪カヒ Ⅲ下 四三オ6 | | | | |
| カスカヒ | 鎱 | カ爪カヒ 僧上 六九ウ8 一三六 | | | | | |
| カスカヒ | [金圭] | カスカヒ 僧上 七一オ7 一三九 | カ爪カヒ Ⅲ下 四六オ7 | | | | |
| カスク | 昵 | | | カスリ 九五ウ6 | | | |
| カスコメ | 醥 | カスコメ 僧下 二九ウ4 五六 | カ爪コメ Ⅲ下 五六オ2 | | | | |
| カスゴメ | 醅 | ・カ・爪‥コ・メ 僧下 三〇オ4 五七 | ・カ・爪‥コ・メ Ⅲ下 五六オ6 | | | | |
| カスヌク | 誽 | カスヌク 法上 二七ウ3 五二 | | | | | |
| カスハキ | 啡 | カスハキ 仏中 一九オ5 三五 | カスハ丨 Ⅰ上 三七ウ7 | カスハキ 六六オ7 | | | |

| | | | | | | | |
|---|---|---|---|---|---|---|---|
| カスフ | 繹 | カスフ 僧下四一ウ4 八〇 | カ爪フ Ⅲ下一三八ウ6 (六六) | | | | |
| カズヘル | 麗 | カ爪ヘル 法下五七オ8 一一一 | | | | | |
| カスミ | 突 | カスミ 法下三三ウ5 六三 | | | | | |
| カスミ | 霞 | カスミ 法下三五オ1 六七 | | | | | |
| カスム | 掠 | カスム 仏下本三四オ3 六五 | | | | | |
| カスム | 攘 | カスム 仏下本三五ウ6 六八 | | | | | |
| カスム | 抄 | カスム 仏下本三六ウ7 七〇 | | | | | |
| カスム | 椋 | カスム 仏下本四五ウ1 八八 | | | | | |
| カスム | 諒 | カスム 法上三〇ウ3 五八 | カスム Ⅱ中三一オ4 | | | | |
| カスム | 闇 | カ爪ム 法下四三ウ4 八二 | | | | | |
| カスム | 劫 | カ爪ム 僧上四四オ1 八五 | カ爪ム Ⅲ下三一ウ4 | | | | 蓮本劫 |
| カスム | 刦 | カ爪ム 僧上四六オ4 八九 | カ爪ム Ⅲ下二四ウ1 | | | | |
| カスム | 銅 | カ爪ム 僧上五八オ8 一一三 | カ爪ム Ⅲ下三六オ2 | | | | |
| カスモ | 餇䴴 | カスモ 法上五三ウ5 一〇二 | | | | | |
| カスモミ | 腴 | カスモミ 仏中六九オ4 一三五 | | | | | |
| カスル | 栖 | カスル 仏下本四四ウ1 八六 | | | | | |

| 和訓 | 漢字 | 観智院本 | 蓮成院本 | 高山寺本 | 西念寺本 | 図書寮本 | 備考 |
|---|---|---|---|---|---|---|---|
| カスル | 為 | カスル 仏下末 二六オ8 二一九 | | | | | |
| カゼ | 吹 | カせ 仏中 二六オ7 四九 | カせ I 上 四四ウ4 | カせ 七三ウ6 | | | |
| カセ | 鯖 | かせ 僧下 三オ7 三 | | | | | |
| カセ | 鱛 | かせ 僧下 三オ7 三 | | | | | |
| カセ | 鮭 | カせ 僧下 三オ8 三 | | | | | |
| カセ | 鮇 | かせ 僧下 五ウ2 八 | | | | | |
| カゼ | 風 | カせ 僧下 二七オ1 五一 | カせ III 下 二四ウ7 (四二) | | | | |
| カセ | 飄 | カせ 僧下 二七オ7 五一 | カセ III 下 二五オ3 (四三) | | | | |
| カセ | 蕣甲長飆 | カせ 僧下 四八ウ4 九四 | | | | | |
| カセサバ | 鱛 | カせサハ 僧下 三オ7 三 | カセサハ III 下 九ウ7 (三〇) | | | | |
| カセヅヱ | 擴首杖 | カせツヱ 仏下本 五四オ6 一〇五 | | | | | |
| △カセヅヱ | 庶杖 | カせツヱ 仏下本 五四オ6 一〇五 | | | | | |
| カセノコヱ | 颹 | カせノコヱ 僧下 二八ウ7 五四 | カヤノコエ III 下 二六オ7 (四四) | | | | |
| カゼフク | 風 | カせフク 僧下 二七オ1 五一 | カせフク III 下 二四ウ7 (四三) | | | | |
| 风ホメク | 颶 | 风ふメリ 僧下 二八ウ3 五四 | | | | | |

| | | | | | | |
|---|---|---|---|---|---|---|
| カゾ | 父母 | カツ 僧中 五一 二七オ1 | カツ III下 六四ウ1 | | | |
| カソフ | 徃 | カソフ 仏上 三七 二一オ6 | | カソフ 二〇ウ1 | カソフ 一八ウ5 | |
| カソフ | 選 | カソフ 仏上 四七 二七オ2 | カソフ I上 五オ4 | サ(ヲ)ソフ 二六オ2 | カソフ 二三ウ6 | |
| カソフ | 遘 | カソフ 仏上 四九 二八オ4 | カソフ I上 六オ3 | カソ[フ] 二七オ1 | カソフ 二五オ3 | |
| カソフ | 率 | カソフ 仏上 八三 四五オ6 | カソフ I上 二〇ウ1 | カソフ 四四ウ7 | カサ(ヲ)フ 四五ウ4 | |
| カゾフ | 量 | カソフ 仏中 八八 四五ウ8 | カソフ I上 六二ウ1 | カソフ 九四ウ4 | | |
| カソフ | 挍 | カソフ 仏下本 五〇 二六ウ6 | | | | |
| カゾフ | 掠 | カソフ 仏下本 六五 三四オ3 | | | | |
| カソフ | 撰 | カソフ 仏下本 七六 三九ウ2 | | | | |
| カゾフ | 𥝱 | カソフ 仏下本 一二五 六四オ5 | | | | |
| カソフ | 測 | カソフ 法上 四二 二二ウ1 | カソフ II中 二二オ5 | | | |
| カソフ | 讀 | カソフ 法上 四七 二五オ7 | カソフ II中 二五ウ6 | | | |
| カソフ | 評 | カソフ 法上 五六 二九ウ3 | カソフ II中 二〇オ3 | | | |
| カゾフ | 計 | カソフ 法上 六〇 三一ウ8 | カソフ II中 三二ウ1 | | | カソフ 律 七四4 |
| カソフ | 諷 | カソフ 法上 七一 三七オ8 | | | | |
| カゾフ | 諵 | カソフ 法上 七二 三七ウ2 | | | | |

（率）蓮本、高本 寧 率

| 和訓 | 漢字 | 観智院本 | 蓮成院本 | 高山寺本 | 西念寺本 | 図書寮本 | 備考 |
|---|---|---|---|---|---|---|---|
| カソフ | 齒 | カソフ 法上一〇二 一五三ウ6 | | | | | |
| カソフ | 絳 | カソフ 法中一三〇 一六六ウ3 | | | | | |
| カソフ | 和 | カソフ 法下二 一七ウ5 | | | | | |
| カソフ | 料 | カソフ 法下三三 一八オ7 | | | | | |
| カソフ | 閲 | カソフ 法下七六 一三九ウ2 | | | | | |
| カソフ | 因 | カソフ 法下八五 一四四オ1 | | | | | |
| カソフ | 歴 | カソフ 法下一〇四 一五三ウ3 | | | | | |
| カソフ | 曆 | カソフ 法下一〇九 一五六オ1 | | | | | |
| カゾフ | 原 | カソフ 法下一〇九 一五六オ5 | | | | | |
| カゾフ | 筹 | カソフ 僧上六二 一三三ウ4 | カソフ Ⅲ下 一三オ3 | | | | |
| カゾフ | 笨 | カソフ 僧上六六 一三四ウ4 | カソフ Ⅲ下 一四オ7 | | | | |
| カゾフ | 笶 | カソフ 僧上六八 一三五ウ2 | カソフ Ⅲ下 一四ウ3 | | | | |
| カソフ | 凡 | カソフ 僧中二一 一三オ7 | カソフ Ⅲ上 (四八) 一〇ウ4 | | | | |
| カソフ | 覗 | カソフ 僧中三二 一七ウ2 | フ(ミ)ソフ Ⅲ上 (五〇) 一三ウ6 | | | | |
| カゾフ | 數 | カソフ 僧中五五 一九オ8 | カソフ Ⅲ下 六六ウ3 | | | | |

| | | | | | | | | | | | | | | | |
|---|---|---|---|---|---|---|---|---|---|---|---|---|---|---|---|
| カゾフ | カタ | カタ | カタ | カタ | カタ | カタ | カタ | カタ | カタ | カタ | カタ | カタ | カタ | カタ | カタ |
| 散 | 膊 | 胜 | 胛 | 胳 | 臊 | 肩 | 䯆 | 髆 | [illegible] | 擄 | 漚 | 潟 | 籆 | 廂 | 方 |
| カゾフ 僧中 五九 三一オ5 | カタ 仏中 一三三 一五八オ8 | カタ 仏中 一二四 一五八ウ2 | カタ 仏中 一三〇 一六一ウ8 | カタ 仏中 一三三 一六二オ3 | | カタ 仏中 一三五 一六四オ6 | カタ 仏下本 六 四ウ1 | カタ 仏下本 六 四ウ4 | カタ 仏下本 三二 二七オ8 | カタ 仏下本 四五 三四オ8 | カタ 法上 二 二ウ6 | カタ 法上 三七 三〇オ1 | カタ 法中 一二四 一五八ウ3 | カタ 法下 一〇九 一三六オ4 | カタ 僧中 一三〇 一六六ウ7 |
| カンゾフ III下 一六八オ6 | カタ I上 七三オ7 | | | | カタ I上 七三ウ2 | | | | | | カタ II中 一ウ4 | カタ II中 一九ウ2 | | | カタ III下 五五オ6 |
| | | | | | | | | | | | | | | | |
| | | | | | | | | | | | | | | | |
| | | | | | | | | | | | | 加た 禾 五五 6 | | | |
| | | | | | | | | | | | | | | | |

| 和訓 | 漢字 | 観智院本 | 蓮成院本 | 高山寺本 | 西念寺本 | 図書寮本 | 備考 |
| --- | --- | --- | --- | --- | --- | --- | --- |
| カタイカナ | 假我 | カタイカナ 仏上 二〇オ7 三三 | | カタイカナ 二ウ6 | カタイカナ(ヤイ) 一六オ5 | | |
| カタウス | 固 | カタウス 法下 四四ウ5 八六 | | | | | |
| カタオモテ | 偏 | カタオキモテ 仏上 三ウ1 一八 | | カタオモテ 一〇ウ2 | ア(ママ)タオモテ 七オ5 | | |
| カタヲモテ | 行 | カタヲモテ 僧中 一九オ7 三五 | カタヲモテ Ⅲ下 二三ウ1 (五〇) | | | | |
| カタカシキノイヒ | 餐 | カタカシヽノイヒ 僧上 五四ウ4 一〇六 | カタカシヽノイヒ Ⅲ下 三ウ3 | | | | |
| カタカシキノイヒ | 飡 | カタカシキノイヒ 僧上 五四ウ5 一〇六 | カタカシキノイヒ Ⅲ下 三ウ4 | | | | |
| カタカタ | 傍 | カタ〱 仏上 五オ8 三 | カタヽヽ Ⅰ上 一ウ7 | カタヽヽ 四オ4 | | | |
| カタカタ | 訒 | カタ〱 法上 二六ウ8 五四 | カタ〱 Ⅱ中 二九オ7 | | | | |
| カタカタ | 旁 | カタ〱 法上 四七ウ5 九二 | | | | | |
| カタカナトクヤスリ | 鑪 | カタカナトクヤスリ 僧上 六六ウ2 一三〇 | | | | | |
| カタガヘリ | 樞鷹 | カタカヘリ 僧中 六六ウ3 一三〇 | カタカヘリ Ⅲ下 八九オ1 (一七) | | | | |
| カタカユ | 糠 | カタカユ 法下 二〇オ8 三七 | | | | | |
| カタガユ | 饘 | カタカユ 僧上 五七オ2 一二一 | カタカユ Ⅲ下 二四ウ3 | | | | |
| カタキ | 仇 | カタキ 仏上 八オ4 九 | カタヽイ Ⅰ上 三ウ5 | カタキ 六オ6 | カタキ 二ウ4 | | |
| カタキ | 伉 | カタキ 仏上 八オ6 九 | カタヽ Ⅰ上 三ウ6 | カタキ 六ウ1 | ア(ママ)タキ 二ウ6 | | 伉 高本 |

| | | | | | |
|---|---|---|---|---|---|
| カタキ | 喕 | カタキ 仏中三ウ2 六〇 | | | |
| カタキ | 摸 | カタキ 仏下本三九オ6 五五 | | | |
| カタキ | 撦 | カタキ 仏下本三九オ7 五五 | | | |
| カタキ | 摫 | カタキ 仏下本三四オ4 六五 | | | |
| カタキ | 損 | カタキ 仏下本三七オ1 七一 | | | |
| カタギ | 模 | カタキ 仏下本五一ウ8 一〇〇 | | | |
| カタキ | 謨 | カタキ 法上二七オ8 五一 | カター Ⅱ中一 二七ウ7 | | |
| カタキ | 殺 | カタキ 法下二四ウ2 四六 | | | |
| カタキ | 冦 | カタキ 法下二四ウ3 四六 | | | |
| カタキ | 對 | カタキ 法下七三ウ2 一四四 | | | |
| カタキ | 歒 | カタキ 僧中二六オ4 四九 | カタキ Ⅲ下 六三ウ4 | | |
| カタキ | 敵 | カタキ 僧中二九オ2 五五 | カター Ⅲ下 六六オ6 | | |
| カタキ | 讎 | カタキ 僧中六八オ6 一三三 | カター Ⅲ下二 九〇ウ4 (一八) | | |
| カタキアリ | 爾 | カタキアリ 法下三七ウ3 七二 | | | |
| カタキナシ | 隻 | カタキナシ 僧中六九ウ1 一三六 | カタキナシ Ⅲ下三 九一ウ5 (九) | | 蓮本 隹人 |
| カタキナシ | 叄 | カタキナシ 僧下五一ウ7 一〇〇 | カターナシ Ⅲ下二 一四七オ7 (七五) | | |

| 和訓 | 漢字 | 観智院本 | 蓮成院本 | 高山寺本 | 西念寺本 | 図書寮本 | 備考 |
|---|---|---|---|---|---|---|---|
| カタキナム | 譎 | ↓カタキナリ | カタ〜ナム Ⅱ中 二九オ2 | | | | |
| カタキナリ | 譎 | カタキナリ 法上 二八ウ1 五四 | ↓カタ〜ナム | | | | |
| カタキリ | 欟 | カタキリ 仏下本 三六オ8 一〇九 | | | | | |
| カタクツレ | 豙 | カタクツレ 仏下末 六オ1 九 | | | | | |
| カタクツレ | 貏 | カタクツレ 仏下末 七オ2 一二 | | | | | |
| カタクヅレ | 陂池 | カタクヅレ(ミ) 法中 二ウ5 四〇 | | | | | |
| カタクツレ | 陁 | カタクツレ 法中 三オ3 四三 | | | | | |
| トカタクツレシテ | 陂池 | トカタクツレシテ 法上 二ウ5 二 | トカタクツレシテ Ⅱ中 一ウ2 | | | トカタクヅレソ 選 七4 | |
| カタクナ | 頑 | カタクナ 仏下本 一四オ4 二五 | | | | | |
| カタクナ | 彰 | カタクナ 仏本 一七ウ1 三二 | | | | | |
| カタクナ | 癡 | カタクナ 法下 六五オ6 一三七 | | | | | |
| カタクナ | 騃 | カタクナ 僧中 五一オ6 九九 | カタクナ Ⅲ下 二六オ5 (四) | | | | |
| カタクナシ | 僮 | カタイナシ(ミ) 仏上 五オ7 三 | カタクナシ(ソイ) Ⅰ上 一ウ6 | カタクナシ 四オ4 | | | |
| カタクナシ | 嚚 | カタクナシ 仏中 四〇ウ4 四六 | カタクナシ Ⅰ上 四三オ2 | カタクナシ 七三オ1 | | | |
| カタクナシ | 頑 | カタクナシ 仏下本 一四オ4 二五 | | | | | |

| | | | | | | | |
|---|---|---|---|---|---|---|---|
| カタクナシ | 拙 | ・カ・タ・ク・ナ・シ 仏下本四一オ2 七九 | | | | | |
| カタクナシ | 戇惷 | ・カ・タ・ク・ナ・シ 法中四七ウ7 九二 | | | | | |
| カタクナシ | 憨 | カタクナシ 法中四九オ3 九五 | | | | | |
| カタクナシ | 禿 | カタクナシ 法下九オ6 一五 | | | | | |
| カタクナシ | 癡 | ・カ・タクナシ 法下六五オ6 一三七 | | | | | |
| カタクナシ | 醜 | ・カ・タクナシ 僧下二六ウ6 五〇 | カタクナシ III下一二四ウ6（四三） | | | | |
| カタクナナリ | 頑 | カタクナヽリ 仏下本一四オ4 二五 | | | | | |
| カタサキ | 齵 | ・カ・タ・サ・キ・ 仏本五オ6 七 | | | | | |
| カタザケ | 醇酒 | ・カ・タ・サ・ケ 僧下三〇ウ7 五八 | カタサケ III下五六ウ6 | | | | |
| カタサル | 謙 | カタサル 法上二八ウ5 五四 | カタサル II中二九オ4 | | | | |
| カタシ | 侄 | カタシ 仏上一五オ4 三三 | | カタシ 一八オ6 | カタシ 一〇ウ2 | | |
| カタシ | 假 | ・カ・タ・シ 仏上二〇オ5 三三 | | ・カ・タ・シ 二一ウ5 | カタシ 一六オ4 | | |
| カタシ | 迨 | カタシ 仏上二六ウ5 四六 | | カタシ 二五ウ6 | カタシ 三三ウ3 | | |
| カタシム | 迺 | ・カ・タ・シム・ 仏上三一オ2 五五 | カタシム I上八ウ5 | ・カ・タ・シム 三〇オ1 | カタシ 二八ウ2 | | 道 蓮本 |
| カタシ | 遷 | カタシ 仏上三一オ3 五五 | カタシ I上八ウ6 | ・カ・タ・シ 三〇オ1 | カタシ 二八ウ2 | | |
| カタシ | 叵 | ・カ・タ・シ 仏上三五ウ3 六四 | カタシ I上一三ウ5 | カタシ 三四ウ4 | カタシ 三四オ2 | | |

| 和訓 | 漢字 | 観智院本 | 蓮成院本 | 高山寺本 | 西念寺本 | 図書寮本 | 備考 |
|---|---|---|---|---|---|---|---|
| カタシ | 口疑 | カタシ 仏中 四二 二二ウ6 | カタシ Ⅰ上 四一オ5 | カタシ 七〇オ1 | | | |
| カタシ | 口貫 | カタシ 仏中 六一 三二オ3 | カタシ Ⅰ上 五〇オ2 | カタシ 七九ウ4 | | | |
| カタシ | 膠 | カタシ 仏中 二九 一六オ5 | | | | | |
| カタシ | 賢 | カタシ 仏下本 一四 八ウ1 | | | | | |
| カタシ | 頑 | カタシ 仏下本 三二 一七ウ7 | | | | | |
| カタシ | 肆 | カタシ 仏下本 三三 一八オ4 | | | | | |
| カタシ | 括 | カタシ 仏下本 六三 三三オ5 | | | | | |
| カタシ | 梗 | カタシ 仏下本 七七 四〇オ1 | | | | | |
| カタシ | 禁 | カタシ 仏下本 一二七 六五オ1 | | | | | |
| カタシ | 牢 | カタシ 仏下末 一 二オ5 | | | | | |
| カタシ | 完 | カタシ 仏下末 一七 一〇オ3 | | | | | |
| カタシ | 黠 | [カ]タシ 仏下末 五五 二九オ1 | | | | | |
| カタシ | 泥 | カタシ 法上 三八 二〇ウ4 | カタシ Ⅱ中 二〇オ5 | | | | |
| カタシ | 訩 | カタシ 法上 五五 二九オ1 | カタシ Ⅱ中 二九オ7 | | | | |
| カタシ | 警 | カタシ 法上 六四 三三ウ8 | カタシ Ⅱ中 三四ウ2 | | | | |

| | | | | | | |
|---|---|---|---|---|---|---|
| トカタシ | 僂蹇 | トカタシ 法上 三八オ8 七三 | | | | |
| カタシ | 竪 | カタシ 法上 四六ウ8 九〇 | | | | |
| カタシ | 礭 | ・カ・タシ 法中 四ウ5 六 | | | | |
| カタシ | 硻 | カタシ 法中 五ウ4 八 | | | | |
| カタシ | 礊 | カタシ 法中 五ウ5 八 | | | | |
| カタシ | 玟 | ・カ・タシ 法中 一三オ3 二二 | | | | |
| カタシ | 院 | カタシ 法中 三三オ5 四一 | | | | |
| カタシ | 堅 | ・カ・タ・シ 法中 三五ウ2 六八 | | | ・カ・タ・シ ほ 二三三 3 | |
| カタシ | 憚 | カタシ 難於 法中 四〇オ6 七七 | | | | |
| カタシ | 忥 | カタシ 法中 四四ウ3 七八 | | | | |
| カタシ | 維 | カ\タシ 法中 五八ウ1 一二四 | | | | |
| カタシ | 結 | ・カ・タ・シ 舌於 法中 六六オ1 一三二 | | | | |
| カタシ | 牢 | カタシ 法下 二五ウ8 四八 | | | | |
| カタシ | 窂 | ・カ\・タ・シ 法下 三三ウ7 六四 | | | | |
| カタシ | 閑 | カタシ 法下 三九オ2 七五 | | | | |
| カタシ | 闌 | ・カタシ 法下 四二ウ1 八二 | | | | |

| 和訓 | 漢字 | 観智院本 | 蓮成院本 | 高山寺本 | 西念寺本 | 図書寮本 | 備考 |
|---|---|---|---|---|---|---|---|
| カタシ | 固 | カタシ 法下 四四ウ5 八六 | | | | | |
| カタシ | 屬 | カタシ 法下 四七ウ1 九二 | | | | | |
| カタシ | 戻 | カタシ 法下 五〇オ1 九七 | | | | | |
| カタシ | 蔦 | カタシ 僧上 二三オ8 四三 | カタ[シ] Ⅲ下 一ウ7 | | | | |
| カタシ | 箱 | カタシ 僧上 二五オ8 四七 | カタシ Ⅲ下 三ウ7 | | | | |
| カタシ | 勑 | カタシ 僧上 四三オ8 八三 | カタシ Ⅲ下 三オ6 | | | | |
| カタシム | 錮 | カタシム 僧上 五九オ7 一二五 | カタシム Ⅲ下 三六ウ5 | | | | |
| カタシ | 鏗 | カタシ 僧上 六六オ5 一三三 | カタシ Ⅲ下 四三ウ7 | | | | |
| カタシ | 鈵 | カタシ 僧上 六九ウ5 一三六 | カタシ Ⅲ下 四五オ3 | | | | |
| カタシ | 鎮 | カタシ 僧上 七〇オ7 一三七 | カタシ Ⅲ下 四五ウ3 | | | | |
| カタシ | 敀 | カタシ 僧中 二八ウ7 五四 | カタシ Ⅲ下 六六オ3 | | | | |
| カタシ | 攻 | カタシ 僧中 三一ウ6 六〇 | カタシ Ⅲ下 六八ウ7 | | | | |
| カタシ | 頗 | カタシ 僧中 三七オ5 七一 | | | | | |
| カタシ | 鞕 | カタシ 僧中 三八ウ1 七四 | | | | | |
| カタシ | 鞠 | カタシ 僧中 三九オ1 七五 | | | | | |

| | | | | | | |
|---|---|---|---|---|---|---|
| カタシ | 斬 | ・カ・タ・シ 僧中 四一オ6 七九 | | | | |
| カタシ | 難 | ・カ・タ・シ 僧中 六九ウ4 一三六 | カタシ 下二 九一ウ6 (一九) Ⅲ | | | |
| カタシ | 鋶 | カタシ 僧下 四九ウ6 九六 | | | | |
| カタシ | 同 | カタシ 僧下 五四ウ1 一〇六 | カタシ 下二 一三〇オ5 (五八) Ⅲ | | | |
| カタシ | 艱 | ・カ・タシ 僧下 五四ウ4 一〇六 | | | | |
| カタシキリ | 蹞 | カタシキリ 法上 四一オ8 七九 | | | | |
| カタシキリ | 踦 | カタシキリ 法上 四二ウ4 八二 | | | | |
| カタシギリ | ⿱輕足 | ・カ・タ・シ・キ・リ 法上 四四ウ4 八六 | | | | 賀多之岐利 季 一三 5 |
| カタシキリ | ⿱輕金 | ・カ・タシキリ 僧上 七二オ3 一三九 | ・カ・タシヘリ 下 四六オ3 Ⅲ | | | |
| カタシケナク | 忝 | ・カ・タシケナク 僧下 五三ウ6 一〇三 | ・カ・タ・シケナグ 下二 一四五オ5 (七三) Ⅲ | | | |
| カタシケナシ | 叻 | カタシケナシ 仏中 二〇オ7 三七 | カタシケナシ 上二 三九オ3 Ⅰ | カタシケナし 六七ウ3 | | |
| カタシケナシ | 昌 | カタシケナし 仏中 四四ウ2 八六 | カタシケナし 上二 六二オ6 Ⅰ | カタシケナし 九三オ6 | | |
| カタシケナシ | 天 | カタシケし(ママ) 仏末 一七オ5 三二 | | | | |
| カタジケナシ | 辱 | ・カ・タ・ジ・ケナシ 法下 七三ウ3 一四四 | | | | |
| カタシタツ | 跛 | ・カ・タシタツ 法上 三九オ8 七五 | | | | |
| カタシトテヒク | 椅 | ・カ・タシトテヒク 仏本 四六ウ6 九〇 | | | | |
|  |  |  |  |  |  |  |

| 和訓 | 漢字 | 観智院本 | 蓮成院本 | 高山寺本 | 西念寺本 | 図書寮本 | 備考 |
|---|---|---|---|---|---|---|---|
| カタシフ | 應 | カタレフ 法下 五三オ5 一〇三三 | | | | | |
| カタシロ | 像 | カタレロ 仏上 二オ3 一五 | | カタシロ 九オ4 | カタシロ 五ウ5 | | |
| カタシロ | 人形 | カタレロ 仏下本 一七ウ1 三二 | | | | | |
| カタシロクサ | 三白草 | カタシロクサ 僧上 三オ4 三 | カタレロクサ III下 一〇ウ7 | | | | |
| カタス | 侈 | | | カタ爪 二オ7 | | | |
| カタスホリ | 侈 | カタスホリ 仏上 三オ2 三五 | | | カタ爪メリ（ハイ） 一七オ4~3 | | |
| カタスミ | 維 | カタスミ（ユイ） 法中 五八ウ1 一四 | | | | | |
| カタタカヒ | 離 | カタ、カヒ 僧中 六九ウ2 一三六 | 〔カ〕タ、カヒ III下 一九ウ5（九） | | | | |
| カタタガヒ | 異同 | カタ、カヒ 僧下 五四ウ2 一〇六 | カタ、カヒ III下 一三〇オ5（五八） | | | | |
| カタチ | 像 | カタチ 仏上 二オ3 一五 | | カタチ 九オ4 | カタチ 五ウ5 | | |
| カタチ | 儀 | カタケ（ミ） 仏上 二〇オ7 三三 | | カタチ 一九ウ2 | カタチ 一六オ6 | | |
| カタチ | 行 | カタチ 仏上 二五オ1 四三 | | カタチ 三ウ6 | カタチ 二ウ2 | | |
| カタチ | 身 | カタチ 仏上 四六ウ1 八六 | カタチ I上 二オ6 | カタチ 四六オ3 | カタチ 四七オ6 | | |
| カタチ | 體 | カタチ 仏上 四六ウ2 八六 | カタチ I上 二ウ1 | カタチ 四六オ5 | カタチ 四七ウ1 | | |
| カタチ | 姿 | カタチ 仏中 一三オ3 二三 | カタチ I上 三オ7 | カタチ 六〇オ2 | | | |

| | | | | |
|---|---|---|---|---|
| カタチ | 相 | カタチ 仏中七六 三九ウ4 | カタチ I上 五七オ1 | ·カ·タチ 八七ウ6 |
| カタチ | 自 | カタチ 仏中七九 四一オ1 | カタチ I上 五八オ2 | カタチ 八九オ3 |
| カタチ | 白 | カタチ 仏中一〇三 五三オ5 | カタチ I上 六九オ3 | カタチ 一〇オ2 |
| カタチ | 皃 | カタチ 仏中一〇四 五三ウ1 | カタチ I上 六九オ6 | カタチ 一〇オ6 |
| カタチ | 貌 | カタチ 仏中一〇四 五三ウ1 | | |
| カタチ | 皃 | カタチ 仏中一〇四 五三ウ2 | | |
| カタチ | 質 | カタチ 仏下本一九 一一オ3 | | |
| カタチ | 顏 | ·カ·タチ 仏下本二三 一三ウ2 | | |
| カタチ | 顏 | カタチ 仏下本三二 一七オ1 | | |
| カタチ | 形 | ·カ·タチ 仏下本三二 一七オ8 | | |
| カタチ | 形 | ·カ·タ·チ 仏下本三二 一七オ8 | | |
| カタチ | 彫 | カタチ 仏下本三二 一七ウ4 | | |
| カタチ | 相 | ·カ·タチ 仏下本一三三 五八オ2 | | |
| カタチ | 状 | ·カ·ツ·チ 仏下本一三九 六六オ4 | カタチ II中 一二五オ5 | |
| カタチ | 物 | ·カ·タチ 仏下末六 四ウ6 | | |
| カタチ | 状 | カタチ 仏下末八 五ウ8 | | |

| 和訓 | 漢字 | 観智院本 | 蓮成院本 | 高山寺本 | 西念寺本 | 図書寮本 | 備考 |
| --- | --- | --- | --- | --- | --- | --- | --- |
| カタチ | 貌 | カタチ 仏下末 六オ3 九 | | | | | |
| カタチ | 皃 | カタチ 仏下末 一四オ5 二五 | | | | | |
| カタチ | 𧰼 | カタチ 仏下末 一六オ7 二九 | | | | | |
| カタチ | 大 | ・カ・タチ 仏下末 一七オ3 三一 | | | | | |
| カタチ | 状 | カタチ 法上 二五オ1 四七 | | | | | |
| カタチ | 壮 | カタチ 法上 二五オ2 四七 | カタチ Ⅱ中 二五オ5 | | | | |
| カタチ | 諂 | カタチ 法上 二五ウ1 四八 | | | | | |
| カタチ | 悪 | ・カ・タチ 法中 三九オ8 七五 | | | | | |
| カタチ | 宛 | カタチ 法下 二八オ1 五三 | | | | | |
| カタチ | 蒙 | カタチ 僧上 一〇ウ5 一八 | | | | | |
| カタチ | 芳 | カタチ 僧上 二〇ウ2 三八 | | | | | |
| カタチ | 範 | カタチ 僧上 四〇オ2 七七 | カタチ Ⅲ下 一八ウ6 | | | | |
| カタチ | 蠱 | カタチ 僧下 一七オ3 三一 | カタチ Ⅲ下 一〇五ウ3 (三三) | | | | |
| カタチ | 蟲 | カタチ 僧下 四七オ4 九一 | カタチ Ⅲ下 一三五オ3 (六三) | | | | |
| カタチ | 象 | ・カ・タチ 僧下 五五ウ6 一〇八 | | | | | |

| | | | | | | | |
|---|---|---|---|---|---|---|---|
| カタチカイ化 | 迯 | カタチカイ化 仏上二七ウ4 四八 | カタチカヒ I上 五ウ4 | カタチカヒ 二六ウ2 | カラ(ママ)テカヒ 二四ウ2 | | |
| カタチカヒ | 邏 | カタチカヒ 仏上二六オ4 四五 | | カタチカヒ 二五オ5 | カタチカヒ 二三オ2 | | |
| カタチカヒ | 差手 | カタチカヒ 仏上四一オ7 七五 | | | | | |
| カタチカヒ | 差互 | | カタチカヒ I上 一七ウ5 | ・カ・タ□ 四オ1 | | | |
| カタチカヒ | 差 | ・カ・タチカヒ 仏下末一五ウ1 二八 | | | カタチッカヒ 四オ1 | | 西本 差 |
| カタチカヒ | 參差 | ・カ・タ・チカヒ 仏下末一五ウ1 二八 | | | | | |
| カタチカヒ | 譀 | ・カ・タチカヒ 法上二六ウ5 五四 | ・カタチカヒ II中 二九オ4 | | | | |
| カタチカヒ | [illegible] | ・カ・タチカヒ 僧下四七オ3 九一 | カタチカヒ III下 一三五オ3 (六三) | | | | |
| カタチカ(タ)ヒ | 参差 | | カタチカ(タ)ヒ III下 一四七オ7 (七五) | | | | |
| カタチカ(タ)フ | 参差 | カタチカ(タ)フ 僧下一五ウ6 一〇〇 | | | | | |
| カタチヅクリス | 観 | ・カ・タ・チヅクリス 仏中四三オ4 八一 | カタチツクリス I上 五九オ3 | ・カタチ…クリ爪 九〇ウ4 | | | 蓮本、高本 観 |
| カタチハフ | 儻 | カタケ(ミ)ハフ 仏上一四オ2 二二 | | カタチハフ 一三オ7 | カタチハフ 九オ5 | | |
| カタチハフ | 朋 | カタチハフ 仏中六八ウ6 一三四 | | | | | |
| カタチヒ | 陸離 | ・カ・タチヒ 法中二五オ6 四七 | | | | | |
| カタチマレナリ | 變 | カタチマレナリ 僧中三一オ6 五九 | カタチマレナリ III下 六八オ7 | | | | 蓮本 變 |
| カタツカタ | 偏 | ・カ・タツカタ 仏上一三ウ1 一八 | | ・カ・タツカタ 一〇ウ2 | カ[タ]ツカ[タ] 七オ5 | | |

| 和訓 | 漢字 | 観智院本 | 蓮成院本 | 高山寺本 | 西念寺本 | 図書寮本 | 備考 |
|---|---|---|---|---|---|---|---|
| カタツカタ | 偏高 | カタツカタ 法下 三三オ3 四三 | | | | | |
| カタツカタ | 行 | カタツカタ 僧中 一九オ7 三五 | カタヅカタ Ⅲ 下二 一三ウ1 (五〇) | | | | |
| カタヅク | 攱 | ↓ カタフク | カタヅク Ⅲ 下一 九九ウ5 | | | | |
| カタツブリ | 蝸 | カタツフリ 僧下 一三オ1 二二 | カタツフリ Ⅲ 下二 一〇〇ウ4 (二八) | | | | |
| カタツブリ | 蝸牛 | カタツフリ 僧下 一三オ1 二二 | カタヅフリ Ⅲ 下二 一〇〇ウ4 (二八) | | | | |
| カタツフリ | 蚹蠃 | カタツフリ 僧下 一三オ2 二二 | カタヅフリ Ⅲ 下二 一〇〇ウ6 (二八) | | | | |
| カタツフリ | 蟆螺 | カタツフリ 僧下 一二ウ4 四〇 | カタヅフリ Ⅲ 下二 一二〇オ6 (三八) | | | | |
| カタトサス | 闣 | カタトサス 法下 四三オ1 八 | | | | | |
| カタトム | 瀉 | カタトヽム 法上 二〇オ1 三七 | カタトヽム Ⅱ 中 一九ウ2 | | | | |
| カタトル | 傚 | カタトル 仏上 一〇ウ5 四 | | カタトル 八オ4 | カタトル 五ウ1 | | |
| カタトル（ハサム） | 像 | カタトル（ハサム） 仏上 二一オ3 五 | | カタトル 九オ4 | カタトル 五ウ5 | | |
| カタトル | 形 | カタトル 仏下本 一七オ8 三一 | | | | | |
| カタトル | 模 | カタトル 仏下本 一九オ6 五五 | | | | | |
| カタトル | 状 | カタトル 仏下本 六六オ4 三九 | | | | | |
| カタトル | 象 | カタトル 仏下末 一六オ7 二九 | | | | | |

| | | | | | | | |
|---|---|---|---|---|---|---|---|
| カタトル | 壮 | カタトル 法上四七 二五オ2 | カタトル II中 二五オ5 | | | | |
| カタトル | 慠 | カタトル 法中八一 四三オ5 | | | | | |
| カタドル | 象 | ・カ・タ・ト・ル・ 僧下一〇八 五五ウ6 | | | | | |
| カタナ | 刀 | カタナ 僧上八五 四四オ6 | カタナ III下 三三オ1 | | | | |
| カタナ | 小刀 | ・カ・タ・ナ 僧上八五 四四オ7 | ・カ・タ・ナ III下 三三オ1 | | | | |
| カタナシ | 結改 | ・カ・タナし 僧中五四 六八ウ8 | ・カ・タナし III下 六六オ3 | | | | |
| カタナシ | 醜 | ・カ・タ・ナ・レ 僧下六〇 三一ウ6 | ・カ・タ・ナ・レ III下 五七ウ1 | | | | |
| カタナス | 結 | | | | | ・カ・タ・ナ爪 老子 三〇一7 | |
| カタナモテケツレリ | 刀削 | カ・タナモテケツレリ 僧上八六 四四ウ1 | ・カ・タナモテケツレリ III下 三三オ2 | | | | |
| カタナルス | 結 | カ・タ・ナルス 法中一三二 六六オ1 | | | | | |
| カタヌク | 袒 | カタヌ・リ 法中一四一 七三オ1 | | | | ・カ・タ・ヌ・ク 氾 三三三6 | ・祖 図本 |
| カタヌク | 裩 | ・カ・タ・ヌ・ク 法中一四一 七三オ2 | | | | | |
| カタヌグ | 襢 | ・カ・タ・ヌ・ク 法中一四一 七三オ2 | | | | | |
| カタヌク | 裼 | ・カ・タ・ヌ・ク 法中一四三 七三オ1 | | | | | |
| カタヌク | 裴 | カタヌク 法中一四三 七三オ7 | | | | | |
| カタネ | 不仁 | ・カ・タ・子・ 仏上二 四ウ6 | カタ俰ネイ I上 一オ7 | ・カ・タ・ネ・ 三ウ4 | | | |

| 和訓 | 漢字 | 観智院本 | 蓮成院本 | 高山寺本 | 西念寺本 | 図書寮本 | 備考 |
|---|---|---|---|---|---|---|---|
| カタネ | 癖 | ·カ·タ子 法下 六一ウ6 一二〇 | | | | | |
| カタノホネ | [illegible] | ·カ·タノ·ホ子 仏下本 四オ3 五 | | | | | |
| カタノホネ | 髆 | ·カ·タ·ノ·ホ子 仏下本 四ウ4 六 | | | | | |
| カタノホネ | 髃骬 | カタノホ子 仏下本 五ウ2 八 | | | | | |
| カタノヤマヒ | 痟瘍 | カタノヤマヒ 法下 六三ウ7 一二四 | | | | | |
| カタハ | 蜻 | カタハ 仏下本 六オ2 九 | | | | | |
| カタハ | 瘥 | カタハ 法下 六三オ3 一二三 | | | | | |
| カタハ | 殘 | カタハ 法下 六八オ4 一三三 | | | | | |
| カタハシ | 片 | カタハシ 仏下末 四ウ8 六 | | | | | |
| カタハシ | 行 | カタハシ 僧中 一九オ7 三五 | | | | | |
| カタバミ | 酢醤 | ·カ·タ·ハ·ミ 僧上 三オ5 三 | カタハミ Ⅲ下 一〇ウ7 | | | | 蓮本 酢醤草 |
| カタハラ | 傍 | ·カ·タハラ 仏上 五オ8 三 | カタハラ Ⅰ上 一ウ7 | ·カ·タハラ 四オ4 | | | |
| カタハラ | 偏 | ·カ·タ·ハ·ラ 仏上 一二ウ1 一八 | | ·カ·タ·ハ·ラ 一〇ウ2 | (ママ) アタハラ 七オ5 | | |
| カタハラ | 側 | ·カ·タ·ハ·ラ 仏上 一五オ1 二三 | | ·カ·タ·ハ·ラ 一三ウ1 | カタハラ 一〇オ6 | | |
| カタハラ | 下 | カタハラ 仏上 四〇ウ5 七四 | カタハラ Ⅰ上 一七オ6 | カタハラ 四〇ウ1 | カタハラ 四〇オ4 | | |

| 読み | 字 | | | |
|---|---|---|---|---|
| カタハラ | 畔 | カタハラ 仏中一〇 五六ウ8 | カタハラ I上 七二オ2 | カタハラ 一〇五オ1 |
| カタハラ | 胥 | | カタハラ I上 七四ウ6 | |
| カタハラ | 膀 | カ\タハラ 仏中一一七 六〇オ1 | カタハラ I上 七四ウ5 | |
| カタハラ | ⿰月昆 | カタハラ 仏中一二九 六六オ2 | | |
| カタハラ | 歖 | .カ.タハラ 仏下本一三二 一七ウ5 | | |
| カタハラ | 片 | カタハラ 仏下末六 四ウ8 | | |
| カタハラ | 譛 | カタハラ 法上一四八 二五ウ5 | カタハラ II中 二六オ3 | |
| カタハラ | 旁 | .カ.タハラ 法上九二 四七ウ5 | | |
| カタハラ | 岬 | カタハラ 法上一二四 五八ウ8 | | |
| カタハラ | 防 | .カ.タハラ 法中四六 二四ウ6 | | |
| カタハラ | 斥 | カタハラ 法下一〇九 五六オ1 | | |
| カタハラ | 方 | .カ.タ.ハ.ラ 僧中一三〇 六六ウ7 | .カ.タ.ハ.ラ III下 五五オ6 | |
| カタハラ | 行 | .カ.タハラ 僧中一三五 九一オ7 | .カ.タハラ III下 一三ウ1 (五〇) | |
| カタハラ | 勒 | [カ]タハラ 僧中七九 四一オ8 | | |
| カタハラホネ | 肋 | カタハラ ホ子 仏中一一三 五八オ6 | カタハラ 小子 I上 七三オ6 | |
| カタハラボネ | 脅 | .カ.タハラ.ホ.子 仏中一一九 六一オ1 | | |

| 和訓 | 漢字 | 観智院本 | 蓮成院本 | 高山寺本 | 西念寺本 | 図書寮本 | 備考 |
|---|---|---|---|---|---|---|---|
| カタハラホネ | 骻 | ホ子 カタハラ 仏下本四ウ4 六 | | | | | |
| カタハラホネ | 䡨 | ホ子 カタハラ 法下七三ウ8 一四二 | | | | | |
| カタハラホネ | 肋 | ホ子 カタハラ 僧上四オ3 八五 | 小子 カタハラ Ⅲ下三ウ7 | | | | |
| カタハラホネ | 䡨 | 小子 カタハラ 僧下六五ウ7 一三八 | | | | | |
| カタハラミ | 睞 | | カタハラニ Ⅰ上二五ウ4 | カタハラミ 八六ウ3 | | | |
| カタハラミル | 睞 | ミル カタハラ 仏中三八ウ2 七四 | | | | | |
| カタハラメ | 瞟 | カタハラメ 仏中三八ウ3 七四 | カタハラメ Ⅰ上二五ウ4 | カタハラメ 八六ウ3 | | | |
| カタヒ | 胎 | カタヒ 仏中六八オ6 一三三 | | | | | |
| カタヒ | 乞児 | カタヒ 仏下末九オ8 一五 | | | | | |
| カタヒ | 乞索児 | カタヒ 仏下末九オ8 一五 | | | | | |
| カタヒク | 仿 | カタヒク 仏上四オ8 一 | | カタヒク 三オ7 | | | 高本 佛 |
| カタヒク | 檔 | カタヒク 仏下本二〇ウ8 三八 | | | | | |
| カタヒク | 檔 | カタヒク 仏下本二五オ7 四七 | | | | | |
| カタヒク | 帳 | カタヒク 法中四八オ8 九三 | | | | | |
| カタヒク | 縹 | カタヒク 法中六一オ5 一九 | | | | | |

| | | | | | | |
|---|---|---|---|---|---|---|
| カタヒラ | 帊 | カタヒラ 法中一〇四 五三ウ4 | | | | |
| カタヒラ | 幬 | カタヒラ 法中一〇四 五三ウ8 | | | | |
| カタヒラ | 帳 | カタヒラ 法中一〇五 五四オ1 | | | | |
| カタビラ | 惟 | | | | 加太比良 禾 二八一3 | |
| カタビラ | 帷 | カタヒラ 法中一〇五 五四オ1 | | | | |
| カタビラ | 幆 | カタヒラ 法中一〇五 五四オ6 | | | | |
| カタビラ | 惕 | | | | カタヒラ 遊 二八〇3 | |
| カタヒラ | 幃 | カタヒラ 法中一〇七 五五オ2 | | | 加多比良 季 二八三1 | |
| カタヒラ | 襌 | カタヒラ 法中一四八 七五ウ6 | | | | |
| カタヒラ | 氎 | カタヒラ 僧上一〇一 五三オ7 | | | | |
| カタヒラ | [illegible] | | カタヒラ Ⅲ工 三ウ2 | | | |
| カタビヲ | 楨 | カタヒヲ 仏下本一〇六 五四ウ6 | | | | |
| カタフク | 倚 | カタフタ(ミ) 仏上三 五オ3 | カタフ丿 I二 一ウ4 | カタフ[ク] 四オ1 | | |
| カタブク | 伋 | カタフク 仏上五 六オ5 | カタフク I二 二オ7 | カタフク 四ウ3 | | |
| カタフク | 仮 | カタフク 仏上五 六オ5 | カタフク I二 二オ7 | カタフク 四ウ4 | | |
| カタブク | 伍 | カタフク 仏上三 九ウ4 | | カタフク 九オ2 | カタフク 四オ5 | |

| 和訓 | 漢字 | 観智院本 | 蓮成院本 | 高山寺本 | 西念寺本 | 図書寮本 | 備考 |
| --- | --- | --- | --- | --- | --- | --- | --- |
| カタブク | 俄 | カタフク 仏上一一オ5 一五 | | カタフク 九オ5 | カタフク 六オ1 | | |
| カタフク | 偏 | カタフク 仏上一三ウ1 一八 | | カタフク 一〇ウ2 | アタフク（ママ） 七オ6 | | |
| カタブク | 側 | カタフク 仏上一五オ2 三三 | | カタフク 一三ウ1 | カタフク 一〇オ6 | | |
| カタフク | 倒 | カタフク 仏上一五オ4 三三 | | カタフク 一八オ6 | カフク（ママ） 一〇ウ1 | | |
| カタフク | 傾 | カタフク 仏上一九ウ3 三三 | | カタフク 二一ウ7 | カタフク 一五ウ3 | | |
| カタフク | 儀 | カタフク 仏上二〇オ8 三三 | | カタフク 一九ウ2 | カタフク 一六オ6 | | |
| カタフク | 疋 | カタフク 仏上四三ウ3 七八 | カタフク I上一八ウ4 | カタフク 四三オ5 | カタフク 四三ウ3 | | |
| カタフク | 呫 | ↓カタラク | カタフク フィ I上四四オ4 | ↓カタラフ | | | |
| カタブク | 晃 | カタフク 仏中四六オ8 八九 | | カタフク 九五オ3 | | | |
| カタフク | 昬 | カタフク 仏中四七ウ2 九二 | カタフク I上六三ウ5 | | | | |
| カタフク | 昃 | | | カタフク 九六オ4 | | | |
| カタフク | 晃 | カタフク 仏中四九ウ5 九六 | カタフク I上六三ウ6 | カタフク 九八オ4 | | | |
| カタフク | 晃 | | カタフク I上六五ウ6 | | | | |
| カタフク | 替 | カタフク 仏中五一ウ2 一〇〇 | カタ[フ]ク I上六七ウ2 | カタフク 九九ウ7 | | | |
| カタフク | 頽 | カタフク 仏下本一六ウ5 三〇 | | | | | |

| 見出し | 漢字 | 出典1 | 出典2 | | | 出典3 | |
|---|---|---|---|---|---|---|---|
| カタフク | 歟 | カタフク 仏本 一七ウ2 三二 | | | | | |
| カタフク | 㒷 | ・カ・タフク 仏末 一四ウ5 二六 | | | | | |
| カタフク | 波 | ・カ・タフク 法上 二一ウ2 二〇 | カタフク Ⅱ中 二一オ4 | | | | |
| カタフク | 沛 | カタフク 法上 二一ウ4 二〇 | カタフク Ⅱ中 二一オ6 | | | | |
| カタフク | 詖 | カタフク 法上 三三ウ5 六〇 | カタフク Ⅱ中 三三オ5 | | | | |
| カタフク | 跛 | カタフク 法上 四三オ2 八一 | | | | | |
| カタフク | 崎嶇 | ・カ・タフク 法上 五三オ4 一〇七 | | | | | |
| カタフク | 傾崎 | カ・タフク 法上 五三オ4 一〇七 | | | | ・カ・タ・フク・ 集 一四三 3 | |
| カタフク | 嶇 | カタフク 法上 五三オ4 一〇七 | | | | | |
| カタフク | 岸 | ・カ・タフク 法上 六七オ8 一三二 | | | | | |
| カタブク | 陂 | ・カ・タ・フク 法中 二一ウ5 四〇 | | | | | |
| カタフク | 閒 | カタフク 法下 四一ウ1 八〇 | | | | | |
| カタフク | 庂 | カタフク 法下 五三ウ5 一〇四 | | | | | |
| カタフク | 仄 | ・カ・タフク 法下 五五ウ4 一〇八 | | | | | |
| カタブク | 斛 | ・カ・タ・フク 法下 七二オ4 一四一 | | | | | |
| カタフク | 鈄 | カタフク 僧上 六二ウ7 一二二 | カタフク Ⅲ下 三九ウ3 | | | | |

| 和訓 | 漢字 | 観智院本 | 蓮成院本 | 高山寺本 | 西念寺本 | 図書寮本 | 備考 |
| --- | --- | --- | --- | --- | --- | --- | --- |
| カタフク | 敧 | ・カ・タフク 僧中 三〇ウ6 五八 | ・カ・タフク Ⅲ下 六七ウ7 | | | | |
| カタフク | 歐 | カタフク 僧中 三一ウ1 六〇 | カタフク Ⅲ下 六八ウ3 | | | | |
| カタブク | ⿸厂豉 | ・カ・タフ・ク 僧中 三三ウ5 六二 | ↓ ・カ・タ・ふ・リ | | | | |
| カタフク | 敳 | カタフク 僧中 三三オ3 六三 | カタフク Ⅲ下 七〇オ2 | | | | |
| カタフク | 暬 | カタフク 僧下 三四オ3 六五 | | | | | |
| カタフク | 辟 | ・カ・タフク 僧下 三四ウ5 六六 | カタフク Ⅲ下二 一三九ウ7 (六七) | | | | |
| カタフク | ⿱镸胍 | ・カ・タフク 僧下 四八ウ5 九四 | | | | | |
| カタブト | 陂 | ・カ・タ・フ・ト 法中 二一ウ5 四〇 | | | | | |
| カタフル | 皷 | カタフル 僧中 三六オ6 六九 | | | | | |
| カタヘ | 片 | カタヘ 仏末 四ウ8 六 | | | | | |
| カタヘ | 諸 | ・カ・タヘ 法上 三四オ5 六五 | ・カ・タ・ヘ Ⅱ中 三四ウ6 | | | | |
| カタヘ | 更 | カタヘ 僧中 二六オ1 五三 | カタヘ Ⅲ下 六五オ5 | | | | |
| カタホネ | ⿰骨票 | カタホ子 仏本 六オ1 九 | | | | | |
| カタマカル | 側 | カタ〻カル 仏上 一五オ2 三三 | | カタ〻カル 一三ウ1 | カタ〻カル 一〇オ6 | | |
| カタマカル | 猗く | カタ〻カル 仏本 一六六オ2 一二九 | | | | | |

| | | | | | | | |
|---|---|---|---|---|---|---|---|
| カタマカル | 猨 | カタマカル 仏本 三六七オ8 三一 | | | | | |
| カタマシ(ム) | 安 | カタマシ(ム) 仏上 三五オ5 三 | カタマシ I上 一ウ5 | カタマシ 四オ2 | | | |
| カタマシ | 迷 | カタマシ 仏上 三三オ7 五九 | カタマシ I上 一〇ウ5 | カタマシ 三三オ5 | カタマシ 三一オ4 | | |
| カタマシ | 姦 | カタマシ 仏中 六六オ8 九 | カタマシ I上 二六ウ2 | ・カ・タ・マ・シ 五三オ1 | カタマシ 五四オ2 | | |
| カタマシ(ム) | 奸 | カタマシ(ム) 仏中 六ウ1 一〇 | カタマシ I上 二六ウ3 | カタマシ 五三オ2 | カタマシ(ム) 五四オ3 | | |
| カタマシ | 妄 | カタマシ 仏中 八オ5 一三 | カタマシ I上 二八オ4 | カタマシ 五四ウ7 | | | |
| カタマシ | 贓 | カタマシ 仏本 二一ウ3 一〇 | | | | | |
| カタマシ | 詖 | カタマシ 法上 三三ウ5 六〇 | カタマシ II中 三三オ5 | | | | |
| カタマシ | 私 | カタマシ 法下 七ウ3 一二 | | | | | |
| カタマシ | 穴 | カタマシ 法下 三〇ウ5 五八 | | | | | |
| カタマシ | 驕 | カタマシ 僧中 五四オ6 一〇五 | カタマシ III下 七六ウ3 (六) | | | | |
| カタマシク | 矯 | カタマシク 僧中 一七ウ6 三二 | カタマシク III下 一三オ2 (五二) | | | | |
| カタマシクシテ | 迂 | アタマシクシテ(ミ) 仏上 三三ウ3 六〇 | | | | | 「アタマシクシテ」に出す。 |
| カタマユ | 眉 | カタマユ 仏中 四〇オ1 七七 | カタマユ I上 五七オ4 | カタマユ 八八オ3 | | | |
| カタミ | 信 | ・カ・タ・ミ 法上 三五ウ3 四八 | カタミ II中 二六オ2 | | | ・カ・タ・ミ 七三4 | |
| カタミ | [illegible] | カタミ 僧上 三六ウ3 七〇 | | | | | |

| 和訓 | 漢字 | 観智院本 | 蓮成院本 | 高山寺本 | 西念寺本 | 図書寮本 | 備考 |
|---|---|---|---|---|---|---|---|
| カタミ | 笭箐 | ・カ・タ・ミ 僧上七二 三七オ7 | ・カ・タ・ミ Ⅲ下 一六オ5 | | | | |
| カタミ | 篙 | カタミ 僧上七三 三八オ2 | カタミ Ⅲ下 一七オ2 | | | | |
| カタミ | 筐 | ・カ・タ・ミ 僧上七八 四〇ウ6 | ・カ・タ・ミ Ⅲ下 一九ウ1 | | | | |
| カタミナシゴ | 偏孤 | カ・タ・ミ・ナ・シ・コ 仏上一八 一三ウ2 | | カタミナシコ 一〇ウ3 | カタミナシコ 七オ6 | | |
| カタム | 佞 | | カタム（イ） Ⅰ上 一ウ5 | カタム 四オ3 | | | |
| カタム | 懲 | カタム 仏上一九 一三オ1 | | カタム 二オ4 | カタム 八オ1 | | |
| カタム | 倭 | カタム 仏上二三 一四ウ6 | | カタム 一三オ4 | カタム 一〇オ3 | | |
| カタム | 控 | カタム 仏下本四七 二五オ1 | | | | | |
| カタム | 牢 | カタム 仏下末一 二オ6 | | | | | |
| カタム | 譚 | カタム 法上六九 三六オ2 | カタム Ⅱ中 三六ウ6 | | | | |
| カタム | 垣 | カタム 法中五五 二九オ1 | | | | | |
| カタム | 遠 | ↓ ・カ・ツム | ↓ カクム | ・カ・タム 三三オ4 | ↓ カクム | | |
| カタム | 維 | ・カ・タ・ム 法中一二四 五八ウ2 | | | | ・加・多・牟 三一四 6 | |
| カタム | 宏 | カタム 法下五〇 二六ウ1 | | | | | |
| カタム | 封 | カタム 法下一四四 七三ウ1 | | | | | |

| | | | | | | |
|---|---|---|---|---|---|---|
| カタムシ | 犖 | ・カタ・ム・レ 僧中 四〇ウ3 八〇 | | | | |
| カタムス | 訶 | ・カタ・ム・ス 法上 二八ウ8 五四 | ・カタ・ム・爪 Ⅱ中 二九オ7 | | | ・カタ・ム・爪 論 八六3 |
| カタムズ | 固 | カタム爪 法下 四四ウ5 八六 | | | | |
| カタムズ | 艱 | ・カ・タ・ム・ス 僧下 五四ウ4 一〇六 | | | | |
| カタムルニ | 案 | ・カ・タ・ム・ル・ニ 仏本 五七オ3 一一二 | | | | |
| カタメ | 怨 | カタメ 法中 四五オ5 八七 | | | | |
| カタメ | 鍛 | カ\タメ 僧上 六八ウ2 一三〇 | カ\タメ Ⅲ下 三八ウ1 | | | |
| カタメシヒ | 瞎 | カタメシヒ 仏中 三三ウ5 六四 | カタメシヒ I上 五一オ4 | カタメシヒ 八一ウ2 | | |
| カタメシヒタリ | 瞎 | カタメシヒタリ 仏中 三三ウ5 六四 | カタメシヒタリ I上 五一オ5 | カタメシヒタリ 八一ウ2 | | |
| カタメタリ | 鈿 | カタメタリ 僧上 五九オ7 一一五 | | | | |
| カタメナリ | 鈿 | | カタメナリ Ⅲ下 三六ウ5 | | | |
| カタラク | 咄 | カタラク 仏中 二五ウ7 四八 | ↓カタフク(フイ) | ↓カタラフ | | |
| カタラク | 語 | カタラク 法上 三〇オ6 五七 | ↓カタラフ | | | ・カタ・ラ・ク 記 九〇3 |
| カタラヒ | 惟 | カタラヒ 法中 四五ウ8 八八 | | | | |
| カタラフ | 咄 | ↓カタラフ | ↓カタフク(フイ) | カタラフ 七三オ5 | | |
| カタラフ | 告 | カタラフ 仏中 三〇オ4 六〇 | カタラフ I上 五四オ3 | カタラフ 七九ウ6 | | |

| 和訓 | 漢字 | 観智院本 | 蓮成院本 | 高山寺本 | 西念寺本 | 図書寮本 | 備考 |
| --- | --- | --- | --- | --- | --- | --- | --- |
| カタラフ | 白 | カタラフ 仏中 五三オ5 一〇三 | カタラフ I上 六九オ3 | カタラフ 一〇三オ2 | | | |
| カタラフ | 婪 | カタラフ 仏本 六四ウ5 一二六 | | | | | |
| カタラフ | 讃 | カタラフ 法上 二五ウ6 四八 | カタラフ II中 二六オ4 | | | | |
| カタラフル | 謂 | ・カ・タラフ・ル 法上 二六オ1 四九 | ・カ・タラフル II中 二六ウ1 | | | | |
| カタラフ | 諧 | カタラフ 法上 二六オ4 四九 | カタラフ II中 二六ウ2 | | | | |
| カタラフ | 話 | ・カ・タラフ 法上 二六オ7 四九 | ・カ・タラフ II中 二六ウ5 | | | | |
| カタラフ | 譁 | カタラフ 法上 二七オ5 五一 | カタラフ II中 二七ウ4 | | | | |
| カタラフ | 謁 | カタラフ 法上 二七ウ1 五二 | カタラフ II中 二八オ1 | | | | |
| カタラフ | 譐 | カタラフ 法上 二九ウ4 五六 | カタラフ II中 三〇オ4 | | | | |
| カタラフ | 語 | カタラフ 法上 三〇オ5 五七 | ・カ・タラフ II中 三〇ウ6 | | | | |
| カタラフ | 語 | ↓カタラノ | カタラフ II中 三〇ウ6 | | | | |
| カタラフ | 課 | カタラフ 法上 三〇オ8 五七 | カタラフ II中 三一オ1 | | | | |
| カタラフ | 諵 | カタラフ 法上 三五オ7 六七 | カタラフ II中 三六オ2 | | | | |
| カタラフ | 讋 | カタラフ 法上 三五ウ1 六八 | カタ[ラフ] II中 三六オ4 | | | | |
| カタラフ | 談 | ・カ・タラフ 法上 三七オ6 七一 | | | | ・カ・タ・ラフ 切 九〇4 | |

| | | | | | | |
|---|---|---|---|---|---|---|
| カタラフ | 示 | カタラフ 法下 一二オ2 一 | | | | |
| カタラフ | 視 | カタラフ 法下 五ウ3 八 | | | | |
| カタラフ | 粗 | カタラフ 法下 一七オ1 三一 | | | | |
| カタラフ | 糅 | カタラフ 法下 一七オ2 三二 | | | | |
| カタラフ | 羅 | カタラフ 僧中 七オ6 一二 | カタラフ Ⅲ下 五〇オ6 | | | |
| カタル | 和 | ・カ・タ・ル 仏中 二六オ6 四九 | カタル Ⅰ上 四四ウ3 | ・カ・タ・ル 七三ウ4 | | 和 高本 |
| カタル | 語 | ・カ・タ・ル 法上 三〇オ5 五七 | ・カ・タ・ル Ⅱ中 三〇ウ6 | | | |
| カタル | 詖 | カタル 法上 三一ウ5 六〇 | カタル Ⅱ中 三一オ5 | | | |
| カタル | 談 | ・カ・タル 法上 三七オ6 七一 | | | ・カ・タル 遊 九〇4 | |
| カタル | 謂 | | | | ・カタル・ 4 | |
| カタワ | 蜻 | カタ禾 僧下 四三オ3 八三 | カタ禾 Ⅲ下 一三四ウ2 (六三) | | | |
| カタ井 | 我 | カタ井 僧中 三一ウ1 四二 | カタ井 Ⅲ下 六〇ウ6 | | | |
| カチ | 僙 | カ\チ 仏上 一〇オ2 一三 | カチ Ⅰ上 四ウ5 | カ\チ 七オ7 | カチ 四ウ3 | |
| カチ | 脚 | ・カ・チ 仏中 六七ウ8 一三二 | | | | |
| カチ | 勝 | ・カ・チ・ 仏本 一三ウ3 四 | | | | |
| カチ | 拕 | カチ 仏本 二一ウ4 四〇 | | | | |

| 和訓 | 漢字 | 観智院本 | 蓮成院本 | 高山寺本 | 西念寺本 | 図書寮本 | 備考 |
|---|---|---|---|---|---|---|---|
| カヂ | 拕 | カチ 仏下本 三オ1 四一 | | | | | |
| カチ | 掘 | カチ 仏本 四一ウ5 八〇 | | | | | |
| カヂ | 榜 | カチ 仏下本 五〇オ1 九七 | | | | | |
| カヂ | 橈 | カチ 仏下本 五七オ8 一二一 | | | | | |
| カヂ | 穀 | カチ 仏下本 五七ウ5 一二二 | | | | | |
| カヂ | 檝 | カチ 仏下本 五七ウ7 一二二 | | | | | |
| カチ | 梶 | カチ 仏下本 六三ウ2 一三四 | | | | | |
| カチ | 歩 | カチ 法上 五〇オ7 九七 | | | | | |
| カチ | 穬 | カチ 法下 一七オ3 二一 | | | | | |
| カヂ | 鍛冶 | カチ 僧上 六一ウ3 一三〇 | カチ III 下 三八ウ2 | | | | |
| カチガタ | 大麦 | カチカタ 仏上 三八ウ7 七〇 | カチカタ I 上 一五ウ7 | カチカタ 三八オ6 | カチカタ 三六オ1 | | |
| カチシネ | 糙 | カチシ子 法下 一九ウ5 三六 | | | | | |
| カチスミ | 和炭 | カチスミ 仏末 二七ウ8 五二 | | | | | |
| カヂトリ | 扶抄 | カチトリ 仏本 二七オ2 五一 | | | | | |
| カヂトリ | 檝師 | カチトリ 仏本 五七ウ8 一二二 | | | | | |

△

| 見出し | 漢字 | 用例1 | 用例2 | 用例3 | 用例4 | 用例5 | 用例6 |
|---|---|---|---|---|---|---|---|
| カデトリ | 檝 | カチトリ 仏下本 二五七ウ8 二二 | | | | | |
| カチノキ | 楮 | カチノキ 仏下本 二六〇オ7 二二七 | | | | | |
| カチノキ | 榟 | カチノキ 仏下本 二六〇オ8 二二七 | | | | | |
| カヂノキ | 穀 | カヂノキ 僧中 二四オ8 六六 | カヂノ〳〵 III下 七ウ7 | | | | |
| カチムド | 歩人 | カチムド 法上 五〇オ6 九七 | | | | カチムド 書 一三三 6 | 図本 歩人 |
| カチメ | 末滑 海藻 | カチメ 僧上 一五オ2 二七 | | | | | |
| カチヨリ | 徒 | カチヨリ 仏上 一三オ8 三九 | | カ[チ]ヨリ 三オ7 | カナウリ（ママ） 一九ウ6 | | |
| カチヨリユク | 歩行 | カチヨリユク 法上 五〇オ3 九七 | | | | カチヨリユク 後 一三三 6 | 図本 歩行 |
| カツ | 匹 | カツ 仏上 二五ウ1 六四 | カツ I上 一三ウ4 | カツ 三四ウ2 | カツ 三三ウ6 | | |
| カツ | 昇 | カツ 仏中 四五ウ2 八八 | カツ I上 六三オ3 | カツ 九四オ6 | | | |
| カツ | 勝 | カツ 仏中 六三オ8 一三三 | | | | | |
| カツ | 捷 | カツ 騰 仏本 三〇ウ7 五八 | | | | | |
| カツ | 㨗 | カツ 仏本 三〇ウ8 五八 | | | | | |
| カツ | 搗 | カツ 仏本 三八オ4 七三 | | | | | |
| カツ | 棄 | カツ 仏本 六四オ5 一二五 | | | | | |
| カツ | 冗 | カツ 仏末 九ウ4 一六 | | | | | |

| 和訓 | 漢字 | 観智院本 | 蓮成院本 | 高山寺本 | 西念寺本 | 図書寮本 | 備考 |
| --- | --- | --- | --- | --- | --- | --- | --- |
| カツ | 克 | カツ 仏下末 一〇オ2 一七 | | | | | |
| カツ | 諭 | カツ 法上 三五ウ4 六八 | カツ Ⅱ中 三六オ7 | | | | |
| カツ | 糅 | カツ 法下 一九ウ6 三六 | | | | | |
| カツ | 尅 | カツ 法下 七三ウ4 一四四 | | | | | |
| カツ | 莞 | カツ 僧上 一三オ5 二一 | | | | | |
| カツ | 剋 | カツ 僧上 四八オ5 九三 | カツ Ⅲ下 三六オ7 | | | | 蓮本 剋 |
| カツ | 戡 | カツ 僧中 二三オ3 四一 | カツ Ⅲ下 六〇ウ2 | | | | |
| カツ | 輸 | カツ 僧中 四五ウ7 八八 | | | | | |
| カツ | 雄 | カツ 僧中 六八オ4 一三三 | カツ Ⅲ下三 一九〇ウ2（一八） | | | | |
| カツ | 雜 | カツ 僧中 七〇オ1 一三七 | | | | | |
| カツ | 鸁 | カツ 僧下 四八ウ2 九四 | カツ Ⅲ下 一三八オ4（五六） | | | | |
| カツウリ | 寒瓜 | カツウリ 僧中 三ウ8 四 | カツウリ Ⅲ下三 二一七オ1（四五） | | | | |
| カツカツ | 遄 | カツ〱 仏上 二九オ3 五一 | カツ〱 Ⅰ上 七オ1 | カツ、、 二八オ1 | カツ、、 二六オ4 | | |
| カツカツ | 㕣 | カツ〱 仏上 四三ウ2 七八 | カツ、、 Ⅰ上 一八ウ3 | カツ、、 四三オ4 | カツ、、 四二ウ2 | | |
| カツカツ | 且 | カツ〱 仏上 四三ウ4 七八 | カツ、、 Ⅰ上 一八ウ3 | カツ、、 四三オ6 | カツ、、 四二ウ3 | | |

| | | | | | | |
|---|---|---|---|---|---|---|
| カツカツ | 皁 | カツ〱 法中 二三〇オ7 三七 | | | | |
| カツカツカタル | 獠 | カツ〱カタル 仏本 二六八オ1 三三 | | | | |
| カツカツタリ | 懝 | カツ〱タリ 法中 二三九オ3 七五 | | | | |
| カツギメ | 潛女 | カツキメ 仏中 四四ウ2 六 | カツヘメ Ⅰ上 二四ウ7 | カツキメ 五九オ5 | カツキメ 五二オ1 | |
| カツク | 佩 | カツク 仏上 一七ウ2 二八 | | カツク 一九オ4 | カツク 一三オ5 | |
| カツク | 潛 | カツク 法上 一四オ2 二五 | | | | |
| カツク | 帔 | カツク 法中 一五六ウ1 一〇 | | | | |
| カツク | 被 | カツク 法中 七四ウ5 一四六 | | | | |
| カツク | 被 | カツク 法下 六八オ1 九 | | | | |
| カツク | 蒙 | カツク 僧上 一〇ウ5 八 | | | | |
| カツゲモノ | 纏頭 | カツケモノ 仏本 二三ウ1 三 | | | | |
| カツテ | 曽 | カツテ 仏中 五一ウ4 一〇〇 | カツテ Ⅰ上 六七ウ3 | カツテ 一〇オ2 | | |
| カツテ | 曽 | カツテ 仏末 二五オ6 二七 | | | | |
| カツテ | 謲 | カツテ 法上 三四オ3 六五 | カツテ Ⅱ中 三四ウ4 | | | カツテ 法 九七 4 |
| カツテ | 都 | カツチ 法中 二九ウ5 三六八 | | | | |
| カツテ | 鄧 | カツテ 法中 二九ウ7 三六八 | | | | |

| 和訓 | 漢字 | 観智院本 | 蓮成院本 | 高山寺本 | 西念寺本 | 図書寮本 | 備考 |
|---|---|---|---|---|---|---|---|
| カツテ | 懦 | カツテ 法中四七オ8 九一 | | | | カツテ 彦 二七四4 | |
| カツテ | 絕 | カツテ 法中六六ウ7 一三二 | | | | | |
| カツテ | 寡 | カツテ 法下一二五ウ4 四八 | | | | | |
| カツテ | 嘗 | カツテ 僧下四三ウ7 八二 | カツテ Ⅲ下一二六ウ6 (五四) | | | | |
| カツネグサ | 麻黄 | カツ子ツサ 法下五三オ7 一〇三 | | | | | |
| カツネクサ | 麻草 | カツネクサ 僧上三オ8 三 | カツ子クサ Ⅲ下二オ1 | | | | |
| カツハ | 囙 | カツハ 仏上四三ウ2 七八 | カツハ Ⅰ上一八ウ3 | カツハ 四三オ4 | カツハ 四三ウ2 | | |
| カヅラ | 髮 | カツラ 仏下本一九ウ1 三六 | | | | | |
| カツラ | 鬘 | カツラ 仏下本二〇オ2 三七 | | | | | |
| カツラ | 抓 | カツラ 仏下本三五ウ8 六八 | | | | | |
| カツラ | 椰 | カツラ 仏下本四七オ2 九一 | | | | | |
| カツラ | 楓 | カツラ 仏下本四九オ7 九五 | | | | | |
| カツラ | 桂 | カツラ 仏下本四九オ8 九五 | | | | | |
| カツラ | 蔨 | カツラ 僧上一七オ8 二一 | | | | | |
| カツラ | 蔙 | カツラ 僧上一七ウ1 三二 | | | | | |

| | | | | | | | |
|---|---|---|---|---|---|---|---|
| カツラ | 蘽 | カツラ 僧上 二一ウ8 四〇 | | | | | |
| カツラ | 藟 | カツラ 僧上 二一ウ8 四〇 | | | | | |
| カヅラ | 葛 | ・カ・ツラ 僧上 三五オ3 四七 | ・カ・ツラ Ⅲ下 三ウ1 | | | | |
| カツラ | 鰭 | カ\ツラ 僧下 五オ8 七 | カ\ツライ Ⅲ下 九五ウ1 (二三) | | | | |
| カツラノミ | 蓏 | カツラノミ 僧上 九オ5 一五 | | | | | |
| カツヲ | 堅魚 | ・カ・ツ・ヲ 僧下 二オ8 一 | ・カ・ツ・ヲ Ⅲ下 九二オ7 (二〇) | | | | |
| カツヲ | 鰹 | ・カ・ツ・ヲ 僧下 三ウ4 四 | カツヲ Ⅲ下 九三オ2 (二一) | | | | |
| カツヲ | 鯇 | カツヲ 僧下 三ウ4 四 | カツヲ Ⅲ下 九三オ4 (二一) | | | | |
| カツヲ | [魚+重] | カツヲ 僧下 九オ1 一五 | カツヲ Ⅲ下 九六オ6 (二六) | | | | |
| カツホ | 堅魚 | | カツホ Ⅱ虫 一オ6 | | | | |
| カツホノイロリ | 堅魚煎汁 | カツホノイロリ 法上 二ウ2 二 | カツホイロリ Ⅱ虫 一オ6 | | | | |
| カツヲイロリ | 堅魚煎汁 | | | | | 加豆乎以路利 川 一四7 | |
| カツラムシ(ヲ) | 蟻蠓 | ・カ・ツ・ラ・ム・シ(ヲ) 僧下 三二ウ3 三三 | ・カ・ツ・ヲ・ム・シ Ⅲ下 一三オ5 (九) | | | | |
| カテ | 糧 | カテ 法下 一七ウ1 三三 | | | | | |
| カテ | 粮 | カテ 法下 一七ウ2 三二 | | | | | |
| カテ | 粻 | カテ 法下 一八ウ5 三四 | | | | | |

| 和訓 | 漢字 | 観智院本 | 蓮成院本 | 高山寺本 | 西念寺本 | 図書寮本 | 備考 |
|---|---|---|---|---|---|---|---|
| カテテ | 鑁 | カテ、 仏末 一〇 六ウ4 | | | | | |
| カト | 喙 | カト 仏中 四七 三五オ2 | カト I 上 四三オ7 | カト 七三オ6 | | | |
| カト | 賢 | カト 仏本 一四 八ウ1 | | | | | |
| カト | 礒 | カト 法中 二 七オ6 | | | | | |
| カト | 隅 | ・カト 法中 四二 三三ウ5 | | | | | |
| カド | 稜 | ・カ・・ト 法下 一〇 一ウ7 | | | | | |
| カド | 門 | ・カ・・ト 法下 七四 三八ウ5 | | | | | |
| カト | 閫 | カト 法下 七六 三九ウ1 | | | | | |
| カト | 閭 | カト 法下 七九 四一オ3 | | | | | |
| カト | 廉 | カト 法下 一〇五 五四オ7 | | | | | |
| カト石 | 佑 | カト石 仏上 二 九オ3 | カト石 I 上 四ウ2 | カト石 八ウ7 | カト石 三ウ4 | | |
| カトキ | 偏 | カトキ 仏上 一八 三ウ4 | | カ＼ト＼ 一〇ウ5 | アレキ(ママ) 七ウ2 | | |
| 門ノカギ | 鎰匙 | 門・ノ・カ・キ・・ 僧上 二八 六〇ウ5 | カトノカヽ III 下 三七ウ5 | | | | |
| カドヒ | 門燎 | ・カ・・ト・ヒ 仏下末 四〇 三ウ8 | | | | | |
| カトヒラク | 閈 | カトヒ[ラ]ク 法下 七八 四〇ウ8 | | | | | |

| | | | | | | |
|---|---|---|---|---|---|---|
| カトフ | 曷 | カトフ 仏中 五三ウ3 一〇二 | カトフ I上 六八オ5 | カトフ 一〇〇ウ5 | | |
| カトフ | 誇 | (ミ)ヤトフ 法上 二七ウ6 五三 | カトフ II中 二八オ5 | | | |
| カヤトフ | 誇 | カヤトフ 法上 二七ウ6 五三 | カトフ II中 二八オ5 | | | |
| カドモリ | 訥 | カトモリ 法上 三七ウ5 七二 | | | | |
| カドモリ | 闇 | カトモリ 法下 四四ウ5 七八 | | | | |
| カドヤ | 門舎 | カトヤ 法下 三八ウ5 七四 | | | | |
| カトリ | 繒 | カトリ 法中 五七オ7 一二一 | | | | |
| カトリ | 絹 | カトリ 法中 六〇オ2 一二七 | | | | カトリ 二九四 1 |
| カトリ | 綃 | カトリ 法中 六〇オ2 一二七 | | | | カトリ 二九三 7 |
| カトリ | 縑 | カトリ 法中 六一オ7 一二九 | | | | 賀度利 禾 二九四 2 |
| カトリ | 綺 | | | | | カトリ 集 三〇七 2 |
| カトリ | 縞 | カトリ 法中 六四ウ6 一二六 | | | | カトリ 白 三〇七 4 |
| カトリ | 紗 | カトリ 法中 六八ウ2 一三四 | | | | カトリ 切 三一七 3 |
| カナ | 手 | カナ 仏上 四五オ7 八三 | カナ I上 二〇ウ2 | | カナ 四五ウ5 | |
| カナ | 與 | カナ 仏下末 四四オ7 二五 | | | | |
| カナ | 鉇 | カナ 法中 六八オ8 一三三 | | | | |

| 和訓 | 漢字 | 観智院本 | 蓮成院本 | 高山寺本 | 西念寺本 | 図書寮本 | 備考 |
|---|---|---|---|---|---|---|---|
| カナ | 錪 | カナ 僧上 一二九 六六オ4 | | | | | |
| カナ | 鍥 | ↓カヽ | カナ Ⅲ下 四二オ1 | | | | |
| カナ | 鏩 | カナ 僧上 一三八 六〇ウ2 | カナ Ⅲ下 四五ウ4 | | | | |
| カナ | 畱 | カナ 僧中 八 五ウ3 | | | | | |
| カナ | 裁 | カナ 僧中 四一 二三オ2 | カナ Ⅲ下 六〇ウ1 | | | | |
| カナカキ | 潛 | カナカキ 法上 二五 一四オ2 | | | | | |
| カナカキ | 釻 | カナカヽ 僧上 一三三 六三オ4 | カナカヽ Ⅲ下 三九ウ7 | | | | |
| カナカキ | 鋪 | カナカヽ 僧上 一三一 六七オ2 | カナカヽ Ⅲ下 四三オ1 | | | | 蓮本 鋪子 |
| カナカス | 銑 | カナカス 僧上 一三二 六二ウ8 | カナカ爪 Ⅲ下 三九ウ5 | | | | |
| カナカフト | 鑪 | カナカフト 僧上 一三〇 六六ウ1 | カナカフト Ⅲ下 四二ウ2 | | | | |
| カナキ | 迯 | カナヽ 僧上 二四 一三ウ6 | | | | | |
| カナキ | 鉗 | カナヽ 僧上 二四 五八ウ6 | カナヽ Ⅲ下 三六オ6 | | | | |
| カナキ | 鏁子 | カナヽ 僧上 一三一 六三オ3 | | | | | |
| カナキ | 鈦 | カナヽ 僧上 一三三 六三オ7 | カナヽ Ⅲ下 四〇オ2 | | | | |
| カナキ | 鈦 | カナヽ 僧上 一三三 六三オ7 | カナキ Ⅲ下 四〇オ3 | | | | |

| | | | | | | | |
|---|---|---|---|---|---|---|---|
| | カナキ | 鈦 | ・カ・ナ・ヘ 僧上一三三 六三オ7 | ・カ・ナ・ヘ Ⅲ下 四〇オ3 | | | |
| | カナキ | 鈼 | カナヘ 僧上一三八 七〇ウ5 | カナヘ Ⅲ下 四五ウ6 | | | |
| | カナキ | 鏊 | カナキ 僧上一三九 七一オ5 | ↓カナヘ | | | |
| | カナクサリ | 銷 | カナクサリ 僧上一三一 六二オ2 | カナクサリ Ⅲ下 三八ウ7 | | | |
| | カナクサリ | 鎖子 | カナクサリ 僧上一三一 六二オ3 | | | | |
| | カナクソ | 鐵落 | ・カ・ナ・ク・ソ 僧上一三八 七〇ウ7 | カナクソ Ⅲ下 三六オ3 | | | |
| △ | カナクソ | 鐵液 | ・カ・ナ・ク・ソ 僧上一三八 七〇ウ7 | | | | |
| | カナクソ | 鐵精 | ・カ・ナ・ク・ソ 僧上一三八 七〇ウ7 | | | | |
| △ | カナクソ | 鐵漿 | ・カ・ナ・ク・ソ 僧上一三八 七〇ウ7 | | | | |
| | カナクツ | 銀精 | | カナクツ Ⅲ下 三六オ2 | | | |
| △ | カナクツ | 銀漿 | | カナクツ Ⅲ下 三六オ2 | | | |
| | カナサク | 縋 | カナサク 法中一三二 六七ウ8 | | | | |
| | カナシ | 循 | カナシ 仏上三七 二三オ4 | | カナシ 二〇オ6 | カナシ 一八ウ3 | |
| | カナシ(キ就) | 砧 | カナシ(キ就) 法中二 二ウ5 | | | | |
| | カナシ | 惕 | カナシ 法中六七 三六オ8 | | | | |
| | カナシ | 忌 | カナシ 法中七〇 三六ウ3 | | | | |

| 和訓 | 漢字 | 観智院本 | 蓮成院本 | 高山寺本 | 西念寺本 | 図書寮本 | 備考 |
|---|---|---|---|---|---|---|---|
| カナシ | 慫 | カナシ 法中 四六ウ2 九〇 | | | | | |
| カナシ | 酸 | カナシ 僧下 三一オ8 五九 | カナシ Ⅲ下 五七オ4 | | | | |
| カナシ | 哀 | | | | | ·カ·ナ·シ 法 三四〇2 | |
| カナシキ | 砧碪 | カナシ〳〵 法中 二二ウ5 | | | | | |
| カナシキ | 鐵碪 | ·カ·ナ·シ·〳〵 法中 二二ウ6 | | | | 賀奈し岐 揚 一五〇2 | |
| カナシキ | 鈴 | カナシ〳〵 僧上 五八ウ6 二一四 | カナシ〳〵 Ⅲ下 三六オ6 | | | | |
| カナシキ | 鋸 | カナシキ 僧上 五九オ1 二一五 | カナシ〳〵（イ） Ⅲ下 三六ウ1 | | | | |
| カナシキ | 鐺 | カナシ〳〵 僧上 六〇ウ7 二一八 | | | | | |
| カナシキ | 鍛 | カナシ〳〵 僧上 六三ウ3 二二四 | カナシ〳〵 Ⅲ下 四六ウ2 | | | | |
| カナシキ | 鋞 | カナシキ 僧上 六六オ3 二二九 | カナシ〳〵（イ） Ⅲ下 四二オ4 | | | | |
| カナシキ | 鏗 | カナシキ 僧上 六六オ4 二二九 | カナシ〳〵（イ） Ⅲ下 四二オ4 | | | | |
| カナシキ | 鑽 | カナシキ 僧上 七〇オ5 二三七 | カナシ〳〵 Ⅲ下 四五ウ2 | | | | |
| カナシキ | 錦 | カナシキ 僧上 七〇ウ1 二三八 | カナシ〳〵 Ⅲ下 四五ウ4 | | | | |
| カナシキ | 欽 | カナシキ 僧上 七一オ4 二三九 | カナシ〳〵 Ⅲ下 四六オ4 | | | | |
| カナシキ | 鈸 | カナシ〳〵 僧上 七一ウ1 二四〇 | カナシ〳〵 Ⅲ下 四六ウ2 | | | | |

| 見出し | 漢字 | | | | |
|---|---|---|---|---|---|
| 金シト | 鑄 | 金シト 僧上 六二オ7 一二二 | 金シト（イ） III 下 三九オ4 | | |
| カナシヒ | 賸 | カナシヒ 仏中 六六オ7 一二九 | | | |
| カナシフ | 逭 | カナシフ 仏上 三〇オ6 五三 | カナシフ I 上 八オ1 | カナシフ 三九オ4 | カナシフ 三七ウ4 |
| カナシフ | 吟 | カナシフ 仏中 五オ1 一七 | カナシフ I 上 三四オ6 | カナシフ 六三オ5 | |
| カナシフム | 噫 | | | ・カ・ナシフム 七三オ3 | |
| カナシフ | 旻 | カナシフ 仏中 五一オ1 九九 | カナシフ I 上 六七オ1 | カナシフ 九九オ7 | |
| カナシフ | 攔 | カナシフ 仏本 三三オ6 四三 | | | |
| カナシブ | 哭 | カ・ナ・シフ・ 仏末 一八ウ7 三四 | | | |
| カナシフ | 涼 | カナシフ 法上 二〇オ8 三七 | カナフ（ママ） II 中 二〇オ2 | | |
| カナシフ | 涼 | ・カ・ナシフ 法上 二四ウ4 四六 | カナシフ II 中 二四ウ7 | | |
| カナシフ | 忙 | カナシフ 法中 三六ウ1 七〇 | | | |
| カナシフ | 恒 | カナシフ 法中 三六ウ6 七〇 | | | |
| カナシフ | 慄 | カナシフ 法中 三七オ6 七一 | | | |
| カナシフ | 惘 | カナシフ 法中 三八ウ4 七四 | | | |
| カナシフ | 懦 | カナシフ 法中 三九オ7 七五 | | | |
| カナシフ | 意 | カナシフ 法中 三九ウ7 七六 | | | |

| 和訓 | 漢字 | 観智院本 | 蓮成院本 | 高山寺本 | 西念寺本 | 図書寮本 | 備考 |
|---|---|---|---|---|---|---|---|
| カナシフ | 懆 | カナシフ 法中 四〇オ8 七七 | | | | | |
| カナシフ | 慘 | カナシフ 法中 四〇オ8 七七 | | | | | |
| カナシフ | 惏 | カナシフ 法中 四一オ8 七九 | | | | | |
| カナシフ | 憿 | カナシフ 法中 四三オ7 八一 | | | | | |
| カナシフ | 懇 | カナシフ 法中 四四ウ6 八六 | | | | | |
| カナシフ | 怜 | カナシフ 法中 四五オ5 八七 | | | | | |
| カナシフ | 悯 | カナシフ 法中 四七ウ6 九二 | | | | | |
| カナシフ | 悼 | カナシフ 法中 四八オ6 九三 | | | | | |
| カナシブ | 憐 | | | | | カナシフ 集 二五五 2 | |
| カナシフ | 憐 | カナシフ 法中 四八オ6 九三 | | | | | |
| カナシフ | 悵 | カナシフ 法中 四八オ8 九三 | | | | | |
| カナシフ | 悷 | カナシフ 法中 四九オ3 九五 | | | | | |
| カナシフ | 悲 | カナシフ 法中 五一オ2 九九 | | | | | |
| カナシフ | 愍 | カナシフ 法中 五一ウ2 一〇〇 | | | | カナシフ 書 二五五 3 | |
| カナシフ | 悽 | カナシフ 法中 五三オ6 一〇一 | | | | | |

| | | | | | | | |
|---|---|---|---|---|---|---|---|
| カナシフ | 憖 | カナシフ 法中五二オ6 一〇一 | | | | | |
| カナシフ | 哀 | ・カ・ナシフ 法中七〇オ6 一三七 | | | | ・カ・ナ・シ・フ 礼 三四〇2 | |
| カナシフヒ | 衰 | カナシフヒ 法中七〇オ7 一三七 | | | | | |
| カナシブ | 閔 | ・カ・ナ・シ・ブ 法下四一オ3 七九 | | | | | |
| カナシフ | 羿 | カナシフ 僧上四九ウ5 九六 | カナシフ III上 二七ウ6 | | | | |
| カナシフ | 矜 | カナシフ 僧中一九ウ7 三六 | | | | | 蓮本 矜 |
| カナシフ | 歉 | カレナフ（ママ） 僧中二四オ5 四五 | カナシフ III上 六二オ5 | | | | |
| カナシフ | 臨 | ・カ・ナシフ 僧下三九ウ3 七六 | カナシフ III上一三六ウ6（六四） | | | | |
| カナシベリ | 憫 | | | | | ・カ・ナ・シ・ヘ・リ 集 二五五5 | |
| カナシム | 噫 | ・カ・ナシム 仏中二五ウ5 四八 | カナシム I上 四オ1 | | | | |
| カナシム | 悰 | ・カ・ナシム 法中四九ウ3 九六 | | | | | |
| カナシムテ | 歎 歉 | カナシムテ 僧中二四オ5 四五 | シカシムテ（ママ） III下 六二オ5 | | | | |
| カナシル | 錬 | カナシル 僧上六七ウ4 一三二 | カナシル III上 四三オ7 | | | | |
| カナツ | 僻 | カナツ 仏上二〇ウ6 四〇 | | カナツ 一八オ5 | カナツ 一六ウ5 | | |
| カナツ | 皸 | カナツ 僧中三七オ3 七一 | | | | | |
| カナヅ | 凵 | ・カ・ナ・・ツ 僧下四五オ1 八七 | カナツ III上一三九ウ1（五七） | | | | |

| 和訓 | 漢字 | 観智院本 | 蓮成院本 | 高山寺本 | 西念寺本 | 図書寮本 | 備考 |
| --- | --- | --- | --- | --- | --- | --- | --- |
| カナツ | 乚 | カナツ 僧下 一二五 六四オ6 | | | | | |
| カナツカリ | 銷 | カナツカリ 僧上 一三一 六二オ2 | カナツカリ Ⅲ下 三八ウ7 | | | | |
| カナツカリ | 鎖子 | カナツカリ 僧上 一三一 六二オ3 | | | | | |
| カナヅチ | 鉅 | カナツチ 僧上 一二六 五九ウ8 | カナツチ Ⅲ下 三七オ4 | | | | |
| カナツチ | 鐵鉅 | カナツチ 僧上 一二六 五九ウ8 | | | | | |
| カナヅチ | 鑑 | カナツチ 僧上 一三七 六五ウ7 | カナツチ Ⅲ下 四二オ1 | | | | |
| カナツチ | 鋒 | カナツチ 僧上 一三二 六七ウ2 | カナツチ（イ） Ⅲ下 四三オ6 | | | | |
| カナツチ | 鏊 | カナツチ 僧上 一三八 七〇ウ5 | カナツ（ミ） Ⅲ下 四五ウ6 | | | | |
| カナツチ | 鑱 | カナツチ 僧上 一三九 七〇オ8 | カナツチ Ⅲ下 四六ウ1 | | | | |
| カナヅナヰ | 桔梗槹 | カナツナヰ 仏下本 一〇三 五三オ3 | | | | | |
| △カナヅナヰ | 樫槹 | カナツナヰ 仏下本 一〇三 五三オ4 | | | | | |
| カナヅヱ | 鐵杖 | カナツヱ 仏下本 一〇五 五四オ6 | | | | | |
| カナヅヱ | 鑼 | カナツヱ 僧上 一三一 六七オ1 | カナツ己 Ⅲ下 四二ウ7 | | | | |
| カナナヘ | 鍋 | カナヘ 僧上 一二七 六〇オ5 | カナヘ Ⅲ下 三七オ7 | | | | |
| カナナベ | 鐵鍋 | カナヘ 僧上 一二七 六〇オ5 | カナヘ Ⅲ下 三七オ7 | | | | |

| | | | | | | | |
|---|---|---|---|---|---|---|---|
| カナハシ | 鈐 | カナハシ 僧上二一四 五八ウ6 | カナハシ Ⅲ下 三六オ6 | | | | |
| カナバシ | 鐵鉗 | カナツハシ 僧上二一四 五八ウ6 | カナツハシ Ⅲ下 三六オ6 | | | | |
| カナハシ | 釠 | カナハシ 僧上二三一 六七オ1 | カナハシ Ⅲ下 四二ウ7 | | | | |
| カナハシ | 錤 | カナハシ 僧上二三八 七〇ウ4 | カナハシ Ⅲ下 四五ウ6 | | | | |
| カナハスノ弓 | 銑 | カナハスノ弓 僧上二三二 六二ウ8 | カナハスノユミ Ⅲ下 三九ウ5 | | | | |
| カナハラ | 名 | カナハラ 仏中五八 三〇ウ1 | カナハラ I上 四八ウ3 | カナハラ 七八オ2 | | | |
| カナフ | 什 | カナフ 仏上七 七オ5 | カナフ I上 三オ3 | カナフ 五オ7 | カナフ 一ウ4 | | |
| カナフ | 儉 | カナフ 仏上一六 一一ウ2 | | カナフ 九ウ2 | カナフ 六オ5 | | |
| カナフ | 倫 | カナフ 仏上三五 二一オ1 | | | カナフ 一七ウ3 | | |
| カナフ | 傫 | カナフ 仏上三六 二二ウ2 | | カナフ 一九ウ2 | | | 高本 傫 |
| カナフ | 適 | カナフ 仏上五〇 二六ウ5 | カナフ I上 六ウ3 | カナフ 二七ウ3 | カナフ 二五ウ4 | | 蓮、高、西本 適 |
| カナフ | 達 | カナフ 仏上五二 二九ウ1 | カナフ I上 七オ5 | カナフ 二八オ6 | アケフ(ママ) 二六ウ2 | | |
| カナフ | 逑 | カナフ 仏上五四 三〇ウ6 | カナフ I上 八ウ2 | カナフ 二九ウ5 | カナフ 二八オ5 | | |
| カナフ | 迦 | カナフ 仏上五五 三三オ4 | カナフ I上 八ウ7 | カナフ 三〇オ3 | カナフ 二八ウ4 | | |
| カナフ | 達 | カナフ 仏上五九 三三オ2 | カナフ I上 一〇ウ1 | カナフ 三三オ1 | カナフ 三〇ウ3 | | |
| カナフ | 協 | カナフ 仏上八三 四五オ2 | カナフ I上 二〇オ6 | カナフ 四四ウ4 | カナフ 四五オ6 | | |

| 和訓 | 漢字 | 観智院本 | 蓮成院本 | 高山寺本 | 西念寺本 | 図書寮本 | 備考 |
|---|---|---|---|---|---|---|---|
| カナフ | 體 | カナフ 仏上八六 四六ウ2 | カナフ Ⅰ上 二ウ1 | カナフ 四六オ5 | カナフ 四七ウ1 | | |
| カナフ | 娶 | カナフ 仏中二〇 一一ウ5 | | カナフ 五八オ7 | | | |
| カナフ | 叶 | カナフ 仏中二九 一六オ8 | カナフ Ⅰ上 三五ウ1 | カナフ 六三ウ2 | | | |
| カナフ | 晧 | カナフ 仏中九四 四八ウ2 | カナフ Ⅰ上 六四ウ4 | カナフ 九七オ3 | | | |
| カナフ | 白 | カナフ 仏中一〇三 五三オ5 | カナフ Ⅰ上 六九オ3 | カナフ 一〇一オ2 | | | |
| カナフ | 當 | カナフ 仏中一一〇 五六ウ7 | カナフ Ⅰ上 七二オ2 | カナフ 一〇四ウ7 | | | 高本 當虫損 |
| カナフ | 勝 | カナフ 仏中一二四 六三ウ1 | | | | | |
| カナフ | 體 | カナフ 仏下本五 四オ5 | | | | | |
| カナフ | 慨 | カナフ 仏下本六三 三三オ2 | | | | | |
| カナフ | 夘 | カナフ 仏下末一六 九ウ1 | | | | | |
| カナフ | 帤 | カナフ 仏下末二四 一三ウ1 | | | | | |
| カナフ | 前 | カナフ 仏下末二九 一六オ3 | | | | | |
| カナフ | 必 | カナフ 仏下末二九 一六オ4 | | | | | |
| カナフ | 苻 | カナフ 仏下末二九 一六オ7 | | | | | |
| カナフ | 契 | カナフ 仏下末五一 二七オ6 | | | | | |

| | | | | | | |
|---|---|---|---|---|---|---|
| カナフ | 汁 | ・カ・ナ・フ 法上 二ウ1 二 | ・カ・ナ・フ II字 一オ5 | | | |
| カナフ | 洽 | ・カ・ナ・フ 法上 六ウ1 一〇 | ・カ・ナ・フ II字 八オ4 | | | ・カ・ナ・フ 選 一二4 |
| カナフ | 冷 | カナフ 法上 二四ウ5 四六 | カナフ II字 二四ウ5 | | | |
| カナフ | 諧 | ・カ・ナ・フ 法上 二五ウ6 四八 | カナフ II字 二六オ4 | | | ・カ・ナ・フ 集 八二5 |
| カナフ | 譝 | カナフ 法上 二六ウ5 五〇 | カナフ II字 二七オ4 | | | |
| カナフ | 諵 | カナフ 法上 二八ウ1 五四 | カナフ II字 二九オ2 | | | |
| カナフ | 詥 | カナフ 法上 二九オ2 五五 | カナフ II字 二九ウ1 | | | |
| カナフ | 講 | カナフ 法上 二九ウ8 五六 | ・カ・ナ・フ II字 三〇ウ1 | | | |
| カナフ | 證 | ・カ・ナ・フ 法上 三〇オ3 五七 | カナフ II字 三〇ウ4 | | | |
| カナフ | 訃 | カナフ 法上 三三オ5 六一 | カナフ II字 三三ウ7 | | | |
| カナフ | 謹 | カナフ 法上 三五オ3 六七 | カナフ II字 三五ウ6 | | | |
| カナフ | 瑞 | カナフ 法中 二一ウ4 二〇 | | | | カナフ 玉抄 一六二5 |
| カナフ | 階 | カナフ 法中 二二ウ8 四〇 | | | | |
| カナフ | 墍 | ・カナ・フ 法中 二五ウ7 四八 | | | | カナフ 二三八6 |
| カナフ | 堦 | カナフ 法中 三一オ4 五九 | | | | |
| カナフ | 怟 | カナフ 法中 三七ウ8 七二 | | | | |

| 和訓 | 漢字 | 観智院本 | 蓮成院本 | 高山寺本 | 西念寺本 | 図書寮本 | 備考 |
|---|---|---|---|---|---|---|---|
| カナフ | 愜 | | | | | カナフ 白 二六七5 | |
| カナフ | 㥦 | カナフ 法中 八一 四二オ6 | | | | | |
| カナフ | 恊 | カナフ 法中 八二 四二ウ2 | | | | カナフ 二六七2 | 㤼 図本 |
| カナフ | 悞 | カナフ 法中 八三 四三オ7 | | | | | |
| カナフ | 應 | カナフ 法中 九九 五一オ4 | | | | | |
| カナフ | 忶 | カナフ 法中 一〇一 五二オ5 | | | | | |
| カナフ | 素 | カナフ 法中 一二四 五八ウ7 | | | | | |
| カナフ | 紀 | カナフ 法中 一三〇 六一ウ8 | | | | | |
| カナウ | 稱 | カナウ 法下 一八 一〇ウ6 | | | | | |
| カナフ | 秤 | カナフ 法下 一八 一〇ウ8 | | | | | |
| カナフ | 寘 | カナフ 法下 四五 二四オ5 | | | | | |
| カナフ | 亘 | カナフ 法下 五六 二九ウ3 | | | | | |
| カナフ | 冥 | カナフ 法下 五六 二九ウ6 | | | | | |
| カナフ | 匀 | カナフ 法下 五八 三〇ウ1 | | | | | |
| カナフ | 應 | カナフ 法下 一〇三 五三オ5 | | | | | |

| | | | |
|---|---|---|---|
| カナフ | 厰 | カナフ 法下 三五ウ8 一四 | |
| カナフ | 斟 | カナフ 法下 三三オ3 一四一 | |
| カナフ | 蕠 | カナフ 僧上 四ウ3 六 | |
| カナフ | 莅 | カナフ 僧上 一五ウ1 二八 | カナフ Ⅲ下 五オ2 |
| カナフ | 苻 | カナフ 僧上 一七ウ6 三三 | |
| カナフ | 符 | .カ.ナ.フ 僧上 三七ウ2 七三 | .カ.ナ.フ Ⅲ下 一六ウ3 |
| カナフ | 勰 | カナフ 僧上 四三オ3 八一 | カナフ Ⅲ下 二オ3 |
| カナフ | 副 | .カ.ナ.フ 僧上 四六オ8 八九 | カナフ Ⅲ下 二四ウ4 |
| カナフ | 剋 | カナフ 僧上 四八オ5 九三 | カナフ Ⅲ下 二六オ7 |
| カナフ | 合 | .カ.ナ.フ 僧中 一二オ3 一 | .カ.ナ.フ Ⅲ下 四七オ1 |
| カナフ | 會 | .カ.ナ.フ 僧中 二二ウ1 二 | .カ.ナ.フ Ⅲ下 四七オ4 |
| カナフ | 令 | カナフ 僧中 二二ウ6 二 | カナフ Ⅲ下 四七オ7 |
| カナフ | 盟 | カナフ 僧中 一八オ4 三 | カナフ Ⅲ下 五〇ウ7 |
| カナフ | 感 | カナフ 僧中 三〇ウ7 三八 | カナフ Ⅲ下 五九ウ2 |
| カナフ | [illegible] | カナフ 僧下 三九ウ6 七六 | カナリ(ミ) Ⅲ下 一四九ウ1 (七七) |
| カナフ | 釋 | カナフ 僧下 四ウ4 八〇 | カナフ Ⅲ下 三八ウ6 (六六) |

| 和訓 | 漢字 | 観智院本 | 蓮成院本 | 高山寺本 | 西念寺本 | 図書寮本 | 備考 |
|---|---|---|---|---|---|---|---|
| カナブクシ | 鋤 | カナフクシ 僧上一六五ウ3 一三八 | カナフクシ Ⅲ下四二ウ5 | | | | |
| カナヘ | 鍋 | カナヘ 僧上一六〇オ5 一三七 | カナヘ Ⅲ下三七オ7 | | | | |
| カナヘ | 鑊 | カナヘ 僧上一六一オ6 一二九 | カナヘ Ⅲ下三八オ5 | | | | |
| カナヘ | 鍑 | カナヘ 僧上一六一ウ5 一三〇 | カナヘ Ⅲ下三八ウ3 | | | | |
| カナヘ | 錠 | カナヘ 僧上一六五オ7 一三七 | | | | | |
| カナヘ | 鎗鏗 | | カイナヘ Ⅲ下四一ウ1 | | | | |
| カナヘ | 鉉 | カナヘ 僧上一六五オ7 一三七 | カナヘ Ⅲ下四一ウ3 | | | | |
| カナヘ | 鐓 | カナヘ 僧上一六九ウ8 一三六 | | | | | |
| カナヘ | 鎮 | カナヘ 僧上一七〇オ7 一三七 | | | | | |
| カナヘ | 鎹 | カナヘ 僧上一七〇ウ2 一三八 | | | | | |
| カナヘ | 釜 | カナヘ 僧上一七〇ウ3 一三八 | カナヘ Ⅲ下四五ウ5 | | | | |
| カナヘ | 鉼 | カナヘ 僧上一七〇ウ5 一三八 | カナヘ Ⅲ下四五ウ6 | | | | |
| カナヘ | 鐇 | カナヘ 僧上一七〇ウ6 一三八 | カナヘ Ⅲ下四五ウ7 | | | | |
| カナヘ | 鏊 | ↓カナキ | カナヘ Ⅲ下四六オ5 | | | | |
| カナヘリ | 可 | カナヘリ 仏上四一ウ6 七六 | カナヘリ Ⅰ上一八オ1 | カナヘリ 四一オ6 | カナヘリ 四一ウ2 | | |

| | | | | | | | | | | | | | | | |
|---|---|---|---|---|---|---|---|---|---|---|---|---|---|---|---|
| カナヘリ | カナヘリ | カナヘリ | カナヘリ | カナヘリ | カナホダシ | カナマタフリ | カナマリ | カナマリ | カナマリ | カナマリ | カナマリ | カナマリ | カナヤ | カナラジ | カナラス |
| 附 | 宜 | 懐 | 鑚 | 鏘々 | 錠 | 鉔 | 釼 | 釟 | 鐄 | 鋺 | 鋭 | 鑴 | 乎 | 必 | 億 |
| カナヘリ 法中 二四ウ4 四六 | カナヘリ 法下 二四オ3 四五 | カナヘリ 法下 三八ウ6 七四 | カナヘリ 僧上 六五オ4 一三七 | | カナホダレ 僧上 六七ウ3 一三二 | カナマタフリ 僧上 七一ウ2 一四〇 | カナマリ 僧上 六三オ5 一三三 | | カナマリ 僧上 六四オ5 一三五 | カナテリ 僧上 六五ウ2 一三八 | カナテリ 僧上 六五ウ2 一三八 | カナテリ 僧上 七一オ5 一三九 | | カナラシ 僧下 五五オ4 一〇七 | カナラス 仏上 五オ6 三 |
| | | | カナヘリ III 下 四一ウ1 | カナヘリ III 下 四一ウ1 | カナアダレ III 下 四三オ7 | カナマタフリ III 下 四六ウ3 | | カナテリ(イ) III 下 三九ウ7 | カナマリ(イ) III 下 四〇ウ5 | カナマリ III 下 四一ウ5 | カナマリ III 下 四一ウ5 | カナテリ III 下 四六オ5 | | | カナラス I 上 一ウ5 |
| | | | | | | | | | | | | | カナヤ 四ウ7 | | カナラ爪 四オ3 |
| | | | | | | | | | | | | | | | |
| | | | | | | | | | | | | | | | |
| | | | | | | | | | | | | | | | |

| 和訓 | 漢字 | 観智院本 | 蓮成院本 | 高山寺本 | 西念寺本 | 図書寮本 | 備考 |
|---|---|---|---|---|---|---|---|
| カナラス | 保 | カナラス 仏上 三三 二〇オ1 | | カナラ爪 二ウ2 | ア(ミ)ナヲ(ミ)爪 一六オ2 | | 高本保 |
| カナラス | 要 | カナラス 仏中 三三 三オ7 | カナラス I上 三三ウ3 | | | | |
| カナラス | 嬰 | | カナラス I上 三三ウ4 | ・カ・ナラス 六〇オ6 | | | |
| カナラス | 略 | カナラス 仏中 一〇七 五五オ8 | カナラス I上 七〇ウ4 | カナラ爪 一〇三ウ2 | | | |
| カナラス | 期 | ・カ・ナラス 仏中 一三七 二〇オ7 | | | | | |
| カナラス | 須 | カナラス 仏本 三〇 一六ウ7 | | | | | |
| カナラズ | 必 | ・カナ・ラ・ス‥ 仏末 二九 一六オ4 | | | | | |
| カナラス | 決 | カナラス 法上 四五 二四オ7 | カナラス II中 二四ウ1 | | | | |
| カナラス | 怠 | カナラス 法中 九二 四七ウ2 | | | | | |
| カナラス | 結 | カナラス 法中 一二一 六二オ1 | | | | | |
| カナラス | 馨 | ・カ・ナラス 法下 二七 一五オ3 | | | | | |
| カナラス | 菲 | ・カ・ナラス 僧上 三八 二〇ウ3 | | | | | |
| カナラス | 剋 | カナラス 僧上 九三 四八オ5 | カナラ爪 III下 二六オ7 | | | | |
| カナラス | 會 | ・カ・ナラス 僧中 二 二ウ1 | ・カ・ナラス III下 四七オ4 | | | | |
| カナラス | 必 | ・カ・ナラ爪 僧下 一〇七 五五オ4 | | | | | |

| | | | | | | | |
|---|---|---|---|---|---|---|---|
| カナル | 聒 | カナル 法上 一七ウ3 三二 | | | | | |
| カナワ | 鉇 | カナ禾 僧上 一五九ウ6 二六 | カナ禾 III 下 二七オ2 | | | | |
| カニ | 蟹 | カ\ニ 僧下 八ウ7 一四 | カニ III 下 九八オ4 (二六) | | | | |
| カニ | 辟䲈 | カ\ニ 僧下 八ウ7 一四 | カニ III 下 九八オ4 (二六) | | | | |
| カニ | 蝸 | カニ 僧下 一三オ1 二二 | | | | | |
| カニ | 蟹 | カニ 僧下 一四オ8 二五 | カニ III 下 一〇二オ7 (三〇) | | | | |
| カニノコ | 蠏黄 | カニソコ 僧下 一四ウ1 二六 | カニソコ III 下 一〇二オ7 (三〇) | | | | |
| カニノモノハミ | 沙囊 | カニノキ ハミ 法中 七三オ3 一四三 | | | | 加迩乃毛乃波美 禾 三四二5 | |
| カニハ | 樺 | カニハ 仏下本 五〇ウ2 九八 | | | | | |
| カヌ | 肯 | カヌ 仏中 六二オ7 一一九 | | | | | |
| カヌ | 核 | カヌ 仏下本 三五オ1 六七 | | | | | |
| カヌ | 構 | カ\ヌ 仏下本 四〇オ8 七七 | | | | | |
| カヌ | 該 | | | | | カヌ 集 七九4 | |
| カヌ | 猜 | カヌ 仏下本 六八オ2 一三三 | | | | | |
| カヌ | 包 | カヌ 法下 二九ウ2 五六 | | | | | |
| カヌ | 笣 | カヌ 僧上 六オ3 九 | | | | | |

| 和訓 | 漢字 | 観智院本 | 蓮成院本 | 高山寺本 | 西念寺本 | 図書寮本 | 備考 |
|---|---|---|---|---|---|---|---|
| カヌ | 苞 | ・カ・ヌ 僧上 一〇ウ4 一八 | | | | | |
| カヌル | 并 | カ[ヌル] 仏末 三三オ8 三三 | | | | | |
| カネ | 金 | ・カ・子 僧上 一五八オ6 二三 | ・カ・ネ III下 三六オ1 | | | | |
| カネ | 鈤 | カ子 僧上 一五八ウ7 二四 | カネ III下 三六オ6 | | | | |
| カネ | 鉇 | カ子 僧上 一五九ウ6 二六 | カ子 III下 三七オ2 | | | | |
| カネ | 鑠 | ↓ カネ・禾・カ爪 | カネ III下 三七ウ6 | | | | |
| カネ | 鍾 | ・カ・ネ 僧上 一六四ウ6 一三六 | ・カ・ネ III下 四一オ4 | | | | |
| カネイル | 鎔 | カ子イル 僧上 一六三ウ7 一三四 | カネイル III下 四〇ウ1 | | | | |
| カネキタフ | 錬 | カ禾キタフ 僧上 一六七ウ3 一三二 | カネ＼タフ III下 四三オ7 | | | | |
| カネタリ | 與 | ・カ子・タリ 仏末 一四オ6 二五 | | | | | |
| カネタリ(ヌ) | 懐 | ・カ・子(ヌ)タリ 法中 一四四ウ4 八六 | | | | | |
| カネテ | 兼 | ア(ママ)子テ 仏末 一五ウ4 二八 | | | | | |
| カネネヤス | 鎔 | カ子子ヤス 僧上 一六三ウ7 一三四 | カ(イ)禾、ヤス III下 四〇ウ1 | | | | |
| カネネル | 錬 | カネ、ル 僧上 一六七ウ4 一三二 | カ(イ)ネ、ル III下 四三オ7 | | | | |
| 金ノウハフ | 鉼ゝ | 金ノウハフ 僧上 一六五オ4 一三七 | | | | | |

| | 見出し | 漢字 | 1 | 2 | 3 | 4 | 5 | 備考 |
|---|---|---|---|---|---|---|---|---|
| | カネノクサヒ | 鎔 | カ子ノクサヒ 僧上六三ウ7 一三四 | カネノクサヒ III下四〇ウ1 | | | | |
| | カネノサヒ | 鐵精 | カ子ノサヒ 僧上五八ウ1 一二四 | | | | | |
| △ | カネノサヒ | 鐵漿 | カ子ノサヒ 僧上五八ウ2 一二四 | | | | | |
| | カネノサビ | 鐵精 | カ子ツサビ 僧上七〇ウ7 一三八 | | | | | |
| △ | カネノサビ | 鐵漿 | カ子ツサビ 僧上七〇ウ7 一三八 | | | | | |
| | カネノサヒ | 銀精 | | カネノサヒ III下三六オ2 | | | | |
| △ | カネノサヒ | 銀漿 | | カネノサヒ III下三六オ2 | | | | |
| | カネノハナ | 鎔 | カ子ノハナ 僧上六三ウ7 一三四 | カネノハナ(イ) III下四〇ウ1 | | | | |
| | カネノハナ | 鐳 | カ子ノハナ 僧上六四ウ5 一三六 | カネノハナ III下四一オ3 | | | | |
| | カネノヘ | 鎰 | カ子ノヘ 僧上七〇オ5 一三七 | カネノヘ III下四五ウ2 | | | | |
| | カネワカス | 鑠 | カ子ワカス 僧上六一オ3 一一九 | ↓カネ | | | | |
| | カノ | 匪 | カノ 仏上三四ウ8 六二 | カノ I上一三オ3 | カノ 三四オ2 | カノ 三三オ3 | | |
| | カノ | 夫 | カノ 仏末一九オ1 三五 | | | | | |
| | カノアト | 踵 | カノアト 仏中五七ウ6 一一二 | カノアト I上七三ウ7 | カノアト 一〇五ウ6 | | | 踵 高本 虫損 |
| | カノシシ | 麚 | カノシ、 法下一三六ウ8 二一〇 | | | | | |
| | カノツノノニカハ | 鹿膠 | カノツノ、ニカハ 仏中六一オ6 一一九 | | | | | |

| 和訓 | 漢字 | 観智院本 | 蓮成院本 | 高山寺本 | 西念寺本 | 図書寮本 | 備考 |
|---|---|---|---|---|---|---|---|
| カノト | 辛 | カノト 法下 三三ウ1 四三 | | | カノト 四四ウ5 | | 西本 辛 |
| カノニケ | 苠 | カノニケ 僧上 三三ウ6 六〇 | ↓カクニケ | | | | |
| カノニゲクサ | 人参 | カノニケ ツクサ 仏上 四オ6 一 | カノニケ ツクサ Ⅰ上 一オ2 | カノニケ ツクサ 三オ6 | | | |
| カノハヘハラヘ | 庶尾 | カノハヘ ハラヒ 法下 四七ウ3 九二 | | | | | |
| カノミチ | 蹊 | カノミチ 法上 四三オ8 八一 | | | | | |
| カノワカヅノ | 鹿茸 | カノ禾 カツノ 法下 五六ウ3 一一〇 | | | | | |
| カノワカツノ | 鹿茵 | カノ禾 カツノ 僧上 七オ8 二 | | | | | |
| カノワカヅノ | 鹿角菜 | カノワカ ツノ 僧上 一四オ2 三五 | | | | | |
| カノワカツノ | 庶角草 | | カノ子(ママ)カ ツノ Ⅲ下 二オ2 | | | | |
| カノヲトリアリクソ | 跂 | カノヲトリ アリクソ 法上 三九オ6 七五 | | | | | |
| カハ | 川 | カハ 仏上 四三ウ5 八〇 | カハ Ⅰ上 一九オ7 | カハ 四三オ6 | カハ 四三ウ6 | | |
| カハ | 樺 | カハ 仏下本 五〇ウ2 九八 | | | | | |
| カハ | 水 | カハ 法上 二オ3 一 | カハ Ⅱ中 一オ1 | | | | |
| カハ | 河 | カハ 法上 二オ7 一 | カハ Ⅱ中 一オ4 | | | 賀波 和名 六4 | |
| カハ | 塋 | カハ 法中 三三ウ4 六二 | | | | | |

| | | | | |
|---|---|---|---|---|
| カハ | 衷 | カハ 法中 一三七 七〇オ3 | | |
| カハ | 襘 | カハ 法下 二二 一三オ7 | | |
| カハ | 扁 | カハ 法下 九四 四八ウ6 | | |
| カハ | 箋 | カハ 僧上 七四 三八ウ4 | | |
| カハ | 杸 | カハ 僧中 六五 三四オ5 | カハ Ⅲ下 七一オ5 | |
| カハ | 皮 | カハ 僧中 六八 三五ウ4 | | |
| カハ | 革 | カハ 僧中 七二 三七ウ2 | | |
| カハ | 鞜 | カハ 僧中 七六 三九ウ7 | | |
| カハ | 鞙 | カハ 僧中 七六 三九ウ7 | | |
| カハ | 韇 | カハ 僧中 七七 四〇オ1 | | |
| カハ | 韈 | カハ 僧中 七七 四〇オ2 | | |
| カハ | 韋 | カハ 僧中 八一 四二オ2 | | |
| カハ | 鞈 | カハ 僧下 一〇〇 五一ウ2 | カハ Ⅲ下 一四三ウ6（七二） | |
| カハアム | 澡 | | カハアム Ⅱ中 二ウ7 | |
| カハアム | 浴 | カハアム 法上 七 五オ8 | カハアム Ⅱ中 四ウ2 | カハアム 一七2 |
| カハアム | 濯 | カハヤム（ママ） 法上 三三 一三ウ4 | カハアム Ⅱ中 一三オ4 | |

| 和訓 | 漢字 | 観智院本 | 蓮成院本 | 高山寺本 | 西念寺本 | 図書寮本 | 備考 |
| --- | --- | --- | --- | --- | --- | --- | --- |
| カハカシ | 朿 | | | カハカし 一八ウ6 | | | |
| カハカス | 泊 | カハカス 法上 六オ2 九 | カハカス Ⅱ中 七ウ5 | | | | |
| カハカメ | 鷩 | カハメク(ママ) 僧下 五ウ8 八 | カハメク(ママ) Ⅲ下 九五オ5 (三三) | | | | |
| カハカメ | 竈 | カハカメ 僧下 二五オ2 四七 | カハカメ Ⅲ下 一三オ6 (四二) | | | | |
| カハギヌ | 裘 | カハキヌ 法中 七七オ2 一五一 | | | | 加波木奴 三四二 3 | |
| カハキヌ | 鞲 | カハキヌ 僧中 三九ウ7 七六 | | | | | |
| カハキリ | 鍘 | | カハヽリ Ⅲ下 三九ウ6 | | | | |
| カハク | 亍 | カハク 仏上 四五オ3 八三 | カハク Ⅰ上 二〇オ7 | カハク 四四ウ5 | カハク 四五ウ1 | | |
| カハク | 晞 | カハク 仏中 三九ウ2 七六 | カハク Ⅰ上 五六ウ7 | カハク 八七ウ4 | | | |
| カハク | 冒 | カハク 仏中 四四ウ2 八六 | カハク Ⅰ上 六一オ7 | カハク 九三オ5 | | | |
| カハク | 曬 | カハク 仏中 四八オ4 九三 | カハク Ⅰ上 六四オ6 | カハク 九六ウ6 | | | |
| カハク | 曝 | カハク 仏中 四八ウ7 九四 | カハク Ⅰ上 六五オ1 | カハク 九七オ7 | | | 高本曝。 |
| カハク | 晞 | カハク 仏中 五〇オ8 九七 | カハク Ⅰ上 六六ウ1 | カハク 九八ウ7 | | | |
| カハク | 枯 | カハク 仏下本 五三オ5 一〇三 | | | | | |
| カハク | 元 | カハク 仏下末 一〇オ4 一一七 | | | | | |

| | | | | | | | | | | | | | | | |
|---|---|---|---|---|---|---|---|---|---|---|---|---|---|---|---|
| カハク | カハク | カハク | カハク | カハク | カハク | カハク | カハク | カハク | カハク | カハク | カハク | カハク | カハク | カハク | カハク |
| 燥 | 焚 | [illegible] | 燋 | 炘 | 烪 | 焟 | [illegible] | 烜 | [illegible] | 涸 | 渟 | 消 | [illegible] | 漟 | 凅 |
| カハク 仏下末 一九ウ3 三六 | カハク 仏下末 二〇オ7 三七 | カハク 仏下末 二三ウ5 四二 | ・カ・ハ・ク 仏下末 二四オ4 四五 | カハク 仏下末 二四オ8 四五 | カハク 仏下末 二五ウ6 四八 | カハク 仏下末 二六オ4 四九 | カハク 仏下末 二七オ7 五一 | ・カ・ハ・ク 仏下末 二七ウ7 五二 | ・カ・ハク 仏下末 二八オ7 五三 | カハク 法上 三三オ2 三三 | ・カ・ハク 法上 一三ウ7 二四 | カハク 法上 一四オ4 二五 | カハク 法上 一六オ4 二九 | カハク 法上 二三オ3 四三 | カハク 法上 二四ウ4 四六 |
| | | | | | | | | | | カハク II虫 一ウ7 | カハク II虫 一三オ5 | カハク II虫 一三ウ3 | カハク II虫 一五ウ1 | カハク II虫 二三ウ7 | カハク II虫 二五オ1 |
| | | | | | | | | | | | | | | | |
| | | | | | | | | | | | | | | | |
| | | | | | | | | | | ・カ・ハ・ク 三三 2 | | | | | |
| | | | | | | | | | | | | | | | |

| 和訓 | 漢字 | 観智院本 | 蓮成院本 | 高山寺本 | 西念寺本 | 図書寮本 | 備考 |
|---|---|---|---|---|---|---|---|
| カハク | 謳 | カハク 法上四六ウ6 九〇 | | | | | |
| カハク | 冗 | カハク 法下二九ウ4 五六 | | | | | |
| カハク | 乾 | カハク 法下七三ウ2 一四二 | | | | | |
| カハク | 蓨 | カハク 僧上一七ウ2 三二 | カハク III下一〇ウ5 | | | | 蓮本 蓨 |
| カハク | 歇 | カハク 僧中二四オ3 四五 | カハク III下六三オ4 | | | | |
| カハクスリ | 醆 | カハクスリ 僧下三三オ5 六三 | カハク爪リ III下五八ウ3 | | | | |
| カハクマツヅラ | 衛矛 | カハクツヽ ミツミラ 僧中一九ウ5 三六 | カハツケ ミハラ III下一三ウ2 (五二) | | | | |
| カハコ | 鰣魚 | カハヽコ 僧下四オ1 五 | | | | | |
| カハゴロモ | 袰 | カハコロモ 法中七七オ2 一五一 | | | | 加波古路毛 禾 三四二 3 | |
| 皮衣 | 袰 | | | | | 皮衣 三四二 3 | |
| カハコロモ | 毦 | カハヽコロモ 僧上五三オ8 一〇三 | カハヽコロモ III下三〇ウ3 | | | | |
| カハコロモ | 草 | カハコロモ 僧中三七ウ2 七二 | | | | | |
| カハシ | 猥 | カハシ 仏下本六六オ1 二二九 | | | | | 「ミタリカハシ」で一訓？ |
| カハタケ | 苦竹 | カハタケ 僧上四オ5 七九 | カハタケ III下二ウ1 | | | | |
| △ カハタケ | 河竹 | カハタケ 僧上四オ6 七九 | カハタケ III下二ウ1 | | | | |

△

| | | | | | | |
|---|---|---|---|---|---|---|
| カハダケ | ⿱竹苦竹 | ・カ・ハ・タ・ケ 僧上四二ウ1 八〇 | ・カハ・タ・ケ・ Ⅲ下 一九ウ7 | | | 蓮本 ⿱竹苦竹 |
| カハチ | 胦 | カハチ 仏中一五九ウ1 二二六 | カハチ Ⅰ上 七四オ6 | | | |
| カハチ | 頷 | ・カハ・チ 仏本一六六オ4 二九 | | | | |
| カハチサノキ | 賣子木 | ・カハ・チ・サ・ノキ 仏本四三ウ5 八二 | | | | |
| カハチツラ | ⿰革頁⿰鬲頁 | カハチツラ 仏本一四〇オ6 二五 | | | | |
| カハツ | ⿰白鳥 | カハツ 僧中一六七オ4 三二 | カハツイ Ⅲ下 八九ウ2 (一七) | | | |
| カハナ | 水苔 | ・カ・ハ・ナ 僧上八ウ7 一四 | | | | |
| カハナ | 河苔 | ・カ・ハ・ナ 僧上八ウ7 一四 | | | | |
| カハナ | 車 | カハナ 僧中四三オ7 八三 | | | | |
| カハナミ | 濤 | カハナミ 法上二ウ3 二〇 | カハナミ Ⅱ中 二オ4 | | | |
| カバネ | 骼 | ・カ・ハ・ネ 仏本四ウ3 六 | | | | |
| カバネ | ⿰骨充 | ・カ・ハ・ネ 仏本四ウ7 六 | | | | |
| カバネ | 尸 | カ・ハネ 法下四五オ1 八七 | | | | |
| カバネ | 屍 | ・カ・ハ・ネ 法下四七オ4 九一 | | | | |
| カハネグサ | 雀瓠 | ・カハ・ネ・ツ・サ 僧中四四オ6 五 | ・カハ・ネ・ツ・サ・ Ⅲ下 一一七オ7 (四五) | | | |
| カハネサラス | 尸 | カハネ サラス 法下四五オ1 八七 | | | | |

| 和訓 | 漢字 | 観智院本 | 蓮成院本 | 高山寺本 | 西念寺本 | 図書寮本 | 備考 |
| --- | --- | --- | --- | --- | --- | --- | --- |
| カハノカミ | 河伯神 | ・カハ・ノカミ 法下 一 二オ6 | | | | | |
| カハハカマ | 鞋 | カハ、カマ 僧中 八三 四三オ2 | | | | | |
| カハハク | 剫 | カハ、ク 僧上 八六 四四ウ3 | カハ、クイ Ⅲ下 三三オ3 | | | | |
| カハハシカミ | 呉茱萸 | カハ、シ カミ 僧上 二三 一三オ7 | | | | | |
| カハハツル | 剺 | カハ、ツル 僧上 八二 四三オ3 | カハ、ツル Ⅲ下 二一オ3 | | | | |
| カハハツル | 剫 | カハ、ツル 僧上 八六 四四ウ3 | カハ、ツルイ Ⅲ下 三三オ3 | | | | |
| カハヒラコ | 蛺 | アハヒラコ(ミ) 僧下 三〇 一六ウ3 | | | | | |
| カハヒラコ | 蜍 | アハヒラコ(ミ) 僧下 三〇 一六ウ3 | | | | | |
| カハヒラコ | 蠂 | アハヒラコ(ミ) 僧下 三〇 一六ウ4 | | | | | |
| 河ヒヲ | 鰆 | 河ヒヲ 僧下 一五 九オ1 | 河アヒヲ Ⅲ下 九八オ6 (二六) | | | | |
| カハヘ | 䏺 | カハヘ 仏中 七八 四〇ウ3 | カハヘ Ⅰ上 五七ウ5 | カハヘ 八ウ5 | | | |
| カハヘ | 膚 | カハヘ 仏中 一一三 五六オ2 | カハヘ Ⅰ上 七三オ4 | | | | |
| カハヘ | 肌 | カハヘ 仏中 一三五 六四オ4 | | | | | |
| カハベ | 脣 | ・カ・ハ・ヘ 法下 九五 四九オ1 | | | | | |
| カハヘニ | 汜 | カハ丅二(ミ) 法上 八 五ウ5 | カハヘニ Ⅱ中 五オ1 | | | | |

| | | | | | | | |
|---|---|---|---|---|---|---|---|
| カハホネ | 荊根 | カハホ子 僧上 一四 八ウ2 | | | | | |
| カハホネ | 蓬 | カハホ子 僧上 三七 三〇オ1 | | | | | |
| カハホネ | 骨蓬 | ・カハホ子 僧上 三七 三〇オ1 | | | | | |
| カハボリ | 蝙蝠 | ・カハホリ 僧下 一八 一五ウ8 | ・カハホリ Ⅲ工 (三一) 一三ウ6 | | | | |
| カハミトリ | 蕿合香 | カハミトリ 法下 一四 一三ウ6 | | | | | |
| カハムシ | 蹁虫 | ・カハムシ 僧下 一六 九ウ1 | ・カハムシ Ⅲ工 (三六) 九八ウ5 | | | | |
| △ カハムシ | 烏毛虫 | ・カハムシ 僧下 一六 九ウ1 | ・カハムシ Ⅲ工 (三六) 九八ウ5 | | | | |
| カハヤ | 溷 | カハヤ 法上 一四 八ウ1 | カハヤ Ⅱ虫 五ウ6 | | | | |
| カハヤ | 清 | ・カハヤ 法上 二三 一三オ4 | ・カハヤ Ⅱ虫 一三ウ3 | | | | |
| カハヤ | 圂 | ・カハヤ 法下 八四 四三ウ1 | | | | | |
| カハヤ | 圊 | カハヤ 法下 八六 四四ウ3 | | | | | |
| カハヤ | 㕑 | カハヤ 法下 九二 四七ウ1 | | | | | |
| カハヤ | 廁 | ・カハヤ 法下 一〇五 五四オ8 | | | | | |
| カハラ | 河原 | | | | | カハラ 七2 | |
| カハラ | 礫 | カハラ 法中 一 一二オ8 | | | | | |
| カハラ | 塼 | カハラ 法中 五七 三〇オ4 | | | | | |

| 和訓 | 漢字 | 観智院本 | 蓮成院本 | 高山寺本 | 西念寺本 | 図書寮本 | 備考 |
|---|---|---|---|---|---|---|---|
| カハラ | 墼 | ·カ·ハ·ラ 法中 二〇ウ7 五八 | | | | | |
| カハラ | 瓦 | ·カ·ハ·ラ 僧中 一〇オ2 一七 | ·カ·ハ·ラ Ⅲ下 二八ウ1 (四六) | | | | |
| カハラ | 甓 | カハラ 僧中 一〇オ6 一七 | | | | | |
| カハラ | [illegible] | カハラ 僧中 一〇オ7 一七 | カイハラ Ⅲ下 二八ウ5 (四六) | | | | |
| カハラ | [illegible] | カハラ 僧中 一〇オ8 一七 | カイハラ Ⅲ下 二八ウ6 (四六) | | | | |
| カハライシ | [illegible] | | カハライし Ⅲ下 二九オ4 (四七) | | | | |
| カハラク | 籌 | ·カ·ハラク 僧上 三三ウ4 六三 | ·カ·ハラク Ⅲ下 二三オ3 | | | | |
| カハラケ | 垸 | カハラケ 法中 四六オ7 四九 | | | | | |
| 瓦ノエツリ | 椽 | 瓦ノ·エ·ツ·リ 仏本 四八ウ7 九四 | | | | | |
| 瓦ノエツリ | 蘆蘿 | 瓦ノエツリ 僧上 一七ウ4 二二 | 瓦ノ·エ·ツリ Ⅲ下 一オ1 | | | | |
| カハラノキ | 椽 | カハラノキ 仏本 四八ウ8 九四 | | | | | |
| カハラフヂ | 皂莢 | ·カ·ハ·ラ·フ·チ: 僧上 二五オ1 四七 | ·カ·ハ·ラ·フ·チ: Ⅲ下 三オ7 | | | | |
| カハラヤ | 窯 | カハラヤ 法下 三三ウ8 六〇 | | | | | |
| カハラヤ | 窐 | カハラヤ 法下 三四オ2 六五 | | | | | |
| カハラヨモキ | 白蒿 | カハラヨモキ 僧上 一四オ8 二五 | | | | | |

| | | | | | | |
|---|---|---|---|---|---|---|
| カハラヨモキ | 蔏蒿 | カハラヨモ｜ 僧上六 一四ウ1 | | | | |
| カハラヨモキ | 菊 | ・カ・ハ・ラヨモ｜ 僧上四六 二四ウ6 | ・カ・ハ・ラ ・ウキ・イ・ラ｜ III下 三オ5 | | | |
| カハリ | 假 | カハリ 仏上三三 三〇オ5 | | カハリ 二ウ5 | カハリ 一六オ4 | |
| カハリ | 迭 | カハリ 仏上五三 三〇オ7 | カハリ I上 八オ2 | カハリ 二九オ4 | カハリ 二七ウ4 | |
| カハリル | 替 | ・カ・ハリル 仏中九八 五〇ウ3 | カハリル I上 六六ウ3 | ・カ・ハリル 九九オ3 | | |
| カハル | 代 | ・カ・ハル・ 仏上二三 一九ウ8 | カハル I上 四ウ6 | カハル 七オ7 | カハル 四ウ2 | |
| カハル | 偷 | カハル 仏上二六 一一ウ1 | | カハル 九ウ1 | カハル 六オ4 | |
| カハル | 化 | カハル 仏上三三 一九ウ5 | | ・カ・ハル 二オ2 | カハル 一五ウ4 | |
| カハル | 作 | カハル 仏上三三 三〇オ3 | | カハル 二ウ3 | カハル 一六オ3 | |
| カハル | 復 | カハル 仏上二八 二三ウ2 | | ・カ・ハル・ 三〇ウ4 | カハル 一九オ1 | |
| カハル | 遷 | カハル 仏上四六 二六ウ6 | カハル I上 五オ1 | カハル 二五ウ6 | カハル 三三ウ4 | |
| カハル | 迴 | カハル 仏上五五 三一オ2 | カハル I上 八ウ5 | カハル 三〇オ1 | カハル 二八ウ2 | 蓮本 道 |
| カハル | 易 | ・カ・ハル 仏中九〇 四六ウ5 | カハル I上 六三オ3 | ・カ・ハル 九五オ7 | | |
| カハル | 賊 | カハル 仏下本一九 二一オ6 | | | | |
| カハル | 拾 | ・カ・ハル 仏下本五二 二七ウ6 | | | | |
| カハル | 掾 | カハル 仏下本八〇 四一ウ1 | | | | |

| 和訓 | 漢字 | 観智院本 | 蓮成院本 | 高山寺本 | 西念寺本 | 図書寮本 | 備考 |
|---|---|---|---|---|---|---|---|
| カハル | 榮 | カハル 仏下末 二六ウ7 五〇 | | | | | |
| カハル | 渝 | カハル 法上 六ウ5 一〇 | カハル Ⅱ中 八ウ1 | | | カハル 易 二三1 | |
| カハル | 悛 | カハル 法中 四六オ7 八九 | | | | | |
| カハル | 愀 | カハル 法中 五三オ1 一〇二 | | | | | |
| カハル | 禳 | カハル 法下 三ウ6 四 | | | | | |
| カハル | 移 | カハル 法下 六ウ6 一〇 | | | | | |
| カハル | 幼 | カハル 僧上 四三オ3 八三 | カハル Ⅲ下 三オ3 | | | | |
| カハル | 及 | カハル 僧中 二七オ7 五一 | カハル Ⅲ下 六四ウ6 | | | | |
| カハル | 更 | カハル 僧中 二六オ1 五三 | カハル Ⅲ下 六五オ6 | | | | |
| カハル | 變 | カハル 僧中 二八オ4 五三 | カハル Ⅲ下 六五ウ1 | | | | |
| カハル | 變 | カハル 僧中 三一オ6 五九 | カハル Ⅲ下 六八オ7 | | | | |
| カハル | 轉 | カハル 僧中 四八オ3 九三 | | | | | |
| カハルカハル | 代 | カハルヽヽ 仏上 一〇オ1 一三 | カハル〱 Ⅰ上 四ウ6 | カハルヽヽ 七オ7 | カハルヽヽ 四ウ2 | | |
| カハルカハル | 更代 | カハル〱 仏上 一〇オ1 一三 | カハル〱 Ⅰ上 四ウ7 | カハル〱 七ウ1 | カハルヽヽヽ 四ウ2 | | |
| カハルカハル | 迭 | カハル〱 仏上 三〇オ6 五三 | カハル〱 Ⅰ上 八オ1 | カハル〱 二九オ4 | カハルヽヽ 二七ウ4 | | |

| | | | | | | | |
|---|---|---|---|---|---|---|---|
| カハルカハル | 易 | カハル〳〵 仏中 四六ウ5 九〇 | カハル〳〵 I 上 六三オ3 | カハル〳〵 九五オ7 | | | |
| カハルカハル | 狎 | カハル〳〵 仏下本 一六六ウ3 一三〇 | | | | | |
| カハルカハル | 灾 | カハル〳〵 法下 三三オ2 四三 | | | | | |
| カハルカハル | 更 | カハル〳〵 僧中 二六オ1 五三 | カハル、、 III 下 六五オ6 | | | | |
| カハルカハル | 覂 | カハル〳〵 僧中 三三オ6 六一 | カハル…… III 下 六九オ6 | | | | |
| カハワラウツ | 靶 | カハ禾ラウツ 僧中 四一ウ4 八〇 | | | | | |
| カヒ | 匙 | カヒ 仏中 五四ウ3 一〇六 | カヒ I 上 六八ウ7 | カヒ 一〇二ウ3 | | | |
| カヒ | 觩 | カヒ 仏下本 一八オ4 一三 | | | | | |
| カヒ | 貝 | カヒ 仏下本 八オ6 一三 | | | | | |
| カビ | 穎 | カビ 仏下本 一三オ6 三三 | | | | | |
| カヒ | 頴 | カヒ 仏下本 一六オ8 二九 | | | | | |
| カヒ | 枚 | カヒ 仏下本 一三オ6 四三 | | | | | |
| カビ | 柄 | カビ 仏下本 一三オ8 六一 | | | | | |
| カビ | 柄 | カビ 仏下本 一五六ウ6 一〇 | | | | | |
| カヒ | 匕 | カヒ 法上 四九ウ5 九六 | | | | | |
| カヒ | 匙匕 | | | | | 賀比 和 一三1 | |

| 和訓 | 漢字 | 観智院本 | 蓮成院本 | 高山寺本 | 西念寺本 | 図書寮本 | 備考 |
|---|---|---|---|---|---|---|---|
| ガヒ | 匙 | ・カ・ヒ 法上 五〇オ6 九七 | | | | | |
| カヒ | 稃 | カヒ 法下 八ウ6 四〇 | | | | | |
| カヒ | 穭 | ・カ・ヒ 法下 一三オ7 二二 | | | | | |
| カヒ | 鍉 | ・カ・ヒ 僧上 六七ウ1 三三二 | ・カ・ヒ III 下 四三オ6 | | | | |
| カヒ | 鉊 | カヒ 僧上 七ウ2 一四〇 | カヒ III 下 四六ウ3 | | | | |
| カヒ | 殼 | ・カ・ヒ 僧中 三四ウ8 六六 | ・カ・ヒ III 下 七ウ6 | | | | |
| カヒ | 蠣 | カヒ 僧下 二二オ7 三九 | カヒ III 下 一一〇オ1 (三八) | | | | |
| カヒコ | 夘 | ・カ・ヒ・コ 法下 六八ウ4 三四 | | | | | |
| カヒコ | 鵯 | カヒコ 僧下 一〇オ5 三七 | カヒコ III 下 一〇八ウ5 (三六) | | | | |
| カヒコ | 蠶 | ・カ・ヒ・コ 僧下 一〇ウ5 三八 | ・カ・ヒ・コ III 下 一〇九オ6 (三七) | | | | |
| カヒゴ | 卵 | ・カ・ヒ・コ゛ 僧下 三六オ8 七三 | カヒコ III 下 一四一ウ6 (六九) | | | | |
| カヒダコ | 貝鮹 | ・カ・ヒ・タ・コ゛ 僧下 八オ7 一三 | カヒタコ III 下 九七ウ4 (三五) | | | | |
| カヒタコ | 鰒 | カヒタコ 僧下 九オ3 一五 | カヒタコ III 下 九八ウ1 (三六) | | | | |
| カヒタリ(ブ) | 殕 | ・カ・ヒ・タ・リ(ブ) 法下 六八オ6 一三三 | | | | | |
| カヒツモノ | 貝 | ・カ・ヒ・ツ・ヰ 仏本 八オ6 一三 | | | | | |

| | | | | | |
|---|---|---|---|---|---|
| カヒナ | 肱 | カヒテ(ミ) 仏中 六九オ1 一三五 | | | |
| カヒナ | 肘 | カヒナ 仏中 六五オ8 一二七 | | | |
| カヒノ音セ | 嘶 | カヒノ音セ 仏中 二七ウ1 五二 | | カヒノ音セ 七四ウ7 | |
| カヒハチ | 蚚蜂 | カヒハチ 僧下 一五オ8 二七 | カヒハチ Ⅲ下 一〇三ウ3 (三一) | | |
| カヒルテノキ | 雞冠木 | カヒルテノキ 仏本 四三オ2 八三 | | | |
| カヒロク | 舥 | カヒロク 仏本 三ウ3 四 | | | |
| カヒロク | 可徵力 | カヒロク 僧上 四二ウ4 八二 | | | |
| カヒロク | 轉 | カヒロク 僧中 四八オ2 九三 | カヒロク Ⅲ下 七三ウ5 (一) | | |
| カフ | 代 | カフ 仏上 九ウ8 三 | カフ Ⅰ上 四ウ7 | カフ 七オ7 | カフ 四ウ2 |
| カフ | 博 | カフ 仏上 四二ウ7 八二 | カフ Ⅰ上 二〇オ4 | カフ 四四ウ1 | カフ 四五オ3 |
| カフ | 易 | カフ 仏中 四六ウ5 九〇 | カフ Ⅰ上 六三オ3 | カフ 九五オ7 | |
| カフ | 替 | カフ 仏中 五〇ウ3 九八 | カフ Ⅰ上 六八ウ3 | カフ 九九オ3 | |
| カフ | 貿 | カフ 仏本 九オ2 一五 | | | |
| カフ | 購 | カフ 仏本 九オ8 一五 | | | |
| カフ | 買 | カフ 仏本 九ウ7 一六 | | | |
| カフ | 贖 | カフ 仏本 九ウ8 一六 | | | |

| 和訓 | 漢字 | 観智院本 | 蓮成院本 | 高山寺本 | 西念寺本 | 図書寮本 | 備考 |
|---|---|---|---|---|---|---|---|
| カフ | 贖 | アフ(ミ) 仏下本 九ウ8 一六 | | | | | |
| カフ | 質 | カフ 仏下本 一一オ4 一九 | | | | | |
| カフ | 換 | カフ 仏下本 三八ウ3 七四 | | | | | |
| カフ | 牧 | カフ 仏下末 一三オ8 二三 | | | | | |
| カフ | 弃 | カフ 仏下末 一三オ5 二三 | | | | | |
| カフ | 典 | カフ 仏下末 一四オ2 二五 | | | | | |
| カフ | 沽 | カフ 法上 一一オ5 一九 | カフ Ⅱ中 一〇ウ6 | | | カフ 三〇6 | |
| カフ | 漬 | カフ 法上 一三オ5 二三 | カフ Ⅱ中 二ウ5 | | | | |
| カフ | 阻 | カフ 法中 一一〇ウ7 二一八 | | | | | |
| カフ | 慱 | カフ 法中 四九ウ8 九六 | | | | | |
| カフ | 秣 | カフ 法下 一八オ1 三三 | | | | | |
| カフ | 市 | カフ 法下 二一ウ1 四〇 | | | | | |
| カブ | 殖 | カフ 法下 一六六ウ4 三三〇 | | | | | |
| カフ | 飼 | カフ 僧上 五四オ5 一〇五 | カフ Ⅲ下 三オ6 | | | | |
| カフ | 飣 | カフ 僧上 五四オ5 一〇五 | カフ Ⅲ下 三オ6 | | | | |

| | | | | | | | | | | | | | | | |
|---|---|---|---|---|---|---|---|---|---|---|---|---|---|---|---|
| カフ | カフ | カフ | カフ | カフ | カフ | カフ | カフ | カフ | カフ | カフ | カフ | カフ | カフ | カフ | カフシ |
| 餝 | 餕 | 餉 | 飴 | 養 | 買 | 更 | 變 | 改 | 牧 | 耍 | 離 | 讐 | 尚 | 纙 | 潛 |
| カフ 僧上一五四オ6（一〇五） | カフ 僧上一五四オ7（一〇五） | ・カ・フ 僧上一五四ウ1（一〇六） | カフ 僧上一五五オ5（一〇七） | ・カ・フ 僧上一五七ウ2（一二二） | カフ 僧中二七オ2（二） | ・カフ. 僧中一六八オ1（五三） | ・カフ. 僧中一六八オ4（五三） | ↓カラ | ・カ・フ 僧中三三オ3（六一） | ・カフ. 僧中三三オ7（六一） | ・カ・フ更 僧中一六九ウ3（三六） | ・カフ. 僧中一六八オ6（三三） | カフ 僧下五一オ2（九九） | カ\フ 僧下五六オ7（一〇九） | カフシ 法上一四オ2（二五） |
| カイフ III下三オ7 | ・カ・フ III下三オ7 | | カフ III下三一オ2 | ・カ・フ III下三五オ3 | カフ III下五〇オ2 | ・カフ. III下六五オ5 | ・カフ. III下六五オ7 | カフ III下六八ウ2 | カフ III下六九オ3 | | カフ更 III下九一ウ6（一九） | カフ III下九〇ウ4（一八） | カフ III下一三〇ウ1（五八） | | |
| | | | | | | | | | | | | | | | |
| | | | | | | | | | | | | | | | |
| | | | | | | | | | | | | | | | |
| | | | | | | | | | | | | | | | |

| 和訓 | 漢字 | 観智院本 | 蓮成院本 | 高山寺本 | 西念寺本 | 図書寮本 | 備考 |
| --- | --- | --- | --- | --- | --- | --- | --- |
| カフシ | 笔 | カフシ 僧上 一四ウ7 二六 | | | | | |
| カフス | 稨 | カフ爪 法下 一三ウ4 一四 | | | | | |
| カフチ | 橡 | カフチ 仏本 四九ウ3 九六 | | | | | |
| カブチ | 枸橡 | カフチ 仏本 五四ウ8 一〇六 | | | | | |
| カフト | 冑 | カフト 仏中 五一オ8 九九 | カフト Ⅰ上 六七オ7 | カフト 九九ウ6 | | | |
| カブト | 冑 | カフト 仏中 六〇オ5 一二七 | | | | | |
| カフト | 鑠 | カフト 僧上 六一オ3 一二九 | カフト（イ） Ⅲ下 三七ウ6 | | | | |
| カフト | 鎧 | カフト 僧上 六四オ1 一三五 | カフト（イ） Ⅲ下 四〇ウ2 | | | | |
| カフト | 首鎧 | カフト 僧上 六四オ1 一三五 | | | | | |
| カフト | 鉀 | カフト 僧上 六四オ1 一三五 | カフト Ⅲ下 四〇ウ2 | | | | |
| カフト | 鍪 | カフト 僧上 六四オ4 一三五 | カフト Ⅲ下 四〇ウ4 | | | | |
| カフト | 兜鍪 | カフト 僧上 七一ウ3 一四〇 | カフト Ⅲ下 四六ウ4 | | | | |
| カフラ | 下體 | カフラ 仏本 四四オ6 五 | | | | | |
| カフラ | 蔓菁根 | カフラ 僧上 八オ4 三 | | | | | |
| カフラ | 鏑 | カフラ 僧上 六〇オ5 一二七 | カフラ Ⅲ下 三七オ7 | | | | |

| | | | | | |
|---|---|---|---|---|---|
| カブラミミズ | 白蛭蚓 | カフラミミズ 僧下 一三ウ8 二四 | カフラミミズ Ⅲ下 一〇三オ2 (三〇) | | |
| カフラヤ | 鏑 | カフラヤ 僧上 一六〇オ5 一二七 | カフラヤ Ⅲ下 三七オ7 | | |
| カブラエリ | 鈐 | カフラエリ 僧上 一五八ウ7 一二四 | カフラヱリ Ⅲ下 三七ウ3 | | |
| カフリ | 㲿 | カフリ 法下 四八オ5 九三 | | | |
| カフリノヲ | 縭 | カフリノヲ 法中 六六ウ5 一三〇 | | | |
| カフル | 伇 | カフル 仏上 一〇ウ3 一四 | | カフル 八オ1 | カフル 五オ4 |
| カフル | 復 | カフル 仏上 二三ウ2 三八 | | ↓ヤフル | ↓ヤフル |
| カフル | 瞎 | カフル 仏中 四四オ7 七七 | | | |
| カブル | 冒 | カフル 仏中 四四ウ2 八六 | カフル Ⅰ上 六一オ7 | カフル 九三オ5 | |
| カフル | 㽞 | | カフル Ⅰ上 六一オ7 | カフル 九三オ7 | |
| カフル | 曺 | カフル 仏中 五一オ7 九九 | カフル Ⅰ上 六七オ6 | カフル 九九ウ5 | |
| カブル | 冐 | カフル 仏中 五一ウ3 一〇〇 | カフル Ⅰ上 六七ウ2 | カフル 一〇〇オ1 | |
| カブル | 㩴 | カフル 仏本 三五ウ6 六八 | | | |
| カフル | 播 | カフル 仏本 三八ウ4 七四 | | | |
| カフル | 齩 | カフル 法上 五三オ4 一〇三 | | | |
| カフル | 製 | カフル 法中 七六ウ8 一五〇 | | | |

| 和訓 | 漢字 | 観智院本 | 蓮成院本 | 高山寺本 | 西念寺本 | 図書寮本 | 備考 |
|---|---|---|---|---|---|---|---|
| カフル | 被 | カフル 法下 九 六オ1 | | | | | |
| カフル | 闔 | カフル 法下 八二 四三ウ4 | | | | | |
| カブル | 圄 | カフル 法下 八五 四四オ3 | | | | | |
| カフル | 痏 | カフル 法下 一一六 五九ウ5 | | | | | |
| カフル | 剖 | カフル 僧上 八六 四四ウ4 | カフル Ⅲ下 三三オ4 | | | | |
| カブル | 冒 | カフル 僧中 一〇 六ウ7 | カフル Ⅲ下 四九ウ6 | | | | |
| カブル | 羅 | カフル 僧中 一一 七オ6 | カフル Ⅲ下 五〇オ6 | | | | |
| カフル | 盖 | カフル 僧中 一五 九オ1 | カフル Ⅲ下 五一ウ2 | | | | |
| カフル | [广+咸] | カフル 僧中 三八 二〇ウ7 | ↓ヤフル | | | | |
| カフロ | 个 | カフロ 仏上 八〇 四三ウ6 | カフロ Ⅰ上 一九オ7 | カフロ 四三オ7 | カフロ 四オ1 | | |
| カブロ | 童 | カフロ 法上 九二 四七ウ7 | | | | カフロ 法 一三二 6 | |
| カフロ | [山/几] | カフロ 法上 一二〇 六一ウ3 | | | | | |
| カフロナリ | 秃 | カフロナリ 法下 一五 九オ6 | | | | | |
| カヘ | 椈 | カヘ 仏本 一〇七 五五オ3 | | | | | |
| カヘ | 榧子 | カヘ 仏本 一一〇 五六ウ5 | | | | | |

| | | | | | | | |
|---|---|---|---|---|---|---|---|
| カヘ | 栢 | カヘ 仏下本 二五七ウ6 二二三 | | | | | |
| カベ | 壁 | カヘ 法中 二六オ8 四九 | | | | 加閉 禾 二八1 | |
| カヘ | 堦 | カヘ 法中 二六ウ4 五〇 | | | | | |
| カヘ | 塢 | カヘ 法中 二七オ8 五一 | | | | | |
| カヘ | 塗 | カヘ 法中 三五オ3 六七 | | | | | |
| カヘ | 廱 | カヘ 法下 五四オ4 一〇五 | | | | | |
| カヘサフ | 返 | カヘサフ 仏上 三三ウ4 五八 | カヘサフ Ⅰ上 一〇オ4 | カヘサフ 三一ウ3 | カヘサフ 三〇オ5 | | |
| カヘサウ | 複 | カヘサウ 法中 七一ウ7 一四〇 | | [カヘ]サフ 二〇ウ3 | カヘサフ 一九オ1 | | 高本・西本 復 |
| カヘサフ | 覆 | カヘサフ 法下 三七オ5 七二 | | | | | |
| カヘシ | 訓 | カヘし 法上 三三オ5 六二 | カヘし Ⅱ中 三三ウ7 | | | | |
| カヘス | 復 | カヘス 仏上 三三ウ2 三八 | | カヘス 二〇ウ4 | | | |
| カヘス | 泝 | | カヘス Ⅱ中 一〇ウ2 | | | | |
| カヘス | 渝 | | | | | カヘ爪 三1 | |
| カヘス | 莫肯 | カヘス 仏中 六一オ8 一一九 | | | | | |
| カヘス | 貰 | カヘス 仏下本 九オ6 一五 | | | | | |
| カヘス | 販 | カヘス 仏下本 二一ウ4 二〇 | | | | | |

| 和訓 | 漢字 | 観智院本 | 蓮成院本 | 高山寺本 | 西念寺本 | 図書寮本 | 備考 |
|---|---|---|---|---|---|---|---|
| カヘス | 墾 | カヘス 法中二五ウ6 四八 | | | | | |
| カヘス | 釋 | カヘ爪 法下一四ウ3 二六 | | | | | |
| カヘス | 番 | カヘス 法下一八ウ8 三四 | | | | | |
| カヘスル | 翻 | カヘ爪ル 僧上五一オ3 九九 | | | | | |
| カヘス | 反 | ・カ・ヘス 僧中二七オ7 五一 | ・カ・ヘ爪 Ⅲ下 六四ウ6 | | | | |
| カヘス | 飄 | | ・カ・ヘ・爪 Ⅲ下 一五オ2 (四三) | | | | |
| カヘス | 及 | カヘ爪 僧中二七ウ1 五二 | カヘ爪 Ⅲ下 六四ウ6 | | | | |
| カヘス | 飜 | ・カ・ヘ・爪 僧下一五ウ1 一〇八 | カヘ爪 Ⅲ下 一三八オ4 (六六) | | | | |
| ガヘス | 不肯 | ・カ・ヘス 仏中二六オ8 二九 | | | | | |
| カヘスカヘス | 及 | ・カ・ヘ・爪く 僧中二七オ7 五二 | ・カ・ヘ・爪ゝゝ Ⅲ下 六四ウ6 | | | | |
| カヘデ | 楓 | ・カ・ヘ・テ 僧下二六ウ6 五四 | | | | | |
| カヘデノキ | 鶏冠 | ・カ・ヘ・テ・ノキ 仏下本四三ウ6 八二 | | | | | 「鶏冠木」とすべきか |
| カヘヌリ | 塗工 | カヘヌリ 仏上四一ウ1 七六 | カヘヌリ Ⅰ上 一八ウ2 | カ・ヘヌリ 四一オ2 | カヘヌリ 四一オ3 | | 蓮本 塗畫 |
| カヘリ | 邁 | カヘリ 仏上三〇ウ1 五四 | カヘリ Ⅰ上 八オ4 | カヘリ 二九オ6 | カヘリ 二七ウ6 | | |
| カヘリウツ | 擲倒 | ・カ・ヘ・リ・ウ・ツ 仏下本三〇ウ1 五八 | | | | | |

| | | | | | | | |
|---|---|---|---|---|---|---|---|
| カヘリ(ル)テ | 復 | カヘリ(ル)テ 仏上 三ウ1 三八 | | カヘリ(ル)テ 二〇ウ4 | カヘリテ 一九オ1 | | |
| カヘリテアフ | 倒 | カヘリテ アフ 仏上 一五オ4 三三 | | カヘリテ アフ 一八オ6 | カヘリテ アフ 一〇ウ1 | | |
| カヘリテウタル | 返朴 | カヘリテ ウタル 仏本 四オ6 七九 | | | | | |
| カヘリテヌレヌ | 還淳 | カヘリテ ヌレヌ 法上 三ウ1 四二 | カヘリテ ヌレヌ II 中 三オ4 | | | 加閇利弖 奴礼奴 倭 五四 3 | |
| カヘリフミ | 返抄 | カヘリフミ 仏本 三六ウ8 七〇 | | | | | |
| カヘリマウシ | 賽 | カヘリ マウシ 法下 二五オ7 四七 | | | | | |
| カヘリミ | 企 | カヘリミ 僧中 三オ3 三 | カヘリミ III 下 四七ウ3 | | | | |
| カヘリミル | 復 | カヘリミル 仏上 三ウ2 三八 | | カヘリミル 二〇ウ4 | カヘリミル 一九オ2 | | 復 高本・西本 |
| カヘリミル | 遇 | カヘリミル 仏上 三オ2 五七 | カヘリミル I 上 九ウ4 | カヘリミル 三一オ1 | カヘリミル 二九ウ3 | | |
| カヘリミル | 盯 | カヘリミル 仏中 三ウ7 六四 | カヘリミル I 上 五一オ6 | カヘリミル 八一ウ4 | | | |
| カヘリミル | 睒 | カヘリミル 仏中 二四ウ3 六八 | カヘリミル I 上 五一ウ7 | カヘリミル 八二ウ1 | | | |
| カヘリミル | 眺 | カヘリミル 仏中 三六オ2 七三 | カヘリミル I 上 五五オ6 | カヘリミル 八六オ2 | | | |
| カヘリミル | 睞 | カヘリミル 仏中 三八ウ2 七四 | カヘリミル I 上 五五ウ4 | カヘリミル 八六ウ3 | | | |
| カヘリミル | 眷 | カヘリミル 仏中 三八ウ3 七四 | カヘリミル I 上 五五ウ5 | カヘリミル 八六ウ3 | | | |
| カヘリミル | 睠 | カヘリミル 仏中 三八ウ3 七四 | カヘリミル I 上 五五ウ5 | カヘリミル 八六ウ4 | | | |
| カヘリミル | 瞎 | カヘリミル 仏中 三八ウ4 七四 | カヘリミル I 上 五五ウ5 | カヘリミル 八六ウ4 | | | |

| 和訓 | 漢字 | 観智院本 | 蓮成院本 | 高山寺本 | 西念寺本 | 図書寮本 | 備考 |
|---|---|---|---|---|---|---|---|
| カヘリミル | 省 | ・カヘリミル 仏中 三九ウ7 七六 | カヘリミル I上 五七オ3 | ・カヘ・リミ・ル 八八オ2 | | | |
| カヘリミル | 眚 | ・カヘ・リミル 仏中 四〇オ1 七七 | カヘリミル I上 五七オ5 | カヘリミル 八八オ4 | | | |
| カヘリミル | 眘 | カヘリミル 仏中 四〇オ5 七七 | カヘリミル I上 五七ウ1 | カヘリミル 八八オ7 | | | |
| カヘリミル | 滕 | カヘリミル 仏中 六三ウ1 一二四 | | | | | |
| カヘリミル | 顧 | カヘリミル 仏本 一三オ4 二三 | | | | | |
| カヘリミル | 頤 | カヘリミル 仏本 一四ウ8 二六 | | | | | |
| カヘリミル | 養 | ・カヘ・リミル 僧上 二五七ウ2 三二 | ・カヘ・リミル III下 三五オ3 | | | | |
| カヘリミル | 監 | カヘリミル 僧中 八ウ5 一四 | カヘリミル III下 五オ7 | | | | |
| カヘル | 償 | カヘル 仏上 一四オ1 二二 | | カヘル 一三オ5 | カヘル 九オ3 | | |
| カヘル | 徠 | カヘル 仏上 二四オ8 四二 | | カヘル 二三オ5 | カヘル 二一オ2 | | |
| カヘル | 遷 | カヘル 仏上 二六ウ6 四六 | カヘル I上 五オ1 | カヘル 二五ウ6 | カヘル 二三ウ4 | | |
| カヘル | 退 | カヘル 仏上 二七ウ7 四 | カヘル I上 五ウ5 | カヘル 二六ウ4 | カヘル 二四ウ4 | | |
| カヘルス | 還 | カヘルス 仏上 二八ウ4 五〇 | カヘルス I上 六ウ2 | カヘルス 二七ウ2 | カヘル爪 二五ウ3 | | |
| カヘル | 遝 | | | カヘル 三〇ウ1 | | | |
| カヘル | 迴 | カヘル 仏上 二九オ4 五二 | カヘル I上 七オ1 | ・カヘ・ル 二八オ2 | カヘル 二六オ4 | | |

| | | | | | | | |
|---|---|---|---|---|---|---|---|
| カヘル | 迴 | カヘル 仏上五一 二九オ6 | カヘル Ⅰ上 七オ3 | カヘル 二八オ4 | カヘル 二六オ6 | | |
| カヘル | 逕 | カヘル 仏上五五 三一オ1 | カヘルイ Ⅰ上 八ウ4 | カヘル 二九ウ7 | カヘル 二八ウ1 | | 逕西本 |
| カヘルス | 返 | .カ.ヘルス 仏上五八 三二ウ3 | カヘル Ⅰ上 一〇オ3 | .カ.ヘルス 三一ウ2 | カヘル爪 三〇オ5 | | |
| カヘル | 皈 | カヘル 仏中一〇五 五四オ3 | カヘル Ⅰ上 六九ウ7 | カヘル 一〇二ウ6 | | | |
| カヘル | 眼 | カヘル 仏中一三三 六八オ4 | | | | | |
| カヘル | 脘 | カヘル 仏中一三四 六八ウ8 | | | | | |
| カヘル | 攏 | カヘル 仏下本六六 三四ウ6 | | | | | |
| カヘル | 捉 | .カ.ヘ.ル 仏下本七一 三七オ8 | | | | | |
| カヘル | 播 | カヘル 仏下本七四 三八ウ4 | | | | | |
| カヘル | 掾 | カヘル 仏下本八〇 四一ウ1 | | | | | |
| カヘル | 涂 | カヘル 法上一〇 六ウ1 | カヘル Ⅱ中 八オ4 | | | | |
| カヘル | 渝 | カヘル 法上一〇 六ウ5 | カヘル Ⅱ中 八ウ1 | | | | |
| カヘル | 復 | カヘル 法上一八 一〇ウ7 | カヘル Ⅱ中 一〇ウ1 | | | | |
| カヘル | 汙 | カヘル 法上一九 一一オ1 | | | | | |
| カヘル | 溱 | ↓メクリカヘル | カヘル Ⅱ中 二ウ3 | | | | |
| カヘル | 踐 | カヘル 法上八八 四五ウ5 | | | | | |

| 和訓 | 漢字 | 観智院本 | 蓮成院本 | 高山寺本 | 西念寺本 | 図書寮本 | 備考 |
|---|---|---|---|---|---|---|---|
| カヘル | 帰 | カヘル 法上 九八 五四ウ4 | | | | | |
| カヘル | 班 | カヘル 法中 一四 八ウ5 | | | | | |
| カヘル | 鉀 | カヘル 法中 三〇 一六ウ1 | | | | | |
| カヘル | 息 | カヘル 法中 七一 三七オ2 | | | | | |
| カヘル | 懐 | カヘル 法中 八六 四四ウ3 | | | | | |
| カヘル | 纓 | カヘル 法中 一三四 六三ウ6 | | | | | |
| カヘル | 襲 | カヘル 法中 一四〇 七一ウ5 | | | | | |
| カヘル | 複 | カヘル 法中 一四〇 七一ウ7 | | | | | |
| カヘル | 複 | カヘル 法下 八 五ウ6 | | | | | |
| カヘル | 危 | カヘル 法下 五六 二九ウ1 | | | | | |
| カヘル | 回 | カヘル 法下 八五 四四オ2 | | | | | |
| カヘル | 旋 | カヘル 僧中 二九 一六オ3 | カヘル Ⅲ下 五四ウ5 | | | | |
| カヘル | 及 | カヘル 僧中 五一 二七オ7 | カヘル Ⅲ下 六四ウ6 | | | | |
| カヘル | 更 | カヘル 僧中 五三 二八オ1 | カヘル Ⅲ下 六五オ5 | | | | |
| カヘル | 故 | カヘル 僧中 五四 二八ウ8 | カヘル Ⅲ下 六六オ4 | | | | |

| | | | | | | |
|---|---|---|---|---|---|---|
| カヘル | 變 | カヘル 僧中 三一オ6 五九 | カヘル Ⅲ 下 六八オ7 | | | | 
| カヘル | 鵃 | ・カ・ヘ・ル 僧中 六三ウ5 一二四 | ・カ・ヘ・ル Ⅲ 下 一八六オ7 (一四) | | | |
| カヘル | 蝦蟇 | カヘル 僧下 一一オ6 一九 | カヘル Ⅲ 下 一〇〇オ7 (三八) | | | |
| △カヘル | 蟵 | | カヘル Ⅲ 下 一〇〇オ7 (三八) | | | |
| カヘル | 蟖 | カヘル 僧下 一八オ6 三三 | カヘル Ⅲ 下 一〇六ウ6 (三四) | | | |
| カヘル | 飄 | ・カ・ヘ・ル 僧下 二七オ7 五一 | | | | |
| カヘル | 孵 | ・カ・ヘ・ル 僧下 三八ウ1 七四 | カヘル Ⅲ 下 一四一ウ5 (六九) | | | |
| カヘル | 來 | ・カ・ヘ・ル 僧下 四二オ2 八一 | カヘル Ⅲ 下 一四五ウ7 (七三) | | | |
| カヘルス | 歸 | ・カ・ヘ・ル 仏 僧下 四三ウ3 八四 | カヘル 仏 Ⅲ 下 一三七オ3 (六五) | | | |
| カヘルス | 却 | ・カ・ヘルス 僧下 五六ウ3 一一〇 | カヘル 仏 Ⅲ 下 一四二オ3 (七〇) | | | |
| カヘル | 歸 | ・カ・ヘル 僧下 五八オ5 一一三 | カヘル Ⅲ 下 一三七オ4 (六五) | | | |
| カヘルカヘル | 悛 | カヘル〵 法中 四六オ7 八九 | | | | |
| カヘル井ノコ | 豢豕 | カヘル井ノコ 仏末 一七オ8 二一 | | | | |
| カホ | 皃 | カホ 仏中 五三ウ1 一〇四 | カホ Ⅰ 上 六九オ6 | カホ 一〇一オ6 | | |
| カホ | 顔 | ・カ・ホ 仏本 二三ウ2 二二 | | | | |
| カホ | 額 | カホ 仏本 二三ウ3 二二 | | | | |

備考（變）：蓮本 變

| 和訓 | 漢字 | 観智院本 | 蓮成院本 | 高山寺本 | 西念寺本 | 図書寮本 | 備考 |
|---|---|---|---|---|---|---|---|
| カホ | 頚 | カホ 仏下本 三一一七オ1 | | | | | |
| カホ | 貌 | カホ 仏下末 九六オ3 | | | | | |
| カホアカム | 顔醜 | カホアカム 僧下 五九三三オ1 | カホ・ア・カム Ⅲ下 五七オ1 | | | | |
| カホカタチ | 容 | ・カ・ホ・カ・タチ 法下 五〇三六ウ3 | | | | | |
| カホシナ | 姿 | カホシナ 仏中 二三一三オ3 | カホシナ Ⅰ上 一三オ7 | カホシナ 六〇オ2 | | | |
| カホハセ | 面子 | カホハセ 仏上 七八四三ウ8 | カホハセ Ⅰ上 一八ウ7 | カホハセ 四三ウ2 | カホハセ 四三オ1 | | |
| カホバセ | 面子 | ・カ・ホ・ハ・セ 法上 一〇二五二ウ4 | | | | | |
| カホヨキ女 | 妓 | カホヨキ女 仏中 三一七ウ2 | | カホヨキ女 五四オ5 | | | |
| カホヨシ | 婞 | カホヨシ 仏中 七五オ7 | カホヨシ Ⅰ上 二五ウ1 | カホヨシ 五一ウ6 | カヲヨシ 五二ウ6 | | 蓮本・高本 婞 |
| カホヨシ | 婬 | | カホヨシ Ⅰ上 二五ウ2 | カホヨ[シ] 五一ウ7 | | | |
| カホヨシ | 娙 | カホヨシ 仏中 七五オ8 | カホヨシ Ⅰ上 二五ウ2 | カホヨシ 五四ウ2 | カヲヨシ 五三オ1 | | |
| カホヨシ | 姸 | カホヨシ 仏中 九六オ6 | カホヨシ Ⅰ上 二六ウ1 | カホヨシ 五二ウ7 | カホヨシ 五四オ1 | | |
| カホヨシ | 奸晏 | カホヨシ 仏中 九六オ7 | カヲヨシ Ⅰ上 二六ウ2 | カホヨシ 五二ウ7 | カヲヨシ 五四オ2~1 | | |
| カホヨシ | 妖 | ・カ・ヲヨシ 仏中 二一七オ6 | カホヨシ Ⅰ上 二七オ6 | ・カ・ホヨシ 五三ウ7 | | | |
| カホヨシ | 媛 | ・カ・ホヨシ 仏中 二一七オ7 | カホヨシ Ⅰ上 二七オ6 | ・カ・ホヨシ 五四オ1 | カホヨシ 五五オ3 | | |

| | | | | | | | | | | |
|---|---|---|---|---|---|---|---|---|---|---|
| カホヨシ | 姪 | カホヨし | 仏中 七ウ8 三 | | | | | | | |
| カホヨシ | 好 | カホヨし | 仏中 八ウ2 一四 | カふヨし | Ⅰ上 二八ウ1 | カふらし | 五五オ4 | | | |
| カホヨシ | 妹 | カホヨし | 仏中 九ウ4 一六 | カふヨし | Ⅰ上 二九ウ2 | カふらし | 五六オ6 | | | |
| カホヨシ | 嫮 | カホヨし | 仏中 一〇ウ3 一八 | カホヨし | Ⅰ上 三〇ウ1 | カふらし | 五七オ6 | | | |
| カホヨシ | 羡 | カホヨし | 仏下末 六六オ3 一二九 | | | | | | | |
| カホヨシ | 麗 | カホヨし | 法下 五七オ8 一一一 | | | | | | | |
| カホリ | 香風 | カふり | 僧下 二七オ4 五一 | カふり | Ⅲ下 二五オ1 (四三) | | | | | |
| カホル | 菝越 | カホル | 仏上 三六ウ4 六六 | カふル | Ⅰ上 一三ウ5 | カふル | 三五ウ7 | カふル | 三五オ5 | 蓮本・高本 菝越 西本 菝越 |
| カホル | 燻 | カホル | 仏下末 二六オ2 四九 | | | | | | | |
| カボル | 馥 | カホル | 法下 一五オ4 二七 | | | | | | | |
| カホル | 匂 | カホル | 法下 三〇ウ1 五八 | | | | | | | |
| カホル | 薫 | カホル | 僧上 九オ7 一五 | | | | | | | |
| カホル | 酷烈 | カふル | 僧下 三〇オ1 五七 | カふル | Ⅲ下 五六オ4 | | | | | 蓮本 烈 のみ |
| カホル | 馥 | カふル | 僧下 五六ウ1 一一〇 | | | | | | | |
| カマ | 埃 | カヘ | 法中 三四オ3 六五 | | | | | | | |
| カマ | 窰 | カフ | 法下 三三ウ4 六四 | | | | | | | |

| 和訓 | 漢字 | 観智院本 | 蓮成院本 | 高山寺本 | 西念寺本 | 図書寮本 | 備考 |
| --- | --- | --- | --- | --- | --- | --- | --- |
| カマ | 蒲 | ・カ・ヽ 僧上一〇ウ8 一八 | | | | | |
| カマ | 鎌 | ・カ・ヽ 僧上六五ウ7 一一八 | ↓カナ | | | | |
| カマ | 鎮 | カ丆 僧上六七オ6 一二一 | カ丆 Ⅲ下四三オ3 | | | | |
| カマ | 鐮 | ・カ・丆 僧上六八オ1 一二三 | ・カ・丆 Ⅲ下四三ウ5 | | | | |
| カマ | 鏉 | カヽ 僧上七〇オ1 一二七 | | | | | |
| カマカマシ | 嚚 | カヽくし 仏中二四ウ4 四六 | | カ丆くし 七三オ1 | | | |
| カマカマナリ | 硍 | カヽく ナリ 法中六ウ5 一〇 | | | | | |
| カマシシ | 鹿靈 | ・カ・丆・し・ヽ 法下五七オ5 二二 | | | | | |
| カマチ | 肞 | カ丆チ 仏中六五ウ3 一二八 | | | | | |
| カマチ | 頋 | カヽチ 仏下本一四ウ8 二六 | | | | | |
| カマツカ | 桐 | ・カ・ヽ・ツ・カ・ 仏下本四六ウ6 九〇 | | | | | |
| カマツカ | 鮇 | ・カヽ・ツ・カ 僧下五ウ2 八 | ・カ・丆・ツ・カ・ Ⅲ下九五オ1（三三） | | | | |
| カマツケ | 伏龍肝 | ・カ・ヽ・ツケ 仏中六二ウ8 一二三 | | | | | |
| カマト | 烟 | カ丆ト 仏下末二一オ1 三九 | | | | | |
| カマト | 竈 | カ丆ト 法下三三ウ4 六四 | | | | | |

| | | | | | | |
|---|---|---|---|---|---|---|
| カマナ | 芙 | カマナ 僧上 一三オ2 二三 | | | | |
| カマノアカ | 煤 | アマノアカ（ミ） 仏末 三三オ4 四一 | | | | |
| カマノキ | 草 | カマノキ 僧上 二一ウ1 三〇 | | | | |
| カマノハナ | 蒲黄 | ・カマノハナ 僧上 一〇ウ8 一八 | | | | |
| カマヒスシ | 市人 | カマヒスシ 仏上 三〇ウ8 三四 | | カマヒスシ 一八ウ6 | カマヒスシ 一七オ1 | |
| カマビスシ（ミ） | 聒 | カマヒスシ（ミ） 仏中 一二オ7 一 | カマヒスシ（ミ） I上 二二ウ7 | カマヒスシ（ミ） 四八オ2 | カマヒスシ（ミ） 四九オ5 | |
| カマヒスシ | 耴 | カマヒスシ 仏中 一二オ8 一 | カマヒスシ I上 二二ウ7 | カマヒスシ 四八オ3 | カマヒスシ 四九オ6 | |
| カマヒスシ | 姦 | カマヒスシ 仏中 六オ8 九 | カマヒスシ I上 二六ウ2 | カマヒスシ 五三オ1 | カマヒスシ 五四オ2 | |
| カマビスシ | 咜 | カマヒスシ 仏中 一五オ1 二七 | カマヒスシ I上 四二オ4 | カマヒスシ 六九ウ4 | | |
| カマヒスシ | 嘩 | カマヒスシ 仏中 一六ウ6 三〇 | カマヒスシ I上 三五ウ6 | カマヒスシ 六三ウ6 | | 嘩 高本 |
| カマビスシ | 喧嘩 | カマヒスシ 仏中 一六ウ6 三〇 | カマヒスシ I上 三五ウ6 | カマヒスシ 六三ウ7 | | 喧嘩 高本 |
| カマヒスシ | 噌 | カマヒスシ 仏中 一八オ2 三三 | カマヒスシ I上 三七オ1 | カマヒスシ 六五オ3 | | |
| カマヒスシ | 嘈 | カマヒスシ 仏中 一八オ3 三三 | カマヒスシ I上 三七オ1 | カマヒスシ 六五オ4 | | 嘈 蓮本・高本 |
| カマヒスシ | 啾 | カマヒスシ 仏中 二三ウ5 四二 | カマヒスシ I上 四一オ4 | カマヒスシ 六九ウ7 | | |
| カマヒスシ | 噂 | カマヒスシ 仏中 二三オ1 四三 | カマヒスシ I上 四一ウ1 | カマヒスシ 七〇オ5 | | |
| カマヒスシ | 罵 | カマヒスシ 仏中 二四ウ4 四六 | カマヒスシ I上 四三オ2 | カマヒスシ 七二オ1 | | |

| 和訓 | 漢字 | 観智院本 | 蓮成院本 | 高山寺本 | 西念寺本 | 図書寮本 | 備考 |
|---|---|---|---|---|---|---|---|
| カマヒスシ | 買 | カテヒスシ 仏中 四六 二四ウ6 | カマヒスシ I上 四三オ4 | | | | |
| カマヒスシ | 買品 | カテヒスシ 仏中 四六 二四ウ6 | カマヒスシ I上 四三オ4 | カテヒスシ 七三オ3 | | | |
| カマヒスシ | 喧 | カテヒスシ 仏中 四六 二四ウ7 | カマヒスシ I上 四三オ4 | カテヒ爪シ 七三オ3 | | | |
| カマヒスシ | 叩 | カテヒスシ 仏中 四六 二四ウ7 | カマヒスシ I上 四三オ5 | カテヒ爪シ 七三オ4 | | | |
| カマヒスシ | 囀 | カテヒスシ 仏中 五一 二七オ7 | カマヒスシ I上 四五ウ3 | カテヒスシ 七四ウ6 | | | |
| カマヒスシ | 吴 | カテヒスシ 仏中 六二 三三ウ5 | カテヒスシ I上 五〇ウ3 | カマヒスシ 八〇オ7 | | | |
| カマヒスシ | 聒 | カマヒスシ 仏中 六八 三五ウ8 | カテヒスシ I上 五三オ4 | カテヒ爪シ 八三ウ5 | | | |
| カマヒスシ | 聒 | カテヒスシ 仏中 七四 三八ウ8 | カテヒスシ I上 五六オ3 | カテヒ爪シ 八七オ1 | | | |
| カマヒスシ | 譆 | カマヒスシ 法上 四八 二五ウ1 | | | | | |
| カマヒスシ | 讙 | カマヒスシ 法上 五〇 二六ウ7 | カマヒ爪シ II中 二七オ6 | | | | |
| カマヒスシ | 諠 | カマヒスシ 法上 五〇 二六ウ8 | カテヒスシ II中 二七オ7 | | | カテヒ爪シ 八二 3 | |
| カマヒスシ | 讙 | カマヒスシ 法上 五〇 二六ウ8 | カマヒスシ II中 二七オ7 | | | | |
| カマヒスシ | 譁 | カマヒスシ 法上 五一 二七オ5 | カマヒスシ II中 二七ウ4 | | | | |
| カマヒスシ | 諠譁 | カマヒスシ 法上 五一 二七オ6 | カマヒスシ II中 二七ウ5 | | | | |
| カマヒスシ | 訩 | カマヒスシ 法上 五三 二八オ2 | カマヒスシ II中 二八ウ2 | | | | |

| | | | | | | |
|---|---|---|---|---|---|---|
| カマヒスシ | 諂 | カマヒスシ 法上 三四オ3 六五 | カマヒスシ II中 三四ウ4 | | | |
| カマヒスシ | 磕 | カマヒスシ 法中 二ウ4 二 | | | | |
| カマヒスシ | 戾 | カマヒスシ 法下 四九ウ8 九六 | | | | |
| カマミスシ | 讙 | | | | | カマミスシ 列 八一7 |
| カマミスシ | 譁 | | | | | カマミスシ 切 八二3 |
| カマヒヒラキ | 巴戟天 | カマヒ、ラキ 仏末 一七オ6 三一 | | | | |
| カマフ | 倏 | カマフ 仏上 三オ2 三七 | | カマフ 一〇オ4 | カマフ 一八ウ2 | |
| カマフ | 倫 | | | カマフ 二オ7 | | |
| カマフ | 逋 | カマフ 仏上 二六オ4 四九 | カマフ I上 六オ3 | カマフ 二七オ1 | カマフ 二五オ2 | |
| カマフ | 喤 | カマフ 仏中 二六オ7 五三 | カマフ I上 四六オ1 | カマフ 七五ウ5 | | |
| カマフ | 揲 | カマフ 仏下本 三七オ6 五一 | | | | |
| カマフ | 捎 | カマフ 仏下本 三七オ7 五一 | | | | |
| カマフ | 擺 | カマフ 仏下本 三七ウ3 五二 | | | | |
| カマフ | 摧 | カマフ 仏下本 三七オ4 七一 | | | | |
| カマフ | 機 | カマフ 仏下本 四〇オ6 七七 | | | | |
| カマフ | 探 | カマフ 仏下本 四一ウ7 八〇 | | | | |

| 和訓 | 漢字 | 観智院本 | 蓮成院本 | 高山寺本 | 西念寺本 | 図書寮本 | 備考 |
|---|---|---|---|---|---|---|---|
| カマフ | 架 | カマフ 仏下本 一〇三 五三オ3 | | | | | |
| カマフ | 構 | カマフ 仏下本 一〇八 五五ウ5 | | | | | |
| カマフ | 栫 | カマフ 仏下本 一二〇 六〇ウ8 | | | | | |
| カマフ | 講 | カマフ 法上 五六 二九ウ8 | カマフ Ⅱ中 三〇ウ1 | | | カテフ 18 九二 6 | |
| カマフ | 諮 | カマフ 法上 七〇 三六ウ8 | | | | | |
| カマフ | 靖 | カマフ 法上 九二 四七ウ2 | | | | | |
| カマフ | 齒査 | カマフ 法上 一〇三 五三オ5 | | | | | |
| カマフ | 齡 | カマフ 法上 一〇五 五四オ2 | | | | | |
| カマフ | 齒此 | カマフ 法上 一〇五 五四オ3 | | | | | |
| カマフ | 墾 | カマフ 法中 四八 二五ウ7 | | | | カテフ 三八 6 | |
| カマ（ナ）フ | 怨 | カマ（ナ）フ 法中 八七 四五オ5 | | | | | |
| カマフ | 結 | カテフ 法中 一二一 六二オ1 | | | | | |
| カマフタ | 罰 | カマフタ 僧中 二一 一七オ5 | カテフタ Ⅲ下 五〇オ4 | | | | |
| カミ | 伯 | カミ 仏上 九 八オ3 | カミ Ⅰ上 三ウ5 | カミ 六オ5 | カミ 二ウ3 | | 蓮本 阿伯 高本西本 伯 |
| カミ | 上 | カミ 仏上 七四 四〇ウ3 | カミ Ⅰ上 一七オ5 | カミ 四〇オ7 | カミ 四〇オ2 | | |

| 見出し | 漢字 | 和訓・出典 | | | |
|---|---|---|---|---|---|
| カミ | 正 | カミ 仏上 四〇ウ8 七四 | カミ I上 一七オ7 | カミ 四ウ3 | カミ 四ウ1 | カミ 去 一三二1 |
| カミ | 督 | カミ 仏中 四五オ7 八七 | カミ I上 六三オ1 | カミ 九四オ3 | | |
| カミ | 賊 | カミ 仏下本 一〇ウ2 二〇 | | | | |
| カミ | 頭 | カミ 仏下本 一三オ8 二二 | | | | |
| カミ | 髮 | カミ 仏下本 一九オ8 三五 | | | | |
| カミ | 鬋 | カミ 仏下本 二〇オ6 三七 | | | | |
| カミ | 鬆 | カミ 仏下本 二〇ウ2 三八 | | | | |
| カミ | 正 | カミ 法上 五〇ウ5 九八 | | | | |
| カミ | 紙 | カミ 法中 六九オ6 一三五 | | | | 賀美 禾 三五4 |
| カミ | 神 | カミ 法下 一二オ3 一 | | | | |
| カミ | 祇 | カミ 法下 一二ウ2 二 | | | | |
| カミ | 神 | カミ 法下 一二ウ4 二 | | | | |
| カミ | 向 | カミ 法下 二〇ウ5 四〇 | | | | |
| カミ | 高 | カミ 法下 二三オ2 四三 | | | | |
| カミ | 守 | カミ 法下 二六オ3 五三 | | | | |
| カミ | 靈 | カミ 法下 三四ウ2 六六 | | | | |

| 和訓 | 漢字 | 観智院本 | 蓮成院本 | 高山寺本 | 西念寺本 | 図書寮本 | 備考 |
|---|---|---|---|---|---|---|---|
| カミアゲ | 神今食 | カミアケ 僧上五三ウ6 一〇四 | カミアケ III下三三オ1 | | | | |
| カミヲコシナ | 芺 | カミヲコ／シナ 僧上一三オ2 三三 | | | | | |
| カミオツ | 霹靂 | カミオツ 法下三四ウ6 六六 | | | | | |
| カミガキ／ムウ（カミウガキイ） | 㕞 | カミカキ／ムウイ 僧中一七オ6 五一 | カミカ\／ムウイ III下六四ウ5 | | | | |
| カミガキ | 纛 | カミカキ 僧下五四オ6 一〇五 | カミカ\ III下一三五ウ1（六三） | | | | |
| カミキリムシ | 蟷蠰 | カミキリ／ムシ 僧下一〇オ8 一七 | カミキリ／ムシ III下九九オ7（三七） | | | | |
| カミキリムシ | 蠰 | カミキリ／ムシ 僧下一〇ウ1 一八 | | | | | |
| カミキリムシ | 蟫 | カミキリ／ムシ 僧下一三オ7 二二 | カミ\リ／ムシ III下一〇一オ1（三九） | | | | |
| カミキル | 鬋 | カミキル 仏本一九オ2 三五 | | | | | |
| カミキル | 剔 | カミキル 僧上四五ウ4 八八 | カミ\ル III下一四オ1 | | | | |
| カミシラフ | 嗑 | カ\ミレラフ 仏中一三ウ2 四四 | | カ\ミしラフ 七〇ウ5 | | | |
| カミスハリ | 險 | カミスハリ 法中二四ウ3 四六 | | | | | |
| カミゼニ | 紙錢 | カミセニ 僧上六六ウ7 一三〇 | カミセニ III下四三ウ6 | | | | |
| カミソク | 鬌 | カミソ、ク 仏本二〇ウ2 三八 | | | | | |
| カミゾリ | 剃刀 | カミソリ 僧上四八オ8 九三 | カミソリ III下二六ウ1 | | | | |

| | | | | | | |
|---|---|---|---|---|---|---|
| カミツヒケ | 髭 | カミツヒケ 仏下本 一九ウ7 三六 | | | | |
| カミトキ | 霹靂 | カミトキ 法下 三四ウ7 六六 | | | | |
| カミトテヒク | 蹴 | カミトテヒク 法上 四四オ1 八五 | | | | |
| カミナ | 寄居子 | カミナ 法下 七〇オ8 一三七 | | | | 観本 寄居と誤 |
| カミナキ | 巫 | カミナリ(ミ) 仏上 四三オ7 七七 | カミナ〳 I上 一八ウ2 | カミナキ 四三オ1 | カミナキ 四三オ5 | |
| カミナキ | 妭 | カミナキ 仏中 一七オ7 二一 | | カミナキ 五四オ1 | カミナキ 五五オ4 | |
| カミナラス | 囓 | カミナラス 仏中 二五ウ1 四八 | カミナラス I上 四三ウ6 | | | |
| カミナラス | ⿰口归嚙 | | | カミナラ爪 七二ウ7 | | |
| カミノスヱ | ⿸髟胥 | カミノスヱ 仏下本 二〇オ6 三七 | | | | |
| カミノネ | 髪 | カミノネ 仏下本 二〇オ8 三七 | | | | |
| カミノヤガラ | 赤箭 | カミノヤカラ 僧上 三六オ8 六九 | カミノヤカラ Ⅲ下 一五オ6 | | | |
| カミハム | 咀嚾 | カミハム 仏中 一七ウ5 三二 | カミハム I上 三六ウ4 | カミハム 六四ウ6 | | |
| カミフト | 高 | カミフト 法下 三三オ2 四三 | | | | |
| カミミニクシ | ⿸髟青 | カミヽニクレ 仏下本 二〇ウ2 三八 | | | | |
| カミユヒタツ | ⿸髟戠⿸髟巠 | カミユヒタツ 仏下本 二〇ウ5 三八 | | | | |
| カム | 咺 | カム 仏中 一七ウ4 三二 | カム I上 三六ウ4 | カム 六四ウ6 | | |

| 和訓 | 漢字 | 観智院本 | 蓮成院本 | 高山寺本 | 西念寺本 | 図書寮本 | 備考 |
|---|---|---|---|---|---|---|---|
| カム | 呋 | カム 仏中一八ウ1 三四 | | | | | |
| カム | 咬 | | カム I上三七オ7 | カム 六五ウ4 | | | |
| カム | 嚌 | ・カ\・ム 仏中一九ウ3 三六 | カム I上三八オ6 | ・カ・ム 六六ウ6 | | | |
| カム | 喤 | カム 仏中二三ウ5 四二 | カム I上四一オ5 | カム 七〇オ1 | | | |
| カム | 嗑 | カ\ム 仏中二三ウ2 四四 | | カ\ム 七〇ウ5 | | | |
| カム | 囓 | カム 仏中二五ウ1 四八 | カム I上四三ウ6 | カム 七三ウ7 | | | 高本 囓 嚙 |
| カム | 噬 | カム 仏中二七ウ7 五二 | カム I上四六オ2 | カム 七五オ6 | | | |
| カム | 嚼 | カム 仏中二九オ3 五五 | カム I上四七オ4 | ・カ・ム 七六ウ2 | | | 蓮本 嚼 嗺 |
| カム | ⿰口皃 | カ\ム 仏中三三オ1 六三 | カム I上五〇ウ5 | カ\ム 八〇ウ4 | | | |
| カム | 䶘 | カム 法上五三オ2 一〇三 | | | | | |
| カム | 齵 | カム 法上五三オ2 一〇三 | | | | | |
| カム | 齩 | カム 法上五三オ3 一〇三 | | | | | |
| カム | 齧 | ・カ・ム 法上五三ウ2 一〇四 | | | | | |
| カム | 齬 | カム 法上五四ウ1 一〇六 | | | | | |
| カム | 釀 | ・カ・ム 僧下三〇ウ6 五八 | ・カ・ム III下五六ウ6 | | | | |

| | | | | | | | |
|---|---|---|---|---|---|---|---|
| カム | 醞 | カム 僧下 三ウ1 六〇 | カム Ⅲ下 五七オ5 | | | | |
| カムカフ | 啓 | カムカフ 仏中 二ウ7 四〇 | カムカフ Ⅰ上 四〇ウ2 | カムカウフ 六九オ2 | | | |
| カムカフ | 昝 | カムカフ 仏中 五一ウ2 一〇〇 | カムカフ Ⅰ上 六七ウ2 | カムカフ 九九ウ7 | | | |
| カムガフ | 校 | カムカフ 仏本 二六ウ6 五〇 | | | | | |
| カムカフ | 扶 | カムカフ 仏本 二七オ1 五一 | | | | | |
| カムカフ | 扞 | カムカフ 仏本 二七オ8 五一 | | | | | |
| カムガフ | 撿 | カムカフ 仏本 二八オ8 五三 | | | | | |
| カムカフ | 操 | カムカフ 仏本 二九ウ3 五六 | | | | | |
| カムガフ | 格 | カムカフ 仏本 三四オ2 六五 | | | | | |
| カムカフ | 核 | カムカフ 仏本 三五オ1 六七 | | | | | |
| カムカフ | 押 | カムカム 仏本 三八ウ2 七四 | | | | | |
| カムガフ | 括 | カムカフ 仏本 四〇オ5 七七 | | | | | |
| カムガフ | 案 | カムカフ 仏本 五七オ3 一一二 | | | | | |
| カムカフ | 猜 | カムカフ 仏本 六六オ7 一二九 | | | | | |
| カムカフ | 誥 | カムカフ 法上 二六オ8 四九 | カムカフ Ⅱ中 二六ウ6 | | | | |
| カムカフ | 講 | カムカフ 法上 二九ウ8 五六 | カムカフ Ⅱ中 三〇ウ1 | | | カムカフ 巽 九二6 | |

| 和訓 | 漢字 | 観智院本 | 蓮成院本 | 高山寺本 | 西念寺本 | 図書寮本 | 備考 |
| --- | --- | --- | --- | --- | --- | --- | --- |
| カムカフ | 計 | カムカフ 法上三ウ8 六〇 | カムカフ Ⅱ中三ウ1 | | | | |
| カムカフ | 纆 | カムカフ 法中六四ウ1 一三六 | | | | | |
| カムカフ | 馥 | カムカフ 法下一五オ4 一二七 | | | | | |
| カムカフ | 覈 | カムカフ 法下三五ウ7 六八 | | | | | |
| カムカフ | 閲 | カムカフ 法下三九ウ2 七六 | | | | | |
| カムカフ | 効 | カムカフ 僧上四三ウ2 八二 | カムカフ Ⅲ下二ウ2 | | | | |
| カムガフ | 勘 | カムカフ 僧上四三ウ4 八四 | カムカフ Ⅲ下三ウ1 | | | | |
| カムカフ | 鈴 | カムカフ 僧上一〇〇ウ3 二一八 | カムカフ Ⅲ下三七ウ4 | | | | |
| カムカフ | 效 | カムカフ 僧中二八ウ6 五四 | カムカウ Ⅲ下六六オ2 | | | | |
| カムカフ | 敦 | カムカフ 僧中三〇オ5 五七 | カムカウ Ⅲ下六八ウ6 | | | | |
| カムカフ | 軽 | カムカフ 僧中四四オ7 八五 | | | | | |
| カムガフ | 驗 | カムカフ 僧中五六ウ2 一一〇 | カムカフ Ⅲ下八〇ウ4 (八) | | | | |
| カムカフ | 晢 | カムカフ 僧下三四オ3 六五 | | | | | |
| カムカフ | 賾 | カムカフ 僧下四九オ3 九五 | カムカフ Ⅲ下一三五ウ4 (六三) | | | | |
| カムカフ | 考 | | カムカフ Ⅲ下一三六オ2 (六四) | | | | |

| | | | | | |
|---|---|---|---|---|---|
| カムカフ | 粂 | カムカフ 僧下 五一ウ5 一〇〇 | カムカフ III 上 一四七オ7 (七五) | | |
| カムサキ | ［金穿］ | カムサヘ 僧上 六三オ3 一三三 | | | |
| カムザシ | 簪 | カムサシ 僧上 三三ウ4 六二 | カンサシ III 上 一三オ4 | | |
| カムザシス | 笄 | カムサシス 僧上 三四ウ2 六六 | カムサシ III 上 一三ウ5 | | |
| カムサシ | 釫 | カムサシ 僧上 六六オ5 一三一 | | | |
| カムサシ | ［金穿］ | カムサシ 僧上 六三オ3 一三三 | カムサシ III 上 三九ウ7 | | |
| カムザシス | 釵 | カムサシ爪 僧上 六三ウ2 一二四 | カムサシ爪 III 上 四〇オ5 | | |
| カムザシス | 鎦 | カムサシ爪 僧上 六四ウ5 一二六 | カムサシ III 上 四一オ3 | | |
| カムサシス | 纓 | カムサレス 法中 六六オ7 一二九 | | | |
| カムジ | 柑子 | カムシ 仏本 四三ウ1 八四 | | | |
| カムジノサネ | 李衡 | カムシノサ子 仏本 四五オ3 八七 | | | |
| カムセミ | 𧕎 | カムセミ 僧下 三三ウ5 二三 | カムセミ III 下 一〇オ6 (二九) | | |
| カムセミ | 寒蜩 | カムセミ 僧下 一五ウ2 二八 | | | |
| カムセミ | 寒蚍 | | カムセミ III 下 一三ウ1 (三二) | | |
| △カムセミ | 寒螿 | カムセミ 僧下 一五ウ2 二八 | カムセミ III 下 一三ウ1 (三二) | | |
| カムタチ | 麺 | カムタチ 仏上 三六ウ6 六六 | カムタチ I 上 二三ウ6 | カムタチ 三六オ1 | カムタテ 三五ウ1 |

| 和訓 | 漢字 | 観智院本 | 蓮成院本 | 高山寺本 | 西念寺本 | 図書寮本 | 備考 |
|---|---|---|---|---|---|---|---|
| カムタチ | 趜 | カムタチ 仏上 三八オ3 六九 | カムタチ Ⅰ上 一五オ2 | カムタチ 三七オ6 | カムタチ 三七オ2 | | |
| カムダチ | 麴 | ・カ・ム‥タ・チ 仏上 三九オ6 七一 | カムタチ Ⅰ上 一六オ5 | ・カ・ム‥タ・チ 三八ウ6 | カムタチ 三八ウ2 | | |
| カムタチ | [走+正] | カムタムチ 仏上 三九オ8 七一 | カムタチ Ⅰ上 一六オ6 | カムタチ 三九オ1 | カムタチ 三八ウ3 | | |
| カムダチ | 麺 | ・カ・ム‥タ・チ 仏上 三九オ8 七一 | カムタチ Ⅰ上 一六オ6 | ・カ・ム‥タ・チ 三九オ1 | ・カムタチ 三八ウ3 | | |
| カムタチ | 糆 | カムタチ 法下 一六ウ4 三〇 | | | | | |
| カムタチ | 女菊 | ・カ・ムタチ 僧上 二四ウ7 四六 | カムタチ Ⅲ下 三オ5 | | | | |
| カムタチ | 飼 | カムタチ 僧上 五七ウ4 一二二 | カムタチ Ⅲ下 三五オ5 | | | | |
| カムヅカタ | 以上 | ・カ・ム‥ツ・カ・タ 仏上 四〇ウ4 七四 | カムツカタ Ⅰ上 一七オ5 | ・カ・ム‥ツ・カ・タ 四〇ウ1 | カムツカタ 四〇オ4 | | |
| カムツツミス | 縦 | ・カ・ムツ、ミス 法中 六八ウ4 一三四 | | | | | |
| ガムツツミス | 纚 | ・カ・ム・ツ、ミル(ミ) 法中 六六オ5 一二九 | | | | | |
| カムツユムハリ | 上弦 | カ・ムツユムハリ 僧中 一四オ3 二五 | カ・ムツユミハリ Ⅲ下 二三オ2 | | | | |
| カムドモ | 神部 | | | | | ・カ・ム‥ト・モ 一七九1 | |
| カムナキ | 覡 | カムナキ 仏中 四二ウ4 八二 | カムナヽ Ⅰ上 五九ウ2 | カムナキ 九オ5 | | | |
| カムニベ | 神常 | ・カ・ム・ニ‥ヘ 僧下 四二ウ7 八二 | ・カ・ム・ニ・ヘ Ⅲ下 一六ウ6 (五四) | | | | |
| カムバタ | 綺 | ・カ・ム‥ハ・タ 法中 六八ウ1 一三四 | | | | ・加・牟‥波・太 禾 三〇七1 | |

| 見出し | 字 | 訓 | 出典 | 訓 | 出典 |
|---|---|---|---|---|---|
| カメ | 亀 | カメ | 仏末 一九オ1 三五 | | |
| カメ | 瓶 | カメ | 僧中 一〇オ3 一七 | カメ | Ⅲ下 二八ウ2 (四六) |
| カメ | 甖 | カメ | 僧中 一〇オ6 一七 | カメ | Ⅲ下 二八ウ3 (四六) |
| カメ | 瓴 | カメ | 僧中 一〇オ7 一七 | カメ | Ⅲ下 二八ウ4 (四六) |
| カメ | 甕 | カメ | 僧中 一一オ6 一九 | カメ | Ⅲ下 二九ウ3 (四七) |
| カメ | 缾 | カメ | 僧中 一三オ2 二三 | カメ | Ⅲ下 三三オ7 (四九) |
| カメ | 鼈 | カメ | 僧下 五ウ8 八 | カメ | Ⅲ下 九五オ5 (一三三) |
| カメ | 蚵 | カメ | 僧下 一四オ5 二五 | | |
| カメ | 龜 | カメ | 僧下 二四オ4 四五 | カメ | Ⅲ下 一二三オ7 (一四〇) |
| カメバラ | 瘢瘕 | カメハラ | 法下 六四オ6 二五 | | |
| カモ | 毳 | カモ | 僧上 五一ウ6 一〇〇 | カモ | Ⅲ下 三〇オ2 |
| カモ | 毹 | カモ | 僧上 五一ウ7 一〇〇 | カイモ | Ⅲ下 三〇オ3 |
| カモ | 氍 | カモ | 僧上 五一ウ8 一〇〇 | カモイ | Ⅲ下 三〇オ3 |
| カモ | ⿰甦毛 | カモ | 僧上 五一ウ8 一〇〇 | | |
| カモ | ⿰登毛 | カモ | 僧上 五二オ3 一〇一 | カモイ | Ⅲ下 三〇オ6 |
| カモ | 氈 | カモ | 僧上 五二ウ1 一〇二 | カモ | Ⅲ下 三〇ウ4 |

| 和訓 | 漢字 | 観智院本 | 蓮成院本 | 高山寺本 | 西念寺本 | 図書寮本 | 備考 |
|---|---|---|---|---|---|---|---|
| カモ | ⿱従毛 | カモ 僧上五三オ2 一〇三 | カモ Ⅲ下三オ4 | | | | |
| カモ | 毯 | カモ 僧上五三オ8 一〇三 | カモ Ⅲ下三ウ2 | | | | |
| カモ | 釭 | カモ 僧上六三ウ6 一二二 | カモ Ⅲ下三九ウ2 | | | | |
| カモ | 鴨 | カモ 僧中五八ウ2 一一四 | カモ Ⅲ下八二オ6 (一〇) | | | | |
| カモ | 鶩 | カモ 僧中六〇オ6 一一七 | カモ Ⅲ下八三ウ3 (一二) | | | | |
| カモ | 鳧鷖 | カモ 僧中六六ウ1 一三〇 | カモ Ⅲ下八四ウ3 (一三) | | | | |
| カモ | 鸂 | カモ 僧中六三ウ7 一二四 | カモ Ⅲ下八六ウ3 (一四) | | | | |
| カモ | 鳥乃 | カモ 僧中六四オ6 一二五 | カモ Ⅲ下八七オ1 (一五) | | | | |
| カモウリ | 菰 | カモウリ 僧上三〇ウ3 五八 | カモウリ Ⅲ下九ウ5 | | | | |
| カモウリ | 冬瓜 | カモウリ 僧中四オ3 五 | カモウリ Ⅲ下一二七オ1 (四五) | | | | |
| カモエ | 鴨柄 | カモエ 仏本五六ウ7 一一〇 | | | | | |
| カモノクソ | 鴨通 | カモノクソ 僧中五八ウ3 一一四 | カモノクソ Ⅲ下八二オ7 (一〇) | | | | |
| カモメ | 獨 | カモメ 仏本六六ウ4 一三〇 | | | | | |
| カモメ | 鷗 | カモメ 僧中五九オ8 一一五 | カモメ Ⅲ下八三オ1 (一二) | | | | |
| カモメ | 江鷰 | カモメ 僧中六六ウ6 一三〇 | カモメ Ⅲ下八九オ4 (一七) | | | | |

| | | | | |
|---|---|---|---|---|
| カモヲ | 鰕 | ・カ・モ・ヲ 僧下 四 三ウ5 | カモヲ III 下 (二三) 九三オ4 | |
| カヤ | 嗓 | かヽヤ 仏中 四七 二五オ2 | | ↓ かヽヤくヽノナクソ |
| カヤ | 萱 | カヤ 僧上 八 五ウ6 | | |
| カヤ | 萱 | ・カ・ヤ 僧上 四三 三三オ5 | | |
| カヤクキ | 鶖鶴 | カヤクキ 僧中 一二一 五七オ6 | | |
| カヤクキ | 鶖 | | カヤクヽ III 下 (九) 八一オ4 | |
| カヤクキ | 鶖鶴 | かヽヤクキ 僧中 一二一 五七オ6 | | |
| カヤグキ | 鶏 | ・カ・ヤ・ツ・キ 僧中 一二七 六〇オ2 | ・カ・ヤ・ツヽ・ III 下 (一二) 八三ウ1 | |
| カヤクキ | 鴎 | カヤクキ 僧中 一三一 六二オ1 | カヤクヽ III 下 (一三) 八五オ2 | |
| カヤクキ | 鴟 | かヽヤクキ 僧中 一三五 六四オ7 | カヤクヽ III 下 (一五) 八七オ3 | |
| カヤクキノナクソ | 嗓 | ↓ カヤ | | かヽヤくヽノナクソ 七二オ6 |
| カヤリ火 | 蚊遣火 | カヤリ火 仏末 三六 一九ウ2 | | |
| カユ | 廰 | ・カ・ユ 法下 三一 一七オ7 | | |
| カユ | 廰 | ・カ・ユ 法下 九九 五一オ7 | | |
| カユ | 鍬 | カユ 僧上 一〇四 五三ウ8 | | |
| カユ | 饘 | カユ 僧上 一一一 五七オ2 | カユ III 下 三四ウ3 | |

| 和訓 | 漢字 | 観智院本 | 蓮成院本 | 高山寺本 | 西念寺本 | 図書寮本 | 備考 |
|---|---|---|---|---|---|---|---|
| カユ | 粥 | カユ 僧中 二五 一四オ4 | カユ III下 五三オ2 | | | | |
| カユクチ | 憬 | カユクチ 仏末 四 三ウ5 | | | | | |
| カユシ | 痒 | ・カ・ユ・シ 法下 一一五 五九オ1 | | | | | |
| カユシ | 癢 | ・カ・ユ・シ 法下 一一五 五九オ1 | | | | | |
| カヨハス | 達 | カヨハス 仏上 五二 二九ウ1 | カラハシ I上 七オ5 | ・カ・ラ・ハス 二八オ6 | カラハ爪 二六ウ2 | | |
| カヨハス | 闌 | ・カ・ヨハ爪 法下 七四 三八ウ8 | | | | | |
| カヨハス | 䵄 | カヨハス 僧下 八五 四四オ7 | カラハ爪 III下 三四オ1（六三） | | | | |
| カヨハス | 䵑 | カラハ爪 僧下 九一 四七オ4 | カラハ爪 III下 三五オ3（六三） | | | | |
| カヨヒアリク | 暢 | カヨヒアリク 僧下 一〇五 五四オ3 | | | | | |
| カヨフ | 逗 | カヨフ 仏上 五二 二九ウ6 | カラフ I上 七ウ1 | カラフ 二八ウ3 | カヨフ 二六ウ6 | | |
| カヨフ | 遍 | カヨフ 仏上 五六 三一ウ4 | カラフ I上 九オ7 | ・カ・ラフ 三〇ウ2 | カラフ 二九オ4 | | |
| カヨフ | 返 | カヨフ 仏上 五八 三二ウ4 | カラフ I上 一〇オ4 | カラフ 三一ウ2 | カヨフ 三〇オ5 | | |
| カヨフ | 浹 | カヨフ 法上 八 五ウ3 | カヨフ II中 四ウ5 | | | | |
| カヨフ | 潛 | カヨフ 法上 二五 一四オ2 | | | | | |
| カヨフ | 蹗 | カヨフ 法上 八九 四六オ1 | | | | | |

| | | | |
|---|---|---|---|
| カヨフ | 聖 | カヨフ 法中 一四オ1 二五 | |
| カヨフ | 僤 | カヨフ 法中 四〇オ6 七七 | |
| カヨフ | 愽 | カヒフ（ヨ） 法中 四九ウ8 九六 | |
| カヨフ | 亭 | ・カ・ヨフ 法下 三三オ4 四三 | |
| カヨフ | 享 | カヨフ 法下 三三ウ3 四二 | |
| カヨフ | 穿 | カヨフ 法下 三一オ8 五九 | |
| カヨフ | 融 | | カヨフ 工下 一〇四オ4 Ⅲ（三三） |
| カヨフ | 鞨 | カヨフ 僧中 四七オ3 九一 | |
| カヨフ | 暢 | ・カ・ヨフ 僧下 五四オ3 一〇五 | カヨフ 工下 一三八オ2 Ⅲ（六八） |
| カラ | 權 | カラ 仏本 二三ウ1 四〇 | |
| カラ | 桶 | カラ 仏本 二六オ6 四九 | |
| カラ | 枚 | ・カ・ラ 仏下本 四三ウ2 八四 | |
| カラ | 柄 | ・カ・ラ 仏下本 五六ウ6 一一〇 | |
| カラ | 柯 | ・カ・ラ 仏下本 六六オ7 一二九 | |
| カラ | 椁 | カラ 仏本 六六ウ8 一三〇 | |
| カラ | 幹 | ・カ・ラ 法下 七三ウ5 一四二 | |

| 和訓 | 漢字 | 観智院本 | 蓮成院本 | 高山寺本 | 西念寺本 | 図書寮本 | 備考 |
|---|---|---|---|---|---|---|---|
| カラ | 輆 | ·カ·ラ 法下 一四二 七一ウ5 | | | | | |
| カラ | 薟 | カラ 僧上 三 八オ5 | | | | | |
| カラ | 萛 | ·カ·ラ 僧上 三九 二一オ6 | | | | | |
| カラ | 改 | カラ 僧中 五九 三一オ8 | ↓カフ | | | | |
| カラウス | 砧 | カラウス 法中 二 一ウ5 | | | | | |
| カラウス | 雄 | ·カ·ラ·ウ·ス 法中 六 四ウ5 | | | | 賀·良·宇·須 禾 一五六2 | |
| カラウス | 礑 | カラウス 法中 七 五オ3 | | | | | |
| カラウス | 碾 | カラウス 法中 二 七オ6 | | | | | |
| カラウリ | 胡花 | カラウリ 僧上 一五 九オ5 | | | | | |
| カラウリ | 胡瓜 | ·カ·ラ·ウリ 僧中 四 三ウ8 | ·カ·ラ·ウ·リ Ⅲ 下 (四五) 二七オ1 | | | | |
| カラエ | 蜉麻子 | カラエ 法下 一〇三 五三オ7 | | | | | |
| カラヱ | 草麻 | カラヱ 僧上 三一 一七オ5 | | | | | |
| カラエヒ | 王餘魚 | ·カ·ラ·エ·ヒ 僧下 一 二オ3 | ·カ·ラ·エ·ヒ Ⅲ 下 (二〇) 九二オ5 | | | | |
| カラ井シキ | 榯 | カラ井シキ 仏本 一〇七 五三オ5 | | | | | |
| カラヲヒ | 金銭 | ·カ·ラ·ヲ·ヒ· 僧上 一三〇 六六ウ8 | ·カ·ラ·ヲ·ヒ· Ⅲ 下 四三ウ6 | | | | |

| | | | | | | |
|---|---|---|---|---|---|---|
| カラカギ | 鈎匙 | カラカキ 僧上 二五九オ3 二一五 | カラカキ Ⅲ下 三六ウ2 | | | |
| カラカコ | 鮰 | カラカコ 僧下 五オ1 七 | カラカコ Ⅲ下 九四オ6 (三三) | | | |
| カラカコ | 魛 | カラカコ 僧下 七オ3 二一 | カラカコ Ⅲ下 九六ウ2 (二四) | | | |
| カラカシハ | 亍槲 | カラカシハ 仏本 三七ウ2 二二 | | | | |
| カラカシハ | 革麻 | カラカシハ 僧上 一七オ5 三二 | | | | |
| カラキヌ | 背子 | カラヽヌ 仏中 六三ウ6 一二四 | | | | |
| カラキ | 枯 | カラキ 仏本 五三オ5 一〇三 | | | | |
| カラグ | 縢 | カラク 仏中 六三オ4 一二三 | | | | |
| カラクサ | 苙 | カラクサ 僧上 三ウ6 四 | | | | |
| カラクサ | 蒴 | カサ(ラ)クサ 僧上 三ウ7 四 | | | | |
| カラクシケ | 唐櫛匣 | カラクシケ 仏上 三五オ2 六三 | カラクシケ Ⅰ上 一三オ4 | カラクシケ 三四オ7 | カラクシケ 三三オ5 | |
| カラクシケ | 匳 | カラクシケ 仏上 三五オ5 六三 | カラクシケ Ⅰ上 一三ウ1 | カラクシケ 三四オ6 | ア(ラ)ラクシケ 三三ウ2 | 蓮本 大匳 |
| カラクシケ | 嚴器 | カラクシケ 仏中 二四ウ1 四六 | | カラクシケ 七一ウ5 | | 高本 岩嚴器 |
| カラクミ | 繴 | カラクミ 法中 六六ウ8 一三〇 | | | 加良久三 川 三二7 | |
| カラクラ | 唐鞍 | カラクラ 僧中 三七ウ4 七二 | | | | |
| カラケナハ | 縄 | カラケナハ 法中 六七ウ3 一三二 | | | | |

| 和訓 | 漢字 | 観智院本 | 蓮成院本 | 高山寺本 | 西念寺本 | 図書寮本 | 備考 |
|---|---|---|---|---|---|---|---|
| カラサケ | 醋 | カラサケ 僧下三一ウ2 六〇 | カラサケ Ⅲ下五七オ6 | | | | |
| カラサホ | 連枷 | カラサホ 仏下本五三オ3 一〇三 | | | | | |
| カラシ | 辛 | カラシ 仏上四四ウ3 八二 | | | カラシ 四四ウ5 | | |
| カラシ | 辛 | カラシ 法上四七ウ6 九二 | | | | | |
| カラシ | 辛 | カラシ 法下三一ウ1 四二 | | | | | |
| カラシ | 苛 | カラシ 僧上四ウ1 六 | | | | | |
| カラシ | 辛菜 | カラシ 僧上一四オ2 二五 | | | | | |
| カラシ | 芥 | カラシ 僧上一九オ8 三五 | | | | | |
| カラシ | 芥子 | カラシ 僧上一九ウ1 三六 | | | | | |
| カラシ | 酷 | カラシ 僧下二九ウ8 五六 | カラシ Ⅲ下五六オ4 | | | | |
| カラシ | 醎 | カラシ 僧下三〇オ7 五七 | カレラ(マヽ) Ⅲ下五六ウ1 | | | | |
| カラス | [illegible] | カラス 僧中一六〇ウ7 一一八 | カラス Ⅲ下八四オ4 (二三) | | | | |
| カラス | 鵶 | カラス 僧中一六〇ウ8 一一八 | カラ爪 Ⅲ下八四オ5 (二三) | | | | |
| カラス | 鷽 | カヽラス 僧中一六一オ6 一一九 | カヽラ爪 Ⅲ下八四ウ2 (二三) | | | | |
| カラス | 鶀 | カヽラス 僧中一六二オ4 一二一 | | | | | |

| | | | |
|---|---|---|---|
| カラス | 烏 | ・カ・ラ・ス 僧中 一六七ウ4 一三二 | ・カ・ラ・爪 Ⅲ下 八九ウ5（一七） |
| カラスウリ | ⿰糸瓜瓠 | ・カ・ラ・ス・ウ・リ 僧中 四オ6 五 | ・カ・ラ・ス・ウ・リ・ Ⅲ下 一二七オ4（四五） |
| カラスキ | 犂 | ・カ・ラ・ス丨 仏下末 一二オ6 一 | |
| カラスキ | 耒 | カラ爪キ 法下 二七オ7 二 | |
| カラスキ | 来 | ・カ・ラ・ス・キ・ 法下 一四オ5 二五 | |
| カラスキ | ⿰禾婁 | ・カ・ラ爪キ 法下 一四ウ7 一六 | |
| カラスキ | 鑺 | カラスキ 僧上 一六六オ7 一二九 | カラス丶ス（ミ） Ⅲ下 三八オ5 |
| カラスキ | 鏵 | カラ爪キ 僧上 一六三オ2 一三三 | |
| カラスキ | 鋘 | カラ爪丶 僧上 一六三ウ5 一二四 | カラ爪キ Ⅲ下 四〇オ6 |
| カラスキ | 鍑 | カラ爪キ 僧上 一六六オ8 一二九 | カラ爪丶イ Ⅲ下 四三ウ1 |
| カラスキ | ⿰金卩 | カラス丶 僧上 一七二オ5 一三九 | カラ爪丶 Ⅲ下 四六オ5 |
| カラスキノサキ | 釆鑱 | ・カ・ラ・ス・キ・ノ・サ・キ 法下 一四オ6 二五 | |
| カラスクチナハ | 蚢 | カラスクチナハ 僧下 九ウ2 一六 | ・カ・ラ爪・ツ・チ・ナ・ハ Ⅲ下 九八ウ6（二六） |
| 唐スヽミ | 連雀 | 唐ス丶ミ 僧中 一六九ウ6 一三六 | |
| カラスナメリ | 轉筋 | ・カ・ラ・ス・ナ・メ・リ 僧上 三三オ1 六三 | ・カ・ラ爪・ナ・メ・リ Ⅲ下 一二オ6 |
| カラスヘミ | 蚢 | ・カ・ラ・ス・ヘ・ミ 僧下 九ウ1 一六 | ・カ・ラ爪・ヘ・ミ Ⅲ下 九八ウ6（二六） |

| 和訓 | 漢字 | 観智院本 | 蓮成院本 | 高山寺本 | 西念寺本 | 図書寮本 | 備考 |
|---|---|---|---|---|---|---|---|
| カラスムギ | 穬麦 | カラスムギ 仏上 三八ウ8 七〇 | カラスムー Ⅰ上 一五ウ7 | カラスムギ 三八オ7 | カラ爪ムキ 三八オ2 | | |
| カラスムキ | 穬 | カラスムキ 法下 一七オ3 二 | | | | | |
| カラスムギ | ・穬麦 | カラスムギ 法下 一七オ3 二 | | | | | |
| 烏ムキ | 蘥 | 烏ムキ 僧上 三一ウ6 四〇 | カラ爪ムキ Ⅲ下 六ウ1 | | | | |
| カラタチ | 楥 | カラタチ 仏下本 四五ウ3 八八 | | | | | |
| カラタチ | 枳 | カラタチ 仏下本 四八オ2 九三 | | | | | |
| カラタチ | 枳椇 | カラタチ 仏下本 四八オ2 九三 | | | | | |
| カラタチ | 橙 | カラタチ 仏下本 四八ウ6 九四 | | | | | |
| カラタチ | 槐 | カラタチ 仏下本 五一ウ6 一〇〇 | | | | | |
| カラタチ | 枸椇 | カラタチ 仏下本 五四ウ8 一〇六 | | | | | |
| カラタチ | 蕀 | カラタチ 僧上 一七オ6 五一 | カラタチ Ⅲ下 六オ3 | | | | |
| カラタチ | 棘 | カラタチ 僧下 四〇オ6 一七七 | カラタチ Ⅲ下 一四五ウ4 (七三) | | | | |
| カラナシ | ⿰木奄 | カラナシ 仏下本 五五オ7 一〇七 | | | | | |
| カラナシ | 柰 | カラナシ 仏下本 五七オ4 一一一 | | | | | |
| カラナシ | 橪子 | カラナシ 仏下本 五七オ5 一一一 | | | | | |

| | | | | | | | |
|---|---|---|---|---|---|---|---|
| カラニレ | 杌 | カラニレ 仏下本 五〇オ2 九七 | | | | | |
| カラネコ | 猫 | カラ子コ 仏下本 六八オ4 一三三 | | | | | |
| カラバカリ | 権衡 | カラハカリ 仏上 二五オ5 四三 | | カラハカリ 二四オ4 | カラハカリ 三オ1 | | |
| カラハカリ | 鍔 | カラハカリ 僧上 六〇ウ2 一一八 | カラハカリ III 下 三七ウ3 | | | | |
| カラム | 控 | カラム 仏下本 二五オ1 四七 | | | | | |
| カラム | 摸 | カラム 仏下本 二九オ6 五五 | | | | | |
| カラム | 抓 | カラム 仏下本 三五ウ8 六八 | | | | | |
| カラム | 投 | カラム 仏下本 四〇オ2 七七 | | | | | |
| カラム | 捉 | カラム 仏下本 四〇オ3 七七 | | | | | |
| カラム | 搦 | カラム 仏下本 四〇ウ7 七八 | | | | | |
| カラム | 搔 | カラム 仏下本 四二オ1 八一 | | | | | |
| カラム | 歛 | カラム 僧中 二九ウ8 五六 | カラム III 下 六七オ2 | | | | 蓮本 歐 |
| カラムシ | 菓 | カラムシ 僧上 九オ2 一五 | | | | | |
| △カラムシ | 菓耳 | カラムシ 僧上 九オ2 一五 | | | | | |
| カラムジ | 苧 | カラムシ 僧上 一九ウ4 三六 | | | | | |
| カラムジノヲ | 苧 | カラムシノヲ 僧上 一九ウ4 三六 | | | | | |

| 和訓 | 漢字 | 観智院本 | 蓮成院本 | 高山寺本 | 西念寺本 | 図書寮本 | 備考 |
|---|---|---|---|---|---|---|---|
| カラムシノヲ | 菓 | | カラムシノヲ Ⅲ上 四ウ4 | | | | |
| △カラムシノヲ | 菓耳 | | カラムシノヲ Ⅲ上 四ウ4 | | | | |
| カラムシノヲカラムシ | 菓 | カラムシノヲカラムシ 僧上 九オ2 一五 | | | | | |
| △カラムシノヲカラムシ | 菓耳 | カラムシノヲカラムシ 僧上 九オ2 一五 | | | | | |
| カラモモ | 杏 | カラモ、 仏下本 五五ウ7 一〇七 | | | | | |
| カラモモ | 杏子 | カラモ、 仏下本 五五ウ7 一〇八 | | | | | |
| カラヨモキ | 蕳 | カラヨモキ 僧上 九ウ6 一六 | カラヨモヽ Ⅲ上 一オ3 | | | | |
| カラヨモキ | 蒿 | カラヨモヽ 僧上 一四オ7 二五 | | | | | |
| カラヨモキ | 蘩 | カラヨモキ 僧上 一四ウ6 二六 | | | | | |
| カリ | 偺 | カリ 仏上 一三ウ7 二〇 | | カリ 三オ4 | カリ 九オ2 | | |
| カリル | 假 | カリル 仏上 二〇オ5 三三 | | カリ 二ウ5 | アリ ミル 一六オ4 | | |
| カリ | 田 | カリ 仏中 五四ウ7 一〇六 | カリ Ⅰ上 七〇オ5 | カリ 一〇三オ2 | | | |
| カリ | 眦 | カリ 仏中 五六ウ3 一一〇 | カリ Ⅰ上 七一ウ5 | カリ 一〇四ウ4 | | | |
| カリ | 擽子 | カリ 仏下本 三八オ3 七三 | | | | | |
| カリ | 狩 | カリ 仏下本 六六オ5 一二九 | | | | | |

| | | | | | | |
|---|---|---|---|---|---|---|
| カリ | 遊鴉 | ・カ・リ 仏本 六六ウ6 一三〇 | | | | |
| カリ | 雁 | カリ 法下 五六オ8 一〇九 | | | | |
| カリ | 苗 | カ＼リ 僧上 七オ2 二 | | | | |
| カリ | 蒐 | カ＼リ 僧上 二六ウ1 五〇 | カリ Ⅲ下 五オ4 | | | |
| カリ | 銚 | カリ 僧上 六四オ6 一三五 | | | | |
| カリ | 鐵 | ・カ・リ 僧上 六八オ6 一三三 | カリ Ⅲ下 四四オ1 | | | |
| カリ | 鴮 | カリ 僧中 五九オ3 一一五 | | | | |
| カリ | 鴻 | ・カ・リ 僧中 六四ウ8 一二六 | カリ Ⅲ下 八七ウ2 (五) | | | |
| カリ | 鶴 | カ＼リ 僧中 六六ウ1 一三〇 | カイリ Ⅲ下 八八ウ6 (六) | | | |
| カリ | 鵞 | カリ 僧中 六七オ1 一三一 | | | | |
| カリ | 雁 | カリ 僧中 七〇オ2 一三七 | カリ Ⅲ下 九二オ2 (三〇) | | | |
| カリウチ | 捊蒲 | カリウチ 仏本 四一ウ5 八〇 | | | | |
| カリヲサム | 橣 | カリヲサム 法下 七オ5 二 | | | | |
| カリキヌ | 布衣 | ・カ・リ＼ヌ 法中 六九ウ6 一三六 | | | 賀・利・攴・沼 三二七2 | |
| △カリキヌ | 猲衣 | ・カ・リ＼ヌ 法中 六九ウ6 一三六 | | | | |
| ノカリコ | 列卒 | ノ・カ・リ・コ 仏上 四五オ2 八三 | ノカリコ Ⅰ上 二〇オ6 | | | |

| 和訓 | 漢字 | 観智院本 | 蓮成院本 | 高山寺本 | 西念寺本 | 図書寮本 | 備考 |
|---|---|---|---|---|---|---|---|
| カリス | 猟 | ・カ・リス 仏下本 六六ウ5 一三〇 | | | | | |
| カリス | 苗 | カリス 僧上 二七オ3 二一 | | | | | |
| カリソメ | 假借 | カリソメ 仏上 三〇オ6 三三 | | ・カ・リソメ 二ウ7 | カリソメ 一六オ5 | | |
| カリソメ | 暫 | カリソメ 仏中 四七ウ8 九二 | カリソメ Ⅰ上 六四オ2 | カリソメ 九六ウ3 | | | |
| カリソメ | 攉 | カリソメ 仏下本 二一ウ1 四〇 | | | | | |
| カリソメ | 尒 | カリソメ 僧中 三オ2 三 | カリソメ Ⅲ下 四七ウ3 | | | | |
| カリニ | 攉 | カリニ 仏下本 二一ウ1 四〇 | | | | | |
| カリヒト | 猟者 | カリヒト 仏中 五一ウ4 一〇〇 | カリヒト Ⅰ上 六七ウ3 | カリヒト 一〇〇オ2 | | | |
| カリビト | 獦師 | ・カ・リ・ヒ・ト 仏下本 六六ウ6 一三〇 | | | | | |
| △カリビト | 獦者 | ・カ・リ・ヒ・ト 仏下本 六六ウ6 一三〇 | | | | | |
| カリマタ | 鈷 | カリマタ 僧上 五八ウ6 一一四 | | | | | |
| カリマタ | 鈐 | | カリナタ Ⅲ下 三六オ6 | | | | |
| カリミヤ | 行宮 | ・カ・リ・ミヤ 法下 二九ウ6 五六 | | | | | |
| △カリミヤ | 頓宮 | ・カ・リ・ミヤ 法下 二九ウ7 五六 | | | | | |
| カリメ | 鶕 | カリメ 僧中 六七オ7 一三一 | カリメ Ⅲ下 八九ウ5 (一七) | | | | |

| | | | | | | | |
|---|---|---|---|---|---|---|---|
| カル | 僛 | | カル I上 四ウ5 | カル 七オ6 | | | |
| カル | 佪 | カル 仏上 一九ウ3 三二 | | カル 八ウ7 | カル 四オ3 | | |
| カル | 貸 | カル 仏上 一〇オ2 一三 | | | カル 四ウ3 | | |
| カルス | 借 | ·カルス 仏上 一三ウ1 二〇 | | ·カ·ル 二ウ5 | カ[ル] 八ウ1 | | |
| カル | 倩 | カル 仏上 一三ウ4 二〇 | | カル 一三オ1 | カル 八ウ4 | | |
| カル | 儗 | カル 仏上 一八オ2 二九 | | カル 一六ウ1 | カル 一三ウ5 | | |
| カル | 假藉 | カル 仏上 二〇オ6 三三 | | | ア(ミ)ル 一六オ5 | | |
| △ カル | 假借 | カル 仏上 二〇オ6 三三 | | | ア(ミ)ル 一六オ5 | | |
| カル | 假 | | | ·カル 二一ウ5 | | | |
| カル | 可 | | | カル 四一オ6 | | | |
| カル | 死 | カル 仏上 四三ウ5 七八 | カル I上 一八ウ4 | ·カ·ル 四三オ6 | カル 四三ウ4 | | |
| カル | 暇 | カル 仏中 五三オ3 一〇三 | カル I上 六八ウ4 | ·カ·ル 一〇二オ7 | | | |
| カル | 畋 | カル 仏中 五六オ6 一〇九 | カル I上 七一オ7 | カル 一〇四オ7 | | | |
| カル | 貸 | カル 仏下本 一三オ3 二二 | | | | | |
| カル | 挍 | カ\ル 仏下本 二四ウ8 四六 | | | | | |
| カル | 擯 | カル 仏下本 二五オ1 四七 | | | | | |

| 和訓 | 漢字 | 観智院本 | 蓮成院本 | 高山寺本 | 西念寺本 | 図書寮本 | 備考 |
|---|---|---|---|---|---|---|---|
| カル | 枯 | ・カ・ル 仏下本 五三オ5 一〇三 | | | | | |
| カル | 槁 | ・カ・ル 仏下本 五三オ7 一〇三 | | | | | |
| カル | 〔犭荒〕 | カル 仏下本 六六ウ5 一三〇 | | | | | |
| カル | 〔犭烏〕 | カル 仏下本 六六ウ6 一三〇 | | | | | |
| カル | 〔犭䙴〕 | カル 仏下本 六九ウ1 一三六 | | | | | |
| カル | 將 | ・カ・ル 仏下末 五ウ4 八 | | | | | |
| カル | 涸 | カル 法上 三オ2 三 | カル Ⅱ中 一ウ7 | | | ・カ・ル 三三 2 | |
| カル | 〔氵鸛〕 | ・カ・ル 法上 一六オ5 二九 | ・カ・ル Ⅱ中 一五ウ1 | | | | |
| カル | 凅 | ・カ・ル 法上 二三ウ8 四四 | ・カ・ル Ⅱ中 二四オ3 | | | ・カ・ル 集 六八 1 | |
| カル | 防 | カル 法中 二四ウ6 四六 | | | | | |
| カル | 穫 | カル 法下 一ウ6 二〇 | | | | | |
| カル | 〔禾辱〕 | カル 法下 一三オ7 二三 | | | | | |
| カル | 痟 | ・カ・ル 法下 五八ウ8 一一四 | | | | | |
| カル | 死 | ・カ・ル 法下 六八ウ4 一三四 | | | | | |
| カル | 訴 | | カル Ⅱ中 三六ウ1 | | | | |

| | | | | | | | |
|---|---|---|---|---|---|---|---|
| カル | 荊 | カル 僧上 八 五ウ6 | カル Ⅲ下 二六ウ7 | | | | |
| カル | 艾 | カル 僧上 八 五ウ7 | | | | | |
| カル | 苫 | カル 僧上 一五 九オ4 | カル Ⅲ下 九ウ5 | | | | |
| カル | 蔓 | カル 僧上 三三 一三オ5 | | | | | |
| カル | 芝 | カル 僧上 二四 一三ウ1 | | | | | |
| カル | 藉 | カル 僧上 三〇 一六ウ8 | | | | | |
| カル | 荊 | カル 僧上 五二 二七ウ2 | カル Ⅲ下 六オ7 | | | | |
| カル | 薙 | カル 僧上 五三 二八オ4 | カル孔 Ⅲ下 七オ6 | | | | |
| カル | 苫 | カル 僧上 五八 三〇ウ4 | | | | | |
| カル | 刈 | カル 僧上 八六 四四ウ3 | | | | | |
| カル | 荊 | カル 僧上 九五 四九オ2 | | | | | |
| カル | 刕 | カル 僧上 九五 四九オ2 | | | | | |
| カル | 殺 | カ\ル 僧中 五九 三一オ7 | | | | | |
| カル | 歐 | カ\ル 僧中 六〇 三一ウ2 | カル Ⅲ下 六八ウ3 | | | | |
| カル | 毆 | カル 僧中 六五 三四オ4 | カル Ⅲ下 七一オ4 | | | | 毆 蓮本 |
| カル | 殺 | カル 僧中 六六 三四ウ5 | | | | | |

| 和訓 | 漢字 | 観智院本 | 蓮成院本 | 高山寺本 | 西念寺本 | 図書寮本 | 備考 |
|---|---|---|---|---|---|---|---|
| カル | 驅 | ・カ・ル 僧中五三オ2 一〇二 | ・カ・ル 下二六ウ6 Ⅲ(四) | | | | |
| カル | 駈 | ・カ・ル 僧中五三オ2 一〇二 | ・カ・ル 下二六ウ6 Ⅲ(四) | | | | |
| カル | 馸 | カル 僧中五六ウ2 一〇 | | | | | |
| カル | 蒐 | カル 僧下二六ウ5 五〇 | カル 下一二四ウ3 Ⅲ(四三) | | | | |
| カルイシ | 浮石 | ・カ・ル・イ・シ 法中一七ウ8 二三 | | | | ・賀・流・伊・之 禾 一四七6 | |
| カルカヤ | 莿萓 | カルカヤ 僧上五ウ6 八 | | | | | |
| カルカヤ | 莿萓 | カルカヤ 僧上三三オ5 四三 | | | | | |
| カルガユヘニ | 肆 | ・カ・ル・カ ユヘニ 仏本一八オ3 三三 | | | | | |
| カルカユヘニ | 為 | カルカ ユヘニ 仏末一六オ8 二九 | | | | | |
| カルカユヘニ | 故 | カルカ ユヘニ 僧中二八ウ8 五四 | カルカ ユヘニ 下六六オ4 Ⅲ | | | | |
| カルガユヘニイマ | 肆 | ・カ・ル・カユヘ ニイ・マ 仏本一八オ3 三三 | | | | | |
| カルシ | 簹 | カルシ 僧上四〇ウ7 七八 | カルシ 下一九ウ2 Ⅲ | | | | |
| カルシ | 公 | カルシ 僧中三三オ4 三三 | カルシ 下四七ウ3 Ⅲ | | | | |
| カレ | 之 | | カレ 上二オ4 Ⅰ | | | | |
| カレ | 彼 | ・カ・レ・ 仏上三三オ4 三九 | | ・カ・レ・ 三オ4 | カレ 一九ウ4 | | |

| 見出し | 漢字 | | | | | | |
|---|---|---|---|---|---|---|---|
| カレ | 夫 | カレ 仏下末 一九オ1 三五 | | | | | |
| カレ | 故 | カレ 僧中 二八ウ8 五四 | カレ Ⅲ下 六六オ4 | | | | |
| カレ | 他 | | | カレ 二オ2 | カレ(呈) 一五ウ5 | | |
| カレイヒ | 粻 | カレイヒ 法下 一八ウ5 三四 | | | | | |
| カレイヒ | 餉 | カレイヒ 僧上 五五オ4 一〇八 | カレクヒ(呈) Ⅲ下 三三オ7 | | | | |
| カレイヒ | 餱 | カレイヒ 僧上 五五ウ6 一〇八 | | | | | |
| カレイヒオクル | 鎑 | カレイヒ オクル 僧上 五八オ2 一一三 | カレイヒ 牛ヲクヒ Ⅲ下 三五ウ1 | | | | |
| カレイヒオクル | 饋饁 | カレイヒ オクル 僧上 五八オ2 一一三 | | | | | |
| カレカル | 凍死 | カン(呈)カル 法上 三三ウ7 四四 | カレカル Ⅱ中 二四オ3 | | | カレカル 集 六六1 | |
| △カレコチ | 故是以 | カレコチ 僧中 二九オ1 五五 | コ(呈)レコチ Ⅲ下 六六オ4 | | | | 底本故是以 |
| カレコチ | 故以 | カレコチ 僧中 二九オ1 五五 | | | | | |
| カレタリ | 晞 | カレタリ 仏中 五〇ウ1 九八 | | カレタリ 九八ウ7 | | | |
| カレテアリ | 滌 | カレテアリ 法上 三ウ8 四 | | | | | |
| カレヌ | 歇 | カレヌ 僧中 二四オ3 四五 | カレヌ Ⅲ下 六二オ3 | | | | |
| カレヌ | 尽 | カレヌ 僧下 六三ウ5 一三四 | | | | | |
| カレヒ | 餉 | カレヒ 僧上 五四ウ1 一〇六 | カレヒ Ⅲ下 三三ウ1 | | | | |

| 和訓 | 漢字 | 観智院本 | 蓮成院本 | 高山寺本 | 西念寺本 | 図書寮本 | 備考 |
|---|---|---|---|---|---|---|---|
| カレヒ | 餧 | | カレヒ Ⅲ下 一三ウ2 | | | | |
| カレヒ | 王餘魚 | カレヒ 僧下 二オ3 一 | カレヒ Ⅲ下 九二オ6 (三〇) | | | | |
| カレヒ | 海鯽魚 | カレヒ 僧下 二ウ1 二 | | | | | |
| カレヒオクル | 餉 | カレヒ オクル 僧上 五四ウ1 一〇六 | カレヒ 粮ツル Ⅲ下 三ウ1 | | | | |
| カレヒデ | 標 | カレヒ手 仏下本 五五オ8 一〇七 | | | | | |
| カレヒツケ | 鞍鞘 | カレヒツケ 僧中 三八オ5 七三 | | | | | |
| カレヒツケ | 韉 | カレヒツケ 僧中 四一オ6 七九 | | | | | |
| カロカロシ | 佁 | カロくし 仏上 四ウ4 二 | ヤロミミし (ミ) Ⅰ上 一オ6 | カロくし 三ウ3 | | | |
| カロカロシ | 料 | カロくし 仏中 四オ7 五 | カロミミし Ⅰ上 二四ウ5 | カロミミし 五〇オ3 | カロミミシ 五一ウ1 | | |
| カロカロシ | 易 | カロくし 仏中 四六ウ5 九〇 | カロくし Ⅰ上 六三オ4 | カロくし 九五ウ1 | | | |
| カロカロルシ | 軽 | カロルくし 僧中 四四ウ3 八六 | | | | | |
| カロシ | 僄 | カロし 仏上 七オ4 七 | カロし Ⅰ上 三オ2 | カロし 五オ7 | カロシ 一ウ3 | | |
| カロシ | 仉 | カロし 仏上 八オ4 九 | | カロし 六オ6 | カロシ 二ウ4 | | |
| カロシ | 佻 | カロし 仏上 一五オ8 三三 | | カロし 一三ウ3 | カロし 一〇ウ4 | | |
| カロシ | 逾 | カロし 仏上 三〇オ2 五三 | カロし Ⅰ上 七ウ5 | カロし 六八ウ7 | カロし 二七オ4 | | |

| | | | | | | |
|---|---|---|---|---|---|---|
| カロシ | 超 | カロし 仏上三六ウ2（六六） | カロし Ⅰ上一三ウ4 | カロし 三五ウ5 | カロレ 三五オ4 | 漢本・〔走台〕 高本 〔走台〕 |
| カロシ | 〔走白〕 | カロし 仏上三六ウ4（六六） | カロし Ⅰ上一三ウ5 | カロし 三五ウ7 | カロし 三五オ6 | |
| カロシ | 趒 | カロし 仏上三八オ6（六九） | カロし Ⅰ上一五オ5 | カロ[し] 三七ウ2 | カロレ 三七オ4 | |
| カロシ | 踰 | カロし 法上三九オ6（七五） | | | | |
| カロシ | 跨 | カロし 法上四〇オ3（七七） | | | | |
| カロシ | 践 | カロし 法上四五ウ1（八八） | | | | |
| カロシ | 陵 | カロし 法中三三オ4（四一） | | | | |
| カロシ | 忽 | カロし 法中四三オ1（八三） | | | | |
| カロシ | 窕 | カロし 法下三一オ6（五九） | | | | |
| カロシ | 凡 | カロし 僧中一三オ7（二一） | カロし Ⅲ下一二〇ウ4（四八） | | | |
| カロ^ル^シ | 軽 | ・カ・ロ^ル^し 僧中四四ウ3（八六） | | | | |
| カロシ | 輶 | ・カ・ロ・し 僧中四四ウ8（八六） | | | | |
| カロム | 侮 | カロム 仏上二一ウ2（三六） | | カ・ロ・ム 一九ウ1 | カロム 一七ウ4 | |
| カワカシ | 市人 | カ禾カレ 仏上二〇ウ8（三四） | | | カ禾カレ 一七オ1 | |
| カヲル | 芬 | カヲル 僧上一九オ7（三五） | | | | |
| カンザシ | 簪 | | ・カ・ン・サ・ゞし Ⅲ下一二オ4 | | | |

| 和訓 | 漢字 | 観智院本 | 蓮成院本 | 高山寺本 | 西念寺本 | 図書寮本 | 備考 |
|---|---|---|---|---|---|---|---|
| カンカフ | 若乱 | カンカフ 仏末八オ4 一三 | | | | | |
| カンナ | 鉋 | カレ(ママ)ナ 僧上五九ウ6 一二六 | カンナ Ⅲ上三七オ2 | | | | |
| | | | | | | | |
| カ | 之 | カ 仏上三三ウ7 六〇 | | カ 三一ウ4 | カ 三一ウ4 | | |
| カ | 乎 | ・カ 仏上四五オ7 八三 | メ(ミ)カ Ⅰ上二〇ウ2 | ・カ 四四ウ7 | カ 四五ウ5 | | |
| カ | 歟 | | カ Ⅲ下六二オ1 | | | | |
| カ | 之 | カ 法下三一ウ4 四二 | | | | | |
| カウフィ | 咲嗽 | | カウフィ Ⅰ上四五ウ7 | | | | |
| カウハシ | 𪏮 | カウハシ 僧中三三オ2 六三 | | | | | |

## 編者紹介

草川　昇（くさかわ　のぼる）
昭和7年4月14日、三重県亀山市生まれ。
昭和30年、東京教育大学（現筑波大学）教育学部卒業。
高校教諭・県教委指導主事を経て、鈴鹿工業高等専門学校助教授・名古屋女子大学教授。愛知大学・皇學館大學（学部・大学院）・岐阜聖徳学園大学　各非常勤講師。
現在：前名古屋女子大学教授。同大学非常勤講師。

五本対照 類聚名義抄和訓集成（一）
平成十二年十月三十日発行
編者　草川　昇
発行者　石坂叡志
製版　㈱栄光
発行　汲古書院
東京都千代田区飯田橋二―五―四
電話〇三（三二六五）九七六四
FAX〇三（三二二二）一八四五
第一回配本（全四巻）

ISBN4−7629−3433−X　C3381